U0805759

普通高等教育“十一五”国家级规划教材

自动控制元件及线路

（第五版）

梅晓榕　柏桂珍　张卯瑞　编著

科学出版社
北　京

内 容 简 介

本书从原理、结构和特性等方面介绍自动控制系统常用的执行元件、传感元件和功率放大元件。包括直流电机、异步电动机、步进电动机、小功率同步电动机、无刷直流电动机与交流伺服电动机、直线电动机与超声波电动机、旋转变压器与感应同步器、测速发电机、编码器、阻容感传感器、热电式传感器、线性功率放大器、脉宽调制型（PWM）放大器和晶闸管变流器、液压元件、航天器中的姿态传感器、微传感器与微执行器。

本书既讲元件又讲线路，既讲原理又讲应用，既讲静特性又讲动特性，既注意科学性又避免深奥的数学推导。

本书可作为高等学校自动化、探测制导与控制、机械设计制造及其自动化，飞行器设计与工程、飞行器制造工程等专业的教材，也可供科研人员、工程技术人员和高级技工参考。

图书在版编目(CIP)数据

自动控制元件及线路/梅晓榕，柏桂珍，张卯瑞编著. —5版. —北京：科学出版社，2013.8

普通高等教育“十一五”国家级规划教材

ISBN 978-7-03-038267-2

Ⅰ.①自… Ⅱ.①梅…②柏…③张… Ⅲ.①自动控制-控制元件-高等学校-教材 Ⅳ.①TP273

中国版本图书馆 CIP 数据核字(2013)第 179711 号

责任编辑：余 江 张丽花 / 责任校对：彭 涛

责任印制：张 伟 / 封面设计：迷底书装

科 学 出 版 社 出版

北京东黄城根北街 16 号

邮政编码：100717

http://www.sciencep.com

北京虎彩文化传播有限公司 印刷

科学出版社发行 各地新华书店经销

*

1993 年 8 月第一版 开本：787×1092 1/16

2007 年 4 月第四版 印张：19 1/2

2013 年 8 月第五版 字数：483 000

2023 年 7 月第十一次印刷

定价：69.00 元

（如有印装质量问题，我社负责调换）

前　言

本书是高等院校“自动控制元件”课程的教材。全书分为电动机及其控制、测量元件、功率放大元件和其他元件共四篇，从原理、结构、特性和选择等方面讲述自动控制系统（特别是机械伺服系统）常用的电机、传感器、功率放大器和液压元件。内容包括直流电机、异步电动机、步进电动机、小功率同步电动机、无刷直流电动机与交流伺服电机、直线电机与超声波电动机、旋转变压器与感应同步器、测速发电机、编码器、阻容感传感器、热电式传感器、线性功率放大器、脉宽调制型（PWM）功率放大器和晶闸管变流器、液压元件、航天器中的姿态传感器、微传感器与微执行器。

本书在编写时充分注意和考虑到中国自动化学会等部门对“自动控制元件”课程的要求，参考了近几年新出版的相关教材，紧密结合近几年控制系统的科研和技术工作的实际及新的教学大纲。在内容上既包括元件又包括线路，既包括经典的控制电机又反映近几年发展和流行的元件与线路；既讲原理又讲应用，既讲静特性又讲动特性；既注意科学性、严密性，又避免深奥的数学论证；既强调物理概念，又提供实用的计算公式和电子线路。本书可作为高等学校自动化、机械工程及自动化、飞行器设计与工程等专业的教材，又可供科研人员、工程技术人员和高级技工参考。

本书第一版由梅晓榕、兰朴森、柏桂珍编著，姚纪文教授主审，1993 年由哈尔滨工业大学出版社出版，一直被哈尔滨工业大学等多所高等学校采用，曾获黑龙江省优秀教材二等奖。第四版被评为普通高等教育“十一五”国家级规划教材。第五版被列入哈尔滨工业大学“十二五”规划教材。第五版增加了一些习题，按现行的电气图形国标修改了有关的图形，对第 5 章和第 6 章做了较多的修改，对第 15 章和第 17 章做了重新编写和补充。其中第 15 章增加了晶闸管变流器一节，第 17 章增加了太阳敏感器等内容。

第五版由梅晓榕、柏桂珍、张卯瑞编著，梅晓榕教授任主编。参加编写工作的还有马广程、何朕、王述一等。

编写中参考了很多优秀的教材与著作。在此向参考文献中的各位作者表示真诚的谢意。

书中不当之处敬请读者批评指正。

作　者

2013 年 5 月于哈尔滨工业大学

前言

目　录

前言

绪论…… 1

0.1　控制元件的作用和分类…… 1

0.2　本书的主要内容…… 2

0.3　电磁学的基本概念与定律…… 2

0.4　运动控制系统的执行元件…… 7

习题…… 8

第一篇　电动机及其控制

第 1 章　直流电动机及其控制…… 9

1.1　直流电机及其基本结构…… 9

1.2　电机中的磁性材料…… 12

1.3　直流电机工作原理…… 17

1.4　电机磁场、电枢反应与换向…… 21

1.5　直流电动机的特性与控制方法…… 23

1.6　直流伺服电动机…… 40

1.7　直流力矩电动机…… 43

1.8　有限转角直流力矩电动机…… 46

1.9　直流电动机的选择…… 47

1.10　例题…… 50

习题…… 53

第 2 章　变压器…… 55

2.1　变压器的用途和结构…… 55

2.2　变压器的理论基础…… 56

2.3　等值电路和副边的折算值…… 61

习题…… 63

第 3 章　异步电动机及其控制…… 64

3.1　异步电动机的结构特点和工作原理…… 64

3.2　交流绕组磁场的分析…… 69

3.3　异步电动机的主要特性…… 75

3.4　三相异步电动机…… 79

3.5　两相电动机…… 91

3.6　单相异步电动机…… 99

3.7　单相串励电动机…… 101

3.8 电动机应用实例……103
习题……104

第4章 小功率同步电动机……106
4.1 同步电动机的构造和分类……106
4.2 永磁式同步电动机……106
4.3 磁阻同步电动机……109
4.4 磁滞同步电动机……111
4.5 电磁减速式同步电动机……114
习题……115

第5章 步进电动机及其控制……116
5.1 概述……116
5.2 磁阻式步进电动机的工作原理……117
5.3 磁阻式步进电动机的静态特性……122
5.4 磁阻式步进电动机的运行特性……127
5.5 永磁式和混合式步进电动机……136
5.6 步进电动机的驱动器……139
5.7 步进电动机的选择……145
习题……146

第6章 无刷直流电动机与交流伺服电动机……147
6.1 无刷直流电动机的结构……147
6.2 位置传感器……148
6.3 无刷直流电动机的工作原理……149
6.4 交流伺服电动机……152
6.5 无位置传感器的无刷直流电动机……156
6.6 无刷直流电动机的应用……156
6.7 开关磁阻电动机……157
习题……157

第7章 直线电动机与超声波电动机……158
7.1 直线直流电动机……158
7.2 直线感应电动机……160
7.3 直线步进电动机……162
7.4 超声波电动机……164
习题……164

第二篇 测量元件

第8章 测量元件概述……165
8.1 测量元件的组成、作用和分类……165

8.2 测量元件的特性…… 166
习题 …… 169
第 9 章 旋转变压器与感应同步器…… 170
9.1 旋转变压器…… 170
9.2 多极旋转变压器…… 177
9.3 感应同步器…… 179
习题 …… 192
第 10 章 测速元件及测速方法 …… 193
10.1 直流测速发电机 …… 193
10.2 异步测速发电机 …… 198
10.3 由位移传感器的脉冲信号求转速 …… 200
习题 …… 201
第 11 章 编码器与光栅 …… 202
11.1 编码器 …… 202
11.2 光栅 …… 207
习题 …… 209
第 12 章 阻容感传感器 …… 210
12.1 电阻式传感器 …… 210
12.2 电感式传感器 …… 213
12.3 电容式传感器 …… 217
习题 …… 223
第 13 章 热电式传感器 …… 224
13.1 热电偶 …… 224
13.2 热电阻 …… 228
13.3 热敏电阻 …… 229
13.4 晶体管、集成电路型温度传感器 …… 231
习题 …… 231

第三篇 功率放大元件

第 14 章 功率放大器概述 …… 232
14.1 电力电子器件简述 …… 232
14.2 功率放大器的类型和要求 …… 233
14.3 线性功率放大器 …… 234
习题 …… 241
第 15 章 脉宽调制型(PWM)放大器和晶闸管变流器…… 242
15.1 概述 …… 242
15.2 电力电子器件的特性 …… 242

15.3 电阻和电感负载电路的开关过程 …… 250
15.4 PWM放大器输出级的工作原理 …… 252
15.5 PWM放大器的特性 …… 259
15.6 PWM放大器的几个问题 …… 262
15.7 脉宽调制器的典型电路 …… 266
15.8 PWM电路的电源及泵升电压 …… 269
15.9 正弦波脉宽调制(SPWM)电路原理 …… 270
15.10 晶闸管变流器 …… 272
习题 …… 280

第四篇 其他元件

第16章 液压元件 …… 281
16.1 概述 …… 281
16.2 叶片式液压马达 …… 283
16.3 轴向柱塞式液压马达 …… 284
16.4 径向柱塞式液压马达 …… 284
16.5 电液伺服阀 …… 285
16.6 阀控液压马达的特性与传递函数 …… 287
习题 …… 289

第17章 航天器中的姿态传感器 …… 290
17.1 陀螺传感器 …… 290
17.2 太阳敏感器 …… 291
17.3 地球敏感器 …… 293
17.4 星敏感器 …… 295
习题 …… 295

第18章 微传感器与微执行器 …… 296
18.1 微机电元件的应用 …… 296
18.2 微机电器件的加工技术与工艺 …… 296
18.3 微传感器 …… 297
18.4 微执行器 …… 300
习题 …… 301

参考文献 …… 302

绪　　论

0.1　控制元件的作用和分类

自动控制是现代工程中非常重要的技术。从机械位移、转速的控制到工业过程中温度、压力、流量、物位的控制，从现代飞机的航向控制到太空飞船和卫星的姿态控制，从电动假肢的控制到机器人的控制，自动控制技术的应用无处不在。而所有这些形形色色的控制系统，又都是由一些具有典型功能的元件和电子线路组成的，本书将介绍自动控制系统中这些常用的元件及线路。

我们以图 0-1 所示导弹发射架控制系统示意方框图为例，说明控制系统的组成。该系统的控制对象是导弹发射架，被控制的量是导弹发射架的转角位置，参考输入信号是电压信号，它代表导弹发射架应当转动的角位移，即期望位置。精密电位器的转轴和发射架的轴相连接，它的输出电压代表发射架的实际位置，这个电压反馈到输入端，又称为反馈信号。反馈信号和参考输入信号一起加到放大器的输入端。如果发射架的实际位置和期望位置不一致，参考输入信号和反馈信号之间就有一个差值，这个差值反映了实际位置偏离期望位置的程度，称为偏差信号。放大器将偏差信号放大，放大后的信号仍不足以拖动电动机转动，所以又经过功率放大器放大。功放输出的电压加到直流电动机的电枢绕组上，使电机转动，带动导弹发射架转动，转动方向要使偏差电压减小到零。当导弹发射架转动到期望位置时，偏差信号为零，电机电枢绕组两端电压也变为零，电机停止转动并使发射架保持在期望位置。当参考输入信号改变时，发射架将随着信号转动。整个系统是角位移跟踪系统，又称为伺服系统。为了提高系统的跟踪性能，实际系统中还要加入串联补偿装置和反馈补偿装置。

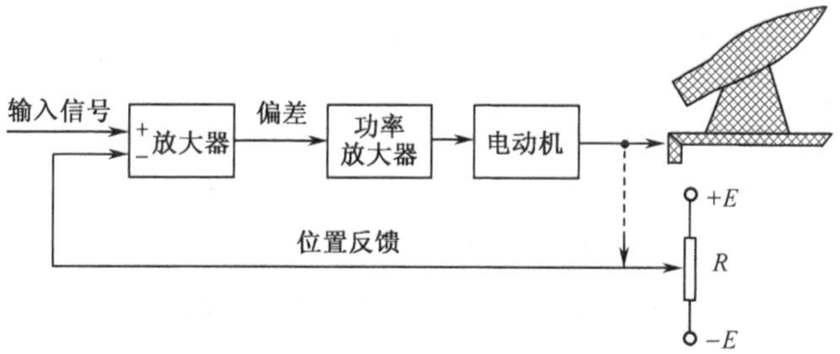

图 0-1　导弹发射架控制系统

控制系统中的控制元件虽然是各种各样的，但根据它们在控制系统中的功能和作用可以分为以下四大类：

1）执行元件。其功能是驱动控制对象，控制或改变被控量(输出量)。

2）测量元件。其功能是将被测量检测出来并转换成另一种容易处理和使用的量(如电压)。测量元件一般称为传感器，在过程控制中又称为变送器。

3)放大元件。其功能是将微弱信号放大。放大元件又可分为前置放大元件和功率放大元件。功率放大元件的输出信号具有较大的功率，可以直接驱动执行元件。

4)补偿元件(校正元件)。为了确保系统稳定并使系统达到规定的精度等性能指标，控制系统的设计者往往还要在系统中增加一些元件，这些元件称为补偿元件。补偿元件的作用是改善系统的性能，使系统能正常可靠地工作并达到规定的性能指标。

在图 0-1 的系统中，执行元件是直流电动机，测量元件是精密电位器，前置放大元件是放大器，功率放大元件是直流功率放大器，补偿元件在图中没有画出。

如果用方框表示系统中各元件的功能，用框图外边的箭头代表元件的输入和输出信号，可以得到如图 0-2 所示的典型控制系统的功能框图。

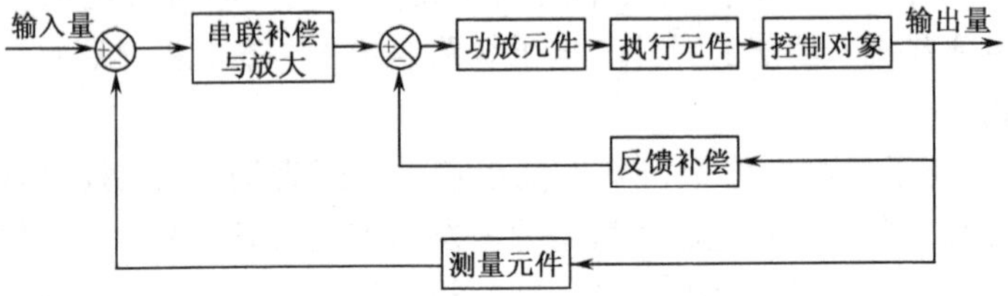

图 0-2　典型控制系统的功能框图

0.2　本书的主要内容

本书介绍控制系统中常见的执行元件、测量元件、功率放大元件及有关线路。有的元件，如测速发电机，既可用作测量元件，也可用作反馈补偿元件。大部分串联补偿装置及一些反馈补偿装置是由电子线路组成，或是由计算机实现的，本书不做介绍。

为了满足自动控制系统(主要是机械伺服系统)对控制元件的要求，在普通电机的基础上产生和发展了被称为控制电机的装置，它们在控制系统中用作执行元件和测量元件。用作执行元件的控制电机包括各种直流伺服电动机、交流伺服电动机、步进电动机、力矩电动机和小功率同步电动机等。用作测量元件的控制电机包括旋转变压器、感应同步器、交流和直流测速发电机等。控制电机是主要的控制元件，也是本书的主要内容。

对于执行元件将详细讨论各种电动机和液压元件。测量元件除了控制电机以外，还包括编码器、阻容感传感器、热电式传感器。功率放大元件包括线性功率放大器、脉冲宽度调制型放大器和晶闸管变流器。最后介绍航天器中的姿态传感器、微传感器与微执行器等特种元件和新型元件。

0.3　电磁学的基本概念与定律

控制电机是本书的主要内容，而各类电机的工作原理都是以电磁学基本定律为基础。这里介绍电磁学的基本概念和定律。书中所给出的各公式除特殊说明外，各物理量的单位均为国际单位制。

0.3.1 磁场

表示磁场强弱的物理量是磁通密度(简称磁密，或称磁感应强度)，一般记为 $\boldsymbol{B}$。它是一个矢量，在真空中符合叠加原理。电流元 $I\mathrm{d}\boldsymbol{l}$ 在 P 点产生的磁密 $\mathrm{d}\boldsymbol{B}$ 的大小为

$$\mathrm{d}B=\frac{\mu_r\mu_0}{4\pi}\cdot\frac{I\mathrm{d}l\sin\alpha}{r^2} \tag{0-1}$$

式中，r 是电流元 $I\mathrm{d}\boldsymbol{l}$ 所在点到 P 点的距离，α 为 $I\mathrm{d}\boldsymbol{l}$ 与 $\boldsymbol{r}$ 之间小于 180°的夹角，μ_0 是真空磁导率，μ_r 是相对磁导率。

磁场中各点的磁密可以用磁力线的疏密来表示。磁力线是闭合的，围绕着产生它的电流，方向与电流方向之间满足右手螺旋关系。

穿过某一截面 S 的磁通 Φ 为

$$\Phi=\int_S B\cos\theta\mathrm{d}S \tag{0-2}$$

式中，θ 为 $\mathrm{d}S$ 的法线方向与该点处的磁密向量之间的夹角。

对于磁场中面积为定值的任一平面，有

$$\Phi=\Phi_m\cos\theta \tag{0-3}$$

由于磁力线是闭合的，所以通过任一闭合面的磁通一定等于零，称为磁通连续性原理。

磁场强度向量 $\boldsymbol{H}$ 与 $\boldsymbol{B}$ 的关系是

$$\boldsymbol{B}=\mu\boldsymbol{H}=\mu_r\mu_0\boldsymbol{H} \tag{0-4}$$

式中，$\mu=\mu_r\mu_0$ 称为磁场中物质的磁导率。在工程中，除了铁磁物质外，其余物质的磁导率均认为等于真空中的磁导率 μ_0。铁磁物质的磁导率 μ 不仅比 μ_0 大得多，而且与磁场强度和磁状态的历史有关，它不是一个常数。

安培环路定律(全电流定律)的内容是：在磁场中，沿任一闭合路径 l 磁场强度向量 $\boldsymbol{H}$ 的线积分，等于该闭合回路所包围的各电流的代数和，即

$$\int_l \boldsymbol{H}\mathrm{d}\boldsymbol{l}=\sum I \tag{0-5}$$

当电流的参考方向与闭合回路的方向符合右手螺旋关系时，电流为正，反之为负。

磁通所通过的区域称为磁路。在实际的电机磁路中，常将磁路分成若干段，每一段磁路的磁场强度 $\boldsymbol{H}$ 是常数，于是式(0-5)变成

$$H_1l_1+H_2l_2+\cdots+H_nl_n=NI \tag{0-6}$$

$$\sum_{i=1}^{n}H_il_i=NI \tag{0-7}$$

式中，H_i 为第 i 段磁路的磁场强度；l_i 为第 i 段磁路的平均长度；H_il_i 为第 i 段磁路的磁压降或磁势；N 为磁通回路所包围的导体总数，即线圈的匝数；I 为每一导体中的电流。

0.3.2 磁路定律

在电工技术中，为了获得强磁场，常常用铁磁材料做成各种形状的铁心。由于铁磁物质的磁导率比其他物质的磁导率大得多，所以在相同磁场强度 H 时铁磁物质组成的磁路内的磁密 B 要比其他磁路的磁密大得多，因此在有铁心的磁场中，大部分磁通在铁心内通过，形成明显的闭合磁回路。图 0-3 表示几种典型的电工设备中的铁心磁路系统，图中虚线为磁

路。其中图0-3(a)、(c)所示的磁路可看成是铁心和空气的串联组合，图(b)和图(d)中的磁路是并联组合。工程上把这种主要由铁磁物质所组成的、能使磁通集中通过的指定磁路称为主磁路，常简称为磁路。

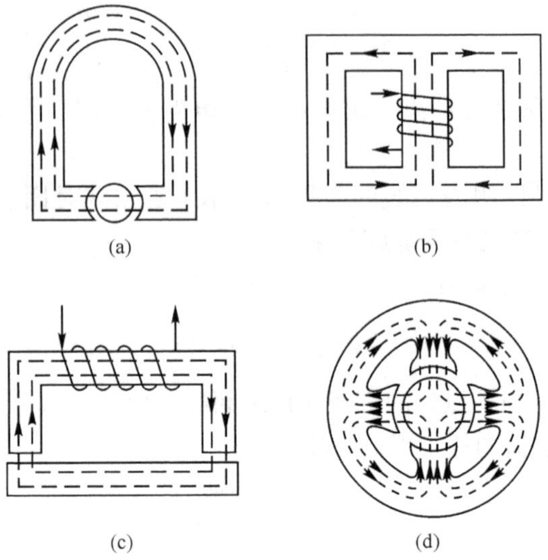

图0-3　常用电工设备中的铁心磁路图

与电路相比，漏磁现象远比漏电现象严重。全部在主磁路中闭合的磁通称为主磁通；部分经过主磁路、部分经过主磁路周围的物质而闭合的磁通以及全部不在主磁路中闭合的磁通都称为漏磁通。

磁路定律是由磁通连续性原理和安培环路定律推导出来的。

设无分支串联磁路由某种铁磁物质构成，其横截面积处处均为 S，平均长度为 l，磁导率为 μ。若平均长度远比横截面的线性尺寸大得多，则可近似地认为磁通在横截面上分布是均匀的，于是有磁通 Φ 为

$$\Phi = BS \tag{0-8}$$

式中，B 是中心线(即平均长度线)上的磁密。在中心线上各处横截面积相等，所以 B 相等，H 也相同。设 W 为绕组的匝数，由安培环路定律知

$$\int \boldsymbol{H} \mathrm{d}\boldsymbol{l} = Hl = WI \tag{0-9}$$

因为 $B=\mu H$，由式(0-8)、式(0-9)得

$$\Phi = \frac{WI}{\dfrac{l}{\mu S}} \tag{0-10}$$

上式与简单回路的欧姆定律 $I=E/R=E/(l/(\gamma S))$ 相似。定义磁势 F_{m} 为 $F_{\mathrm{m}}=WI$，磁阻 R_{m} 为 $R_{\mathrm{m}}=l/(\mu S)$，则式(0-10)变为

$$\Phi = \frac{F_{\mathrm{m}}}{R_{\mathrm{m}}} \tag{0-11}$$

若令磁导 $G_{\mathrm{m}}=1/R_{\mathrm{m}}$，则式(0-11)变为

$$\Phi = G_m F_m \tag{0-12}$$

式(0-11)、式(0-12)有时称为磁路的欧姆定律。

定义磁压 U_m 为

$$U_m = \int \boldsymbol{H} \mathrm{d}\boldsymbol{l} \tag{0-13}$$

则有

$$U_m = WI = F_m = R_m \Phi \tag{0-14}$$

应当指出的是，在铁磁物质中 μ 不是常数，它随 H 的大小而变化，所以磁阻是非线性的，因此以上的公式只适用于对磁路作定性分析。

在磁路计算中，往往根据磁路中的材料和截面积把磁路分成若干段，每一段的 H 相同，这时可按式(0-6)进行计算。每段磁路的磁阻 R_{mi} 为

$$R_{mi} = \frac{l_i}{\mu_i S_i}$$

整个磁路总磁阻 R_m 为

$$R_m = \sum_{i=1}^{n} R_{mi} \tag{0-15}$$

即串联磁路的磁阻等于各部分磁阻之和。

对于图 0-3(b)所示的并联磁路，总磁阻的倒数等于各分支磁路磁阻倒数之和。

当闭合磁路由铁心和空气隙串联组成时，一般情况下气隙磁阻远远大于其他部分的磁阻，整个磁路磁阻主要由空气隙决定。

在工程上，对于铁磁材料，由 B 求 H 或由 H 求 B，一般不用公式 $B=\mu H$ 计算，而是从材料的磁化曲线(即 B-H 曲线)求出所需要的量。

0.3.3 电磁感应定律

通过一个线圈的磁通 Φ 与线圈匝数 W 的乘积称为磁链，记为 Ψ，即 $\Psi=W\Phi$。如果磁通各自通过线圈的不同匝数，则该线圈的总磁链数为

$$\Psi = \sum W_i \Phi_i \tag{0-16}$$

式中，Φ_i 为某一部分磁通；W_i 为 Φ_i 所通过的匝数。

如果电势、电流取相同的正方向，并且它们与磁通的正方向之间符合右手螺旋定则，则电磁感应定律可写成

$$e = -\frac{\mathrm{d}\Psi}{\mathrm{d}t} \tag{0-17}$$

若所有磁通 Φ 都通过线圈的全部匝数 W，式(0-17)便成为

$$e = -W\frac{\mathrm{d}\Phi}{\mathrm{d}t} \tag{0-18}$$

线圈中的磁链变化有两种原因：①磁通本身就是由交流电流产生的，也就是说空间中任一点的磁通本身随时间变化；②空间中各点的磁通本身虽不变化，但线圈处于不同位置时，通过它的磁通可能不同，即由于线圈和磁场间有相对运动，线圈中的磁链在变化。因此磁链可以看成是时间和位移的函数，即 $\Psi=\Psi(t,x)$，所以有

$$\mathrm{d}\Psi = \frac{\partial \Psi}{\partial t}\mathrm{d}t + \frac{\partial \Psi}{\partial x}\mathrm{d}x \tag{0-19}$$

故有

$$e = -\frac{\mathrm{d}\Psi}{\mathrm{d}t} = -\frac{\partial \Psi}{\partial t} - \frac{\partial \Psi}{\partial x}\frac{\mathrm{d}x}{\mathrm{d}t} = -\frac{\partial \Psi}{\partial t} - V\frac{\partial \Psi}{\partial x} = e_{\mathrm{T}} + e_{\mathrm{R}} \tag{0-20}$$

式中，$V = \mathrm{d}x/\mathrm{d}t$ 为导体(线圈)与磁场间的相对速度。由此可见感应电势 e 可分为两部分：$e_{\mathrm{T}} = -\frac{\partial \Psi}{\partial t}$称为变压器电势；$e_{\mathrm{R}} = -V\frac{\partial \Psi}{\partial x}$称为旋转电势或速度电势。

变压器的线圈静止不动，线圈中的感应电势仅有变压器电势 e_{T}。直流电机空间任一点的磁通对时间为恒定不变，线圈中的电势仅有速度电势。

一根长为 l 的导线在磁场中以速度 v 切割磁力线，当 B、l、v 互相垂直时有感应电势

$$e = Blv \tag{0-21}$$

若一个线圈本身的电流 I 所产生的磁链为 Ψ，则定义该线圈由磁链 Ψ 所引起的电感 L 为

$$L = \frac{\Psi}{I} \tag{0-22}$$

若线圈是空心线圈，周围没有铁磁材料，则 L 是常数，与电流无关，这时称这个线圈的电感是线性电感。这时感应电势为

$$e = -\frac{\mathrm{d}\Psi}{\mathrm{d}t} = -L\frac{\mathrm{d}I}{\mathrm{d}t} \tag{0-23}$$

若线圈周围有铁磁材料，则 L 的大小随电流而变化，称为非线性电感。但是，若磁通的回路上有空气隙，空气隙的磁阻(或磁压 Hl)远大于其他磁路段的磁阻(或磁压)，这时由磁链 Ψ 引起的电感仍可看成是线性电感，式(0-23)仍然适用。

0.3.4 电磁力与电磁转矩

磁极之间存在作用力，方向是异性相吸，同性相斥，大小与距离平方成反比。

磁场中的载流导体所受的电磁力 F_{e} 为

$$F_{\mathrm{e}} = BlI \tag{0-24}$$

式中，l 为导线长度；I 为导线中的电流；B、l、I 三者互相垂直。若这导线在电机的转子上，导体至旋转轴的距离为 r，则电磁转矩 T_{e} 为

$$T_{\mathrm{e}} = BlIr \tag{0-25}$$

转矩也可由功率关系算得

$$T_{\mathrm{e}} = \frac{P}{\omega} \tag{0-26}$$

式中，P 为电机转轴上的机械功率；ω 为转轴的角速度。

当磁路由铁磁材料和空气隙组成时，如图 0-3(c)，在铁磁材料与空气接触的表面要受到电磁力的作用。电磁力的大小与气隙磁通的平方成正比，电磁力的方向是使磁阻或气隙减小的方向，即由铁磁材料表面向外，指向气隙。

磁场产生的磁力线就像被伸长的橡皮筋或弹簧，具有收缩力，力图使异性磁极靠近，或使磁阻减小，或使空气隙减小。

电磁力 F_{em}可用下式表示：

$$F_{em}=\frac{1}{2}\Phi_{\delta}^{2}\frac{dR_{\delta}}{d\delta} \tag{0-27}$$

式中，Φ_{δ} 为气隙磁通；δ 为沿磁力线方向的气隙长度；R_{δ} 为气隙磁阻；F_{em}的方向为沿磁力线并使气隙减小的方向。

0.3.5 圆柱面磁场间的力矩

图 0－4 表示两个同心圆柱面，圆柱孔的内表面和圆柱体的外表面都是两极磁场。取两个异性磁极正好对齐的位置为磁场夹角 θ 的零值，内圆柱体所受力矩为 T。根据磁极间同性相斥、异性相吸的原理可以看出，只要两个表面的磁极不是正好对齐，两表面间就存在相互作用力矩 T。T 是 θ 的周期函数，周期是 360°。根据傅里叶级数理论，可将 T 写成 θ 的一系列正弦函数之和，其中基波为

$$T_1=K\sin\theta \tag{0-28}$$

谐波的振幅比基波振幅小。如果谐波可以忽略，则 T 与 θ 的关系就是式(0－28)。

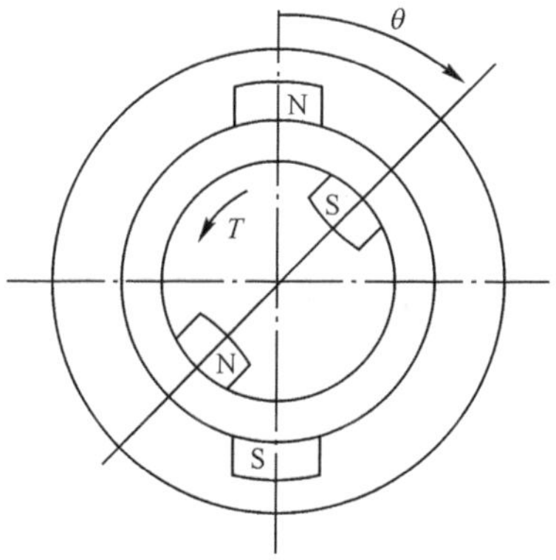

图 0－4　两极磁场

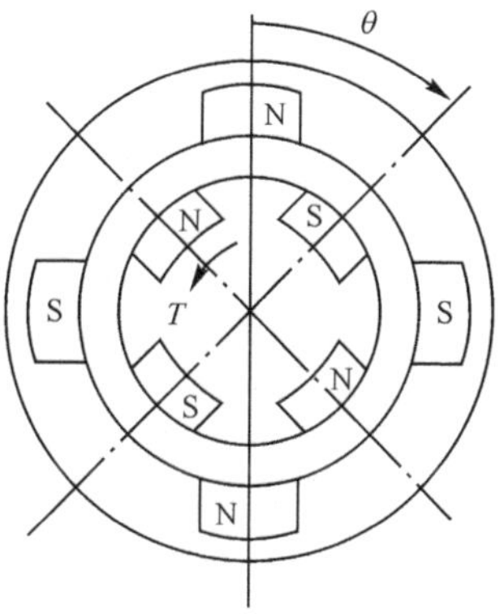

图 0－5　四极磁场

图 0－5 表示的圆柱面具有四极磁场，同样可以看出，T 仍是 θ 的周期函数，但周期是 360°/2，其傅里叶级数中的基波表达式为

$$T_2=K\sin 2\theta \tag{0-29}$$

同样，若两圆柱表面的磁场是 p 对极，其力矩的基波表达式为

$$T_p=K\sin(p\theta) \tag{0-30}$$

绝大部分电机中力矩的产生都可以用上述圆柱面磁场来解释，电机中的力矩 T 与磁场间的夹角 θ 的关系近似符合式(0－30)。

0.4　运动控制系统的执行元件

系统对执行元件的基本要求是：有足够大的功率及力或力矩，有准确的静特性和快速响应的动特性。运动控制系统常用的执行元件是电动机、液压元件和气动元件。其中使用最方便、应用最广泛的是电动机，而力或力矩最大的是液压元件。

一台电机可作电动机用，也可作发电机用，这个原理称为电机的可逆原理，它们往往也被统称为电机。电机按所用电源可分为直流电机、交流电机和脉冲电机。交流电机按磁场转速和电机转速的关系又分为异步电机和同步电机。电机按功率大小可分为大型、中小型和微型三类。微电机一般指折算至1000r/min时连续额定功率为750W及以下，或机壳外径不大于160mm，或轴中心高不大于90mm的电机。微电机按用途可分为三类：电源微电机(包括各类发电机)、驱动微电机和控制微电机。控制微电机指的是在自动控制系统中用于检测、放大、执行等用途的微电机。

近年出现了应用电力电子器件和控制技术制成的机电一体化的电机装置，它们的特性比原电机固有特性有很大改进，以至于无法说清楚这样一台具体的电机装置应划为哪种类别，应该称为什么电机。

习　题

1. 按功能和作用分类，自动控制系统有哪四大类元件?
2. 写出圆柱面磁场间的力矩表达式。

第一篇　电动机及其控制

第 1 章　直流电动机及其控制

1.1　直流电机及其基本结构

直流电动机和直流发电机的基本结构是相同的，统称为直流电机。

直流电机的发明和应用比交流电机早，但交流电机的应用却后来居上。目前发电站的发电机全部是交流发电机；各行各业作为驱动的电机中，大部分也是交流电机。但是在机械装置的自动控制领域，特别是在高精度位置伺服系统中，直流电机占有重要地位。此外，在调速性能要求高或者需要大转矩（特别是大启动转矩）的场所，如轧钢机、龙门刨床、电车、电气铁道牵引、起重机械拖动等方面，直流电动机也有广泛应用。

直流电动机有以下优点：①转矩大；②调速范围宽；③易于控制且可靠性高；④调速时能量损耗较小。

直流电动机的主要缺点是有换向器。由于有换向器，使直流电机比交流电机费工费料，造价贵，运行时换向器需要经常维修，寿命也较短，而换向条件又使直流电机的容量受到限制。

直流电机按部件的运动状态可分为定子和转子两部分，按部件的作用可分为磁极、电枢绕组、换向器和电刷。为了实现电枢绕组电流换向，电枢绕组放在转子上，磁极位于定子上。定子和转子之间存在间隙（称为气隙），以便定、转子能够进行相对机械运动。小容量电机的气隙约为 1～3mm。定子由定子铁心、激磁绕组或永磁体、机壳、端盖和电刷装置等组成。转子由电枢铁心、电枢绕组、换向器、轴、风扇等组成。风扇是用来冷却的。一般小型电机的轴是通过滚动轴承支承在两端的端盖上。直流电机的基本结构示意图如图 1－1 所示。

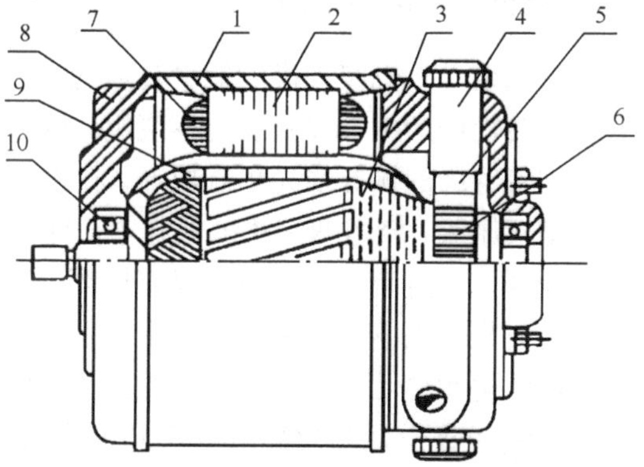

图 1－1　直流电机结构简图

1. 机壳　2. 定子铁心　3. 电枢　4. 电刷座　5. 电刷
6. 换向器　7. 激磁绕组　8. 端盖　9. 空气隙　10. 轴承

1.1.1　磁极和定子铁心

按激磁方式，直流电机可分为电磁式和永磁式两种。

电磁式直流电机应用于功率大的场合。它的磁场由激（励）磁绕组产生。绕组由铜线绕制，套在定子铁心的磁极上。直流电机运行时，激磁绕组通过直流电产生恒定磁场。磁极间的磁通通路称为磁轭。

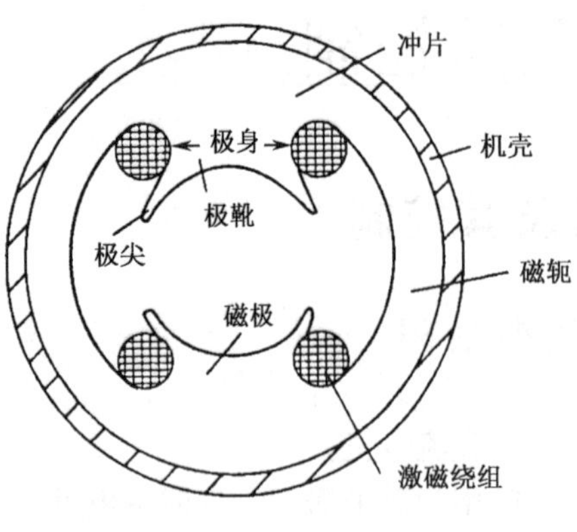

图 1－2　定子结构简图

电磁式小容量直流电机中，定子铁心的磁极和磁轭做成一体，用厚为 0.35mm 或 0.5mm 的硅钢片冲片叠压而成，铁心外边的机壳由铝合金浇铸而成，如图 1－2 所示。一般直流电动机的磁轭也可以用整体材料（如铸钢或钢筒）做成。

电枢表面的气隙磁密应按一定形状在空间分布。为了使主磁通在空气隙中的分布更为合理，磁极一般分为极身和极靴（极掌）两部分。极身较窄，外装激磁绕组（电磁式），极靴较宽。极靴两边伸出极身之外的部分称为极尖。极靴面向电枢的曲面称为极弧。极弧的形状对电机运行性能的好坏有一定的影响，通常使两极尖下的气隙较大。

永磁式电机的磁极由永磁体做成，镶嵌在磁轭上。由于永磁体比电磁铁体积小，重量轻，无激磁损失，因此永磁电机具有体积小、重量轻、效率高和结构紧凑等优点。永磁电机的缺点是：永磁体产生的磁场比由电流励磁产生的磁场要弱，磁场不能调节；永磁材料硬脆，机械加工较困难。由于低价的铁氧体磁性能的提高，特别是由于性能优良和价格适宜的新型永磁稀土材料的广泛应用，永磁电机越来越显示出它的优越性。永磁电机的容量范围随着新的永磁材料的出现不断扩大。在直流微型电动机中，永磁式占绝大部分。

1.1.2　电枢绕组和电枢铁心

电枢绕组是电机实现机电能量转换的主要部件。电机运行时负载电流的流通、感应电动势和电磁转矩的产生都要依靠电枢绕组，故称其为电机的中枢或枢纽。电枢绕组的制造方法一般是把带绝缘的铜导线先预制成形，在铁心槽内放好绝缘层后将绕组嵌入。绕组嵌入槽中后要用槽楔压紧，绕组两端用绑线扎紧，每个绕组元件的两个端头（引出线）按着一定的规律接到换向器上。直流电枢绕组本身自成闭合回路。

直流电机的电枢一般都在转子上，以便实现电枢电流的换向。电枢铁心又称为转子铁心。电枢铁心的作用是给主磁通提供低阻磁路和嵌放电枢绕组。电机运行时电枢铁心要转动。当电枢在磁场中旋转时，铁心中的磁通方向不断变化，因而会产生涡流及磁滞损失。为减少损耗，电枢铁心用厚 0.35mm 或 0.5mm 的硅钢片的冲片叠压而成，冲片之间有片间绝缘，冲片形状如图 1－3所示。电枢铁心上的槽是安放电枢绕组用的，电枢铁心和电机转轴之间是固定连接的。电枢铁心和绕组如图 1－4 所示。

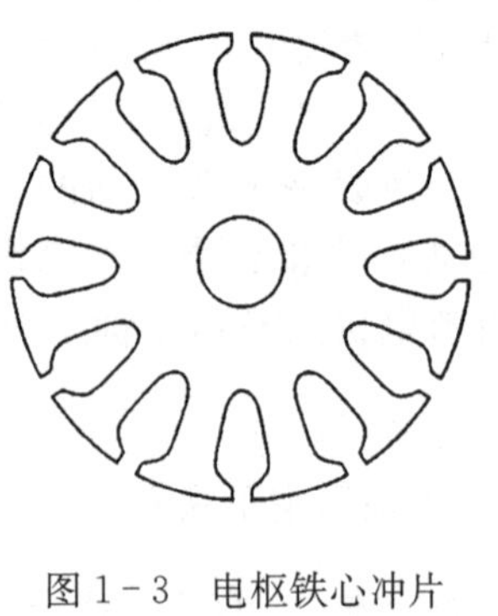
图 1－3　电枢铁心冲片

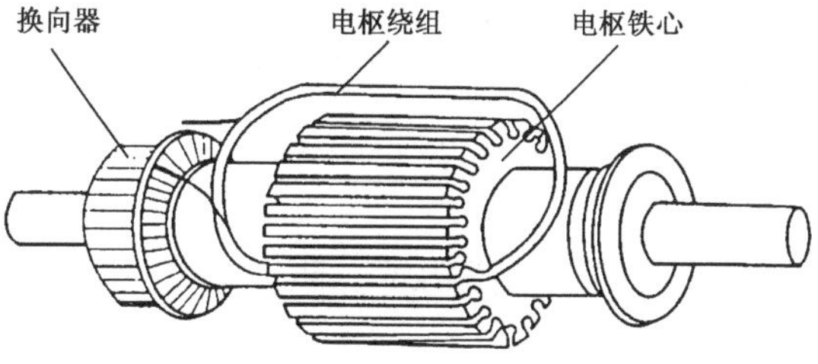

图 1-4　电枢铁心和绕组

1.1.3　换向器和电刷装置

换向器也是直流电机的关键部件，它起整流和换向作用。在直流发电机中，换向器将电枢绕组内部的交流变为电刷上的直流。在直流电动机中，它将电刷上的直流变为绕组内部的交流。换向器是由许多换向片(铜片)装配而成，换向片之间用云母绝缘，各换向片与绕组元件连接。常用的换向器有金属套筒式换向器与塑料换向器。图 1-5 是塑料换向器的示意图。

电刷装置是电流引入或引出装置，它使转动的换向器与静止的外电路相通，包括电刷、刷握(又称刷盒)、刷架、调压弹簧。电刷装在刷握内，用弹簧将它压在换向器上，使其与换向器有良好的接触。

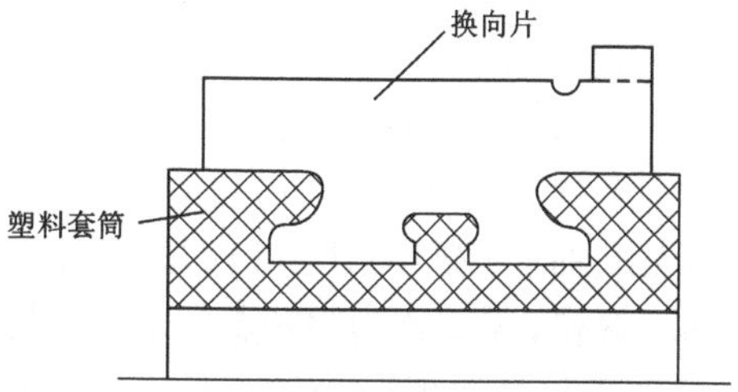

图 1-5　塑料换向器

对于直流电动机，直流电源通过电刷与换向器加到电枢绕组的导体中，并使每个磁极下线圈导体的电流总是一个方向，从而使电磁力和电磁转矩也保持一个方向，使电动机能保持连续旋转。

电气图上直流电动机的图形符号见图 1-6。电磁式直流电动机实际上包括他励直流电动机、并励直流电动机、串励直流电动机和复励直流电动机。控制系统中采用的电磁式直流电动机几乎都是他励直流电动机，所以本书中电磁式直流电动机指的是他励直流电动机。

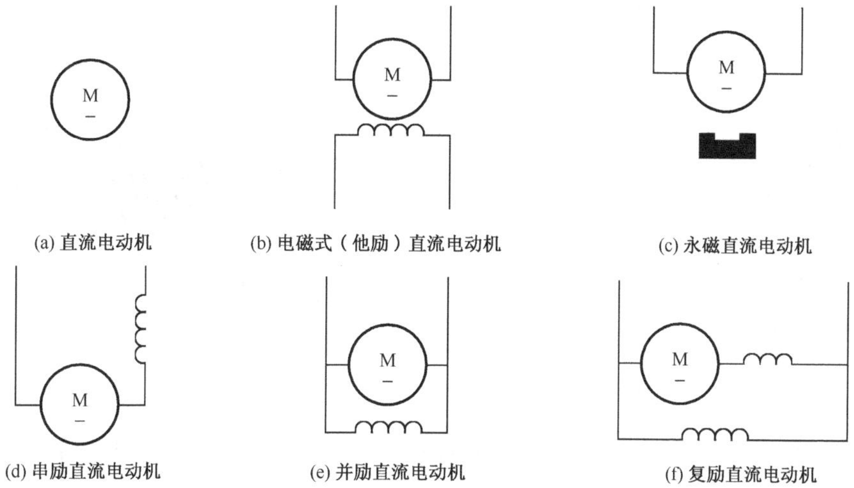

图 1-6　直流电动机的图形符号

1.2 电机中的磁性材料

1.2.1 铁磁物质

物质按磁性分类，有顺磁、抗磁和铁磁物质三种。物质的磁性用磁导率 μ 表示，它与磁场强度 H 的乘积就等于磁密 B，即

$$B = \mu H \tag{1-1}$$

顺磁物质的磁导率 μ 略大于真空的磁导率 μ_0，抗磁物质的 μ 略小于 μ_0，而铁磁物质的磁导率 μ 一般远远大于 μ_0。对电机和变压器常用的铁磁材料来说，μ 为 μ_0 的 2000～6000 倍，而许多良导体如铜、铝等，它们的磁导率 μ 和 μ_0 相差无几。在工程上，除了铁磁物质外，其余材料的磁导率都认为是 μ_0。

除了 μ 很大以外，铁磁物质还具有下述性质：①它们的 B 和 H 不是简单的正比关系，而是比较复杂的函数关系。铁磁物质的 μ 不是恒量，而是随磁场强度 H 变化；②在外磁场停止作用后，很多铁磁物质仍有较强的磁性；③每种铁磁材料对应一个临界温度，在这个温度下，它们的磁性发生突变。高于此温度时，磁导率与磁场强度无关并降到接近 μ_0，这时铁磁物质转化为顺磁物质，这个临界温度称为居里点。

铁磁物质的磁状态由磁化曲线即 B-H 曲线表示(B:T 或 Wb/m^2，H:A/m)。图 1-7 表示原始磁化曲线，磁场强度 H 由零开始逐渐增加。在 oa 段 B 增加较慢，ab 段 B 迅速增加，bc 段增加率减慢，点 c 称为饱和点，cd 段称为饱和段。该图中还给出了 μ 与 H 的关系曲线。如果把磁场强度由零增加到某值 $+H_{max}$(不超过饱和点)，然后再减小到 $-H_{max}$后，反复多次便可获得一个对称于原点的闭合回线，这就是铁磁物质的磁滞回线，如图 1-8 所示。图中 B_r 为剩磁磁密(简称剩磁)，H_c 为矫顽磁力。磁滞回线在第二象限(或第四象限)内的一段称为去磁曲线或退磁曲线。当 H_{max}不同时得到不同的磁滞回线，这些磁滞回线正顶点连成的曲线称为铁磁物质的基本磁化曲线，它与原始磁化曲线相差很小，一般用它代表铁磁物质的磁性能。

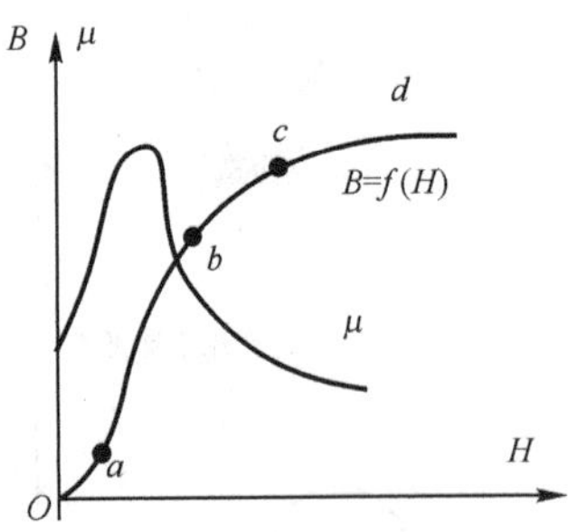

图 1-7 磁化曲线

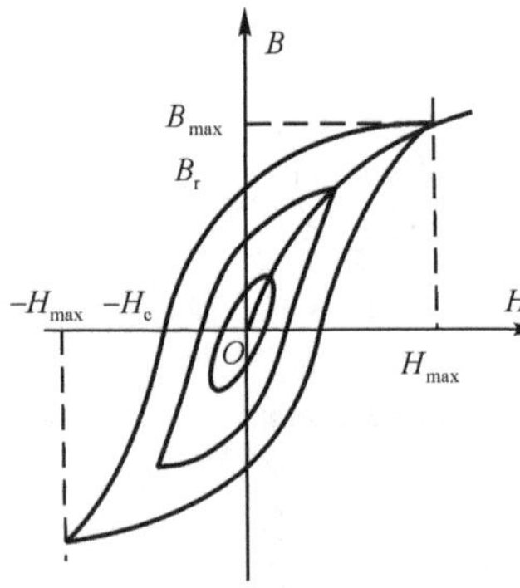

图 1-8 磁滞回线

铁磁物质包括铁及其与钴、钼、钨、镍、铝的合金以及其他金属，还有铁氧体物质。铁磁物质根据磁滞回线的形状及其在工程上的用途分为两大类：一类是软磁材料，它的磁滞回线狭窄，H_c 很小，回线面积小，磁导率高；如硅钢片、纯铁、铸钢等，常用来做电机、变压器的

铁心。另一类是硬磁材料，它们具有较大的矫顽磁力 H_c 和较高的剩磁磁密 B_r，它们的磁滞回线较宽；如钨钢、钴钢、铁镍合金等，可以用来制成永磁体。

由磁滞回线可以看出，B 的变化滞后于 H 的变化，这种现象称为磁滞现象。铁磁材料在交变磁场作用下反复磁化时将要发热，引起损耗，这种损耗称作磁滞损耗。磁滞回线所包围的面积越大，磁滞损耗也越大。磁滞损耗 P_h 与磁通的交变频率 f 成正比，而与磁密幅值 B_m 的 α 次方成正比，即 $P_h \propto fB_m^\alpha$。对常用的硅钢片，$B_m=1.0\sim1.6\text{T}$，$\alpha\approx2$。

当铁磁材料构成的铁心处于交变的外磁场中时，铁心中还会产生涡流。涡流在铁心中引起的电阻损耗称为涡流损耗。若铁心是由厚度为 d 的带有绝缘薄膜的薄钢片叠压而成，则整个铁心的涡流损耗 P_W 为

$$P_W = (\pi^2 f^2 d^2 B_m^2)V/(6\rho)$$

式中，V 为整个铁心的钢片总体积；ρ 为钢片的电阻率。

一般电工钢片厚度为 0.5mm 和 0.35mm。为了减少涡流损耗，铁心不是用整块铁磁材料制成，而是采用片状的并有绝缘薄膜的材料叠压而成。电工钢片中常加入适量的硅，制成硅钢片以提高其电阻率。同时硅的加入也使材料的磁滞回线面积减小，这也使磁滞损耗降低。

磁滞损耗与涡流损耗合在一起称为铁心损耗或简称铁耗。单位质量的铁耗通常用下式计算：

$$P_{Fe} = P_{1/50}(f/50)^\beta B_m^2$$

式中，$P_{1/50}$ 为铁耗系数，代表 $B_m=1\text{T}$，而 $f=50\text{Hz}$ 时每千克硅钢片中的损耗，系数 β 随硅钢片的含硅量增高而减小，其数值范围为 1.2～1.6，B_m 的单位为 T，而 P_{Fe} 的单位为 W/kg。

1.2.2　永磁材料的磁化特性

永磁材料是指材料被外磁场磁化以后，去掉外磁场后也仍然保持着较强剩磁的磁性材料。它是人类最早发现和最早应用的磁性材料。人们利用它制造各种产生线性力和转动力矩的元件和设备。永磁材料在电机中作磁极用，又称为磁钢。由于激磁线圈绕线耗费工时和消耗铜，所以很多电磁式电机都在陆续转为应用永磁材料。

完全由永磁材料组成的闭合磁路的磁化特性如图 1-9 所示，其中 $Oabc$ 称为初始磁化曲线，点 b 为饱和点，B_s 称为饱和磁密。当外加磁场强度 H 大于 b 的 H_s 而继续增加时，bc 段为一直线，其斜率不变，为

$$\rho_s = \tan\alpha_s = \mu_0$$

当外加磁场强度的幅值(最大值)一定，而方向不断反复变化时，磁路的磁化曲线为端点在初始磁化曲线上的磁滞回线，或称磁滞环。如图 1-9 中的 $aa_1a'a_2a$ 和 $bb_1b'b_2b$ 所示。反复磁化的磁场强度幅值小于 H_s 时，所得的磁滞回线各不相同。磁场强度幅值大于 H_s 时，所得的磁滞回线除了端点沿初始磁化曲线延伸的一段(bc 段)外，其回线部分与端点在点 b 的磁滞回线是相同的。后者是永磁材料的最大磁滞环，简称磁滞回线。

磁滞回线位于第二象限(或第四象限)的部分称为去磁曲线或退磁曲线。因为永磁材料一般是在去磁状态下工作，所以去磁曲线是研究永磁电机的基本曲线。

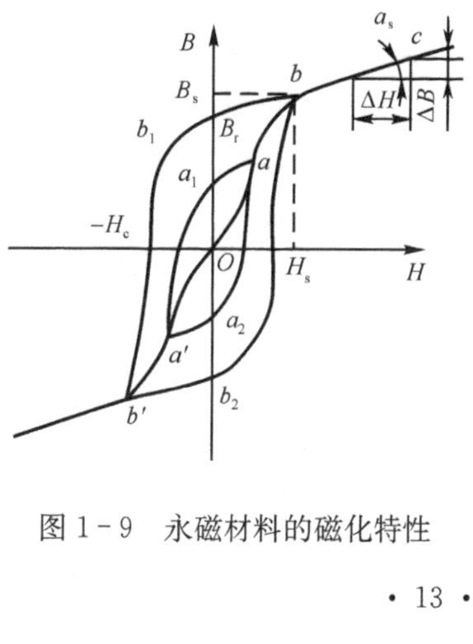

图 1-9　永磁材料的磁化特性

在磁滞回线和去磁曲线上，与 $H=0$ 对应的磁密称为永磁材料的剩磁磁密 B_r；与 $B=0$ 对应的磁场强度称为永磁材料的矫顽磁场强度 H_c，或称矫顽力。

永磁材料的去磁特性可以分为两类：一类以铝镍钴(AlNiCo)为代表，另一类以稀土永磁材料和部分铁氧体为代表。

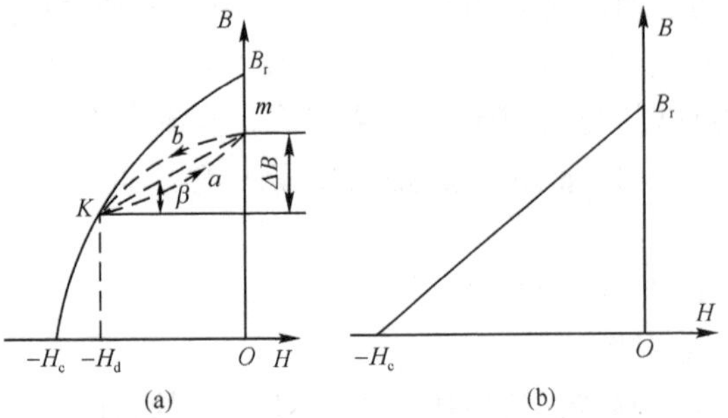

图 1－10　永磁材料的去磁曲线和回复线

以铝镍钴为代表的一类永磁材料的去磁曲线如图 1－10(a)所示。如果磁场强度 H 由 0 去磁到 $-H_d$ 后，再恢复到 0，则磁化曲线由点 K 沿次磁滞回线的上升分支 Kam 上升，而不是沿去磁曲线上升。当 $H=0$ 时到达点 m，此时磁路中的磁密低于 B_r 值。如果 H 重新去磁，则磁化曲线又沿 mbK 下降，直到 $-H_d$，回到点 K。$KambK$ 称为次磁滞环。一般的永磁材料，次磁滞环的上升和下降两个分支相距很近，可以用 K-m 直线来近似地表示。K-m 直线称为去磁曲线上 K 点的回复线。回复线的斜率称为回复系数，用 ρ 表示

$$\rho=\tan\beta=\frac{\Delta B}{H_d}\quad (\mathrm{H/m})$$

式中，β 是回复线与横坐标之间的角度。

以稀土永磁体和部分铁氧体为代表的永磁材料，它的去磁曲线是一条直线(如图 1－10(b)所示)，回复线几乎与去磁曲线完全重合。

由磁场理论知道，磁场的能量密度为 $BH/2$。在永磁材料中，用 B、H 的乘积表示它的单位体积的能量，称为磁能积，用(BH)表示。(BH)数值越大，所需永磁材料数量越小。(BH)的最大值称为永磁材料的最大磁能积，记为$(BH)_{max}$。B_r、H_c和$(BH)_{max}$是电机用永磁材料最重要的三个参数。它们的数值越大，磁性能越好。

1.2.3　永磁材料的工作点

在 B-H 坐标图上，表示永磁电机的永磁磁极中 B 和 H 的点称为永磁材料的工作点或磁铁工作点。

图 1－11(a)表示一个完全由永磁材料组成的截面为 S_m，长度为 l_m 的闭合磁路。将该磁路磁化到饱和点以上，再让外加的磁势为零，由安培环路定律(全电流定律)知 $H_m l_m=0$，故 $H_m=0$。其中，H_m 为永磁材料中的磁场强度，根据永磁材料的磁化曲线可知，此时磁路中的磁密为 B_r。去磁曲线见图 1－12 曲线 1。

电机中，利用永磁体做磁极，必须使永磁磁路中包含一段空气隙。图 1－11(b)所示为一个由永磁材料和空气隙组成的闭合磁路。其中永磁磁路的长度为 l_m，截面积为 S_m，磁场强度为 H_m，磁密为 B_m；气隙长度为 δ_1，气隙段磁路的计算截面积为 $S_{\delta1}$，磁场强度为 $H_{\delta1}$，磁密为 $B_{\delta1}$。

因为 $H_m l_m+H_{\delta1}\delta_1=0$，所以 $H_m l_m=-H_{\delta1}\delta_1$。可见在有气隙的闭合永磁磁路中，磁体内的磁压(或磁势)与空气隙中的磁压(或磁势)大小相等、方向相反；或者说，气隙磁压对永磁体起去磁作用。

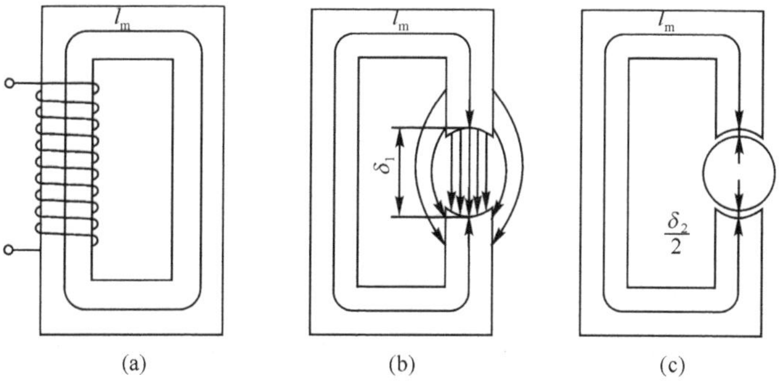

图 1－11　永磁磁路

利用上式，略去负号，再根据磁通连续性原理和磁路的欧姆定律可求得

$$H_m = B_m \frac{S_m}{S_{\delta1}} \cdot \frac{\delta_1}{\mu_0 l_m}$$

令

$$\tan\alpha_1 = \frac{\mu_0 S_{\delta1} l_m}{S_m \delta_1}$$

则

$$H_m = B_m \frac{1}{\tan\alpha_1}$$

知道了磁路的结构尺寸，就能算出角 α_1。图 1－12 中的点 K 即有气隙 δ_1 后，永磁材料中的工作点，直线 OK 与横轴的夹角为 α_1，并且气隙 δ_1 越大，α_1 越小，直线 OK 越接近横轴而工作点就在直线 OK 上。

下面分析气隙 δ_1 中放入电枢转子时的磁化情况，若转子材料的 μ 很大，可以忽略转子中的磁压降，则这种情况相当于气隙从 δ_1 减小为 δ_2，如图 1－11(c)所示，这时永磁材料的工作点回升，运行在由 K 点开始的回复线与直线 OP_2 的交点 K_2 上，如图 1－12 所示。而直线 OP_2 与横坐标轴之间的夹角 α_2 为

$$\alpha_2 = \arctan \frac{\mu_0 S_{\delta2} l_m}{S_m \delta_2}$$

如果转子磁路有饱和现象，直线 OP_2 应以考虑饱和的曲线 OP_2'来代替，这时的工作点是 K_2'(图 1－12)。

上面分析永磁体工作点时，认为电机电枢绕组没有通电流，处于空载状态，所求出的工作点称为无载工作点。当电机运行时，电枢绕组通有负载电流，负载电流所产生的磁势对永磁磁极可能会产生去磁作用，工作点会因而发生变化。

对于铝镍钴类永磁材料，设充磁后的无载工作点为点 M，如图 1－13 所示。设电机工作时由于电枢电流的直轴(即永磁磁场方向)去磁磁势所产生的磁场强度为 H_{ad}，则此时磁路的工作点降到点 K'。当再次无载时，磁路的工作点不能恢复到 M 而是 M'，它低于初始的无载工作点 M，使电机发生了永久性的去磁。因此采用铝镍钴类永磁材料的电机充磁后，必须用运行中可能产生的最大去磁磁势反复作用在磁路上，以获得稳定的电磁性能，称稳磁处理。此外，对于铝镍钴磁钢电机，如果转子要从定子中取出，定子一定要用保磁环保磁，否则由于转子取出，磁路的空气隙急剧增大，引起倾角 α 明显减小(图 1－12)，也会引起磁钢的永久性去磁。

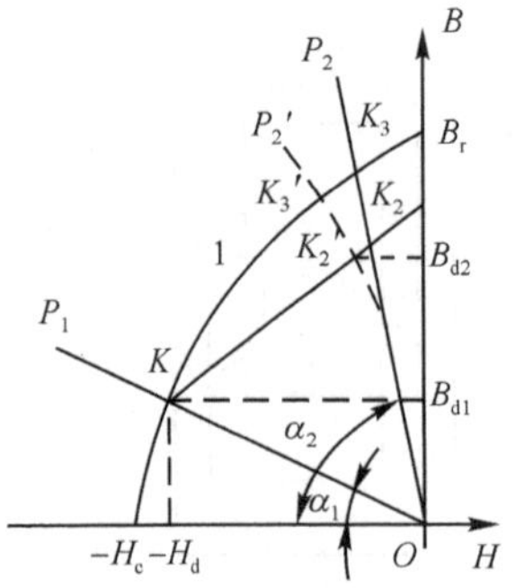

图 1-12　永磁电机的工作点

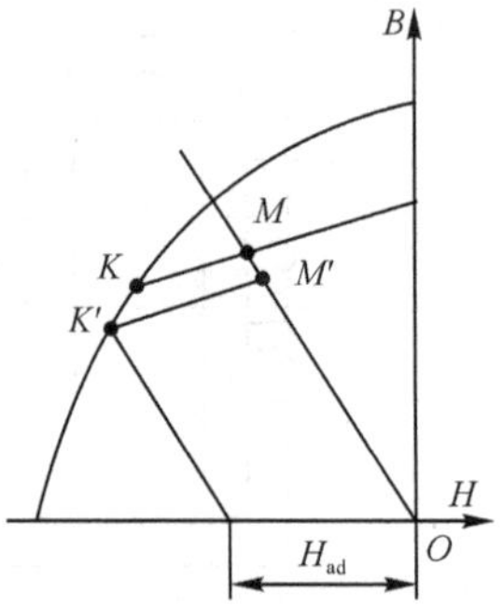

图 1-13　电枢去磁磁势的影响

对于目前国内外大量使用的以钕铁硼为代表的稀土永磁磁钢，回复直线与去磁曲线重合，电机运行时，由于电枢磁势的去磁效应或其他因素(如空气隙急剧增加)形成的去磁作用，工作点也会发生变化，但工作点始终位于去磁曲线上，去磁因素消失后工作点又会恢复到原位置，不会发生永久性去磁。并且由于这种稀土永磁材料的 H_c和 B_r都很大，在微电机(1kW 以下)中，由于电枢去磁作用所产生的磁密下降很小，去磁影响完全可以不考虑。在设计和分析时只考虑无载工作点就行。

工作点选在最大磁能积上时，所需的永磁材料最少。

1.2.4　常用的永磁材料

目前国内外永磁电机所采用的永磁材料(又称磁钢)有三类：铝镍钴(AlNiCo)、铁氧体和稀土类。

铝镍钴永磁材料由于剩磁大，磁感应温度系数小，从 20 世纪 50 年代到 80 年代中期，一直广泛应用在高性能永磁电机(特别是永磁直流力矩电动机)中。但是这种材料的恢复直线与去磁曲线不重合，使用前必须进行稳磁处理，即先退磁到一定程度再恢复到原磁场强度。稳磁处理后磁体工作在恢复直线上。铝镍钴永磁材料的矫顽力低，使用、保管不当容易去磁，价格也比较高。近几年来，由于性能优良、价格适宜的钕铁硼等稀土永磁材料的广泛应用，目前制造永磁电机已很少使用铝镍钴磁钢，它已逐渐被钕铁硼代替。永磁铁氧体(简称铁氧体)属于非金属永磁材料，它是很早就广泛使用的永磁材料。它的特点是矫顽力较高，不易去磁，价格便宜，但剩磁磁密小。由于铁氧体价格低，近些年来其磁性能又有提高，所以在永磁电机的磁体中铁氧体至今仍占大部分，并且它在电机中应用越来越多。

钐钴稀土永磁材料，由于其优良的磁性能，在高性能的永磁电机中得到应用。但钐的世界储量较小，钴又是战略物资，因此这种材料价格高昂，限制了它的应用。20 世纪 80 年代以来，永磁材料获得了重大突破，继 SmCo5 和 Sm2Co17 之后的第三代稀土永磁材料——钕铁硼(NdFeB)在世界上获得了广泛的应用。它兼有前述几种永磁材料的优点。它的一个明显优点是以钕代替钐，以铁代替钴。地球上钕的蕴藏量丰富，在稀土矿中含量占第三位，而我国钕的蕴藏量占世界的 80%，所以钕铁硼的价格比钐钴永磁材料便宜得多。钕铁硼永磁材料最主要的优点是具有优良的磁性能，剩磁磁密 B_r、矫顽力 H_c和最大磁能积$(BH)_{max}$都很大。这种材料的磁稳定性能好，不怕去磁。在制造电机过程中，不需像铝镍钴永磁材料那样进行稳磁处理，可以先充磁后装配，多次拆装也不会去磁。钕铁硼的相对磁导率为 1.05，接近空气磁导率。钕铁硼的缺点是热稳定性差，在150℃时磁性能变坏，不能应用在较高的温度下。目前钕铁硼正广泛应用在高性能的永磁电机中。

永磁电机常用的永磁材料的磁性能见表1-1，典型去磁曲线见图1-14。

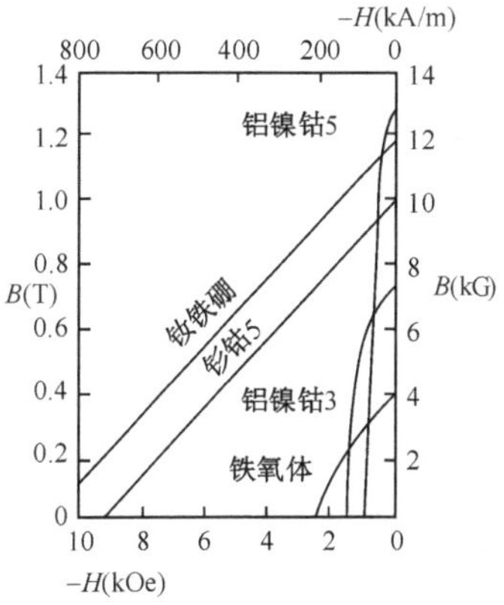

图1-14 典型去磁曲线

表1-1 常用永磁材料性能

	B_r (GS)	H_c (Oe)	$(BH)_{max}$ (MGO)
钐钴	≥9600	≥8700	>23
钕铁硼	≥12000	≥9000	≥34
铁氧体	4000	3000	4
铝镍钴5	12500	700～800	7～8

1.2.5 永磁电机的磁路结构

永磁式直流电机磁极的排列比电磁式灵活多样，可以充分利用空间，所以永磁电机比电磁式结构紧凑，体积小。永磁电机的磁路结构有两种不同形式，其电机外壳也相应地必须采用两类不同的材料：非导磁材料和导磁材料。这一点对于分装式直流力矩电动机很重要，因为这种电动机的外壳是由用户自己制造和装配的。永磁电机两种不同的磁路结构见图1-15，其中图(a)为铝镍钴永磁体常用的磁路结构，它的机壳必须采用非导磁材料，如铝合金、黄铜等以防止漏磁。图(b)为稀土类永磁体常用的磁路结构，由于机壳是磁路的一部分，因此必须采用导磁的软钢等材料制造。

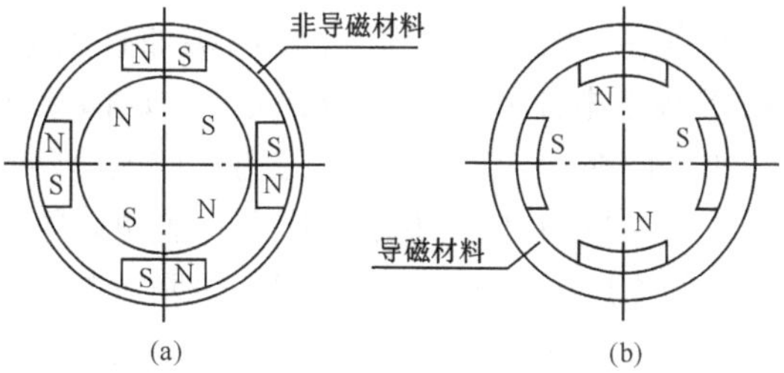

图1-15 永磁电机定子的磁路结构

1.3 直流电机工作原理

1.3.1 电磁力定律和电磁感应定律

电磁力定律：载流导体在磁场中要受到电磁力的作用，当导体与磁场方向垂直时，电磁力 F 的大小为

$$F = IlB \tag{1-2}$$

式中，F 为电磁力(N)；I 为电流(A)；l 为导体长度(m)；B 为磁密(Wb/m^2)。I、B 和 F 的方向符合左手定则，即 B 由左掌心穿过，四指指着 I 的方向，则拇指指着 F 的方向，见图1-16。

电磁感应定律：当导体在磁场中运动并切割磁力线时，导体中要产生感应电动势，当运动速度 v、磁感应强度 B 和导体长度 l 三者互相垂直时，感应电动势 e 的大小为

$$e = vBl \tag{1-3}$$

e、B、v 的方向符合右手定则，即 B 由右掌心穿过，拇指指向 v 的方向，则其余四指指向 e 的方向，见图 1-17。

直流电动机利用电磁力定律产生力和转矩。直流发电机利用电磁感应定律产生电势。无论是直流电动机还是直流发电机，运行时都要遵循这两条电学定律。

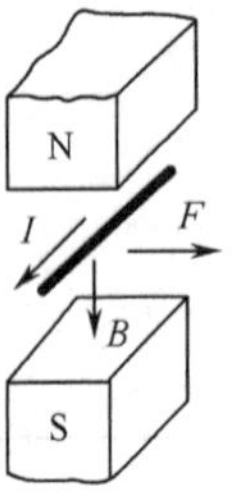

图 1-16　载流导体在磁场中受力

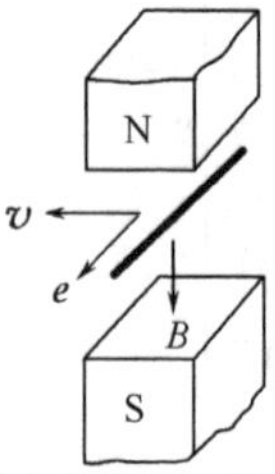

图 1-17　运动导体产生感应电动势

1.3.2　直流电动机的工作原理

直流电动机模型如图 1-18 所示。该模型电动机包括三个部分：固定的磁极、电枢、换向片与电刷。如果在电刷 A、B 两端加直流电压 U_a，A 接正，B 接负，N 极下的电流方向为 $a \to b$，S 极下电流方向为 $c \to d$。导体 ab 和 cd 在磁场中都受到电磁力 F 的作用，方向符合左手定则，如图 1-19 所示。电磁力形成电磁转矩 T_{em}，方向如图所示，从而驱动转子转动。当电枢恰巧转过 90°时，电刷与换向片脱离，导体 ab、cd 的电流为零，故电磁转矩等于零。由于惯性的作用，电枢将继续转动，电刷重与换向片接触，导体 ab 与 cd 中的电流方向将改变，但每个磁极下导体的电流方向却恒定不变，仍如图 1-19 所示，这就保证了电磁转矩的方向不变，从而维持电动机不停地转动。要维持电动机连续旋转，保证电磁转矩方向不变，则导体从一个磁极下(如 N 极)转到另一个磁极下(如 S 极)时，导体中的电流方向必须相应地改变，换向片(器)与电刷就是实现转换电流方向的机械装置。换向片(器)的名称正是由此而得的。改变电刷 A、B 上电压 U_a 的极性，就可以改变电机转动的方向。

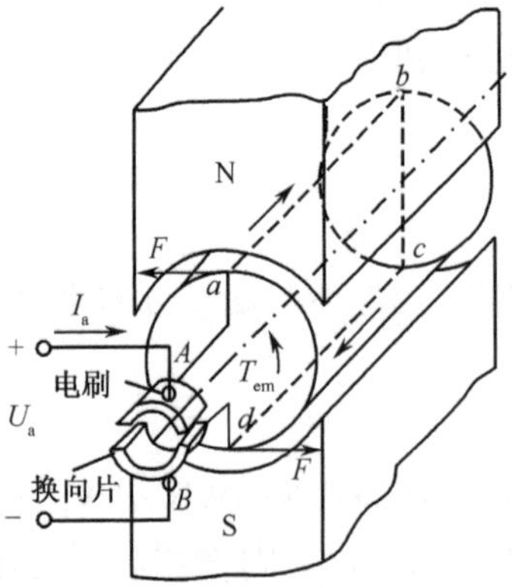

图 1-18　直流电动机模型

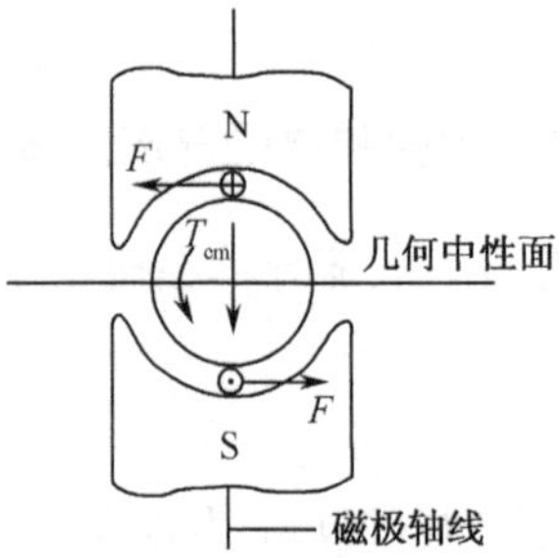

图 1-19　直流电动机的工作原理

上述模型电机电枢绕组只有一匝线圈，转子无铁心，空气隙太大，故磁密太小，所以感应电势及电磁转矩太小，而转矩波动大(某一位置转矩为零)。实际的直流电动机的结构比较复杂，转子是导磁材料，绕组(线圈)数很多，并且分成若干支路。它的工作原理可以用图 1－20 所示的环形绕组的直流电动机来说明。图中磁极 N、S 和电刷 A、B 在空间是固定不动的。该电机有 8 个绕组，安放绕组的环形铁心和换向器装在轴上。由图可以看出，两个电刷分别把 N 极和 S 极下的绕组连接成两条并联支路，一条支路由绕组 1、2、3 串联构成，另一条支路由绕组 5、6、7 串联构成。而绕组 4 被电刷 B 短路，绕组 8 被电刷 A 短路。由于换向器和电刷的作用，无论转子转到什么位置，每个磁极下导体的电流方向是不变的，从而使电磁转矩方向不变，电机的转子也能连续转动。改变电刷 A、B 上电源的极性，也就改变了电机转动的方向。

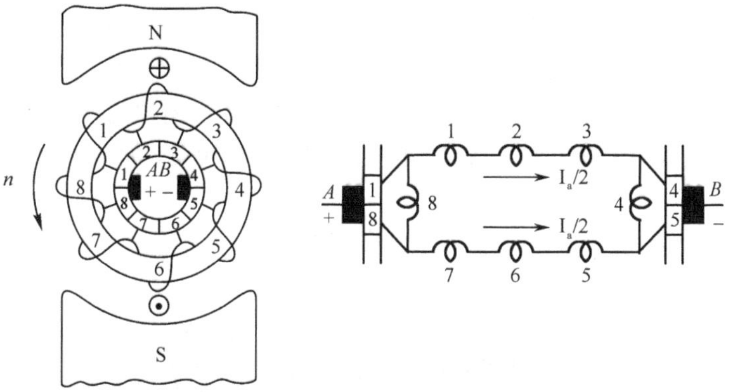

图 1－20　环形绕组电动机

由于环形铁心内腔磁密为零，所以内腔的导体不受电磁力作用，不产生电磁转矩，它仅起连接线的作用，因而铜的利用率低。同时在制造上不能用成型线圈，经济性和工艺性不好，所以现在环形绕组被淘汰了(只有特殊电机上使用)，取代它的是鼓形绕组。如果把环形绕组铁心内腔里的导体移到鼓形铁心(实为圆柱形)的外圆上，使之成为有效边，环形绕组便过渡到鼓形绕组，如图 1－4 所示。鼓形绕组的工作原理与环形绕组是相同的。

下面简述实际电机(鼓形绕组)的结构。

电机中的一个线圈(可有很多匝)又称为一个绕组元件。每个绕组元件的两个直线边放在电枢铁心槽内，如图 1－4。这一部分处于电机气隙磁场内，产生感应电势和电磁力矩，称为有效边。绕组在槽外的部分处于气隙磁场外，只起连接作用，称为端接部分。图 1－21 表示一个 4 极电机绕组元件在电枢上的排列方式。绕组元件在铁心槽内分成上下两层。绕组的一个有效边放在槽内的上层，称为上层边。另一个有效边则放在对应的另一个槽的下层，称为

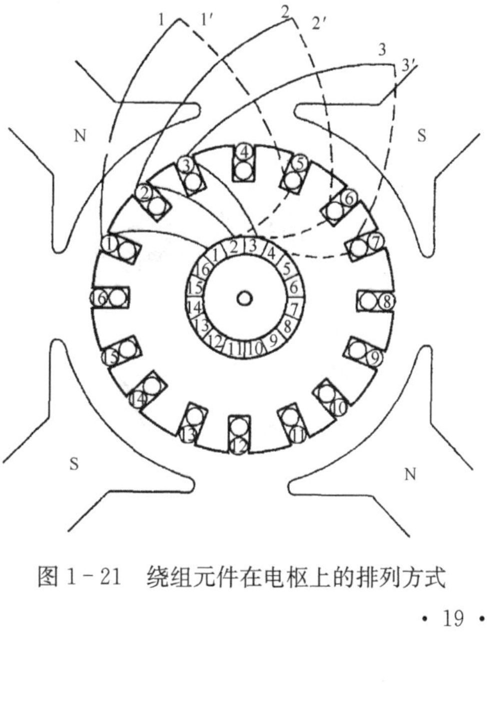

图 1－21　绕组元件在电枢上的排列方式

下层边。相邻的槽内放着另一个绕组元件。画在电枢外面的连接线是绕组的端接部分。实线是上层边的端接部分，虚线是下层边的端接部分。同一个绕组的两个有效边分别放在异性磁极的对应位置上，它们之间相距一个极距。所有绕组按照上述方式依次排列，直到填满所有的槽。一般情况下，绕组元件数和电枢铁心槽数相同。

直流电机的绕组有多种连接方式，从而形成多种绕组，如单叠绕组、复叠绕组、单波绕组、复波绕组和混合绕组等。它们各有其独特的功能。从电路上看，各种绕组的差别主要在于它们的并联支路数目不同，而不同的并联支路数在一定程度上反映了电枢可通过的电流的大小。

单叠绕组的连接方法。第 1 个绕组元件的下层边与第二个绕组元件的上层边连接在同一个换向片上，并且第二个绕组就在第一个绕组相邻的槽内，如图 1－22(a)所示。图中实线表示绕组元件上层边与换向片之间的连接线，虚线表示绕组下层边与换向片的连接线。按照这个次序连接下去，最后一个绕组的下层边与第一个绕组的上层边连接在最后一个换向片上，全部绕组形成闭合回路，如图 1－22(b)所示。可见每个换向片上都连接着两个绕组的端头，分别是一个绕组的始端和另一个绕组的末端。因此，绕组元件的数目和换向片的数目相等。按上述方法连接的单叠绕组，在适当的位置上加上适当的电刷，就能实现换向，如图 1－22 所示。

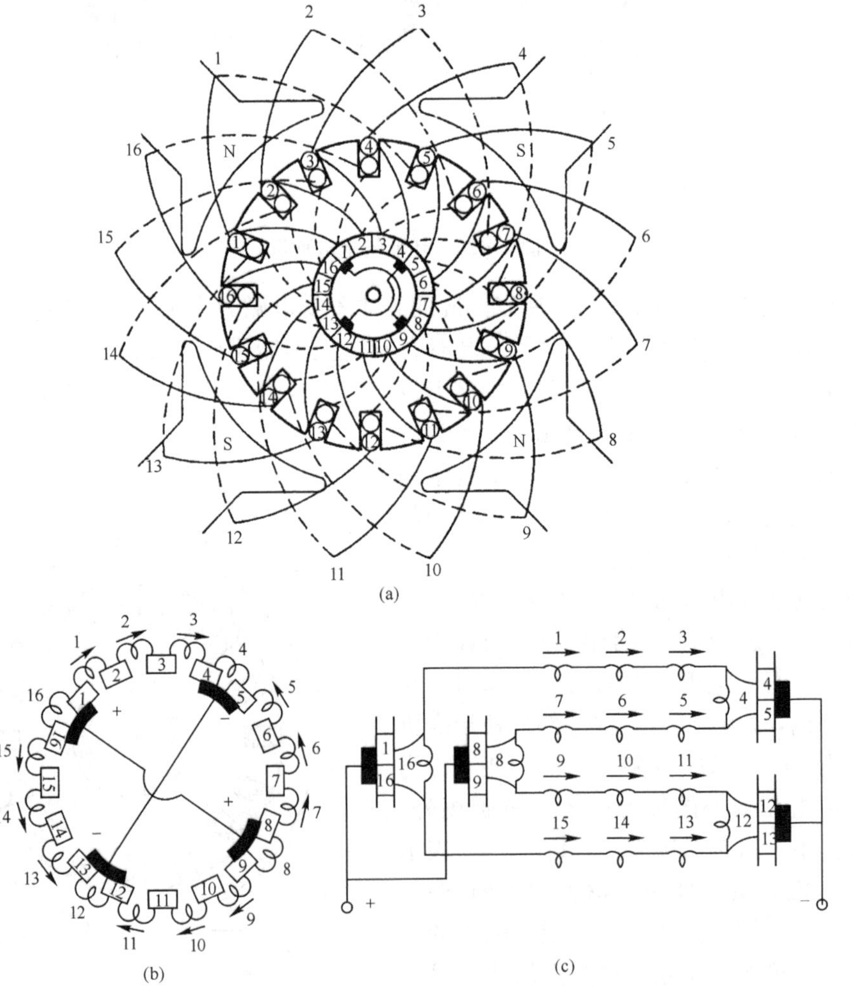

图 1－22　单叠绕组

上述模型电机电枢绕组只有一匝线圈，转子无铁心，空气隙太大，故磁密太小，所以感应电势及电磁转矩太小，而转矩波动大(某一位置转矩为零)。实际的直流电动机的结构比较复杂，转子是导磁材料，绕组(线圈)数很多，并且分成若干支路。它的工作原理可以用图 1-20 所示的环形绕组的直流电动机来说明。图中磁极 N、S 和电刷 A、B 在空间是固定不动的。该电机有 8 个绕组，安放绕组的环形铁心和换向器装在轴上。由图可以看出，两个电刷分别把 N 极和 S 极下的绕组连接成两条并联支路，一条支路由绕组 1、2、3 串联构成，另一条支路由绕组 5、6、7 串联构成。而绕组 4 被电刷 B 短路，绕组 8 被电刷 A 短路。由于换向器和电刷的作用，无论转子转到什么位置，每个磁极下导体的电流方向是不变的，从而使电磁转矩方向不变，电机的转子也能连续转动。改变电刷 A、B 上电源的极性，也就改变了电机转动的方向。

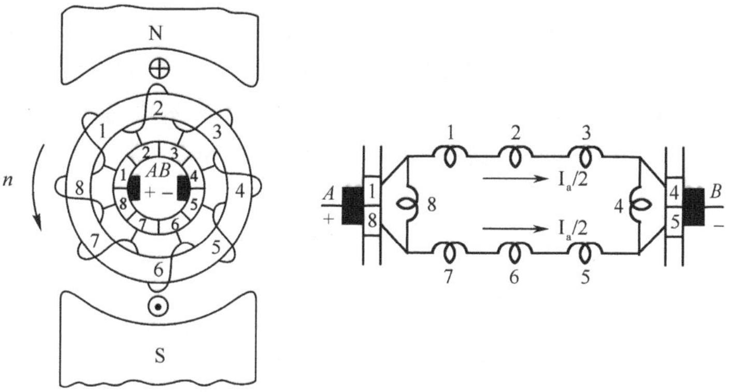

图 1-20　环形绕组电动机

由于环形铁心内腔磁密为零，所以内腔的导体不受电磁力作用，不产生电磁转矩，它仅起连接线的作用，因而铜的利用率低。同时在制造上不能用成型线圈，经济性和工艺性不好，所以现在环形绕组被淘汰了(只有特殊电机上使用)，取代它的是鼓形绕组。如果把环形绕组铁心内腔里的导体移到鼓形铁心(实为圆柱形)的外圆上，使之成为有效边，环形绕组便过渡到鼓形绕组，如图 1-4 所示。鼓形绕组的工作原理与环形绕组是相同的。

下面简述实际电机(鼓形绕组)的结构。

电机中的一个线圈(可有很多匝)又称为一个绕组元件。每个绕组元件的两个直线边放在电枢铁心槽内，如图 1-4。这一部分处于电机气隙磁场内，产生感应电势和电磁力矩，称为有效边。绕组在槽外的部分处于气隙磁场外，只起连接作用，称为端接部分。图 1-21 表示一个 4 极电机绕组元件在电枢上的排列方式。绕组元件在铁心槽内分成上下两层。绕组的一个有效边放在槽内的上层，称为上层边。另一个有效边则放在对应的另一个槽的下层，称为

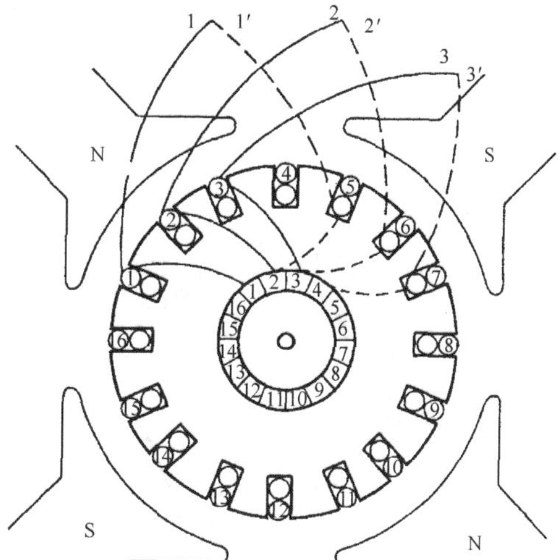

图 1-21　绕组元件在电枢上的排列方式

下层边。相邻的槽内放着另一个绕组元件。画在电枢外面的连接线是绕组的端接部分。实线是上层边的端接部分，虚线是下层边的端接部分。同一个绕组的两个有效边分别放在异性磁极的对应位置上，它们之间相距一个极距。所有绕组按照上述方式依次排列，直到填满所有的槽。一般情况下，绕组元件数和电枢铁心槽数相同。

直流电机的绕组有多种连接方式，从而形成多种绕组，如单叠绕组、复叠绕组、单波绕组、复波绕组和混合绕组等。它们各有其独特的功能。从电路上看，各种绕组的差别主要在于它们的并联支路数目不同，而不同的并联支路数在一定程度上反映了电枢可通过的电流的大小。

单叠绕组的连接方法。第 1 个绕组元件的下层边与第二个绕组元件的上层边连接在同一个换向片上，并且第二个绕组就在第一个绕组相邻的槽内，如图 1－22(a)所示。图中实线表示绕组元件上层边与换向片之间的连接线，虚线表示绕组下层边与换向片的连接线。按照这个次序连接下去，最后一个绕组的下层边与第一个绕组的上层边连接在最后一个换向片上，全部绕组形成闭合回路，如图 1－22(b)所示。可见每个换向片上都连接着两个绕组的端头，分别是一个绕组的始端和另一个绕组的末端。因此，绕组元件的数目和换向片的数目相等。按上述方法连接的单叠绕组，在适当的位置上加上适当的电刷，就能实现换向，如图 1－22 所示。

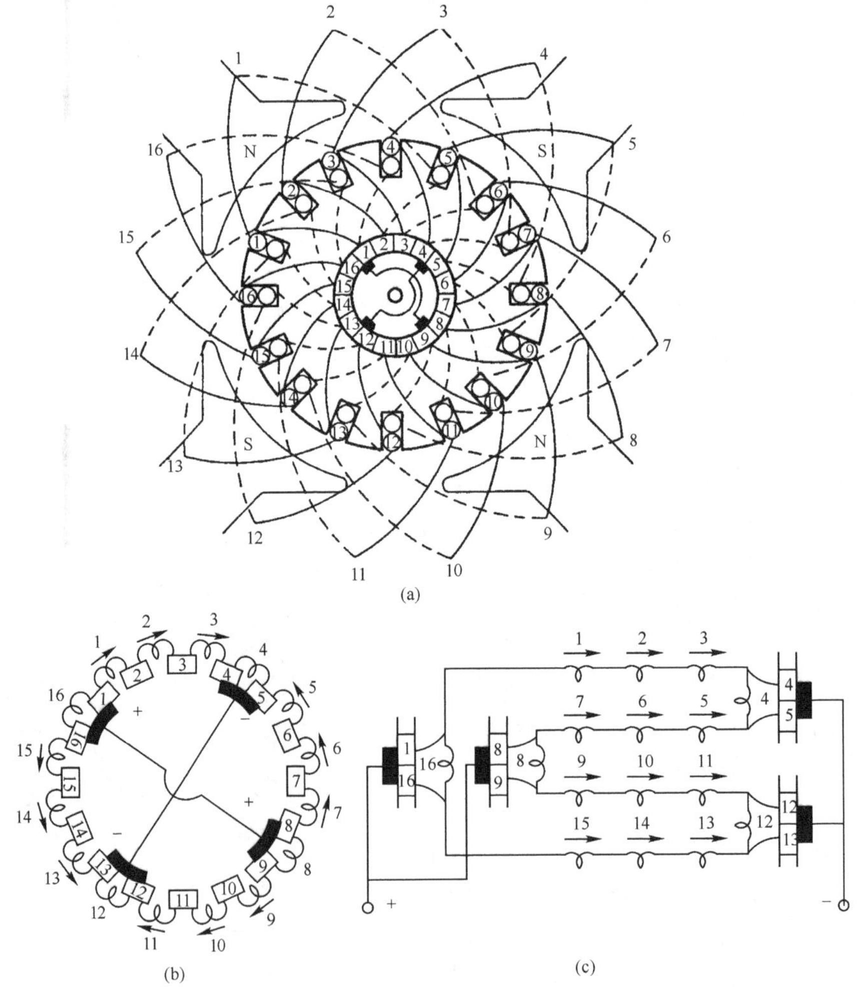

图 1－22　单叠绕组

1.4 电机磁场、电枢反应与换向

直流电动机的磁极所产生的磁场叫做磁极磁场，又称主磁场。磁极磁场在气隙中的分布见图 1 - 23(a)。磁极磁场的物理中性面(气隙磁密为零)与几何中性面(相邻磁极之间的几何对称面)重合。电枢绕组中的电流也建立磁场，称为电枢磁场，它在气隙中的分布见图 1 - 23(b)。当电刷位于几何中性面上时，对于两极直流电机，电枢磁场的轴线与磁极磁场的轴线(磁极的中心线)相垂直。4 极电机，两磁场轴线夹角是 45°，见图 1 - 23(c)。依此类推，对于 $2p$ 极(即 p 对极)直流电机，两个磁场的轴线的夹角是 $90°/p$。一般定义电机中的电角为

$$电角 = 极对数\ p \times 机械角$$

机械角就是一般所说的空间几何角度。因此直流电机电枢磁场轴线与磁极主磁场轴线的夹角为 90°电角。尽管电机在运行中电枢转子在不断地转动，但是定、转子两个磁场的极数相等，并且没有相对运动。这一点是直流电动机产生稳定转矩的基础。

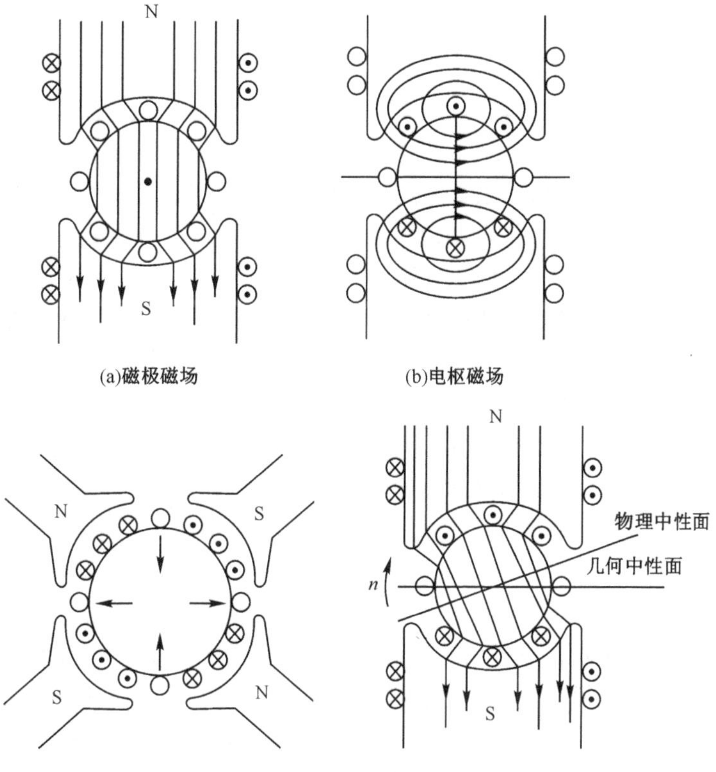

(a)磁极磁场　(b)电枢磁场

(c)　(d)合成磁场

图 1 - 23　直流电动机的磁场

由式(0 - 30)可知，直流电机中的电磁转矩 T 为

$$T = K\sin(p\theta) = K\sin 90° = K$$

对于其他种类的电机，磁场间的夹角 $p\theta$ 一般不是 90°，所以在其他条件相同时，直流电机的转矩最大。

因为直流电机电枢线圈处于气隙中，所以产生电磁力和电磁转矩的磁通应是气隙中的磁通。气隙磁场是由磁极磁场和电枢磁场共同组成的，称为合成磁场。气隙合成磁场与磁极磁场是有差别的。由于电枢磁场的存在，使气隙中的合成磁场与磁极磁场的大小、方向不同，这一现象叫电枢反应。磁极磁场与电枢磁场形成合成磁场的情况见图 1－23(d)。由图可知，在 N 极的左半个极下，电枢磁场与磁极磁场同向，合成磁场增强。而在 N 极的右半个极下，电枢磁场与磁极磁场反向，合成磁场减弱。由于电枢反应，气隙磁场发生扭斜，气隙合成磁场的物理中性面将逆着电动机旋转的方向转过一个角度，物理中性面与几何中性面不再重合，几何中性面磁密不是零，这是电枢反应的第一个影响。下面我们分析电枢反应对气隙总磁通的影响。如前所述，在每个极下，半个极下的气隙磁通增加，另半个极下气隙磁通减少。如果电机的磁路不饱和，一个半极下增加的磁通等于另半个极下减少的磁通，整个极下的气隙磁通保持不变。但是实际电机在空载时磁路就比较饱和，加上电枢磁通以后，磁通增加的半个极，磁路将更加饱和，磁阻变大；而磁通减少的另半个极，磁路变成不饱和。半个极下磁通的增加值，将小于另半个极下磁通的减少值，总的气隙磁通将有所减小，这就是电枢磁场的去磁作用，是电枢反应的第二个影响。电枢电流越大，电枢反应越严重，产生的影响也越大。其中去磁作用一般影响不大，但磁场畸变产生的换向火花，可能对电机运行产生较大影响。

换向过程。为了保证直流电动机的正常工作，电枢绕组中的电流随其所处磁极极性的不同应有不同的方向，如图 1－20 所示。当电枢绕组从一个磁极转向极性相反的另一个磁极时，更准确地说，当电枢绕组由一条支路经过电刷进入另一条支路时，绕组中的电流要改变方向，如由$+I_a/2$变成$-I_a/2$。被电刷短路的绕组，如图 1－20 中的绕组 4 和 8，它们中的电流既不是$+I_a/2$，也不是$-I_a/2$，而是处于由$+I_a/2$变到$-I_a/2$的过渡过程，这个过程就叫换向过程。处于换向过程的绕组元件就叫换向元件。换向元件从开始换向到换向终了所经历的时间为换向周期，换向绕组元件所在的位置叫做换向位置。换向是一个包含电磁、机械、电化学的复杂过程。换向不良将在电刷下产生火花，引起过热、灼痕，从而影响电机的正常工作，甚至损坏电机。换向火花还产生高频电磁波，干扰附近的电子设备。转速和电枢电流越大，换向火花越大，因此直流电机的转速及电枢电流的最大值都要受换向条件的限制。

换向火花产生的电磁的原因是：在换向时，换向元件中产生两个电动势，一个是由于换向元件中电流的迅速变化($+I_a/2\rightarrow0\rightarrow-I_a/2$)，而在其中产生的自感电动势$e_L$，其方向与换向前该元件中电流的方向一致。另一个是由于电枢反应使气隙合成磁场扭斜后，位于磁极几何中性面上的换向元件切割合成磁场的磁力线，而在其中产生感应电动势e_a，也就是几何中性面上的换向元件切割电枢电流的磁通而产生的感应电势，由右手定则可知其方向与e_L方向相同。因此换向元件中的总电势$e_s=e_L+e_a$。由于换向元件被电刷短路，感应电势e_s就在换向元件中产生了附加电流i_k。当换向结束，换向片离开电刷，短接回路断开的瞬间，电流发生突变，由i_k变为$I_a/2$或$-I_a/2$。由于绕组电感的作用，产生很大的感应电势，使电刷与换向片间产生火花。电枢电流越大，电机转速越高，换向元件中的感应电势e_s和附加电流i_k就越大，换向火花也就越强烈。

直流电动机在正常运行时允许有轻微的火花，但不允许有强烈的火花。实际工作中减小和消除换向火花的方法有三个：①移动电刷法，将直流电动机的电刷从几何中性面开始，逆着电枢旋转方向移动电刷，使换向火花最小为止，移动的角度大于物理中性面的偏移角。

②在几何中性面处设置附加的换向磁极，它的激磁绕组与电枢绕组串联，换向极的磁场方向必须与电枢磁场的方向相反，如图 1-24 所示。换向极的磁场不但要抵消主磁极几何中性面附近的电枢磁场(使 $e_a=0$)，同时还要在换向元件中产生一个与自感电势 e_L 大小相等方向相反的电动势。这个方法在大中型电机中广泛采用。③选用合适的电刷。实践表明，选用合适的电刷可以改善换向。

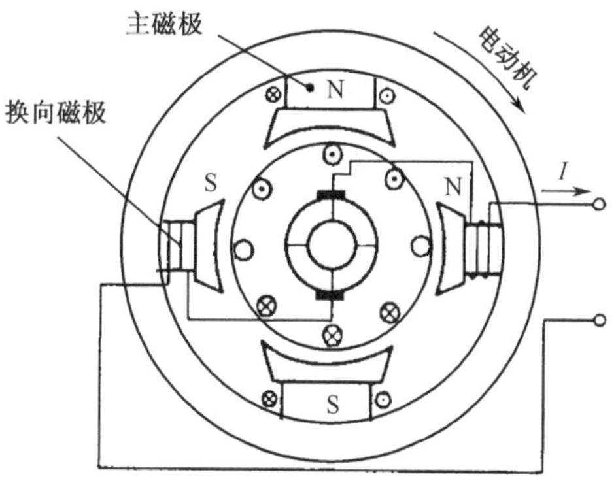

图 1-24　直流电动机中的换向磁极

换向时产生火花还有机械和化学的原因。例如电刷与换向片接触不良、换向器表面不光滑、换向片表面的氧化亚铜薄膜破坏、空气中有潮气或盐雾等。因此，保持工作环境的清洁，并对换向装置经常进行维护是十分重要的。

1.5　直流电动机的特性与控制方法

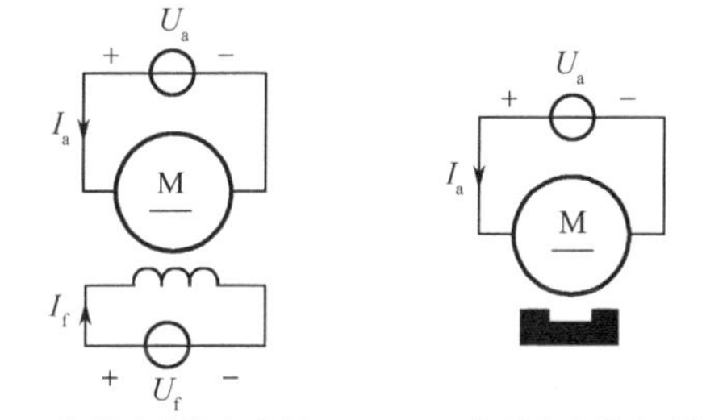

(a) 电磁式直流电动机　(b) 永磁式直流电动机

图 1-25　直流电机中的接线

直流电动机的接线见图 1-25。为了分析简便，假设电机的磁路不饱和，即不考虑电机中磁化曲线非线性的影响，并略去负载时电枢反应的影响。

1.5.1　直流电动机的基本关系式

1. 电磁转矩与电枢反电势

载流导体在磁场中受到的电磁力 $F=IlB$。可以推得直流电机电枢所受到的电磁转矩为

$$T_{em}=C_t\Phi I_a \tag{1-4}$$

当磁通 Φ 为常值时该式可写为

$$T_{em}=K_tI_a \tag{1-5}$$

式中，T_{em}为电磁转矩；Φ 为主磁场每极下的气隙总磁通(Wb)；C_t为电机的一个常数；I_a为电枢电流(A)；K_t为转矩灵敏度，或称转矩系数。

可求出

$$C_t=pN/(2\pi a) \tag{1-6}$$

式中，a 为电刷间的并联支路对数；N 为电枢绕组总导体数；p 为电机极对数。

当导体在磁场中运动并切割磁力线时，导体中产生的感应电势为 $E=vBl$。由此可以推得直流电机电枢绕组中的感应电势(在电动机中称为电枢反电势)为

$$E_a=C_e\Phi n \tag{1-7}$$

当 Φ 为常数时，该式可写成

$$E_a=K_e\omega \tag{1-8}$$

式中，E_a为电枢反电势；n 为电机转速(r/min)；ω 为电机转子的角速度；K_e为反电势系数；

C_e为常数，当 n 的单位为 r/min 时可求得

$$C_e = pN/(60a) \tag{1-9}$$

理论分析和计算时常用式(1-4)和式(1-7)，因为这两式含有磁通 Φ。电机产品样本一般给出 K_e或 K_t，所以实际选用电机和进行有关计算时常用式(1-5)和式(1-8)。C_e、C_t和 K_e、K_t都是电机的常数，它们的相互关系如下：

$$K_t = C_t\Phi \tag{1-10}$$

当 ω 的单位是 rad/s，n 的单位是 r/min 时，有

$$K_e = \frac{60C_e\Phi}{2\pi} \tag{1-11}$$

若 ω、n 的单位相同，都取为 rad/s，或都取为 r/min 时，有

$$K_e = C_e\Phi \tag{1-12}$$

当磁通 Φ 的单位是 Wb，电流 I_a的单位是 A，转矩 T_{em}的单位是 N・m，转速的单位是 r/min 时，有

$$C_t = \frac{60}{2\pi}C_e = 9.55C_e \tag{1-13}$$

当转矩的单位是 gf・cm 时，有

$$C_t = 97400C_e \tag{1-14}$$

当采用国际单位制(SI)时，有(证明见后)

$$K_e = K_t \tag{1-15}$$

若式(1-7)中 n 的单位为 rad/s，在国际单位制中有

$$C_e = C_t \tag{1-16}$$

2. 转矩平衡方程式

直流电动机带动负载时转子所受的力矩见图 1-26。电枢转子受到的电磁转矩为 T_{em}。电机本身的机械摩擦(例如轴承的摩擦、电刷和换向器的摩擦)和电枢铁心中的涡流、磁滞损耗都要引起阻转矩，这就是电机本身的阻转矩，设为 T_0。又常把 T_0 称为电动机的空载阻转矩。而 $T_2 = T_{em} - T_0$ 称为电动机的输出转矩。设电动机的负载转矩为 T_L，$T_c = T_0 + T_L$称为负载总阻转矩。设电动机转子的转速为 ω，电机转子本身的转动惯量为 J_M，负载(包括传动轴，减速器)折算到电机轴上的转动惯量为 J_L，则电机轴上的总转动惯量为 $J = J_M + J_L$。根据图 1-26 所规定的正方向和力学定律可得

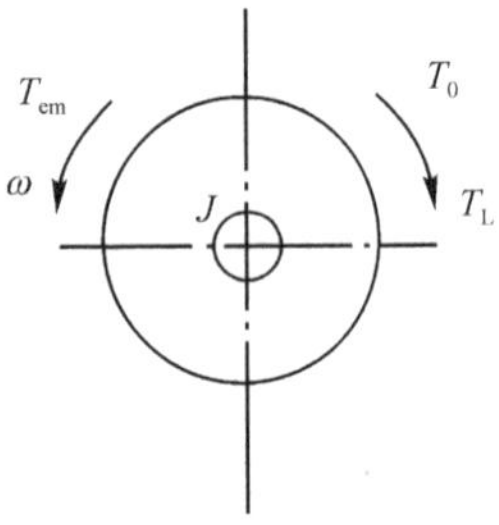

图 1-26　转子受力图

$$T_{em} = T_0 + T_L + J\frac{d\omega}{dt} \tag{1-17}$$

这就是电动机的动态转矩平衡方程式。由此式可知，当 $T_2 = T_{em} - T_0 > T_L$时，有 $d\omega/dt > 0$，表示电动机在加速；当 $T_{em} - T_0 < T_L$时，有 $d\omega/dt < 0$，表示电动机在减速。当电动机达到匀速旋转的稳定状态时，$d\omega/dt = 0$，由此得出

$$T_2 = T_{em} - T_0 = T_L \tag{1-18}$$

此式也称为电动机的静态转矩平衡方程式。

3. 电压平衡方程式

直流电动机的电枢是由线圈组成的，设电枢绕组的电阻和电感为 R_a和 L_a(由电枢漏磁通

形成)。当直流电动机转动时电枢中又有感应电势(称电枢反电势)E_a(由主磁通形成),因此在电路图中电枢回路可用图 1-27 表示。根据该图所规定的各物理量的正方向和电学中的基尔霍夫电压定律可得

$$U_a = L_a \frac{dI_a}{dt} + I_a R_a + E_a \tag{1-19}$$

此式称为直流电动机的动态电压平衡方程式。当电流 I_a 不变(或忽略电感压降)时上式变为

$$U_a = I_a R_a + E_a \tag{1-20}$$

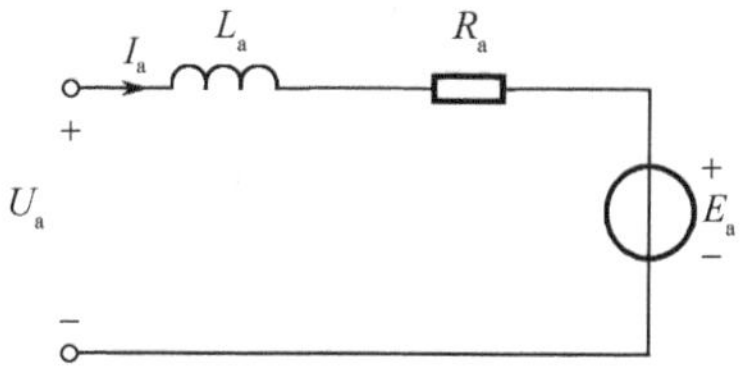

图 1-27 电枢等效电路图

此式称为静态电压平衡方程式。

式(1-4)、式(1-7)、式(1-17)和式(1-19)称为直流电动机的四大动态关系式,而式(1-4)、式(1-7)、式(1-18)和式(1-20)称为四大静态关系式。

4. 几点说明

(1)电枢感应电势

根据式(1-7)、式(1-8),当电机转速不变时,感应电势应为常数,但实际的感应电势是有明显波动的。波动的主要原因是因为实际电机有齿槽存在,电枢导体集中在有限的槽内而不在电枢表面。这时采用详细的电磁理论分析可以证明,电枢感应电势的平均值仍符合式(1-7)和式(1-8)。此时电枢绕组感应电势的瞬时值随着电枢转动而上下波动,如图 1-28 所示。波动的频率为齿频率 f_s

$$f_s = \frac{zn}{60} \tag{1-21}$$

式中,z 为电枢齿(槽)数。波动值的相对大小,以纹波系数 ε 表示

$$\varepsilon = \frac{E_{max} - E_{min}}{E_{max} + E_{min}} \times 100\% \tag{1-22}$$

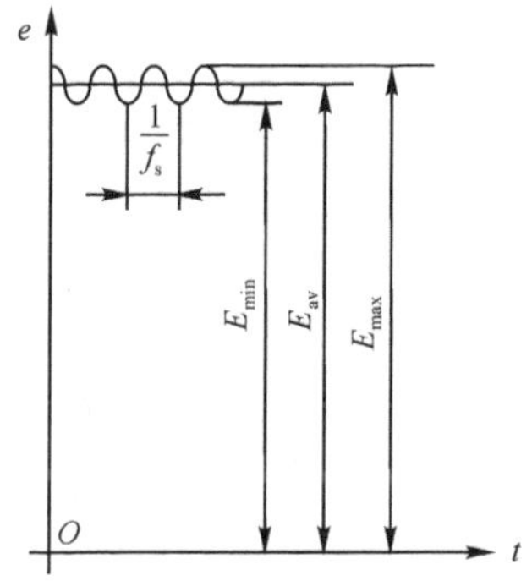

图 1-28 电枢感应电势的波动

纹波系数的大小与每支路下绕组元件数有关,每支路下元件数越多,纹波系数越小。如果要求波动值小,必须增加每极下的绕组元件数。

(2)电磁转矩

推导直流电动机电枢的电磁转矩公式(1-4)或式(1-5)时,为了便于理解,假设电枢表面光滑无槽,电枢绕组的导体数目极多,在电枢表面均匀地连续分布,这时电磁力和电磁转矩完全作用在电枢绕组的导体上。但实际的直流电动机的电枢都有齿槽,导体集中放在槽内,这时由式(1-4)或式(1-5)求得的电磁转矩是它的平均值,而不是瞬时值。瞬时电磁转矩也是波动的,波动的频率也是齿频率,波动幅值的大小用纹波系数表示。转矩纹波系数

$$\varepsilon = \frac{T_{max} - T_{min}}{T_{max} + T_{min}} \times 100\% \tag{1-23}$$

转矩波动情况见图 1-28。

当电枢存在齿槽时,由于导体所在处的槽中磁密较小,导体所受的力也应较小,此时电磁力转移到电枢齿上去了。图 1-29 定性地说明这个问题。当槽中导体没有电流时,齿槽磁场如图 1-29(a)所示。当槽中导体有电流时,齿槽磁场如图1-29(b)所示。由电磁理论可知铁磁性物质表面有磁场时,每单位面积所受磁场作用力与其法向磁密的平方成正比,力的方

向为向外的法线方向。可见有电流时槽右侧齿壁所受向左的法向力大于槽左侧齿壁所受向右的法向力，产生了反时针方向的转矩。详细的电磁理论分析可以证明，有齿槽存在时的电磁转矩与假定无齿槽时作用在导体上的力所产生的电磁转矩完全相等。利用导体受力的方法计算电磁转矩要简便得多，一般都沿用这个方法计算。这里必须明确，有齿槽时，主要是铁心的齿受力。

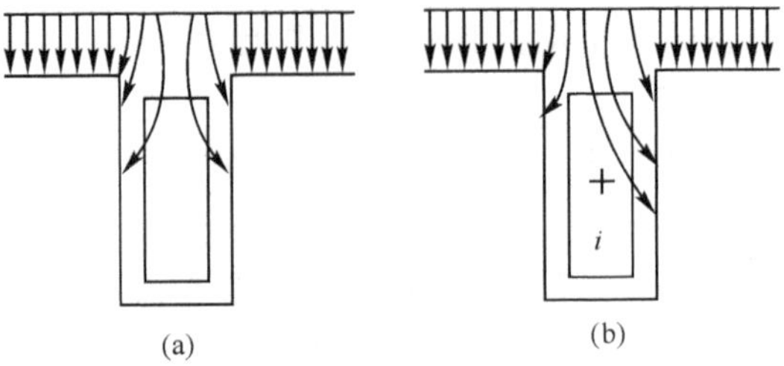

图 1-29　电枢槽中的磁场

齿槽结构对感应电势和电磁转矩的影响还可作如下说明。由于齿槽的存在，磁阻 R_m 随转角 θ 波动，周期为齿距，从而使磁通 Φ 波动，引起感应电势和电磁转矩的波动。采用斜槽可使磁阻 R_m 波动减小，从而使电势和电磁转矩波动减小，即减小了高次谐波。

设换向片数为 N，当电枢电流流经支路不变时，电枢可转动 $360°/N$，故磁极磁场轴线与电枢磁场轴线的夹角为 $90°\pm 180°p/N$，这也是电磁转矩波动的原因。显然，齿槽数越多，波动越小。

(3)直流电机反电势系数 K_e 和转矩灵敏度 K_t 的关系

下面用能量守恒定律证明式(1-15)。静态时，利用式(1-20)可求得电动机从电源输入的电功率 P_1 为

$$P_1 = U_a I_a = I_a^2 R_a + I_a E_a = I_a^2 R_a + K_e \omega I_a \tag{1-24}$$

电动机所做出的总的机械功率 P_M 为

$$P_M = T_{em}\omega = K_t I_a \omega \tag{1-25}$$

电枢绕组发出的热能功率 P_{Cu} 为

$$P_{Cu} = I_a^2 R_a \tag{1-26}$$

根据能量守恒定律

$$P_1 = P_M + P_{Cu} \tag{1-27}$$

将式(1-24)～式(1-26)代入式(1-27)可得

$$K_e \omega I_a = K_t I_a \omega$$

所以有

$$K_e = K_t$$

需要说明的是，K_e 和 K_t 的关系及 C_e 和 C_t 的关系，还可以用其他方法证明。

(4)电磁式直流电动机激磁回路中的方程式

对于电磁式直流电动机(图 1-25(a))，激磁回路电压方程式为

$$U_f = R_f I_f + L_f \frac{dI_f}{dt} \tag{1-28}$$

式中，U_f 是激磁回路的端电压，R_f 是激磁回路的总电阻，L_f 是激磁回路的电感。

激磁电流稳定以后，$dI_f/dt=0$，式(1-28)可写成

$$I_f = U_f/R_f \tag{1-29}$$

气隙磁通 Φ 由无载磁化特性及电枢反应而定，即

$$\Phi = f(I_f, I_a) \tag{1-30}$$

(5)电阻 R_a 包括电枢绕组电阻和电刷接触电阻，还包括电枢回路中存在或故意加入的其他电阻，如功放内阻、调节电阻等。

1.5.2 直流电动机的静态特性与控制方法

当直流电动机的控制电压和负载转矩不变，电机的电流和转速达到恒定值时，就称电机处于静态或稳态，此时直流电动机内各变量间的关系叫静态特性。电动机的静态特性一般包括机械特性(转速与转矩的关系)和调节特性(转速与控制量(如电压)的关系)。

由式(1-20)和式(1-7)可得

$$I_a = \frac{U_a - E_a}{R_a} = \frac{U_a - C_e\Phi n}{R_a} \tag{1-31}$$

电枢电流不仅取决于所加的电枢电压 U_a 和本身的电阻 R_a，还取决于电枢反电势或电机的转速，这是与一般直流电路不同之处。

由式(1-7)、式(1-20)和式(1-4)可得

$$n = \frac{U_a}{C_e\Phi} - \frac{T_{em}R_a}{C_eC_t\Phi^2} \tag{1-32}$$

此式是描述直流电动机静态特性的重要方程式。式(1-32)还可以写成

$$\omega = \frac{U_a}{K_e} - \frac{T_{em}R_a}{K_eK_t} \tag{1-33}$$

直流电机采用开环方式可控制的物理量是转速。有些机械装置要求工作转速可以变化。所谓调速就是改变和控制电动机的转速，以满足变速的要求。调速的基本要求包括以下三方面：①调速范围，通常以最大转速 n_{max} 对最小转速 n_{min} 的比值来表示，称为调速比。如 2∶1、10∶1 等；②调速的平滑性，如果在调速范围内，能在任意转速下稳定运行，称为无级调速，否则称为有级调速；③经济性，包括设备投资和运行费用的高低，调速方法是否简单，运行是否可靠。

由式(1-32)可知，改变电枢电压 U_a，改变磁通 Φ，改变电枢回路电阻 R_a 都可以改变电动机转速。与此相对应直流电动机也就存在三种调速方法。

在电动机的闭环控制系统中，被控制量可以是电机转轴的转速，也可以是电机转轴的转矩或转角，它们分别称为调速系统、转矩控制系统和机械位移控制系统(或称机械伺服系统)。实际存在两种控制直流电动机的方法：电枢控制和磁场控制。在磁通不变时，通过改变电枢的电压(或电流)达到控制电动机的转速、转矩或转角的目的，是电枢控制。在电枢电压不变时，通过改变激磁电流，控制磁通 Φ，从而实现控制电机的转速、转矩或转角的目的，是磁场控制。直流电动机在电枢控制时具有良好的特性，所以在位置控制系统中，都采用电枢控制。小容量和要求快速性高的调速系统也多用电枢控制。磁场控制时电动机的动态性能较差，一些大容量、快速性要求不高的调速系统采用磁场控制。而改变电枢回路电阻控制转速的方法，功率损耗大，仅用于某些调速系统中。

1. 电枢控制时的机械特性

机械特性是指在一定的输入条件下，静态时电机的转速与电磁转矩(或输出转矩)的关系。电枢控制时的机械特性指的是磁通 Φ 不变，电枢电压 U_a 为常数或参变量时转速与电磁转矩(或输出转矩)的关系。式(1-32)就是机械特性的代数表达式。由此式可知，直流电动机的机械特性是一条下垂的直线，如图 1-30(a)所示。在理想空载时，电机的总阻转矩 $T_c=0$，故静态时有 $T_{em}=T_c=0$。由式(1-32)和式(1-33)知理想空载时的转速 n_0 为

$$n_0=\frac{U_a}{C_e\Phi}=\frac{U_a}{K_e} \tag{1-34}$$

理想空载转速 n_0 与电枢电压成正比。当电机自身的空载阻转矩为 T_0 时，实际测得的空载转速 n'_0 应略低于 n_0，如图 1-30(a)所示。

当 $n=0$ 时电动机的电磁转矩称为堵转转矩，记为 T_s。由式(1-32)知

$$T_s=\frac{U_a}{R_a}C_t\Phi \tag{1-35}$$

设机械特性直线下斜的角度为 β，$\tan\beta$ 是机械特性斜率的绝对值。由式(1-32)、式(1-33)或由图 1-30(a)可知

$$\tan\beta=\frac{R_a}{C_eC_t\Phi^2}=\frac{n_0}{T_s} \tag{1-36}$$

或

$$\tan\beta=\frac{R_a}{K_eK_t} \tag{1-37}$$

$\tan\beta$ 与电枢电压无关。当电磁转矩(总阻转矩)为 T_{em1} 时，与 n_0 相比，转速下降量 Δn 为

$$\Delta n=T_{em1}\cdot\tan\beta$$

β 角越小，则 Δn 越小，称机械特性比较硬，反之，机械特性比较软。所以，β 角和 $\tan\beta$ 可以用来表示机械特性的硬度。

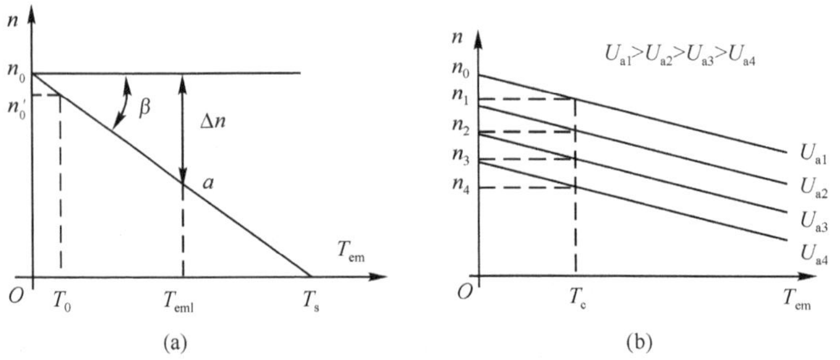

图 1-30 电枢控制时的机械特性

如果改变电枢电压 U_a，可得到机械特性族。它们是一组平行直线，如图1-30(b)所示。

总阻转矩 T_c不变，将电枢电压提高时，电动机的转速和工作状态变化的过程，如图 1-31 所示。电枢电压为 U_{a1} 时电机转速为 n_1，工作点为 1($T'_{em}=T_c$，n_1)。当电动机的电枢电压提高到 U_{a2} 时，一开始转速没变，电机的工作状态瞬时变为点2′(T''_{em}，n_1)。此时 $T''_{em}>T_c$，电机加速，转速沿 U_{a2} 对应的机械特性上升，最终稳定于新工作点 2(T'_{em}，n_2)。

2. 电枢控制时的调节特性

电枢控制时的调节特性(又称控制特性)指的是电磁转矩(或负载转矩)为参变量时电机的转速与电枢电压的关系。调节特性表明电压 U_a 对转速 n 的调节作用。调节特性可以由机械特性族作图得到，见图 1－32。式(1－32)同时也是调节特性的代数表达式，可见直流电动机的调节特性也是直线。以电磁转矩为参变量就可以得到不同转矩条件下的调节特性，如图 1－33所示。这是一组平行直线，由式(1－32)、式(1－33)知直线的斜率为

$$\tan\gamma = \frac{1}{C_e\Phi} = \frac{1}{K_e} \tag{1-38}$$

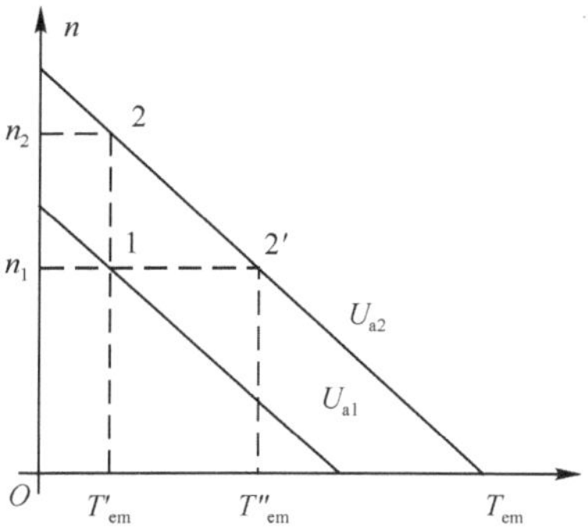

图 1－31　电动机的工作点

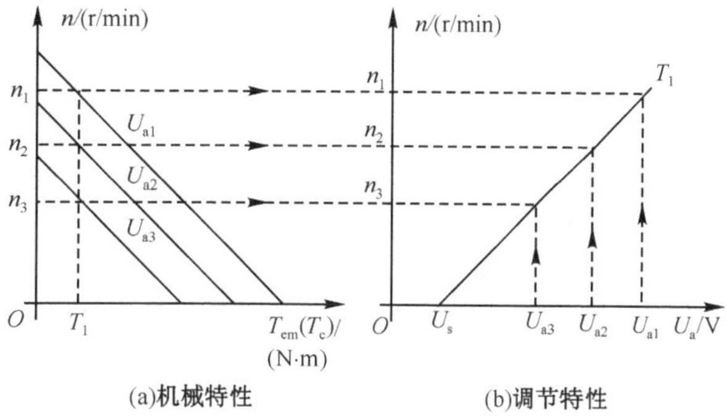

图 1－32　由机械特性求调节特性

由图可见，如果阻转矩不为零(如 $T_{c1}=T_{em1}$)，则只有电枢电压 U_a 大到一定值，所产生的电磁转矩 T_{em} 大到足以克服阻转矩，电机才能开始转动。电机开始连续旋转所需的最小电枢电压 U_s 称为启动电压或死区电压。空载时死区主要由摩擦产生。由式(1－32)可知，当 $n=0$ 时

$$U_s = U_a = \frac{T_{em}R_a}{C_t\Phi} = \frac{T_cR_a}{C_t\Phi} \tag{1-39}$$

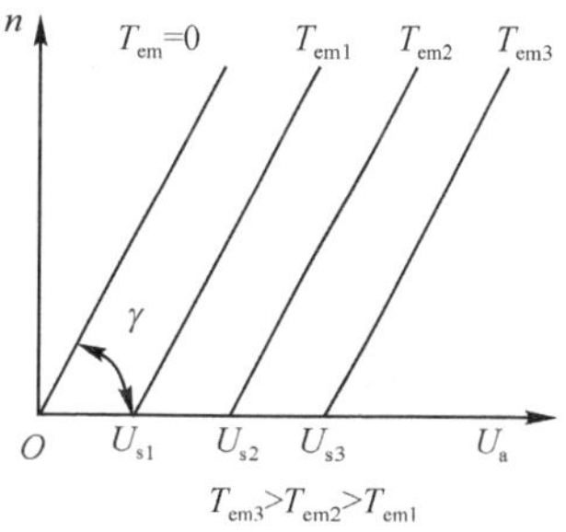

图 1－33　电枢控制时的调节特性

显然启动电压与总阻转矩 T_c 成正比。电机刚刚启动时的电流为启动电流 I_s，由式(1－4)可得

$$I_s = \frac{T_{em}}{C_t\Phi} = \frac{T_c}{C_t\Phi} = \frac{U_s}{R_a} \tag{1-40}$$

由式(1－7)、式(1－20)也可直接推导出 $I_s=U_s/R_a$。

直流电动机采用电枢控制时，机械特性和调节特性都是直线，特性曲线族是平行直线，这表明直流电机是线性元件。电枢控制的缺点是需要较大的控制功率，要用较大容量的功率放大器。

3. 磁场控制时的机械特性和调节特性

式(1－32)同样是磁场控制时机械特性与调节特性的代数表达式。磁场控制时的机械特性曲线族如图 1－34 所示，它们是一组交叉的直线。从图 1－34 和式(1－32)知随着 Φ 的减小，机械特性直线的斜率绝对值增加，电机的理想空载转速提高，堵转转矩减小，而机械特

性变软。磁场控制时的调节特性曲线族如图 1－35 所示，它们是非线性的，当转矩 T 为零时调节特性是双曲线。

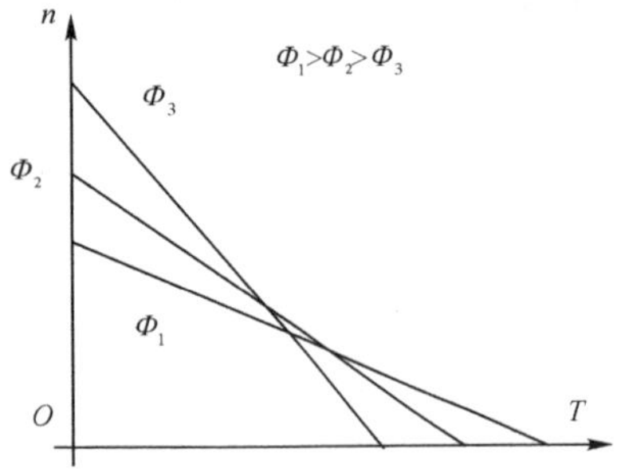

图 1－34　磁场控制时的机械特性

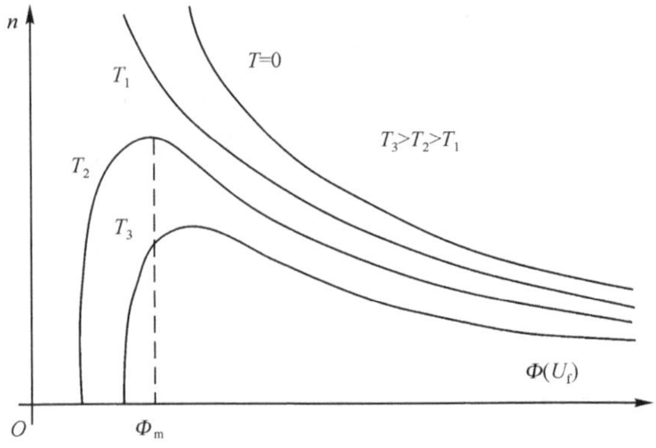

图 1－35　磁场控制时的调节特性

将式(1－32)对 Φ 求导，并令导数 $dn/d\Phi=0$，可求得临界磁通 Φ_m 为

$$\Phi_m=\frac{2R_aT_{em}}{C_tU_a} \tag{1-41}$$

将 Φ_m 代回式(1－32)，可求得对应的电机的最大转速为

$$n_{max}=\frac{C_tU_a^2}{4R_aC_eT_{em}} \tag{1-42}$$

当 $\Phi>\Phi_m$ 时，转速 n 随 Φ 的减小而升高。当 $\Phi<\Phi_m$ 时，n 随 Φ 的减小而降低。

电磁铁的磁通 Φ 随激磁电流 I_f 的增加而增加。对于电磁式(他励)直流电动机，一般是改变激磁回路调节电阻的大小，或改变激磁绕组端电压 U_f，调节激磁电流 I_f 及磁通 Φ 的大小，这种方法常称为调磁。通过调磁调节直流电动机转速称为调磁调速。因为电动机在额定电流时磁路接近饱和，再增大磁通 Φ 就比较困难，所以调磁调速时一般都是减少磁通 Φ。在负载转矩不变时，一般随 Φ 的减小，转速及电枢电流增大，对换向不利。受换向及机械强度的限制，调磁调速时调速比不能太大，调速比为 2∶1～4∶1。

由于调磁调速设备简单，调节方便，效率也较高，所以在一些调速系统中(特别是恒功率调速系统)得到广泛应用。

4. 改变电枢回路串联电阻时的特性

采用改变电枢回路电阻的方法调节直流电动机的转速，要在电枢回路中串联一个电阻 R_s，这个电阻又称为调节电阻。改变串联电阻 R_s 的大小，也就改变了电枢回路的总电阻 R_a+R_s。这时直流电动机静态特性的公式(1－32)就变为

$$n=\frac{U_a}{C_e\Phi}-\frac{R_a+R_s}{C_eC_t\Phi^2}T_{em} \tag{1-43}$$

5. 稳态运行时的功率关系和电磁功率

把式(1－20)两边都乘以 I_a 得 $U_aI_a=E_aI_a+I_a^2R_a$，进而得

$$P_1=P_M+P_{Cu} \tag{1-44}$$

式中，$P_1=U_aI_a$是从电源输入的电功率；$P_M=E_aI_a$称为电枢吸收的电磁功率；$P_{Cu}=I_a^2R_a$是电枢回路总的铜耗。

把式(1-18)两边都乘以机械角速度 ω 可得

$$T_{em}\omega = T_2\omega + T_0\omega$$

根据能量守恒定律或利用式(1-5)、式(1-8)和式(1-15)可证得

$$T_{em}\omega = E_aI_a = P_M \tag{1-45}$$

故有

$$P_M = P_2 + P_0 \tag{1-46}$$

式中，$P_2=T_2\omega$ 是输出的机械功率；$P_0=T_0\omega$ 称为无载损耗功率，包括机械损耗和铁损。电动机的效率 η 为

$$\eta = P_2/P_1 \tag{1-47}$$

6. 直流电动机的工作特性

电磁式(他励)直流电动机的工作特性是指电枢电压 U_a、激磁电流 I_f为额定值，电动机带机械负载时，电动机的转速 n、电磁转矩 T_{em}、效率 η 以及输出功率 P_2 与电枢电流 I_a的关系，或 n、T_{em}、η、I_a与 P_2 的关系。图 1-36(a)是电磁式(他励)直流电动机的工作特性。

由式 $T_{em}=C_t\Phi I_a$知 Φ 不变时，T_{em}与 I_a成正比，转矩特性应是直线关系，如图中虚线所示。实际上，随着 I_a的增加，气隙磁通略有减小，因此转矩曲线略向下偏。直流电动机的效率曲线有最大值。在额定负载时，小容量电动机的效率为 75%~85%，中大容量电动机的效率为 85%~94%。

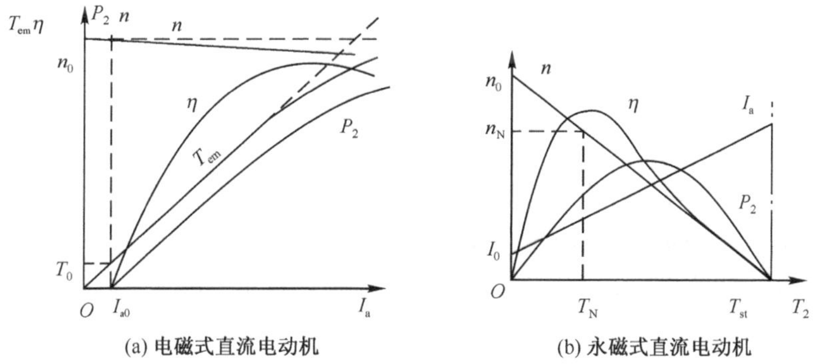

图 1-36 直流电动机的工作特性

电磁式直流电动机在运行时，应注意防止激磁绕组断路。若电动机运行中激磁绕组突然断路，主磁通迅速下降到剩磁 Φ_r，电枢电流将迅速上升。此时可能出现两种情况：一是电磁转矩小于负载转矩，电动机将减速，直到最后停车；电枢电流将达到启动电流值，时间过长将烧毁电机。另一种情况是电磁转矩大于负载转矩，电机转速可能大大超过额定转速，造成所谓飞车现象，因而产生过大的离心力，以致使电枢绕组和转动部件损坏。永磁式直流电动机的工作特性如图 1-36(b)所示。图中 n_N、T_N表示额定值，T_2 为输出转矩。

7. 负载的转矩特性与电机稳定运行的条件

负载的转速 n 与负载转矩 T_L的关系称为负载转矩特性。典型负载转矩特性有以下几种。

(1) 恒转矩负载

1) 反抗性恒转矩负载　它的特点是转矩的绝对值大小恒定不变，其方向是阻碍运动的。一般设 $n>0$，$T_L>0$；$n<0$，$T_L<0$。

2) 位能性恒转矩负载　转矩绝对值大小不变，方向也不变。一般设 $n>0$，$T_L>0$，是阻碍运动的转矩；$n<0$，$T_L>0$ 是帮助运动的拖动性转矩。

(2) 泵类负载

其转矩的大小与转速的平方成正比，即 $T_L=kn^2$。

(3) 恒功率负载

其负载的转速与转矩之积为常数，即 $P=T_L\omega$ 为常数。

设 $T_{em}=T_L$ 时电机转速为 n。若由于某种扰动，转速发生变化。当扰动消失后，电机能恢复到原转速 n，则称 $T_{em}=T_L$ 与 n 所表示的状态是稳定运行状态，否则是不稳定状态。

经过对图 1-37 的分析可以知道，电机-负载稳定运行的条件是

$$\frac{dT_{em}}{dn}<\frac{dT_L}{dn} \tag{1-48}$$

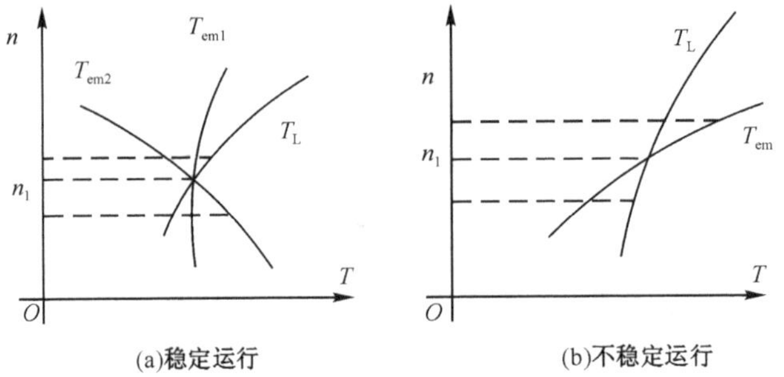

图 1-37　电机-负载稳定运行的条件

由式(1-48)可知，对于恒转矩负载，稳定工作区域是机械特性曲线的下降段($dT_{em}/dn<0$，n 随 T 的增大而减小)，而上升段(n 随 T 的增大而增大)是不稳定工作区。

下面从控制原理的角度分析稳定运行的条件。根据转矩平衡方程式，有

$$T_{em}-T_L=J\frac{dn}{dt}$$

设 T_{em}、T_L 都是转速 n 的函数，对上式求导可得

$$\left(\frac{dT_{em}}{dn}-\frac{dT_L}{dn}\right)\frac{dn}{dt}=J\frac{d^2n}{dt^2}$$

在工作点附近，dT_{em}/dn 和 dT_L/dn 认为不变，取拉普拉斯变换可得

$$JsN(s)+\left(\frac{dT_L}{dn}-\frac{dT_{em}}{dn}\right)N(s)=0$$

由此得出的稳定条件同式(1-48)。

8. 直流电动机的启动

微型直流电机可以加额定电压直接启动。对于一般的直流电机，电流太大，电机不能换向，并且还会急剧发热。因此要求启动电流 $I_s\leqslant(2\sim2.5)I_N$，其中 I_N 为额定电流。常用的启动方法是电枢回路串联电阻启动或降低电枢电压启动。

1.5.3　直流发电机

当一台直流电机被原动机拖动而旋转时，直流电机电枢两端就会产生直流电压，它就成为一台发电机。

直流发电机在位置伺服系统中可做传感器，用来测量轴的转速，这时称其为直流测速发电机。以后将专门分析直流测速发电机。

在直流发电机中存在着与直流电动机类似的基本关系式。图 1-38(a)是直流发电机的原理示意图，图 1-38(b)是直流发电机的等效电路图。

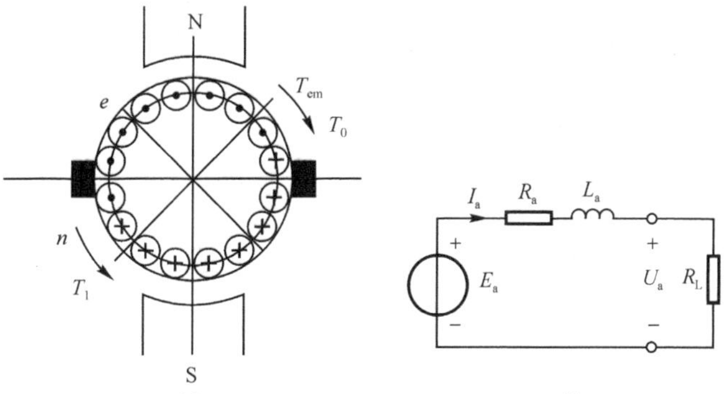

图 1-38　直流发电机的原理与等效电路

直流电机的电枢在原动机机械转矩 T_1 作用下，以转速 $n(\omega)$反时针方向旋转时，在电枢导体中会产生感应电势 E_a，感应电势方向由右手定则判定，如图中电枢外层小圈中的⊕、⊙符号表示，而电枢绕组感应电势的大小为

$$E_a = C_e\Phi n \tag{1-49}$$

或

$$E_a = K_e\omega \tag{1-50}$$

上面两式与直流电动机完全相同。

如果把负载电阻 R_L接在电枢两端，如图 1-38(b)所示，电枢回路中就会有电流 I_a流过。在发电机中，电流 I_a的实际方向与电势 E_a的实际方向一致，这是发电机与电动机不同之处。本来，直流发电机的电枢回路电压方程式也可以用式(1-19)表示，但是在通常情况下，人们往往把图 1-38(b)中各量的实际方向选为正方向。按该图规定的正方向，直流发电机电枢回路的电压方程式为

$$E_a = I_aR_a + L_a\frac{dI_a}{dt} + I_aR_L = I_aR_a + L_a\frac{dI_a}{dt} + U_a \tag{1-51}$$

式中，$U_a = R_LI_a$为输出电压。电机达到稳态时，$dI_a/dt=0$，上式变为

$$E_a = I_aR_a + I_aR_L = I_aR_a + U_a \tag{1-52}$$

式(1-52)是稳态时直流发电机的电压平衡方程式。

当电枢绕组中有电流流过时，电枢在磁场中就会受到电磁力的作用，产生电磁转矩 T_{em}，大小为

$$T_{em} = C_t \Phi I_a$$

或

$$T_{em} = K_t I_a \tag{1-53}$$

上面两式与电动机中的公式完全相同，而 C_e 与 C_t 及 K_e 和 K_t 之间的关系也与电动机完全相同。

电磁转矩的方向可用左手定则判定。电磁转矩 T_{em} 的实际方向与转速 n 的实际方向是相反的，这是发电机与电动机的又一不同之处。在发电机中，电磁转矩 T_{em} 属于制动转矩，它企图使电机的转速 n 慢下来。原动机拖动发电机的转矩 T_1 的作用方向与电机的转速 n 同方向。与电动机相似，当发电机工作时，由机械损耗及电机铁损耗产生了制动性转矩，通常称为空载转矩，用 T_0 表示。直流发电机中的转矩平衡方程式本来也可以用式(1-17)表示，但在通常情况下人们往往把 T_{em}、T_0、T_1 的实际方向当做它们的正方向，如图 1-38(a)所示。这样可得直流发电机转矩平衡方程式为

$$T_1 = T_{em} + T_0 + J\frac{d\omega}{dt} \tag{1-54}$$

式中，J 是发电机组的转动惯量；ω 是发电机转轴的角速度。

当发电机的转速稳定以后，上式可写成

$$T_1 = T_{em} + T_0 \tag{1-55}$$

这就是直流发电机静态转矩平衡方程式。

1.5.4 直流电动机的工作状态

直流电机本身有电动机和发电机两种工作状态，但是在控制系统中，把电机和外加电源电压结合起来，可以把电机工作状态分成 4 种，如图 1-39 所示，图中 R_a 为电机电枢电路电阻，外加电压用电源内阻 R_i 和电势 U 表示，称 U 为外加电压或电枢电压。

1. 电动机状态

用直流电机驱动负载时，电机转速的方向(即电机空载启动时的转向)与电枢电压的极性是对应的。一般把正电压对应的转向记为正向。

电动机工作状态如图 1-39(a)所示，它的工作特点是：

1) 外加电压：大于电枢的感应电势，即 $U>E_a$；U 的方向(外加电源电势的方向)与 E_a 相反。U 的极性与转向是对应的。

2) 电流：方向与电枢感应电势 E_a 相反，数值小于堵转电流。

3) 电磁转矩：方向与转速 n 相同，这是电动机的特点。

4) 能量关系：电能转化为机械能。

5) 转速：低于空载转速。

以图 1-39(a)所示的方向为正方向，在 T_{em}(电磁转矩)-n(转速)的坐标平面上，对应于电动机工作状态的机械特性曲线位于第一或第三象限，见图 1-40。

2. 发电机状态

发电机工作状态如图 1-39(b)所示。图中标示的是物理量的真实方向。发电机工作状态的工作特点是：

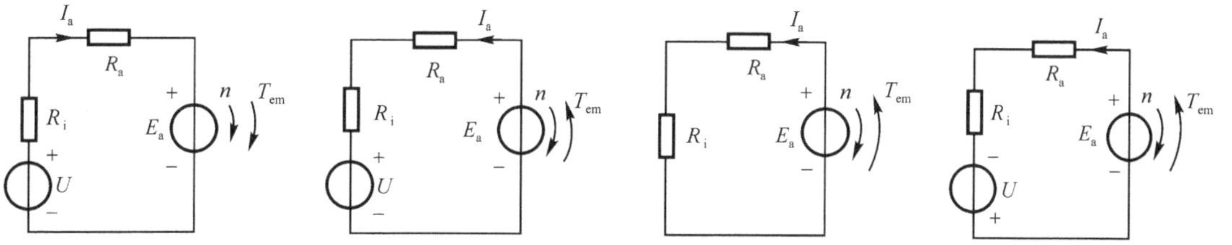

(a)电动机工作状态　(b)发电机工作状态　(c)能耗制动状态　(d)反接制动状态

图 1－39　电动机的几种工作状态

1）外加电压：小于电枢中的感应电势，即 $U<E_a$，U 的方向仍与 E_a 相反。U 的极性与转向是对应的。

2）电流：方向与感应电势 E_a 方向相同，这正是发电机的特点。

3）电磁转矩：方向与电机转速 n 相反，电磁转矩起制动作用。

4）能量关系：机械能转化为电能。

5）转速：高于理想空载转速。这是发电机状态与其他状态不同之处。

当电枢电压突然下降，或电机轴上出现了与转动方向相同的外力矩，使转速高于空载转速时，就是发电机状态。

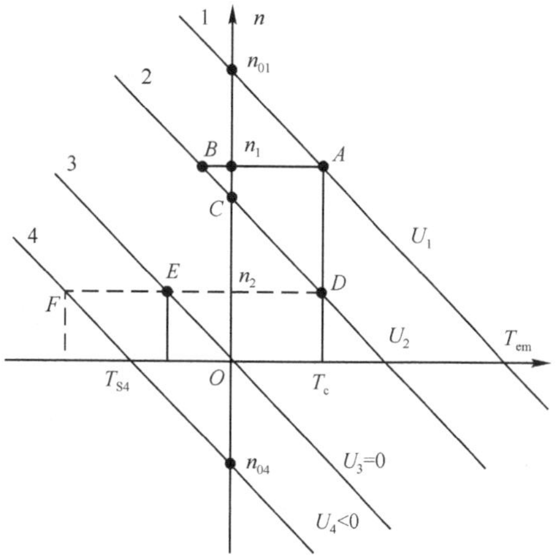

图 1－40　直流电动机机械特性

图 1－40 中，电机原来稳定运行于 A 点，转速为 n_1。若电机需减速到 n_2，将电压变为 U_2，工作点由 A 变为 B。工作点由 B 变为 C 的过程就属于发电机状态。若外力矩使电机转速高于理想空载转速，如电力机车下坡时，也是发电机状态。发电机状态时电磁转矩是制动转矩，加快了减速过程，提高了系统的快速性。

为了使电机能工作在发电机状态，要求功率放大器允许电流 I_a 与外加电压 U 方向相反，能接受反馈回来的电功率。

以图 1－39(a)所示方向为正方向，机械特性的代数表达式为

$$n=\frac{U}{C_e\Phi}-\frac{R_a+R_i}{C_eC_t\Phi^2}T_{em}=n_0-\frac{R_a+R_i}{C_eC_t\Phi^2}T_{em} \tag{1-56}$$

式中，n_0 是理想空载转速。图 1－40 是机械特性曲线。当 $U>0$ 时第二象限是发电机状态。当 $U<0$ 时第四象限是发电机状态。

3. 能耗制动状态

能耗制动状态如图 1－39(c)所示。外加电压为零，电枢两端通过电源内阻直接闭合，就是能耗制动状态，又称动能制动。这种状态和发电机输出端短路是相同的，所以也被认为是发电机状态的特殊情况，图 1－39(c)中表示的方向是物理量的实际方向。由于电磁转矩与转速方向相反，故属于制动状态。

以图 1－39(a)所示方向为正方向，可求得能耗制动时的电枢电流为

$$I_a = -\frac{E_a}{R_a + R_i} = -\frac{C_e \Phi}{R_a + R_i} n$$

式中，负号表示实际电流的方向与正方向相反。能耗制动时的电流大小与转速和电枢回路的总电阻有关。为了限制电流，较大容量的调速系统(R_a较小)在能耗制动时在电路中另外加限流电阻。

能耗制动时的机械特性是一条通过坐标原点的直线，如图 1-40 中直线 3 所示。若电机原来的转速是 n_2，工作点位于直线 2 上的点 D。能耗制动时，一开始由于转速没有突变，工作点就沿虚线由直线 2 移到直线 3 上，保持转速为 n_2。然后由于电磁转矩为负，与转速相反，电机转速开始下降，直到等于零为止。

4. 反接制动状态

反接制动状态如图 1-39(d)所示，其工作特点是：

1) 外加电压：与电枢感应电势 E_a同向，使电流朝同一个方向流动。电压极性对应的转向与实际转向相反。

2) 电枢电流：与电势 E_a、外加电压 U 同方向，故电流值为

$$I_a = \frac{U + E_a}{R_a + R_i}$$

所以反接制动状态，在相同的外加电压时，电枢电流要大于堵转电流。为了限制电流，一些系统在反接制动状态时要在电路中加入限流电阻或采取其他限流措施。

3) 电磁转矩：与转速方向相反，电磁转矩起制动作用。转矩数值大于堵转转矩，这是反接制动的特点。由于电枢电流大，制动的电磁转矩大，所以制动效果比发电机状态或能耗制动状态更明显。

4) 能量关系：一方面电机将本身的机械能变为电能(转速降低、动能减少)，另一方面电源也输出电能到电机，这些电能全消耗在电枢回路的电阻上。因此电机既消耗电能，又消耗机械能，这些能量全部变成电机的热损耗。

反接制动状态在位置伺服系统中是经常出现的，因此放大器输出电流的能力应按最危险的反接制动状态来考虑。

在图 1-40 中，直线 1、2 在第四象限的部分，直线 4 在第二象限的部分，都代表反接制动状态。

图 1-41 表示直流电机的静态特性与工作状态。

1.5.5 直流电动机的动态特性

电动机从一个稳态到另一个稳态的变化过程就叫做动态过程，或称过渡过程。在动态过程中直流电动机所具有的特性，或者说它的一些物理量(如转速、反电势、电流、电磁转矩)随时间变化的规律就称为动态特性。描述动态特性可以用微分方程、方框图、传递函数等方法。

1. 电枢控制时的动态特性

式(1-5)、式(1-8)、式(1-17)和式(1-19)这四个动态关系式就是描述直流电动机动态特性的方程式。将它们改写如下：

$$T_{em}(t) = K_t I_a(t) \tag{1-57}$$

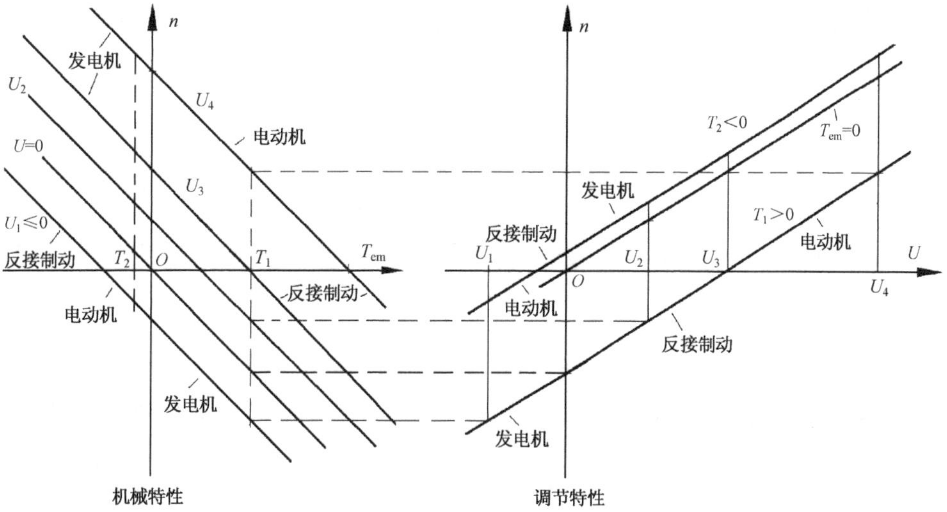

图 1-41　静态特性与工作状态

$$E_a(t)=K_e\omega(t) \tag{1-58}$$

$$T_{em}(t)=J\frac{d\omega(t)}{dt}+T_c(t) \tag{1-59}$$

$$U_a(t)=L_a\frac{dI_a(t)}{dt}+R_aI_a(t)+E_a(t) \tag{1-60}$$

将上面 4 个式子取拉普拉斯变换并整理后得

$$\Omega(s)=\frac{1}{Js}(T_{em}(s)-T_c(s)) \tag{1-61}$$

$$T_{em}(s)=K_tI_a(s) \tag{1-62}$$

$$I_a(s)=\frac{1}{L_as+R_a}(U_a(s)-E_a(s)) \tag{1-63}$$

$$E_a(s)=K_e\Omega(s) \tag{1-64}$$

式中，s 为拉普拉斯变换时的复参量；T_c 为电机轴上的总阻转矩，又称干扰力矩。有时将 T_c 表示成

$$T_c=T_f+K_c\omega(t) \tag{1-65}$$

式中，K_c 称为黏滞阻尼系数，T_f 为恒值阻转矩。

利用式(1-61)～式(1-64)可绘出直流电动机的动态方框图如图 1-42 所示。利用式(1-61)～式(1-64)或图 1-42 可求得直流电动机的传递函数。

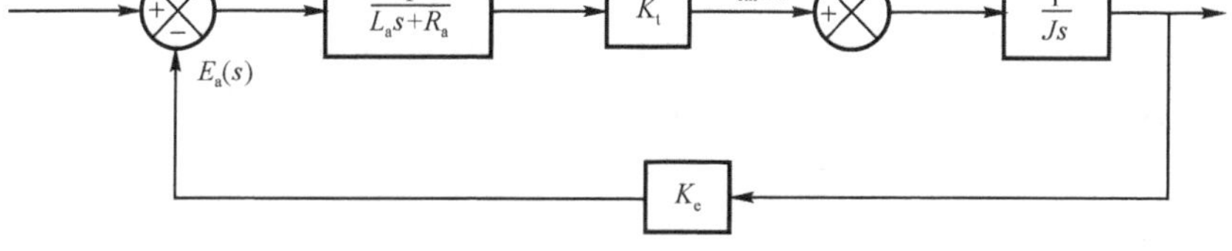

图 1-42　直流电动机的动态方框图

以角速度为输出量，令干扰力矩 $T_c=0$，直流电动机的传递函数为

$$\frac{\Omega(s)}{U_a(s)}=\frac{1/K_e}{\tau_m\tau_e s^2+\tau_m s+1} \tag{1-66}$$

一般情况下有 $\tau_m>10\tau_e$，此时上式可写成

$$\frac{\Omega(s)}{U_a(s)}=\frac{1/K_e}{(\tau_m s+1)(\tau_e s+1)} \tag{1-67}$$

当 τ_e 很小，$1/\tau_e$ 远远超过了控制系统的通频带（截止频率或幅值穿越频率）时，直流电动机的传递函数可简化为

$$\frac{\Omega(s)}{U_a(s)}=\frac{1/K_e}{\tau_m s+1} \tag{1-68}$$

一般用式(1-68)作为直流电动机的传递函数。上述各式中 τ_m 为电动机的机电时间常数，τ_e 为电动机的电磁时间常数。且有

$$\tau_m=\frac{R_a J}{K_e K_t}=J\tan\beta=\frac{J\omega_0}{T_s} \tag{1-69}$$

式中，ω_0 为理想空载转速(rad/s)；$\tan\beta$ 为机械特性（纵轴 ω 为 rad/s）斜率绝对值。而

$$\tau_e=\frac{L_a}{R_a} \tag{1-70}$$

电机传递函数的放大系数 $1/K_e$ 与调节特性的斜率 $\tan\gamma$ 成正比。

取电机轴的角位移 $\Theta(s)$ 为输出量时，因为

$$\Theta(s)=\frac{1}{s}\Omega(s) \tag{1-71}$$

所以由式(1-66)～式(1-68)可知直流电动机的传递函数又可写为

$$\frac{\Theta(s)}{U_a(s)}=\frac{1/K_e}{s(\tau_m\tau_e s^2+\tau_m s+1)} \tag{1-72}$$

或

$$\frac{\Theta(s)}{U_a(s)}=\frac{1/K_e}{s(\tau_m s+1)(\tau_e s+1)} \tag{1-73}$$

或

$$\frac{\Theta(s)}{U_a(s)}=\frac{1/K_e}{s(\tau_m s+1)} \tag{1-74}$$

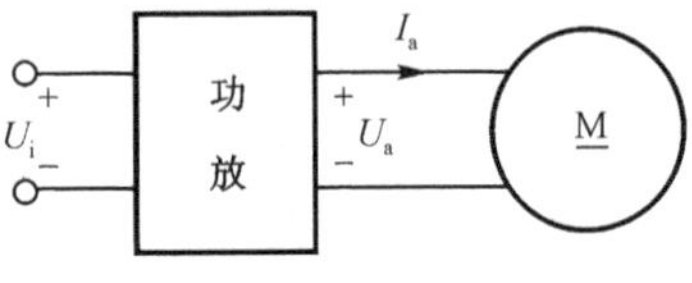

图 1-43　功率放大器-直流电动机

机电时间常数 τ_m 是决定电动机的惯性和过渡过程时间（响应速度）的主要数据。由式(1-69)可知，机械特性越硬的电机，力矩惯量比(T_s/J)越大的电机，机电时间常数 τ_m 也越小。在系统中电动机总是和负载连接在一起的，所以在计算电机-负载组合体的 τ_m 时，式(1-69)中的 J 应包括负载的折算转动惯量。在控制系统中直流电动机又总是和功率放大器连接在一起的，如图 1-43 所示。对于功率放大器-电机这个环节，在计算 τ_m 时，式(1-69)中的 R_a 应包括功率放大器的内阻，这个环节的机械特性硬度也与功放内阻有关。

对于功放-直流电动机负载组成的环节，我们可以采用控制原理中介绍的反馈补偿、串联补偿等方法，改变时间常数，以满足系统的要求。

若式(1-65)中 $K_c \neq 0$，则直流电动机方框图如图 1-44 所示。可求得传递函数为

$$\frac{\Omega(s)}{U_a(s)} = \frac{K_t}{L_a J s^2 + (R_a J + K_c L_a)s + K_e K_t + R_a K_c}$$

$$= \frac{\dfrac{K_t}{K_e K_t + R_a K_c}}{\dfrac{L_a J}{K_e K_t + R_a K_c} s^2 + \dfrac{R_a J + K_c L_a}{K_e K_t + R_a K_c} s + 1} \tag{1-75}$$

或

$$\frac{\Omega(s)}{U_a(s)} = \frac{1/K_e}{\tau_m \tau_e s^2 + \left(\tau_m + \dfrac{R_a K_c}{K_e K_t} \tau_e\right) s + 1 + \dfrac{R_a K_c}{K_e K_t}} \tag{1-76}$$

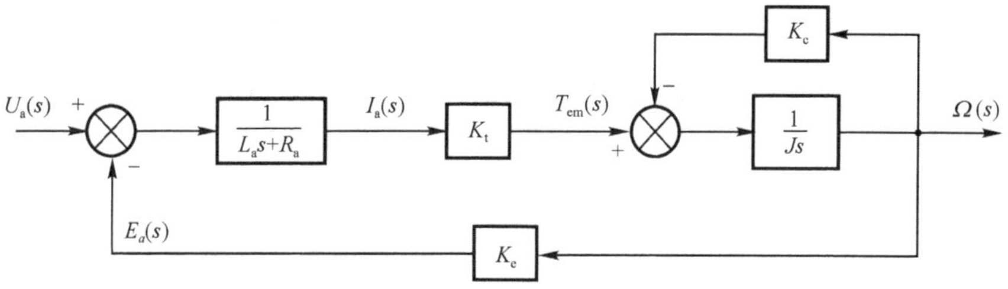

图 1-44　直流电动机方框图

前述传递函数的输入量是电枢电压 U_a。这时所采用的功率放大器是电压源性质的放大器，放大器的输入量和输出量都是电压，输出电压与输入电压成比例，即

$$U_a = K U_i \tag{1-77}$$

见图 1-43，此时电枢电压由功放的输入电压决定，而电枢电流取决于电机本身的工作状态。在目前的一些控制系统中，采用了电流源性质的功率放大器。这种功放的输入信号也是电压，但输出信号是电流，输出电流与输入电压成比例，即

$$I_a = K U_i \tag{1-78}$$

这时电机电枢电流 I_a 由功放的输入电压 U_i 决定，而电枢电压 U_a 取决于电动机的工作状态。

输入量是电枢电流 I_a 时的直流电动机的传递函数推导如下。在式(1-65)中令 $T_f=0$，则有

$$T_c = K_c \omega(t) \tag{1-79}$$

代入式(1-59)得

$$T_{em}(t) = J \frac{d\omega(t)}{dt} + K_c \omega(t) \tag{1-80}$$

取拉普拉斯变换后得

$$\Omega(s) = \frac{T_{em}(s)}{Js + K_c} \tag{1-81}$$

式中，K_c 为黏滞阻尼系数。

由式(1-81)和式(1-62)可得

$$\frac{\Omega(s)}{I_a(s)} = \frac{K_t}{Js + K_c} \tag{1-82}$$

并得

$$\frac{\Theta(s)}{I_a(s)}=\frac{K_t}{s(Js+K_c)} \tag{1-83}$$

2. 磁场控制时的动态特性

由磁场控制时的调节特性可知，此时电机非线性严重，因此不能用传递函数准确表示其动态特性。下面假设电枢电流不变，工作状态变化不大，以激磁电压 u_f为输入量，角速度 ω 为输出量，推导传递函数。

设激磁绕组电流、电阻、电感分别是 i_f、R_f、L_f。磁通 Φ 与电流 i_f的关系就是铁磁材料的 B-H 曲线。当工作状态变化不大时，Φ 与 i_f成正比。由 $T_{em}=C_t\Phi I_a$知，I_a不变时有

$$T_{em}=K_t i_f \tag{1-84}$$

上式中的 K_t与电枢控制时式(1-5)中的 K_t相似，但不同。由 $u_f=R_f i_f+L_f\frac{di_f}{dt}$可得 $U_f(s)=(L_f s+R_f)I_f(s)$。在式(1-65)中设 $T_f=0$，则由式(1-59)可得$T_{em}(s)=Js\Omega(s)+K_c\Omega(s)$。由以上各式可得

$$\Omega(s)=\frac{1}{Js+K_c}T_{em}(s)=\frac{K_t}{Js+K_c}\cdot\frac{1}{L_f s+R_f}U_f(s) \tag{1-85}$$

$$\frac{\Omega(s)}{U_f(s)}=\frac{K_t}{(Js+K_c)(L_f s+R_f)}=\frac{K}{(\tau_m s+1)(\tau_e s+1)} \tag{1-86}$$

式中，K 为放大系数，$K=\frac{K_t}{K_c R_f}$；τ_m为机械时间常数，$\tau_m=J/K_c$；τ_e为电磁时间常数，$\tau_e=L_f/R_f$。

由于 L_f较大，τ_e一般不能忽略。应指出，实际上很难保证电枢电流不变。

1.6 直流伺服电动机

直流伺服电动机是专门为控制系统特别是伺服系统设计和制造的一种电机，它的转子运动受输入信号控制能作快速反应。最先制造的直流伺服电动机的电枢铁心同样具有齿槽结构，称为传统(普通)型直流伺服电动机；其工作原理、结构和基本特性与普通直流电动机(又称为驱动用或动力用直流电动机)没有大的区别，但为了满足控制系统的要求，在结构和性能上做了一些改进，具有如下特点：

1) 采用细长的电枢以便降低转动惯量，其惯量大约是普通直流电动机的 1/3～1/2。

2) 具有优良的换向性能，在大的峰值电流冲击之下仍能确保良好的换向条件，因此，具有大的瞬时电流和瞬时转矩。

3) 机械强度高，能够承受住巨大的加速度造成的冲击力作用。

4) 电刷一般都安放在几何中性面上，以确保正、反转特性对称。

为了适应控制系统的需要，直流伺服电动机的类型也在不断发展。目前应用的直流伺服电动机除了传统型的直流伺服电动机外，还有低惯量型直流伺服电动机、宽调速直流伺服电动机等。此外，控制系统中应用的直流电动机还有直流力矩电动机、无刷有限转角直流力矩电动机、直线直流电动机等。

传统型直流伺服电动机的结构和普通直流电动机相同，但具有上面所述的四个特点，特

别是转子是细长的以降低惯量。激磁方式分电磁式和永磁式两种。它的主要缺点是转矩小和低速运转不平稳、K_t和K_e小。从直流伺服电动机理想的调节特性来看，只要控制电压U_a足够小，电机便可以在很低的转速下运行。但是实际上，当直流电动机工作在每分钟几转到几十转的范围内时，其转速就不均匀，就会出现时快时慢，甚至暂停一下的现象(称为爬行)，这就是低速运转的不平稳性。产生这种现象的原因是：

1）低速时，反电势平均值和电枢电压都小，因此齿槽效应等原因造成的电势波动的影响增大，电刷和换向器之间的接触压降不平稳性的影响也增大，故导致电流及电磁转矩波动较大。

2）电机频率响应具有低频通和高频衰减的特性。低速时转矩波动的频率低，对系统输出的影响比高速时大。

如果要求电动机低速运行，就必须采取相应的控制措施，或者选用低速性好的直流电动机，如直流力矩电动机或低惯量型直流伺服电动机。

1.6.1 低惯量型直流伺服电动机

低惯量电机是20世纪60年代开始发展起来的一种快速响应的控制电机，其在结构上与传统型直流伺服电动机有较大差别。它的结构特点是：转子铁心更细长或转动部分无铁心、铁心无齿槽结构、电枢绕组与铁磁物质分离。其运行性能的主要特点是：

1）转子惯量小，机电时间常数小，动态响应速度快。

2）绕组电感小，换向性能好，瞬时电流和瞬时转矩大，电气噪声小。

3）力矩波动小，运转平稳。

低惯量电机多用于高精度快速自动控制系统，频繁启动或正反转、惯量很小的系统以及快速测量与记录装置。目前由于广泛采用新工艺和新材料，其成本逐步下降，在很多应用中已取代了普通直流伺服电动机。低惯量电机包括无槽电机、盘形电机和空心杯电机，它们的结构示意图见图1-45。

1. 无槽电枢直流伺服电动机

这种电动机的电枢铁心上并不开槽，电枢绕组直接均匀排列在光滑的铁心表面，用环氧树脂固化并与铁心黏结成一个整体。这样的结构冷却效果较好，但气隙较大(铜线绕组所占空间算气隙)，约为普通电机的10倍左右。

由于这种电机不存在齿饱和限制，可提高磁通密度和转矩，可减小电枢外径，形状细长不受嵌线限制，可减小转动惯量。绕组在铁心表面，其磁阻大且电枢磁链少，所以电感小。其电抗电势仅为有槽电枢的1/10，故换向性能好，瞬时电流可达额定电流的10倍左右。与通常的直流电机相比较，其力矩惯量比为40～50，机电时间常数τ_m小，输出功率较大，是性能良好的伺服电动机，已应用于中小型电机，从几十瓦到几千瓦已有定型产品。

2. 盘式电枢直流伺服电动机

这种电机的定子是由永久磁铁和前后磁轭所组成，转子为圆盘形。电机的气隙就在圆盘的两边。转子圆盘的厚度一般为1.5～2mm，上有电枢绕组。大部分盘式电枢属于印制绕组，采用与印制电路相类似的工艺制成或用铜板冲压焊接成形再粘到绝缘基板上。它可以是单片双面的，也可以是多片重叠的。绕组导体兼作换向器，电刷直接在导体上滑动。有的盘式电枢是绕线式，即先绕成单个线圈，然后将绕好的全部线圈沿径向排列起来，再用环氧树

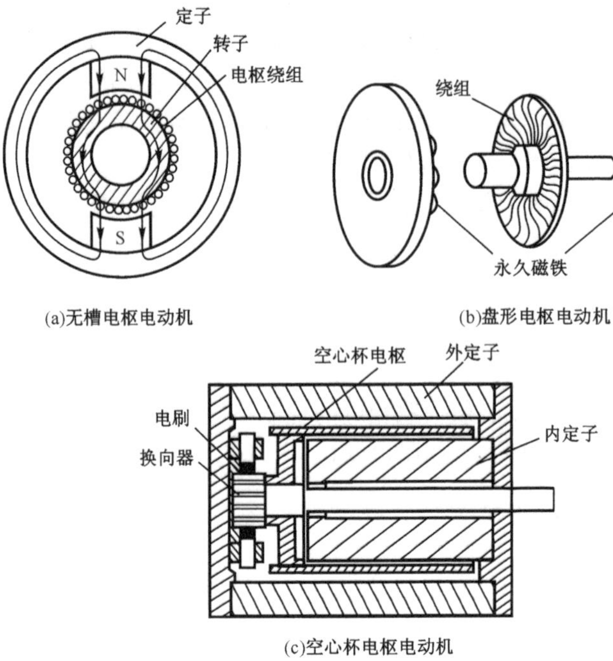

(a)无槽电枢电动机　(b)盘形电枢电动机

(c)空心杯电枢电动机

图 1-45　低惯量电动机结构示意图

脂浇注成圆盘形。盘形电枢上电枢绕组中的电流是沿径向流过圆盘表面，并与轴向磁通相互作用产生转矩，绕组的径向段为有效部分。由于转子无铁心和专用换向器，因此惯量小，换向条件好。与通常的直流电机相比，其转矩惯量比为 10～20 倍，瞬时电流可达额定电流的 5 倍左右，运转平稳，转矩波动小，特别适用于轴向尺寸小的场合。该种电机的输出功率为几十瓦到一千瓦。

3. 空心杯电枢直流伺服电动机

这种电机的电枢绕组是编织成薄壁圆筒状后用环氧树脂黏接成形，也有的采用印制绕组。由于转子无铁心，故惯量和电感均大为减小。由于没有槽，其磁阻均匀，故转矩平稳，换向好，噪声小，是低惯量电机中性能最好的一种。但有的杯形转子只有一端受支承，机械强度较差，故功率输出不能太大。这种电机有内磁式和外磁式两种。外磁式电机的外定子是永久磁体，而内定子为圆柱形的软磁材料。外磁式空心杯电枢直流伺服电动机的机电时间常数在各种交直流电动机中是最小的。内磁式电机的外定子采用软磁材料，内定子是永久磁体，主要是为了满足较大的转矩常数和中等惯量的要求。空心杯电枢直接装在电机轴上，在内外定子间的气隙中旋转。此种电机输出功率为零点几瓦到几千瓦。

1.6.2　宽调速直流伺服电动机

宽调速直流伺服电动机(又称大惯量电机)是在小惯量电机和力矩电机的基础上发展起来的电机，主要用于数控机床的伺服系统，也可用于其他闭环控制系统中作执行元件。

宽调速直流伺服电动机分为电磁式和永磁式两种。电磁式的特点是激磁大小可以调整，便于安装补偿绕组和换向极，使电机的换向性能得到改善，并且成本低。永磁式一般没有换向极和补偿绕组，换向性能受到限制，但它不需要激磁功率，因而效率高。永磁式的应用比电磁式的多。

图 1-46 所示为永磁式宽调速直流伺服电动机磁路结构图。一般采用铁氧体作磁极以降低成本。磁路采用主磁极 2 和侧磁极 1 的组合结构，以便充分利用空间增加铁氧体的用量。同时用软钢极靴 3 将主、侧极的磁通汇集于极弧下的气隙中，增加气隙磁密，以弥补铁氧体剩磁磁密低的缺点。电机采用较多的极对数，增加转子 4 的齿槽数和换向片数，以提高过载能力，并使齿槽分布均匀，从而降低了转矩波动，增大调速范围，使电机在很低的转速下仍能平稳运行。

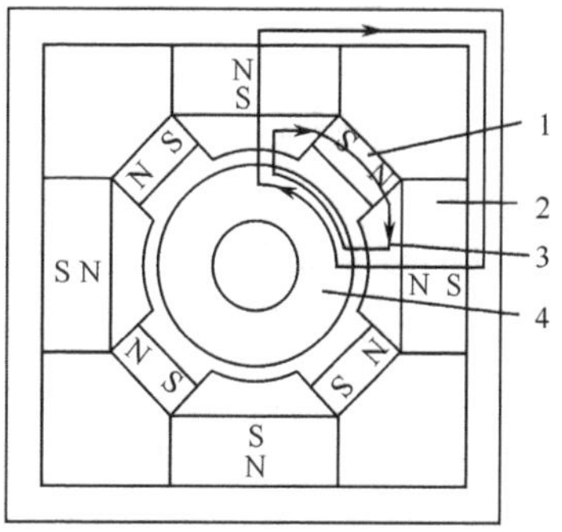

图 1-46　电机磁路结构

宽调速直流伺服电动机往往同时配有高精度低纹波的测速发电机，能获得优良的低速运行特性和动态性能。

宽调速直流伺服电动机具有如下特点：

1）转矩大，调速范围宽，电机可在很低的转速下平稳运行。在闭环系统中运行时调速比可达 10000：1 以上。由于转矩大，工作速度低，故电机可以和机床进给丝杠等负载直接连接。

2）转子惯量大，电机的惯量可以比负载的折算惯量大得多，这样可使机床伺服系统的控制器适用于各类机床，并形成系列化产品。

3）电机的热容量大，热时间常数可达 120 分钟左右，耐热性能好。通常可在 3 倍额定转矩的条件下工作几十分钟。

4）由于永磁铁氧体的矫顽磁力高，去磁临界电流大，瞬时过载可达 10～15 倍，从而可以提高动态响应速度。

1.7　直流力矩电动机

1.7.1　概述

直流伺服电动机和直流力矩电动机都是控制用直流电动机，它们的工作原理、基本结构和基本特性都是相同的，但直流伺服电动机属于高速电机。在功率相同时，由 $P=T\omega$ 可知，电动机的转速越高，力矩越小，相应的体积和质量就越小。所以高速电机多。直流伺服电动机的额定转速为每分钟几千转，低速性差，不能在低速下正常运行，更不宜在堵转下工作。它的输出力矩不是很大，因此带动低速负载及大转矩负载要用减速器。而直流力矩电机是一种低转速、大转矩的直流电动机，可在堵转下长期工作。它可以直接带动低速负载和大转矩负载，具有转速和力矩波动小，机械特性和调节特性线性度好等优点，特别适用于高精度的位置伺服系统和低速控制系统。

与采用齿轮传动减速的间接驱动相比，采用力矩电动机直接驱动的控制系统具有下述优点：

1）快速响应。采用直流力矩电动机的直接驱动系统，动态响应迅速，频率响应可达到 50Hz，比间接驱动提高了一个数量级。特别适用于要迅速启动和停转的高加速应用场合。

2）速度和位置的精度高，伺服刚度高。直接驱动消除了齿隙死区和弹性变形引起的误差，系统的放大倍数可以做得很高而又保持系统的稳定，因此系统的速度和位置精度，包括伺服刚度，均有较大提高。系统的伺服刚度 K 为：$K=T_L/\theta_L$，其中 T_L 为干扰力矩，θ_L 为干扰力矩产生的位移。

3）特性的线性度好。直流力矩电动机本身的转矩-电流特性的线性度好。由于消除了齿隙死区，没有减速器而使总的摩擦力矩减小，这些都使系统特性的线性度提高，为平稳运行创造了条件。

4）直接驱动系统由于没有减速器，所以结构紧凑，运行可靠，维护方便，振动小，机械噪声小。不使用价高的减速器，使系统成本下降。

采用直流力矩电动机直接驱动的伺服系统具有很好的静态和动态特性，低速运行性能优良。采用直流力矩电动机组成的闭环伺服系统，平稳运行的转速可达到地球的转速 15°/h 甚至更低。调速范围可达几万甚至几十万，位置精度可达角秒级。

力矩电动机实际包括直流力矩电动机、交流力矩电动机和无刷直流力矩电动机等几种。

1.7.2 电机结构、参数与运行性能

1. 结构特点

直流力矩电动机一般作成永磁多极，有分装式和组装式两种。组装式与一般电机相同，机壳和轴由制造厂在出厂时装配好。分装式的结构如图 1-47 所示，包括定子、转子和刷架三大部件。机壳和转轴由用户根据安装方式自行选配，便于系统设计者把电动机和测速机及其他部件组合成一个紧凑的结构，减小系统的体积和质量。定子用 10 号钢制成带槽的圆环，槽中嵌放永磁体组成环形桥式磁路。为了固定磁极，在其外圆处又热套上一个厚约 2mm 的铜环。磁极桥可使磁通在气隙中近似地呈正弦分布。转子通常用导磁硅钢冲片叠装而成。转子槽中嵌装电枢绕组，采用单波绕组，使并联支路对数 $a=1$，与电机极数无关，使绕组中电流最大，电刷数最少。为减小轴向尺寸，常把槽楔和换向片做成一体。紫铜棒的一端做成略长于电枢铁心的半圆形，插入槽内兼作槽楔(槽楔部分包有绝缘)；紫铜棒另一端做成梯形，排列成环形换向器。转子的全部结构用高温环氧树脂浇铸成整体。

直流力矩电动机通常做成扁平式结构，电枢长度与直径之比为 0.2 左右。由式(1-6)可知，为了获得大的 C_t，应选取最少的并联支路对数 a 和选取较多的极对数 p。

永磁式直流力矩电动机总是采用优良的永磁材料，如铝镍钴、钐钴、钕铁硼等，因此磁密高，K_e 和 K_t 大，这使它具有大转矩、低转速和其他优良性能，但制造成本明显提高。

2. 电机参数与运行性能特点

(1) K_t 与 K_e 大

设电枢电压 U_a、电流 I_a 不变。由式 $T_{em}=K_tI_a$ 知，T_{em} 大，必然有 K_t 大。设理想空载转速为 ω_0，由 $U_a=E_a=K_e\omega_0$ 知，ω_0 小，必然有 K_e 大。由 $K_t=C_t\Phi=\Phi pN/(2\pi a)$ 知，为了使 K_t 大，应选极对数 p 多，并联支路对数 a 小。为了使 Φ 大，应选用磁密高的永磁材料。

(2) 电枢直径 D 大

设气隙磁密 B、电枢体积和导线总长度 l 不变。由 $T_{em}=BlID/2$ 知，电磁转矩与直径 D 成正比。由 $U_a=E_a=Bl\omega_0D/2$ 知，ω_0 与 D 成反比。所以为了得到大的力矩和低的空载转速，电枢直径应大，由于体积不变，故电枢是扁平形状。

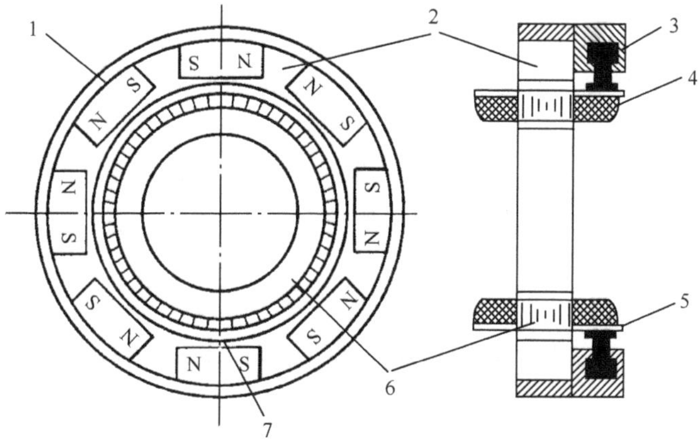

图 1-47　分装式直流力矩电动机示意图

1. 铜环　2. 定子　3. 电刷　4. 电枢绕组　5. 槽楔兼换向器片　6. 转子　7. 磁极桥

（3）力矩波动小

直流力矩电动机电枢的扁平式结构可使电枢铁心的槽数多，相应的元件数和换向片数多，减小电磁转矩的波动。采用单波绕组，使电枢绕组每个支路的元件数增多，还可以减少电刷对数，从而减小摩擦转矩及其波动。

为了减小齿槽结构引起的力矩波动，除了尽量增加电枢的槽数外，还适当加大电机的气隙，采用磁性槽楔、斜槽以及磁极桥等。使电枢的槽数与电机的极对数之间无公约数，可以削弱电枢转动对电机磁场的波动，从而减小力矩波动。一般选槽数为奇数，而极对数为偶数。

（4）调节特性的线性度好

为了提高调节特性的线性度，应尽量减小电枢反应的去磁作用。直流力矩电动机的磁路一般设计成高饱和状态，此时磁阻大，电枢电流产生的磁通小。选用磁导率小，磁阻大，回复线较平的永磁材料做磁极，且选取较大的气隙，可显著减小电枢反应的影响。

（5）电磁时间常数小

采用直流力矩电动机直接驱动的伺服系统动态响应速度快，因此，机电时间常数 τ_m 将显著减小。此时电磁时间常数 τ_e 的影响相对增大，有时已不能忽略。由 $\tau_e=L_a/R_a$ 可知，应减小电枢绕组电感 L_a。电感 L_a 又取决于电枢绕组的磁链，而磁链又可分为电枢反应磁链和漏磁链两部分。可以证明，极对数越多，电枢反应磁链就越小，它所对应的电感也越小，所以采用较多的极对数就可以减小电磁时间常数。此外，适当地加大电机的气隙，也有利于减小电枢反应磁链，使电磁时间常数减小。提高电枢铁心的饱和程度，可以使槽漏磁回路磁阻增加，减小漏磁链，也使电机的电磁时间常数降低。

（6）技术参数特点

直流力矩电动机的技术参数包括峰值堵转和连续堵转两种参数。峰值堵转电流 I_p、峰值堵转转矩 T_p、峰值堵转电压 U_p 和峰值堵转功率 W_p 均表示直流力矩电动机的极限工作状态。峰值堵转电流是指电机的最大电枢电流，是最关键的指标，其他三项极限值均与峰值堵转电流相对应。连续堵转参数表示长期运行时允许的最大数值。电机在短时间内的电流允许超过连续堵转电流，但对于铝镍钴磁钢电机，不得超过峰值堵转电流，否则磁钢会去磁，使转矩灵敏度下降。对于稀土磁钢电机，超过峰值电流时不会产生去磁，因此允许短时过电流。但是电流不能超过电动机热容量所允许的极限和电刷的电流密度额定值。电机转动期间，电枢电压允许超过 U_p。电动机常数 K_M表示电机把电功率转换成力矩的能力，定义

$$K_M = T_p/\sqrt{W_p} = K_t/\sqrt{R_a} \tag{1-87}$$

对于铝镍钴磁钢电机，如果转子要从定子中取出，定子一定要用磁短路环保磁，否则会使磁钢去磁。

1.8　有限转角直流力矩电动机

有限转角直流力矩电动机就是没有换向器和电刷的直流电动机。根据直流电动机的工作原理，在给定电压下它只能在有限转角范围内运动。当外加电压方向不断变化时，它将在这个有限转角范围内围绕中心线往复摆动。

这种电机采用永磁磁极。由于不用换向器，所以把结构简单的磁极放在转子上，把复杂的绕组放在定子上。电枢定子有两种结构形式：齿槽结构和环形结构。图 1-48(a)是一个两极环形电枢的示意图。定子是一个导磁的圆环，圆环上紧密地缠绕着两个对称分布的环形绕组，反向串联。环形电枢没有齿槽结构，由于绕组的存在而具有大的空气间隙，因此完全消除了齿槽效应产生的磁阻转矩，明显减小了纹波和阻尼转矩。图 1-48(b)是这种电机的理论力矩特性，在最大力矩附近力矩是常值。

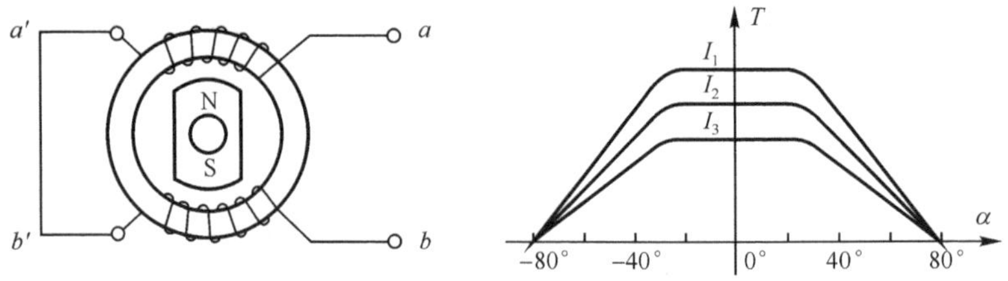

(a)结构示意图　　(b)力矩特性

图 1-48　有限转角无刷直流力矩电动机

齿槽结构的电机具有较小的空气隙，具有明显的齿槽效应的磁阻转矩，具有较大的阻尼转矩。力矩-转子转角曲线一般是正弦曲线。尺寸相同时，齿槽结构电机的电动机常数比环形绕组高得多。

有限转角无刷直流力矩电动机同时具有直流电机、无刷电机、平滑电枢和力矩电动机的优点。在有限转角范围内，电机的机械特性和调节特性的线性度好。这种电机消除了电刷与换向器之间的滑动摩擦、换向火花干扰和转矩的脉动，结构紧凑坚固、维护简单、效率高、寿命长、能在低速和长期堵转下正常工作、转矩和功率之比很高、响应速度快、频带宽。它的传递函数与直流电动机相同。

有限转角电动机主要用于小转角的高精度控制系统中，如陀螺仪稳定平台、红外成像、军事瞄准、工业自动化仪表中指针和记录笔的驱动等。

1.9 直流电动机的选择

1.9.1 直流电动机的型号与额定值

国家标准(GB)对各类电机规定了代表符号，称为型号。各类电机的型号都具有下列的组成形式

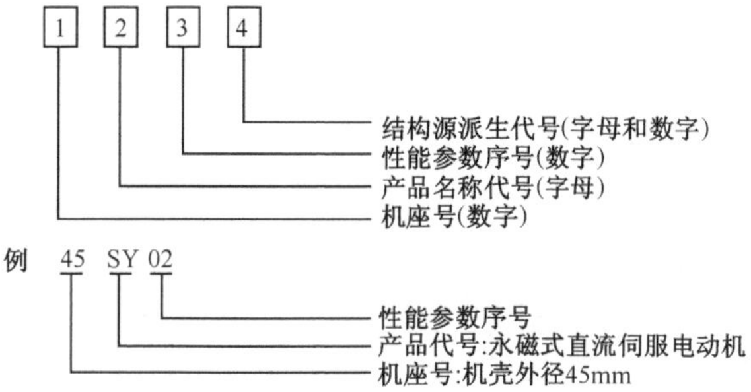

电机制造厂按国家标准或其他标准对各种型号的直流电动机的使用条件和运行状态都做了规定，所规定的技术数据就叫额定值。符合使用条件、达到给定的工作状态的运行称为额定工作情况(工况)或额定运行。产品铭牌上标有主要额定值，直流电机中常用的额定值有：

1）额定功率：电动机在额定工况运行时，其轴端输出的机械功率。

2）额定电压：额定工况运行时，电动机的激磁绕组和电枢绕组上所加的电压值。电枢控制时，激磁绕组加额定电压。

3）额定电流：在额定电压下，负载达到额定功率时的电枢电流和激磁电流值。对于连续运行的直流电动机，其额定电流就是电机长期安全运行的最大电流。短期超过额定电流(如启动时)是允许的，但长期超过额定电流将会使电机绕组和换向器损坏。

4）额定转速：电动机在额定工况运行时每分钟的转数。它不是电动机允许的最高转速。

5）额定转矩：电动机在额定工况时的输出转矩。

电机轴端的输出转矩 T_2、输出的机械功率 P_2(W)、旋转角速度 ω(rad/s)、转速 n(r/min)的关系为

$$T_2 = \frac{P_2}{\omega}\ \mathrm{N \cdot m} = 97\,400\,\frac{P_2}{n}\ \mathrm{gf \cdot cm} \tag{1-88}$$

1.9.2 电机运行曲线

电机运行曲线可以使我们更深入地了解电机的性能，帮助我们恰当地选择电机和充分利用电机的潜力。

对于惯量较大的永磁式直流电动机，运行曲线见图1-49。图中 U_k 为最高运行电压，n_{max} 为最高运行转速，T_k 为最高转速时的转矩，T_r 为连续工作转矩，U_p 为峰值电压，T_p 为峰值转矩。AB 是换向限制曲线，曲线以下是换向良好的范围，曲线以上是换向不良的范围。CT_r 是发热限制线，此线以左是从发热角度来看，允许长期运行的范围；以右只能短时运行。BT_p 是去磁限制线，如运行点超过此线，电机将产生不能恢复的退磁。n_{max} 是速度限制线，超过此线，电机就会发生机械方面的故障。DE 为瞬时换向界限。这样，在实线范围内，区域Ⅰ是电机的连续工作区，区域Ⅱ是电机的短时工作区，区域Ⅲ是瞬时加减速或正反转的瞬时工作区。

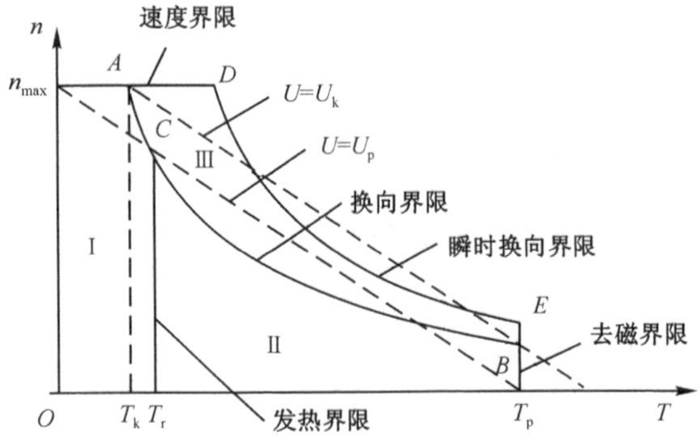

图 1-49　电机运行曲线

1.9.3　电机的黏滞阻尼

直流电动机的黏滞阻尼可分为机械和电磁两部分。黏滞阻尼的机械成分，部分是由轴承润滑剂和轴承密封引起的摩擦，它们通常随转速线性增加。另一部分机械黏滞阻尼由电机转子快速旋转引起，常称为"风阻"，在高速时出现。

黏滞阻尼的电磁成分由三个主要因素引起：环电流、涡流和磁滞效应，它们所对应的转矩都是阻尼转矩。环流是存在于换向线圈里的电流，它由定子结构中的漏磁场产生。环流效应随转速线性增大，导致类似于黏滞摩擦所产生的热损耗。在高速电机中常引起涡流效应，它由电枢导体在磁场中旋转而产生，且趋向于随电机转速的平方而增大。电机电枢若采用宽而扁平的导线，高速引起的涡流效应会明显减少。电机转子在永磁磁场中旋转，其铁心经受着迅速变化的交变磁场的作用，转子磁通的变化，引起了磁滞效应。磁滞效应的大小取决于电枢叠片的性能。对具有恒磁密的磁场，磁滞效应正比于转速。上述关于涡流和磁滞效应的说明，是假设电枢电流相对不变得出的。如果电动机不是工作在直流电，而是主要工作在脉宽调制和脉频调制形成的交流电状态下，由涡流和磁滞效应引起的热效应，应予以特别重视。如果在这种交流电流为主要电流成分的情况下采用低电阻率的磁性材料(例如钐钴 5)，涡流可能在磁性材料中引起发热。

1.9.4　电机参数的选择

1. 功率和转矩

初选电动机时可按下式初选电机功率 P_{20}

$$P_{20}=K(T_L+J_L\alpha_L)\omega_L \quad \text{W} \tag{1-89}$$

式中，T_L为负载阻转矩(N・m)；J_L为负载的转动惯量(kg・m^2)；α_L为负载的角加速度(rad/s^2)；ω_L为负载的角速度(rad/s)；K 为经验系数，对大、中功率系统为 1.2～1.5，对小功率系统为 2～2.5。

初选减速器减速比 i 时可利用下式：

$$i\leqslant\frac{n_n}{n_L} \quad 或 \quad i\leqslant\frac{n_0}{2n_L} \tag{1-90}$$

式中，n_L为负载的转速；n_n为被选直流电动机的额定转速；n_0 为被选直流电动机的空载转速。

由力学原理知，电动机应输出的最大转矩为

$$T_{2max}=\frac{T_L}{i\eta}+\left(J_m+J_i+\frac{J_L}{\eta i^2}\right)i\alpha_{Lmax} \tag{1-91}$$

式中，T_{2max}为电动机轴端输出的最大转矩(N·m)；T_L 为负载阻转矩(N·m)；i 为减速器减速比(电机转速/负载转速)；η 为减速器的效率，对于直齿轮减速器，$\eta=0.9\sim0.94$；J_m为电动机本身的转动惯量(kg·m^2)；J_i为减速器在电机轴的等效转动惯量(kg·m^2)；J_L 为负载的转动惯量(kg·m^2)；α_{Lmax}为负载的最大角加速度(rad/s^2)。

T_{2max}应等于或小于所选电机的瞬时最大转矩。一般直流伺服电动机可以输出 2～8 倍额定转矩的瞬时最大转矩。

当负载做直线运动时，式(1-91)仍适用，但式中的减速比 i 为电机转速(rad/s)与负载的直线运动速度(m/s)之比，即电机轴的转角(rad)与相对应的负载直线位移(m)之比，J_L 为负载质量(kg)，α_{Lmax}为负载的最大加速度(m/s^2)，T_L 是负载阻力(N)。

式(1-91)右端第二项为加速转矩。当 i 较大时，负载的折算转动惯量 J_L/i^2 就相当小，加速转矩主要用于加速电动机本身和减速器。

电动机的最大输出功率 P_{2max}为

$$P_{2max}=T_{2max}\omega_{Lmax}i \quad \text{W} \tag{1-92}$$

或

$$P_{2max}=0.105T_{2max}n_{Lmax}i \quad \text{W} \tag{1-93}$$

式中，ω_{Lmax}为负载最大角速度(rad/s)；n_{Lmax}为负载最大转速(r/min)。

如果电机为断续周期性工作，负载的速度曲线和转矩曲线如图 1-50 所示，则等效转矩为

$$T_{rms}=\sqrt{\frac{T_A^2t_1+T_L^2t_2+T_B^2t_3}{t_1+t_2+t_3+t_4}} \tag{1-94}$$

电动机的额定转矩应大于 T_{rms}，电动机的最大转矩应大于 T_A 和 T_B。

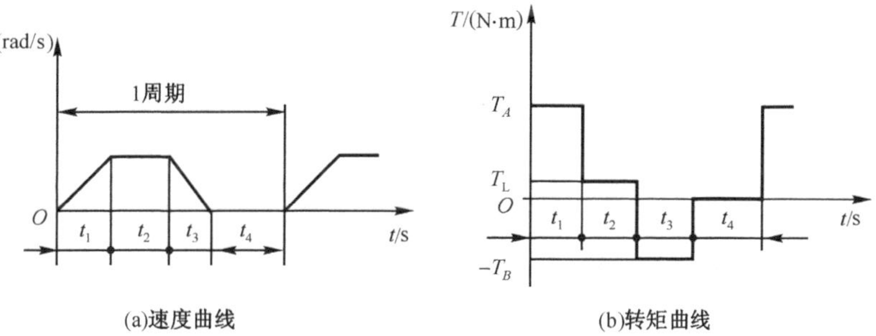

图 1-50　速度曲线与转矩曲线

2. 电流和电压

电动机在运行中的最大电流 I_{max}为

$$I_{max}=\frac{T_{2max}+T_0}{K_t} \tag{1-95}$$

式中，T_0 为电动机本身的阻转矩；K_t为电动机的转矩灵敏度。

对于铝镍钴磁钢电机，不允许超过规定的峰值电流，否则会引起磁钢永久性退磁。对于铁氧体和稀土永磁电机，在满足换向条件时，可以结合电枢的热时间常数和温升灵活地确定电机最大允许电流和允许过载状态。原则是不允许电机过热，因为过热将改变电机的性能甚至损坏绕组和磁钢。如空心杯电枢的热时间常数很小，可能低于 30s，因此短时过载就能使

绕组因过热而损坏。铁心结构的电枢的热时间常数高达 30min，在很多情况下可以较长时间地过载而无损坏。

一般直流伺服电动机的最大瞬时电流为额定电流的 2～8 倍。如果电流超过允许值，可以采取下面的措施：

1）改变减速比，使其接近最佳减速比（见式(1－98)）以便减小 T_{2max}。

2）选择具有更高转矩灵敏度 K_t 的电动机。

3）使转动惯量、摩擦力矩和黏滞阻尼摩擦力矩减至最小以便降低最大转矩 T_{2max}。

电动机电枢电压的最大值为

$$U_{max} = I_{max}R_a + K_e i\omega_L = I_{max}R_a + K_e\omega_{max} \tag{1-96}$$

式中，ω_{max} 为电机带动负载时的最大角速度。

3. 电动机与负载的惯量匹配

快速响应是控制系统对电动机的基本要求。转动惯量大的电动机，机电时间常数也大，速度响应慢。但也不是说电机惯量越小越好。在惯量很小的电动机上直接连接大惯量负载并不能达到快速响应的目的。小惯量电机的热容量一般也很小，高速启动、制动或反向会使电枢电流急剧加大而使电机损坏。

选择电机必须考虑电动机与负载的匹配，使其既能满足快速性要求，又能充分发挥电机本身的性能。

在式(1－91)中，设 J_L 中包括了减速器的转动惯量，则电动机应输出的最大转矩为

$$T_{2max} = J_m i\alpha_L + \frac{J_L\alpha_L + T_L}{i\eta} \tag{1-97}$$

令 $\frac{dT_{2max}}{di}=0$ 可使得 T_{2max} 为最小的最佳减速比 i_0 为

$$i_0 = \sqrt{\frac{J_L\alpha_L + T_L}{J_m\alpha_L\eta}} \tag{1-98}$$

最佳减速比 i_0 时的最大转矩为

$$T_{20} = 2\sqrt{\frac{J_m\alpha_L(J_L\alpha_L + T_L)}{\eta}} \tag{1-99}$$

若令 $\eta=1$，$T_L=0$，则式(1－98)成为

$$i_0^2 = J_L/J_m \tag{1-100}$$

这就是惯量匹配，折算到电动机轴上的负载转动惯量等于电动机本身的转动惯量。

设计系统时应尽量按式(1－98)选择减速器的减速比以实现惯量匹配，此时所选的电动机的最大瞬时转矩应大于式(1－99)的 T_{20}，同时应校核最大角速度是否满足系统要求。

一般在加速度不超过一个重力加速度的条件下应满足下式

$$J_m \geqslant \frac{1}{3}\cdot\frac{J_L}{i^2} \tag{1-101}$$

1.10 例　　题

例 1－1　一台永磁式直流伺服电动机，当电枢电压 $U_{a1}=100V$ 时，空载转速 $n_1=3000r/min$，电枢电流 $I_{a1}=0.06A$。已知电枢电阻 $R_a=40\Omega$。求当 $U_{a2}=110V$，$I_{a2}=1.5A$ 时的电机转速 n_2、电磁转矩 T_{em2} 及输出转矩 T_{o2}。

解 1）求 K_e 和 K_t。由式 $U_a=I_aR_a+E_a$ 知

$$E_{a1}=U_{a1}-I_{a1}R_a=100-0.06\times40=97.6(\mathrm{V})$$

$$\omega_1=\frac{2\pi\times3000}{60}=314(\mathrm{rad/s})$$

$$K_e=\frac{E_{a1}}{\omega_1}=\frac{97.6}{314}=0.31\mathrm{V/(rad/s)}$$

$$K_t=K_e=0.31(\mathrm{N\cdot m/A})$$

2）求 T_{em2} 和 T_{o2}。

$$T_{em2}=K_tI_{a2}=0.31\times1.5=0.465(\mathrm{N\cdot m})$$

空载阻转矩

$$T_f=T_{em1}=K_tI_{a1}=0.31\times0.06=0.018(\mathrm{N\cdot m})$$

故

$$T_{o2}=T_{em2}-T_{em1}=0.465-0.0186=0.45(\mathrm{N\cdot m})$$

3）求 n_2。

$$E_{a2}=U_{a2}-I_{a2}R_a=110-1.5\times40=50(\mathrm{V})$$

$$\omega_2=\frac{E_{a2}}{K_e}=\frac{50}{0.31}=161(\mathrm{rad/s})$$

$$n_2=\frac{60\omega_2}{2\pi}=1540(\mathrm{r/min})$$

例 1-2 一台永磁直流力矩电动机，转矩灵敏度 $K_t=1\ \mathrm{N\cdot m/A}$，摩擦转矩 $T_f=0.1\mathrm{N\cdot m}$，转动惯量 $J=6\times10^{-3}\mathrm{kg\cdot m^2}$，电磁时间常数 $\tau_e=3\mathrm{ms}$。连续堵转时电流 $I_1=4\mathrm{A}$，电压 $U_1=20\mathrm{V}$。

1）求电机电感 L_a，机电时间常数 τ_m，连续堵转的电磁转矩 T_1。

2）当电枢电压 $U_2=25\mathrm{V}$ 时，求启动时输出转矩 T_{20}，并求此电压对应的空载转速 ω_{20}。

3）$\omega_3=10\mathrm{rad/s}$，电磁转矩 $T_3=2\mathrm{N\cdot m}$ 时，求电枢电压 U_3 和输出转矩 T_{30}。

解 1）$K_e=K_t=1\ \mathrm{V/(rad/s)}$。电枢电阻 $R_a=\dfrac{U_1}{I_1}=\dfrac{20}{4}=5(\Omega)$

$$L_a=R_a\tau_e=5\times3=15(\mathrm{mH})=0.015(\mathrm{H})$$

$$\tau_m=\frac{R_aJ}{K_eK_t}=\frac{5\times6\times10^{-3}}{1\times1}=0.03(\mathrm{s})=30(\mathrm{ms})$$

$$T_1=K_tI_1=1\times4=4(\mathrm{N\cdot m})$$

2）启动电流

$$I_{20}=\frac{U_2}{R_a}=\frac{25}{5}=5(\mathrm{A})$$

$$T_{20}=K_tI_{20}-T_f=1\times5-0.1=4.9(\mathrm{N\cdot m})$$

空载电流

$$I_0=\frac{T_f}{K_t}=\frac{0.1}{1}=0.1(\mathrm{A})$$

$$\omega_{20}=\frac{U_2-R_aI_0}{K_e}=\frac{25-5\times0.1}{1}=24.5(\mathrm{rad/s})$$

3）
$$I_3=\frac{T_3}{K_t}=\frac{2}{1}=2(\mathrm{A})$$

$$U_3 = R_a I_3 + K_e \omega_3 = 5 \times 2 + 1 \times 10 = 20(\mathrm{V})$$
$$T_{30} = T_3 - T_f = 2 - 0.1 = 1.9(\mathrm{N \cdot m})$$

例 1 - 3 两台完全相同的永磁式直流电机的轴连在一起组成电动机-发电机组，见图 1 - 51。电枢电阻 $R_a=75\Omega$，电感 $L_a=0.45\mathrm{H}$，每台电机的转动惯量 $J=10^{-4}\mathrm{kg \cdot m^2}$。

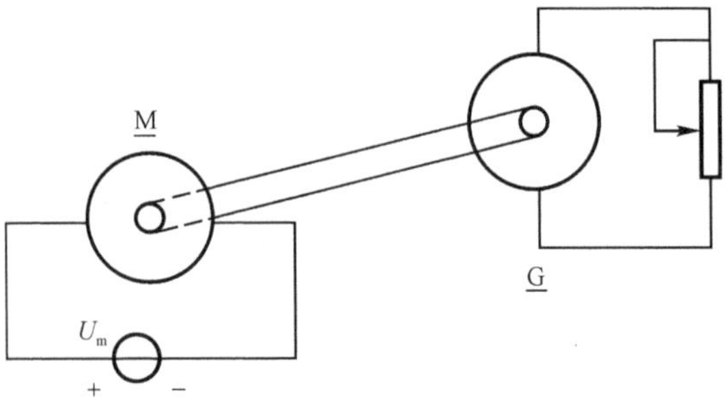

图 1 - 51 直流发电机作直流电动机的负载

1）电动机电压 $U_{m1}=89\mathrm{V}$，电流 $I_{m1}=0.2\mathrm{A}$。发电机电枢不接负载电阻，即电流 $I_{g1}=0$。此时机组转速 $\omega_1=400\mathrm{rad/s}$。求发电机电枢电压（空载）$U_{g1}$ 和每台电机的空载阻转矩 T_f。

2）电动机电枢电压 $U_{m2}=91\mathrm{V}$，发电机电枢端接负载电阻 $R_L=325\Omega$。求机组转速 ω_2，电动机电流 I_{m2} 和输出功率 P_{mo}，发电机电枢电流 I_{g2}。

3）求每台电机的机电时间常数 τ_m 和电磁时间常数 τ_e。

4）利用 τ_m、τ_e 等数据写出一台电机的传递函数 $\Omega(s)/U_a(s)$。

解 机组的等效电路图和转子受力图见图 1 - 52。首先计算电机参数 K_e、K_t。电动机反电势为

$$E_{a1} = U_{m1} - R_a I_{m1} = 89 - 75 \times 0.2 = 74(\mathrm{V})$$
$$K_e = \frac{E_{a1}}{\omega_1} = \frac{74}{400} = 0.815(\mathrm{V/(rad/s)})$$
$$K_t = K_e = 0.815(\mathrm{N \cdot m/A})$$

1）$I_{g1}=0$，故 $U_{g1}=E_{a1}=74(\mathrm{V})$

$$2T_f = K_t I_{m1} = 0.185 \times 0.2 = 0.037(\mathrm{N \cdot m})$$
$$T_f = 0.0185(\mathrm{N \cdot m})$$

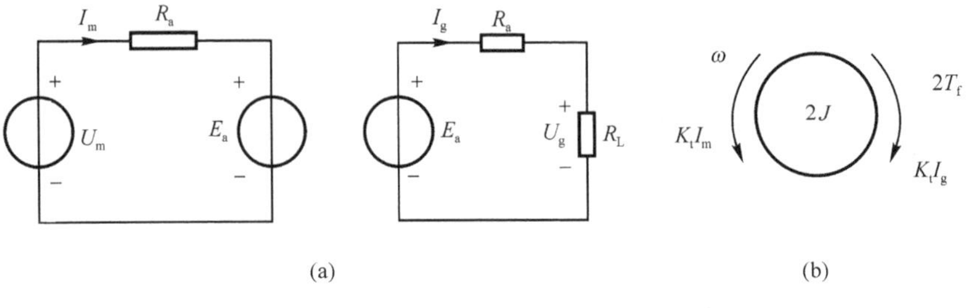

图 1 - 52 电动机—发电机组

2）由图 1 - 52 可列出下述方程组

$$\begin{cases}E_{a2}+R_aI_{m2}=U_{m2}\\(R_a+R_L)I_{g2}=E_{a2}\\2T_f+K_tI_{g2}=K_tI_{m2}\\E_{a2}=K_e\omega_2\end{cases}$$

代入数据得

$$\begin{cases}E_{a2}+75I_{m2}=91\\(75+325)I_{g2}=E_{a2}\\0.037+0.185I_{g2}=0.185I_{m2}\\E_{a2}=0.185\omega_2\end{cases}$$

解得

$$\begin{cases}E_{a2}=64(\mathrm{V})\\\omega_2=346(\mathrm{rad/s})\\I_{m2}=0.36(\mathrm{A})\\I_{g2}=0.16(\mathrm{A})\end{cases}$$

$$P_{mo}=(K_tI_{m2}-T_f)\omega_2=(0.185\times0.36-0.0185)\times346=16.6(\mathrm{W})$$

或

$$\begin{aligned}P_{mo}&=U_{m2}I_{m2}-R_aI_{m2}^2-T_f\omega\\&=91\times0.36-75\times0.36^2-0.0185\times346=16.6(\mathrm{W})\end{aligned}$$

3）
$$\tau_m=\frac{R_aJ}{K_eK_t}=\frac{75\times10^{-4}}{0.185^2}=0.22(\mathrm{s})$$

$$\tau_e=\frac{L_a}{R_a}=\frac{0.45}{75}=0.006(\mathrm{s})$$

4）
$$\frac{\Omega(s)}{U_a(s)}=\frac{1/K_e}{(\tau_ms+1)(\tau_es+1)}=\frac{5.4}{(0.22s+1)(0.006s+1)}$$

习　题

1. 永磁材料最重要的三个参数是什么？

2. 电机中永磁体的工作点位于什么曲线上？工作点的具体位置取决于什么？

3. 直流电动机的电磁转矩由什么决定？电枢电流由什么决定？

4. 如果用直流发电机作为直流电动机的负载（图 1－51），我们发现，当其他条件不变，而只是减小发电机负载电阻 R_L时，电动机的转速就下降，这是什么原因？

5. 一台电磁式直流电动机，如果激磁电流和被拖动的负载转矩都不变，而仅仅提高电枢端电压，电枢电流和转速怎样变化？

6. 已知一台直流电动机，其电枢额定电压 $U_a=110\mathrm{V}$，额定运行时的电枢电流 $I_a=0.4\mathrm{A}$，转速 $n=3600\mathrm{r/min}$，电枢电阻 $R_a=50\Omega$，空载阻转矩 $T_0=0.015\mathrm{N\cdot m}$，该电动机额定负载转矩是多少？

7. 用一对完全相同的直流电机组成电动机-发电机组，它们的激磁电压均为 110V，电枢电阻 $R_a=75\Omega$。当发电机不接负载，电动机电枢加 110V 电压时，电动机的电枢电流为 0.12A，机组的转速为 4500r/min。问：

1）发电机空载时的电枢电压为多少？

2）电动机的电枢电压仍为 110V，而发电机接上 0.5kΩ 的负载时，机组的转速 n 是多少？

8. 一台直流伺服电动机额定数据是：电枢电压为 24V，电枢电流为 2.5A，转速为 3000r/min，激磁电压为 24V。如果电枢电压和激磁电压均为额定值，该电机是否允许在转速 $n=2500$r/min 下长期运转？为什么？如果必须在 2500r/min 下长期运行，电枢电压和电流应如何变动(定性说明)？

9. 直流电动机在转轴卡死的情况下能否加电枢电压？如果加额定电压将会有什么后果？

10. 直流电动机的电枢电压和激磁电压同时改变极性，电机转向是否改变？

11. 对于图 1-51 所示电路，设电动机是电磁式直流电动机，当运行中电动机的激磁回路突然断路会发生什么现象？为什么？如何处理？

12. 电磁式直流电动机启动与停车顺序如何？为什么？

13. 试用电压平衡方程式解释直流电动机机械特性的下倾性。驱动它的功率放大器内阻的大小与机械特性有什么关系？为什么？

14. 直流伺服电动机空载时调节特性有无死区？如果有死区，它的大小是什么原因造成的？

15. 已知直流伺服电动机 $U_a=100$V，$I_{a1}=0.05$A 时，$n_1=4500$r/min；$I_{a2}=0.2$A 时 $n_2=3000$r/min。

1）绘制机械特性。

2）电机转动惯量 $J_a=3.7\times10^{-6}\text{kg}\cdot\text{m}^2$，求机电时间常数。

3）当电枢电压变为 110V 时，机电时间常数是否变化？为什么？

16. 已知一台直流伺服电动机在 $U_{a1}=110$V 时，空载电流 $I_{a1}=0.055$A，空载转速 $n_{01}=4600$r/min，$R_a=80\Omega$。

1）电枢电压为 70V 时，理想空载转速 n_{02} 是多大？堵转时的电磁转矩是多少？

2）驱动它的功率放大器内阻 $R_i=50\Omega$，当功放的开路电压为 70V 时理想空载转速和启动转矩是多少？

3）在上述两种情况下，折合到电动机上的总阻转矩 $T_c=T_0+T_L$ 由 0.03N·m 增大到 0.04N·m 时，转速各为多少？

17. 一台直流伺服电动机带动恒转矩负载，测得启动电压为 4V，当电枢电压 $U_a=50$V 时，转速为 1500r/min。若要转速达到 3000r/min，要加多大的电枢电压？

18. 已知某永磁直流电机电枢电阻 $R_a=50\Omega$，作电动机运行时的空载转矩为 $T_{f0}=0.025\text{N}\cdot\text{m}$，相应的空载电流为 $I_0=0.1$A。现在将两台参数完全相同的该型电机组成电动机-发电机组，其中发电机作为电动机的机械负载，如图 1-53 所示。

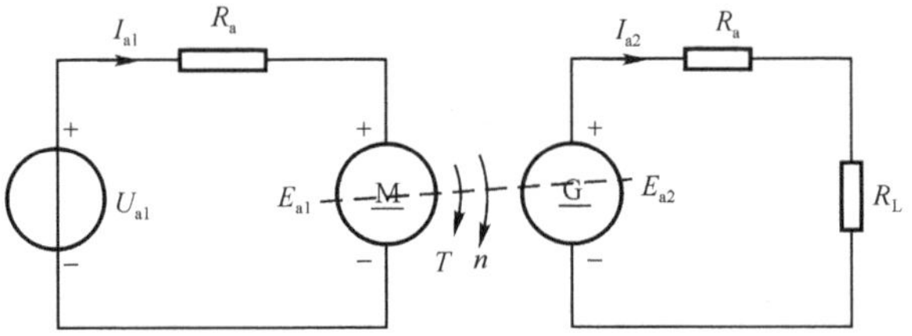

图 1-53　习题 18 附图

1）分别写出两台电机的电压平衡方程式和转矩平衡方程式。

2）当发电机负载电阻 $R_L=300\Omega$，电动机外加电压 $U_{a1}=110$V 时，两台电机的电磁转矩各为多少？机组的共同转速为多少？

19. 一台直流伺服电动机，额定电压 $U_n=24$V，额定电流 $I_n=0.5$A，电磁转矩的额定值 $T_{en}=0.015\text{N}\cdot\text{m}$，空载摩擦转矩 $T_f=0.003\text{N}\cdot\text{m}$，额定转速 $\omega_n=300$rad/s。求

1）电枢电压 $U_a=18$V 时，启动输出转矩是多少？空载转速是多少？

2）要求电磁转矩 $T_e=0.02\text{N}\cdot\text{m}$，转速为 250 rad/s，电枢电压是多少？电机输出的机械转矩是多少？

20. 对于图 1-42，求传递函数 $\Omega(s)/T_c(s)$ 及 $T_{em}(s)/U_a(s)$。

21. 直流电动机系统中黏滞阻尼系数为 K_c，电流负反馈系数为 K_i，即 $I_a(s)=[U_a(s)-E_a(s)-K_iI_a(s)]/(L_as+R_a)$。绘出动态框图并求传递函数 $\Omega(s)/U_a(s)$。

第2章 变 压 器

变压器的工作原理和异步电动机的工作原理有很多相同的地方。很多重要的控制元件的运行是基于变压器的工作原理，分析方法也和变压器相似。

2.1 变压器的用途和结构

2.1.1 变压器的用途

变压器是一种常用的电气设备，它和电机一样以电磁感应定律作为理论基础，因为它的各部件在工作中静止不动，称为“器”。变压器的基本用途是改变交流电压(或电流)的大小，但不改变频率。

变压器的种类很多，主要有下列几种：

1) 电力变压器。用在输电和配电系统里。其体积大、容量大、电压等级高。

2) 特殊用途的变压器。例如电炉变压器、各种电焊变压器(交流弧焊机)。

3) 测量变压器。如电流互感器、电压互感器。

4) 电讯变压器和控制用变压器。在各种电子产品和设备中，使用着品种繁多的变压器，统称为电讯变压器。它们都是单相小容量变压器。如小功率电源变压器，它的作用是将电网供给的380V或220V交流电压变成几种大小不同的交流电压，经整流之后供电子线路使用。再如实现阻抗匹配、信号传递、信号合成和电气隔离的各种电讯变压器，如输入变压器，级间变压器，推动变压器，输出变压器，脉冲变压器等。控制元件中的旋转变压器，从原理上讲与变压器完全相同。

2.1.2 变压器的基本结构

变压器由绕组和铁心两个基本部分组成。绕组包括原绕组(或称初级绕组)和副绕组(或称次级绕组)。原绕组和电源或输入电压相连，它的两端就是变压器的输入端。副绕组与负载相连，它的两端就是变压器的输出端。原绕组只有一个，副绕组为一个或多个。

采用铁心的目的是增加磁密和磁通，增加原绕组和副绕组之间的互感。一般的变压器采用硅钢或其他高磁导率的合金材料。在频率较高的时候，为了减少涡流损耗，也经常采用铁氧体作铁心，如脉冲变压器采用磁性铁氧体。

为了减小交变磁通在铁心中引起的涡流损耗，变压器铁心一般用厚0.35mm或0.5mm的硅钢片或其他高磁导率的合金钢片叠成或者卷绕而成，片间要有一定程度的绝缘，为此硅钢片表面要经过适当处理。铁心的形状有E形铁心和C形铁心，如图2-1所示。

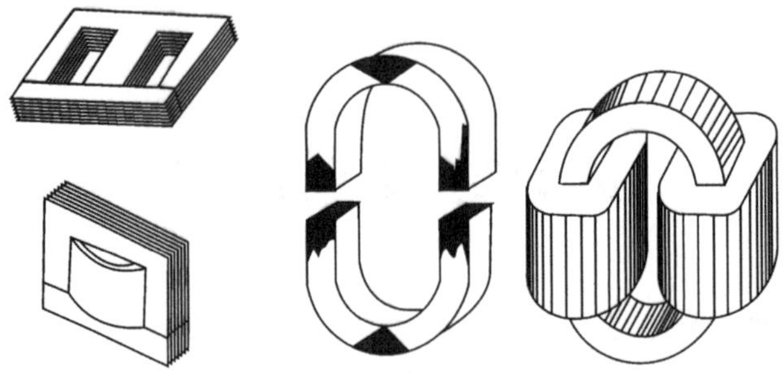

图 2-1　变压器结构示意图

2.2　变压器的理论基础

2.2.1　变压器的工作原理

变压器的基本组成部分是一个铁心和绕在铁心上的没有导线相连的原、副绕组，如图 2-2 所示。AX 为原绕组，ax 为副绕组。以后用符号右下角注“1”者表示原绕组的量，注“2”者表示副绕组的量。变压器工作原理的基础是电磁感应定律。当原绕组 AX 加上频率为 f 的正弦波交流电压 u_1 时，绕组内就有电流通过。此电流在原绕组内产生一定的磁势 F_1，这磁势在铁心中产生交变磁通。由于磁通随时间而变，并与副绕组交链，使副绕组产生感应电势 e_2。如果副绕组是开路的，没有接负载(称为变压器空载状态)，e_2 就等于开路电压 u_2。如果在副绕组两端接上负载，则负载上就有电流 i_2 通过。

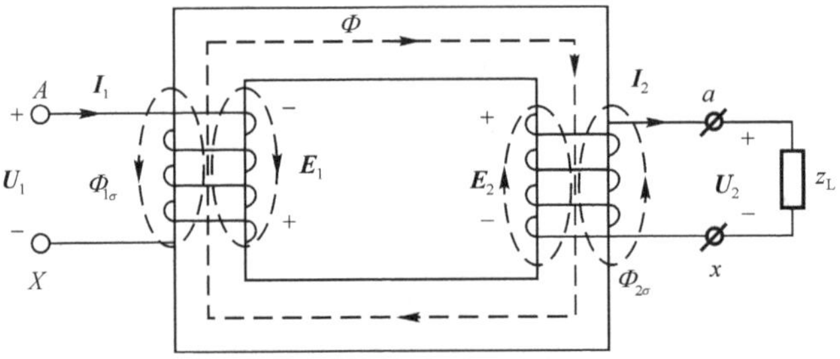

图 2-2　变压器原理示意图

2.2.2　变压器的空载运行

1. 相量和变压器惯例

由电路理论可知，一个随时间作正弦规律变化的正弦量可以用一个时间旋转向量(简称时间向量)即相量表示。例如，正弦量 $a\sin(\omega t+\varphi_0)$ 可用相量 $Ae^{j\omega t}$ 或 $\boldsymbol{A}$ 表示，其中 $A=ae^{j\varphi_0}=a(\cos\varphi_0+j\sin\varphi_0)$，$|\boldsymbol{A}|=a(a>0)$，$A$ 称为此旋转向量($Ae^{j\omega t}$)的复振幅。变压器中电压、电流、电势、磁通等物理量是相量，为了分析问题方便起见，首先要标示出它们的正方向。一般采用下面的方法规定它们的正方向，并称为变压器惯例。

在图 2-2 所示的变压器中，各量的正方向就是按变压器惯例标示的。首先考虑原绕组。第一步先任意规定原绕组电压 $\boldsymbol{U}_1$ 的正方向。当 $\boldsymbol{U}_1$ 的正方向从 A 指向 X 时，表示 $\boldsymbol{U}_1$ 为正时 A 点电位高于 X 点的电位。第二步规定 $\boldsymbol{I}_1$ 的正方向，假设原边绕组是纯电阻，则正的 $\boldsymbol{U}_1$ 所产生的电流方向规定为 $\boldsymbol{I}_1$ 的正方向。第三步规定磁通 $\boldsymbol{\Phi}$ 的方向，根据右手定则和正方向电流而定，即正电流产生正方向的磁通。这时要注意到绕组的绕法。第四步是定 $\boldsymbol{E}_1$ 的方向，规定 $\boldsymbol{E}_1$ 的正方向和 $\boldsymbol{I}_1$ 的正方向一致，然后考虑副边绕组。第一步规定 $\boldsymbol{E}_2$ 的方向，$\boldsymbol{E}_2$ 的正方向和磁通 $\boldsymbol{\Phi}$ 的正方向之间符合右手定则。第二步规定 $\boldsymbol{I}_2$ 的方向，正的 $\boldsymbol{I}_2$ 产生正磁通，正电势 $\boldsymbol{E}_2$ 产生正电流，$\boldsymbol{I}_2$ 的方向和 $\boldsymbol{E}_2$ 的方向一致。第三步定 $\boldsymbol{U}_2$ 的方向，规定正的 $\boldsymbol{I}_2$ 在纯电阻负载上所产生的电压降的方向就是 $\boldsymbol{U}_2$ 的正方向。

2. 磁通和感应电势

图 2-2 中 Z_L 断开就是变压器空载运行的原理图。原边绕组加正弦交变电压 u_1 后便有空载电流 i_0 流过，并产生空载磁势 $W_1 i_0$（W_1 为原边绕组匝数），在磁势 $W_1 i_0$ 的作用下产生磁通，如图所示。大部分磁通从铁心中经过，同时与原副绕组交链，这些磁通称为主磁通，用 Φ 表示。少量磁通主要在空气中通过，且只与产生它的绕组相交链，这些磁通称为漏磁通，用 $\Phi_{1\sigma}$表示。主磁通 Φ 在原副绕组中产生的感应电势为（W_2 为副绕组匝数）

$$e_1 = -\frac{\mathrm{d}\Psi_1}{\mathrm{d}t} = -W_1\frac{\mathrm{d}\Phi}{\mathrm{d}t} \tag{2-1}$$

$$e_2 = -\frac{\mathrm{d}\Psi_2}{\mathrm{d}t} = -W_2\frac{\mathrm{d}\Phi}{\mathrm{d}t} \tag{2-2}$$

漏磁通 $\Phi_{1\sigma}$在原绕组中产生的感应电势为

$$e_{1\sigma} = -\frac{\mathrm{d}\Psi_{1\sigma}}{\mathrm{d}t} = -W_1\frac{\mathrm{d}\Phi_{1\sigma}}{\mathrm{d}t} \tag{2-3}$$

由于 e_1、e_2 的相位是一样的，所以主磁通在原副绕组中产生的感应电势的瞬时值 e_1、e_2 之比等于它们的有效值 E_1 和 E_2 之比，也等于它们的匝数 W_1 和 W_2 之比 k，即

$$\frac{e_1}{e_2} = \frac{E_1}{E_2} = \frac{W_1}{W_2} = k \tag{2-4}$$

k 称为变压器的变比。

3. 电压平衡方程式

考虑到原边绕组本身的电阻 r_1 上的电压降，应用基尔霍夫电压定律便可列出原边的电压平衡方程式

$$u_1 = -(e_1 + e_{1\sigma}) + r_1 i_0 \tag{2-5}$$

因为副绕组开路，所以副边电压平衡方程式为（u_{20} 为副绕组开路电压）

$$u_{20} = e_2 \tag{2-6}$$

写成相量形式为

$$\boldsymbol{U}_1 = -(\boldsymbol{E}_1 + \boldsymbol{E}_{1\sigma}) + r_1\boldsymbol{I}_0 \tag{2-7}$$

$$\boldsymbol{U}_{20} = \boldsymbol{E}_2 \tag{2-8}$$

在一般情况下，式(2-7)又可写为

$$\boldsymbol{U}_1 \approx -\boldsymbol{E}_1 \text{ 或 } U_1 \approx E_1 \tag{2-9}$$

根据式(2-4)、式(2-8)、式(2-9)可得

$$\frac{U_1}{U_{20}} \approx \frac{E_1}{E_2} = \frac{W_1}{W_2} = k \tag{2-10}$$

所以改变原副边的匝数比就可以改变它们的电压比。对于已制成的变压器，量出空载时原、副边的电压比就可以确定原、副边的匝数比。

4. 感应电势、电源电压、主磁通、激磁电流

因为 u_1 是按正弦规律变化，又 $u_1 \approx -e_1$，所以 e_1 也是按正弦变化的。根据 $e_1 = -W_1 \mathrm{d}\Phi/\mathrm{d}t$ 可知磁通 Φ 是按余弦变化的。设

$$\Phi = \Phi_m \cos\omega t \tag{2-11}$$

式中，Φ_m 为主磁通的最大值；ω 为电源电压的角频率。把式(2-11)代入式(2-1)可得

$$e_1 = W_1 \omega \Phi_m \sin\omega t \tag{2-12}$$

e_1 的最大值为

$$E_{1m} = W_1 \omega \Phi_m$$

e_1 的有效值为

$$E_1 = \frac{E_{1m}}{\sqrt{2}} = \frac{\omega}{\sqrt{2}} W_1 \Phi_m$$

因为 $\omega = 2\pi f$（f 为电源频率），所以有

$$E_1 = \sqrt{2}\pi f W_1 \Phi_m = 4.44 f W_1 \Phi_m \tag{2-13}$$

同样可得出

$$E_2 = 4.44 f W_2 \Phi_m \tag{2-14}$$

因为 $U_1 \approx E_1$，故

$$U_1 \approx 4.44 f W_1 \Phi_m = \sqrt{2}\pi f W_1 \Phi_m \tag{2-15}$$

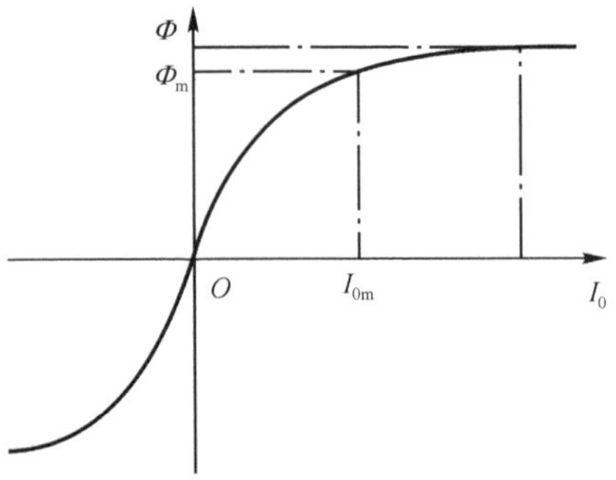

图 2-3　变压器的磁化曲线

由式(2-15)知，在电源频率一定时，铁心中主磁通的幅值主要由电源电压决定。电源电压一定，则主磁通一定，电源电压增大，主磁通也增大。

变压器空载时原边电流 I_0 就是产生主磁通的电流，又称为激磁电流。激磁电流与主磁通之间的关系由变压器的磁化曲线决定，如图 2-3 所示。图中 Φ_m 对应额定电压时主磁通的幅值。铁心饱和后，不大的磁通增量将引起激磁电流成倍的增长。因此，如果电源变压器的原边电压比额定值增加一倍时，激磁电流就剧增，这样变压器就会烧毁。因此在使用变压器时，必须注意变压器原边的电压要和额定电压一致。设变压器的磁路磁阻为 R_m，原边磁势为 F_1，由于 $F_1 = W_1 I_0$，而 $\Phi_m = \sqrt{2} F_1/R_m = \sqrt{2} W_1 I_0/R_m$，所以式(2-13)又可写为

$$E_1 = \frac{2\pi}{R_m} f W_1^2 I_0 \tag{2-16}$$

式(2-15)可写为

$$U_1 \approx \frac{2\pi}{R_m} f W_1^2 I_0 \tag{2-17}$$

2.2.3 变压器的负载运行

1. 磁势平衡方程式

正弦电流 i 可用相量 $\boldsymbol{I}$ 表示。正弦电流 $\boldsymbol{I}$ 通过 W 匝线圈时产生的磁势也可用相量 $\boldsymbol{F}$ 表示，且有 $\boldsymbol{F}=W\boldsymbol{I}$。

图 2-2 中当变压器副边接上负载 Z_L 时，副边电流由零增加到 $\boldsymbol{I}_2$，与此同时原边电流也相应地由空载时的 $\boldsymbol{I}_0$ 增加到 $\boldsymbol{I}_1$。原边绕组产生的磁势为 $\boldsymbol{F}_1=W_1\boldsymbol{I}_1$，副边绕组产生的磁势为 $\boldsymbol{F}_2=W_2\boldsymbol{I}_2$，铁心中的合成磁势 $\boldsymbol{F}_0$ 为

$$\boldsymbol{F}_0=\boldsymbol{F}_1+\boldsymbol{F}_2 \tag{2-18}$$

合成磁势 $\boldsymbol{F}_0$ 就是产生主磁通 $\boldsymbol{\Phi}$ 的磁势，所以又称为激磁磁势。当变压器空载时有 $\boldsymbol{I}_2=0$，$\boldsymbol{F}_2=0$，所以有 $\boldsymbol{F}_0=\boldsymbol{F}_1=W_1\boldsymbol{I}_{10}$，式中 $\boldsymbol{I}_{10}$ 为空载时的原边电流和激磁电流。为了和空载时的激磁磁势相一致，令负载时的激磁磁势 $\boldsymbol{F}_0$ 为(与 W_1 成正比)

$$\boldsymbol{F}_0=W_1\boldsymbol{I}_0 \tag{2-19}$$

式中，$\boldsymbol{I}_0$ 称为激磁电流。由式(2-18)得到

$$W_1\boldsymbol{I}_1+W_2\boldsymbol{I}_2=W_1\boldsymbol{I}_0 \tag{2-20}$$

化简得

$$\boldsymbol{I}_1+\boldsymbol{I}_2\frac{W_2}{W_1}=\boldsymbol{I}_0 \tag{2-21}$$

或

$$\boldsymbol{I}_1+\frac{\boldsymbol{I}_2}{k}=\boldsymbol{I}_0 \tag{2-22}$$

式(2-20)、式(2-21)和式(2-22)都可称为变压器的磁势平衡方程式。而式(2-22)表示出电流之间的关系，也可称为电流平衡方程式。

若令

$$\boldsymbol{I}_L=-\boldsymbol{I}_2/k \tag{2-23}$$

则可得

$$\boldsymbol{I}_1=\boldsymbol{I}_0+\boldsymbol{I}_L \tag{2-24}$$

及

$$W_1\boldsymbol{I}_L=-W_2\boldsymbol{I}_2 \tag{2-25}$$

由式(2-24)、式(2-25)可以看出，在负载时，原边电流可以认为是由两个分量组成的，其中一个分量 $\boldsymbol{I}_0$ 用来在变压器铁心中产生主磁通 $\boldsymbol{\Phi}$，所以称为激磁分量，另一个分量用来抵消副边电流所产生的磁势，这一分量在负载时才有，所以称为负载分量。负载分量的磁势与副边电流磁势大小相等，方向相反。电流的负载分量 $\boldsymbol{I}_L$ 和负载电流 $\boldsymbol{I}_2$ 成正比，所以随着负载电流的增加，原边电流也相应增加，电功率便从原边传递到副边。变压器的功率传递和变压作用都是基于原、副绕组之间的互感作用。没有导线连接，也可以传递大量的电功率。

激磁电流分量 $\boldsymbol{I}_0$ 一般只占原边电流 $\boldsymbol{I}_1$ 额定值的 10%以下，在粗略分析原、副边电流关系时，可忽略掉式(2-20)和式(2-22)中的 $\boldsymbol{I}_0$，这样便有 $W_1\boldsymbol{I}_1=-W_2\boldsymbol{I}_2$ 及 $\boldsymbol{I}_1=-\frac{1}{k}\boldsymbol{I}_2$。可见忽略激磁电流时，原边电流磁势和副边电流磁势大小相等方向相反。由于副边磁势在相位上

几乎和原边磁势相反，所以人们常常说副绕组的磁势对原绕组的磁势有去磁作用。而原、副边电流有效值之比为

$$\frac{I_1}{I_2}=\frac{1}{k}=\frac{W_2}{W_1} \tag{2-26}$$

式(2－26)表明，原、副边的电流之比和它们的匝数成反比。所以变压器总是高压边电流小、导线细，低压边电流大、导线粗。因此，变压器实际上也是变流器。

2. 电压平衡方程式

负载时副边绕组磁势 $W_2\boldsymbol{I}_2$ 也要产生漏磁通 $\boldsymbol{\Phi}_{2\sigma}$，因而在副绕组中产生感应电势 $\mathrm{E}_{2\sigma}$。设副边绕组电阻为 r_2，根据基尔霍夫电压定律得到变压器负载时原、副边的电压方程式

$$\boldsymbol{U}_1=-(\boldsymbol{E}_1+\boldsymbol{E}_{1\sigma})+r_1\boldsymbol{I}_1 \tag{2-27}$$

$$\boldsymbol{E}_2=-\boldsymbol{E}_{2\sigma}+r_2\boldsymbol{I}_2+Z_L\boldsymbol{I}_2 \tag{2-28}$$

变压器原副边的漏磁链可表为

$$\Psi_{1\sigma}=L_{1\sigma}i_1 \tag{2-29}$$

$$\Psi_{2\sigma}=L_{2\sigma}i_2 \tag{2-30}$$

式中，$L_{1\sigma}$和$L_{2\sigma}$为原副绕组的漏电感。由于漏磁通的回路中有很长一段是空气，而空气比铁心的磁阻大得多，所以漏磁通的磁阻就等于空气一段磁路的磁阻。比例系数 $L_{1\sigma}$和$L_{2\sigma}$均为常数，与电流无关。对应的感应电势为

$$e_{1\sigma}=-\frac{\mathrm{d}\Psi_{1\sigma}}{\mathrm{d}t}=-L_{1\sigma}\frac{\mathrm{d}i_1}{\mathrm{d}t}$$

$$e_{2\sigma}=-\frac{\mathrm{d}\Psi_{2\sigma}}{\mathrm{d}t}=-L_{2\sigma}\frac{\mathrm{d}i_2}{\mathrm{d}t}$$

一个正弦时间函数对时间取导数的运算，应用符号法即相量表示法后就变为对应相量乘以 $\mathrm{j}\omega$ 的运算，故

$$\boldsymbol{E}_{1\sigma}=-\mathrm{j}\omega L_{1\sigma}\boldsymbol{I}_1=-\mathrm{j}x_{1\sigma}\boldsymbol{I}_1 \tag{2-31}$$

$$\boldsymbol{E}_{2\sigma}=-\mathrm{j}\omega L_{2\sigma}\boldsymbol{I}_2=-\mathrm{j}x_{2\sigma}\boldsymbol{I}_2 \tag{2-32}$$

式中，$x_{1\sigma}=\omega L_{1\sigma}$、$x_{2\sigma}=\omega L_{2\sigma}$，$x_{1\sigma}$和$x_{2\sigma}$称为原、副边的漏电抗或简称漏抗。对于已制成的变压器，$x_{1\sigma}$和$x_{2\sigma}$都是常数，与铁心的饱和无关。由式(2－31)、式(2－32)可知，漏磁通所产生的感应电势可以用电流在漏抗上的压降表示。

将式(2－31)、式(2－32)代入式(2－27)、式(2－28)得

$$\boldsymbol{U}_1=-\boldsymbol{E}_1+(r_1+\mathrm{j}x_{1\sigma})\boldsymbol{I}_1 \tag{2-33}$$

$$\boldsymbol{E}_2=(r_2+\mathrm{j}x_{2\sigma})\boldsymbol{I}_2+Z_{\mathrm{L}}\boldsymbol{I}_2=(r_2+\mathrm{j}x_{2\sigma})\boldsymbol{I}_2+\boldsymbol{U}_2 \tag{2-34}$$

式(2－27)、式(2－28)和式(2－33)、式(2－34)都称为变压器负载时的电压平衡方程式。

3. 负载时的电源电压、感应电势、主磁通与激磁电流

负载时仍有 $E_1=4.44fW_1\Phi_{\mathrm{m}}$，$E_2=4.44fW_2\Phi_{\mathrm{m}}$。在实际的变压器中，$\boldsymbol{E}_{1\sigma}$、$r_1\boldsymbol{I}_1$ 与 $\boldsymbol{E}_1$ 比较起来数值都很小，经相量相减后 E_1 实际上仍与 U_1 差不多，因此在负载时仍有

$$U_1\approx E_1 \tag{2-35}$$

$$U_1\approx 4.44fW_1\Phi_{\mathrm{m}} \tag{2-36}$$

由此可知，当电源电压不变时，负载时的主磁通、感应电势、激磁电流与空载时的对应值近似相等。

为了求解问题方便，人们希望用一个带阻抗的电路等值地代替感应电势 $\boldsymbol{E}_1$。为了反映出 $\boldsymbol{E}_1$ 与 $\boldsymbol{\Phi}$ 和 $\boldsymbol{I}_0$ 有关，令这个阻抗上的电流是 $\boldsymbol{I}_0$ 就是很自然的事。令

$$\boldsymbol{E}_1 = -Z_m\boldsymbol{I}_0 = -(r_m + jx_m)\boldsymbol{I}_0 \tag{2-37}$$

$Z_m = r_m + jx_m$ 称为激磁阻抗，r_m 称为激磁电阻，但它并不代表激磁绕组中的实有电阻，它只是一个假设电阻。分析表明，$\boldsymbol{I}_0$ 流经 r_m 时产生的损耗 $I_0^2 r_m$ 代表交变磁通产生的铁耗（涡流和磁滞损耗）。x_m 称为激磁电抗，它代表原边线圈除掉漏磁通后的感抗，即代表因主磁通而引起的感抗，可以认为 x_m 是一个常数。

2.3 等值电路和副边的折算值

2.3.1 等值电路

等值电路和折算值是目前分析变压器常用的简便方法。根据前面的各公式可推得

$$\frac{-\boldsymbol{E}_1}{\boldsymbol{I}_1} = \frac{1}{\dfrac{1}{Z_m} + \dfrac{1}{k^2(r_2 + jx_{2\sigma} + Z_L)}} \tag{2-38}$$

由电阻并联公式 $\frac{1}{R} = \frac{1}{R_1} + \frac{1}{R_2}$ 和 $R = \frac{1}{1/R_1 + 1/R_2}$ 可知，式(2-38)表示的电路是由阻抗分别为 Z_m 和 $k^2(r_2 + jx_{2\sigma} + Z_L)$ 的两个支路并联而成，对应的电路如图 2-4 所示。标出各支路的电流，可得变压器的等值电路图 2-5。

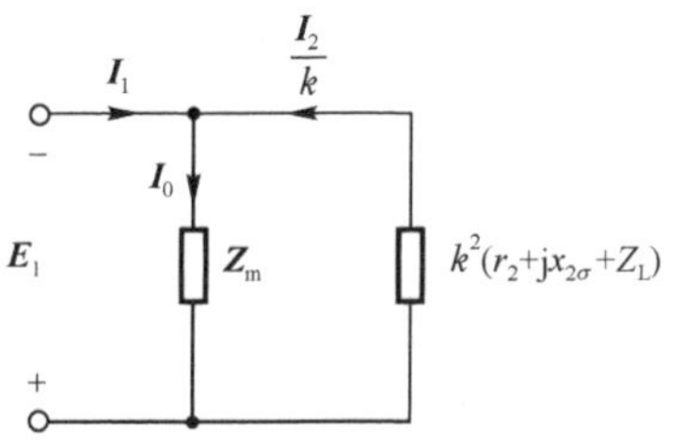

图 2-4 等值电路

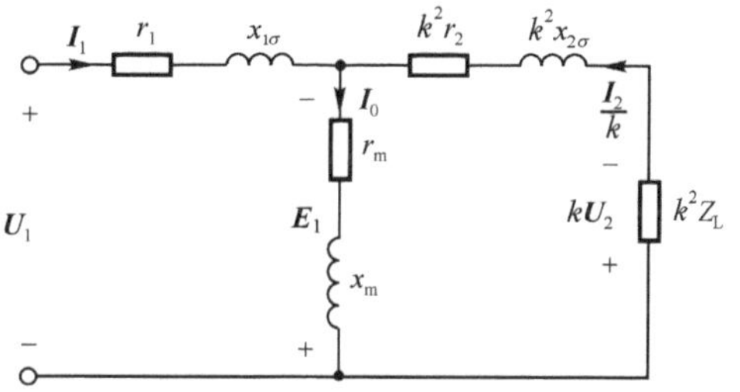

图 2-5 变压器的等值电路

一般设 $Z_1 = r_1 + jx_{1\sigma}$，Z_1 称为原边阻抗或原绕组的漏阻抗；设 $Z_2 = r_2 + jx_{2\sigma}$，Z_2 称为副边阻抗或副绕组的漏阻抗，这时等值电路表示为图 2-6。这个电路叫做 T 形等值电路。

下面说明用变压器实现阻抗匹配。

为了使功率放大器能输出最大的功率，其负载阻抗必须和放大器相匹配。例如某收音机中功率放大器要求匹配的阻抗为 500Ω，但喇叭的阻抗只有 8Ω。如果在喇叭之前接一个变比为 k 的输出变压器如图 2-7 所示，则变压器的输入阻抗成为功率放大器的负载。利用变压器的等值电路，并忽略变压器本身的内阻抗 Z_1、Z_2 和电流 I_0，这样功率放大器的负载近似等于 $k^2 Z_L$。要使 $k^2 \times 8 = 500$，故 $k \approx 8$，即输出变压器的变比约为 8。

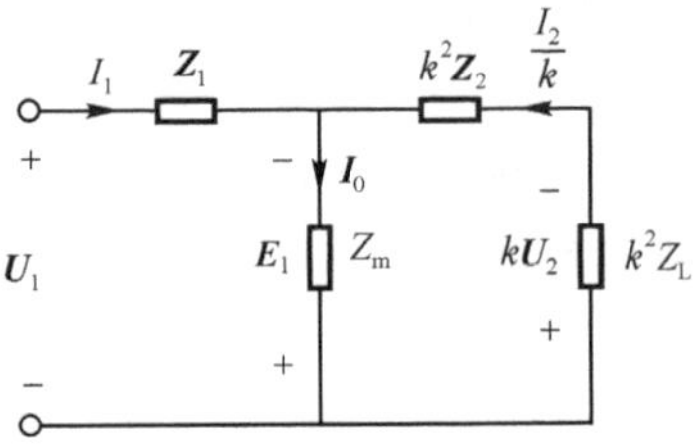

图 2-6　变压器的 T 形等值电路

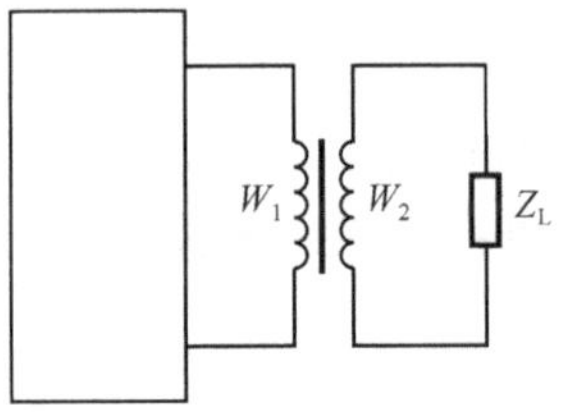

图 2-7　利用变压器匹配阻抗

2.3.2　副边折算值与变压器相量图

令

$$\begin{cases} r'_2 = k^2 r_2 \\ x'_{2\sigma} = k^2 x_{2\sigma} \\ Z'_L = k^2 Z_L \\ I'_2 = \dfrac{1}{k} I_2 \\ U'_2 = kU_2 \end{cases}$$

称 r'_2、$x'_{2\sigma}$、Z'_L、I'_2、U'_2 为变压器的副边到原边的折算值，分别称为副边折算电阻、折算漏抗、折算的负载阻抗、折算电流和折算电压。利用副边折算值，我们可以画出又一个变压器等值电路图 2-8(a)。根据这个等值电路又可以画出变压器的实用相量图如图 2-8(b)所示。

以折算值表示的变压器基本方程如下。

$$\begin{cases} \boldsymbol{U}_1 = -\boldsymbol{E}_1 + \boldsymbol{I}_1 Z_1 \\ \boldsymbol{E}_1 = \boldsymbol{E}'_2 = \boldsymbol{I}'_2 Z'_2 + \boldsymbol{U}'_2 \\ \boldsymbol{I}_1 + \boldsymbol{I}'_2 = \boldsymbol{I}_0 \\ \boldsymbol{I}_0 = -\dfrac{\boldsymbol{E}_1}{Z_m} \\ U'_2 = I'_2 Z'_L \end{cases} \tag{2-39}$$

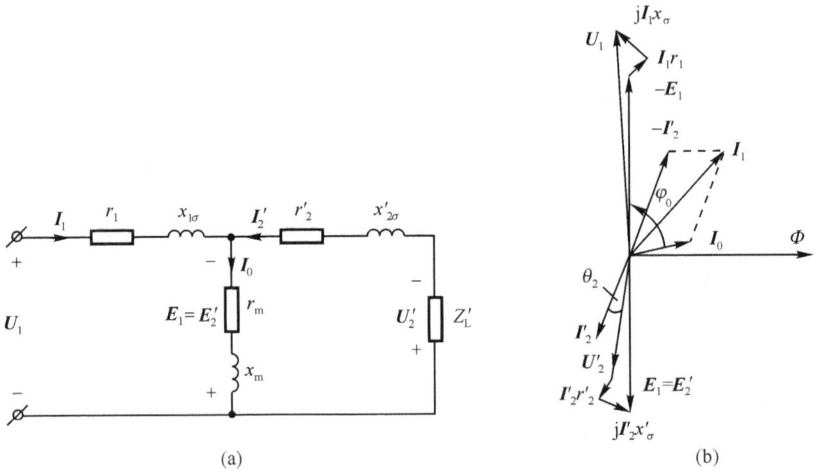

图 2-8　变压器的 T 形等值电路和相量图

习　题

1. 用一台废变压器的铁心绕制一台 220V/110V、50Hz 的小型变压器，能否原边用二匝，副边用一匝？

2. 有一台变比 $k=2$ 的变压器，原边额定电压为 110V，额定频率为 50Hz，能否接到下面的电源上？

a. 直流 110V；b. 交流 220V，$f=50$Hz；c. 交流 220V，$f=100$Hz。请说明原因。

3. 用冷轧硅钢片制作变压器的环形铁心时，若没有将两个半环压紧，中间留了一个气隙，如图 2－9 所示，这个气隙对激磁电流有什么影响？

4. 常用的变压器中原边常常有两个额定电压为 110V 的绕组(见图 2－10)。若电源电压为 220V 时，这两个绕组应串联，而电源电压为 110V 时应并联，请问这两个绕组串、并联时，1、2、3、4 这四个头应如何连接？接错了会发生什么问题？

图 2－9

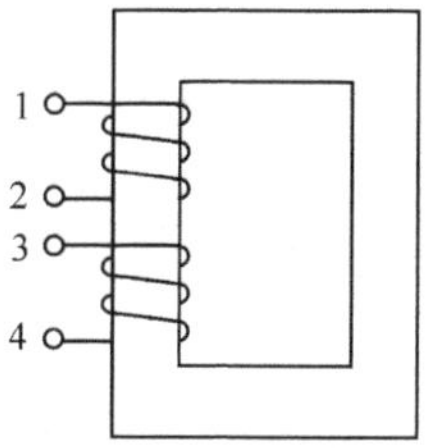

图 2－10

5. 一台电源变压器，原边额定电压 220V，副边有两个绕组，一个绕组的额定电压为 450V，额定电流为 0.5A；另一个绕组的额定电压为 110V，额定电流为 2A，原边的额定电流约为多少？

6. 已知一台变压器原边额定电压为 220V，额定电流为 500mA，原边绕组电阻为 15Ω，漏抗为 2Ω，副边绕组电阻为 160Ω，漏抗为 25Ω，$W_1=704$ 匝，$W_2=2080$ 匝。当副边短路时，为使原边电流不超过额定电流，原边电压最大不能超过多少？(提示：计算副边短路时的 I_1 可以忽略 I_0)

7. 某单相变压器，原边电压为额定电压 220V 时，空载激磁电流为 0.2A。忽略原边漏阻抗，并假设磁路不饱和，是线性的。分析下述情况下主磁通 Φ_m 和空载激磁电流 I_0 如何变化。

1) 将原边电压降到 110V；

2) 将原边匝数减少 10％；

3) 将铁心截面积减少 10％。

第3章　异步电动机及其控制

3.1　异步电动机的结构特点和工作原理

3.1.1　异步电动机的分类及应用

直接使用交流电的电动机称为交流电动机。按工作原理可分为异步电动机(或称感应电动机)和同步电动机。按使用的电源或绕组的相数可分为三相电机、两相电机和单相电机。生产中作为动力使用的中小型电机绝大部分是三相异步电动机。使用单相电源的家用电器和小功率设备的微型电机大部分是单相异步电动机，而其中绝大部分电机的绕组是两相绕组，工作原理与两相电机有相同之处。控制系统中应用的两相伺服电动机功率小，一般在几十瓦以内。

与直流电动机相比，交流电动机具有如下优点：

1）由于没有换向器和电刷，可以消除由它引起的一系列缺点，如消除了换向火花引起的电磁干扰，消除了电刷和换向器间的摩擦力矩，明显减少了对电机的维护工作和降低了对工作环境的要求。

2）转矩、转速和功率不受电机换向条件的限制，可以制成高转速、大转矩和大容量电机。

3）结构简单，坚固耐用。

4）电源容易获得。

3.1.2　异步电动机的结构特点

异步电动机的结构主要分为定子(固定部分)和转子(旋转部分)两部分，如图3-1所示。定、转子之间的空气间隙称为气隙。

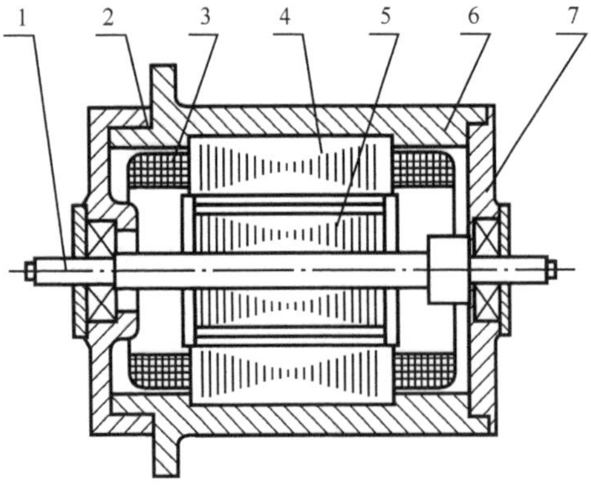

图3-1　鼠笼转子异步电动机结构图

1. 轴　2. 前端盖　3. 定子绕组　4. 定子铁心　5. 转子铁心　6. 外壳　7. 后端盖

定子包括机座、定子铁心、定子绕组等部分。机座就是电机的外壳，它是电机的主要支架，其作用是固定和保护定子铁心和定子绕组，并支承两个端盖。机座一般用铸铁、铝合金或其他材料制成，外形尺寸有一定标准，用机座号表示外径，如机座号是28、36、45就表示机座外径分别是28mm、36mm和45mm。定子铁心由定子冲片叠压装配而成，并固定在机座内。定子冲片是由硅钢片冲制的，形状如图3-2所示。当定子冲片被叠压装配成定子铁心时，冲片内圆均匀分布的孔就成为定子的槽。定子铁心槽内嵌放着定子绕组，绕组由铜导线制成。

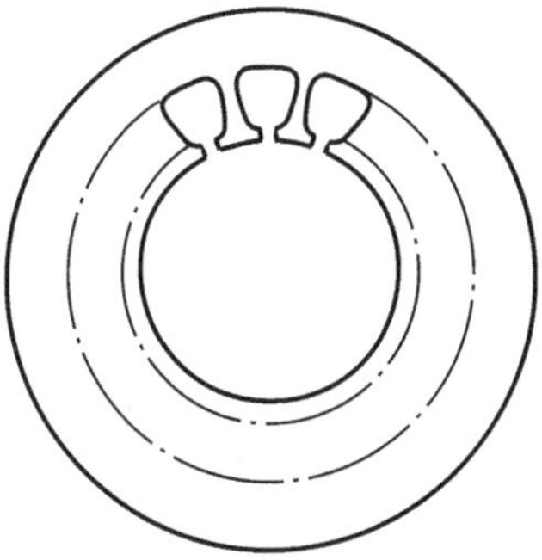

图 3-2　定子铁心冲片

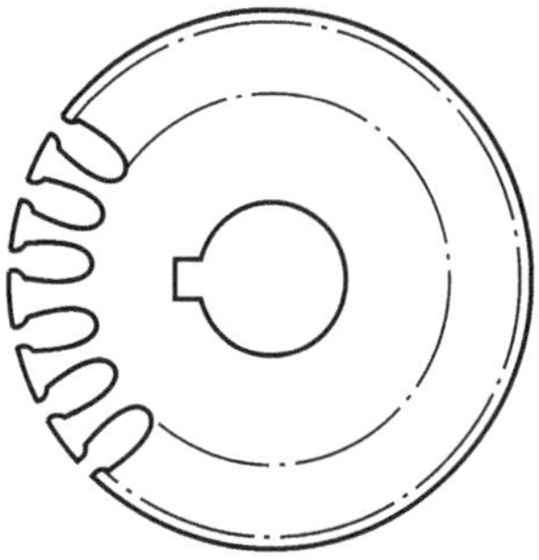

图 3-3　转子铁心冲片

普通电动机转子的结构主要分为鼠笼式和绕线式两种。转子包括转轴、转子铁心和转子绕组三部分。转子铁心也是由硅钢片叠压而成。鼠笼转子冲片形状如图 3-3 所示，一般是利用制造定子冲片时冲下来的中间部分冲制成的。转子铁心本来可以不用片状材料，目前这种制造方法是为了节省材料。鼠笼转子每个槽内装有一根导线，称为导条，导条两端有两个短路环把所有导条连在一起，构成了闭合的转子绕组。如果去掉铁心，整个转子绕组形成一鼠笼状如图 3-4 所示，“鼠笼转子”即由此得名。鼠笼形绕组的材料有用铜的，但绝大多数是用铝的，并且一般是采用铸铝的方法制成的，即把转子铁心叠压装配成形后放在专用模子内采用离心铸铝的方法，把鼠笼导条、端环与转子铁心铸成一体。然后将铸铝转子套在转轴上形成一体。鼠笼式电动机由于构造简单、价格低廉、工作可靠、使用方便、成为生产上应用得最广泛的一种电动机。绕线式转子的铁心槽内嵌有和定子绕组相似的绕组(一般是三相绕组)，绕组的首端接至套在轴上且相互绝缘的滑环(三个)上。转子绕组可以通过滑环及电刷，与外加的变阻器或其他装置相连闭合，达到改善电动机启动性能或调节转速的目的。绕线式电动机由于比鼠笼式结构复杂，价格较高，只用在有调速要求和要求启动性能特别好的场合。

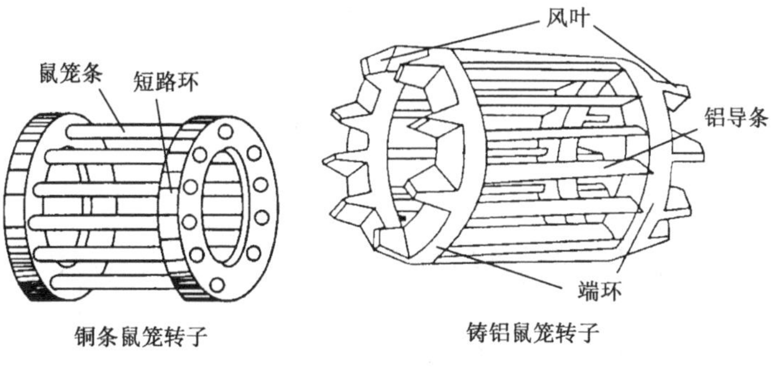

图 3-4　鼠笼绕组

3.1.3　异步电动机的工作原理

假设把一个能够自由转动的鼠笼转子放在一个两极的永磁体中间，这个磁体也是能够转动的，它按顺时针方向以 n_s 的转速旋转，如图 3-5 所示。这个旋转的磁体形成一个旋转磁场，它的磁力线顺时针方向切割转子导条，在转子导条中产生感应电势。电势的方向，相当

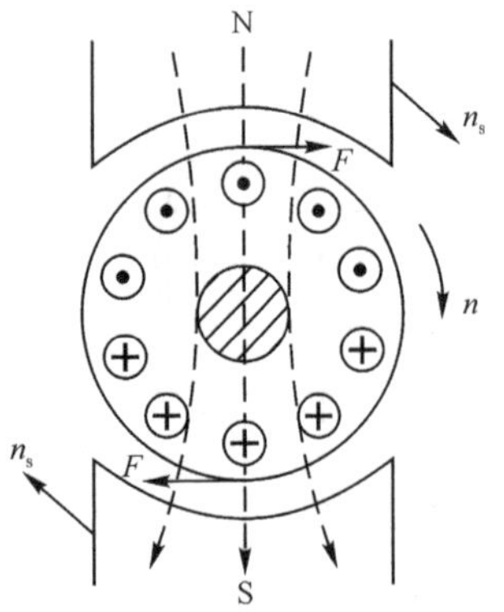

图 3-5　异步电动机工作原理

于磁场不动而转子导条反方向切割磁力线时产生的电势方向，根据右手定则可画出感应电势方向如图所示。由于鼠笼转子的导条都是通过短路环连接起来，因此在感应电势作用下，在转子导条中就会有电流流过，电流方向和感应电势方向相同。由于通电导体在磁场中要受到力的作用，所以转子载流导条要与磁场相互作用产生电磁力，这个电磁力 F 作用在转子上，对转轴形成电磁转矩。根据左手定则可以判定转矩的方向与磁场转动的方向是一致的。因此鼠笼转子便在电磁转矩作用下顺着磁场旋转的方向转动起来。

只要转子转轴上存在阻力矩，为了使转子连续转动，转子绕组中必须有一定大小的电流以产生足够的电磁转矩去克服阻力矩，转子转速必须低于旋转磁场的转速。如果转子转速等于旋转磁场的转速，则转子与旋转磁场之间就没有相对运动，这时转子导条中的感应电势、电流以及电磁转矩就都不存在了。而转子转速比旋转磁场转速低多少，这与机械负载的阻转矩有关。这就是异步电动机的工作原理。“异步”就是不相同的意思，它指明这种电动机转子的转速与旋转磁场的转速有差异。

在实际的异步电动机中，旋转磁场并不是由旋转的磁体产生的，而是由定子绕组中的电流产生的。

3.1.4　旋转磁场

旋转磁场是几种应用最广泛的交流电动机的运行原理的基础。这些交流电动机的旋转磁场是由定子绕组中的多相交流电流产生的。

1. 两相电动机的旋转磁场

如果有两个正弦电流，它们在相位上彼此相差 90°，幅值相等，就称为两相对称电流，用数学式表示为

$$i_c = I_m \sin\omega t \tag{3-1}$$

$$i_f = I_m \sin(\omega t - 90°) \tag{3-2}$$

它们的波形如图 3-6 所示。

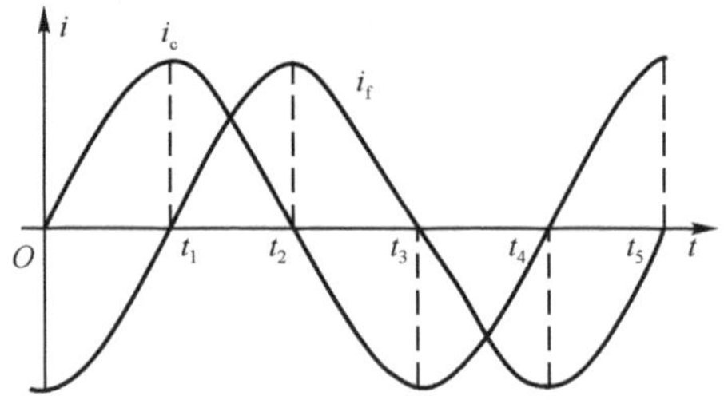

图 3-6　两相对称电流

交流电机中，串联在一起的一组线圈称为一相绕组。一相绕组通直流电时形成的磁场的极数就是电机的极数。

对于两相两极电动机，其定子槽中嵌放着两相绕组，它们在空间相交成 90°，如图 3-7 中的绕组 f_1f_2 和 c_1c_2。如果这两相绕组匝数相等，就称为两相对称绕组。将前述的两相正弦电流 i_c 和 i_f 分别通入两相绕组 c 和 f 中。图 3-7 表示不同瞬间电机磁场分布情况，图 3-7(a)对应 t_1 的瞬间。由图 3-6 知，t_1 时电流 i_c 具有正的最大值，而电流 i_f 为零。假定正值电流是由绕组始端流入，从末端

流出，而负值电流从绕组末端流入，那么此时电流是从绕组 c 的始端 c_1 流入，从末端 c_2 流出，这个电流所产生的磁力线方向如图 3-7(a)所示，它与两极磁场的图形是一样的。此时另一个绕组 f 的电流为零，不产生磁场。绕组 c 的磁场就是定子电流的总磁场。图 3-7(b)是对应 t_2 的瞬间。此时定子电流的磁场图形如图所示。与 t_1 时相比，磁场的方向在空间按顺时针方向转过 90°。图 3-7 的(c)和(d)是对应 t_3 和 t_4 瞬间定子电流和磁场的情况。对应 t_5 瞬间的定子电流和磁场与 t_1 时相同。可见当电流变化一个周期时，磁场就旋转一周。因此，两相绕组通入两相对称电流以后，在定子内腔的空间中就会产生一个旋转磁场。由于电流 i_c 超前电流 i_f，从图 3-7 可看出，旋转磁场的旋转方向是从正向超前电流的磁场方向转到正向落后电流的磁场方向。如果规定绕组通过正向电流时磁通的方向为绕组轴线的正方向，则旋转磁场的转向是从流过超前电流的绕组轴线正方向转向流过落后电流的绕组轴线正方向。可以看出，当任意一个绕组上所加的电压反相 180°时(电源电压反相或绕组两个端头换接)，流过该绕组的电流也反向，旋转磁场的转向也就改变了。

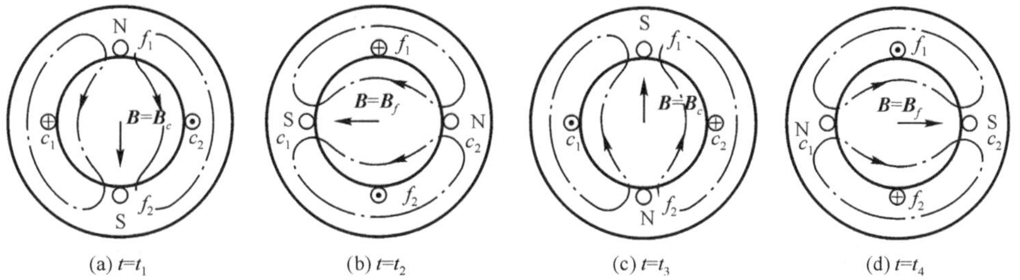

图 3-7　两相绕组产生的旋转磁场

对于两相两极的定子绕组，当电流变化一个周期时磁场在空间也旋转一周。若电源频率是 f Hz，则旋转磁场每秒钟在空间旋转 f 周，即转速 $n_s=60f$(r/min)。对于两相四极电动机，定子内圆周上均匀分布四套相同的绕组 c_1c_2、$c_1'c_2'$ 及 f_1f_2、$f_1'f_2'$，将 c_1c_2 和 $c_1'c_2'$ 连接成一相绕组，f_1f_2 与 $f_1'f_2'$ 连接成另一相绕组，相邻的两相绕组的夹角为 45°，如图 3-8 所示。将图 3-6 所示电流通入绕组中，只要使 $c_1'c_2'$ 和 $f_1'f_2'$ 中的电流方向分别与 c_1c_2 和 f_1f_2 中的电流方向相同，我们就可以画出此时的磁场分布图如图 3-9 所示。显然，每一相单独通电时形成的磁场与四个(2 对)磁极所形成的磁场相同，所以称为四极电机。可以看出，当电流变化一个周期，如一个绕组的电流由正的最大值经过一个周期又回到正的最大值时，磁场只转过半圈。若电源频率为 f Hz，对于四极电机，即极对数 $p=2$ 的电机，旋转磁场转速为 $n_s=f/2$(r/s)$=60f/2$ (r/min)。以此类推，若电机绕组的极对数是 p，则旋转磁场的转速 n_s 为

$$n_s=\frac{f}{p}\ (\mathrm{r/s})=\frac{60f}{p}\ (\mathrm{r/min}) \tag{3-3}$$

旋转磁场的转速 n_s 常称为同步转速。若绕组本身在运动，上式仍成立，但 n_s 是磁场对绕组的相对转速。

为了方便，定义电角为

电角＝极对数 p×机械角度

无论是多少极的电机，在电机定子内圆上，相邻的异性磁极轴线相隔 180°电角或 π rad 电角，一对磁极占有 360°电角或 2π rad 电角。

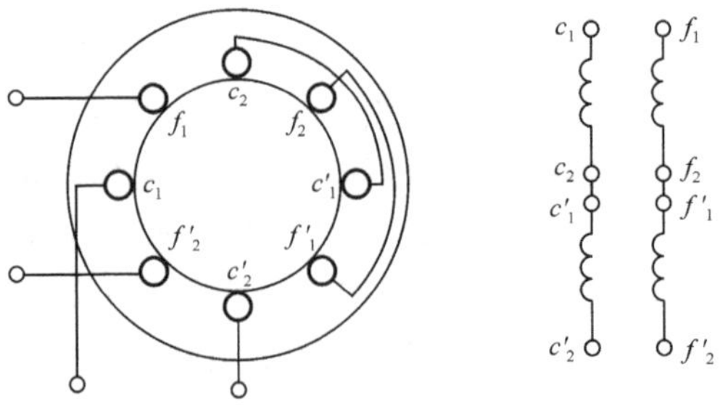

图 3－8　四极电机的绕组

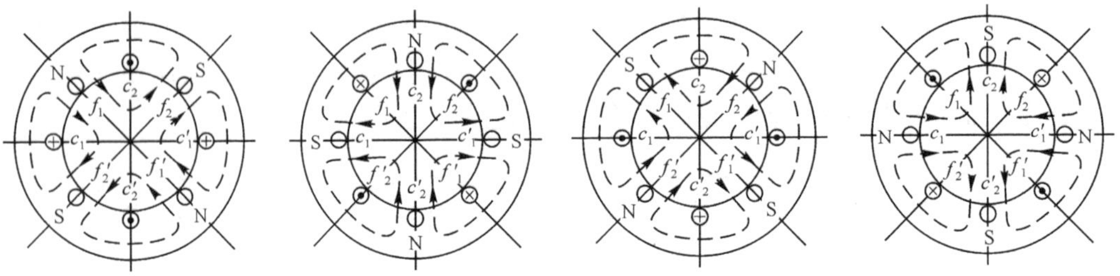

(a) $t=t_1$　(b) $t=t_2$　(c) $t=t_3$　(d) $t=t_4$

图 3－9　四极电机的旋转磁场

可见，当电流变化一个周期时，旋转磁场转过一对磁极的空间，即转过 360°电角或 2π rad 电角。

从前面可知，两相两极电机、两相绕组之间夹角为 90°，两相四极电机相邻的两相绕组轴线间的夹角为 90°/2=45°。以此类推，两相 p 对极电机相邻的两相绕组轴线间的夹角为 90°/p。用电角度表示，无论极数是多少，两相电机相邻的两相绕组轴线间的夹角为 90°。

2. 三相电动机的旋转磁场

对于三相电动机，定子绕组中存在三组相同的绕组，称为三相对称绕组。对于三相二极电机，有三组相同的绕组 AX、BY、CZ，如图 3－10 所示。设有三个电流分别为

$$i_A = I_m \sin\omega t \tag{3-4}$$

$$i_B = I_m \sin(\omega t - 120°) \tag{3-5}$$

$$i_C = I_m \sin(\omega t + 120°) \tag{3-6}$$

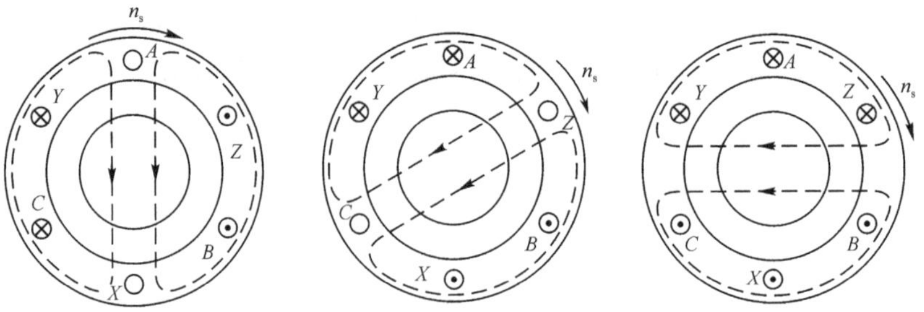

$\omega t=0$　$\omega t=60°$　$\omega t=90°$

(a)　(b)　(c)

图 3－10　三相电流产生的旋转磁场($p=1$)

它们的波形如图 3－11 所示，这样的三个电流称为三相对称电流。设 A、B、C 为始端，电流为正时由始端流入，电流为负时由始端流出。将三相电流 i_A、i_B、i_C 分别通入 AX、BY、CZ 绕组中，三相电流产生的合成磁场如图 3－10 所示。可以得出和两相电机类似的结论：三相电流流过三相绕组时将产生旋转磁场，磁场的转速为

$$n_s=\frac{60f}{p}\quad \text{r/min} \tag{3-7}$$

式中，f 为电源频率；p 为电机极对数。上式与式(3－3)完全相同。

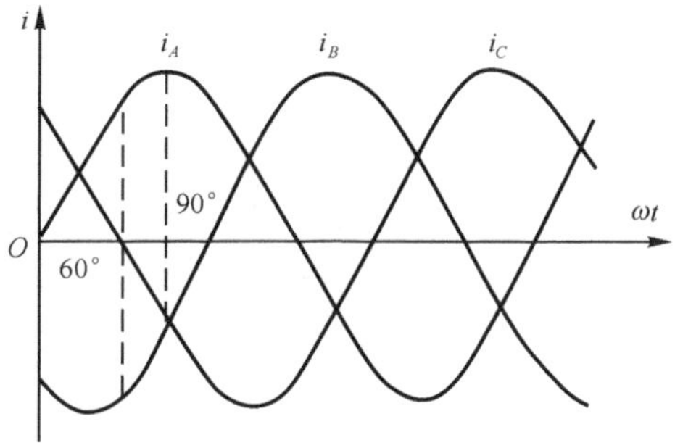

图 3－11　三相对称电流

磁场的转向与通入绕组的三相电流的相序(各相的先后顺序，电流出现正的最大值的顺序)有关，总是由带有超前电流的绕组转向带有落后电流的绕组。

三相电机的三相绕组总是接成星形连接或三角形连接，如图 3－12 所示。只要任意二相的端子(如 B、C)与电源的连接位置对调，旋转磁场的旋转方向就会改变。

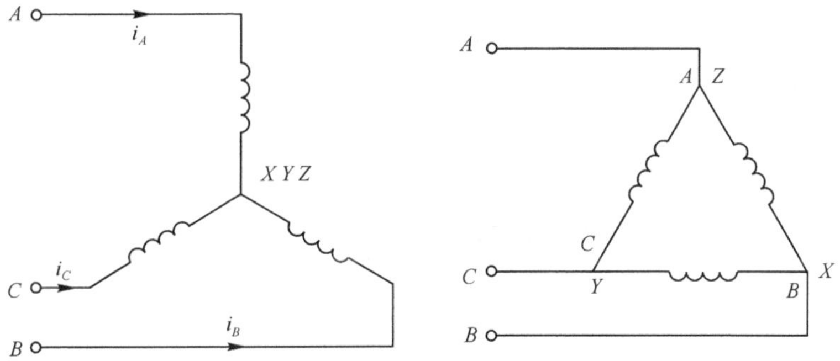

图 3－12　三相绕组的连接

3.2　交流绕组磁场的分析

3.2.1　单相绕组的脉振磁场

1. 单相集中绕组的磁场

绕组的两个边分别放在一个槽中，可称为集中绕组或线圈，一个单相两极集中绕组(线圈)通过电流后，其磁场分布如图 3－13(a)所示。可以看到磁通两次穿过气隙，并通过定子和转子铁心。可以在直角坐标上表示磁势沿气隙圆周分布情况，如图 3－13(b)所示。横坐标 x 表示沿圆周的角位置，用电角表示，OO_1 是零位，顺时针为正。τ 是线圈两边的夹角。纵坐标 F 表示磁势(安匝)的大小。也可以设想将图(a)的定子内圆和转子外圆沿 OO' 线切开并展成直线。

设线圈的匝数为 W_x，通过线圈的电流为 i。由图可知，每一束磁力线所包围的电流为 W_xi，因此作用在图 3－13(b)所示的磁通磁路上的磁势 $F=W_xi$。由于气隙的磁阻远大于铁心的磁阻，可以认为磁势全部降落在气隙中。又因为气隙是均匀的，故两段气隙中各段磁势

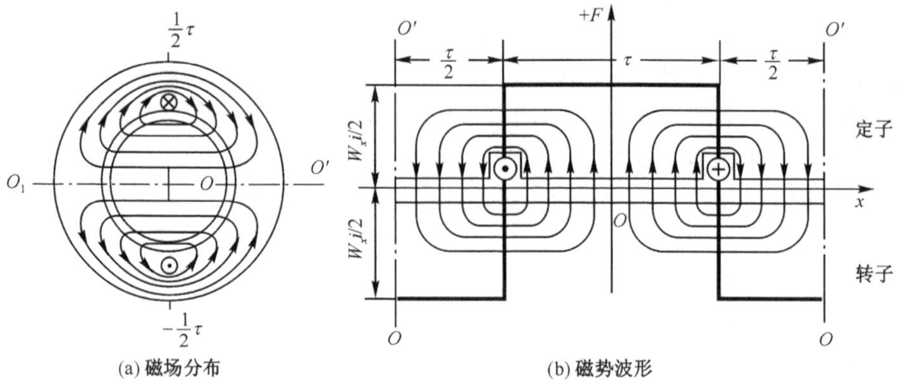

图 3-13　集中绕组的磁势

为总磁势的一半。假定从转子进入定子的磁势为正，相反方向为负，则可得到图 3-13(b)所示的沿气隙圆周分布的磁势曲线。由图可知，一个线圈的磁势曲线为一矩形波，其宽度等于线圈的宽度，振幅为 $W_x i/2$。

如果线圈中的电流为直流，则矩形波的振幅不随时间而变。若线圈中通过的电流随时间按正弦规律变化，即 $i=\sqrt{2}I\sin\omega t$，则线圈的磁势为

$$F=\frac{\sqrt{2}}{2}W_x I\sin\omega t \qquad (3-8)$$

此时磁势矩形波的振幅是随时间变化的。图3-14表示磁势波形在几个瞬时的情况。这种最大值或波形对称轴在空间的位置固定，而振幅(即矩形的高度)的大小和正负随时间而变的磁势称为脉振磁势，它所建立的磁场称为脉振磁场。脉振磁势的频率等于电流的频率。

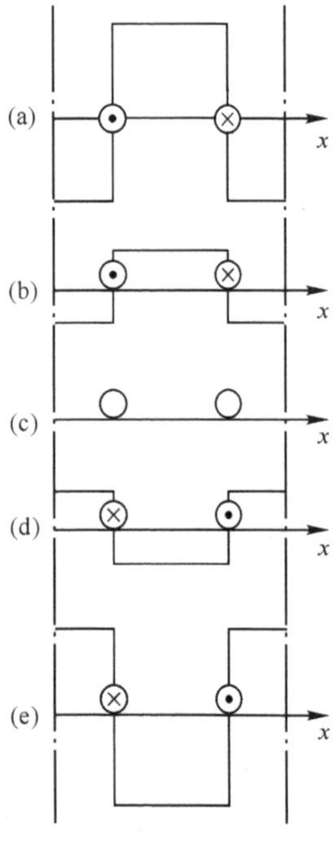

图 3-14　随时间按正弦规律变化的磁势波

(a) $\sin\omega t=1$ (b) $\sin\omega t=0.5$

(c) $\sin\omega t=0$ (d) $\sin\omega t=-0.5$

(e) $\sin\omega t=-1$

对于任意一个有 W_x 匝的线圈来讲，通正弦交变电流时，在任一瞬间，磁势波的空间分布总为矩形波，但在不同的瞬间有不同的振幅。磁势的空间矩形波可按傅里叶级数分解为基波和谐波。取位移 x 为电角，以线圈的轴线(线圈的对称轴)所在的位置为 x 的零点，则得

$$F(x)=\frac{4}{\pi}\cdot\frac{\sqrt{2}}{2}W_x I\sin\omega t\left(\cos x-\frac{1}{3}\cos 3x+\frac{1}{5}\cos 5x-\frac{1}{7}\cos 7x+\cdots\right)$$

$$=0.9W_x I\sin\omega t\sum_{i=1}^{\infty}\frac{1}{i}\sin\left(i\,\frac{\pi}{2}\right)\cos ix \qquad (3-9)$$

因为 $F(x)$是 x 的偶函数，所以傅里叶级数展开式中没有正弦项。谐波中只包含奇次谐波，基波磁势 F_1 为

$$F_1(x)=0.9W_x I\sin\omega t\cos x=A_1\sin\omega t\cos x \qquad (3-10)$$

基波幅值为

$$F_{1m}(x)=0.9W_x I\sin\omega t \qquad (3-11)$$

第 i 次谐波的最大幅值是基波最大幅值的 $1/i$ 倍。

基波和谐波磁势全是脉振磁势，式(3－10)是脉振磁势的典型表达式。以上各式中磁势的单位都是安匝/每极。图3－15示出矩形波磁势分解为基波、3次及5次谐波磁势的曲线。由于基波磁势对电机的工作具有决定性的意义，我们只讨论基波磁势。

2. 单相分布绕组的磁场

一个单相分布绕组，可看成是由几个集中线圈串联而成。因此单相分布绕组所产生的磁势为各线圈的磁势之和。对每个线圈而言，其磁势均为矩形波，把每个矩形波相加后所得到的合成磁势为阶梯形波，如图3－16所示，这就是单相分布绕组的磁势波形。

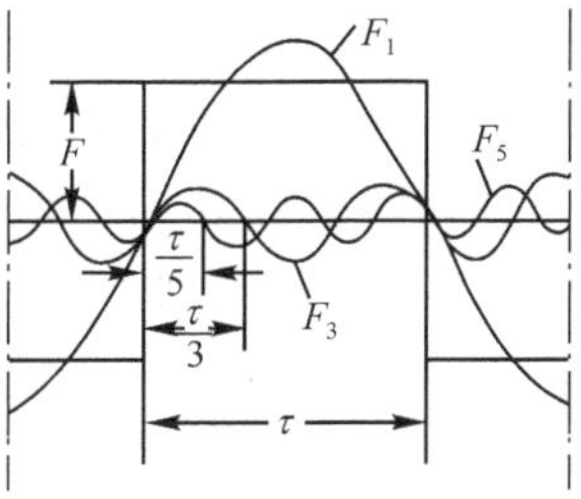

图3－15　矩形波磁势及其分解后的谐波曲线

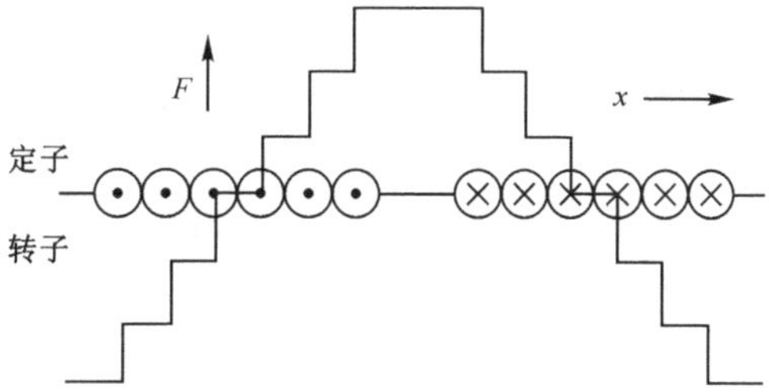

图3－16　单相分布绕组的脉振磁势

求单相分布绕组磁势的另一种方法，就是先将每个线圈的矩形波磁势分解为傅里叶级数，再将各个线圈磁势的基波和谐波分别对应相加求出单相分布绕组总磁势的基波分量和各次谐波分量。需注意的是，基波和各次谐波分别相加时是矢量相加，不是代数相加。对于分布绕组中的各个不同线圈，由于它们的空间位置相差一定的电角，所以代表每个线圈的基波或谐波的矢量间也相差一定的电角，因此这些分量的矢量和小于代数和。我们用分布系数 k_{bi} 表示基波或谐波分量的矢量和与对应的代数和的比值，这样就可以用代数和表示矢量和。设每极每相有 q 个线圈分布在 q 个槽中，每个槽中有 W_x 匝，则单相绕组的磁势可写为

$$F = 0.9qW_x I\sin\omega t\left(k_{b1}\cos x - \frac{1}{3}k_{b3}\cos 3x + \frac{1}{5}k_{b5}\cos 5x - \frac{1}{7}k_{b7}\cos 7x + \cdots\right) \quad (3-12)$$

式中，k_{bi} 为第 i 次谐波的分布系数。

磁势的基波分量为

$$\begin{aligned} F_1 &= 0.9qW_x Ik_{b1}\sin\omega t\cos x = 0.9\frac{W}{p}Ik_{b1}\sin\omega t\cos x \\ &= kWI\sin\omega t\cos x = A_1\sin\omega t\cos x \end{aligned} \quad (3-13)$$

式中，W 为每相绕组匝数；p 为极对数；A_1 为基波磁势的最大值。

式(3－13)所表示的磁势，在任何时刻，在空间都按余弦规律分布，磁势分布曲线幅值的位置始终不变(位于 $x=0$)，而磁势幅值的大小($A_1\sin\omega t$)随时间作正弦规律变化。这种磁势也称为脉振磁势，相应的磁场称为脉振磁场。

如果绕组电流为 $i=\sqrt{2}I\sin(\omega t-\theta)$，绕组轴线的位置(即磁势分布曲线幅值的位置)是 x_0，则磁势的基波分量为

$$F_1 = kWI\sin(\omega t-\theta)\cos(x-x_0) = A_1\sin(\omega t-\theta)\cos(x-x_0) \quad (3-14)$$

可见单相绕组通入交流电流产生的磁势是一个脉振磁势。它既是时间的函数，又是空间

的函数。磁势的基波在空间按余(正)弦规律分布，基波磁势的幅值位置在该相绕组轴线处，各点的磁势大小随时间作正弦规律变化，脉振频率为绕组中电流的频率。基波磁势的最大值只取决于电机的结构本身和绕组中电流的大小。

3. 脉振磁势的分解

依三角学中的公式，式(3-13)所表示的脉振磁势可分解为

$$F_1 = A_1\sin\omega t\cos x = \frac{1}{2}A_1\sin(\omega t - x) + \frac{1}{2}A_1\sin(\omega t + x)$$
$$= F_1^+ + F_1^- \tag{3-15}$$

先看 $F_1^+ = A_1\sin(\omega t - x)/2$。当时间 t 一定时，F_1^+ 是一个空间正弦波，其幅值为 $A_1/2$，表示在空间按正弦规律分布的磁势；当空间位置 x 一定时，则 F_1^+ 是一个时间的正弦波，幅值是 $A_1/2$，表示某一固定点处随时间按正弦规律脉振的磁势。如果我们观察 F_1^+ 所表示的磁势波形上有一定值的点，如 F_1^+ 的幅值即 $F_1^+ = A_1/2$ 的点，这时有 $\omega t - x = \pi/2$，则

$$x = \omega t - \frac{\pi}{2}$$

由上式可知，F_1^+ 的波形上幅值所在的位置 x 随时间而变化，其中，x 代表电角。可见 F_1^+ 是一个正向旋转的磁势波，旋转的角速度(电角)为

$$\frac{dx}{dt} = \omega(\text{rad/s})$$

因为一个圆周为 $2\pi p$ rad(电角)，所以该磁势波旋转的速度可表示为

$$n_s = \frac{\omega}{2\pi p}(\text{r/s}) = \frac{f}{p}(\text{r/s}) = \frac{60f}{p}(\text{r/min}) \tag{3-16}$$

式中，ω 和 f 分别为电流的角频率和频率。

同理，可分析出 $F_1^- = A_1\sin(\omega t + x)/2$是一个反向旋转的磁势波，其幅值与旋转速度值和 F_1^+ 相同。

由此可知，任一个对时间按正弦规律变化且在空间按余弦(或正弦)规律分布的脉振磁势，可以分解为两个速度相同但方向相反的旋转磁势，每一旋转磁势振幅的大小不变，为原来脉振磁势最大值的一半。

4. 空间向量

在空间按正余弦规律分布的物理量(简称正弦量)可以用空间向量表示。向量的长度是这个物理量的空间分布曲线的幅值(绝对值)，向量所在的位置是正弦量空间分布曲线的一个(正的)幅值所在的位置。标示向量方向前，先规定一个假定正方向。正弦量为正时，空间向量方向与假定正方向相同。正弦量为负时，向量方向与假定正方向相反。无法确定正弦量符号时，以假定正方向为向量方向。有时向量方向代表实际方向。

例如，$a = A\sin(x - x_1)$，x 是自变量，表示空间角度，x_1 是初相角，$x = x_1 + \pi/2$ 是空间向量的位置。$a = A\cos(x - x_1)$，$x = x_1$ 是空间向量的位置。向量长度取决于$|a|$，向量方向取决于 a 的正与负。

正弦量的幅值也可以随时间变化。例如 $F_1 = A_1\sin\omega t\cos x$，其幅值 $A_1\sin\omega t$ 随时间作正弦规律变化。而幅值所在的位置也可以随时间变化，这时空间向量的位置也就随时间变化。如果空间向量与坐标轴的夹角随时间而变化，这个空间向量就可称为旋转向量。$A\sin(\omega t - x)$和 $A\sin(\omega t + x)$就可表示成正转和反转的旋转向量。如果空间向量所在的直线

位置不变，但幅值随时间变化，这个空间向量就可称为脉振向量。$A\sin\omega t\cos x$ 就可表示脉振向量。

采用空间向量的表示方法，频率或波长一样的正弦分布量的加减就可以采用矢量的加减方法进行。

利用傅里叶级数可以把磁势分解为一系列在空间正弦分布的基波、谐波。被分解出来的每一个磁势就是一个正弦分布的物理量，可以用空间向量表示。

图 3-17 画出了式(3-15)中的 F_1、F_1^+ 和 F_1^- 在几个瞬时所对应的空间向量。由图可以看出，一个脉振向量可以分解为两个大小相等，以相同速度、相反方向旋转的旋转向量，而两个大小相等，以相同速度、相反方向旋转的旋转向量，当然也可以合成一个脉振向量。

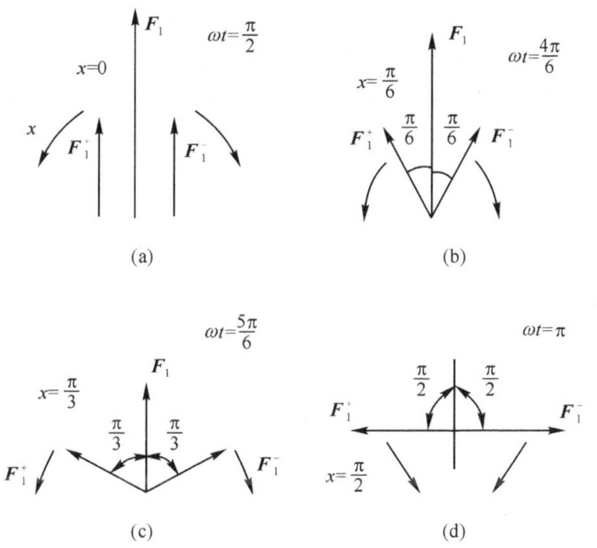

图 3-17　脉振向量与旋转向量

3.2.2　两相和多相绕组的圆形旋转磁场

设两相绕组的匝数分别为 W_c 和 W_f，电流分别为 i_c 和 i_f，基波磁势为 F_c 和 F_f，且

$$\begin{cases} i_c = \sqrt{2}I_c\sin\omega t \\ i_f = \sqrt{2}I_f\sin(\omega t - 90^\circ) \end{cases} \tag{3-17}$$

设 c 绕组轴线的位置是 0°，则 f 绕组轴线的位置是 90°，根据式(3-13)，式(3-14)可得

$$F_c = kW_cI_c\sin\omega t\cos x = F_{c0}\sin\omega t\cos x \tag{3-18}$$

$$\begin{aligned} F_f &= kW_fI_f\sin(\omega t - 90^\circ)\cos(x - 90^\circ) \\ &= F_{c0}\sin(\omega t - 90^\circ)\cos(x - 90^\circ) \end{aligned} \tag{3-19}$$

式中，F_{c0}、F_{f0} 为 F_c 和 F_f 的最大值，$F_{c0} = kW_cI_c$，$F_{f0} = kW_fI_f$；k 为由电机结构决定的常数；x 为空间位移(电角)。

利用前节所述的方法(或三角学公式)，将脉振磁势 F_c 和 F_f 分解为两个旋转磁势，得

$$F_c = \frac{1}{2}kW_cI_c\sin(\omega t - x) + \frac{1}{2}kW_cI_c\sin(\omega t + x)$$

$$= \frac{1}{2}F_{c0}\sin(\omega t - x) + \frac{1}{2}F_{c0}\sin(\omega t + x) \tag{3-20}$$

$$F_f = \frac{1}{2}kW_fI_f\sin(\omega t - x) + \frac{1}{2}kW_fI_f\sin(\omega t + x - 180^\circ)$$

$$= \frac{1}{2}F_{f0}\sin(\omega t - x) + \frac{1}{2}F_{f0}\sin(\omega t + x - 180^\circ) \tag{3-21}$$

可知，两相绕组产生 4 个旋转磁势，其中两个是正转，两个是反转，两个反转磁势相位相差 180°。若 $F_{c0}=F_{f0}$ 即 $W_cI_c=W_fI_f$，则两个反转磁势的向量和为零。这样，两相绕组的合成磁势为

$$F = F_c + F_f = F_0\sin(\omega t - x) \tag{3-22}$$

其中

$$F_0 = F_{c0} = F_{f0} = kW_cI_c = kW_fI_f \tag{3-23}$$

可见，当两相脉振磁势在空间相差 90°电角，幅值在时间上相差 90°，最大值相等即 $W_cI_c=W_fI_f$ 时，它们的合成磁势的基波是一个幅值不变的旋转磁势。它的转向是正转磁势的转向，是 x 增加的方向，即 $dx/dt>0$。旋转磁势的幅值不变，等于单相脉振磁势基波的最大值，旋转速度即同步转速为

$$n_s = \frac{f}{p}\ (\text{r/s}) = \frac{60f}{p}\ (\text{r/min})$$

由于旋转磁势的幅值不变，在旋转过程中，磁势向量的端点在空间描绘出一个圆，因此称这样的磁势为圆形旋转磁势，对应的磁场称为圆形旋转磁场。

上述结论也可以用磁势的空间向量表示法证明。

根据脉振磁势分解为两个旋转磁势的方法，可以证明，如果有一对称的 m 相绕组($m>2$)，在空间相距 $2\pi/m$ rad(电角)，且在这些绕组中流过一对称的 m 相电流，这些电流在时间上有 $2\pi/m$ rad(电角)的相位差，则它们的合成磁势为一圆形旋转磁势，其幅值为每相脉振磁势最大值的 $m/2$ 倍。而旋转磁场的旋转速度为 $\omega=2\pi f$ rad/s(电角)或 $60f/p$ r/min。旋转方向是从超前电流的绕组轴线(即超前的磁通、磁势)转向滞后电流的绕组轴线。实际中旋转方向取决于绕组与电源的连接。

异步电动机在圆形磁场作用下的运行状态又称对称状态或对称运行。可以证明，多相对称绕组加上多相对称电压时，产生圆形旋转磁场。

对于两相绕组电机，设绕组匝数分别为 W_f、W_c，电流为 I_f、I_c，电压为 U_f、U_c。当电流 I_f、I_c 相位差是 90°且

$$\frac{I_c}{I_f} = \frac{W_f}{W_c} \tag{3-24}$$

这时产生圆形旋转磁场。或者，当电压 U_f、U_c 相位差是 90°且

$$\frac{U_c}{U_f} = \frac{W_c}{W_f} \tag{3-25}$$

这时也产生圆形旋转磁场。

3.2.3 两相绕组的非圆形旋转磁场

两相绕组 W_c、W_f 通入交流电流 I_c、I_f 后产生磁场。若电流相位差是 90°，且 $I_cW_c=I_fW_f$，则产生圆形旋转磁场，否则产生非圆形旋转磁场，包括脉振磁场和椭圆旋转磁场。

1. 两相绕组的非圆形旋转磁场

1）两相绕组电流相位相同，即相位差为零，则磁密（磁势）是脉振向量，产生脉振磁场。

2）两相绕组电流相位差是 90°，但 $\alpha=I_cW_c/(I_fW_f)\neq1$，这时也形成旋转磁场，但该磁场的磁密向量 B 或磁势向量 F 的端点轨迹是椭圆，称为椭圆旋转磁场。若 $I_cW_c/(I_fW_f)<1$，则椭圆的长轴位于绕组 f 的轴线上，长半轴等于 f 绕组磁密最大值 B_{fm}；短轴位于 c 绕组轴线上，短半轴等于 c 绕组磁密最大值 B_{cm}，如图 3-18 所示。

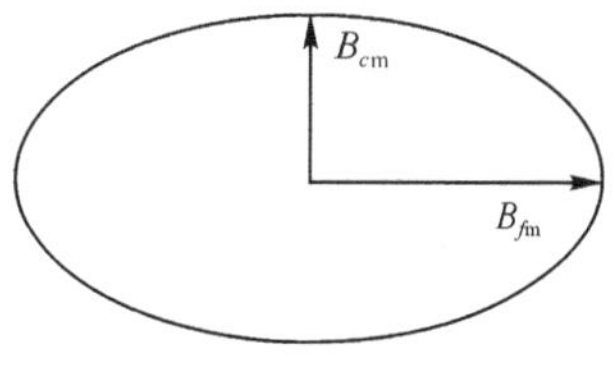

图 3-18　椭圆旋转磁场

设

$$\alpha=\frac{B_{cm}}{B_{fm}} \tag{3-26}$$

以 α 的大小衡量椭圆度，α 越小，椭圆度越大。

3）两相绕组电流相位差大于 0°小于 90°，产生椭圆旋转磁场。

从磁密（磁势）角度看，两个脉振磁密（磁势），时间和空间上都相差 90°（电角），最大值相同，则产生圆形旋转磁场。若两个脉振磁密在空间和时间上都有相位差，又不满足圆形旋转磁场的条件，就产生椭圆旋转磁场。

椭圆旋转磁场具有下述特点：

1）转向：与圆形旋转磁场相同。

2）幅值：磁密幅值不断变化。若 $\alpha<1$，幅值变化范围从 αB_{fm} 至 B_{fm}。当 $\alpha=0$ 时变成脉振磁场，当 $\alpha=1$ 时变成圆形旋转磁场。

3）转速：电流变化一个周期，磁场在空间旋转了 360°电角，平均转速是 $60f/p$ r/min。但椭圆旋转磁场的瞬时转速是变化的。

2. 椭圆旋转磁场的分解

椭圆旋转磁场可以分解为两个转向相反、转速相同的圆形旋转磁场。其中与椭圆磁场转动方向相同的正向旋转磁场的磁密为 B^+，转向相反的反向圆磁场的磁密为 B^-，则有

$$B^+=\frac{1+\alpha}{2}B_{fm} \tag{3-27}$$

$$B^-=\frac{1-\alpha}{2}B_{fm} \tag{3-28}$$

3.3　异步电动机的主要特性

3.3.1　基本方程

1. 转速和转差率

定义转差率 s 为

$$s=\frac{n_s-n}{n_s}=\frac{\Delta n}{n_s} \tag{3-29}$$

式中，n 与 n_s 分别表示转子转速和旋转磁场转速（又称同步转速）。当它们与假定正方向相同时，本身为正数，否则为负数。一般取 n_s 的方向为假定正方向。

转差率 s 表示转子相对于磁场的转动快慢。对于异步电动机，在研究电磁转矩等物理量与转子转动快慢之间的关系时，用转差率 s 往往比用转速 n 更方便，能更全面地反映这些物理量与转动快慢之间的关系，所以转差率 s 在异步电动机中经常被用到。

由式(3-29)可得

$$n = n_s(1-s) \tag{3-30}$$

当 $s=1$ 时 $n=0$，转子不动，称为堵转状态。当 $s=0$ 时 $n=n_s$，转子转速等于同步转速，转子导条与旋转磁场间无相对运动，转子导条中没有感应电势、感应电流和电磁转矩，相当于理想空载情况。当 $s<0$ 即 s 为负时 $n>n_s$，是发电机状态。$0<s<1$，是电动机状态。当 $s>1$时表示转子的转向与气隙磁场的旋转方向相反，是反接制动状态。

若定义 n 为正数，则转子转动方向与磁场相反时，可定义转差率 s 为

$$s = \frac{n_s + n}{n_s} \tag{3-31}$$

2. 磁势平衡方程式

电机气隙中的磁势 $\boldsymbol{F}_0$ 应是定子磁势 $\boldsymbol{F}_1$ 和转子磁势 $\boldsymbol{F}_2$ 的合成磁势，即等于它们的向量和

$$\boldsymbol{F}_0 = \boldsymbol{F}_1 + \boldsymbol{F}_2 \tag{3-32}$$

上式称为磁势平衡方程式，是异步电动机的基本方程式之一。

由式(3-32)可得

$$\frac{m_1}{2}\times 0.9\times\frac{W_1k_{W1}}{p}\boldsymbol{I}_0 = \frac{m_1}{2}\times 0.9\times\frac{W_1k_{W1}}{p}\boldsymbol{I}_1 + \frac{m_2}{2}\times 0.9\times\frac{W_2k_{W2}}{p}\boldsymbol{I}_2 \tag{3-33}$$

式中，m_1、m_2 为定子、转子相数(根据电机原理，笼型转子，转子相数 m_2 与转子导条数 N_2 (即转子齿数 Z_2)相等)；p 为极对数(根据电机原理，异步电机定子、转子应有相同的极对数)；W_1k_{W1} 为定子绕组每相的有效匝数；W_2k_{W2} 为转子绕组每相的有效匝数，笼型转子为 0.5；I_0 为每相激磁电流；I_1、I_2 为定、转子每相电流。

式(3-33)也称为磁势平衡方程式。整理此式可得

$$\boldsymbol{I}_0 = \boldsymbol{I}_1 + \frac{\boldsymbol{I}_2}{k_i} \tag{3-34}$$

式中

$$k_i = \frac{m_1W_1k_{W1}}{m_2W_2k_{W2}} \tag{3-35}$$

k_i 称为电流变比，它取决于电机结构。

3. 气隙磁势、磁密与磁通

正向圆形旋转的气隙磁势可写为

$$F_0 = F_m\sin(\omega t - x) \tag{3-36}$$

设气隙的磁场强度为 H，磁密为 B，气隙长度为 δ，磁导率为 μ_0，忽略铁心部分的磁压降，则有 $F_0=H\delta=B\delta/\mu_0$

$$B=\frac{\mu_0}{\delta}F_m\sin(\omega t-x)=B_m\sin(\omega t-x) \tag{3-37}$$

可见，磁密和磁势之间只相差一个系数。

根据公式 $\Phi=\int_A B\mathrm{d}A$（Φ 为穿过面积 A 的磁通），可以证明，穿过一个固定的线圈的总磁通为

$$\Phi=\Phi_{\mathrm{m}}\cos\omega t \tag{3-38}$$

或

$$\Phi=\Phi_{\mathrm{m}}\sin\omega t \tag{3-39}$$

且

$$\Phi_{\mathrm{m}}=KB_{\mathrm{m}} \tag{3-40}$$

式中，K 为常数，Φ_{m} 为一个线圈中磁通的最大值，它也等于旋转磁场每极的磁通。

4. 定、转子导体中的感应电势及其频率

在气隙磁场中任一位置 x 的导体中产生的感应电势为

$$e=Blv=lvB_{\mathrm{m}}\sin(\omega t-x)=e_{\mathrm{m}}\sin(\omega t-x) \tag{3-41}$$

定子的任一位置 x 的导体中感应的电势 e 随时间按正弦规律变化。因此定子绕组中产生的感应电势随时间按正弦规律变化。感应电势的频率与电源的频率相同。

当转子以 $n=n_{\mathrm{s}}(1-s)$ 的速度旋转时，转子上初位移为 x_0 的导体的位移 x rad(电角)可写为

$$x=n_{\mathrm{s}}(1-s)\times\frac{2\pi}{60}pt+x_0=\omega(1-s)t+x_0$$

该转子导体的感应电势为(参见式(3-41))

$$e_2=e_{2\mathrm{m}}\sin(\omega t-x)=e_{2\mathrm{m}}\sin[\omega t-\omega(1-s)t-x_0]=e_{2\mathrm{m}}\sin(s\omega t-x_0) \tag{3-42}$$

可见转子绕组感应电势也是时间的正弦函数，但角频率为电源频率的 s 倍。

当转子转动时，转子和旋转磁场的相对转速为 $\Delta n=n_{\mathrm{s}}-n=sn_{\mathrm{s}}$，相当于转子不动而旋转磁场以 sn_{s} 的速度向同方向旋转，所以转子电流频率为

$$f_2=\frac{psn_{\mathrm{s}}}{60}=sf\quad(\mathrm{Hz}) \tag{3-43}$$

这时由转子电流产生的旋转磁势相对于转子的速度为 $60f_2/p=sn_{\mathrm{s}}$ r/min(见式(3-43))。因为转子自身以转速 n 向同方向旋转，故转子电流的旋转磁势的转速为

$$sn_{\mathrm{s}}+n=\frac{n_{\mathrm{s}}-n}{n_{\mathrm{s}}}n_{\mathrm{s}}+n=n_{\mathrm{s}}$$

可见，不论转子的自身转速如何，由转子电流所产生的磁势总和定子电流所产生的旋转磁势以相同的转速旋转。

5. 电压平衡方程式

从物理角度看，给定子一相绕组加交流电压 $\boldsymbol{U}_1$ 后，定子回路中将存在由绕组电阻 r_1、漏感抗 x_1 形成的电压降和感应电势 $\boldsymbol{E}_1$。定子一相回路可用图 3-19 的等效电路表示。根据基尔霍夫电压定律，有

$$\boldsymbol{U}_1=-\boldsymbol{E}_1+\boldsymbol{I}_1(r_1+\mathrm{j}x_1) \tag{3-44}$$

设转子转差率为 s 时，感应电势和漏感抗分别为 E_{2s} 和 x_{2s}，则转子每相回路的等效电路如图 3-20，故有

$$\boldsymbol{E}_{2s}=\boldsymbol{I}_2r_2+\mathrm{j}\boldsymbol{I}_2x_{2s} \tag{3-45}$$

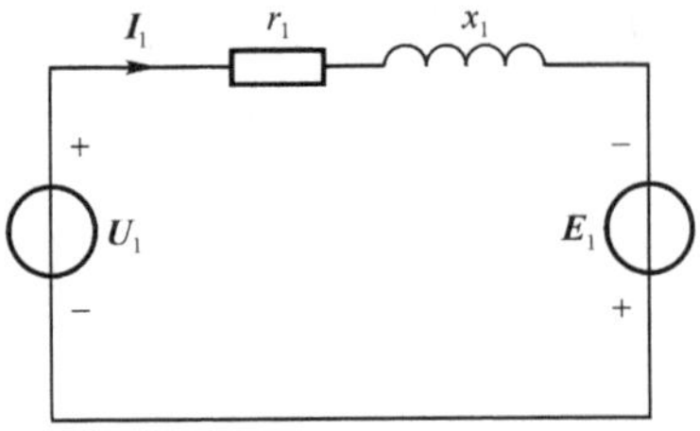

图 3-19　定子等效电路

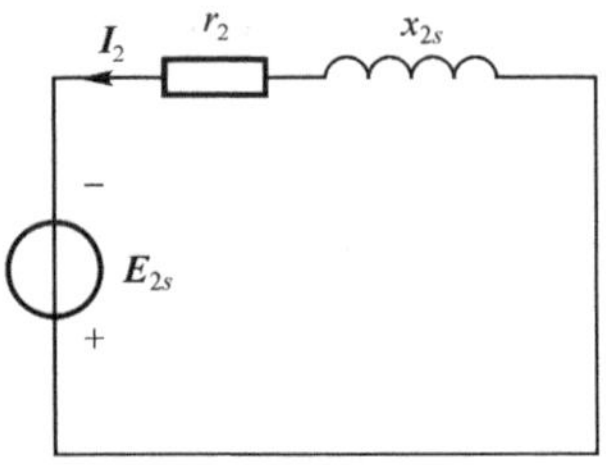

图 3-20　转子等效电路

3.3.2　等效电路图

设 E_2、x_2 是静止时转子的感应电势和漏感抗，且设

$$\begin{cases} I_2' = \dfrac{1}{k_i} I_2 \\ E_2' = k_e E_2 \\ r_2' = k_e k_i r_2 \\ x_2' = k_e k_i x_2 \end{cases} \tag{3-46}$$

其中 $E_{2s}=sE_2$，$x_{2s}=sx_2$，k_i 见式(3-35)，k_e 称为电势变比，且

$$k_e = \frac{W_1 k_{w1}}{W_2 k_{w2}} \tag{3-47}$$

可以证明，异步电机中下列方程成立：

$$\begin{cases} \boldsymbol{E}_2' = \boldsymbol{E}_1 \\ \boldsymbol{E}_2' - \boldsymbol{I}_2'(r_2' + \mathrm{j}x_2') - \boldsymbol{I}_2' \dfrac{1-s}{s} r_2' = 0 \\ \boldsymbol{I}_1 = \boldsymbol{I}_0 - \boldsymbol{I}_2' \\ \boldsymbol{E}_1 = -\boldsymbol{I}_0(r_m + \mathrm{j}x_m) \end{cases} \tag{3-48}$$

式中，r_m是表示铁心损耗的等效电阻，x_m是对应于主磁通的激磁电抗。

根据式(3-44)及式(3-48)可绘出异步电动机定子一相电路对应的T形等效电路见图3-21，图中电机参数对应电机定子一相绕组的参数。电阻 r_1 吸收的电能代表实际电机定子绕组电阻的热损耗，称为定子铜耗。r_m吸收的电能代表铁心的涡流损耗和磁滞损耗，称为铁耗。r_2' 吸收的电能代表转子绕组的热损耗，称为转子铜耗。电阻$\frac{1-s}{s}r_2'$ 吸收的电功率表示电机一相定子绕组所产生的机械功率，该值乘以电机(定子)相数就是电机所产生的机械功率。

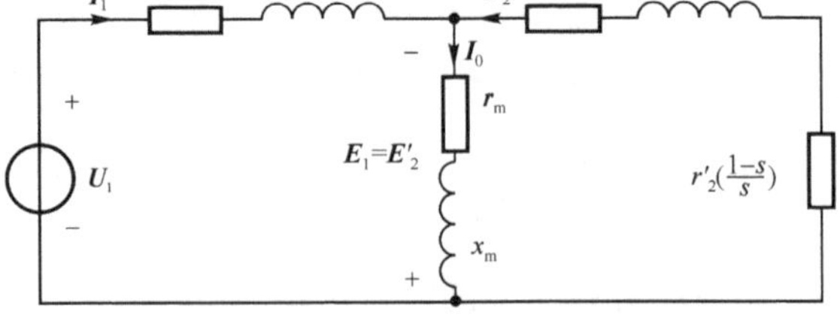

图 3-21　异步电动机的T形等效电路

3.3.3 圆形旋转磁场时的电磁转矩表达式

计算异步电机的电磁转矩有两种方法。一种方法是先求各个转子导条中的电流，利用$F=BlI$求各转子导条所受的力，再求各导条相应的电磁转矩，最后将所有导条的电磁转矩叠加求和得到电机转子上总的电磁转矩。另一种方法是利用异步电机等效电路求出电机产生的机械功率 P_m，若电机转速是 ω，则电磁转矩为 $T=P_m/\omega$。两种方法计算的结果是一样的，电磁转矩为

$$T = C_1 \Phi_m I_2 \cos\varphi_2 \tag{3-49}$$

上式称为转矩的物理表达式，式中 C_1 为常数，由电机结构决定。该式说明异步电动机的电磁转矩与每极磁通 Φ_m 及转子一相电流 I_2 以及转子功率因数 $\cos\varphi_2$ 成正比。

利用等效电路可以求出，具有对称绕组的异步电动机，在对称运行时，电磁转矩为

$$T = \frac{m_1 p U_1^2 \frac{r_2'}{s}}{2\pi f_1\left[\left(r_1+\frac{r_2'}{s}\right)^2+(x_1+x_2')^2\right]} \tag{3-50}$$

式中，U_1 为加在定子绕组上的相电压；m_1 为定子相数；f_1 为电源频率；r_1、x_1 为定子一相的电阻和漏抗；r_2' 为转子对应定子一相的折算电阻；x_2' 为转子不动时转子对应定子一相的折算漏抗；p 为极对数；s 为转差率。式(3-50)称为电磁转矩的参数表达式，它表明，当转差率不变时，电磁转矩与电动机外加电压的平方成正比。当电压和频率不变时，电磁转矩仅与转差率有关。

3.4 三相异步电动机

3.4.1 三相异步电动机的基本知识

三相异步电动机由定子和转子组成，它的定子绕组是三相对称绕组，使用三相对称电源。转子有鼠笼型和绕线式两种。鼠笼型转子绕组本身自成闭合回路，整个转子形成一个坚实整体。三相鼠笼式电动机由于结构简单，价格低廉，工作可靠，使用方便，成为工业生产中应用最广泛的电动机。绕线式异步电动机，其转子绕组通过集电环和电刷接入外加电阻，可以改善启动特性并在必要时可供调节转速。

1. 功率与转矩

由电网输入异步电动机定子的功率 P_1 为

$$P_1 = m_1 U_1 I_1 \cos\phi_1 \tag{3-51}$$

式中，m_1、U_1、I_1 和 $\cos\phi_1$ 分别为定子相数、定子相电压、相电流和功率因数。通过电磁感应作用借助气隙磁场传递到转子的功率称为电磁功率。由等效电路可知电磁功率 P_{em}为

$$P_{em} = P_1 - P_{Cu1} - P_{Fe} = P_1 - m_1 I_1^2 r_1 - m_1 I_0^2 r_m \tag{3-52}$$

P_{em}还可写成

$$P_{em} = m_1 I_2'^2 \frac{r_2'}{s} = m_1 E_2' I_2' \cos\phi_2 \tag{3-53}$$

式中，$\cos\phi_2$ 是转子回路的功率因数。

输入给转子的电磁功率 P_{em}减去转子铜损耗 P_{Cu2}后，就成为转轴上的机械功率 P_m。

由等效电路并参照式(3-53)可得转子铜耗 P_{Cu2} 为

$$P_{Cu2} = m_1 I_2'^2 r_2' = sP_{em} \tag{3-54}$$

机械功率 P_m为

$$P_m = P_{em} - P_{Cu2} = P_{em} - sP_{em} = (1-s)P_{em} = m_1 I_2'^2 \frac{1-s}{s} r_2' \tag{3-55}$$

可见 P_{em}中的一部分$(1-s)P_{em}$是机械功率，另一部分 sP_{em}是转子铜耗，也称为转差功率。

机械功率 P_m 减去机械损耗 P_{me}(轴承摩擦以及风阻)和附加损耗 P_{ad}(由于定、转子齿槽的相对运动以及磁场中的谐波分量的影响，在定、转子铁心中产生的)后才是电机拖动负载转动的输出功率 P_2，即

$$P_2 = P_m - P_{me} - P_{ad} \tag{3-56}$$

异步电机转轴上得到的机械功率 P_m 为

$$P_m = T\omega \tag{3-57}$$

所以电磁转矩 T 为

$$T = \frac{P_m}{\omega} = \frac{(1-s)P_{em}}{(1-s)\omega_s} = \frac{P_{em}}{\omega_s} \tag{3-58}$$

式中，ω_s 是同步转速(rad/s)，且有 $\omega=(1-s)\omega_s$。

电磁转矩等于转子总的机械功率除以转子的机械角速度，又等于电磁功率除以旋转磁场的同步角速度。它也说明电磁功率与电磁转矩成正比。

由式(3-53)、式(3-58)可推得电磁转矩的物理表达式为

$$T = C_T \Phi_m I_2 \cos\phi_2 \tag{3-59}$$

式中，Φ_m 为气隙中每极磁通；C_T 为力矩常数。$\cos\phi_2 = r_2/z_2$ 为转子电路功率因数，r_2 为转子电阻，$z_2=\sqrt{r_2^2+x_2^2}$为转子绕组阻抗，x_2 为转子漏感抗。

2. 异步电动机的机械特性

异步电动机的机械特性是指频率为额定值，电压为额定值或以电压为参变量，电磁转矩 T 与转差率 s(或转速 n)之间的关系曲线，又称 T-s 曲线。机械特性表达式见式(3-50)($m_1=3$)。

把式(3-50)中的电磁转矩 T 对转差率 s 微分，并令 $\mathrm{d}T/\mathrm{d}s=0$ 得到电机的最大电磁转矩为

$$T_m = \frac{1}{2} \times \frac{3pU_1^2}{2\pi f_1 \left[r_1 + \sqrt{r_1^2 + (x_1 + x_2')^2}\right]} \quad (\mathrm{N \cdot m}) \tag{3-60}$$

最大转矩 T_m 对应的转差率 s_m 称为临界转差率，且

$$s_m = \frac{r_2'}{\sqrt{r_1^2 + (x_1 + x_2')^2}} \tag{3-61}$$

最大转矩 T_m 与额定转矩 T_n 之比称为过载倍数，用 k_m 表示

$$k_m = \frac{T_m}{T_n} \tag{3-62}$$

对于普通三相异步电动机，$k_m=1.6\sim2.5$。起重、冶金机械用的三相异步电动机，对过载能力的要求还要更高，k_m 还可能更大。

异步电动机的 T-s 曲线即机械特性曲线，如图 3-22、图 3-23 所示。

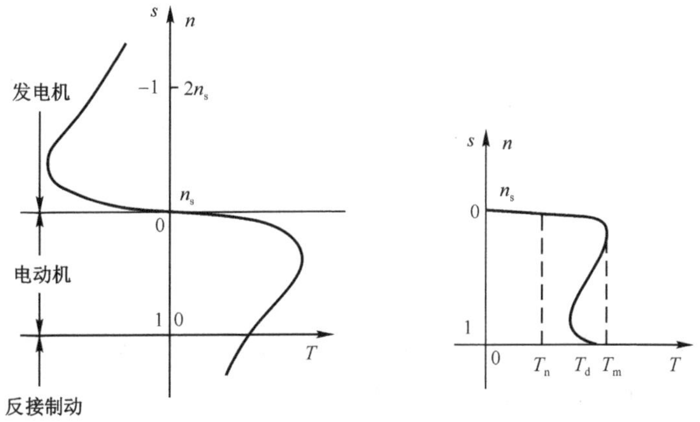

(a) 典型特性　　(b) Y系列电动机的机械特性

图 3-22　异步电动机的机械特性曲线

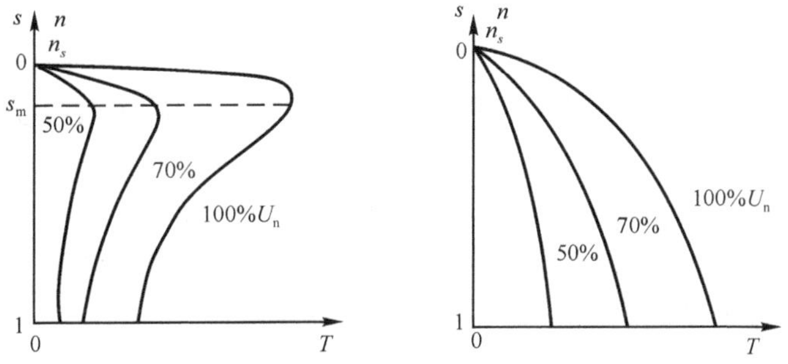

(a) 普通鼠笼转子的特性　　(b) 高电阻转子的特性

图 3-23　异步电动机调压时的机械特性曲线

对于普通三相异步电动机，为了提高效率，转子电阻 r_2 比较小。由式(3-61)可知临界转差率 s_m 也小，约为 0.1～0.2。对于恒转矩负载，第一象限机械特性的下降段是稳定运行区，即 $s<s_m$ 为稳定区，$s>s_m$ 为不稳定区。普通三相异步电动机可稳定运行的转速范围小。在额定负载范围内运行时，转差率 s 小于额定转差率 s_n，普通异步电动机 s_n 为 0.01～0.05，可看成是恒速电机。

利用式(3-50)、式(3-60)、式(3-61)，并进行适当的化简，就可得到如下的电磁转矩的实用公式

$$\frac{T}{T_m}=\frac{2}{\dfrac{s_m}{s}+\dfrac{s}{s_m}} \tag{3-63}$$

将额定转矩 T_n 和额定转差率 s_n 代入上式可求得 s_m

$$s_m = s_n(k_m + \sqrt{k_m^2 - 1}) \tag{3-64}$$

根据产品目录查出或算出 k_m 和 s_n，利用式(3-64)求出 s_m 再利用式(3-63)就可求出电磁转矩 T 和机械特性。

普通三相异步电动机在额定负载范围内运行时，$s_n>s>0$，$s/s_m \ll s_m/s$，此时式(3-63)可

简化为

$$T = \frac{2T_m}{s_m}s \tag{3-65}$$

此时转矩与转差率是线性关系。式中的 T 与 s 用 T_n 和 s_n 代替后可得

$$s_m = 2k_m s_n \tag{3-66}$$

3. 异步电动机的启动

异步电动机全压启动电流约为额定电流的 4～7 倍。启动电流过大会引起电源电压降落过大(如 15%)，使其他用电设备不能正常运行。一般 10kW 以下的电机可直接启动。当电机容量超过供电变压器的规定值(变压器只供动力电时，取 25%；动力、照明共用时，取 5%；或按规定的公式计算)时，应采用限制启动电流的措施。

减小启动电流的方法是降压启动。鼠笼式异步电动机常用的降压启动包括：定子电路串电阻或电抗启动，串自耦变压器启动，星-角启动等。近年来电子式软启动器得到应用，它采用电力电子技术、自动控制技术和计算机技术，通过控制加到电动机上的平均电压来控制启动电流。

4. 绕线式异步电机

绕线式异步电动机转子绕组也是三相绕组，绕组的三条引线分别接到 3 个滑环上，用一套电刷装置引出。

在转子回路中外串三相对称电阻，可增大电动机启动转矩，减小启动电流，并提高转子电路的功率因数，因此这种电机可用在重载和频繁启动的生产机械上，如起重机。

5. 力矩三相异步电动机

力矩三相异步电动机采用电阻率较高的导电材料(如黄铜等)作为转子导条及端环，因此转子电阻比鼠笼式大得多，机械特性曲线在第 1 象限是下垂的，如图 3-23(b)所示。这种电机允许长期低速运转甚至堵转，应用于纺织、印染、造纸、电线电缆、冶金等具有较大的恒转矩或要求变速的机械设备上。典型应用如：卷绕、开卷、夹持装置，启闭闸(阀)门，阻力矩大的拖动装置以及频繁正、反转的装置。

3.4.2 三相异步电动机的调速

1. 调速方法

过去，在调速性能上异步电动机不如直流电动机，但近年来交流调速技术得到了迅速发展和广泛应用，在很多应用领域交流调速系统正在取代直流调速系统。

由式(3-30)可知异步电动机的转速 n 为

$$n = n_s(1-s) = \frac{60f_1}{p}(1-s) \tag{3-67}$$

由此可知，改变极对数 p、电源频率 f_1 及转差率 s 都可以改变转速 n。

由式(3-50)知，在恒转矩(及恒功率)时改变转差率 s 又有下列几种方法：①改变定子绕组的端电压 U_1；②在定子回路中串入外加电阻或电抗，以改变 r_1 或 x_1；③在转子回路串入外加电阻、电感或电容，以改变 r_2'或 x_2'。此外，在转子回路中引入外加电动势也可改变 s。常用的三相异步电动机的调速方法如下：

- 异步电动机
  - 变极调速-对鼠笼型
  - 变频调速
    - 交-直-交变频
    - 交-交变频
  - 变转差率调速
    - 调定子电压
    - 调转子电阻-对绕线型
    - 串级调速-对绕线型
  - 矢量控制

2. 变频调速

改变定子绕组供电频率的调速方法称为变频调速。变频调速有较高的效率，宽的调速范围和平滑的调速特性，调速性能可与直流电动机相媲美，是目前应用最广的交流调速方式。变频调速需要具有调频兼调压功能的变频装置。目前市场上已出现了各种性能良好、工作可靠的变频装置，并已应用于工业各领域。

(1) 从基频向下调速

额定频率称为基频。若忽略定子漏阻抗压降，电机每相电压为

$$U_1 \approx E_1 = 4.44 f_1 W_1 k_{W1} \Phi_m$$

当电机定子端电压 U_1 一定时，如果降低频率 f_1，则主磁通 Φ_m 要增大。电机的主磁路本来是刚进入饱和状态，Φ_m 再增加，主磁路就过饱和，使励磁电流猛增，这将使电机带负载能力降低，功率因数变坏，铁耗增加，电机过热，所以这是不允许的。因此从额定频率往下调节时，一定要降低电压，以保持或近似保持气隙磁通不变。通常，可采用下述两种控制方法。

1) 保持 E_1/f_1 等于常数。当 f_1 降低时，使 E_1 同时相应地减小，保持 E_1/f_1 为常数。这时主磁通 Φ_m 等于常数，是恒磁通控制方式。这时的机械特性如图 3-24 中虚线所示，其特点是不同频率的各机械特性曲线彼此平行，最大转矩 T_m 不变，与频率无关。这种调速方法与他励直流电动机调压调速特性类似，其优点为机械特性硬，调速范围宽，稳定性好。并且能无级调速，效率高。这是效率最高、性能最好的交流调速方法。

此方法的难点在于电势 E_1 是电机内部量，无法直接测量和控制。

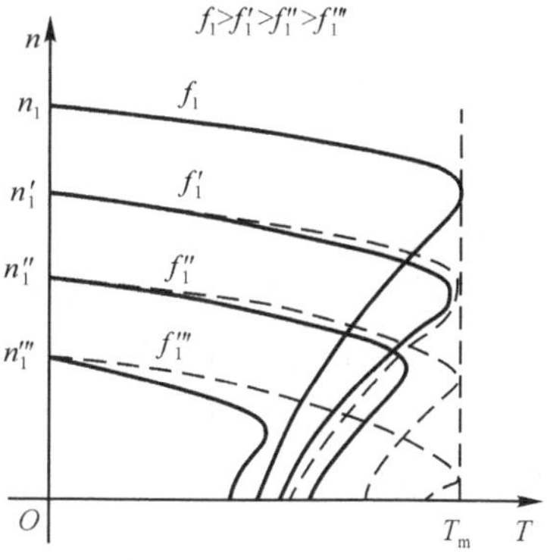

图 3-24 调频调压的机械特性曲线

2) 保持 U_1/f_1 等于常数。这时，主磁通 Φ_m 接近常数。机械特性曲线如图 3-24 中实线所示。最大转矩 T_m 随 f_1 降低而减小。低频时，启动转矩减小。

由于变频同时变压，所以此类变频器又称变压变频器。

U_1 与 E_1 相差一个定子漏阻抗压降(低频时主要是定子电阻压降)。常用的办法是，频率较高时保持 $U_1/f_1=k$ 是常数，此时 U_1 与 E_1 很接近。频率低时 U_1 与 E_1 差别明显，使 U_1 适当大于 kf_1，接近与 E_1 相等，见图 3-26 曲线 b。此时性能很接近 E_1/f_1 不变的情况。

可以证明，当定子绕组电流不变时，E_1/f_1 是常数，电磁转矩不变；U_1/f_1 是常数，电磁转矩近似不变。所以上述方法适用于恒转矩负载。

(2) 从基频向上调速

电机端电压不允许高于额定电压，以防止绕组绝缘击穿。在频率 f_1 从额定频率向上调时，电机电压最多只能保持额定值不变，于是主磁通 Φ_m 几乎与频率 f_1 成反比的降低。相当于直流电机弱磁升速的情况。图 3－25 是保持电压为额定值而升高频率 f_1 时的机械特性。若定子电流 I_1 保持不变，此时电机的电磁功率和输出的机械功率可近似认为是保持不变的，一般也称为恒功率调速。

前述变频调速控制曲线如图 3－26 所示。

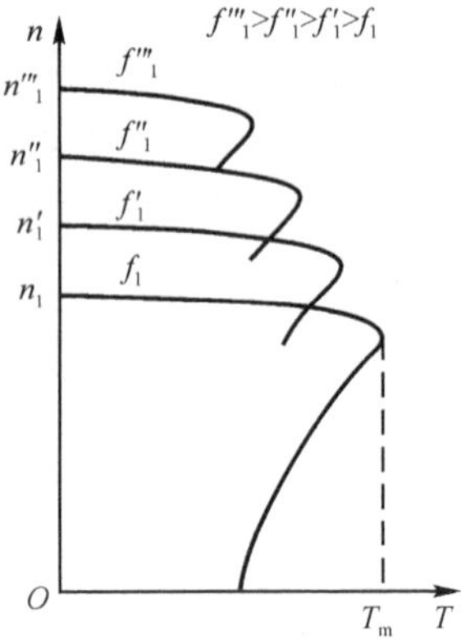

图 3－25　升频机械特性

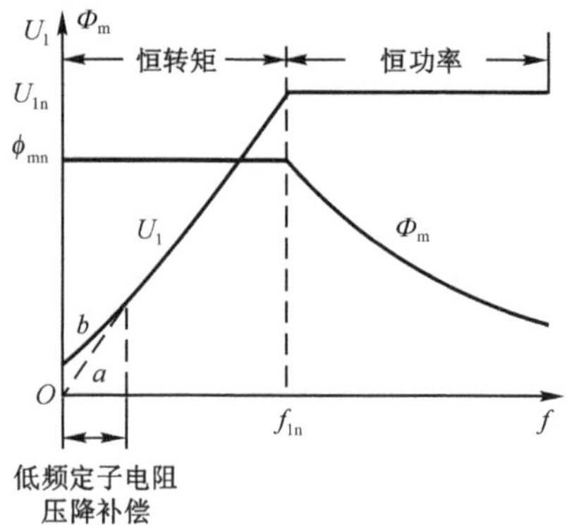

图 3－26　变频调速的电压与磁通

(3) 恒功率运行

实际中有一些装置，负载转矩与转速成反比，如轧钢机、卷纸机、电气牵引车等，都是恒功率负载。这时为了保持过载能力(过载倍数 k_m)不变，要求 $U_1/\sqrt{f_1}$ 是常数，此时 $\Phi_m\sqrt{f_1}$ 是常数。可见气隙磁通 Φ_m 随 f_1 减小而增大。设计恒功率负载电机时应按运行中最低频率来考虑它的磁路状态。

(4) 负载转矩与转速平方成正比

有些装置的负载转矩与转速平方成正比，如风机、螺旋桨和泵类机械，其负载转矩来源于流体的黏性摩擦阻力。为保持过载能力不变，应保持 U_1/f_1^2 不变。此时 Φ_m/f_1 近似不变。

(5) 电动机的工作状态

异步电动机变频调速时也可以有不同的工作状态，见图 3－22(a)。

电机减速时如果将频率迅速降低，使转差率为负，电机就工作在发电机状态，运行于第 2 象限。减速过程中应均匀降低频率和电压。若要使电机加速，则应连续提高频率和电压。电机启动时也应从低频开始逐渐提高频率和电压。变频调速也能实现电机反转。可以先均匀降低频率和电压。到电机停后，再反向启动电动机。如果电机转速不为零时，将定子绕组相序反接，则电机进入反接制动状态。可见异步电机变频调速可实现四象限运行。

(6) 变频调速时的传递函数方框图

异步电动机变频调速时的动态方程的推导过程复杂，即使作了很多简化所得到的一组方程式也是非线性的，一般不能用解析法求解。下面推导小偏差信号时变频调速的近似传递函数方框图。

取电源频率 f_1 对应的磁场转速 ω_1(rad/s)为输入量，电机转速 $\omega=2\pi n/60$(rad/s)为输出量。设 U_1/f_1 是常数，Φ_m 不变，s 很小。

转子感应电势为

$$E_{2s}=sE_2=sK_1E_1\approx sK_1U_1 \tag{3-68}$$

转子漏抗 $x_{2s}=sx_2$ 很小，故有 $E_{2s}=I_2r_2$，于是得

$$I_2=\frac{sK_1U_1}{r_2} \tag{3-69}$$

将 $s=\dfrac{n_1-n}{n_1}=\dfrac{\omega_1-\omega}{\omega_1}$ 代入上式得

$$I_2=\frac{K_1}{\omega_1 r_2}(\omega_1-\omega)U_1$$

x_{2s} 很小，故 $\cos\phi_2=1$，由式(3-59)可得

$$T=K_tI_2=\frac{K_tK_1U_1}{\omega_1 r_2}(\omega_1-\omega)=K_t'(\omega_1-\omega) \tag{3-70}$$

式中，K_t' 为常数(U_1/ω_1 是常数)。由转矩平衡方程式得

$$T-T_c=J\frac{\mathrm{d}\omega}{\mathrm{d}t} \tag{3-71}$$

T_c 是总阻转矩，J 是转动惯量。

由式(3-71)、式(3-70)可得变频调速时的方框图如图 3-27 所示。

(7) 电流源供电时的机械特性

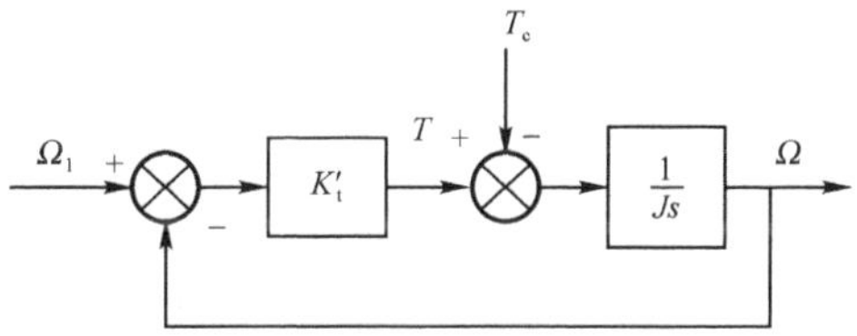

图 3-27 变频调速方框图

前述变频调速是电压源供电方式。变频调速也有电流源供电方式，这时往往需要保持异步电机定子电流 I_1 幅值不变。电流幅值恒定是通过带 PI 调节器的电流闭环控制实现的。采用电流源供电的变频调速时，异步电机的机械特性如图3-28所示。电流源供电时的机械特性与电压源供电时形状相似。恒流变频时最大转矩不变。但改变定子电流时，最大转矩与电流的 2 次方成正比。恒流机械特性的线性段比较平，最大转矩处形状很尖。

(8) 变频器

目前市场上有很多种变频器。常见的小型变频器适用的三相笼型异步电机的功率为 0.4～45kW，输出频率为 0.1～440Hz。

从结构上看，变频器可分为交-直-交变频器(又称间接变频器)和交-交变频器(又称直接变频器)。

交-直-交变频器有三种结构形式，如图 3-29 所示。第 1 种是可控整流器调压、逆变器调频，如图 3-29(a)所示。可控整流器就是将交流电变换为大小可以调节的直流电的装置。逆变器就是把直流电变成交流电的装置。调压与调频功能分别在两个装置上实现，由控制电路协调配合，故结构简单，控制方便。但采用可控整流，当低频低压运行时，装置输入功率因数低。逆变器多用晶闸管组成的六阶梯波逆变器，输出谐波成分大。第 2 种是普通整流器整流、斩波器调压、逆变器调频方式，如图 3-29(b)所示。斩波器就是将直流

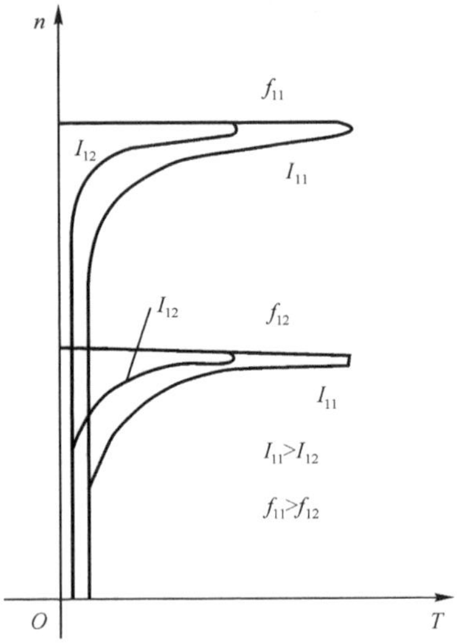

图 3-28　电流源供电的机械特性

电压变成矩形波电压的装置。此处斩波器的输出端要加滤波器，以便输出直流。由于采用二极管整流，输入功率因数提高。但逆变器与第 1 种相同，故输出谐波成分大。第 3 种采用普通整流器整流、脉宽调制型(PWM)逆变器同时实现调压调频，如图 3-29(c)所示。装置功率因数高，输出谐波小。目前以第 3 种应用较多。

在交-直-交变频器的直流环节中，实际上还设置有滤波环节，不同的滤波方式将决定逆变器具有不同的电源特性。如滤波器元件为电容，则在动态过程中等效电源内阻很小，输出电压比较稳定，具有电压源性质，称电压源逆变器。如滤波元件采用大电感，则在动态过程中等效电源内阻较大，输出电流比较稳定，具有电流源性质，称电流源型逆变器。

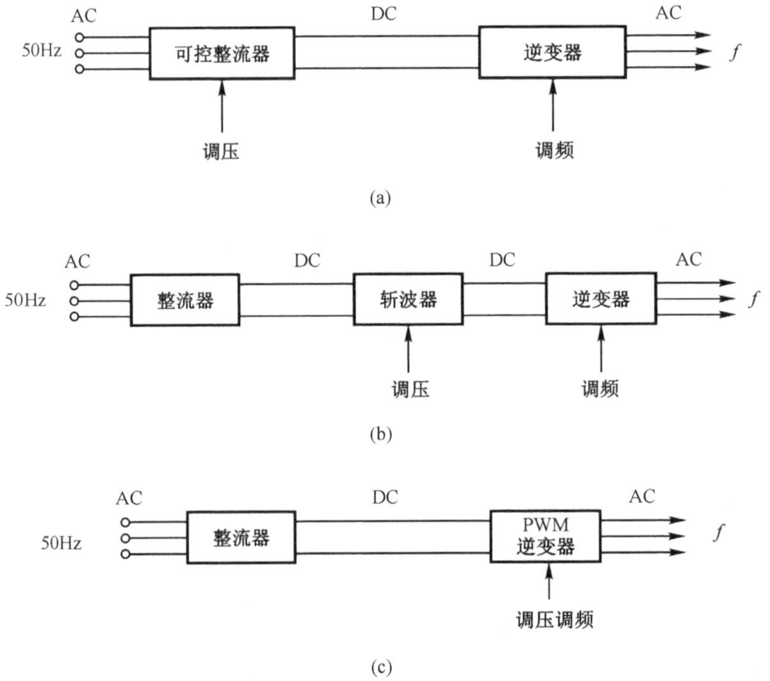

图 3-29　交-直-交变频器结构形式

交-直-交变频器的核心功能部分是逆变器。目前应用较多的是脉宽调制型逆变器(Pulse Width Modulated Inverter)。它的输入信号是直流，输出的是高频矩形脉冲波，典型载波频率是 0.8～15kHz 可变。有几种 PWM 调制方式。应用较广的是正弦脉宽调制(Sinusoidal PWM-SPWM)逆变器，参见 15.9 节。它输出的电压波形是一系列等幅不等宽的矩形脉冲波，脉冲波的宽度按正弦规律变化。SPWM 脉冲波分解成傅里叶级数时主要是基波和高次谐波，明显地降低了低次谐波含量。此外，通过成比例地改变各脉冲波的宽度，可控制逆变器输出交流基波电压的幅值；改变脉冲波宽度变化的周期，可控制其输出频率，从而在同一逆变器上实现输出电压大小及频率的控制。PWM 逆变器中的功率器件多为功率晶体管 GTR、绝缘栅晶体管 IGBT、场效应晶体管 MOSFET、可关断晶体管 GTO，这些功率半导体器件属于自关断器件或全控器件，参见 14.1 节。

交-交变频器可直接将电网频率交流变成频率可调的交流，无需中间直流环节，从而改善整个变频装置的变换效率。交-交变频器输出的每一相都是由两组晶闸管整流器反并联的可逆线路构成。晶闸管可利用交流电网实现电源换流，简化了变流器结构。由于它输出的交流电压是经晶闸管整流后获得，通常最高输出频率为电网频率的 1/3～1/2。根据输出电压波形的不同，交-交变频器可分为 120°导通型的方波电流源变频器和 180°导通型的正弦波电压源变频器。交-交变频器主要应用于低转速大容量调速系统，如轧钢机、球磨机、水泥回转窑等。

(9) 变频调速对电机的影响和要求

电机设计时是按额定工况进行的。当频率改变时，工作条件改变，电机的发热和散热情况发生变化，必将影响电机的功率。

普通异步电机，不做任何改变，可直接用作变频调速使用，但允许的输出功率有所下降。

对变频调速用的电机进行特殊设计时，只需在普通异步电机的基础上做较小的修改，功率等级下调 1 个机座号。

3. 改变定子端电压调速

图 3-30 里的曲线 1 是异步电动机定子上加额定电压时的 *T-s* 曲线。当把定子端电压降低时的 *T-s* 曲线如图中的曲线 2 和 3，由图可知最大转矩对应的转差率 s_m 保持不变，在恒转矩负载的情况下，转差率 s 随端电压降低而增大，但 $s>s_m$ 时电动机就不能稳定运行，因此最大调速范围只能在 $0\sim s_m$。对于普通笼型异步机 s_m 较小，所以这种调速方法对恒转矩负载来说，调速范围很小。但对于通风机负载(如图 3-30 中虚线 T_{L2})，当转差率大于 s_m 时，异步电动机仍能稳定运行，调速范围显著扩大了。但要注意，电动机有可能出现过电流的问题。

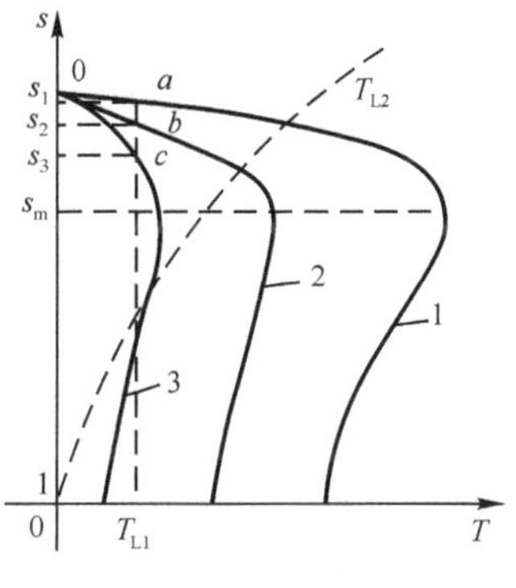

图 3-30　改变定子端电压调速

对于恒转矩负载，为了获得较宽的调速范围又不至于过热，可采用高转差率的异步电动机，这种电机转子绕组具有较高的电阻，或者在绕线型异步电动机转子回路串上固定电阻。这时机械特性如图 3-23(b)所示。但是由于机械特性太软，低速运行时负载稍有变化，转速波动就很大，这时可采用速度负反馈的方法以达到扩大平滑调速范围。

改变定子端电压是一种比较简便的调速方法，但低速时铜耗大、效率低、电机散热差、发热严重。对恒转矩负载不宜长期在低速下工作。它比较适合于风机类负载的调速。

4. 转子回路串电阻调速

这种调速方法只能用在绕线型异步电动机中。图 3-31 是此时的机械特性。增大转子回路的电阻值，*T-s* 曲线就会从不串电阻时的曲线 1 变为曲线 2、3、4。如果负载转矩不变，转差率就从 s_1 变为 s_2、s_3、s_4，达到了调速的目的。

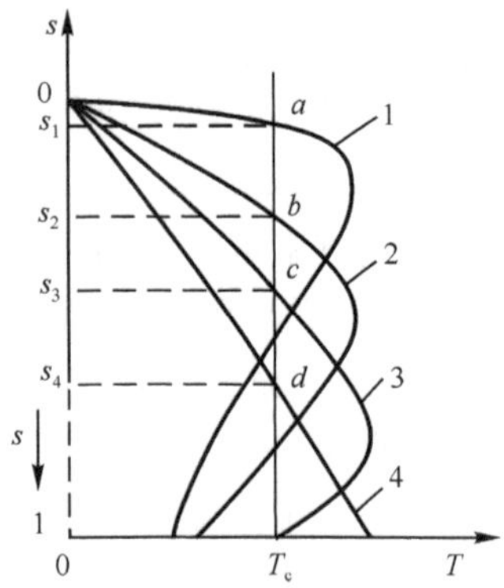

图 3-31　转子回路串电阻调速

在恒压恒转矩负载调速时，可以证明调速前后有

$$\frac{r_2}{s_1}=\frac{r_2+r_s}{s}=\text{常值} \tag{3-72}$$

没有串入调速电阻时转子电阻是 r_2，转差率是 s_1。转子回路串联电阻 r_s 后转差率为 s。可见此时转差率 s 随串联电阻 r_s 而变化，s 与转子回路总电阻成正比。

恒转矩调速时，电磁功率 $P_{em}=T\omega_s$ 是常数，转子铜耗 $P_{Cu_2}=sP_{em}$ 随 s 增大而增大，即转速越低，转子铜耗越大，因此这种调速方法很不经济。所串入的电阻往往不能连续调节，所以调速的平滑性不好。此外，串入电阻后机械特性变软。尽管如此，因这种调速方法简单易行，可在中、小容量绕线型异步电动机中应用。

5. 串级调速

转子回路串电阻调速的一个明显缺点是效率低。不串入电阻，而是用一个或几个辅助电机或者电子设备串级联接在异步电动机的转子回路里，把原来损失在外串电阻里那部分能量加以利用，或者回收到电网里，同时实现调速，这就是串级调速的基本思想。

串级调速就是在异步电动机转子回路里串入附加电势进行调速。串入附加电势的方法有两种，一种方法是串入交流电势，并使这个附加电势与异步电动机转子电势在任何情况下都是同频率，相位相同或相反，通过调节附加电势幅值来调节转速。另一种是采用直流附加电势，实际上是把转子电势和附加电势都变成直流电势然后串接在一个电路中，也是通过调节附加电势的大小来调节转速。

从理论上可以证明，在定子端电压和负载转矩不变时，若转子回路中串入的交流附加电势 E_f 与转子电势 E_{2s} 在任何情况下都是同频率，相位相同或相反，则有

$$sE_2\pm E_f\approx\text{常数} \tag{3-73}$$

式中，E_2 是转子不转时在转子绕组感应的相电势，E_f 与 E_{2s} 同相位时取 $+E_f$，反相时取 $-E_f$。可见，调整附加电势 E_f 的幅值就可调节 s。在反相位时，附加电势 E_f 增加，转差率 s 增加，转速下降；在同相位时，E_f 增加，s 减小，转速增加，转速可以超过同步转速。可见，串级调速具有宽广的平滑调速范围。

串级调速的实现，困难在于产生附加电势。因为异步电动机转子电势的频率 $f_2=sf_1$ 是随转速的变化而变化，因而要求附加电势的频率也随之变化。具体实现串级调速的方法和线路很多。

6. 矢量控制技术

矢量控制技术是在 20 世纪 70 年代提出和发展起来的控制交流电动机的新方法。异步电动机的矢量控制系统在一些国家已有系列生产。采用矢量控制技术，并采用微计算机及大功率半导体电子元件，可以使异步电动机的调速性能接近和达到直流电动机的性能水平。

异步电动机的一个主要特点是没有附加的磁场线圈，产生磁场的电流与产生转矩的电流

都由定子回路供给，无法以回路的形式使其分开，这是异步电动机难以控制的根本原因。矢量控制的基本思想是在以转子磁场轴线 $O\Phi_2$ 为坐标轴，以同步速度旋转的坐标系中，将定子电流矢量 I_1 分解为激磁电流 I_f 和转矩电流 I_T 两个正交分量如图 3－32 所示。

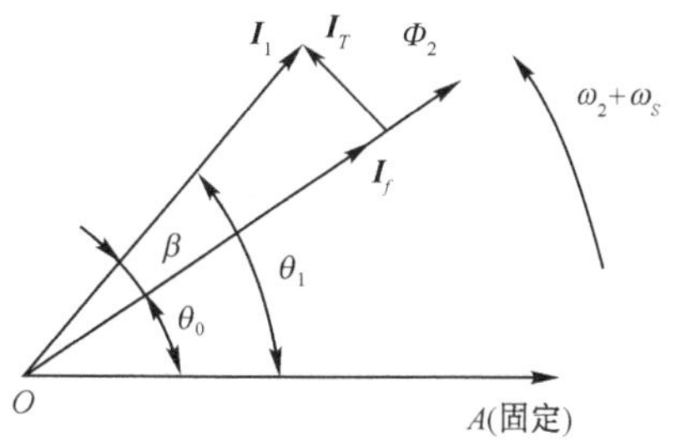

图 3－32　异步电动机矢量图

矢量控制时存在下述关系式

$$\Phi_2 = \frac{L}{1+\tau_2 s} I_f \tag{3-74}$$

$$T = \frac{L}{L_2}\Phi_2 I_T \tag{3-75}$$

$$\omega_s = \frac{L}{\tau_2 \Phi_2} I_T \tag{3-76}$$

$$I_1 = \sqrt{I_f^2 + I_T^2} \tag{3-77}$$

$$\theta_1 = \theta_0 + \arctan\frac{I_T}{I_f} = \theta_0 + \beta \tag{3-78}$$

式中，Φ_2 为磁通；T 为转矩；L 为定、转子互感；ω_s 为转差角速度；τ_2 为转子时间常数，$\tau_2 = L_2/R_2$；L_2 为转子自感；R_2 为转子电阻；s 为拉普拉斯变换的复参量；θ_0 为磁通轴线对于固定的定子线圈轴 OA 的转角；ω_2 为转子角速度。

I_T 和 I_f 互相垂直，所以可以分别控制。矢量控制的基本原理就是控制定子电流 I_1 的两个分量 I_T 和 I_f，从而达到控制电机磁场和转矩的目的。反过来，如果给出 Φ_2 和 T，从式(3－74)、式(3－75)和式(3－77)可求得 I_f、I_T 和 I_1，此时只要求得 θ_0 就可以从式(3－78)中求出 θ_1。因此，实现矢量控制的关键在于如何准确获得 θ_0 以及如何准确迅速地控制 I_1 和 θ_1。

当前的矢量控制有磁场定向控制和转差率控制两种。

(1) 磁场定向控制

在异步电动机内相隔一定角度设置磁敏元件，或通过检测定子端电压以及采用探测线圈等方法检测感应电势，求得瞬时磁通值，根据计算直接求得 θ_0。

此方法的优点是无需知道电动机的一些参数，理论上精度高，缺点是电机需进行特殊加工，检测电机旋转磁场的传感元件的精度和可靠性很难保证。磁场定向控制也可以不采用直接检测磁场的方法，而是检测定子电流和端电压，再通过计算获得磁通的位置和幅值，计算时要对相应的电阻及漏感压降进行补偿。这种方法适用于普通异步电动机。

(2) 转差率控制

此方法无需磁敏元件，但要利用电机的一些参数，以转差率为操作量进行控制。

当给出转矩 T 及磁通 Φ_2 后，由式(3－74)～式(3－77)可求得 I_f、I_T、I_1 和 ω_s。Φ_2 以同步转速旋转，故

$$\theta_0 = \int \omega_0 \mathrm{d}t = \int (\omega_2 + \omega_s)\mathrm{d}t = \int \omega_2 \mathrm{d}t + \int \omega_s \mathrm{d}t = \theta_2 + \theta_s \tag{3-79}$$

式中 ω_2 可用测速机测得，或由转子直接连接的位置检测器测出 θ_2，于是可求得 θ_0，由式(3－78)就可求出 θ_1。通常是根据求得的 I_1 和 θ_1 来控制变频装置，向异步电动机输入基波幅值为 I_1，瞬时相位角为 θ_1 的定子电流。此方法适用于普通笼型异步电动机，在整个速度范

围内(包括零速)系统工作稳定可靠，响应快，可以得到和直流调速同等的速度控制精度。缺点是由于采用的控制模型同实际电机参数有差异，特别是转子电阻因温度变化，其阻值变化较大，这些会对磁通、转矩等基本控制量带来较大影响。

总之，矢量控制的优点是，转矩的调节、控制严密，电动机可以用到额定的极限值；磁通调节容易，并可进行准确的弱磁控制。它的缺点是，控制方法复杂，控制装置价格贵。

3.4.3 异步电动机的电气控制

电动机的应用离不开电器。电器能根据外界的信号和要求，手动或自动地接通或断开电路，实现电路的切换、控制、保护、检测、变换和调节。电动机通过接触器、继电器等电器进行控制就是电气控制。

电气控制线路分为主电路和辅助电路两部分。主电路包括电机以及与它相连接的电器元件，如开关，接触器的主触头(又称触点)，热继电器的热元件，熔断器等。主电路的电流大。辅助电路包括控制电路、照明电路、信号电路及保护电路。其中，控制电路包括按钮、接触器与继电器的吸引线圈和辅助触头、热继电器的触头等。辅助电路的电流小。

1. 常用电器

(1) 熔断器，隔离器，刀开关

熔断器是一种利用物质过热熔化的性质制作的保护电器。当电路发生严重过载或短路时，过大的电流使熔断器熔体熔断而切断电路。

隔离器、刀开关是手动电器，作用是将电路和电源隔开，以保障检修人员的安全，有时也用于直接启动电动机。

(2) 接触器

接触器是一种用来接通或断开电动机或其他负载主回路的自动切换电器，它的控制容量大，并能频繁操作和远距离控制。应用最广的是电磁接触器，包括电磁机构、主触头和灭弧装置、辅助触头等。

(3) 继电器

继电器是一种根据特定的输入量的值而动作的自动控制电器，其触点接在控制电路中，用于接通或断开控制电路。

按输入量的物理性质，继电器可分为电压继电器、电流继电器、时间继电器、温度继电器等。

电压继电器根据电压的大小动作，电流继电器按电流的大小动作。时间继电器从接收信号到触点动作有一定时间间隔。

热继电器可以保护电机不因长时间过载而过热损坏。它包括发热元件和双金属片。发热元件串接在电机主电路中，随电流大小和时间长短发出不同的热量，反映出电机绕组的发热情况和温升。当发热元件发热到一定数值，双金属片动作而断开相应的控制电路。在允许温升的条件下，电机过载电流大时允许通电时间短，过载电流小时通电时间长，热继电器的特性应适应这种情况，既允许启动时的大电流，又避免长时间过载过热。由于热惯性，热继电器不能做瞬时过载保护和短路保护。

2. 电动机起、停控制线路

图 3-33 是三相鼠笼异步电动机起、停控制线路，能实现对电动机的启动、停止的控制、远距离控制、频繁操作和几种保护。

主电路包括隔离开关 QS、熔断器 FU、接触器 KM 的常开主触头、热继电器 FR 的热元件和电动机 M。控制电路包括启动按钮 SB_2、停止按钮 SB_1、接触器 KM 的线圈和常开辅助触点、热继电器 FR 的常闭触点。

(1) 启动电动机

合上开关 QS，按启动按钮 SB_2，接触器 KM 的吸引线圈带电，三个常开主触头闭合，电机通电开始启动。同时，与 SB_2 并联的 KM 的常开辅助触点闭合，即使断开 SB_2，吸引线圈 KM 通过辅助触点，继续通电，电机继续运转。该辅助触点称为自锁触点。

(2) 停止电动机

按停止按钮 SB_1，接触器 KM 的线圈失电，其主触头和辅助触点都断开，电机脱离电源停止运转。这时即使松开停止按钮电机也不会自行启动。(只有再按下启动按钮，才能再次启动)

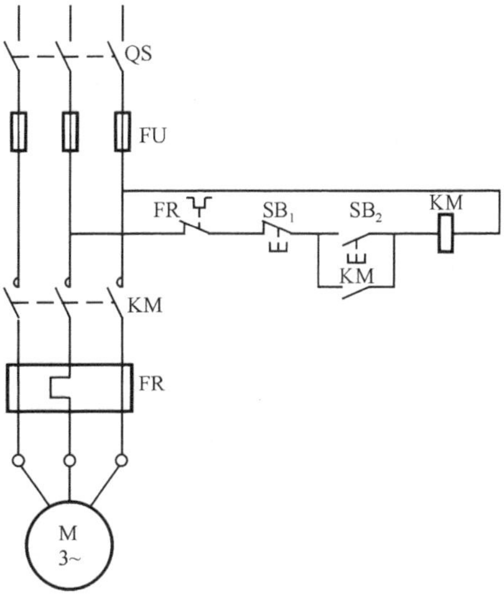

图 3-33　三相异步电动机控制线路

(3) 短路保护

短路时，熔断器 FU 的熔体熔断，断开主电路。

(4) 过载保护

电机过载运行一段时间后，热继电器 FR 动作，它的常闭触点断开控制电路，接触器 KM 失电，切断电机主电路，实现过载保护。由于热惯性，流过几倍额定数值的电流，热继电器也不会立即动作，允许电机正常启动。

(5) 欠压和失压保护

电机运行中，若电网电压低于接触器线圈的释放电压，自锁触点和主触头会断开，切断电机电源。这时即使电源电压恢复正常，由于自锁触点断开，电机不会自行启动，避免意外事故发生。

3.5　两相电动机

3.5.1　两相电动机的分类

这里的两相电机指定子具有两相绕组的电机。两相电机分为驱动和伺服两大类。大部分家用电器和小型电器中使用的(单相)异步电动机属于两相驱动电动机，气隙磁场接近圆形旋转磁场，转子电阻小。

控制用的两相伺服电动机，定子的两相绕组分别称为激磁绕组和控制绕组，在空间相差90°电角。与驱动用电机相比，两相伺服电动机具有下列特点：

1) 稳定运行的转速范围大，而驱动电动机稳定运行的速度范围很小。

2) 当一相(控制)绕组电压为零时，伺服电机将产生制动转矩而迅速停转，既无“自转”现象，而驱动用电机在运转后，即使一相电压为零也可能继续运转。

3）快速响应，机电时间常数小。两相伺服电机采用细长转子，惯量小，转子电阻大，使堵转转矩高，启动速度快。

不能用驱动电机代替两相伺服电动机。

3.5.2 圆形旋转磁场时两相电机的机械特性

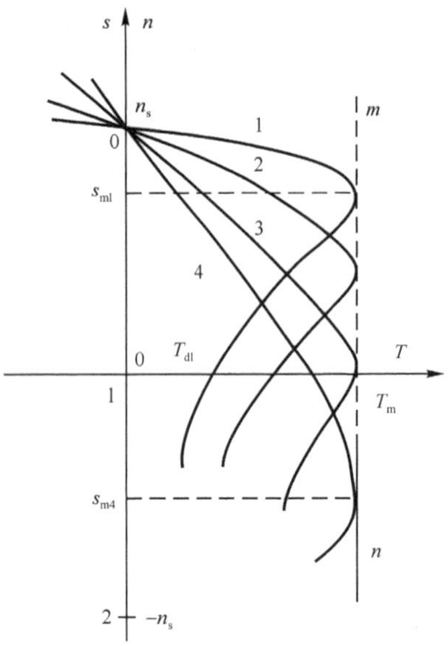

图 3-34 不同转子电阻的机械特性

1. r_{21} 2. r_{22} 3. r_{23} 4. r_{24}

($r_{24}>r_{23}>r_{22}>r_{21}$)

圆形旋转磁场作用下的机械特性表达式见式(3-50)。对于两相伺服电动机，可以忽略定子阻抗。不同转子电阻所对应的机械特性见图 3-34。转子电阻增大时最大转矩 T_m 不变，临界转差率 s_m 增大。只要转子电阻足够大，s_m 就可大于 1。

对于两相绕组的驱动电机要求效率高，所以转子电阻小，曲线 1 是驱动电机的典型机械特性曲线，稳定运行的转速范围小。

对于两相伺服电动机，希望第 1 象限内的机械特性全是稳定工作区，所以要求第 1 象限的机械特性全是下垂的(对应恒转矩负载)，即要求转子电阻足够大，保证 $s_m \geqslant 1$。图 3-34 中曲线 3、4 是两相伺服电机的机械特性。转子电阻大，电机效率低，发热严重，所以两相伺服电动机的功率都小。

具有大的转子电阻和下垂的机械特性(转速从 0～n_s)是两相伺服电动机与驱动电机不同之处。

3.5.3 非圆形旋转磁场的机械特性

两相伺服电动机主要工作在椭圆形旋转磁场下。

1. *正、反转磁场法*

椭圆形磁场的分析方法有双反应理论(直轴、交轴磁场法)，对称分量法和正、反转磁场法，三种方法求出的结果是相同的。下面简述正反转磁场法。

一个椭圆形磁场可以分解为两个圆形旋转磁场，它们转向相反，并且正向(与椭圆磁场转向相同)磁场大于反向磁场(图 3-35)。

例如，激磁绕组 f 的磁密 B_f 与控制绕组 c 的磁密 B_c 为

$$B_f = B_{fm}\sin(\omega t - 90°) \tag{3-80}$$

$$B_c = \alpha B_{fm}\sin\omega t \tag{3-81}$$

其中，$\alpha<1$。它们形成的椭圆磁场可以分解为磁密为 B_+ 的正向圆形旋转磁场和磁密为 B_- 的反向圆形旋转磁场，且有

$$B_+ = \frac{1+\alpha}{2}B_{fm} \tag{3-82}$$

$$B_- = \frac{1-\alpha}{2}B_{fm} \tag{3-83}$$

求出两个圆磁场的转矩并把它们叠加就求出椭圆磁场的转矩。

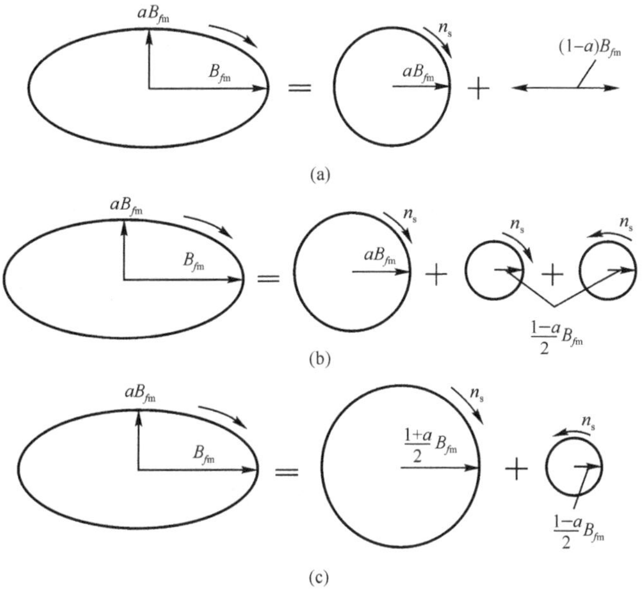

图 3-35　椭圆形磁场的分解

2. 脉振磁场作用下的机械特性

异步电动机只有一相绕组通交流电的工作状态称为单相运行，此时定子绕组产生脉振磁场。两相伺服电动机，当激磁绕组电流 $I_f \neq 0$，电压 $U_f \neq 0$，而控制绕组 $I_c = 0$ 时，或驱动用两相绕组电机，当一相断电后，都是典型的单相运行，定子绕组产生脉振磁场。当两相伺服电动机激磁绕组正常接交流电压，而控制绕组电压 $U_c = 0$ 时，或者三相电动机有一相断电时，定子绕组也产生脉振磁场，也称为单相运行。

定子绕组的脉振磁场可分解为正、反转磁场，它们的磁密相同，电磁转矩曲线如图 3-36T^+、T^- 所示，其中 $T^+ > 0$，$T^- < 0$，T^+ 和 T^- 关于坐标原点($T=0, n=0, s=1$)对称。总的电磁转矩 $T = T^+ + T^-$，此时转矩 T 具有下述特点：

1) $n=0$，$s=1$ 时 $T=0$，曲线过原点，电机没有启动转矩，不能自行启动。

2)对于驱动用两相绕组电动机，转子电阻小，机械特性见图 3-36(a)。当 $0 < n < n_s$，$0 < s < 1$ 时，曲线大部分在第 1 象限。若负载转矩 T_L 小于单相运行时的最大转矩 T_m，原来转动的两相电机，在一相断电后仍可转动，但转速降低。图 3-36(a)中 L 表示两相绕组正常通电时的电磁转矩。

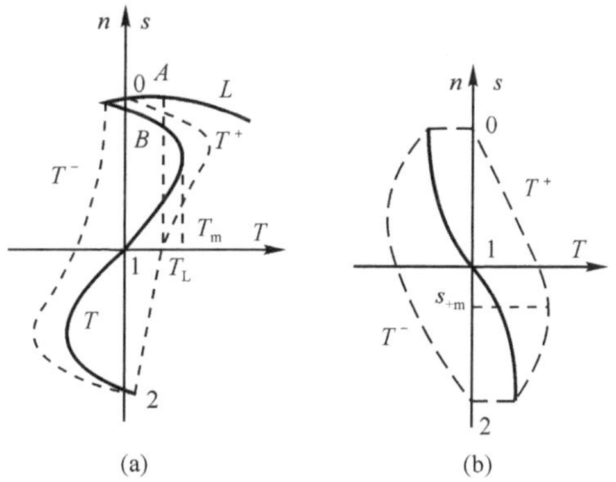

图 3-36　转子电阻与机械特性

3)对于两相伺服电动机，转子电阻大，单相运行时总的电磁转矩如图 3-36(b)所示，机械特性分布在 2、4 象限。电磁转矩总是与转向相反，是制动转矩。可见两相伺服电动机转动时，若使控制绕组电流为零，或使控制绕组电压为零，电机将很快停转。

两相绕组电机空载转动时，若一相电流为零，或一相绕组外加电压为零，电机仍旋转不停，这种现象称为自转。转子电阻小时会产生自转。无自转是对两相伺服电动机的基本要求之一，所以转子电阻应足够大。

三相异步电动机一相绕组断电后定子绕组产生脉振磁场，属单相运行。电机静止时电源断一相，则通电后电机不能自行启动；运转时断一相，仍有可能继续转动，但这时允许功率约为额定值的57%左右，所以三相电机应有可靠的防止单相运行的保护措施。

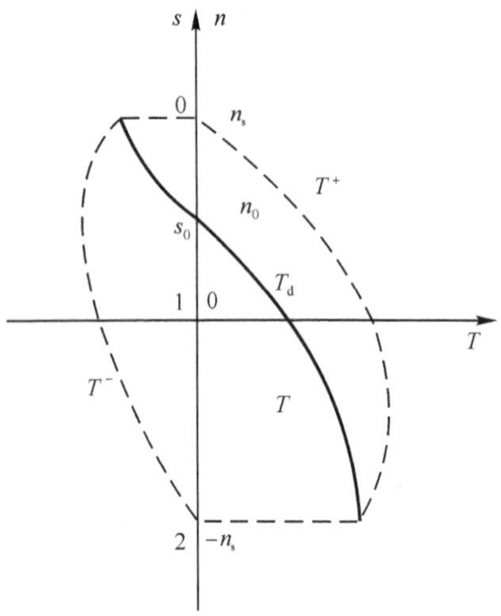

图 3-37　机械特性

电机停转并且单相通电，转子感应电流是由变压器电势产生，转子电流脉振磁场与定子脉振磁场在同一直线上，气隙合成磁场仍为脉振磁场。电机转动且单相通电，转子绕组切割磁力线产生旋转电势并产生对应的电流，该电流磁场与定子磁场相交成90°电角，两磁场的时间相位不同，气隙磁场应为椭圆旋转磁场，所以电机中存在电磁转矩。

3. 椭圆磁场时的机械特性与调节特性

椭圆旋转磁场可分解为两个转速相同、转向相反、幅值不等的圆形旋转磁场，所以它的转矩可由这两个圆形旋转磁场的转矩叠加而成，见图 3-37。图中 T^+ 和 T^- 为正、反转圆磁场的机械特性，T 为椭圆磁场的机械特性。由于正向磁场磁密大于反向磁场磁密，当 $n=0$、$s=1$ 时，$T=T^+ + T^- > 0$。

以椭圆度 α 为参变量的机械特性见图 3-38(a)，椭圆磁场时的理想空载转速低于磁场(同步)转速 n_s。相同转速时，α 越小，转矩越小，当负载 T_L 不变时，α 越小，转速越小。根据机械特性曲线可绘出椭圆磁场时的调节特性，见图 3-38(b)。图中 $T_1 < T_2 < T_3$。

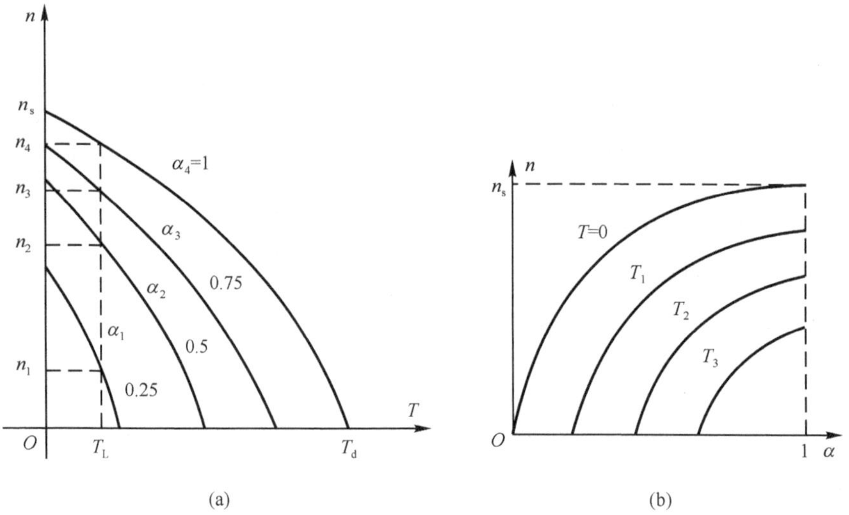

图 3-38　机械特性与调节特性

3.5.4 两相伺服电动机的控制方法与特性

两相伺服电动机的基本控制方式有：幅值控制、相位控制、幅相控制和双相控制。

1. 幅值控制

激磁绕组加额定电压，并保持控制电压和激磁电压之间的相位差始终是 90°，改变控制电压的幅值来控制电机的转速，使控制电压反相来改变转向，这种控制方式称为幅值控制。

两相伺服电动机控制信号的大小常用信号系数表示。幅值控制时，实际控制电压 U_c 与额定控制电压 U_{cn} 之比称为有效信号系数，记为 α_e

$$\alpha_e = \frac{U_c}{U_{cn}} \tag{3-84}$$

信号系数在 0～1 之间变化。信号系数越大，电机的转速和输出功率越大。当忽略定子绕组阻抗压降时，有效信号系数和前面讲的表示旋转磁场椭圆度的 α 是相等的。幅值控制时的机械特性与调节特性见图 3－39(a)、(b)。

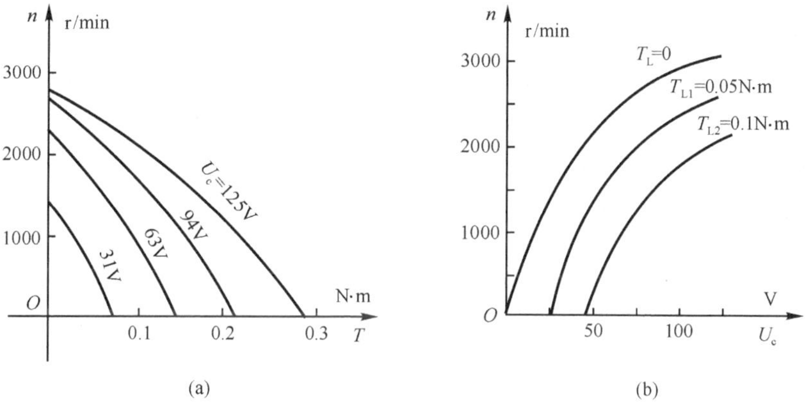

图 3－39 机械特性与调节特性

2. 相位控制

通过移相器向控制绕组供电，使控制电压幅值不变，但相位是可变的。这种仅改变控制电压的相位以控制两相伺服电动机的运行的控制方式称为相位控制。相位控制时机械特性的线性度比其他控制方式好，但由于线路复杂和电机发热较严重，因此用得较少。

3. 双相控制

双相控制时激磁电压和控制电压的幅值随控制信号的改变而同样地变化，并始终保持两个电压的幅值相等，而相位差是 90°。双相控制能保证不同控制信号时电机始终在圆形旋转磁场下工作，效率高，输出功率大，电机发热情况明显改善。这种控制方法要用两套交流功率放大器。由于圆形磁场作用下电磁转矩与电压平方成正比，这就使输出量和输入量之间呈非线性关系。因此在一般情况下用得较少。只在对发热有严格要求的设备上采用，如在陀螺漂移测试转台等高精度测试设备上使用。

4. 幅相控制

同时改变控制电压的幅值及其和激磁电压的相位差，以控制两相伺服电动机运行的控制方法称为幅相控制，也叫电容控制。

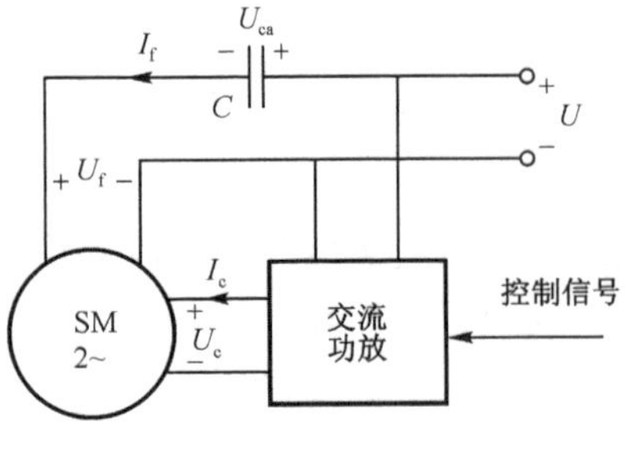

图 3-40　电容伺服电动机控制线路图

实际上幅相控制是采用电容移相的方法实现的。采用这种方法时，要在两相伺服电动机的激磁绕组电路中串联(或串、并联)上一定的电容 C 之后接在单相电源上。控制绕组两端通过交流放大器和同一电源相连，如图 3-40 所示。忽略交流放大器的相位移，控制电压与电源电压同相位，但控制电压的幅值随控制信号幅值变化。选择合适的电容可使激磁绕组两端电压与电源电压相位差为 90°左右。这种方法又称为电容移相或电容控制。由于简单方便，因此在自动控制系统中得到非常广泛的应用。激磁绕组串联电容器的两相伺服电动机通常称为电容伺服电动机，所加的电容器称为移相电容，厂商在说明书中给出它的数据。

采用电容控制方法时，表面上只是改变控制电压的大小，但经过详细分析可以发现，在控制电压的大小变化时，控制电压和激磁绕组两端电压的相位移也在变化。因此这种控制方法常称为幅相控制。

厂商提供的移相电容只能使启动时激磁电压与控制电压的相位差是 90°，以获得最大的启动转矩。理论分析和实验表明，随着电机转速的增加，激磁绕组电流、电压和电容两端电压都随转速增加而提高，同时激磁电压和电源电压的相位差也增加，一般能增加十几度。

同一台电机在相同的控制电压下，与幅值控制相比，幅相控制时由于相位差不是 90°，椭圆度更大，转矩下降，机械特性和调节特性的非线性更严重。

幅相控制时的机械特性和调节特性见图 3-41(a)、(b)。

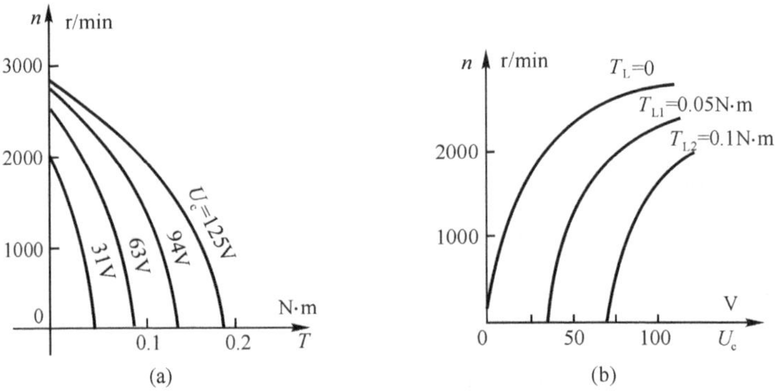

图 3-41　机械特性和调节特性

3.5.5　两相伺服电动机的动态特性

1. 传递函数

两相伺服电动机的电磁耦合关系复杂，机械特性和调节特性具有明显的非线性，要从电磁理论上详细地分析和推导它的动态数学模型是困难的。从使用上说，一般只是定性地给出传递函数，并通过实验确定其中的参数。

从物理角度看，和直流电动机一样，两相伺服电动机的过渡过程包括两个方面：当控制绕组加上阶跃电压时，控制电流由零逐渐上升到稳态值的过程——电磁过渡过程；有了控制电流，就产生转矩，这个转矩克服阻转矩，使电机的速度由零逐渐上升到稳态值的过程——机电过渡过程。两个过程交叠在一起。因此，我们可以认为两相伺服电动机的传递函数与直流电动机具有相同的形式。以角速度 Ω 表示输出量，以控制电压 U 表示输入量时，两相伺服电动机的传递函数可以表示为

$$G(s)=\frac{\Omega(s)}{U(s)}=\frac{K}{(\tau_{m}s+1)(\tau_{e}s+1)} \tag{3-85}$$

式中，K 为增益系数；τ_m 为机电时间常数；τ_e 为电磁时间常数；s 为拉普拉斯变换中的复参量。

同直流电机相似，一般两相伺服电动机的电磁过渡过程远比机电过渡过程快，τ_e 远小于 τ_m，且 $1/\tau_e$ 远大于控制系统的通频带，所以两相伺服电动机的传递函数一般写为

$$G(s)=\frac{\Omega(s)}{U(s)}=\frac{K}{\tau_{m}s+1} \tag{3-86}$$

一般规定，伺服电动机在空载和额定激磁条件下，加以阶跃的额定控制电压，转速从零上升到稳态值的 63.2%所需的时间为机电时间常数。一般两相伺服电动机的机电时间常数 $\tau_m<0.03\text{s}$。

因为两相伺服电动机的机械特性和调节特性具有较大的非线性，所以在不同的工作点，传递函数中 K 和 τ_m 有不同的数值，使用时应根据工作状态进行修正和计算。

下面，我们避开电机中的电磁耦合关系，根据力学原理、控制原理中小偏差线性化的概念以及电机的静态特性，推导两相伺服电动机在幅值控制或幅相控制时的传递函数，并分析传递函数中的参数与伺服电机的哪些特性有关。推导过程中，假设电机在预期工作点附近。

令电机的阻转矩为零，按力学定律有

$$J\frac{d\omega}{dt}=T \tag{3-87}$$

式中，J 为转动惯量；ω 为角速度；T 为转矩。

在零初始条件下对式(3-87)取拉普拉斯变换得

$$T(s)=Js\,\Omega(s) \tag{3-88}$$

设 ω 是控制电压 U 和转矩 T 的函数，即

$$\omega=\omega(U,T)$$

根据微积分理论，有

$$\frac{d\omega}{dt}=\frac{\partial\omega}{\partial U}\cdot\frac{dU}{dt}+\frac{\partial\omega}{\partial T}\cdot\frac{dT}{dt} \tag{3-89}$$

在工作点附近，$\frac{\partial\omega}{\partial U}$及$\frac{\partial\omega}{\partial T}$视为常数，则在零初始条件下对上式取拉普拉斯变换并约去一个 s 后得

$$\Omega(s)=\frac{\partial\omega}{\partial U}U(s)+\frac{\partial\omega}{\partial T}T(s) \tag{3-90}$$

将式(3-88)代入上式得

$$\Omega(s)=\frac{\partial\omega}{\partial U}U(s)+J\frac{\partial\omega}{\partial T}s\Omega(s) \tag{3-91}$$

所以两相伺服电动机的传递函数可表示为

$$G(s)=\frac{\Omega(s)}{U(s)}=\frac{\dfrac{\partial\omega}{\partial U}}{-J\dfrac{\partial\omega}{\partial T}s+1}=\frac{K}{\tau_m s+1} \tag{3-92}$$

式中，$K=\frac{\partial\omega}{\partial U}$，$\tau_m=-J\frac{\partial\omega}{\partial T}$。上式结果和式(3-86)是完全一样的。

可见，在两相伺服电动机的传递函数(3-86)和(3-92)中，增益系数 K 是调节特性曲线的斜率，而 τ_m 是机械特性曲线斜率的绝对值与转动惯量的乘积。因为 $\partial\omega/\partial T<0$，所以 $\tau_m>0$。

可以看出，尽管两相伺服电动机的机械特性和调节特性具有明显的非线性，但根据小偏差线性化的概念在工作点附近按线性函数处理时，所得到的传递函数的形式是一样的，只是系数 K 和时间常数 τ_m 随工作点的不同而有一定的变化。

2. 特性的非线性对动态性能的影响

两相伺服电动机机械特性和调节特性的非线性对动态性能的影响体现在传递函数中的机电时间常数 τ_m 和增益系数 K 上。由于非线性，对于不同的工作点，两个参数具有不同的值。以对称运行时 τ_m 和 K 的平均值作标准，在幅值控制时 τ_m 和 K 可能变化到 2 倍，幅相(电容)控制时 τ_m 可能变化到 4 倍。

从控制原理上分析，两相伺服电动机作为系统前向通道中的一个环节，如果它的增益系数提高，会使整个系统的开环增益提高，优点是可以减小系统的稳态误差，但一般情况下也会减小系统的相角裕量，从而降低稳定裕度，减少了系统的阻尼，甚至造成系统不稳定。如果电机的时间常数增加，从对数幅频特性上看，会使该环节的转折频率减小，降低了频带宽度，从而使系统响应速度降低，同时还能减小相角裕量，减小系统的阻尼。因此采用两相伺服电动机作执行元件，进行控制设计时应留有较大裕量。性能要求高的系统应采用速度反馈补偿包围伺服电动机，以便减小电机非线性对控制系统性能的影响。

3.5.6 两相伺服电动机与直流伺服电动机性能比较

1. 静态特性和动态特性

直流伺服电动机的机械特性和调节特性均为线性关系，在不同的控制电压下，机械特性曲线相互平行，斜率不变。两相伺服电动机的机械特性和调节特性均为非线性关系，电容控制时非线性更为严重。

直流伺服电机的机械特性为硬特性，两相伺服电动机的机械特性为软特性，在低速运行时特性更软。直流伺服电动机的堵转转矩比两相伺服电动机高很多。外形尺寸相近的电机中，直流电动机的转矩可以远远高于两相伺服电动机。

直流伺服电动机和两相伺服电动机有相同形式的传递函数，但是两相伺服电动机的机械特性、调节特性的非线性使传递函数中的机电时间常数和增益系数随控制电压、工作状态的变化会产生较大的变化，使两相伺服电动机的动态模型不准确，这给系统的稳定和补偿带来困难。

2. 体积、重量和效率、功率、力矩

两相伺服电动机的转子电阻比较大，这样它的损耗就大，效率低，电机利用程度差。而且它通常运行在椭圆磁场情况下，反向磁场的阻转矩使电机有效转矩减小，使电机利用程度更差。当输出功率相同时，两相伺服电动机要比直流伺服电动机体积大、重量重、效率低，两相交流伺服电动机的功率一般为0.5～100W。两相伺服电动机的转矩也很小。而直流伺服电动机和直流力矩电动机的功率可以达到几千瓦甚至更大，转矩也很大。

3. 自转

如果电机的参数选择不当，或制造工艺不良，或者使用不当，两相伺服电动机会产生自转现象，而直流伺服电动机根本无自转现象。

4. 电刷和换向器

直流伺服电动机由于有电刷和换向器，因此具有一系列缺点，有的环境不允许使用带有电刷和换向器的电机。而两相伺服电动机由于没有电刷和换向器，因此就具有相应优点。

3.6 单相异步电动机

单相异步电动机使用单相交流电源，具有结构简单、成本低、噪声小、不用日常维护、电磁干扰小等优点，大量应用于只有单相交流电的场所，如家用电器、医疗器械、小型机床和仪器设备。它的基本结构与其他异步电动机相同，包括定子和转子两大部件。转子结构都是鼠笼式的，定子铁心也是由硅钢片叠压而成，定子铁心上嵌有定子绕组。单相绕组通以单相交流电时产生的磁场是脉振磁场，没有启动转矩。为了使电机能自行启动和改善运行性能，单相异步电动机定子铁心上除了有电机正常运行时不可缺少的工作(主)绕组外，还常常装有启动(副)绕组，这时它属于两相绕组电机。

3.6.1 工作原理

单相异步电动机的工作绕组和前面所述两相伺服电动机两相绕组中的一相是相同的。当单相异步电动机只有工作绕组通交流电时，电机的运行情况同3.5.3节中单相运行状态是相同的。由于驱动用单相异步电动机转子电阻比较小，所以单相电动机单相运行时的电磁转矩 T 和转差率 s 的关系曲线如图3-42所示。

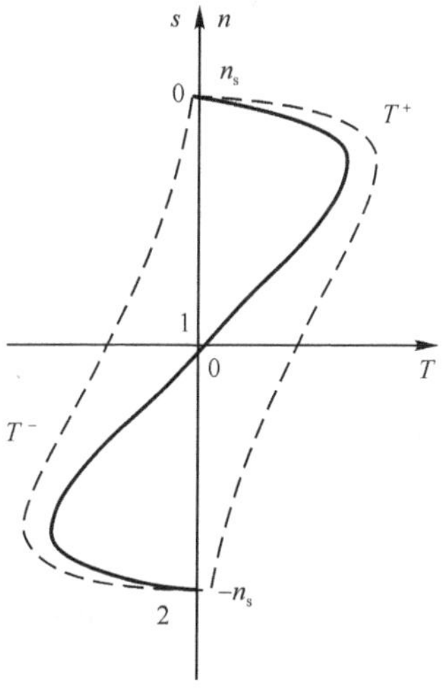

图3-42 单相异步电动机的 T-s 曲线

由图可以看出：①单相绕组的异步电动机启动时电磁转矩为零，故不能自行启动，必须采用专门措施解决启动问题。②当转速不为零时，正、负电磁转矩不相等，合成电磁转矩不为零，它将使电机沿启动后的转向旋转。因此单相运行的异步电动机正、反两个方向都可以旋转，运行时旋转方向依启动时转动方向而定。

单相异步电动机转速不为零时气隙中的合成磁场不是脉振磁场，而是椭圆形旋转磁场。当电机接近于同步转速时，气隙合成磁场接近于圆形旋转磁场，电机性能要好一些。

由于单相异步电动机运行时，气隙中存在着反向的旋转磁场，使得电机最大电磁转矩减小，过载能力降低，转子铜耗和铁耗增加，因而单相异步电动机的效率和功率因数均比三相异步电动机低。

3.6.2　启动方法和基本类型

单相异步电动机需采用专门的措施解决启动问题。这些措施的目的都是使电动机启动时在气隙中形成旋转磁场，以产生启动转矩。常用的方法是分相启动和罩极启动。电机也按启动方法或运行方式分类。

1. 分相启动

单相异步电动机分相启动的示意图如图 3－43(a)所示。定子绕组由空间上相差 90°电角的工作绕组 A 和启动绕组 B 组成。启动绕组与电容器 C 串联后，经启动开关 K 与工作绕组一起并联在单相电源上。选配电容器 C，使启动绕组的电流 I_{st} 超前工作绕组电流 I_1 约 90°，相量图如图 3－43(b)所示。与两相伺服电动机在幅相控制(电容控制)时相同，这时气隙磁场为旋转磁场。若电容 C 选配适当，气隙磁场接近圆形旋转磁场，可产生较大的启动转矩。当电机转速接近同步转速时，由启动开关将启动绕组从电源切断。启动绕组仅仅在启动时起作用，因此通常启动绕组是按短时运行设计的。这种电动机称为单相电容启动异步电动机。电容启动电动机启动转矩大，机械特性如图 3－44 所示。典型应用包括小型空压机、泵、制冷压缩机、粉碎机等要求重载启动的机械。

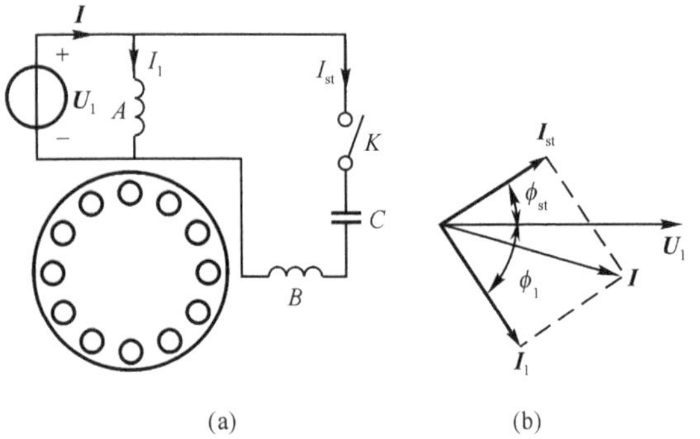

图 3－43　单相电容启动电动机

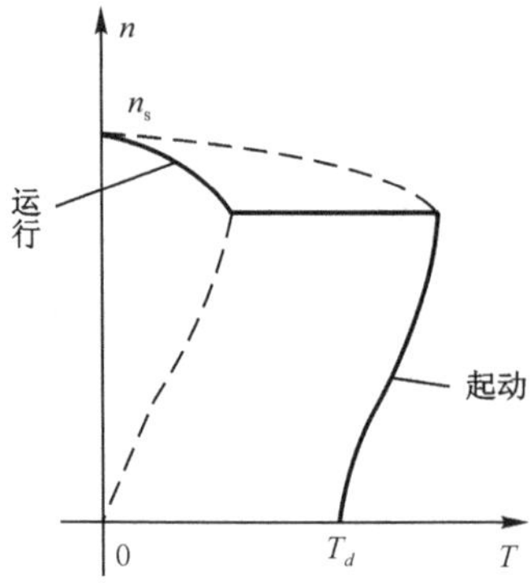

图 3－44　电容启动电机机械特性

图 3－43 所示电机中如果没有电容，启动绕组与启动开关串联后，与工作绕组并联接到同一单相电源上，就是单相电阻启动异步电动机。电阻启动电机中，启动绕组回路的电阻对电抗的比值较大，而工作绕组电阻对电抗的比值较小，所以两个绕组电流之间在时间上有相位差，形成椭圆旋转磁场。此种电机启动转矩中等，应用于低惯量、不常启动、转速基本不变的场合，如小车床、鼓风机、医疗器械、家用水泵等。

图 3－43 所示电机如果没有启动开关，副绕组不仅在启动时起作用，而且在运行时和电容器一起不脱离电源并与主绕组一道长期参加运行，就是单相电容运转异步电动机。实质上是两相电机。适当的选择电容器和副绕组匝数，可以改善电机的运行性能，使电机具有较高的效率和功率因数，体积小，重量轻，噪声低，但启动转矩小。直接与工作机械连接，适用于要求低噪声场合。典型应用包括电风扇、洗衣机、通风机、水泵等。对于图 3－43 所示电机，在电容器(启动电容)和开关串联的支路旁再并联一个电容(运转电容)，后者在运行中长期使用，就称为单相双值电容异步电动机。运转电容可用金属膜纸介电容，启动电容可用电解电

容。此电机启动转矩较大，具有较高的过载能力、效率和功率因数，较低的噪声，适用于带负载启动和使用时数高的场合，如泵、机床、食品机械、木工机械、农业机械等。

上述电机的启动开关中，常用的是离心开关，它由离心器和开关两部分组成，离心器装在转轴上，开关装在端盖上。电机静止时，开关触点处于常闭状态。电机启动后离心器跟随转子旋转达到一定转速时，离心器上的离心块由离心力来克服弹簧力，并通过动件打开开关的常闭触点，将回路断开。除了离心开关之外，还有电流、电压启动继电器，正温度系数热敏元件和电子启动装置等可作为启动开关。如单相潜水电泵、电冰箱压缩机等都采用这几种启动开关。

2. 罩极启动

罩极启动电动机简称罩极电动机，它的定子有凸极式和隐极式两种。下面以两极凸极式为例，说明其工作原理。两极凸极式罩极电动机的结构如图 3-45(a)所示。定子铁心由硅钢片叠压而成，每个极上装有工作绕组 A，各工作绕组串联后接到单相电源。在每个磁极极靴的一侧套有一个匝数很少的闭合绕组或导电短路环 K，称为罩极绕组。转子为笼型结构。

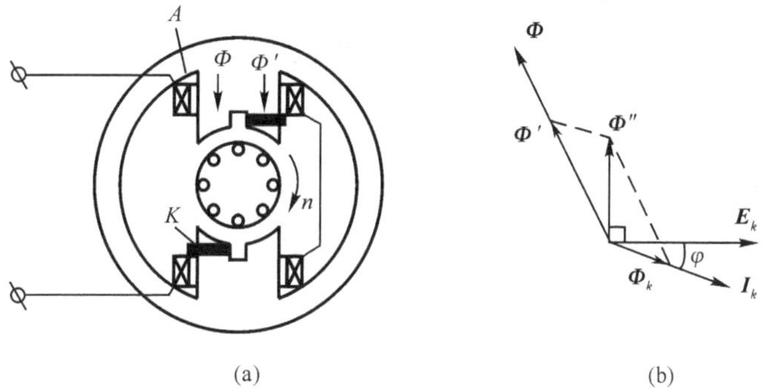

图 3-45 凸极式罩极电动机

当工作绕组通入交流电流后，将产生脉振磁通，其中的磁通 Φ 穿过没被罩极绕组包围的极面，另一部分磁通 Φ' 穿过被罩极绕组包围的极面。由于脉振磁通穿过罩极线圈，罩极线圈中将产生感应电势和电流 I_k，I_k 产生的磁势又产生磁通 Φ_k。穿过罩极绕组的总磁通为 Φ' 和 Φ_k 的合成磁通 Φ''，即 $\Phi''=\Phi'+\Phi_k$。罩极绕组中的感应电势 E_k 在时间相位上比 Φ'' 滞后 90°，I_k 滞后 E_k 一个角度 φ。时间向量图如图 3-45(b)所示，由图知磁通 Φ 超前 Φ''。

从图 3-45(a)可见两个磁通 Φ 和 Φ'' 在空间上有一定的相位差，从图3-45(b)可见 Φ 与 Φ'' 在时间上也存在一定的相位差。因此，Φ 与 Φ'' 的合成磁场是一个椭圆旋转磁场，转向是从超前(时间)的磁通 Φ 转向滞后的磁通 Φ''。在该磁场的作用下，电机将产生一定的启动转矩。

罩极电动机启动转矩小、效率低，但结构简单、坚固可靠、成本低，应用在启动转矩小、工作时间短的场合，如小风扇、排气机、小风机、电动模型等。

3.7 单相串励电动机

3.7.1 单相串励电动机的基本结构和工作原理

单相串励电动机的结构和小功率电磁式(串励)直流电动机相似，由相似的定子、电枢和电刷装置组成。定子激磁绕组与电枢绕组串联后作为电机电压输入端，如图 1-6(d)所示。

定子由铁心和集中的激磁绕组组成，见图 1－2。与直流电机不同的是，由于使用交流电，定子铁心采用 0.5mm 硅钢片叠成，以减少涡流损耗和磁滞损耗。电枢铁心和绕组见图 1－3、图 1－4。换向器与电刷装置与直流电机相似。

与直流电动机相似，上述串励电机接入直流电后，能产生电磁转矩并带动转子转动。接交流电时，由于电枢电流和磁场电流(主磁通)同时改变方向，从原理上看，上述电机应能保持原转动方向不断转动。这就是单相串励电动机的工作原理。

但在实际上，专门设计使用直流电的直流串励电动机是不能在交流电下运行的。因为交变的磁通在定子的磁极和磁扼中将产生很大的铁耗，使电机效率下降，温度升高；励磁绕组和电枢绕组的电抗压降很大；换向元件中与直流机相比又增加了变压器电势，使换向更加困难。所以，单相串励电动机应专门设计。

3.7.2 单相串励电动机的特性

忽略磁路饱和的影响时，磁通 $\Phi=C_1I$。由直流电机感应电势公式 $E=C_2\Phi n$ 可知，串励电机中应有 $E=C_3nI$。与交流电机相似，忽略绕组阻抗压降时电机端电压 U 为

$$U \approx E = C_3nI \tag{3-93}$$

电机电压不变时，电流 I 近似与转速 n 成反比。

由直流电机转矩公式 $T=C_4\Phi I$ 可知，串励电机的转矩 T 为

$$T = C_5I^2 \tag{3-94}$$

电磁转矩与电流平方成正比。由式(3－93)还可得

$$Tn^2 \approx C_6 \tag{3-95}$$

转矩与转速平方成反比。

3.7.3 单相串励电动机的应用

单相串励电动机使用简单、调速方便、转速高、体积小、重量轻、启动转矩大且过载能力强。典型应用场合包括吸尘器、电吹风、搅拌机、地板打蜡机、电动缝纫机等家用电器，以及手电钻、电刨、电锯、电磨、电锤、电剪、电扳手等各种电动工具。

3.7.4 交直流两用串励电动机

对于前述单相串励电动机，重新设计改善磁路后，可使它在交流供电和直流供电时具有相同的运行性能，这就是交直流两用串励电动机。所谓交流换向器电动机主要包括单相串励电动机和交直流两用串励电动机。

交直流两用电动机有两个主要特征：①在相同的交流或直流电压下，电动机在额定负载时的转速值相同。②在交流或直流供电时，电动机励磁绕组的匝数是不一样的。励磁绕组包括交直流公用励磁绕组和直流励磁时增加的绕组两部分。电机有 4 个接线端子，供接不同电源及改变电动机转向时接线用。允许正、反向旋转的电机，两个方向的电气性能相同。交直流两用串励电动机可用在电钻中。

3.8 电动机应用实例

(1) 电冰箱压缩机用电动机

1) 单相电阻启动异步电动机，因结构简单，被大部分电冰箱(输出功率 150W 以下)压缩机采用。

2) 单相电容启动异步电动机，适用于较大输出功率(150W 以上)的压缩机。

3) 单相双值电容异步电动机，启动性能和运行性能都好，但成本高，电容器故障多，一般冰箱少用。

(2) 空调器用电动机

1) 全封闭压缩机用电动机。大多采用单相电源，使用单相双值电容异步电动机。使用三相电源的采用三相异步电动机。因使用环境特殊，故对电机有特殊要求，如耐侵蚀性好，耐热性好，耐振动和冲击性好，启动转矩大，效率高，功率因数大。

2) 空调器电扇电动机，属于单相电容运转电动机。

(3) 洗衣机用电动机

大多使用单相电容运转异步电动机。国外除电容运转电机外，也有使用单相串励电动机或永磁直流电动机。

(4) 吸尘器用电动机

该类电机属于单相串励(整流子)电机，转速极高，一般在 13 000～35 000r/min,连续使用时间不超过 2 小时。

(5) 电吹风用电动机

常用的电机为罩极电动机、单相串励电动机和直流永磁电动机。

(6) 电扇电动机

常用罩极电动机和单相电容运转异步电动机。车、船用电扇，由直流电源供电时用串励式直流电动机，也可用交、直流两用串励式电动机。

(7) 音像设备

普及型盒式录音机，大多数是带电子稳速装置的永磁直流电动机，永磁体是环形铁氧体。高档高保真音响设备多用直流伺服电动机或无刷直流电动机。家用录像机中主导电机、鼓电机多为无刷直流电动机，轮电机、穿带电机、盒舱电机多为永磁直流电动机。

(8) 电动刮须刀

主要用铁氧体直流电动机。

(9) 食物拌碎机

主要使用单相串励电动机。

(10) 家用缝纫机

主要采用专用的单相串励电动机。

(11) 发电厂的发电机

主要是同步发电机。

(12) 一般工矿企业

主要用鼠笼式异步电动机，数量占电力拖动设备总台数的 85%左右。

(13) 工矿企业中空气压缩机等大功率恒速驱动装置

主要用同步电动机。

(14) 吊车、起重机、卷扬机

主要采用绕线式异步电动机。

(15) 电力机车

主要多用大型直流串励电动机。有的用鼠笼式异步电动机，采用变频变压调速。

(16) 雷达天线跟踪系统、火炮驱动系统、电动伺服转台等机电伺服系统

主要用直流力矩电动机，直流伺服电动机，无刷直流电动机，交流伺服电动机。

(17) 磁悬浮列车

可用直线直流电机。

(18) 电动自行车

主要用开关磁阻电机。

(19) 汽车用电机

每台普通汽车约用50台以上的各种电机。其中，作为动力拖动用的电机，有直流电动机，永磁无刷直流电动机，开关磁阻电动机，永磁同步电动机，异步电动机。这里的同步电动机或异步电动机，采用变频器控制。

(20) 电梯

主要用的是电梯专用双速异步电动机。

(21) 计算机软盘、CD-ROM、DVD等驱动磁头

其电机是音圈电机。

(22) 计算机、音响设备和存储器

主要使用空心杯电枢直流伺服电动机，盘式电枢直流伺服电动机。

(23) 计算机硬盘驱动器、软盘驱动器

其主轴电动机是无刷直流电动机。

(24) 手机振动器，电动牙刷等

主要用偏心的直流电动机。

(25) 模拟型石英手表

主要用超小型混合式步进电动机。

(26) 聚焦光学镜头

其电机是音圈电机。

习　　题

1. 单相绕组通入直流电，单相绕组通入交流电以及两相对称绕组通入两相对称交流电各形成什么磁场？它们的气隙磁通密度的基波在空间怎样分布？在时间上又怎么变化？

2. 两相伺服电动机运行时一般是什么样的磁场？两相绕组通上相位相同的交流电流能否形成旋转磁场？

3. 当两相绕组匝数相等和不相等时，加在两相绕组上的电压及电流应符合怎样条件才能产生圆形旋转磁场？

4. 如何改变两相伺服电动机转向？

5. 什么叫同步转速？假如电源频率为50Hz，电机极数为6，电机的同步转速等于多少？

6. 一台两相伺服电机，技术数据上标明空载转速是 1200r/min，电源频率为 50Hz，这是几极电机？空载转差率是多少？

7. 当电机的轴被卡住不动，定子绕组仍加额定电压，为什么电流会很大？伺服电动机从启动到接近同步转速时，转子绕组电流的频率、电势及电抗会有什么变化？为什么会有这些变化？

8. 当有效信号系数 α_e 从 0～1 变化时，电机磁场的椭圆度怎样变化？被分解成的正、反向旋转磁场的大小怎样变化？

9. 什么是自转现象？为了消除自转，两相伺服电动机单相供电时应具有怎样的机械特性？

10. 两相伺服电动机的转子电阻为什么都选得比较大？如果转子电阻选得过大又会产生什么不利影响？

11. 三相异步电动机从基频向下变频调速时，电机定子端电压应如何变化？为什么？

12. 三相异步电动机转子从定子中取出后，给定子绕组短时加额定电压，定子电流如何变化？为什么？

第 4 章　小功率同步电动机

同步电机的转速和磁场的转速相同，或与定子电流频率有严格的比例关系。

全世界的用电几乎全部是由同步发电机发出的。中小型同步电动机也应用于功率较大的恒速驱动装置中，如空气压缩机的拖动。采用同步电动机，不但能保证恒定的转速，还能改善和调节电网的功率因数，这是异步电动机办不到的。本章介绍的小功率同步电动机，属于微型电机，功率从不足一瓦到几百瓦。这种电动机不必采用闭环控制就可以保持恒定的转速。小功率同步电动机广泛应用在要求恒速的装置中，如自动和遥控装置、无线电通讯设备、记录和计时装置、同步运转系统等。

4.1　同步电动机的构造和分类

同步电动机包括定子和转子两大部分。定子结构和定子绕组与异步电动机基本相同。定子绕组的作用就是产生旋转磁场，多相对称绕组接入多相对称电压就会产生圆形旋转磁场，这是绝大部分同步电动机工作时的基本情况。

按照定子绕组的相数，小功率同步电动机可分为三相、两相和单相三种。其中三相电机是比较理想的电机，因为它使用最常见的三相电源，电机中产生圆形旋转磁场，效率高。单相绕组电机，主要是指罩极电机。而两相绕组电机实际上不是使用两相电源，而是采用电容移相的办法，在其中的一组绕组上串联电容，然后与另一相绕组一起接到单相电源上。因此，从使用的电源来说，同步电动机只有两种：三相电机和单相电机。其中使用单相电源的电机中，大部分是两相绕组电机。

同步电动机的另一种常用的分类方法是按转子所用材料或转子结构进行分类。按转子所用材料，同步电动机可分为永磁式，磁阻式(或称反应式)和磁滞式。按照转子结构可分为内转子式和外转子式同步电动机。

4.2　永磁式同步电动机

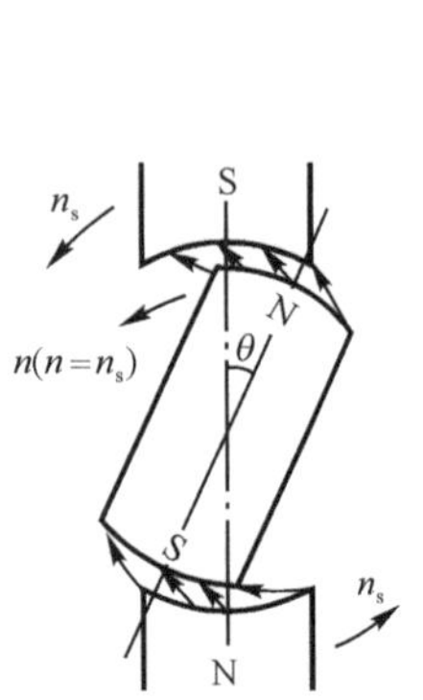

图 4-1　永磁式同步电动机的工作原理

永磁式同步电动机的特点是转子采用永久磁体做成，可以是两极的，也可以是多磁极的。

以两极永磁式同步电动机为例说明这种同步电动机的工作原理。图 4-1 是一个两极永磁式同步电动机的原理示意图。定子绕组中的电流产生一个两极的圆形旋转磁场，图中用外面的一对旋转磁极表示，中间的转子是一个两极的永磁体。当定子磁场以同步转速 n_s，按图示方向旋转时，根据磁极间同性相斥、异性相吸的原理，转子就能够与旋转磁场一起旋转。在正常情况下，它们应有相同的转速，即保持同步旋转。可见，磁极间同性相斥、异性相吸的作用力就是永磁同步电动机运行的基础。

与异步电动机一样，同步转速 n_s 为

$$n_s = \frac{60f}{p} \quad (\text{r/min}) \tag{4-1}$$

式中，f 为电源频率；p 为电机极对数。

设转子磁极轴线和定子异性磁极轴线间的夹角为 θ，如图 4-1 所示。下面分析永磁同步电动机的转矩 T 和角度 θ 的关系。当 $\theta=0^\circ$，即转子磁极正位于定子异性磁极之下，两磁极轴线重合，这时转子所受到的磁力转矩总和等于零。若转子轴线偏离定子磁极轴线 θ 角，如图所示，磁力就会对转子产生一定的转矩 T。很明显，转矩 T 是 θ 的周期函数，周期为 360°。将其展开成傅里叶级数，可求得转矩的基波分量 T 为

$$T = K\sin\theta \tag{4-2}$$

式中，K 为比例系数。

图 4-2 表示 T 与 θ 之间的关系曲线。在实际的永磁同步电动机中，人们总是通过恰当的设计使转矩的谐波分量减至很小。所以，永磁同步电动机中转矩与角 θ 的关系可用式(4-2)和图 4-2 表示。其中转子磁极轴线与定子磁极轴线间的夹角 θ 可称为失调角，或称为功率角。

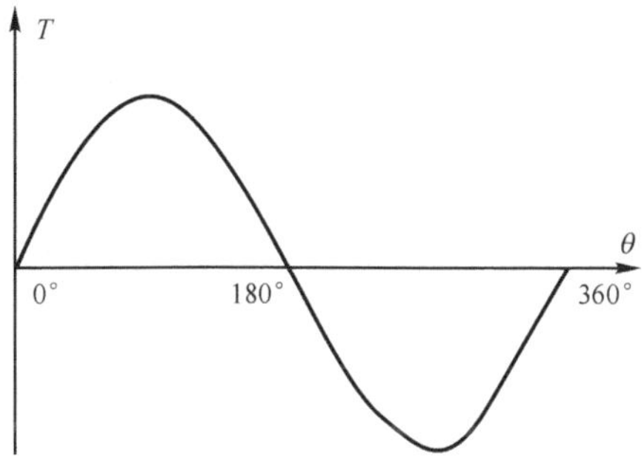

图 4-2　转矩-转角曲线

对于 p 对极电机，电磁转矩 T 随两轴线夹角变化的周期是 $360^\circ/p$ 。若将式(4-2)中的 θ 定义为用电角表示的转子磁极轴线与定子磁极轴线的夹角，则式(4-2)也就是各种极数的永磁同步电动机的电磁转矩表达式。

在一般的同步电机中，由定、转子磁极间的相互作用力所产生的电磁转矩称为基本电磁转矩。式(4-2)同时也是一般同步电机基本电磁转矩的表达式，式中，θ 是电角，一般称为功率角。详细的分析表明，式(4-2)中的比例系数 K 与定子端电压和转子磁势(或磁密)的乘积成正比。

详细的理论分析指出，若定子、转子磁势在空间的分布符合正、余弦规律，则基本电磁转矩 T 为

$$T = KF_sF_r\sin\theta \tag{4-3}$$

式中，K 为比例系数；F_s、F_r 分别为定、转子磁势或磁密；θ 是磁极轴线夹角(电角)。

若电机转子上的负载转矩改变，电机的失调角就会相应改变，以便平衡负载转矩，保持转子匀速转动。可见，永磁同步电动机转子磁极轴线与定子磁极轴线之间的夹角随负载转矩的变化而改变。磁极间的磁力线就像弹性的橡皮筋一样，可以拉长，也可以缩短，但总是力图把自己收缩到最短，并力图把异性磁极拉到一起。

当失调角为 90°时转矩最大。这个最大转矩称为最大同步转矩。使用同步电动机时，负载转矩不能大于最大同步转矩。

纯粹的永磁式同步电动机启动困难。在图 4-3 中，电机原来是静止的，刚一合上电源时，电机气隙内就产生了旋转磁场，电机转子受到的力矩为 T，方向与磁场转速 n_s 相同，如图4-3(a)所示。由于转子具有惯性，初速度为零，所以一开始时转子转速极低，而定子电流所产生的旋转磁场一开始就是同步转速 n_s。当旋转磁场已转了 180°时，转子还没有明显的角

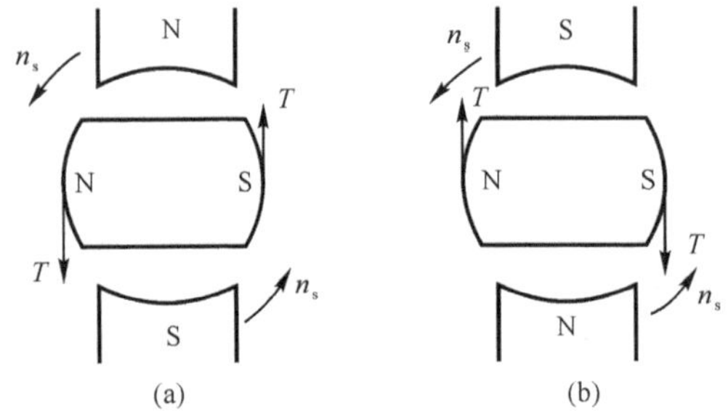

图 4-3　永磁转子在启动时的受力情况

位移，于是成为图 4-3(b)的情况，这时转子所受到的转矩与 n_s 相反，转子应向相反方向转动。当旋转磁场转动了 360°时，转子几乎还在原位，又恢复了图 4-3(a)的情况，转子所受转矩又变成与 n_s 同向。可见，在启动过程中，转子所受到的转矩时正时负，平均转矩接近零，所以电机很难启动。在同步电动机运行过程中，只要转子转速和旋转磁场的转速 n_s 之间出现较大的转速差，都会出现这种平均转矩接近零的情况，电机不能启动。可见，影响同步电动机自行启动的主要因素有两个：转子、负载的惯量和定、转子磁场的转速差。

为了使永磁式同步电动机能够顺利启动，同时也使电机由同步“跌入”失步时不会很快停转，在转子上一般都装有启动绕组。启动绕组的结构与异步电动机鼠笼转子相似，不过是按短时工作设计。因此，同步电动机不允许在异步状态长时间工作。装有鼠笼式启动绕组的永磁同步电动机的启动过程是这样，接通电源后，电机像异步电动机一样以异步方式工作，靠鼠笼转子中的转矩(称为异步转矩)将转子由静止状态逐渐加速到接近同步转速($n \geqslant 0.95n_s$)，再由定子旋转磁场对永磁转子的磁力将转子拉入同步转速。如果同步电机的转子惯量很小，或者是多极的低速电机，定子旋转磁场转速不很大，不装启动绕组也可以自行启动。

永磁式同步电动机的典型结构如图 4-4 所示。它的定子与异步电机相同。转子由两部分组成，一部分是两块圆形的永久磁体，可以是两极的，也可以是多极的，装在转子的两端。另一部分是装鼠笼式启动绕组的软磁铁心，它位于转子中间。装有鼠笼式启动绕组的永磁式同步电动机的机械特性如图 4-5 所示。图中 T_{tmax} 为最大同步转矩，又称为失步转矩，T_{tin} 称为名义牵入转矩，这是当 $s=0.05$ 时的异步转矩。规定当负载阻转矩不大于 T_{tin} 时，电机应能顺利牵入同步。鼠笼式转子电阻不宜过大，以免使 $s=0.05$ 处 T_{tin} 太小。

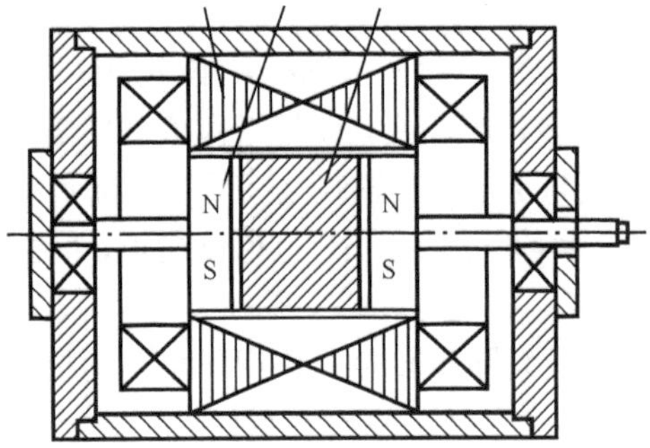

图 4-4　永磁式同步电动机的结构

1. 定子　2. 永久磁体　3. 笼式启动绕组

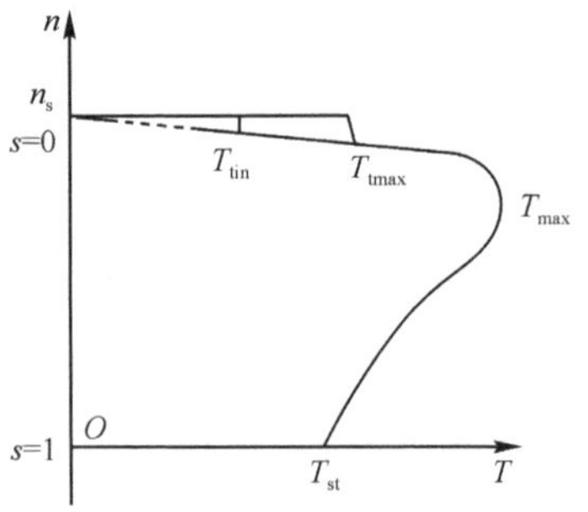

图 4-5　带启动绕组的同步电动机机械特性曲线

与其他微型同步电动机相比，永磁同步电动机功率较大，功率因数和效率最高，功率与重量比大，故综合性能指标较好。但这种电机启动电流倍数较大，且永磁体价格贵、结构复杂，所以整机成本较高。

4.3 磁阻同步电动机

磁阻同步电动机又称反应式同步电动机。它的定子与永磁式同步电动机相同，但转子不同。转子由软磁钢片加非磁性金属片制成。没有永磁体，也没有激磁绕组，结构非常简单。转子的最大特点是，在不同的方向具有不同的磁阻，其中在两个正交方向(电角)上磁阻差别最大。可见电机的磁阻随转角变化。

图 4-6 表示两极磁阻同步电动机的工作原理。图中外边的一对磁极表示定子电流所产生的旋转磁场，转子是一个两极的凸极转子，由导磁材料制成。顺着凸极的方向称为直轴，与直轴垂直的方向称为交轴。在转子的不同位置，磁性材料的尺寸和空气隙的大小不同，因此具有不同的磁阻，其中直轴方向磁阻最小，交轴方向磁阻最大，其他方向的磁阻介于两者之间。

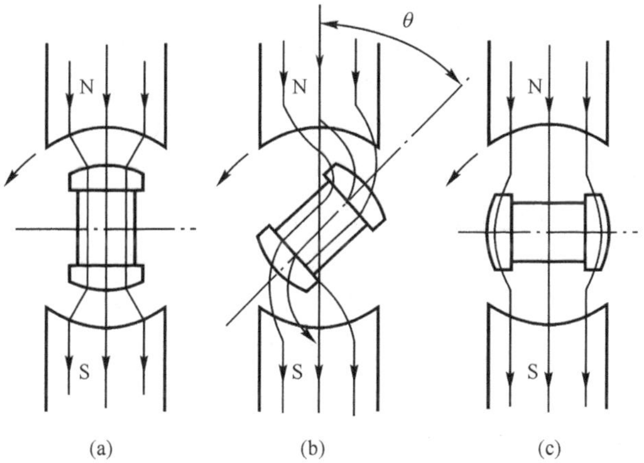

图 4-6　磁阻同步电动机

如果旋转磁场的轴线与转子直轴一致，则电磁转矩为零。如果旋转磁场的轴线与转子直轴方向相夹 θ 角，磁力线所经过的路径如图 4-6(b)中所示，这时磁力线被扭歪了。磁力线类似于弹簧或橡皮筋，有尽量把自己收缩到最短的趋势，并且如果能改变磁路结构，将使所经过的路径磁阻为最小，因此磁力线收缩将力图使转子直轴方向与定子磁极的轴线一致，到达磁阻最小的位置。正是由于磁力线的收缩和定子磁场的旋转，转子受到了电磁转矩 T 的作用，跟着旋转磁场以同步转速转动。从物理角度看，转子的软磁材料在磁场中被磁化，磁阻电机的转矩是由定子磁极与转子的临时异性磁极之间的吸引力形成的。磁阻同步电动机的转速也总是等于同步转速，即

$$n = n_s = \frac{60f}{p} \quad (\text{r/min})$$

由图 4-6 可以看出，当 $\theta = 90^\circ$ 即转子直轴方向与定子磁极方向垂直，而交轴方向与定子

磁极方向一致时，虽然磁路磁阻最大，但磁力线产生的转矩为零。当 $90^\circ<\theta<180^\circ$ 时，转矩方向改变了。当 $\theta=180^\circ$，转子的磁场状态与 $\theta=0$ 时完全相同，转矩的变化完成了一个周期。因此，两极的磁阻同步电动机，电磁转矩的基波分量 T 与角度 θ 的关系是

$$T = K_1 \sin 2\theta \tag{4-4}$$

式中，K_1 为比例系数；θ 为失调角或功率角。

设计良好的电机中，转矩的高次谐波分量很小，因此，式(4－4)就表示一般的两极磁阻同步电动机的电磁转矩与失调角 θ 的关系。

由式(4－4)可知，当 $\theta=45^\circ$ 时 T 取得最大值。这就是磁阻同步电动机的最大同步转矩。

对于 p 对极的磁阻同步电动机，电磁转矩随转角变化的周期是 $180^\circ/p$。若定义 θ 是以电角度表示的转子直轴方向与定子磁极轴线的空间夹角，则式(4－4)就是各种极数的磁阻同步电动机的电磁转矩表达式。

忽略定子绕组电阻时，磁阻同步电动机的电磁转矩 T 可表示为

$$T = K(R_{mq} - R_{md}) \sin 2\theta \tag{4-5}$$

式中，K 为比例系数；R_{mq}、R_{md} 分别为交轴磁阻与直轴磁阻。

按式(4－4)、式(4－5)计算的转矩称为磁阻转矩。磁阻转矩的方向是磁阻减小的方向。依靠磁阻转矩运行的同步电动机称为磁阻同步电动机。

由式(4－5)可知，转子直轴和交轴这两个正交方向的磁阻差别越大，磁阻转矩的最大值越大。如果转子各方向磁阻相同，磁阻转矩为零。

式(4－4)和式(4－5)所表示的电磁转矩与式(4－2)所表示的基本电磁转矩不同。在普通的凸极永磁式同步电机中，这两种电磁转矩都存在，但磁阻转矩比基本电磁转矩小，所以又称式(4－4)和式(4－5)所表示的电磁转矩为附加电磁转矩。

在同步电动机中，定子绕组为电枢绕组，定子电流产生的磁场为电枢反应磁场，而转子产生的磁场为励磁磁场，在磁阻同步电动机中，只有电枢反应磁场，没有励磁磁场，所以这种电机又称为反应式同步电动机，而磁阻转矩有时也称为反应转矩。

与永磁式同步电动机一样，磁阻同步电动机也存在启动困难的问题。采用的解决办法也是类似的：加装鼠笼式启动绕组。图 4－7 表示一种常用的磁阻同步电动机的转子。这种转子采用导磁钢片间加非磁性金属片(铝，铜等)的结构。它可加大 R_{mq} 和 R_{md} 差值，使 R_{mq}/R_{md} 达到 5 左右，显著增大了磁阻转矩，而且铝或铜部分还可起到鼠笼绕组作用，使电机异步启动，并在电机产生振荡时起阻尼作用。带有鼠笼启动绕组的磁阻同步电机的机械特性见图 4－5。

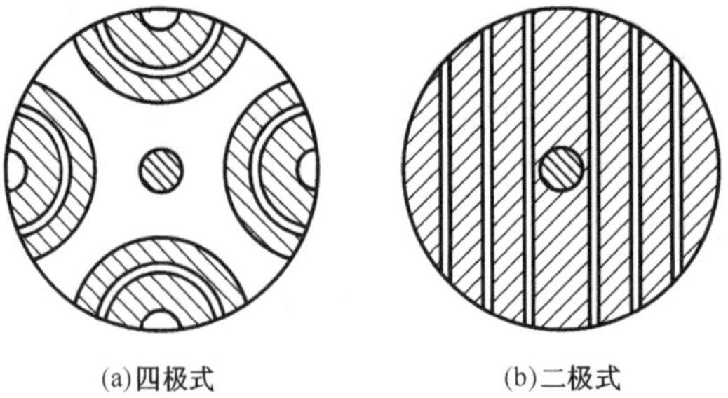

图 4－7　磁阻电动机的转子结构

磁阻同步电动机结构简单，价格便宜，过载能力强，不易失步，工作可靠，性能与价格比较高，应用广泛。这种电机的启动转矩较小。由于磁路磁阻大，并且仅由定子绕组提供无功激磁电流，所以功率因数和效率低于永磁式，但比磁滞式同步电动机高。

4.4　磁滞同步电动机

（1）磁滞电动机的结构

磁滞电动机的定子和普通交流电动机一样。磁滞电动机的转子结构如图4－8所示。转子为隐极式结构。转子上没有绕组。在转子的外圆周处是一个环状的有效层，它是由磁滞材料制成的，但预先并不进行磁化。磁滞材料层采用环状结构可以节省价格贵的磁滞材料。磁滞材料又称半硬磁材料，磁性能接近硬磁材料。

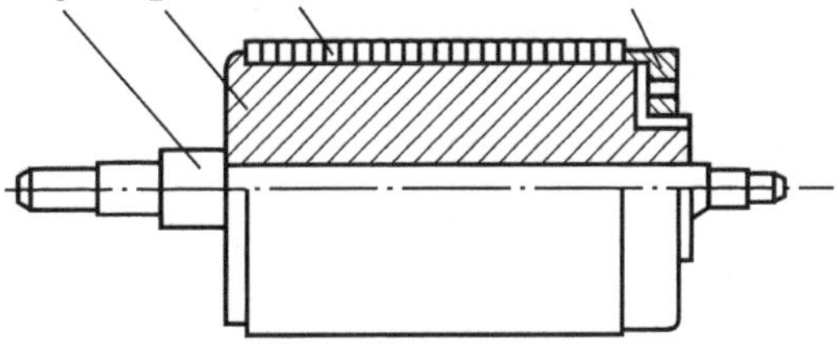

图 4－8　磁滞电动机转子的结构简图

1. 轴　2. 衬套　3. 有效层　4. 螺帽

在转子有效层内装有衬(轴)套。衬套一般采用非磁性材料，如黄铜、铝合金或耐高温塑料制成，有的也采用软磁材料制成。

（2）磁滞材料的特性

磁滞电动机的工作原理与转子有效层的磁滞材料特性有关。磁滞特性在磁化曲线上的表现就是磁密 B 的变化落后于磁场强度 H(或磁势)的变化。以图4－9说明磁滞材料特性在旋转磁场中的表现。假定由磁滞材料制成的转子是实心的，定子磁场作为外磁场，用一对旋转磁极表示。

在图 4－9(a)中，外磁场不动，它对没有预先磁化的转子进行磁化，则被磁化后的转子磁场轴线将与外磁场轴线重合。这时，转子受到的电磁转矩为零。令外磁场在空间转动了一个小角度 θ，而转子被固定不动。若转子是由完全没有磁滞特性的理想软磁材料制成，则磁化后的转子的磁场轴线也将随着外磁场轴线在空间转过同一个角度，如图 4－9(b)所示。这时两磁场轴线仍重合，仍不会产生电磁转矩。若转子材料是磁滞材料，则实验表明，尽管外磁场轴线转动了一个角度 θ，只要 θ 不超过某一数值，被磁化后的转子磁场轴线仍然保持初始磁化时的位置，如图 4－9(c)所示。于是，外磁场轴线与被磁化的转子磁场轴线之间就有了一个角度 θ。这个角度表示被磁化的转子磁场轴线的变化落后于外磁场轴线的变化，它完全是由材料的磁滞特性引起的，所以称为磁滞角。从另一角度看，θ 角与 4.2 节永磁同步电动机中的失调角的含义是相同的，所以也称为失调角。由于有失调角存在，转子磁场和外磁场之间的电磁力就会产生电磁转矩，这个转矩称为磁滞转矩。磁滞转矩的方向是使转子朝外磁场偏转方向转动，磁滞转矩的大小与失调角的关系应符合式(4－2)。

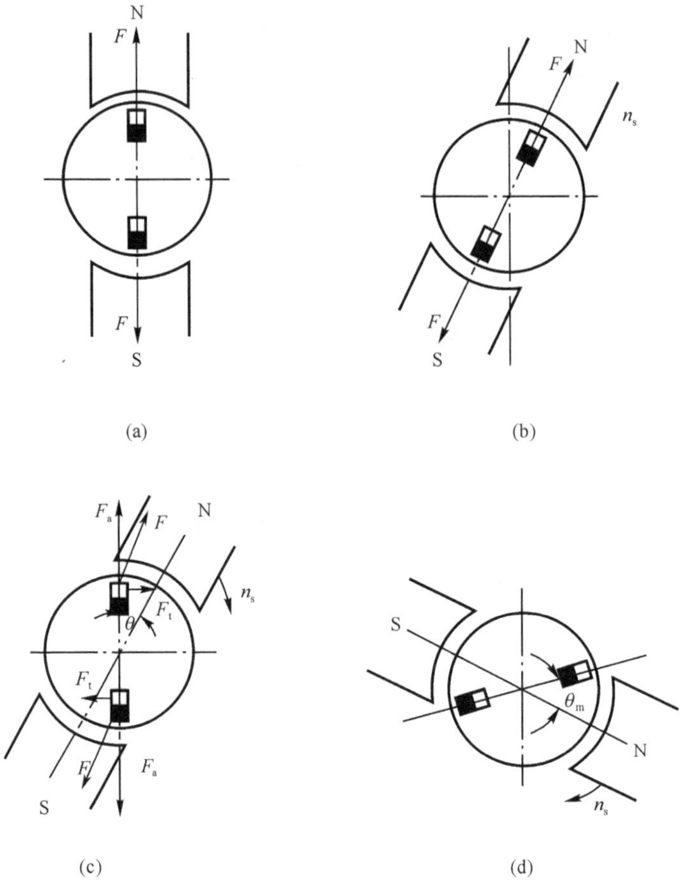

图 4－9　磁滞转矩的产生过程

实验和理论分析表明，当转子材料一定，外磁场参数不变时，磁滞角 θ 有一个最大的稳态值 θ_m，与 θ_m 对应的电磁转矩也就是磁滞转矩的最大值。只要外磁场轴线的偏转角不超过 θ_m，则磁滞角和磁滞转矩将随着磁场轴线偏转角的增加而增加。如果外磁场的偏转角超过 θ_m，尽管转子被固定不动，但转子的磁场轴线将随着外磁场轴线的偏转而同步偏转，两磁场轴线之间保持这一最大磁滞角 θ_m，而磁滞转矩也相应为最大值。这时，转子磁场轴线相对转子而转动。如图4－9(d)所示。

对于上述实验中所发生的现象，对于磁滞角的产生和最大磁滞转矩的存在这一事实，研究磁性物质和铁磁物质微观结构的人们提出了一些假设，他们认为铁磁物质的微观结构是磁畴，磁畴之间的摩擦力等因素形成了上述磁滞现象。

(3) 磁滞电动机的工作原理与特性

磁滞同步电动机定子绕组接通交流电源后，定子绕组产生的磁场将以同步转速旋转。电机转子一开始时是静止的，定子磁场和转子之间有很大的转速差，相当于转子不动而定子磁场以相对转速转动，于是电机定、转子磁场轴线之间保持最大磁滞角 θ_m 不变，电机中产生最大磁滞转矩。只要负载阻转矩小于最大磁滞转矩，转子将被加速，转子转速不断上升，转速方向与定子旋转磁场相同。转子的转速最后将稳定在同步转速。

在同步运行状态，只要负载阻转矩不超过最大磁滞转矩，磁滞角将随负载阻转矩的变化而变化，以便使磁滞转矩与负载转矩平衡，保持转子的同步转速。可见同步运行时电机转矩可在零与最大值之间变化。在同步运行中，定子的旋转磁场与转子之间相对静止，定子磁场与转子磁场(在负载阻转矩不变时)也处于相对静止状态。转子虽然被磁化，但这种磁化相对于转子是恒定方向，恒定数值，没有磁滞损失和涡流损失。同步运行时的磁滞电动机的工作情况与永磁同步电动机相似。

在异步运行状态，相当于转子不动而定子磁场以相对转速转动。这时转子磁场轴线和定子磁场轴线相对转子转动，这相当于对转子中的磁滞材料进行正、反方向的反复磁化，将引起磁滞损耗。它的大小与磁化频率成正比，因此也与电机的转速差(n_s-n)成正比。

在异步运行状态，因定子磁场对转子有相对运动，所以使转子的磁滞材料中产生涡流，引起涡流转矩 T_e，涡流转矩与异步电动机中的电磁转矩的性质相同。由于转子磁滞材料中的电阻率较大，所以 T_e 随电机转子转速 n 的变化关系与交流伺服电动机的机械特性相似，近似为线性关系，如图 4-10 所示。由图可知，涡流转矩 T_e 可按下式计算

$$T_e = T_{ek}\left(1-\frac{n}{n_s}\right) \tag{4-6}$$

式中，T_{ek}为最大涡流转矩，它就是堵转时的涡流转矩。由于磁滞材料电阻率较大，涡流较小，涡流转矩也小。

磁滞电动机异步运行时，电机中的总的电磁转矩 T_{em}是最大磁滞转矩 T_{hm}与涡流转矩 T_e 之和，即

$$T_{em} = T_{hm} + T_e \tag{4-7}$$

磁滞电动机的机械特性如图 4-11 所示。磁滞电动机在异步运行时会产生较大的磁滞损耗，所以不宜长期工作在异步运行状态。

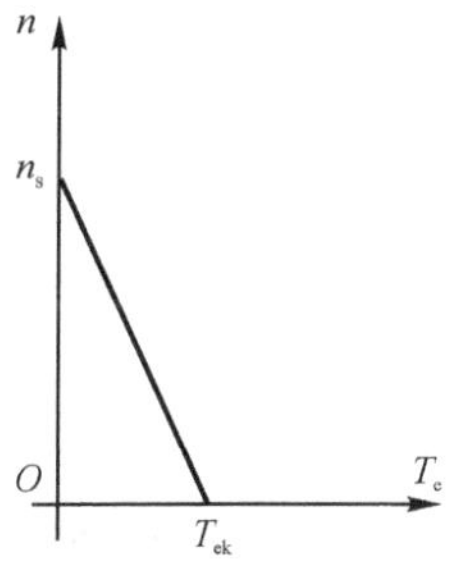

图 4-10　涡流转矩

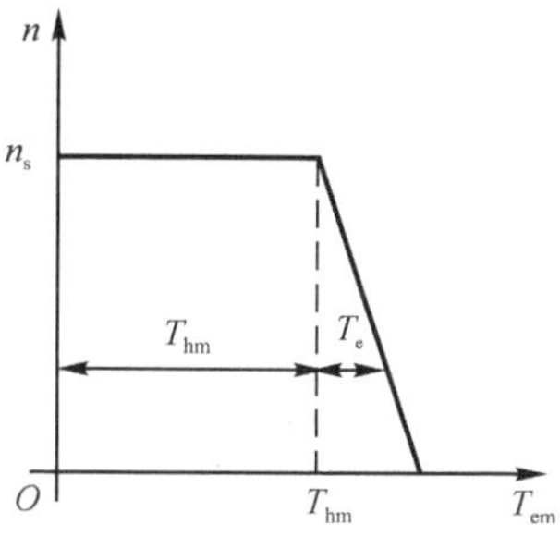

图 4-11　磁滞同步电动机的机械特性

(4) 最大磁滞转矩

最大磁滞转矩 T_{hm}可以由转子磁滞材料的磁滞损耗值确定。可得出最大磁滞转矩为

$$T_{hm} = 0.159 w_h V \quad (\mathrm{N \cdot m}) \tag{4-8}$$

式中，w_h 为磁性材料交变磁化一周，单位体积中的磁滞损耗值($\mathrm{W/m^3}$)，它与磁化过程中的最大磁密 B_m 及最大磁场强度 H_m 的大小有关，也与材料本身的性质有关；V 为转子有效层的体积($\mathrm{m^3}$)。对于磁滞材料，w_h 大。

(5) 磁滞电动机的特点及应用

磁滞电动机的主要优点有：

1) 电机的结构简单，转子上无绕组，所以运行可靠，维护方便。

2) 具有较大的堵转转矩，启动性能较好。

3) 转子有效层材料的机械强度较高，又为对称结构形式，平衡状况较好，因此电动机能够可靠地运行在很高的转速下。

4) 具有多同步性的特点。即同一个转子可以在不同极对数的旋转磁场中运转。因为电机的转子为隐极结构，又无固定的极对数，故可被任意极对数的磁场进行磁化，并产生磁滞转矩。有时也做成多速磁滞式同步电动机，适应不同转速的要求，又有较好的启动和运行性能。

磁滞电动机的主要缺点有：

1) 由于转子有效层磁滞材料的磁导率较小，磁化电流较大，相应地使电动机的功率因数较低。

2) 因为磁滞电动机转子有效层材料的电阻率较大，所以阻尼作用很弱。当负载转矩变化时，很容易产生振荡现象。

3) 转子有效层的磁滞材料价格较贵，所以电机的成本较高。

磁滞电动机常常应用在功率较大而又要求同步运转的装置中，例如作为陀螺电动机和转动惯量较大的离心机的驱动电机。也用于时间继电器、磁带录音机和记录仪表中。此外，在高、低速传动装置和通过变换极对数来改变转速的多速传动装置中也常常使用磁滞电动机，例如检验航空转速表及测速发电机时所用的驱动装置。

4.5 电磁减速式同步电动机

电磁减速式同步电动机又称为低速同步电动机。它的转速一般为每分钟几十转，转速的稳定度高，瞬时转速的不稳定度约为 10^{-4}。它在启动、堵转和正常运行时，输入电流变化不大，长期堵转时也不至损坏。这种电机通入交流电时，可以低速连续转动；加入电脉冲时，又可作步进电动机使用。电磁减速式同步电动机的转速与电源频率成恒定关系，所以把它归入同步电动机。

低速同步电动机有几种，这里只介绍反应式电磁减速同步电动机。反应式电磁减速同步电动机的结构示意图见图 4－12。它的定、转子铁心上都有均布的开口型齿槽。定子槽中放有两相或三相绕组(图中未画)，而转子上没有绕组。这种电枢的一个特点是，每个极距下转子齿数比定子齿数多 1。设定子、转子齿数分别为 Z_s、Z_r，极对数为 p，则有

$$\frac{Z_r}{2p}-\frac{Z_s}{2p}=1$$

即

$$Z_r = Z_s + 2p \tag{4-9}$$

以图 4－12 所示的电机为例说明反应式电磁减速同步电动机的工作原理。设此电机为两极电机，定子齿数 $Z_s=16$，则转子齿数 $Z_r=18$ 。在定子绕组上外加对称的交流电源后，电机中就产生两极旋转磁场。若磁场轴线(图中用轴线 A 表示)在某一瞬间恰好与定子齿 1 和 9

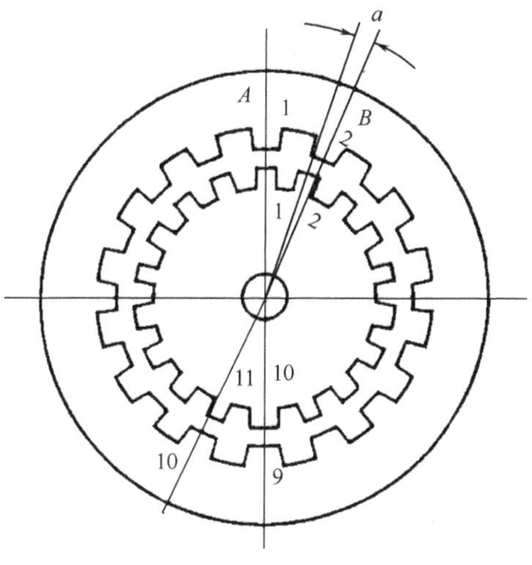

图 4-12　反应式电磁减速同步电动机的工作原理

的中心线重合时，由于磁力线总是力图使自己经过的磁路的磁阻为最小，所以转子齿 1 和 10 将被吸引到和定子齿 1 和 9 相对齐的位置。此时定子齿 2 和转子齿 2 的夹角为 α。当旋转磁场转过一个定子齿距移到图中轴线 B 所示的位置时，由于磁力线要继续保持自己磁路的磁阻为最小，因而转子齿 2 和 11 将被吸引到与定子齿 2 和 10 相对齐的位置上。这样，当定子的旋转磁场在空间转过了 $\theta_s=2\pi/Z_s$(rad)，转子仅在空间转过了 $\alpha=2\pi/Z_s-2\pi/Z_r$(rad)。所以定子磁场转速与转子转速之比为

$$i_{em}=\frac{\theta_s}{\alpha}=\frac{\frac{2\pi}{Z_s}}{\frac{2\pi}{Z_s}-\frac{2\pi}{Z_r}}=\frac{Z_r}{Z_r-Z_s} \tag{4-10}$$

式中，i_{em}为电机的电磁减速系数。

利用式(4-9)、式(4-10)及 $n_s=60f/p$ 可得转子转速为

$$n=\frac{n_s}{i_{em}}=\frac{60f(Z_r-Z_s)}{pZ_r}=\frac{120f}{Z_r}\quad (\text{r/min}) \tag{4-11}$$

反应式低速同步电动机比其他结构形式的同步电动机要简单，因此制造方便，成本较低。它的转速由每分钟数十转到每分钟数百转。转速越低，定、转子上的齿数也越多。

习　题

1. 图 4-4 所示电机中，异步运行时鼠笼绕组和永磁体哪一个产生转矩？同步运行时哪一个产生转矩？为什么？

2. 同步电动机转子上的鼠笼绕组起什么作用？

3. 图 4-6 中，转子的直轴和交轴分别与旋转磁场轴线重合时，磁阻转矩各为多少？

4. 为什么磁滞转矩在异步状态时是不变的，但在同步状态时却是可变的？

5. 涡流转矩和磁滞转矩在直流电动机中是否存在？它起什么作用？而在异步电动机中又起什么作用？

6. 磁滞电动机最大的优点是什么？

7. 反应式电磁减速同步电动机的定、转子齿数应符合怎样的关系？

第5章　步进电动机及其控制

5.1　概　　述

步进电动机的转角受输入的数字脉冲信号控制，一个脉冲可使电动机前进一步，所以称为步进电动机。这种电机输入的常常是脉冲电流，所以又称为脉冲电动机。粗略地看，步进电动机转子的转动与磁场的转动是一致的，所以有人把它看成是同步电动机的一种。但在产品分类上还是单独称为步进电动机。

步进电动机原本是一种低效率的电磁能量转换器件。但是，近年微型计算机的发展和普及使步进电动机的控制变得简单容易。目前，步进电动机已经获得了广泛的应用，特别是在数控机床、计算机外围设备、钟表、数字控制系统、程序控制系统以及许多航天工业装置中得到应用。

步进电动机主要用在开环位置控制系统中。采用步进电动机的开环系统，结构简单，调试方便，工作可靠，成本低。当然采取一定的相应措施以后步进电动机也可以用到闭环控制系统和转速控制系统中。

步进电动机的主要优点是：

1）能直接实现数字控制，数字脉冲信号经处理和功率放大后可直接控制步进电动机，无需转换。

2）控制原理简单，位移量与脉冲数成正比，可用开环方式控制位移。速度与脉冲频率成正比，改变脉冲频率就可以在较宽的范围内调节速度。

3）机械结构简单、坚固耐用。

步进电动机的缺点是：

1）运动增量或步距角是固定的。

2）采用普通驱动器(如单一电压型功放)时效率低，相当大一部分输入功率转为热能耗散掉。

3）承受惯性负载的能力较差。

4）输出功率较小。因为步进电动机在每一步运行期间都要将电流输入或引出电动机，所以对于需要大电流的大功率电机来说，控制装置和功率放大器都会变得十分复杂、笨重和不经济。所以步进电动机的尺寸和功率都不大。

5）运行时有时发生振荡现象，需要加入阻尼机构或采取其他特殊措施。

6）目前主要用于开环系统中，闭环控制时所用元件和线路比较复杂。

7）不能把步进电动机直接接到普通的交直流电源上运行，必须配备驱动器，而驱动器成本较高。

步进电动机的种类很多。从工作原理上主要分为三大类：磁阻式步进电动机，永磁式步进电动机和混合式(感应子式)步进电动机。按绕组的相数还分为两相、三相、四相、五相、六相……。按输出转矩大小，步进电动机又可分为伺服式步进电动机和功率步进电动机，前者输出转矩不大于0.1N·m量级，后者输出转矩在10N·m量级。

5.2 磁阻式步进电动机的工作原理

5.2.1 磁阻式步进电动机的结构特点

磁阻式步进电动机又称为反应式步进电动机。它的结构特点和工作原理与磁阻(反应式)同步电动机相似。转子不同方向磁阻不同，磁路磁阻随转角的变化而变化，依靠磁阻转矩(反应转矩)，使转子转动。

与其他电机一样，磁阻式步进电机结构上也分为定子和转子两大部分。定子由铁心、绕组、外壳、端盖等部分组成，转子包括铁心和转轴。定、转子磁路均由软磁材料制成，但只有定子上有绕组。

图 5-1 表示四相磁阻式步进电动机的定、转子结构。定子铁心由硅钢片叠压而成。定子铁心内圆上分布着若干个大齿，每个大齿称为一个磁极。这种从外形上能明显地看出凸出的磁极的结构称为显极式或凸极式结构。定子的每个磁极上都装有绕组，也称为控制绕组。所有的绕组接成 m 相。每一相绕组又包括两个磁极绕组，它们分别在一条直径的两端，即径向相对的两个磁极上的绕组为一相。所以定子的磁极数 $2p$ 为相数 m 的 2 倍，即 $2p=2m$。在定子磁极的极弧上开有一些均布的小齿。转子也是由软磁叠片铁心构成的，但转子上没有绕组。转子的外圆周上也有均布的小齿，转子的齿宽和齿距与定子极弧上的小齿完全相同。为了获得较大的静转矩，通常选取齿宽和齿距之比为 0.32～0.38。转子齿的大小用齿距衡量。

图 5-1　四相磁阻式步进电动机

齿距是相邻两齿中心线(或称齿轴线)的夹角，又称为齿距角，按下式计算

$$\theta_t=\frac{360^\circ}{Z_r} \tag{5-1}$$

式中，θ_t 为齿距角；Z_r 为转子齿数。

磁阻式步进电动机的转子齿数 Z_r 必须满足下述条件，在某一定子极下若定、转子的齿对齐时，则要求在相邻定子极下的定、转子齿之间错开转子齿距的 $1/m$ 倍，即它们之间在空间位置上错开 $360^\circ/(mZ_r)$ 角。为了满足这个要求，转子齿数 Z_r 必须满足下式

$$\frac{Z_r}{2p}=K\pm\frac{1}{m} \tag{5-2}$$

即

$$Z_r=2p\left(K\pm\frac{1}{m}\right)=2pK\pm 2 \tag{5-3}$$

式中，K 为正整数；p 为极对数；m 为相数，$p=m$。

由式(5－2)可知，这种磁阻式步进电动机每一个极距下(即相邻的定子磁极轴线间)的转子齿数不是整数，与整数差 $1/m$。同时，若定子的一个磁极下的定、转子的齿对齐时，在定子同一相的另一个磁极下的定、转子的小齿也是对齐的。

从磁路磁阻的角度看，上述这种定、转子具有小齿的电机的特点是，齿与齿对齐时磁路磁阻最小，齿与槽对齐时磁阻最大。电机的磁阻与转角有关，随转角变化而变化，属于变磁阻电机。

上述结构是步进电机的典型结构，也称为单段式或径向分相式结构。此外，还有多段式又称为轴向分相式的结构，见图 5－2 和图 5－3。其特点是，减小径向尺寸，同时增加轴向尺寸以便安放较多绕组。轴向分段，绕组按所属的相沿轴向分段放置。优点是，转子可做成细长形状，转动惯量小。但由于结构和制造工艺复杂，现在已很少用。

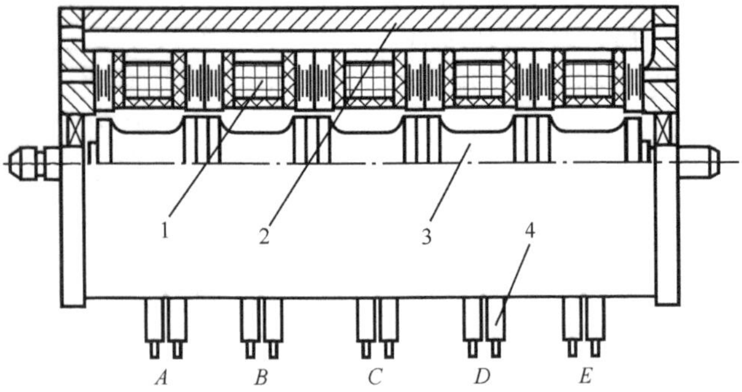

图 5－2　多段式轴向磁路磁阻式步进电动机

1. 线圈　2. 定子　3. 转子　4. 引线

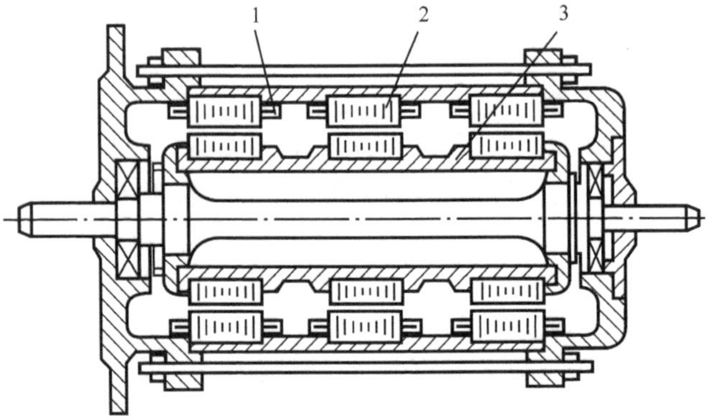

图 5－3　多段式径向磁路磁阻式步进电动机

1. 线圈　2. 定子　3. 转子

5.2.2　磁阻式步进电动机的工作原理

磁阻式步进电动机的某相绕组通电就使该相磁极建立磁场。如果按照一定的顺序给各相绕组轮流通电，就会在电机的气隙中形成步进式旋转磁场。当定子齿轴线与转子齿轴线不一致时，就会形成磁阻转矩(又称反应转矩)，这个转矩将使转子齿轴线转到与定子齿轴线一致的位置，使磁路的磁导最大而磁阻最小。所以各相绕组按顺序周期性通电，转子就会在磁阻转矩作用下，随步进式旋转磁场转动。

先分析图 5-4 所示的简单三相磁阻式步进电动机。这台电动机定子有 6 个极，没有小齿，每个径向相对的磁极上的绕组为一相。转子只有 4 个齿，齿宽等于定子的齿宽。

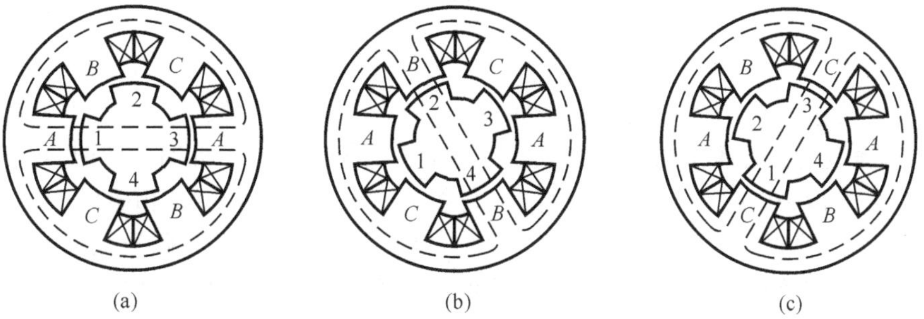

图 5-4　三相磁阻式步进电动机的工作原理

只有 A 相绕组通电时，转子齿 1 和 3 的轴线与定子 A 磁极轴线对齐。当断开 A 相接通 B 相时，磁场轴线瞬时转动到定子 B 极轴线的位置，磁阻转矩将使转子按逆时针方向转过 30°，使转子齿 2 和 4 的轴线与 B 极轴线对齐。断开 B 相，接通 C 相，则转子再转过 30°，使转子齿 1 和 3 的轴线与 C 极轴线对齐。可见，按 $A-B-C-A\cdots$的顺序，周期性地接通和断开绕组，气隙中的磁场轴线步进式旋转，而转子一步一步地按逆时针方向转动。但两者速度大小不同。如果电机通电顺序是 $A-C-B-A\cdots$，则磁场轴线转向相反，转子转向也相反，按顺时针方向转动。可见步进电动机依靠各相绕组轮流通电，形成一个步进式旋转磁场，电机转动方向取决于绕组轮流通电的顺序，而转动速度显然取决于绕组通断电的频率(即输入脉冲的频率)。

为了使电机连续转动，各相绕组通电、断电状态的变化应当是周期性的，当通电状态完成一个周期时，转子转过一个转子齿距角。如上例中，从 A 相开始通电，按 $A-B-C-A$ 的顺序，又轮到 A 相通电时，完成一个通电周期，转子转过 90°，正好等于转子的齿距角。

步进电动机各绕组通电的不同状态数称为拍数，记为 N。如上述电机，有三种不同的通电状态：A 相通电，B 相通电，C 相通电，拍数为 3。在通、断电的一个周期内，绕组通电状态改变的次数也就是拍数，改变一次通电状态也称为 1 拍。如，由 A 相通电开始，到下一次 A 相通电，有 3 拍，改变 3 次通电状态：A 断 B 通，B 断 C 通，C 断 A 通。

步进电机每改变一次通电状态，转子转过相应的一个角位移，这个角位移称为步距角，即转子每一拍(或每一步)所转过的角度，记为 θ_b。

每个通电周期共 N 拍，走 N 步，转过一个齿距角 θ_t，故有

$$\theta_b=\frac{\theta_t}{N}=\frac{360^\circ}{Z_r N} \tag{5-4}$$

上面的这种最简单的三相磁阻式步进电动机的最大缺点就是电机每一步所转过的角度太大(30°)，常常不符合要求。所以现在一般不采用这种定子磁极没有小齿的结构形式，而是采

用如图 5-1 所示的结构，转子齿数很多，定子磁极上带有小齿。这种电机每一步转过的角度很小。

现在分析图 5-1 的四相磁阻式步进电动机。电机定子上共有 8 个磁极(大齿)，有 4 相定子绕组，径向相对的两个磁极上的绕组为一相。利用式(5-3)，取 $K=6$ 并取+号，可得转子齿数 Z_r 是 50，转子的齿距角 $\theta_t=360°/Z_r=7.2°$。定子相邻两磁极中心线的夹角—极距为 $\alpha_r=360°/8=45°$。定子一个极距所包含的齿数为

$$Z'_r=\frac{\alpha_r}{\theta_t}=6\frac{1}{4}=\frac{Z_r}{8}$$

其不是整数。为了直观，一般把步进电机的定子和转子展开成直线，如图 5-5 所示。该图表示只有 A 相绕组通电时各相磁极的定子齿与转子齿的相对位置。此时 B 相极下定子与转子齿轴线相差 1/4 齿距即 1.8°。当 A 相断电，B 相通电时，转子将在 B 相磁极产生的磁阻(反应)转矩作用下，顺时针转过 1/4 齿距即 1.8°，使转子齿轴线与 B 相磁极上的齿轴线一一对齐。这时 C 相磁极下的定子齿轴线顺时针超前转子齿轴线 1/4 齿距角即 1.8°。此后依次按 C 相、D 相、A 相…继续不断地通电，即按

$$\to A\to B\to C\to D\to$$

的顺序轮流给各相绕组通电，转子就按顺时针方向一步一步连续不断地转动起来。每改变一次通电状态，转子转过 1/4 齿距角。每改变 4 次通电状态，就完成了一次通电周期，转子相应地转过一个齿距角。

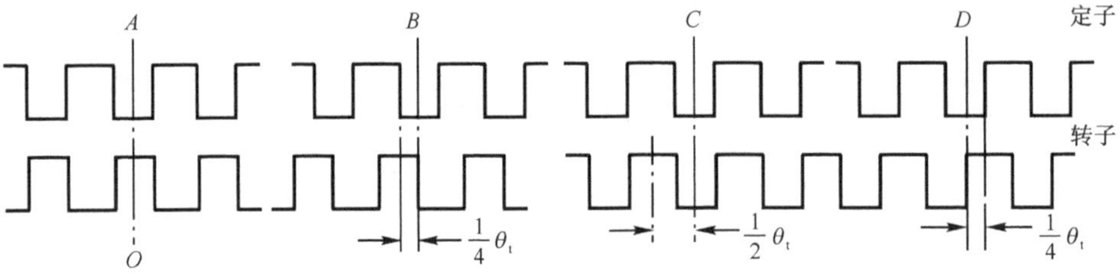

图 5-5　A 相通电时定、转子齿的相对位置

如果 A 相通电后，不是换接成 B 相通电，而是换接成 D 相通电，并按

$$\leftarrow A\leftarrow B\leftarrow C\leftarrow D\leftarrow$$

的规律周期性地通电，则步进电机反向旋转。所以改变步进电机通电的相序，可以改变步进电动机的转向。

上面这种通电方式称为四相单四拍。其中“四相”表示电机的相数，“单”表示每种通电状态只有一相绕组通电，“四拍”表示电机拍数是 4。

上面这种只有一相绕组通电的运行方式有一个缺点，在电流切换过程中，有一瞬间可能所有的定子绕组都不通电，电磁转矩瞬间为零，这就使得电磁转矩在电机运行中波动很大。为了解决这个问题，可以使步进电动机绕组两相或多相同时通电。例如，四相步进电动机就可以采取如下的通电方式

$$\to AB\to BC\to CD\to DA\to$$

首先是 A、B 两相绕组同时通电，然后是 B、C 两相同时通电，接着是 C、D 两相同时通电，依次类推。这种通电方式称为四相双四拍，“双”字表示每次都有两相绕组同时通电。如果需要电机反向运转，则通电顺序改为

$$\leftarrow AB \leftarrow BC \leftarrow CD \leftarrow DA \leftarrow$$

在这种通电方式中，每次改变通电状态时，总有一相绕组始终通电，消除了单相绕组通电方式所存在的各绕组可能都不通电的问题。

图 5－6 表示双相绕组通电时转子的平衡位置。当 A、B 两相同时通电，转子处于稳定平衡位置时，转子齿既不与 A 相磁极的齿对齐，也不与 B 相磁极的齿对齐，而是与 A、B 相磁极的齿分别错开 $\pm 1/8$ 齿距角。当 B、C 相通电时，转子齿相对于 B、C 相的齿也错开 $\pm 1/8$ 齿距角。显然，每改变一次通电状态，例如当 A、B 相通电状态变为 B、C 相通电状态后，转子转过 1/4 齿距角。绕组改变 4 次通电状态时，完成一个通电周期，转子转过一个齿距角，这些和单相通电状态时相同。

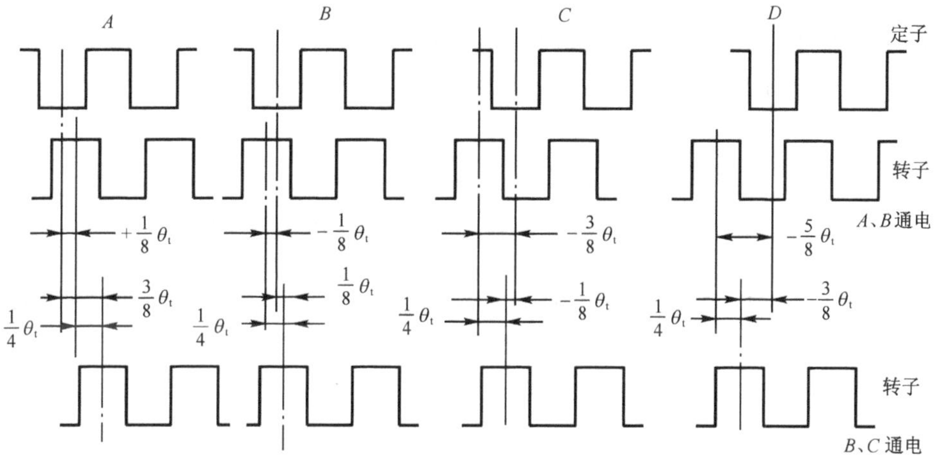

图 5－6　双相通电时的平衡位置

四相步进电动机还可采用四相八拍的通电方式，即按下列方式和顺序通电：

$$\rightarrow A \rightarrow AB \rightarrow B \rightarrow BC \rightarrow C \rightarrow CD \rightarrow D \rightarrow DA \rightarrow$$

这种通电方式是单相和双相通电方式的结合。由图 5－6 不难看出，每改变一次通电状态，例如 A 相通电换成 A、B 相同时通电，步进电动机仅转过 1/8 齿距角。一个通电周期中要改变 8 次通电状态，每完成一个通电周期，转子转过一个齿距角。这种通电方式的优点是，每改变一次通电状态时，转子转过的角度较小，同时能保证任何时刻至少有一相绕组通电。

步进电动机绕组同时通电的相数及通、断电的转换规律称为分配方式。步进电动机的拍数和相数的关系为

$$N = km \tag{5-5}$$

式中，m 为相数。采用传统的简单功率放大器时，k 为 1 或 2。有时把 $k=1$ 称为单拍制，$k=2$ 称为双拍制。$k=1$ 时对应的步距角称为整步距角，$k=2$ 时对应的步距角称为半步距角。

步进电动机的产品说明书有时给出两个步距角，如 1.5°/0.75°、1.2°/0.6°、3°/1.5°等，指的就是整步角和半步角。

为了减小步距角，可以增加拍数 N。拍数 N 与相数 m 成正比，但相数越多，电源及电机的结构也越复杂。磁阻式步进电动机一般做到六相，个别的也有八相或更多相数。对同一相数，采用双拍制时步距角为单拍制时的一半。为了减小步距角，磁阻式步进电动机的转子齿数一般很多，通常步距角为零点几度到几度。减小步距角的另一种方法是采用细分电路，见 5.6.2 节。此时式(5-5)中的 k 是 2 的整数次幂。

步进电动机的控制输入信号一般是脉冲信号，每来一个脉冲，绕组改变一次通电状态。对步进电机可以进行角位移控制，也可以进行角速度控制。位移控制时每输入一个脉冲，电机就转过一个步距角或一步，步数和脉冲数一致，电机的角位移与输入脉冲数成正比。速度控制时，步进电机绕组中送入的是连续脉冲，各相绕组不断地轮流通电，步进电机连续运转。由式(5-4)可见，如果控制脉冲的频率为 f（每秒钟输入的脉冲数），转子每分钟的转速就是

$$n=\frac{60f}{Z_{\mathrm{r}}N}\quad(\mathrm{r/min})\tag{5-6}$$

可见，步进电动机的转速与控制脉冲频率 f 成正比。

综上所述，步进电动机是用脉冲信号进行控制的电机，它的位移和速度分别由脉冲的个数和频率决定。

5.3 磁阻式步进电动机的静态特性

步进电动机绕组通电状态保持不变而转子静止时的状态称为静态。步进电动机在静态时所具有的性能称为静态特性。静态特性主要指转矩和转角的关系。

为了叙述和表达方便起见，在步进电动机中定义电角 θ_{e} 等于转子齿数 Z_{r} 乘以机械角 θ，即

$$\theta_{\mathrm{e}}=Z_{\mathrm{r}}\theta\tag{5-7}$$

因此一个齿距角 θ_{t} 对应的电角 θ_{te} 为 360°或 2πrad，而用电角表示的步距角 θ_{be} 为

$$\theta_{\mathrm{be}}=\frac{\theta_{\mathrm{te}}}{N}=\frac{360^{\circ}}{N}=\frac{2\pi}{N}\quad(\mathrm{rad})\tag{5-8}$$

以电角表示的齿距角和步距角与齿数无关。

电机能静止不动的位置是平衡位置。设外力矩为零。步进电机单相通电时，齿与齿对齐的位置是稳定平衡位置，齿与槽对齐的位置是不稳定平衡位置。电机偏离稳定平衡位置的角度称为失调角，用电角表示时记为 $\Delta\theta_{\mathrm{e}}$，设电机角位移是 θ_{e}，稳定平衡点的角位移是 θ_{e0}，则失调角

$$\Delta\theta_{\mathrm{e}}=\theta_{\mathrm{e}}-\theta_{\mathrm{e0}}\tag{5-9}$$

步进电动机转子静止且绕组通以直流电时，由于失调角存在而引起的电磁转矩称为静转矩，静转矩在一定范围内使失调角趋于零。步进电动机静转矩与失调角的关系称为步进电动机的矩角特性。静态特性主要指矩角特性。

静态时定子绕组可以是一相通电，也可以是几相同时通电，相对应静态特性可分为单相通电和多相通电两种情况。

5.3.1 单相通电

图 5－7 表示单相通电时通电相绕组定子磁极下在几个不同的失调角 $\Delta\theta_e$ 时转子受到的力和相应的电磁转矩 T，$\Delta\theta_e$ 和 T 取同一方向为正方向。$\Delta\theta_e$ 与 T 的关系如下：

$$\Delta\theta_e \quad 0 \sim \pi/2 \sim \pi \sim 3\pi/2 \sim 2\pi$$

$$T \quad 0- \; - \; -0 \; + \; + \; + \; 0$$

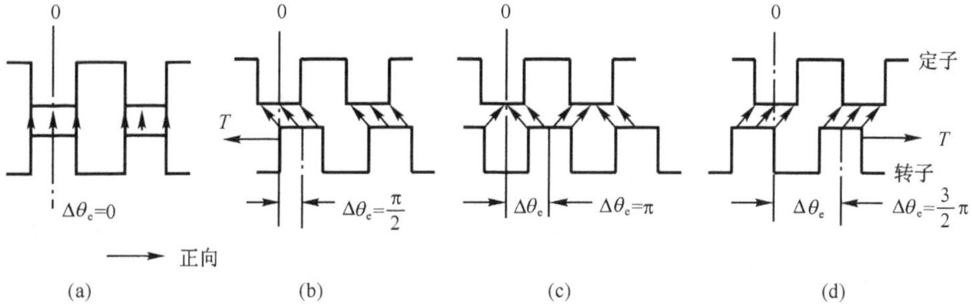

图 5－7 定、转子间的作用力

由上述分析可知，磁阻式步进电动机的转矩 T 是失调角 $\Delta\theta_e$ 的周期函数，周期为转子的一个齿距角，即 2πrad(电角)。取静转矩 T 的正方向和失调角 $\Delta\theta_e$ 的正方向相同，根据傅里叶级数可知，磁阻式步进电动机静转矩的基波分量为

$$T = -T_m \sin(\Delta\theta_e) = -T_m \sin(\theta_e - \theta_{e0}) \tag{5-10}$$

当 $\theta_{e0} = 0$ 时有

$$T = -T_m \sin\theta_e \tag{5-11}$$

或

$$T = -T_m \sin z_r \theta \tag{5-12}$$

对于设计良好的步进电动机，转矩的谐波分量很小，静转矩完全可以用基波分量表示，所以式(5－10)～式(5－12)也就是磁阻式步进电动机矩角特性的解析表达式。式中负号表示步进电动机产生的转矩是一种恢复转矩，在一定范围内总是反抗转子偏离平衡位置，这也就是步进电动机的自锁能力。式中，T_m 为最大静转矩。

与式(5－11)对应的矩角特性的曲线如图 5－8 所示，该图只画出失调角 θ_e 从 $-\pi$ 到 $+\pi$ 的范围。

当转子失调角处于 $-\pi<\theta_e<\pi$ 的区间时，去掉外转矩后，在电磁转矩作用下转子将回到初始平衡位置。若 $\theta_e>\pi$ 或 $\theta_e<-\pi$，外转矩取消后，转子就趋向于前一个或后一个稳定平衡位置，不能自动地恢复到初始平衡位置，把 $-\pi<\theta_e<\pi$ 的区间称为此时的静稳定区。

步进电动机矩角特性中静转矩的最大值称为最大静转矩。最大静转矩 T_m 与绕组电流 I 的关系曲线如图 5－9 所示。当电流很小时，T_m 与 I 的平方成正比；当电流稍大时，受磁路饱和的影响，T_m 上升缓慢，T_m 近似地与 I 呈线性关系；当电流大时，即使电流增加很多，最大静转矩却增加很少。

最大静转矩表示步进电动机承受负载的能力，是步进电动机最主要的性能指标之一。

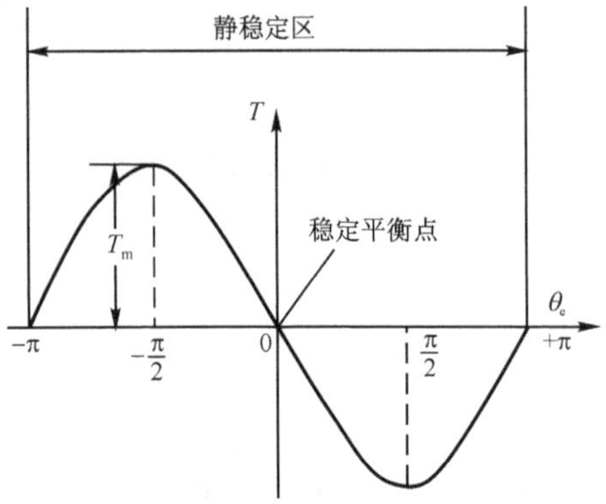

图 5-8　步进电动机的矩角特性

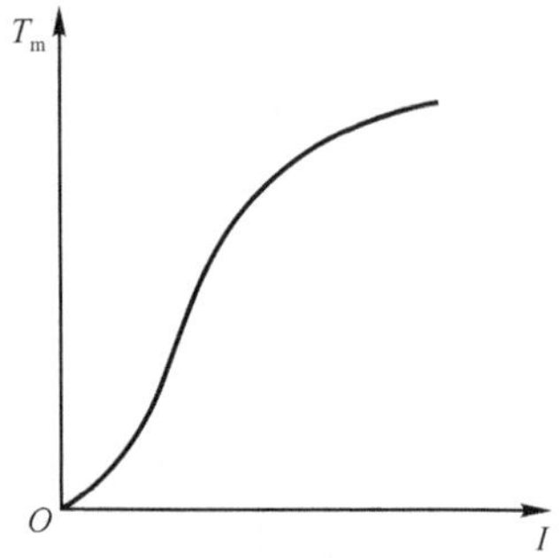

图 5-9　转矩 T_m 与电流 I 的关系

在额定电流下，施加在已通电的步进电动机转轴上而不产生连续旋转的最大转矩称为保持转矩。步进电动机技术性能参数表中给出的最大转矩指的就是保持转矩。

下面利用能量守恒定律、电学定律等理论推导单相通电时静转矩的数学表达式。

图 5-10 表示步进电机转子在位置角 θ 处，在 $\mathrm{d}t$ 时间内，由于电磁转矩作用转动了一个微小角度 $\mathrm{d}\theta$。设此时磁场能量的增量为 $\mathrm{d}W_m$。设 r、e 和 u 为每相绕组的电阻、感应电势和外加电源电压，如图 5-11 所示。设 L 和 Ψ 为每相每极绕组的电感和磁链，而每相绕组安放在两个磁极上。设绕组电流 I 不变。按能量守恒定律，$\mathrm{d}t$ 时间内外加电源所做的功为

$$uI\mathrm{d}t = I^2 r\mathrm{d}t + T\mathrm{d}\theta + \mathrm{d}W_m$$

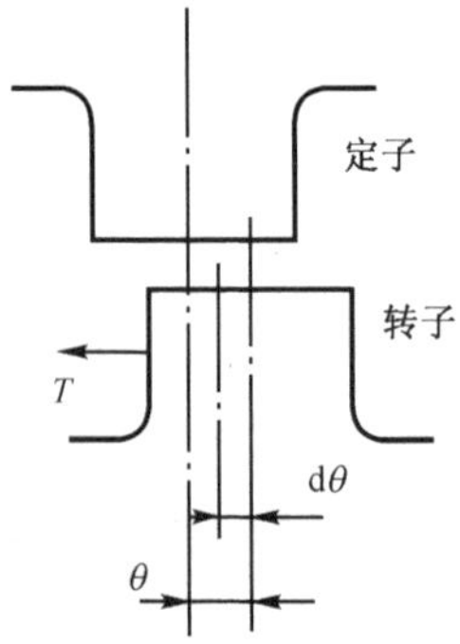

图 5-10　转子转动 dθ 角

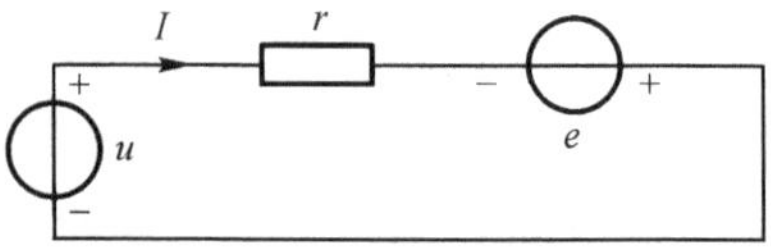

图 5-11　绕组等效电路

设 $\mathrm{d}W_e = uI\mathrm{d}t - I^2 r\mathrm{d}t$，它就是 $\mathrm{d}t$ 时间内电源给电机磁场的能量，故有

$$T\mathrm{d}\theta = \mathrm{d}W_e - \mathrm{d}W_m$$

$$\mathrm{d}W_e = uI\mathrm{d}t - I^2 r\mathrm{d}t = (u - Ir)I\mathrm{d}t = -eI\mathrm{d}t = 2\frac{\mathrm{d}\Psi}{\mathrm{d}t}I\mathrm{d}t = 2I\mathrm{d}\Psi = 2I\mathrm{d}(LI)$$

故有

$$\mathrm{d}W_e = 2I^2\mathrm{d}L \tag{5-13}$$

$$\mathrm{d}W_m = 2\times\mathrm{d}\left(\frac{1}{2}LI^2\right) = I^2\mathrm{d}L \tag{5-14}$$

由上述各式可得

$$T\mathrm{d}\theta = \mathrm{d}W_{\mathrm{e}} - \mathrm{d}W_{\mathrm{m}} = I^2\mathrm{d}L = \mathrm{d}W_{\mathrm{m}} = \frac{1}{2}\mathrm{d}W_{\mathrm{e}} \tag{5-15}$$

可见，电源供给磁场的能量中，有一半用来对外做功，另一半用以增加磁场能量，在电磁转矩 T 的作用下，转子总是趋向于使磁场能量增加，并达到最大。

从式(5-15)可得

$$T = \frac{\mathrm{d}W_{\mathrm{m}}}{\mathrm{d}\theta} = I^2\,\frac{\mathrm{d}L}{\mathrm{d}\theta} \tag{5-16}$$

可见产生电磁转矩的条件是 $\mathrm{d}L/\mathrm{d}\theta\neq 0$。

设每相每极绕组的匝数为 N，Φ 和 Λ 为每个极面下的磁通和磁导，则有

$$L = \frac{\Psi}{I} = \frac{N\Phi}{I} = \frac{N}{I}NI\Lambda = N^2\Lambda \tag{5-17}$$

将上式代入式(5-16)可得

$$T = N^2I^2\,\frac{\mathrm{d}\Lambda}{\mathrm{d}\theta} = F^2\,\frac{\mathrm{d}\Lambda}{\mathrm{d}\theta} \tag{5-18}$$

式中，$F=NI$ 是每极绕组的磁势。若忽略定、转子铁心中的磁压降，则磁势 F 就是定、转子单边气隙磁势 F_δ，即 $F_\delta=F=NI$。设 Z_{r} 为转子齿数，θ_{e} 为用电角表示的角度，则式(5-18)变为

$$T = F_\delta^2 Z_{\mathrm{r}}\,\frac{\mathrm{d}\Lambda}{\mathrm{d}\theta_{\mathrm{e}}} = Z_{\mathrm{r}}(NI)^2\,\frac{\mathrm{d}\Lambda}{\mathrm{d}\theta_{\mathrm{e}}} \tag{5-19}$$

可见这种步进电动机产生转矩的条件是 $\mathrm{d}\Lambda/\mathrm{d}\theta_{\mathrm{e}}\neq 0$，即要求磁路磁导(阻)要随转角而变化。

从图 5-7、图 5-10 都可看出，气隙磁导与转子的位置有关。例如转子齿与定子齿对齐时，磁导最大；转子齿与定子槽对齐时，磁导最小；其他位置时磁导介于最大值和最小值之间。可见气隙磁导是转角和失调角的周期函数，周期是一个齿距角，2πrad(电角)。将气隙磁导用傅氏级数表示并略去谐波可得

$$\Lambda = \Lambda_0 + K_1\cos\theta_{\mathrm{e}} \tag{5-20}$$

将上式代入式(5-19)就可求得前述矩角特性表达式。

5.3.2 多相通电

多相通电是指两相或两相以上的绕组同时通电的状态。多相通电时的电磁转矩等于各相单独通电时的电磁转矩之和，因此它的矩角特性可由每相各自通电时的矩角特性叠加求出。

对于 m 相电机，取第一相的定子齿轴线与某一个转子齿轴线之间的夹角 θ_{e} 为转子转角，第 i 相单独通电时的转矩记为 T_i。若 θ_{be}是单相通电时的步距角，则第 i 相单独通电时的稳定平衡位置是$(i-1)\theta_{\mathrm{be}}$，失调角是$[\theta_{\mathrm{e}}-(i-1)\theta_{\mathrm{be}}]$，因此有

$$\begin{aligned} T_1 &= -T_{\mathrm{m}}\sin\theta_{\mathrm{e}} \\ T_2 &= -T_{\mathrm{m}}\sin(\theta_{\mathrm{e}}-\theta_{\mathrm{be}}) \\ &\ \vdots \\ T_n &= -T_{\mathrm{m}}\sin[\theta_{\mathrm{e}}-(n-1)\theta_{\mathrm{be}}] \end{aligned} \tag{5-21}$$

按式(5-21)可画出各相分别单独通电时的矩角特性曲线，它们是几条依次错开一个步距角

(单相通电时 $\theta_{be}=2\pi/m$)的正弦曲线。在某一分配方式下各个矩角特性的总和称为矩角特性曲线族。图 5－12(a)给出了四相步进电动机单四拍运行时的矩角特性曲线族。

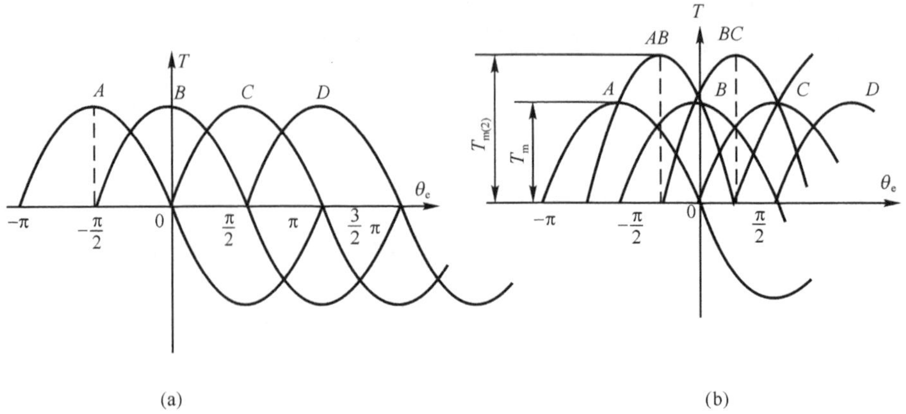

图 5－12　四相步进电动机矩角特性曲线族

根据图 5－12(a)并运用叠加原理，可以求得四相双四拍及四相八拍的矩角特性曲线族，见图 5－12(b)。

在矩角特性曲线族中，无论是双拍制还是单拍制，各条曲线以及各个稳定平衡点依次错开一个相应的步距角 $2\pi/N$ rad(电角)。

根据式(5－21)，利用叠加原理和三角函数知识可推得，m 相步进电动机 n 相同时通电时的静转矩 T_{1-n} 为

$$\begin{aligned}T_{1-n}&=T_1+T_2+\cdots+T_n\\&=-T_m\{\sin\theta_e+\sin(\theta_e-\theta_{be})+\cdots+\sin[\theta_e-(n-1)\theta_{be}]\}\\&=-T_m\frac{\sin\frac{n\theta_{be}}{2}}{\sin\frac{\theta_{be}}{2}}\sin\left(\theta_e-\frac{n-1}{2}\theta_{be}\right)\end{aligned}\tag{5-22}$$

式中，T_m 为单相通电时的最大静转矩；θ_{be} 为单拍制的步距角(电角)。

因为 $\theta_{be}=\frac{2\pi}{m}$，所以

$$T_{1-n}=-T_m\frac{\sin\frac{n\pi}{m}}{\sin\frac{\pi}{m}}\cdot\sin\left(\theta_e-\frac{n-1}{m}\pi\right)=-T_{m(n)}\sin\Delta\theta_e\tag{5-23}$$

式中，$\Delta\theta_e=\theta_e-\frac{n-1}{m}\pi$ 就是 m 相电机 n 相同时通电时的失调角。$T_{m(n)}=T_m\sin\frac{n\pi}{m}\Big/\sin\frac{\pi}{m}$ 是 m 相电机 n 相同时通电时的最大静转矩。因此有

$$\frac{T_{m(n)}}{T_m}=\frac{\sin\frac{n\pi}{m}}{\sin\frac{\pi}{m}}\tag{5-24}$$

除了三相步进电动机外，多相步进电动机多相通电都能提高最大静转矩，故一般功率较大的步进电动机都采用多于三相的绕组，而且选择多相通电的分配方式。

5.4　磁阻式步进电动机的运行特性

步进电动机运行的基本特点，就是脉冲电压按照一定的分配方式加到各绕组上，产生电磁过程的跃变，形成磁极轴线的步进式旋转，以磁阻转矩带动转子做步进式转动。由于电动机内磁极轴线在空间的旋转不是匀速的，是阶跃式的，所以步进电动机的运转经常处于电气的和机械的过渡过程中。

下面利用矩角特性，分析单步运行状态和连续运行状态。

5.4.1　单步运行状态

此时绕组通电的持续时间大于步进电动机的机电过渡过程时间。为了研究方便，先不计绕组的电感，认为绕组中的电流是瞬时地建立和消除的。

以三相步进电动机为例。假设矩角特性为正弦曲线，转子转角 θ_e 是 A 相定子齿轴线与转子齿轴线之间夹角，那么 A 相通电时的矩角特性如图 5-13 曲线 A 所示。设正转矩使转角增加。图中 $\theta_e=0$ 的点是对应 A 相定子齿轴线与转子齿轴线重合时的转子位置，称为初始平衡位置。

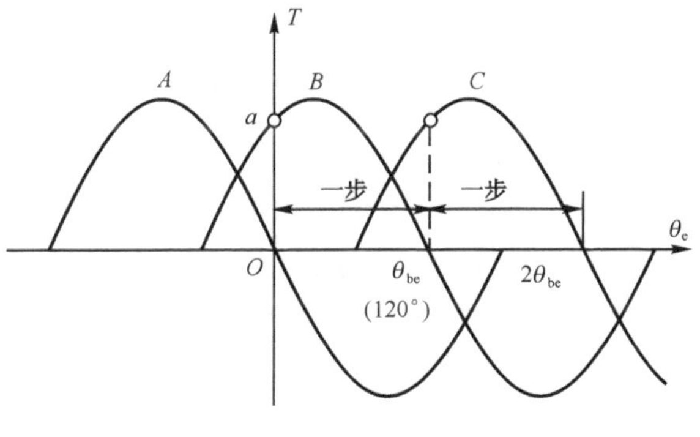

图 5-13　空载时步进电动机的单步运行

设电机不带任何反抗性负载阻转矩但有黏滞阻尼性阻转矩。A 相通电时转子处于 $\theta_e=0$ 的位置上。如果此时送入一个控制脉冲，使 A 相绕组通电切换为 B 相绕组通电，那么矩角特性就移动一个步距角 θ_{be}（等于 120°电角），跃变为曲线 B，$\theta_e=120°$就成为新的稳定平衡位置。但切换的瞬时转子还处于 $\theta_e=0$ 的位置，对应 $\theta_e=0$ 的电磁转矩已由 $T=0$ 突变为 $T=T_m\sin120°$（对应图中 a 点的转矩），电机在电磁转矩作用下将向新的稳定平衡位置移动，直至 $\theta_e=120°$为止，这样，电机从 $\theta_e=0$ 到 $\theta_e=120°$前进了一步（一个步距角）。如果不断送入控制脉冲，使绕组按照 $A—B—C—A\cdots$顺序不断换接，那么电机就不断地一步一步转动，每走一步转过一个步距角。

设电机带有恒定负载阻转矩 T_L，且 $T_L<T_{st}$，其中 T_{st}是相邻矩角特性交点对应的电磁转矩，如图 5-14 所示。当 A 相通电时转子将停留在失调角为 θ_{ea}的位置上。如果送入控制

脉冲，使 A 相通电转换到 B 相通电，则转子所受到的合成转矩为电磁转矩 T_B（B 相转矩）与负载转矩 T_L 之差，即图 5－14 上的阴影部分，转子在此转矩的作用下也转过一个步距角 120°，转到新的平衡位置 $\theta_e=\theta_{eb}$，这样当绕组不断地换接时，电机也不断地做步进运动，步距角仍为 120°电角。

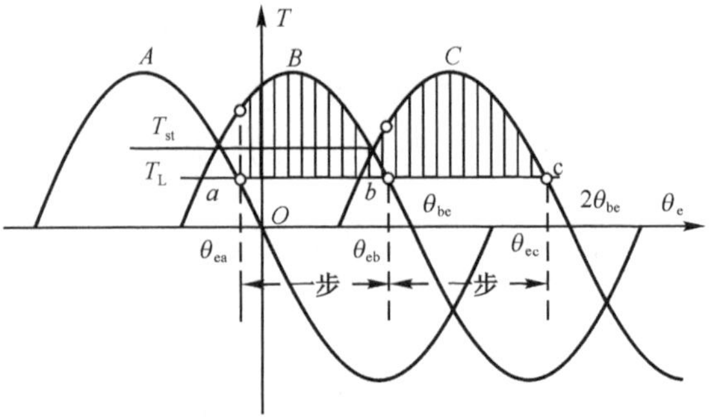

图 5－14　负载时步进电动机的单步运行

设负载转矩 $T'_L>T_{st}$，如图 5－15 所示。若 A 相通电时转子处于转角为 θ'_{em}的 m'点，当绕组切换为 B 相通电时，对应角 θ'_{em}的电磁转矩小于负载转矩，显然电机就不能做向前的步进运动。所以各相邻矩角特性的交点所对应的转矩 T_{st}，就是电机作单步运行所能带的极限负载，实际电机所带的负载 T_L 必须小于这个转矩才能正常运转，即

$$T_L < T_{st} \tag{5-25}$$

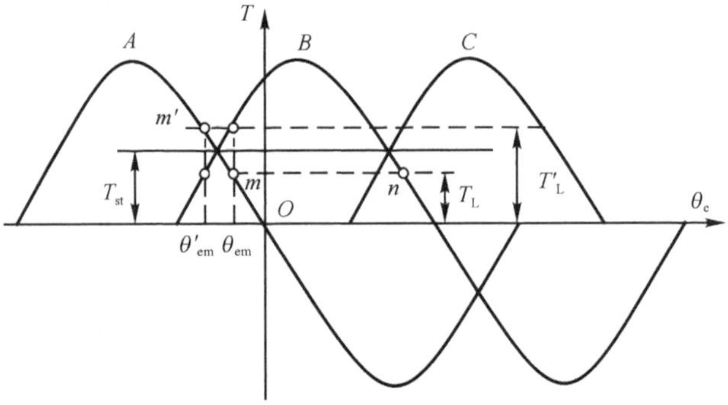

图 5－15　最大负载能力的确定

步进电动机在一定的控制电源和负载转动惯量条件下突然启动并能不失步运行所输出的最大转矩称为启动转矩。单步运行时的启动转矩就是各相邻矩角特性交点所对应的转矩。

如果矩角特性可近似地看做是正弦曲线且幅值相等，当步距角为 θ_{be}时，由图 5－15 可知，两个相邻矩角特性交点的横坐标为$(\theta_{be}-\pi)/2$，交点所对应的转矩即启动转矩为

$$T_{st}=-T_m\sin\frac{1}{2}(\theta_{be}-\pi)=T_m\cos\frac{\theta_{be}}{2} \tag{5-26}$$

因为 $\theta_{be}=\dfrac{2\pi}{N}$，所以

$$T_{st} = T_m \cos \frac{\pi}{N} \tag{5-27}$$

式中，N 为拍数。

从式(5-27)可知，拍数越多，启动转矩 T_{st}越接近最大静转矩 T_m。式(5-26)、(5-27)只适用于各矩角特性曲线幅值相同、形状相同的情况。有些双拍制中矩角特性的幅值不相同，这时就不能套用上两式。几种分配方式下的比值 T_{st}/T_m 如表 5-1 所示。

表 5-1　各种分配方式的 T_{st}/T_m 值

分配方式	相数	3	3	4	4	5	5	6	6
	拍数	3	6	4	8	5	10	6	12
T_{st}/T_m		0.5	0.866	0.707	0.707	0.809	0.951	0.866	0.866

注：假定 $T=f(\theta_e)$为正弦曲线，其中 T_m 为各状态中最大静转矩的最大值。5 相电机双拍指 2 相绕组和 3 相绕组轮流通电的状态。

这样求得的 T_{st}值是电机作单步运行时的最大允许负载，实际应用时应留有较大的余量。

两相磁阻式步进电动机没有启动转矩，如果不采取特殊措施，就不能运行。

下面分析步进电动机单步运行时的动态微分方程式。设 θ 是电机转子的失调角，除磁阻转矩外，设与 θ 及其导数无关的转矩为零，而与 θ 及其导数有关的阻转矩只有黏滞阻尼转矩 $B\mathrm{d}\theta/\mathrm{d}t$，按力学转动定律有

$$J\frac{\mathrm{d}^2\theta}{\mathrm{d}t^2} + B\frac{\mathrm{d}\theta}{\mathrm{d}t} = T \tag{5-28}$$

式中，J 为步进电动机转子转动惯量；B 为阻尼系数；T 为步进电动机的磁阻转矩。

因为 $T=-T_m\sin\theta_e=-T_m\sin(Z_r\theta)$，因此式(5-28)变为

$$J\frac{\mathrm{d}^2\theta}{\mathrm{d}t^2} + B\frac{\mathrm{d}\theta}{\mathrm{d}t} + T_m\sin(Z_r\theta) = 0 \tag{5-29}$$

当失调角较小时有 $\sin(Z_r\theta)=Z_r\theta$，代入上式得

$$\frac{\mathrm{d}^2\theta}{\mathrm{d}t^2} + \frac{B}{J}\frac{\mathrm{d}\theta}{\mathrm{d}t} + \frac{T_mZ_r}{J}\theta = 0 \tag{5-30}$$

阻尼比 ζ 为

$$\zeta = \frac{B}{2}\sqrt{\frac{1}{JT_mZ_r}} \tag{5-31}$$

无阻尼自振角频率或固有振荡角频率 ω_n 为

$$\omega_n = \sqrt{\frac{T_mZ_r}{J}} \quad (\mathrm{rad/s}) \tag{5-32}$$

当 $0<\zeta<1$ 即 $0<B<2\sqrt{JT_mZ_r}$时，步进电动机处于欠阻尼状态，此时特征方程的根是一对共轭复数，$\theta(t)$是衰减的振荡曲线，步进电动机此时运行在幅值不断衰减的振荡状态，如图 5-16 所示。振荡的角频率 ω_d 为

$$\omega_d = \omega_n\sqrt{1-\frac{B^2}{4JT_mZ_r}} = \omega_n\sqrt{1-\zeta^2} \tag{5-33}$$

ω_d 又称为有阻尼振荡角频率。

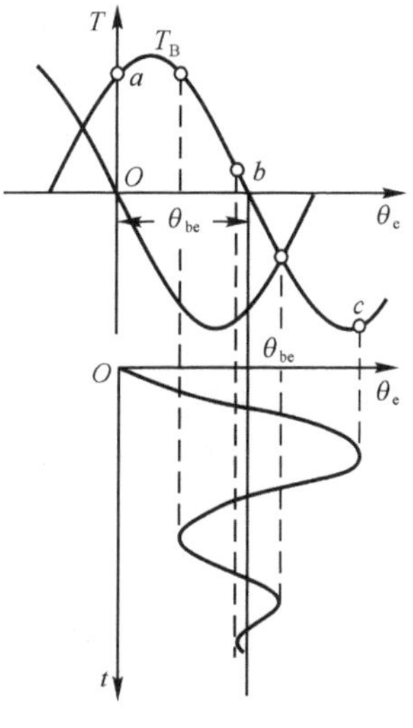

图 5-16　有阻尼时转子的衰减振荡

当 $\zeta=1$ 即 $B=2\sqrt{JT_mZ_r}$ 时，步进电动机处于临界阻尼状态，特征方程的根是一对相等的负实根；当 $\zeta>1$ 即 $B>2\sqrt{JT_mZ_r}$ 时，步进电动机处于过阻尼状态，特征方程的根是一对不相等的负实根。这两种情况下 $\theta(t)$ 都是单调变化的曲线，步进电动机转子的运动不存在振荡现象。

5.4.2 连续运行状态

步进电动机的输入脉冲信号频率称为控制频率(拍/秒或脉冲数/秒)。控制频率提高时，相应的每个绕组通电的持续时间就减少。当绕组通电的持续时间小于机电过渡过程时间时，步进电动机就处于连续运行状态。步进电动机运动的步数应与输入电脉冲相等。步进电动机运动的步数与输入电脉冲数不相等，动态过程结束后也不能自行消除的现象称为失步。失步包括丢步和越步。丢步是指转子前进的步数少于脉冲数；越步是指转子前进的步数多于脉冲数。对步进电机的基本要求就是不失步。

步进电动机的工作频率是指电动机按照指令的要求进行正常工作时的最高控制频率。所谓正常工作就是不失步地工作。工作频率通常分为启动频率、制动频率及运行频率，其中运行频率又称为连续工作频率。对同样的负载来说，正、反向的启动频率和制动频率都是一样的，而运行频率却要高得多。所以一般步进电动机的技术数据中只给出启动频率和运行频率。

1. 步进电动机的启动过程和启动频率

首先分析步进电动机的启动过程。如果步进电动机负载转矩为零但有黏滞阻尼转矩，在一相控制绕组通电的情况下，转子位于稳定平衡点 O_a 处，图 5-17 中的曲线“A”是这一初始状态所对应的矩角特性。

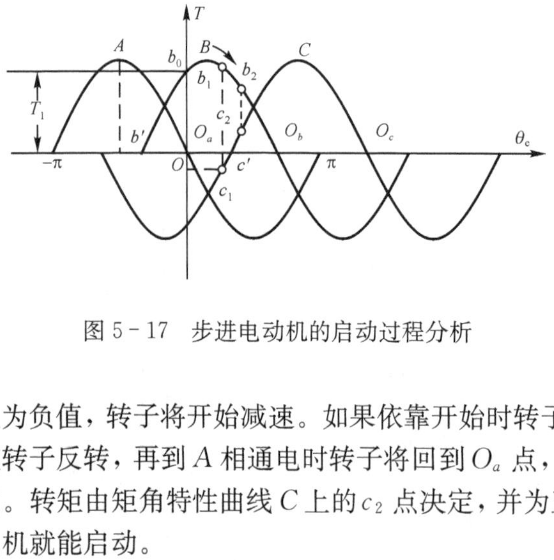

图 5-17 步进电动机的启动过程分析

当第一个控制脉冲加给步进电动机，换接通电状态，矩角特性由曲线“A”跃变为曲线“B”。在此瞬间，电磁转矩 T_1 作用在转子上，并使之开始加速。角加速度的大小由电磁转矩与转动部分的转动惯量之比(T_1/J)决定。电磁转矩将沿着曲线 $b_0b_1b_2O_b$ 变化。加第二个脉冲给步进电动机时，转子的位置可能有两种情况：①转子的角位移不大，在 b_1 点，电磁转矩由矩角特性曲线“C”上的 c_1 点决定，且为负值，转子将开始减速。如果依靠开始时转子的初速度不能使其超过 c' 点，那么转矩将使转子反转，再到 A 相通电时转子将回到 O_a 点，电机不能启动。②转子角位移较大，在 b_2 点。转矩由矩角特性曲线 C 上的 c_2 点决定，并为正值，步进电动机将继续加速。这种情况下电机就能启动。

可见，步进电动机的启动除了必须满足最大负载转矩要小于启动转矩 T_{st} 之外，控制频率必须小于某一值。步进电动机能无失步启动和停转的最高频率称为启动频率。它是衡量步进电动机快速性能的重要技术数据。启动频率不仅与负载转矩的大小有关，而且负载的转动惯量对它也有显著影响，同时它还与步进电动机本身的参数以及驱动电源的条件有关。因此，步进电动机的启动性能不能简单地用启动转矩值标定，而是需要用几种特性来体现。这主要包括：

1）启动矩频特性，步进电动机在负载转动惯量及其他条件不变的情况下，启动频率与负载转矩的关系；

2）启动惯频特性，步进电动机在负载转矩及其他条件不变的情况下，启动频率与负载转动惯量的关系。

启动矩频特性和启动惯频特性都是下降曲线，如图 5－18 所示。

2. 运行频率、动态转矩与运行矩频特性

步进电动机在负载条件下能无失步运行的最高控制频率称为运行频率。实测运行频率时，先使步进电动机启动，然后逐渐升高控制频率。影响运行频率的主要因素是负载转矩。步进电动机的运行频率比启动频率高得多。

步进电动机转动时所产生的转矩称为动态转矩，动态转矩也就是步进电动机连续运行时的输出转矩。步进电动机在负载转动惯量及其他条件不变的情况下最大输出转矩 T_{dm} 与运行频率 f 的关系称为步进电动机的运行矩频特性。它是一条下降的曲线如图 5－19 所示。由图可知，步进电动机的最大动态转矩从启动转矩开始，并且随控制频率的升高而减小。

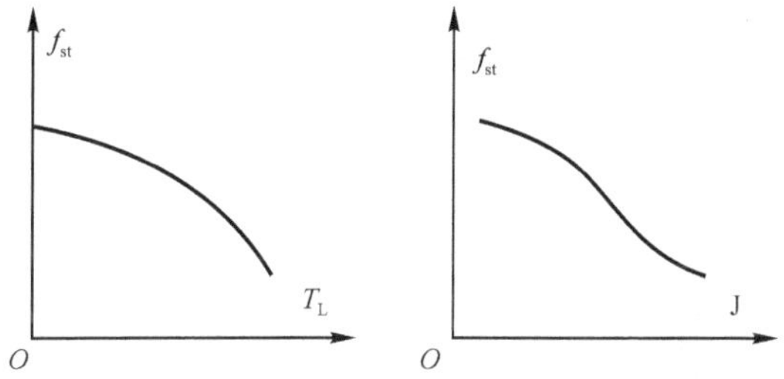

(a)启动矩频特性　　(b)启动惯频特性

图 5－18　启动矩频特性和惯频特性

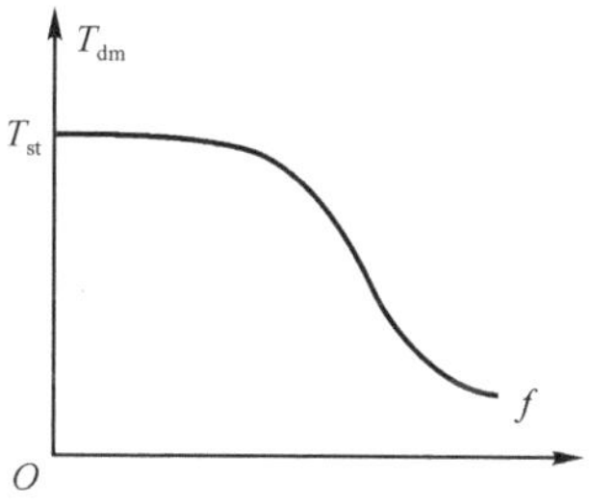

图 5－19　运行矩频特性

频率增高以后步进电动机的负载能力下降的一个主要原因就是定子绕组电感的影响，电感有阻止电流变化的特性。以图 5－20 的电路为例，当控制脉冲要求某一相绕组通电时，虽然三极管 T_1 已经导通，绕组已加上电压，但绕组中的电流不会立即上升到规定的数值，而是按指数曲线上升。同样当控制脉冲使 T_1 截止，要求这相绕组断电时，绕组中的电流不会立即下降到零，而是通过放电回路按指数曲线下降。加在绕组上的电压和电流波形如图 5－21 所示。电流上升的速度与通电回路的时间常数 T_a 有关

$$T_a = \frac{L}{R} \tag{5-34}$$

式中，L 为绕组的电感；R 为通电回路的总电阻，包括绕组本身的电阻、串联电阻 R_{f1} 及三极管内阻等。

电流 i 下降的速度和放电回路的时间常数 T'_a 有关

$$T'_a = \frac{L}{R'} \tag{5-35}$$

式中，R' 为放电回路的总电阻，包括绕组本身的电阻，串联电阻 R_{f2}，二极管 D_1 的内阻等。

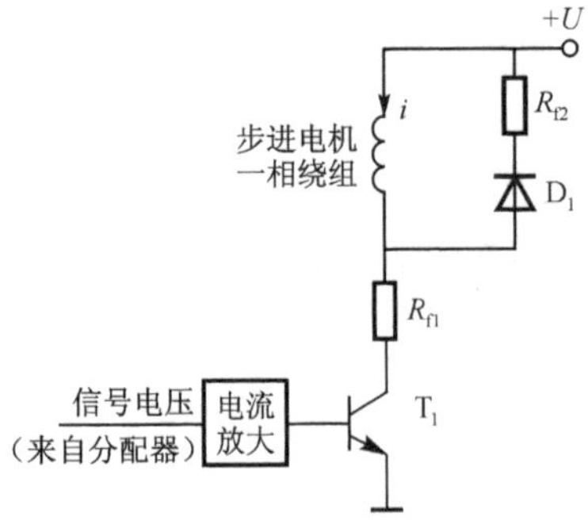

图 5-20 单电压电路

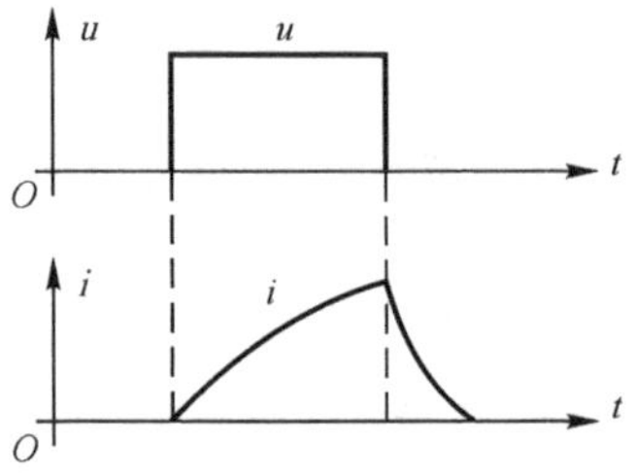

图 5-21 绕组的电压和电流

图 5-22 表示一个三相步进电动机控制回路及其在不同控制频率下的绕组电流波形。当控制频率比较低时，每相绕组通电和断电的周期比较长，绕组电流可以达到额定值，电流的波形接近理想的矩形波，如图 5-22(b)所示。当控制频率升高后，通电时间变短，电流的幅值减小，电流的波形和理想的矩形波有较大差别，如图 5-22(c)所示。当控制频率进一步升高，绕组电流上升时间进一步缩短，电流波形将接近三角波，幅值也很小，如图 5-22(d)所示。电流下降将使转矩下降。

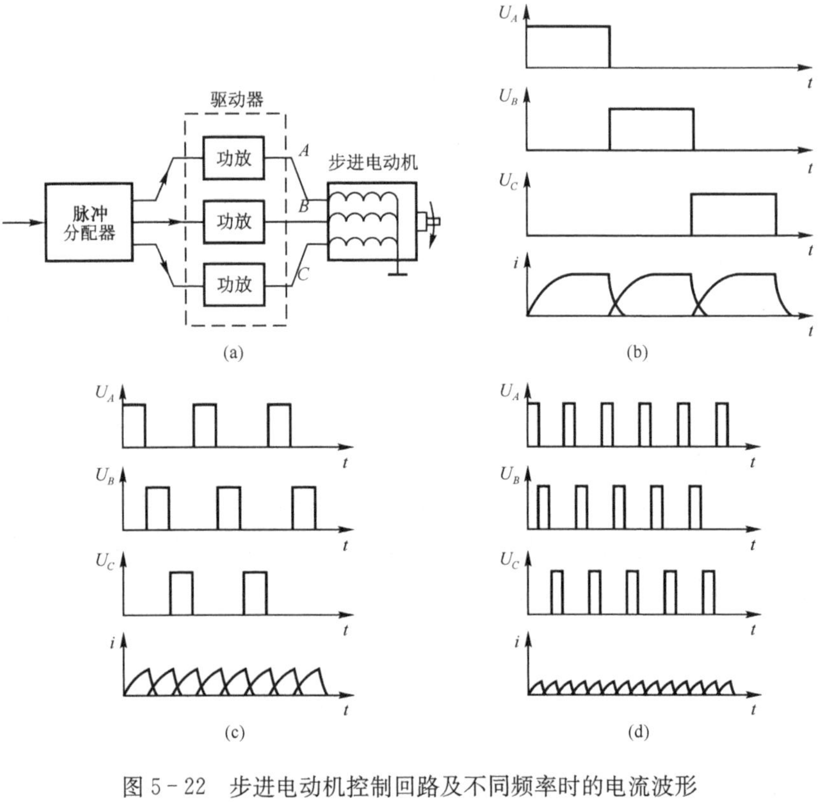

图 5-22 步进电动机控制回路及不同频率时的电流波形

3. 不同控制频率下的运行

步进电动机启动后连续不断地送入控制脉冲，电机就连续转动。由于控制频率不同，步进电动机的运行可能出现许多复杂的情况。

(1) 极低频下运行

所谓极低频率是指控制脉冲的周期足够长，一个周期内转子的振荡衰减到很小的程度，转子处于新的平衡位置或其附近。下一个控制脉冲到来时，电机又从不动的状态开始，故每一步都和单步运动一样。这时电机具有步进的特征如图5－23所示，不会出现丢步、越步等现象。

(2) 低频运行，低频丢步和低频共振

控制频率增加，脉冲周期缩短，在转子振荡还未衰减完时，下一个脉冲就来到。这时转子的运行情况与脉冲到来时转子的位置有关。脉冲到来时转子的位置与控制频率有关，如图 5－24 所示。图中脉冲周期为 T'(频率 $f'=1/T'$)时转子的位置为 θ'_{e0}，周期为 T''($f''=1/T''$)时转子的位置为 θ''_{e0}。

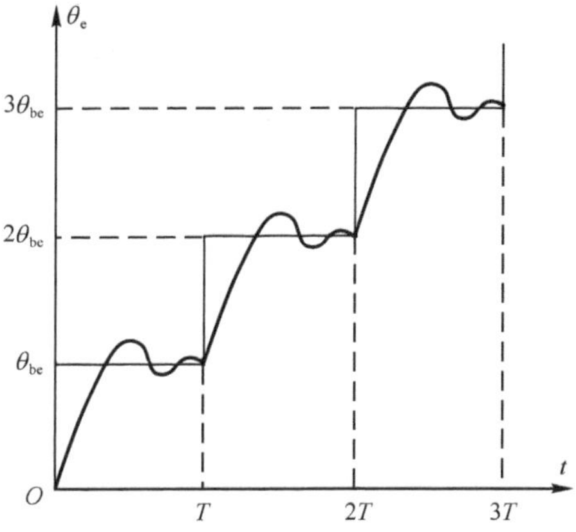

图 5－23　具有步进特征的运行

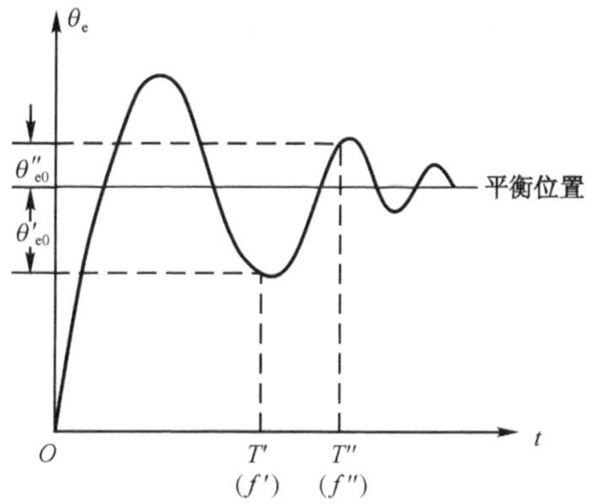

图 5－24　不同脉冲周期的转子位置

值得注意的是，当控制脉冲的频率等于或接近步进电动机振荡频率的 $1/k$ 倍(脉冲周期等于或接近电机振荡周期的 k 倍，$k=1,2,3,\cdots$)而又高于极低频率时，电机可能出现强烈振动甚至失步和无法工作，这就是低频共振和低频丢步现象。下面以三相步进电机为例来说明。

低频丢步的物理过程如图 5－25 所示。假定开始时转子处于 A 相矩角特性的平衡位置 a_0 点，第一个脉冲到来时，通电绕组换为 B 相，矩角特性移动一步距角 θ_{be}，则转子应向 B 相的平衡位置 b_0 点运动。如果转子的运动过程是一个衰减振荡，它要在 b_0 点附近作若干次振荡，其振荡频率就是单步运行时的频率 ω_d，周期为 $T_d=2\pi/\omega_d$。如果控制脉冲的频率也为 ω_d，则转子作衰减振荡正好处于第一次回摆最大值时(对应图中 R 点的位置角)，第二个脉冲到来，通电绕组换为 C 相，矩角特性又移动了 θ_{be}角。如果转子对应于 R 点的位置是处在 C 的稳定区之外，即 R 点的失调角 $\theta_{eR}<(-\pi+\theta_{be})$，那么转子受到的电磁转矩为负值，即转矩方向是使转子由 R 点位置不是向 c_0 点位置运动，而是向 c'_0点位置运动，第三个脉冲到来时，转子再由 c'_0点附近向 a_0 点位置运动，转子经过三个脉冲仍然回到原来位置 a_0 点，丢了三步。这就是低频丢步的物理过程，一般情况下，一次丢步的步数是运行拍数 N 的整数倍。丢步严重时转子将停留在一个位置上或围绕一个位置振动。

如果阻尼作用比较强，那么电机振荡衰减得比较快，转子振荡回摆的幅值就比较小。转子对应于 R 点的位置如果处在稳定区之内，电磁转矩就是正的，电机就不会立即失步。

当控制脉冲频率等于 $1/k$ 倍转子振荡频率时，如果阻尼作用不强，即使电机不发生低频失步，也会产生强烈振动，这就是步进电动机低频共振现象。图5－26就是表示转子振荡两次，在第二次回摆时下一个脉冲到来的转子运动规律，可见转子具有明显的振荡特性。共振时，电机就会出现强烈振动，甚至失步而无法工作，所以一般不容许电机在共振频率下运行。但是如果采用较多拍数，再加上一定的阻尼和干摩擦负载，电机振动的振幅可以减小，并能稳定运行。

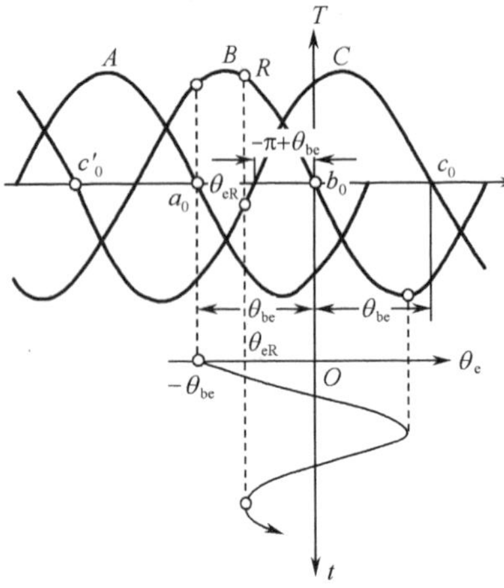

图 5－25　步进电动机的低频丢步

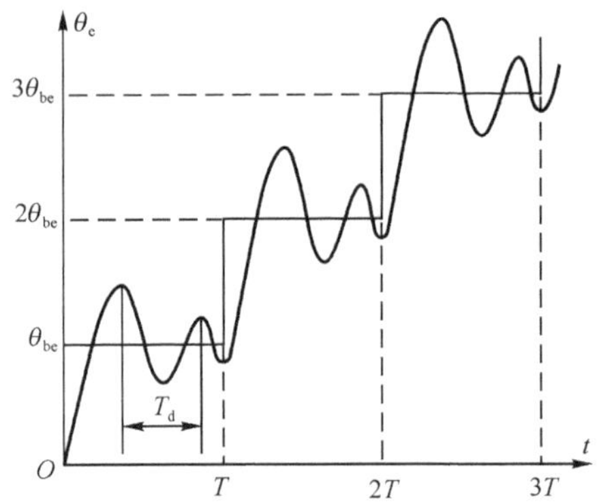

图 5－26　低频共振时的转子运动规律

为了减弱低频共振现象，步进电动机在设计时往往要采用特殊结构，或者选取特定的参数和齿槽形状，使电机本身具有较适当的阻尼。当然这种做法会给步进电动机的其他性能带来不利影响。当步进电动机的阻尼不够大时，使用者可以采取外部阻尼手段以增加步进电机系统的阻尼。常用的方法包括采用机械阻尼器，依靠阻尼器增加摩擦阻力或黏性阻力，消耗振动的能量，减小振动的振幅；在电子控制线路和控制方法中采取一定措施，达到增大阻尼的作用。

(3) 连续脉冲作用下的平稳运行

当控制频率增加，接近或高于电机振荡频率的 2 倍，即脉冲周期小于电机振荡周期的一半时，在电机前一步振荡的最大值附近或前一步振荡尚未达到峰值之前，下一个脉冲就到来了，此时电机的运行比较平稳，如图 5－27 所示。

当电机有了一定转速以后，再以一定速度升频，则电机的转速也随之增加，但是频率较高时，由于绕组电感的作用，动态转矩下降很多，负载能力较差，而电机内部的阻尼转矩，如轴承摩擦、风摩擦等却大为增加，这样即使在空载情况下，连续运行时的脉冲信号频率也受到了限制。

4. 步进电动机的微分方程与传递函数

在一定的条件下，步进电动机的动态特性也可以用传递函数表示。

步进电动机的输入信号本来是脉冲个数，它代表步进电动机相应的转角位置，并与这些相应的角位移成正比。在推导微分方程与传递函数时，为方便起见，不以脉冲个数为输入量，而以它所代表的角位移 θ_i 为输入量，以电机转子的实际角位移 θ 为输出量。设与 θ 及其导数有关的转矩只有磁阻转矩和黏滞阻尼转矩 $B\mathrm{d}\theta/\mathrm{d}t$ 。因为求 θ 与 θ_i 之间的传递函数，所以令与 θ 及其导数无关的转矩为零。按力学定律有

$$J\frac{\mathrm{d}^2\theta}{\mathrm{d}t^2}+B\frac{\mathrm{d}\theta}{\mathrm{d}t}=T \tag{5-36}$$

式中，J 为步进电动机转子的转动惯量；B 为阻尼系数；T 为步进电动机的磁阻转矩。

脉冲个数所代表的角位移 θ_i 应是步进电动机的稳定平衡位置，所以电机转子的失调角为 $\theta-\theta_i$，用电角表示就是 $Z_r(\theta-\theta_i)$，Z_r 是转子的齿数。因此有

$$T=-T_m\sin[Z_r(\theta-\theta_i)] \tag{5-37}$$

式(5-36)变为

$$J\frac{\mathrm{d}^2\theta}{\mathrm{d}t^2}+B\frac{\mathrm{d}\theta}{\mathrm{d}t}=-T_m\sin[Z_r(\theta-\theta_i)] \tag{5-38}$$

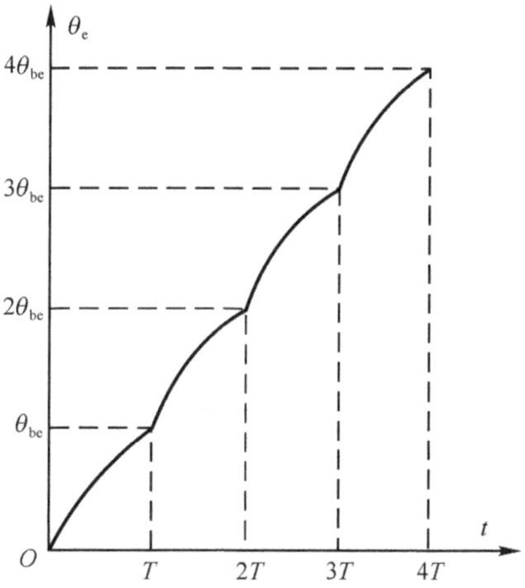

图 5-27 具有较稳定转速的运行

上式就是步进电动机的运动方程式，它是一个非线性微分方程。当失调角较小时有 $\sin[Z_r(\theta-\theta_i)]\approx Z_r(\theta-\theta_i)$，于是式(5-38)变为

$$J\frac{\mathrm{d}^2\theta}{\mathrm{d}t^2}+B\frac{\mathrm{d}\theta}{\mathrm{d}t}+T_mZ_r\theta=T_mZ_r\theta_i \tag{5-39}$$

对上式进行拉普拉斯变换后可求出步进电动机的传递函数为

$$\frac{\Theta(s)}{\Theta_i(s)}=\frac{\dfrac{T_mZ_r}{J}}{s^2+\dfrac{B}{J}s+\dfrac{T_mZ_r}{J}}=\frac{\omega_n^2}{s^2+2\zeta\omega_n s+\omega_n^2} \tag{5-40}$$

可见，在失调角较小时步进电动机可看成一个二阶系统，它的无阻尼自振角频率 ω_n 和阻尼比 ζ 分别为

$$\omega_n=\sqrt{\frac{T_mZ_r}{J}} \tag{5-41}$$

$$\zeta=\frac{B}{2\sqrt{T_mZ_rJ}} \tag{5-42}$$

根据自动控制原理可知，当 $\zeta<1/\sqrt{2}$ 即 $\zeta<0.707$ 时，二阶系统的闭环幅频特性中将出现谐振峰值 M_r 和对应的谐振频率 ω_r，它们分别为

$$M_r=\frac{1}{2\zeta\sqrt{1-\zeta^2}} \tag{5-43}$$

$$\omega_r=\omega_n\sqrt{1-2\zeta^2} \tag{5-44}$$

当 $0.707\leqslant\zeta<1$ 时，二阶系统不存在谐振频率，但此时系统对阶跃输入的响应仍具有振荡性质。

从控制原理中频域分析的角度看，当输入信号的频率等于或接近 $1/k$ 倍(k 是正整数)谐振频率时，由于输入信号中的谐波分量中必有一个分量，其频率等于或接近谐振频率，从而可能引起较强烈的振荡，这就是步进电动机的低频共振现象。解决的方法是：

1）限制或改变输入信号频率，或改变谐振频率 ω_r，使得输入信号频率远远低于 ω_r，或高于 $2\omega_r$。

2）增大步进电动机系统的阻尼比 ζ，这样不但能减小谐振峰值甚至能消除谐振现象，特别是低频共振现象，而且能减少甚至消除阶跃响应时的超调和振荡，从而减小甚至消除步进电动机运行中的振荡现象。

5.5 永磁式和混合式步进电动机

5.5.1 永磁式步进电动机

1. 结构

永磁式步进电动机结构见图 5-28。转子由永磁体组成，多数是隐极形式。$2p$ 极电机转子磁极数 Z_r 为

$$Z_r = 2p \tag{5-45}$$

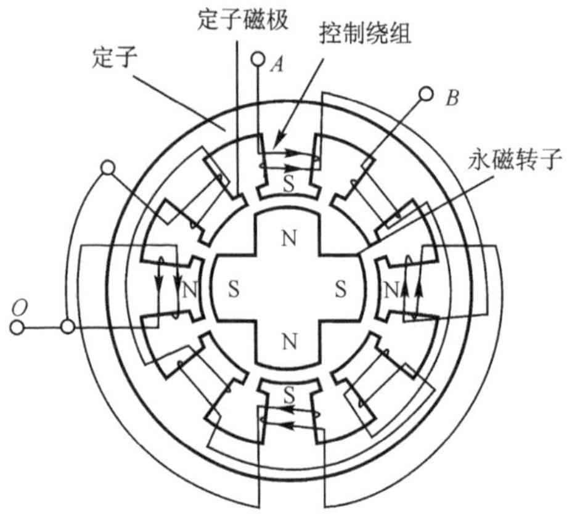

图 5-28 永磁式步进电动机

转子相邻磁极轴线夹角（极距角）θ_r 为

$$\theta_r = \frac{360^\circ}{Z_r} \tag{5-46}$$

定子铁心由软磁钢片叠压而成。定子上有 m 相绕组。每相绕组有 $2p$ 个线圈，放在 $2p$ 个定子磁极上。一相定子绕组通电形成 $2p$ 个磁极。定子为显极形式，定子磁极总数 Z_s 为

$$Z_s = 2mp \tag{5-47}$$

定子磁极轴线夹角（极距角）θ_s 为

$$\theta_s = \frac{360^\circ}{2mp} = \frac{1}{m}\theta_r \tag{5-48}$$

某个定子磁极和转子磁极对齐时，相邻定子磁极轴线和转子磁极轴线的夹角就是 θ_s。

对于图 5-28 所示电机，$Z_r=2p=4$，$m=2$，由此可得 $p=2$，$\theta_r=90^\circ$，$Z_s=8$，$\theta_s=45^\circ$。

2. 工作原理

定子绕组周期性通电，形成步进式旋转磁场，依靠磁极间的相互作用力，带动永磁转子转动。

绕组具有正、反两种通电状态。图 5-28 表示出 A 相绕组正向通电时定子形成的磁极。当 A 相绕组反向通电时，极性改变。

电机的通电状态数也称为拍数。m 相电机的拍数 N 为

$$N = 2m \tag{5-49}$$

图 5-28 的两相电机有 4 种通电状态。以 A 和 $-A$ 表示 A 相绕组正、反向通电，该电机的一种通电顺序为

$$A \rightarrow B \rightarrow (-A) \rightarrow (-B) \rightarrow A$$

此时定子磁场顺时针转动。改变通电顺序，磁场反转。

当 A 相通电，A 相极下定、转子磁极对齐时，相邻的 B 相极下定、转子磁极轴线夹角为 θ_s。当 A 断 B 通，B 相极下定、转子磁极对齐时，转子转过定子的一个极距角 θ_s。故转子每步转角(步距角)θ_b 为

$$\theta_b = \theta_s = \frac{360^\circ}{2mp} \tag{5-50}$$

完成一个通电周期应走 $2m$ 步，转动角度为 $2m\theta_b = 360^\circ/p$，转过转子的一对磁极的距离。

对于图 5-28 的电机，$\theta_b = \theta_s = 45^\circ$，一个通电周期有 4 步，转动 180°，正是转子一对磁极的距离。

由图 5-28 可知，绕组通电状态不变时，转矩是转角的周期函数，周期是转子一对磁极的角度，即 $360^\circ/p$，取稳定平衡位置为转角的零位，则可得转矩的傅里叶级数的基波为

$$T_1 = -T_m \sin p\theta \tag{5-51}$$

永磁式步进电动机的矩角特性、动态特性方程及传递函数与磁阻式步进电机相似。

永磁式步进电动机的特点是：①步距角大，例如 15°、22.5°、45°、90°等；②启动频率低，通常为几十至几百赫兹(但转速不一定低)；③由于用永磁转子，控制功率小，力矩大；④断电时有定位转矩；⑤由于用永磁转子，阻尼特性较好。

5.5.2 混合式步进电动机

混合式步进电动机又称为感应子式永磁步进电动机，从结构和原理上看，它都具有磁阻式和永磁式两种步进电动机的特点，应用广。

1. 结构

图 5-29 是典型的混合式步进电动机的结构图。

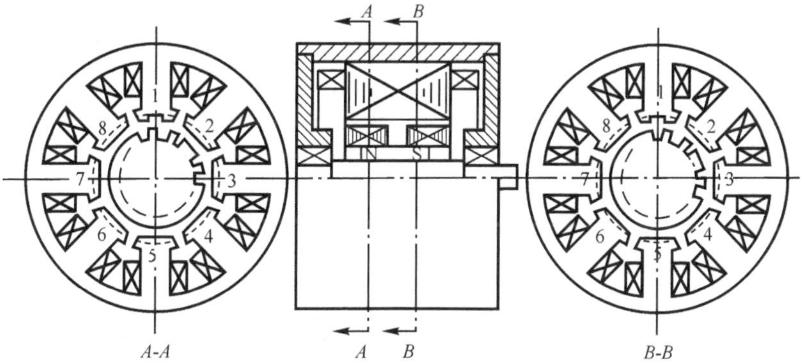

图 5-29 混合式步进电动机的结构

定子铁心结构与磁阻式步进电动机相同，由软磁薄片叠压而成。磁极为凸极，磁极表面具有小齿结构。定子磁极上的集中绕组分成 m 相，正、反向通电，通电顺序同永磁式步进电动机。

例如，图 5-29 的混合式步进电动机定子铁心与图 5-1 的磁阻同步电动机相同，绕组分相的情况和控制方法同图 5-28 的永磁步进电动机一样，两相绕组正、反向通电，通电顺序为 $A \to B \to (-A) \to (-B) \to A \cdots$，或反顺序。

转子沿轴向分成三段。中间一段是永磁体，轴向充磁。两端是软磁铁心，铁心外表面有小齿，与定子小齿相同，这与磁阻式步进电机相似，但转子两端小齿位置错开半个齿距角。

设定子绕组为 m 相，正、反向通电，一个通电周期有 N 个状态，拍数 N 为

$$N = 2m \tag{5-52}$$

$2p$ 极电机，定子铁心磁极数 Z_s 为

$$Z_s = 2mp \tag{5-53}$$

设转子齿数为 Z_r，则齿距角 θ_t 为

$$\theta_t = \frac{360°}{Z_r} \tag{5-54}$$

某个定子极下定、转子小齿对齐时，相邻的定子极下定、转子齿错开 $1/N$ 齿距角，则有

$$\frac{Z_r}{2mp} = K \pm \frac{1}{N} = K \pm \frac{1}{2m} \tag{5-55}$$

即

$$Z_r = 2Kmp \pm p \tag{5-56}$$

式中，K 为正整数。

转子轴向两端是固定的异性磁极。定子磁极极性由绕组通电方向决定，定子一个磁极轴向两端是同性磁极。定子同相绕组相邻磁极是异性磁极。

例如，图 5-30 是图 5-29 中 A-A、B-B 剖面展开成直线的图形。定子 A 相有 1、3、5、7 四个磁极。A 相通电，磁极 1 两端都是 N 极，3 是 S 极，5 是 N 极，7 是 S 极。转子左端始终是 N 极，右端是 S 极。

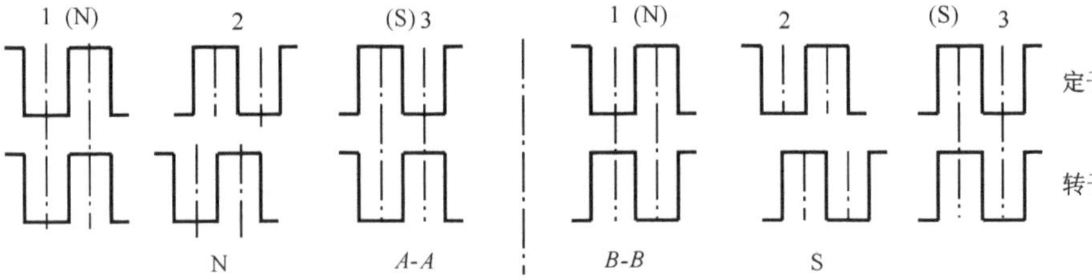

图 5-30　混合式步进电动机的平衡位置

2. 工作原理

当定、转子的磁极表面具有小齿时，磁极之间的作用力的表现形式是，异性磁极下磁阻最小，齿与齿对齐；同性磁极下磁阻最大，齿与槽对齐。混合式步进电动机定子绕组周期性通电，形成步进式旋转磁场，依靠具有小齿的磁极间的相互作用力，带动永磁转子转动。

图 5-30 是 A 相通电的一个稳定平衡状态，异性磁极下齿与齿对齐，同性磁极下齿与槽对齐。A 相通电时，设 A 相某个磁极下定、转子齿轴线已对齐，由式(5-55)，相邻的 B 相磁极下定、转子齿轴线夹角为 θ_t/N。改为 B 相通电时，B 极下定、转子齿轴线应对齐，故转子应转动 θ_t/N，步距角 θ_b 为

$$\theta_b = \frac{\theta_t}{N} = \frac{360°}{NZ_r} \tag{5-57}$$

电角的定义与磁阻式步进电机相同，用电角表示的步距角 θ_{be} 为

$$\theta_{be} = Z_r\theta_b = \frac{360^\circ}{N} \tag{5-58}$$

转动方向取决于绕组通电顺序。

例如，对于图 5-29、图 5-30 的电机，$N=4$、$\theta_b=\theta_t/4$。电机处于 A 相平衡状态。A 断电 B 通电后，若定子磁极 2 是 S 极，则转子向右转 $\theta_t/4$；若 2 是 N 极，转子向左转 $\theta_t/4$。

利用图 5-30 可知，绕组通电状态不变时，转矩是转角的周期函数，周期是转子的一个齿距角，与磁阻式步进电机完全相同。所以混合式步进电机的矩角特性、动态特性方程及传递函数与磁阻式步进电机相同。

实际上，混合式步进电机都有配套的采用细分电路的驱动器(见 5.6 节)。此时的步距角按下式计算：

$$\theta_{bx} = \frac{\theta_b}{K} \tag{5-59}$$

式中，θ_b是产品说明书给出的步距角，就是不用细分电路时的步距角；K 为细分数，它是 2 的整数次幂，如 2,4,8,16 等。

混合式步进电机像磁阻式步进电机一样可做成小步距角，采用细分电路后步距角更小，有较高的启动频率和运行频率，又像永磁式步进电机那样控制功率小，力矩较大，定子断电时有定位转矩。但转子结构和工艺复杂，绕组正、反向通电，驱动器或绕组复杂。

5.6 步进电动机的驱动器

5.6.1 引言

步进电动机要求把具有足够功率和一定频率的脉冲电压(电流)按着选定的顺序加给各控制绕组，完成这些功能的专用设备是步进电动机的控制器与驱动器。步进电机必须与控制器和驱动器配用。步进电动机系统的性能除了与电动机本身的性能有关外，还取决于驱动器的类型与优劣。阻尼、最大转速、动态转矩、效率、功率损耗等性能都和驱动电路有关。

目前市场上已有多种类型的步进电动机用集成模块或驱动器出售。它们可向步进电动机输出单极性脉冲，有的还可输出双极性脉冲。

控制器和驱动器的结构示意图见图 5-31。控制器主要指脉冲发生器，有时也包括脉冲分配器。脉冲发生器过去多由电子电路做成，其中包括脉冲发生电路、门电路、整形反相电路、脉冲放大器、计数器等。近年来，控制脉冲已逐渐改由单片机产生，或者在微机上用步进电动机运动控制卡产生。运动控制卡根据输入的位置、速度、转向等信息，能给出适当的控制脉冲的个数、频率，防止失步。

脉冲分配器旧称环形分配器，它接收控制脉冲信号和方向信号，并按步进电动机的分配方式(状态转换表)要求的状态顺序产生各相控制绕组导通或截止的信号。脉冲分配器输出的信号数目与电机相数相同。每来一个控制脉冲，脉冲分配器的输出信号中至少有一个发生变化，它的输出状态就转换一次。输入的方向信号决定了输出的状态转换是按正序还是按反序，从而决定了电动机的转向。

脉冲分配器的选用和设计有三种方法：①采用现成的集成化的脉冲分配器成品，这些成品具有集成度高，可靠性好的优点。但是，不同种类、不同相数和不同分配方式的步进电动

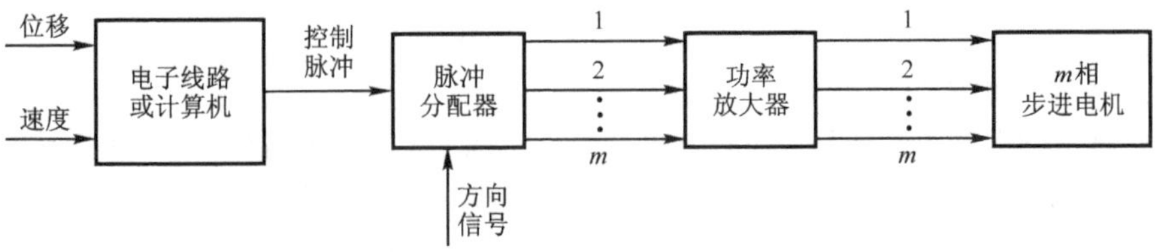

图 5-31　步进电机控制器与驱动器

机必须采用不同的脉冲分配器。②使用 EPROM 设计脉冲分配器。③采用各种门电路和触发器电路搭成所需要的脉冲分配器。

步进电机的驱动器一般包括脉冲分配器和功率放大器。功率放大器包括信号放大与处理电路、保护电路、推动放大级电路和功放输出级电路。

保护电路可根据需要设置过电流保护、过热保护、过压保护、欠压保护等。有时还需要对输入信号进行监护，发现输入异常也提供保护动作。

功率放大器输出级电路直接与步进电动机各相绕组连接。步进电动机的每一相绕组都要使用一个单独的功放输出电路供电。

功率放大器按输出脉冲的极性可分为单极性脉冲功放和双极性功放，后者能提供正、负脉冲，使控制绕组通正向电流或反向电流。

5.6.2　功放输出级电路

步进电机的功率放大器既要向绕组提供足够的电压、电流及正确的波形，还应当具有较高的效率，较小的功耗，较低的成本。

功放电路常用功率放大器件有功率晶体管，场效应功率管，双极型晶体管与场效应管的复合管以及各种功率模块。

简单的功放电路采用分立元件制成，同时也有专用集成电路驱动片供选用。

1. 单电压型功放电路

图 5-32 是单电压型功放的一相功放输出级电路的原理图，m 相步进电动机有 m 个这样的功放电路。由推动级输出的脉冲电压信号加到三极管 T_1 的基极上，控制 T_1 的导通和截止。T_1 是功放电路的末级功放管，它与步进电机的控制绕组串联。它们之中通过的电流波形如图 5-22 所示。为了提高动态转矩，应减小电流上升的时间常数 T_a，由于 $T_a=L/R$，就要求在设计电机时尽量减小绕组的电感 L，在设计功放电路时加大串联电阻 R_{f1}。但在增大 R_{f1} 以后，为了达到原来的稳态电流值，电源电压 U_a 就要作相应的提高（稳态电流 $I_a=U_a/(R_{f1}+R_a)$）。但 R_{f1} 大，损耗也大。一般选 R_{f1} 为 5～10Ω。图 5-32 中与电阻 R_{f1} 并联一个电容 C。因为电容两端电压不能突变，当 T_1 导通的瞬间 C 使电阻 R_{f1} 短路，电源电压全部加在控制绕组上，所以电容 C 可使绕组电流上升速度加快。

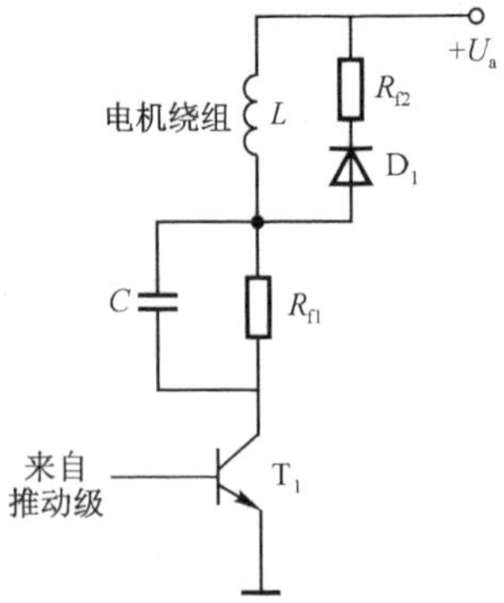

图 5-32　单电压功放电路

在晶体管 T_1 截止时电流的变化将使绕组中产生很大的

自感电势，使其发生击穿，为此在绕组两端并联一个二极管 D_1 和电阻 R_{f2} 组成的续流回路，为 T_1 截止时绕组电流提供一个释放回路。电阻 R_{f2} 的作用是减少续流回路的时间常数。为保证晶体管不被击穿，R_{f2} 应满足

$$R_{f2} < R_a\left(\frac{V_{cer}}{U_a} - 1\right)$$

式中，U_a 为电源电压；R_a 为电机绕组电阻；V_{cer} 为晶体管击穿电压。

单电压功放电路的优点是线路简单，功放元件少，成本低。它的主要缺点是电流流过串联电阻 R_{f1} 后要消耗非常可观的电能，损耗大，效率低。因此这种功放电路只适用于驱动小功率的步进电动机或性能指标要求不高的场合。

2. 高低压切换型功放电路

高低压切换型功放电路的原理线路如图 5-33 所示。晶体管 T_1、T_2 的集电极分别与高压和低压电源相连，分别称为高压管和低压管，它们的基极控制信号记为 u_H 和 u_L。该电路的电压和电流波形见图 5-34。图中 u 是加在电机上的电压。低压管输入信号 u_L 的脉冲宽度 t_L 与控制信号 u_c 的脉宽相同，由脉冲分配器的输出信号决定。高压管的输入信号 u_H 的前沿与 u_L 前沿同步，但一般 u_H 的脉宽 t_H 比 u_L 脉宽 t_L 小得多。实际上 u_H 是 u_L 的前沿经微分或其他整形手段获得，形成脉冲宽度不随工作频率变化的定宽脉冲，一般将高压脉宽定为1～3ms。有时是用电流检测等措施控制高压脉宽 t_H。

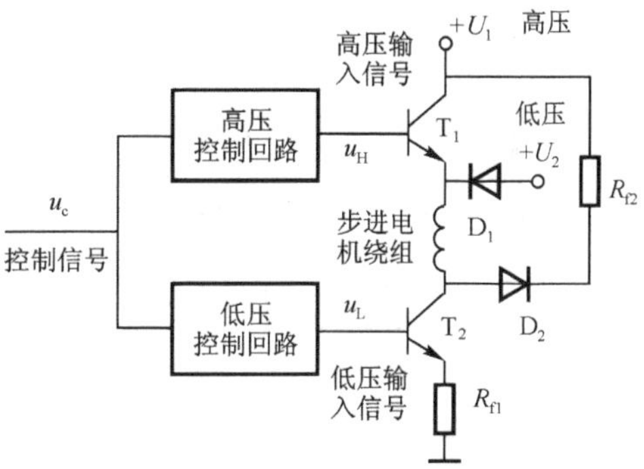

图 5-33　高低压切换型功放电路

当控制信号 u_c 要求绕组通电时，一开始晶体管 T_1 和 T_2 的基极都是高电平，使 T_1、T_2 导通。这时二极管 D_1 两端承受的是反向电压，处于截止状态，于是在高压电源作用下绕组电流迅速上升，电流前沿很陡。经过时间 t_H，或电流上升到一定值，利用定时电路或电流检测等措施使 T_1 基极上的信号电压消失，于是 T_1 截止，但此时 T_2 仍是导通的，因此绕组电流立即转而由低压电源经二极管 D_1 供给。低压电源的电压值应使绕组中的电流限制在额定电流值 I_{cn}。

当信号 u_c 为零，要求绕组断电时，T_2 截止，绕组中的电流进入续流状态，经二极管 D_2 及电阻 R_{f2} 向高压电源泄放电流，磁场的能量将回馈给高压电源。这样既缩短了绕组电流下降时间，又节约电能。

图 5-34 给出的电流波形实际上是电机在低频工作时的情况。当电机运行频率上升，转速随之增加时，由于绕组中旋转反电势增加，t_H 期间内电流的最大瞬时值有所减小，在 t_H 过后只有低压供电时，受反电势影响，绕组电流下降较快。但此时 t_L 与 t_H 相差不很大，绕组电流平均值仍能保持所需的数值。当运行频率继续升高时，t_L 与 t_H 已经接近相等或完全相等。此时在绕组导通时间内已完全由高压电源供电，低压电源不起作用。

高低压功放可在较宽的频段内保证绕组有较大的平均电流，在截止时又能使电流迅速下降，因此能产生较大的且较稳定的电磁转矩，电机的运行矩频特性好，启动和运行频率得到

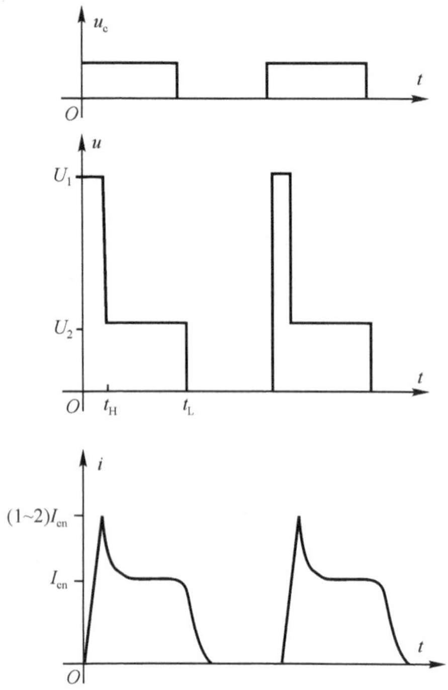

图 5-34 高低压功放的电压和电流波形

很大提高。此外，采用这种电路，电机绕组上不需要串联电阻或者只需要串联一个很小的电阻 R_{f1}（为平衡各相电流，其值为 0.1～0.5Ω），所以功率损耗小。因此高低压驱动电路目前在实际中应用较多。但是高低压功放电路在低频时绕组电流有较大的上冲值，所以低频时电机振动噪声较大，低频共振现象仍然存在。

3. 斩波恒流功放电路

斩波恒流功放电路的优点是，无论步进电动机处于锁定、低频或高频工作状态，都可以使绕组电流保持在额定值附近。

斩波恒流功放的电路原理图见图 5-35。主回路由高压晶体管 T_H、低压晶体管 T_L 和电机绕组串联而成。低压晶体管 T_L 的发射极串联一个很小的电阻(取样电阻)接地，电阻两端的电压与电机绕组的电流成正比。IC1 和 IC2 是两个控制门，控制 T_H 和 T_L 两个晶体管的导通和截止(IC1 和 IC2 仅是一种功能示意，具体电路要看实际线路)。图中各点电压波形见图 5-36。脉冲分配器的输出点(图 5-35 中①)的信号波形如图 5-36(a)所示，它就是相绕组的导通脉冲，此脉冲通过 IC2 直接控制晶体管 T_L 的导通与截止，故图 5-35 中①、②两点的电压波形相同。门 IC1 的输入信号中除了脉冲分配器来的信号以外，还有一路信号来自比较器。比较器有两个输入端，其中之一接给定电平，它代表所期望的绕组电流值；另一个接自取样电阻的电压信号，它代表绕组的实际电流值。在导通脉冲到来之前，IC1 和 IC2 都处于关门状态，输出低电平，T_H 及 T_L 都截止。由于此时取样电阻中无电流通过，反馈到比较器的输入信号为零，比较器输出高电平，见图 5-36(d)。

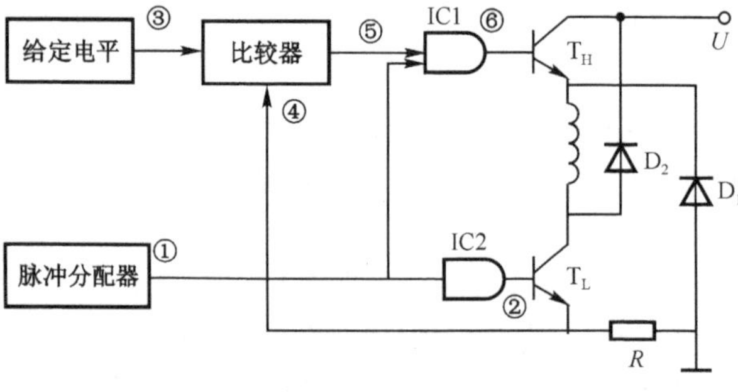

图 5-35 斩波恒流功放的原理图

当脉冲分配器输出导通信号时，高电平使门 IC1 和 IC2 打开，输出的高电平使 T_H 和 T_L 两管导通，高电压经 T_H 向电机绕组供电，绕组电流经 T_H、绕组、T_L 和取样电阻。因所加电压较高，所以电流上升较快。当电流超过给定值时，比较器输入端的取样电压超过给定电压，比较器输出低电平，从而IC1也输出低电平，关断高压管 T_H。此时磁场能量将使绕组电流按原方向继续流动，经由低压管 T_L、取样电阻、地线、二极管 D_1 构成的续流回路消耗磁场能量。此时电流将逐渐下降。当取样电阻上的电压小于给定电压时，比较器又输出高电平，高压管 T_H 导通，电源又开始向绕组供电，电流又开始上升。如此反复，电机绕组的电流就稳定在由给定电平所决定的数值附近，形成小小的锯齿波，电流波形与电路中④点的波形一样，见图5-36(c)。

当低压管 T_L 导通时，由于 T_L 的集电极电位接近于地电位，所以二极管 D_2 处于截止状态。

当脉冲分配器输出低电平时，高低压管都截止，此时绕组的续流经二极管 D_1、D_2 流向电源，续流回路与高低压切换型基本相同。

由图5-36(e)可见，在脉冲分配器所给出的相绕组导通时间内，电源电压并不是一直向绕组供电，而是间断式供电，形成一个个窄脉冲。在绕组电流的导通时间内，电机从电源取得的能量要比其他电路明显减少，因此具有很高的效率。

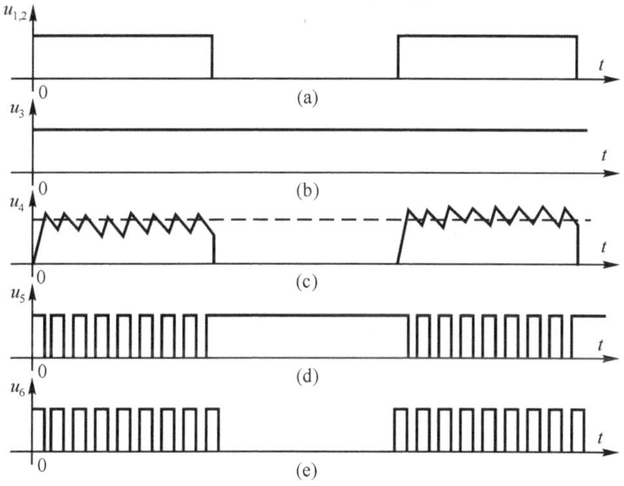

图5-36　各点波形图

另一个优点是减轻电机共振现象。电机共振的基本原因可以归结为能量过剩，而斩波恒流功放电路输出给电机绕组的能量自动随着绕组电流调节，可避免能量过剩。实测表明，低频共振现象基本消除，在任何频率下，电机都可稳定运行。

上述斩波恒流功放中，斩波频率是由绕组的电感、比较器的回差等诸因素决定，没有外来的固定频率，这种斩波电路称为自激式斩波恒流电路。如果用其他办法形成固定的频率来斩波，称为他激式。

斩波恒流功放的特点是：①高频响应特性明显改善；②输出转矩均匀；③消除了共振现象；④线路较复杂。

4. 升频升压功放电路

采用频率/电压转换器，使功放输出电压随控制频率线性增加。控制频率升高，输出电压也随着升高，加快电流上升速度，使绕组电流和转矩达到或接近额定值。低频运行时输出低电压，使绕组电流不超过额定值。

5. 细分功放电路

以上介绍的各种步进电动机功放线路，当输入脉冲对绕组进行切换时，要么是使绕组完全导通至额定电流值，要么是使绕组完全截止。细分功放电路的特点是：在每次输入脉冲对绕组进行切换时，并不是将绕组额定电流全部加入或完全切除，而每次改变的电流数值只是额定电流数值的一部分。这样绕组中的电流是台阶式地逐渐增加至额定值，切除电流时也是从额定值开始台阶式地逐渐切除。电流波形不是方波，而是阶梯波。电流分成多少个台阶，转子转一个原步距角就需要多少个脉冲。因此，一个脉冲所对应的电机的步距角要比其他功放电路小得多。这种电路可以将一个步距角细分成若干步，故称为细分功放。细分电路形成的步距角又称微步距。采用细分功放电路不仅可以使步进电动机获得更小的步距角（角分级），更高的分辨率，更小的脉冲当量（一个脉冲对应的位移），也可以明显减小电机的振动、噪声，改善步进电机的低频性能。

不细分时，步进电动机每步的步距角理论上是相等的，但细分后每一步的步距角不一定相等。步距角不均匀容易引起电机的振动和失步。如果要使细分后步距角仍然一致，则通电流的台阶可能不是均匀的。

6. H 桥功放与多相桥功放

桥式电路可提供正、反向电流。H 桥功放原理线路见图 5－37。

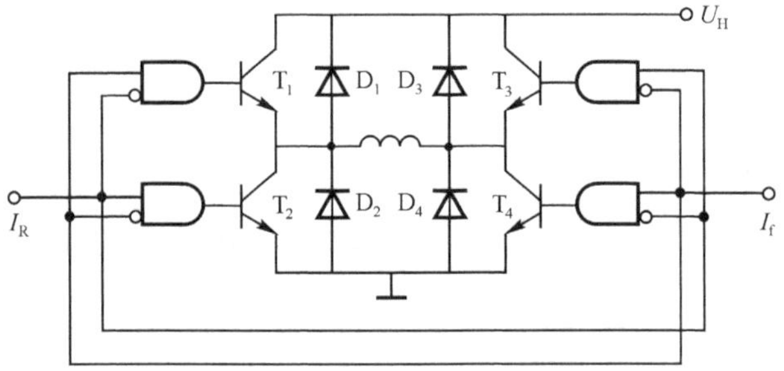

图 5－37　H 桥功放原理线路

由四个晶体管 T_1～T_4 组成 H 桥的四臂，高压管 T_1、T_3 的集电极接高压电源，低压管 T_2、T_4 的发射极接地。当输入信号 I_R 为高电平时，T_2、T_3 导通，T_1、T_4 截止，电流由电源经 T_3、电机绕组、T_2 到地。当信号 I_f 为高电平时，T_1、T_4 导通，T_2、T_3 截止，电流由电源经 T_1、电机绕组、T_4 到地。可见两种情况下电流在绕组中的流动方向相反。D_1～D_4 四个二极管组成桥式续流回路。

使用上述 H 桥功放，每相绕组必须用一个 H 桥。当电机相数较多时，使用大功率晶体管较多。而使用多相桥可以减少一半晶体管。例如，用五个 H 桥驱动五相混合式步进电动机要用 20 个功率晶体管，而采用五相桥功放只用 10 个功率晶体管。五相桥功放电路的原理图见图 5－38。这个电路有十个输入端，其中 a、b、c、d 和 e 各端表示高压管的输入端，a'、b'、c'、d' 和 e' 表示低压管的输入端。这些输入端的控制逻辑比较复杂，必须根据所选定的分配方式进行设计。例如，要求以三相励磁（即三相同时通电）方式工作时，第一拍为 $A\bar{B}C$，即 A 相、C 相正向通电，B 相反向通电，故 a、c 和 b' 三个输入端接高电平，对应晶体管导通，A、C 两相绕组接高压电源，而 B 相绕组接地，电流从高压电源沿正向经过 A、C 两相绕组，然后两相电流合并沿反向流过 B 相绕组，实现 $A\bar{B}C$ 的励磁状态。以此类推可得三相励磁时对应输入端的逻辑状态表。

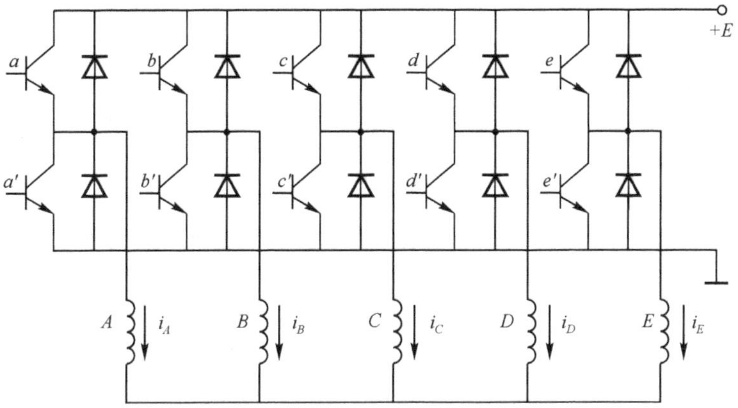

图 5－38　五相桥功放电路

5.7　步进电动机的选择

首先根据系统的特点选择步进电动机的类型。磁阻式步进电动机制造简单，精度容易保证，步距角为 0.36°～7.5°，启动和运行频率较高，但消耗功率大，效率低，相绕组不通电时没有定位转矩。永磁式步进电动机步距角大，为7.5°～15°，消耗功率小，相绕组不通电时具有一定的定位转矩，启动、运行频率较低。混合式步进电动机具有上述两种类型步进电动机的优点，即步距角小，有较高的启动和运行频率，相绕组不通电时具有一定的定位转矩，消耗功率小，但要求使用双极性功放电路。目前混式应用较广泛。

步进电动机系统往往要采用减速器，其主要原因是：

1）根据系统所要求的脉冲当量 $\theta_{\min}$（一个脉冲对应的位移量）选择到合适的步距角。

2）折算到电机轴上的负载转矩和负载惯量应满足启动矩频特性、运行矩频特性和启动惯频特性对转矩和惯量的要求。

初步确定减速比 i（电机转速/负载转速）之后，可按下述步骤选择和校核步进电动机的规格型号：

1）选择步进电动机的步距角 θ_b

$$\theta_b \leqslant i\theta_{\min}$$

2）根据系统允许的最小位移误差 $\Delta\theta_{\mathrm{L}}$ 确定步进电动机的精度等级。步进电动机的误差 $\Delta\theta_b$ 应满足

$$\Delta\theta_b \leqslant i(\Delta\theta_{\mathrm{L}})$$

式中，$\Delta\theta_{\mathrm{L}}$ 是负载轴上允许的最小误差。

3）选择步进电动机的转矩，初步选择步进电动机时，按下式选择步进电动机的最大静转矩 T_{m}

$$T_{\mathrm{m}} \geqslant KT_{\mathrm{L}}$$

式中，T_L 为折算到电机轴上的总负载转矩，包括负载的阻转矩和加速转矩，计算方法参见1.9节；K 为系数，一般取 2～3.5。

校核步进电动机的转矩性能时，还要考虑到启动矩频特性和运行矩频特性。电机的矩频特性不仅与分配方式有关，而且与驱动电路的型式有关。

4）校核电机轴上的惯量是否满足启动惯频特性的要求。

5）所选步进电动机的运行频率应大于要求的控制频率 f(步/秒)，

$$f=\frac{6n}{\theta_b}=\frac{6in_L}{\theta_b} \quad (步/秒)$$

式中，n 为所要求的电机轴的转速(r/min)；n_L 为负载轴的转速；θ_b 为步距角(°)。

习　题

1. 步进电机的主要优、缺点是什么?

2. 如何控制步进电动机的位移和转速?

3. 磁阻式步进电动机的结构特点和基本工作原理是什么?

4. 什么叫做拍、单拍制和双拍制? 步进电动机技术数据中给出的步距角有时有两个数，如步距角为1.5°/3°，这是什么意思?

5. 什么叫做步距角? 如何计算?

6. 什么叫做矩角特性?

7. 在矩角特性曲线图上标出静稳定区、最大静转矩和单步运行时的启动转矩。

8. 什么是运行矩频特性、启动矩频特性和启动惯频特性? 什么是运行频率?

9. 某五相步进电动机转子有48个齿，计算单拍制和双拍制的步距角。

10. 上题中，已知单拍运行时(两相绕组通电)的最大静转矩为0.2N·m。负载为0.18N·m时，上述运行方式中哪一种能使该步进电动机正常运行? 其中双拍制指两相绕组和三相绕组轮流通电。

11. 四相磁阻式步进电动机，转子有50个齿，计算单、双拍制的步距角，并画出单、双拍制的矩角特性曲线族。若单相单拍制的最大静转矩为0.1N·m，计算单、双拍制的启动转矩。

12. 步进电动机的驱动器包括哪些主要部分? 它们的主要功能是什么?

13. 步进电动机功率放大电路有哪几种常用类型? 它们各有什么特点?

14. 2相混合式步进电机，产品说明书给出的步距角为1.8°，若采用8细分驱动电路，步距角是多少?

第 6 章　无刷直流电动机与交流伺服电动机

直流电动机的优点是机械特性和调节特性的线性度好，转矩大，控制方法简单，这些优点与它的下述两个特点有关。直流电机定子和转子的两个磁场轴线之间的夹角由设计和结构决定，在 90°电角左右，与运行中的负载无关；直流电机的磁极磁场与电枢电流相互独立，可分别控制。但是传统的直流电机的换向器(称为机械换向器)的机械结构复杂，运行中有火花与摩擦，给应用带来很大不便。

永磁式无刷直流电动机结构框图见图 6－1。这种电机又称电子换向式无刷直流电动机，简称为无刷直流电动机，又称直流无刷电动机。它用电子开关电路和位置传感器代替电刷和换向器，既具有直流电动机的优点，又没有电刷。缺点是控制装置比较复杂。近年来无刷直流电动机在很多设备和装置上获得了越来越多的应用，性能也不断提高。

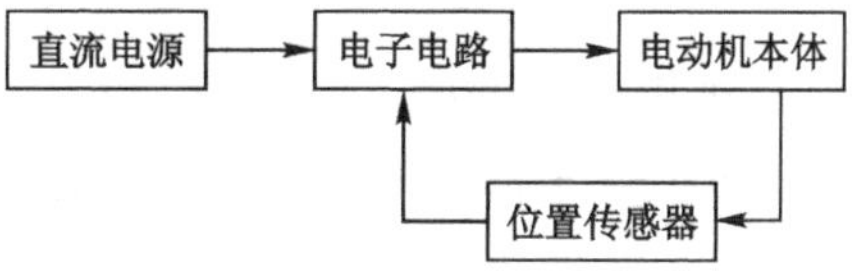

图 6－1　无刷直流电动机结构框图

本章还将介绍永磁交流伺服电动机，它的结构与永磁式无刷直流电动机很相似。由它组成的交流伺服系统性能优良，应用越来越广，有取代直流伺服系统的趋势。

6.1　无刷直流电动机的结构

从功能上看，无刷直流电动机系统可分为电动机本体、位置传感器和电子控制与开关电路三部分，它的结构框图和结构示意图见图 6－1 和图 6－2。

普通永磁直流电动机为了换向，将电枢绕组放在转子上，永磁磁极放在定子上。无刷电机与此相反，电枢绕组放在定子上，磁极放在转子上，与永磁同步电动机相同。这种安排可使转动部分结构简单，并可明显减小转动惯量。

转子由永磁磁极和软磁磁轭组成。电枢绕组是多相绕组，常用的是三相对称绕组。绕组可接成Y形或△形。电机本体与永磁同步电动机相似，但转子上没有启动绕组。电枢的各相绕组与开关电路中的功率开关元件连接，图 6－2 是其中的一种连接形式。位置传感器测量转子的位置，使各晶体管在转子的适当位置导通和截止，从而控制各绕组的电流随着转子位置的改变按一定的顺序换流，保证每个磁极下电流方向不变，实现了没有电刷的无接触式换向。

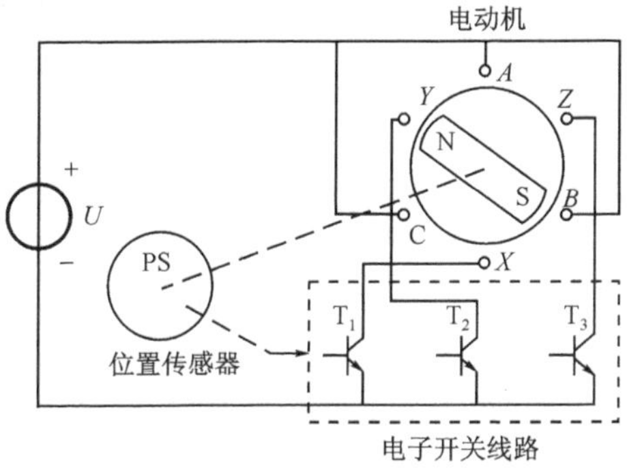

图 6－2　无刷直流电动机的结构简图

开关电路有桥式和非桥式两类，图 6－2 的开关电路是非桥式电路，只能提供单方向电流。

电子控制和开关电路总是单独做成一个部件，又称为伺服放大器。电动机也有组装式和分装式两种供货形式。组装式，厂商把定子(电枢)、转子(磁场)、转轴、外壳及位置传感器(如霍尔元件)安装成一个整体。分装式，供货形式有两部件和三部件两种。两部件包括定子、转子两个部件，而作为位置传感器的霍尔元件已安装在相应的定子位置上。三部件包括定子、转子和位置传感器(如旋转变压器、码盘)。

无刷直流电机也可分为伺服电机和力矩电机两类。伺服电机电枢为细长形，以便减小转动惯量，用于转速控制系统中。而力矩电机电枢为扁平形，以便增大力矩，多用于位置控制系统中。

6.2　位置传感器

无刷直流电机中位置传感器的作用是检测转子磁场相对于定子绕组的位置，并在确定的相对位置上发出信号控制功率放大元件，改变定子绕组的电流。从原理上看，能够测出转子转角位置的任何一种角位移传感器都可以作为无刷电机的位置传感器。目前批量生产的无刷电机常用的位置传感器有两大类。一类以霍尔元件传感器为代表，它们的位置测量精度低，但结构简单，价格低。霍尔元件属于磁敏式传感器。采用霍尔元件作为位置传感器的电机又称为霍尔电机，应用广泛。另一类是以旋转变压器、光电码盘为代表的高精度通用角位移传感器，精度高，但结构复杂，价格高。有的无刷电机同时采用霍尔传感器和高精度位置传感器，其中霍尔传感器起粗测作用。本节只介绍霍尔元件传感器。

霍尔元件是一种半导体器件，它是利用霍尔效应制成的，基本原理如图6-3所示。

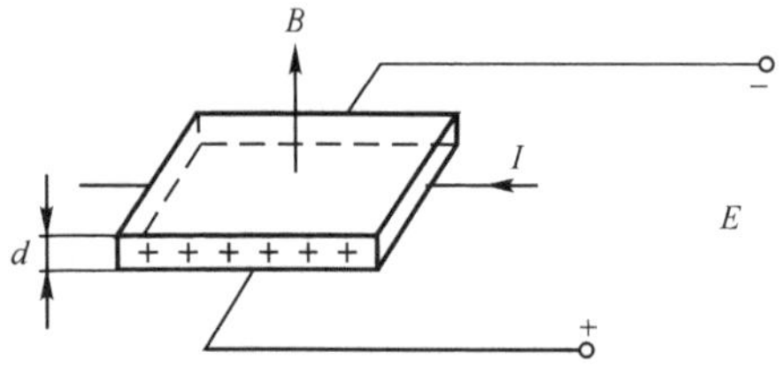

图6-3　霍尔效应原理

将矩形半导体薄片置于磁场中，在薄片两侧通以控制电流 I，则在薄片的另外两侧就会产生一个电势 E，这就是霍尔效应。霍尔效应所产生的电势 E 称为霍尔电势。霍尔电势与控制电流的关系如下

$$E=\frac{R_{\mathrm{H}}}{d}BI \tag{6-1}$$

式中，R_{H} 为霍尔常数；B 为磁通密度；I 为霍尔元件的控制电流；d 为磁场方向的薄片厚度。

当磁感应强度 B 和霍尔元件的平面法线成一定角度 θ 时，霍尔电势为

$$E=\frac{R_{\mathrm{H}}}{d}IB\cos\theta \tag{6-2}$$

电势、电流和磁密的方向符合右手定则，即磁密 B 垂直穿过右手心，四指指向电流方向，则拇指的方向就是电势的正方向。

霍尔电势很小。实际的霍尔元件传感器是将霍尔元件与放大电路结合起来制成霍尔集成放大电路，输出信号为高电平(5V左右)和低电平(0.3V左右)。

6.3　无刷直流电动机的工作原理

6.3.1　霍尔电机工作原理

1. 两极四相电机

图 6-4 表示一个采用霍尔元件做传感器的 2 极 4 相电机。电机转子是 2 极永磁转子，定子上有 4 相绕组，接成星形。定子一相通电形成两个磁极。4 相绕组分别由 4 个晶体管控制。2 个霍尔元件 H_1、H_2 相隔 90°电角安装在定子绕组 W_1、W_2 轴线上。霍尔元件已接通电流，只要有磁场，就有信号输出。

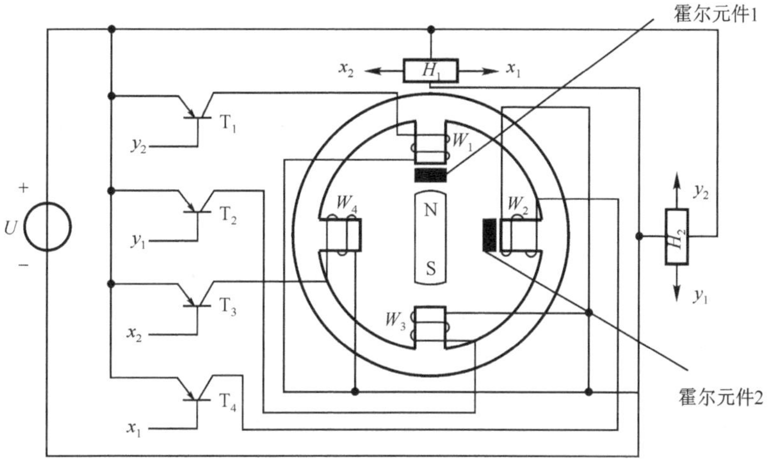

图 6-4　霍尔无刷直流电动机原理图

取 W_1 绕组轴线为 0°，顺时针为正向。在 0°附近（±45°，电角）转子的 N 极磁场通过霍尔元件 H_1，其输出 x_1 使功率晶体管 T_4 导通，绕组 W_2 导通，定子产生水平向右方向的磁场，见图 6-5。转子磁场和定子磁场之间产生顺时针方向的转矩 T，$T=k\sin\theta$，θ 是两磁场轴线夹角（电角）。转子顺时针转动。此转矩作用空间为−45°～45°。转子 N 极到达 90°附近（90°±45°），转子磁场通过霍尔元件 H_2，其输出 y_1 使晶体管 T_2 导通，绕组 W_3 导通，定子磁场顺时针瞬间转 90°电角，垂直向下。永磁转子所受转矩仍是顺时针方向。

依此类推，电机中各元件工作状况见表 6-1。可见，电机通电后，霍尔元件根据转子的实际位置发出信号，使定子绕组依次通电，定子绕组产生一个步进式旋转磁场，电磁转矩 $T=k\sin\theta$，带动永磁转子转动。

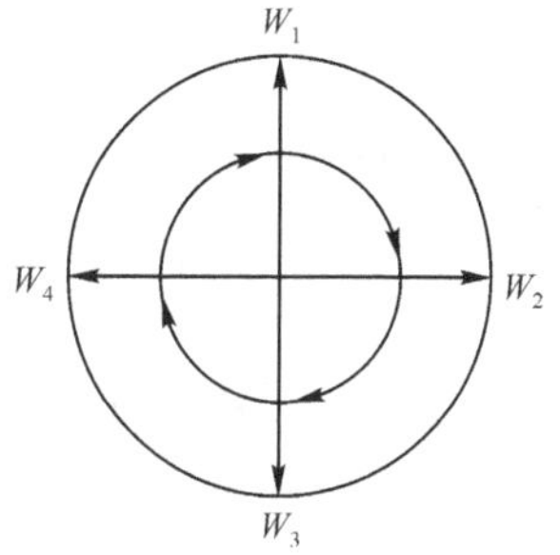

图 6-5　定子磁场

2. 两极三相电机

两极三相霍尔电机的结构见图 6-6(a)，电枢绕组与开关电路见图 6-6(b)。转子是永磁两极，定子是三相绕组。向绕组供电的开关电路可输出双极性电压和双向电流。3 个霍尔元件 H_A、H_B 和 H_C 分别位于三相绕组轴线位置，霍尔元件的作用范围是±90°。取 A 相绕组平面为 0°，顺时针为正向。霍尔元件输出电压与转角（电角）的关系见图 6－7。对霍尔元件输出信号处理后可分辨出转子的 6 个不同位置区域，因此可控制电枢绕组使其具有 6 个通电状态，每个状态有两个绕组同时通电。正向旋转时转子位置与绕组通电情况见表 6－2。其中，$-A$ 表示 A 相绕组通反向电流。6 个通电状态对应电枢磁势的 6 个不同位置，见图 6－8。相邻的磁势向量夹角为 60°（电角）。可见，电枢磁场总在转子磁场前方，电磁转矩 $T = k\sin\theta$ 带动转子不断向前转动。

表 6－1

转子位置（电角）	−45°	45°	135°	225°	315°
霍尔元件	H_1	H_2	H_1	H_2	
导通管	T_4	T_2	T_3	T_1	
导通相	W_2	W_3	W_4	W_1	
定子磁场轴线	90°	180°	270°	360°	
θ	90°±45°	90°±45°	90°±45°	90°±45°	

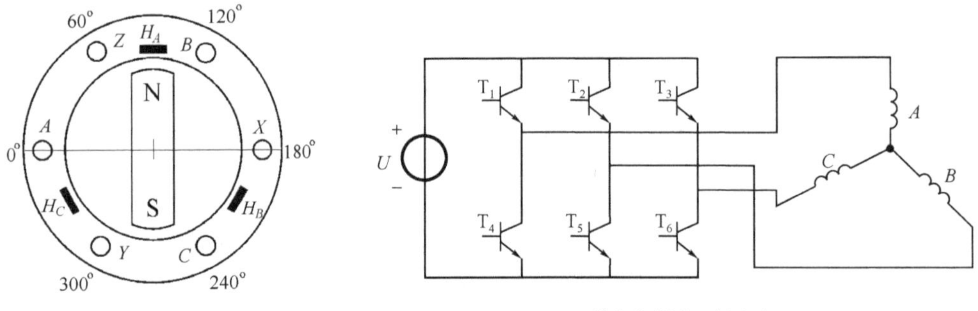

(a) 电机结构　　(b) 绕组与桥式开关电路

图 6－6　两极三相电机

表 6－2

<table>
<tr><td>转子位置（电角）</td><td>0°</td><td>60°</td><td>120°</td><td>180°</td><td>240°</td><td>300°　360°</td></tr>
<tr><td rowspan="2">导电绕组</td><td>A</td><td colspan="2">B</td><td colspan="2">C</td><td>A</td></tr>
<tr><td colspan="2">−C</td><td colspan="2">−A</td><td colspan="2">−B</td></tr>
<tr><td>定子磁场</td><td>120°</td><td>180°</td><td>240°</td><td>300°</td><td>0°</td><td>60°</td></tr>
<tr><td>θ</td><td>90°±30°</td><td>90°±30°</td><td>90°±30°</td><td>90°±30°</td><td>90°±30°</td><td>90°±30°</td></tr>
</table>

6.3.2　通电状态与磁状态角

绕组通电的不同状态的数目记为 N，设绕组相数为 m，则有

$$N = km \qquad (k = 1,2) \tag{6-3}$$

例如，前述 2 极 4 相电机，单向通电，$N=4$；2 极 3 相电机双向通电，$N=6$。

每相绕组导电时，转子所能转过的空间角度（电角）称为导通角，记为 α_c。对于 3 相和 4 相电机，有

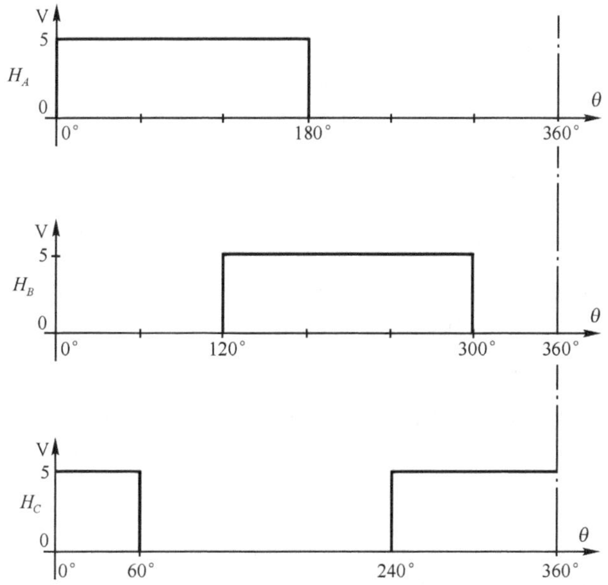

图 6-7　霍尔元件电压

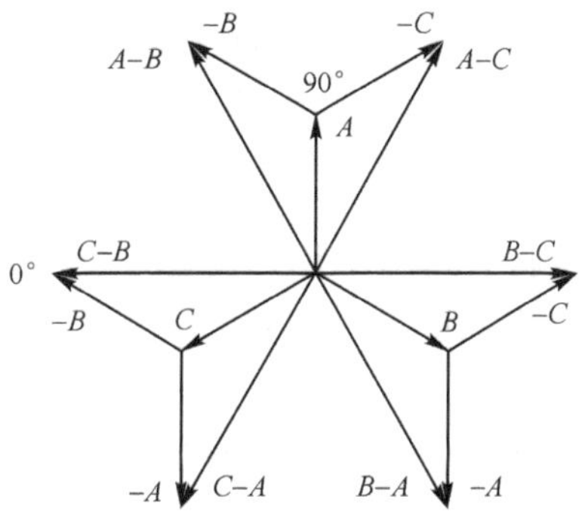

图 6-8　电枢磁势向量

$$\alpha_c = \frac{360^\circ}{m} = \frac{2\pi}{m} \quad (\text{rad}) \tag{6-4}$$

电枢磁势向量(磁场轴线)不变，转子所能转过的角度(电角)称为磁状态角，记为 α_m，它就是磁势向量图中相邻磁势向量的夹角。磁势向量的数目等于状态数 N，故有，

$$\alpha_m = \frac{360^\circ}{N} = \frac{2\pi}{N} \quad (\text{rad}) \tag{6-5}$$

根据表 6-1、表 6-2 可知，定子和转子磁势夹角(电角)为

$$\theta = 90^\circ \pm \frac{1}{2}\alpha_m = 90^\circ \pm \frac{180^\circ}{N} \tag{6-6}$$

6.3.3　转矩波动

定子和转子磁场间的力矩 T_{em} 为

$$T_{em} = K\sin\theta \tag{6-7}$$

由式(6-6)，当 $N=4$，$\theta=90^\circ\pm45^\circ$；$N=6$，$\theta=90^\circ\pm30^\circ$，由于 θ 变化范围较大，所以上述无刷直流电动机瞬时转矩波动较大。

当输入信号的频率较高时，电机系统的幅频特性总是随频率的升高而下降。所以电磁转矩的波动对系统输出产生的不利影响，在低速运转时比较大，在高速运转时就很小。

6.3.4 单向转动的电机与可逆转的电机

普通直流电动机的机械换向器的导电方向是可变的，只要改变电源的极性就能使电枢绕组的电流反向，实现电机反转。而无刷电机中，反转往往并不如此简单。

无刷电机旋转方向是由电枢绕组的通电顺序决定，通电顺序是由位置传感器的输出信号决定。采用霍尔集成放大电路的无刷电机，正、反转的信号逻辑处理电路是不同的。单向转动的无刷电机，往往只要求功放电路提供单方向电流。正、反转的无刷电机一般要求功放电路能提供两个方向电流。所以，单方向转动的无刷电机和可逆转的无刷电机有较大的差别。

6.3.5 动态方程

无刷直流电动机就是带有电子换向器的永磁直流电动机，所以动态方程应与直流电动机相同。

电压平衡方程式和转矩平衡方程式为

$$u = Ri + L\frac{\mathrm{d}i}{\mathrm{d}t} + K_\mathrm{e}\omega \tag{6-8}$$

$$T = K_\mathrm{t}i = J\frac{\mathrm{d}\omega}{\mathrm{d}t} + T_\mathrm{c} \tag{6-9}$$

式中，u、i 分别为电动机的电压和电流；R、L 为绕组的电阻和电感；ω 为转速；K_e 为反电势系数；T 为电磁转矩；K_t 为转矩灵敏度；J 为转动惯量；T_c 为包括负载转矩和摩擦转矩在内的所有扰动转矩。

可见，动态框图、传递函数与直流电动机完全相同。控制无刷直流电动机的电压就可以调节电动机的速度。

6.4 交流伺服电动机

交流伺服电动机又可称为无刷直流伺服电动机，永磁同步伺服电动机，自控式同步电动机，永磁交流伺服电动机。它是一种新型高性能的机电一体化装置，包括电动机本体，角位移传感器，电子控制与功率放大电路等。由于控制技术复杂，所以多采用单片机、DSP 或专用集成电路芯片作控制器。

本节的交流伺服电动机可认为是在 6.3 节所述的早期的无刷直流电动机的基础上，对传感器、控制器、功率开关放大电路等不断采用新技术进行更新换代的产品。

交流伺服电动机一般为三相绕组，工作原理与 6.3 节中三相无刷电机相似，但作为控制用电动机，在气隙磁密分布、相电流波形控制等方面，与一般中速使用的驱动用无刷直流电机有所不同，性能更优越。目前交流伺服电动机的应用越来越广泛，并使原有的直流伺服系统面临被淘汰的危机。

交流伺服电动机可分为矩形波电流驱动和正弦波电流驱动两种类型。

6.4.1 矩形波电流驱动的交流伺服电动机

矩形波电流驱动方式又称为6状态方式，此时电机工作状态与6.3节三相六状态无刷直流电机相同，电流导通情况见表6.2，电机绕组导通角是120°电角。

但此时电机永磁转子气隙磁密分布为梯形，见图6-9(a)，其中磁密为零的位置与转子磁场轴垂直。设θ是某相绕组轴线与转子磁场轴线的夹角，则此绕组的导线处的磁密B就如该图所示。电机匀速转动时，一相绕组感应电势与导线处的磁密成正比，所以感应电势波形为梯形波，见图6-9(a)，其中平顶部分为120°电角。

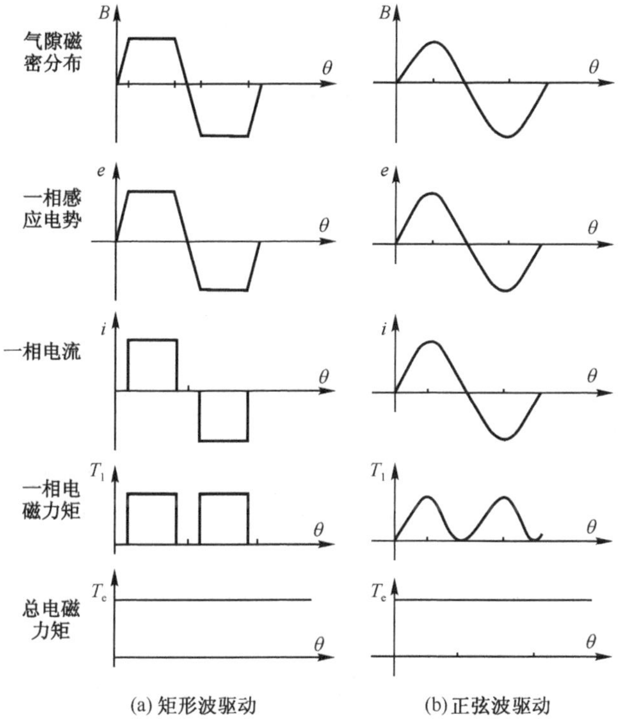

图6-9 两种驱动模式的波形

由控制电路使导通相电流为恒值，电流导通的120°范围与同相绕组电势波形平坦部分的120°范围在相位上完全重合，如图6-9(a)。图6-10表示三相绕组的转矩T和功率P与转角θ的关系曲线，其中计算功率时设电机以ω rad/s匀速转动。由图知在任何位置(或任何瞬时)，总的转矩和总的电磁功率(或产生的机械功率，$ei=T\omega$)是定值，不变，这表明，此时理论上电磁转矩无波动。还可以证明，若转子磁密分布是正弦波，而定子磁密是方波，则转矩波动系数为7.2%。

实际电机，转子和定子磁密都采用方波(梯形波)。但由于电势波平顶部分很难达到120°，平顶部分不可能无纹波，加上齿槽效应和换向过渡区的不理想等原因，力矩波动总是存在的。

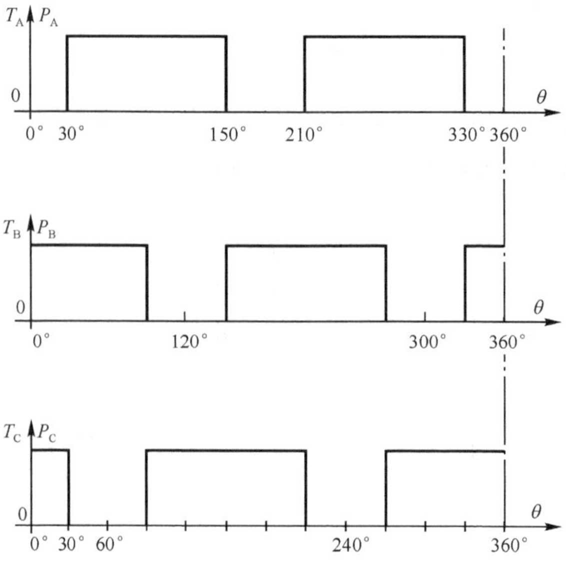

图 6-10 转矩与功率

6.4.2 正弦波电流驱动的交流伺服电动机

这种电机的气隙磁密分布为正弦波，它的每相绕组感应电势和输入电流波形都是正弦波，符合一般交流同步电动机的情况，有关波形见图 6-9(b)。匀速转动时，$\theta=\omega t$，i 与 t 的关系曲线与交流电机相同，所以称为交流伺服电动机。一般的同步电动机，它的工作频率是由外部电源给定的，相电压、相电流和反电势的幅值和相位关系是由电动机阻抗通过相量图关系来确定的，每相绕组的相电流和反电势相量一般都是不重合的。但是，正弦波驱动的交流伺服电动机则完全不同。首先，它的感应电势和相电流频率由转子转速决定。其次，正弦波相电流是由控制电路强制产生，并且强制相电流与该相感应电势同相。这都是通过转子位置传感器检测出转子相对于定子的绝对位置，由功放电路的电流环实现的。

这样，三相绕组 A、B、C 的感应电势和相电流可表示为

$$\begin{cases} e_A = E\sin\theta \\ e_B = E\sin\left(\theta - \dfrac{2}{3}\pi\right) \\ e_C = E\sin\left(\theta - \dfrac{4}{3}\pi\right) \end{cases} \tag{6-10}$$

$$\begin{cases} i_A = I\sin\theta \\ i_B = I\sin\left(\theta - \dfrac{2}{3}\pi\right) \\ i_C = I\sin\left(\theta - \dfrac{4}{3}\pi\right) \end{cases} \tag{6-11}$$

式中，E 为每相感应电势峰值；I 为每相电流峰值；θ 为转子转角(电角)。

输出的电磁功率 P 和电磁力矩 T_e 为

$$T_e=\frac{P}{\omega}=\frac{1}{\omega}(e_Ai_A+e_Bi_B+e_Ci_C)=\frac{EI}{\omega}\left[\sin^2\theta+\sin^2\left(\theta-\frac{2}{3}\pi\right)+\sin^2\left(\theta-\frac{4}{3}\pi\right)\right]$$
$$=\frac{EI}{\omega}\left\{\frac{3}{2}-\frac{1}{2}\left[\cos2\theta+\cos\left(2\theta-\frac{4}{3}\pi\right)+\cos\left(2\theta-\frac{2}{3}\pi\right)\right]\right\}$$
$$T_e=\frac{3EI}{2\omega}=K_tI \tag{6-12}$$

其中，$K_t=3E/(2\omega)$。可见，正弦波驱动的交流伺服电动机的电磁转矩和电流幅值呈线性关系，瞬态转矩 T_e 与转子位置角 θ 无关，理论上力矩波动为零。

6.4.3 交流伺服电动机的选用

两种驱动方式的功率放大器都是PWM电路，对电路会产生严重的脉冲电压扰动。

矩形波(六状态)驱动时，转子位置传感器要求低，一般采用霍尔元件，结构简单。电流环的结构也较简单。电机的材料利用率较高，相同材料时输出力矩约增加15%，因此系统成本较低。但力矩波动大，波纹系数可做到5%或6%。高速运行时电流波形畸变会引起力矩下降。定子磁场非连续旋转，使铁心附加损耗增加。在满足性能要求时，优先选用矩形波驱动方式。

正弦波驱动时电流波形光滑，因此电机低速平稳性好，力矩波纹系数小，可达到1%。高速运行时铁心中附加损耗小。为使磁场正弦分布，定子绕组要采用分数槽设计，工艺较复杂。必须采用高分辨率的转子位置传感器，如旋转变压器或光电码盘。驱动器中电流环更为复杂。因此系统成本高。要求力矩波动小，低速大转矩运行且要求速度精度或位置精度很高时，即作为力矩电动机使用时，可选用正弦波方式驱动。

6.4.4 全数字式交流伺服系统

利用正弦波电流驱动的交流伺服电动机构成的全数字交流伺服系统响应快，精度高。在位置控制系统中，用户可以像应用步进电动机一样采用“开环”控制方式，用脉冲作输入信号，一个脉冲对应很小的一步，控制方法很简单。因此这种装置控制性能好，获得越来越广泛的应用。这种装置的主要缺点是，内部结构复杂，非专业人员无法维修；驱动电路会产生强大的高频电压脉冲扰动。

从外形看，全数字交流伺服系统包括两大部件：电机与驱动器。电机部件中包括电动机本体和位置传感器。传感器多用光电码盘。驱动器中实际包括控制器和功率放大器。其中控制器是数字控制器。功放电路采用SPWM电路，正弦波驱动方式。

这种系统采用电流环、速度环、位置环的三环控制及频率锁定控制。关键是高精度和快速的电流控制。常见的电流控制方法有滞环法、次谐波法和空间矢量法。

下面是MINAS A系列全数字式交流伺服电机和驱动器的主要性能参数。额定功率0.03～5kW，最大转矩0.28～47.6N·m，最高转速2000～5000r/min。传感器，普通型采用2500 p/r(每转脉冲数)的光电增量码盘，驱动器内部有4倍频电路；高精度型采用17位型(2^{17})增量码盘；特殊型采用17位型(2^{17})绝对值码盘。驱动器控制方式为IGBT正弦PWM控制。系统控制方式包括位置控制、速度控制、转矩控制等6种控制方式。位置和速度精度高。系统参考输入量可以是脉冲串，也可以是模拟量。脉冲串由微机通过运动控制卡产生。最高指令脉冲频率是500 kpps (pps：每秒脉冲数)。当电机转动惯量与负载惯量相同时，电机速度响应的频带宽度是500Hz。

6.5 无位置传感器的无刷直流电动机

通过检测无刷直流电动机的电压、电流等物理量，再经处理间接求得电机转子位置，称为无位置传感器的无刷直流电动机。

当电机尺寸小到一定程度，采用位置传感器就不方便。在小型和轻载启动条件下，无位置传感器的无刷直流电机是理想选择。

间接求转子位置的方法有反电势检测法，以及续流二极管导通检测法，固定电压检测法等。下面介绍反电势检测法的原理。这种方法可用专用控制芯片实现。

直流无刷电动机启动后，转子磁极产生的磁通要切割定子绕组产生反电势 E，其大小正比于电机的转速及气隙 B。当转子极性改变时，反电势波形的正负也随着改变。所以只要测出反电势波形的过零点，就可以确定转子的精确位置，并以此来控制电机的换相。反电势本身不能直接测出，但反电势与电压有关，通过检测电压可计算出反电势。

例如，三相直流无刷电动机，星形连接，反电势波形为正弦波形，采用两相绕组通电方式，可证明这时有

$$E_{no} = U_{no} - \frac{U_a + U_b + U_c}{3} \tag{6-13}$$

式中，E_{no}和 U_{no}为不通电那一相的反电势和绕组端点对地电压；U_a、U_b、U_c 分别为 A、B、C 三相绕组端点对地的电压。

求出 E_{no}后就可以很方便的求出它的过零点，从而用它控制电机换相。

由于反电势大小正比于电动机转速，所以只有当电机达到一定速度后才能精确测定反电势过零点，在此之前不能采用反电势检测法换相。所以此类电机的启动要采用其他方法。启动方法很多。有的专业控制芯片本身已包括用某种方法将电机启动到要求的转速然后自动进入反电势检测法换相。

反电势检测法不太适合于要求经常快速启动或超低速运行的直流无刷电动机。较适合于长时间稳速运行的无刷直流电动机，如计算机系统中硬盘驱动器中的主轴电动机。

6.6 无刷直流电动机的应用

无刷直流电动机力矩大，调速范围宽，不产生电刷粉尘和电火花，摩擦力矩小。无刷电机性能优越，阻碍其普及应用的主要因素是价格，它的电子控制和换向部分价格较高。各厂家纷纷推出无刷电动机专用集成电路芯片，可减小体积，增加可靠性，生产批量大时可降低成本。

无刷直流电动机最大的用户是计算机设备。硬盘、软盘和光盘驱动器的主轴电机及 DVD 机的主轴电机，都采用无刷直流电机，年用量数亿台。无刷直流电机在下述产品中也获得应用：空调机、洗衣机、汽车、医疗器械、机器人。

对无刷电机进行转速控制时，可以把位置传感器的输出信号处理后得到的速度信号作为反馈信号。以霍尔元件作为检测元件，其速度反馈信号的精度，转速 100r/min 以上时是 10%，300r/min 以上时是 2%，1000r/min 以上时是 1%。采用增量码盘时，速度信号精度

10r/min 以上时是 10%，30r/min 以上时可达 2%，100r/min 以上时可达 1%。采用频率锁定回路，在一个指定的速度范围内可达到很高的速度精度，如 0.005%。

全数字交流伺服系统在速度伺服系统和位置伺服系统中获得越来越广泛的应用。

6.7 开关磁阻电动机

从功能上看，开关磁阻电动机包括三大部件：开关磁阻电动机本体，位置传感器，控制与功率开关电路。

开关磁阻电动机本体与 5.2.2 节不带小齿的三相磁阻式步进电动机相似。定子、转子铁心由软磁薄钢片叠压而成，都是凸极(也称磁极)形式。转子无绕组。定子每个磁极上都有集中绕组，一条直径两端的磁极绕组接成一相，相数为 m，则定子磁极数 Z_s 为

$$Z_s = 2m \tag{6-14}$$

转子极数 Z_r 与 Z_s 不同，一般有

$$Z_r = Z_s \pm 2 \tag{6-15}$$

定子绕组轮流通电，形成一个步进式旋转磁场，形成的磁阻转矩带动转子转动。当 $Z_r<Z_s$，转子转动方向与定子磁场轴线转动方向相反。$Z_r>Z_s$，转动方向相同。典型的磁极数是，定子 4 相 8 极，转子 6 极；定子 3 相 6 极，转子 4 极。

磁阻转矩为(参见式(5-19))

$$T = KI^2 \frac{\mathrm{d}\Lambda}{\mathrm{d}\theta} \tag{6-16}$$

式中，K 为常数；I 为定子绕组电流；Λ 为磁导；θ 为转子转角。可见，为了产生正向转矩，应在 $\mathrm{d}\Lambda/\mathrm{d}\theta$ 为正时给绕组通电流。为了产生反向转矩，应在 $\mathrm{d}\Lambda/\mathrm{d}\theta$ 为负时通电流。电流的导通与切断与转子位置有严格的对应要求，所以必须有转子位置传感器以决定电机各相绕组电流的开通与切断。由式(6-16)知电磁转矩与电流方向无关，所以只需单相脉冲电流。

开关磁阻电动机功率可以做得较大，调速性能较好。主要优点是，转子无绕组，无永磁体，电机结构简单；没有电刷，适宜高速；转子惯量小，转矩惯量比大；开关功率放大电路简单。主要缺点是，转矩波动大。

习　题

1. 与普通直流电动机相比，无刷直流电动机的主要优缺点是什么？
2. 从功能上看，无刷直流电动机包括哪三部分？
3. 无刷直流电动机的电枢绕组一般是在定子上还是在转子上？为什么？
4. 简述无刷直流电动机是如何实现电枢绕组的换向。
5. 参照表 6-2，说明反向旋转时转子位置与绕组通电情况。
6. 利用转矩公式说明普通无刷直流电动机转矩波动大的原因。
7. 交流伺服电动机有哪两种电流驱动类型？
8. 从外形看，全数字交流伺服系统包括哪两个部件？
9. 从用户使用角度看，全数字交流伺服系统与直流电动机有什么不同之处？

第 7 章　直线电动机与超声波电动机

直线电动机直接实现直线运动，从而消除了旋转电机所必需的由旋转到直线运动的中间机构，使精度提高、结构简化。目前在交通运输、工业生产和仪表中，直线电动机已得到推广和应用。在铁路运输上，直线感应电动机可以用于 250～300km/h 的高速列车，并向更高的 400 ～500km/h 的超高速列车的目标发展。在生产线上，各种传送带已开始采用直线电动机来驱动。在仪器仪表系统中，直线电动机作为驱动、指示和测量的应用更加广泛，如快速记录仪、X-Y 绘图仪、磁头定位系统、打字机以及电子缝纫机中都得到应用。

直线电动机的主要类型有：直线直流电动机、直线感应电动机、直线同步电动机、直线步进电动机、直线振动驱动器、直线直流螺线管和液态金属电磁泵等。

本章最后介绍超声波电动机。它的工作原理与前述电机不同。

7.1　直线直流电动机

直线直流电动机有两种主要结构形式，即框架式和音圈式。不同结构形式的直线直流电动机见图 7－1、图 7－2。

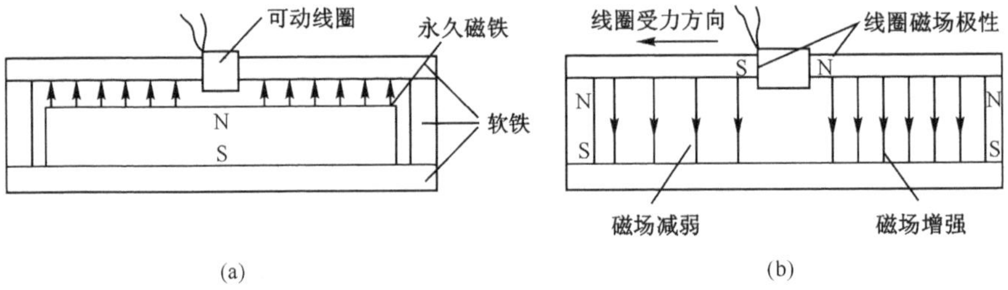

图 7－1　框架式直线直流电动机原理图

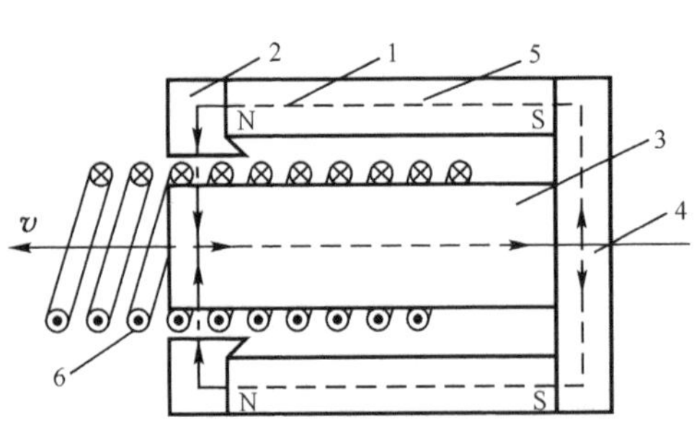

图 7－2　音圈电机剖面图

1. 永久磁铁　2. 极靴　3. 铁心
4. 磁轭　5. 磁通　6. 可动线圈

7.1.1　工作原理

图 7－1 所示结构的电机称为动圈式，即当线圈通入直流电后，线圈将受电磁力的作用而运动，其方向将由左手定则确定。由于图 7－1(a) 的永久磁铁的长度要大于线圈的行程，如果行程很大，则磁铁很长，造价和质量均要增加，故只适用于小行程的情况。图 7－1(b)结构的电机只在框架的两端装有两块磁铁，既减小了磁铁的质量又扩大了行程。

音圈式直线直流电动机简称音圈电机，由

于它的磁场均匀，且仅线圈移动(内铁心不动)，故重量轻、惯量小，所以这种电机的响应频率很高，常用于磁盘存储器中。用音圈电机控制磁头，使速度和位置精度大为提高，从而提高了磁盘存储器的容量和工作速度。目前磁盘存储器的磁头定位精度已达到了$\pm 0.08\mu m$级的程度。

7.1.2 直线直流电动机的特性与传递函数

1. 基本关系式

直线直流电动机与旋转电动机有完全相似的基本关系式。

设U为线圈端电压，I为线圈电流，B为气隙磁密平均值，R_a为线圈电阻，L_a为线圈电感，l为气隙磁场中线圈导体长度，v为电机的直线运动速度，F_c为总的阻力，m为电机(包括负载)的总质量。则有：

电磁力F为

$$F = BlI = K_t I \tag{7-1}$$

电枢反电势E为

$$E = Blv = K_e v \tag{7-2}$$

力平衡方程式为

$$F = m\frac{dv}{dt} + F_c \tag{7-3a}$$

静态时有

$$F = F_c \tag{7-3b}$$

电压平衡方程式为

$$U = R_a I + L_a \frac{dI_a}{dt} + E \tag{7-4a}$$

静态时有

$$U = R_a I + E \tag{7-4b}$$

参数关系式

$$K_t = K_e = Bl \tag{7-5}$$

式(7-1)、式(7-2)、式(7-3a)、式(7-4a)表示动态特性，式(7-1)、式(7-2)、式(7-3b)、式(7-4b)表示静态特性。由静态特性公式可得机械特性与调节特性表达式

$$v = \frac{U}{K_e} - \frac{R_a}{K_e K_t}F_c = \frac{U}{K_e} - \frac{R_a}{K_e K_t}F \tag{7-6}$$

可见机械特性与调节特性都是线性的，它们的图形见图7-3。当控制电压不同或负载不同时，机械特性与调节特性都是一族平行线。

2. 传递函数

设$F_c=0$，由动态特性公式可得

$$U(t) = \frac{L_a m}{K_t}\cdot\frac{d^2 v(t)}{dt^2} + \frac{R_a m}{K_t}\cdot\frac{dv(t)}{dt} + K_e v(t) \tag{7-7}$$

对上式取拉普拉斯变换可得传递函数为

$$\frac{V(s)}{U(s)} = \frac{1/K_e}{\tau_m \tau_e s^2 + \tau_m s + 1} \tag{7-8}$$

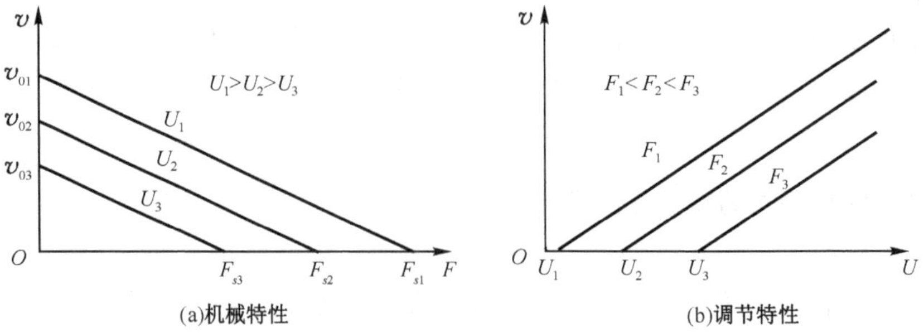

图 7-3　直线直流电动机的静特性

式中，$\tau_m = \dfrac{R_a m}{K_e K_t}$ 为电机的机电时间常数；$\tau_e = \dfrac{L_a}{R_a}$ 为电机的电磁时间常数。

一般情况下有 τ_e 远远小于 τ_m。当 $1/\tau_e$ 远大于系统的频带时，有

$$\frac{V(s)}{U(s)} = \frac{1/K_e}{\tau_m s + 1} \tag{7-9}$$

7.2　直线感应电动机

7.2.1　工作原理

直线感应电动机的工作原理与旋转式感应(异步)电动机是相同的。图7-4(b)是直线感应电动机的原理示意图。它相当于把旋转感应电动机图 7-4(a)的定子、转子切开展平。直线感应电动机嵌放三相绕组这部分称为初级，相当于旋转感应电动机的定子。另一部分叫次级，相当于旋转感应电动机的转子。初级的三相绕组通入三相交流电后，在初级和次级之间的气隙中就产生行波磁场。在行波磁场作用下，在次级的导条中便有感应电势和电流。次级感应电流与行波磁场相互作用产生电磁力，使电机的可动部分(称为动子)产生运动。直线感应电动机的动子可以是次级，也可以是初级。

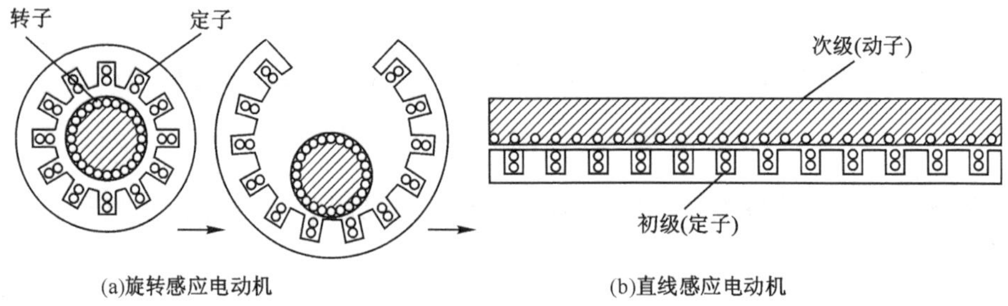

图 7-4　感应电动机

行波磁场的同步速度为

$$v_s = \frac{2\tau}{T} = 2\tau f \tag{7-10}$$

式中，τ 为绕组极距；f 为电源频率。

直线感应电动机动子的运动速度总是低于行波磁场的同步速度，其滑差率可表示为

$$s=\frac{v_s-v}{v_s} \tag{7-11}$$

式中，v 为动子的运动速度。由式(7-10)和式(7-11)可得

$$v=2\tau f(1-s) \tag{7-12}$$

由式(7-12)可知，改变极距或频率均可改变电机的速度。

7.2.2 结构形式

直线感应电动机的形式有平板形和圆筒形两种，如图7-5和图7-6所示。单边平板形直线感应电动机工作时对次级存在着较大的电磁拉力，而双边平板形则可消除对次级的电磁拉力，有利于电机的工作。平板形直线感应电动机在结构上还有短初级与短次级两种。短初级电机的制造成本和运行费用均比短次级低。

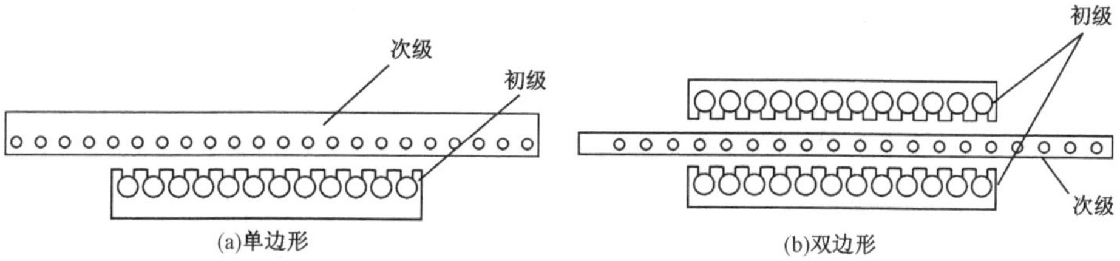

图7-5 平板形直线感应电动机的结构

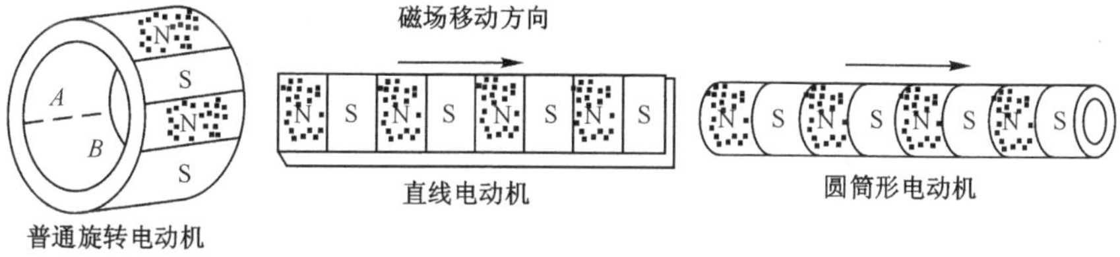

图7-6 圆筒形直线感应电动机

平板形直线感应电动机的次级形式较多。有在铁心叠片里嵌入导条的形式，而最常用的是带状软钢板或直接用角钢、丁字钢、工字钢等来做次级。这种次级的工作情况与杯形转子两相电机的工作情况是相似的。

平板形直线感应电动机的功率较大，多用在工业生产的传送带和铁路运输上。圆筒形直线感应电动机功率较小，它的行程也相对小些，一般只有0.5～2.0m。

7.2.3 特性与控制方式

由于直线感应电动机与三相感应电动机原理相同，因此当忽略边端效应以后，可以认为两者的特性也存在相似关系，即有

$$F=\frac{2F_m}{\dfrac{s}{s_m}+\dfrac{s_m}{s}} \tag{7-13}$$

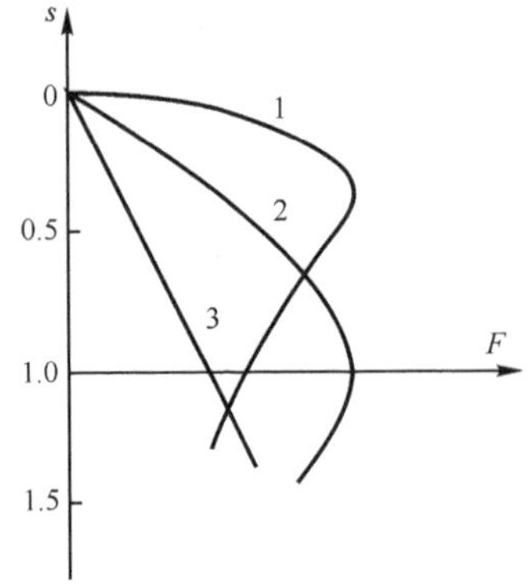

图 7-7　直线感应电动机的机械特性

式中，F 为电磁力；F_m 为电机的最大电磁力；s_m 为对应最大电磁力时的滑差率。

根据式(7-13)得到直线感应电动机的机械特性如图 7-7 所示。其中 1、2、3 是对应不同次级电阻时的特性。

直线感应电动机的调速方式与三相异步电动机相似，一般采用调压和调频两种。图 7-8(a)、(b)为调压和调频时的特性变化情况。调频控制时，电机的速度在同步速度附近，调速范围宽，效率也比调压控制高，但控制线路复杂，造价高。

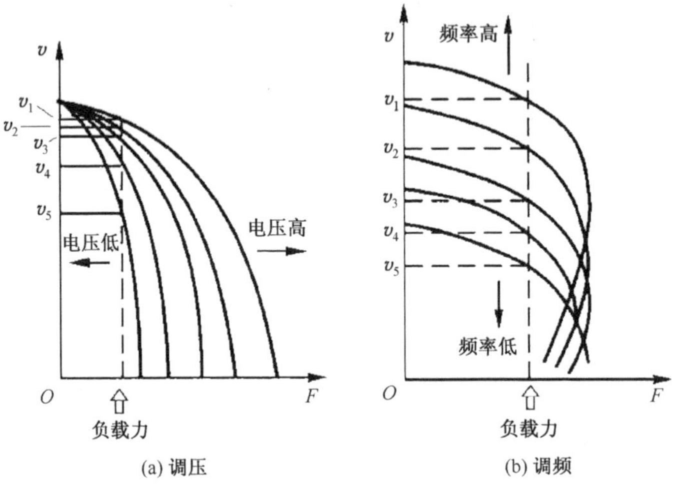

图 7-8　直线感应电动机的调速

7.2.4　用途和特点

直线感应电动机主要应用于各种直线运动的动力驱动系统中，如传送带、自动搬运装置、带锯、直线打桩机、电磁锤、钢板或钢管的运输、矿山用直线电机推车机以及高速列车等。此外液态金属泵还可用于铝合金管及铁管的自动铸造等生产过程。

直线感应电动机的特点是：结构简单、维护方便；散热条件好，额定值高；适宜于高速运行；能承担特殊任务，如液态金属的运输、加工等。其缺点是气隙大、功率因数低、力能指标差；低速运行时需采用低频电源，使控制装置复杂。

7.3　直线步进电动机

7.3.1　结构和工作原理

直线步进电动机可将输入的电脉冲信号直接变为步进的直线运动并具有工作速度快、位置控制精度高的特点。

直线步进电动机由定子和动子两部分组成，其结构示意图如图 7-9 所示。定子上有均匀的齿和槽，槽中填满非磁性材料，使定子与动子的极掌表面平整光滑，便于压缩空气产生 0.01～0.02mm 的气垫，减小电机工作时的机械摩擦，以提高运行的平稳性和定位精度。动子由永久磁铁和两个带线圈的磁极 A 和 B 组成。磁极 A 和 B 上的齿与定子齿宽相等。磁极 A 和 B 相对定子上的齿槽关系是：当磁极 B 的齿与定子的齿、槽对准时，则磁极 A 的齿位于定子齿和槽的中间，其对应关系如图 7-9 所示。

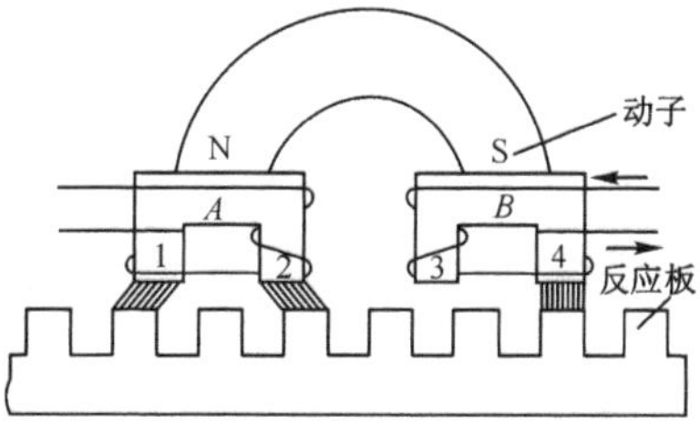

图 7-9　直线步进电动机结构图

图 7-10 示出直线步进电动机在脉冲控制信号作用下、当 A、B 绕组轮流通电时，电机工作的电磁过程。

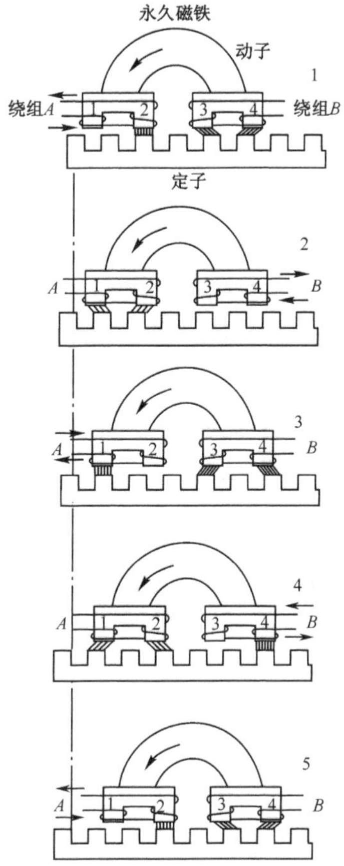

图 7-10　直线步进电动机工作原理

状态 1　绕组 A 通以正向脉冲电流，在极 1 中产生与原磁通方向相反的磁通 Φ_e（若 Φ_e 与永久磁铁产生的磁通 Φ_m 相等），则极 1 磁通为零，而极 2 中的磁通为原磁通的 2 倍；在不通电的绕组 B 上，这时极 3 和极 4 的磁通相等，处于平衡状态。于是极 2 对准定子的某一齿（设此时为原始位置）。

状态 2　绕组 B 通以正向脉冲电流，则极 3 的磁通变为 2 倍，定子向右移动 1/4 齿距。

状态 3　绕组 A 通以反向脉冲电流，则极 1 的磁通变为 2 倍，动子再向右移动 1/4 齿距。

状态 4　绕组 B 通以反向脉冲电流，则极 4 的磁通变为 2 倍，动子继续向右移动 1/4 齿距。

状态 5　给绕组 A 通以正向脉冲电流，动子又向右移动 1/4 齿距，又恢复到状态 1。

若改变脉冲电流的极性，则电机将向反方向移动。

直线步进电动机亦可用交流电驱动。这时若给绕组 A 通以正弦电流，而绕组 B 通以余弦电流，由于两个电流有 $\pi/2$ 的相位差，电机在其作用下动子可以由状态 1 移动到状态 5。如要改变电机的运动方向，可以通过改变电流的相位来实现。

如果把送入绕组的交流电细分为每个周期 40 个阶梯，则可将步距缩小到 1/40。目前已能生产 0.01mm 步距的直线步进电动机。

7.3.2　平面电动机

平面电动机实际上就是把两个直线步进电动机垂直地组装在一起。它的定子做成平板形，上面有方格形的齿和槽。如图 7-11 所示。

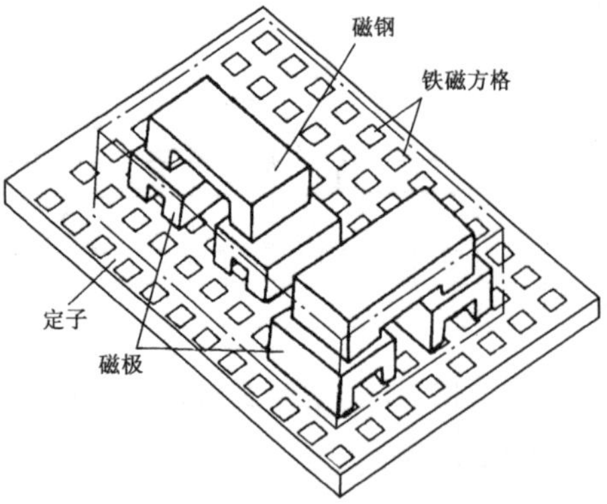

图 7-11 平面电动机结构原理图

如果 X 方向电机或 Y 方向电机单独供电控制，则平面电机可作 X 方向或 Y 方向运动。如果两个控制信号按不同的逻辑组合去控制驱动电源和电机，则平面电机可在平台上做任意轨迹的运动。自动绘图机就是把计算机与平面电机组合在一起的新型设备，它可以根据计算机的程序自动地把图绘制出来。此外，在激光切割设备和精密半导体设备中，平面电机也得到了很好的应用。

7.4 超声波电动机

超声波电动机利用压电陶瓷的逆压电效应产生超声振动，再将振动体的微观变形通过摩擦力转换成转子或动子的宏观转动或直线运动。

下面介绍实际应用较多的行波超声波电动机的工作原理。超声波电动机由振动体(定子)和转子(动子)组成，见图 7-12。定子上的压电材料加上交变电压后就产生振动和超声波。利用压电材料产生 2 个沿 x、y 方向的互相垂直的振动，它们在振动体内合成一个行波。设行波沿 x 轴正方向传播。可以证明，此时振动体表面的质点作椭圆运动，如图 7-12 所示。图中绘出几个质点的速度方向，处于行波波峰处的振动体质点的运动方向与行波方向相反，沿 x 轴负方向。转子(动子)被预压力压在振动体表面，于是振动体表面做切向运动的质点通过摩擦力带动转(动)子运动。

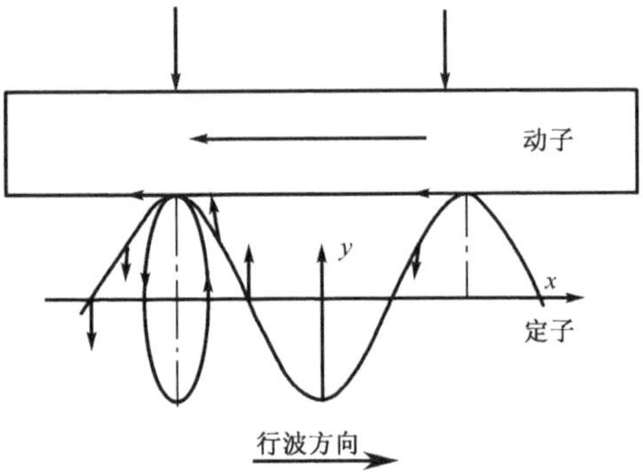

图 7-12 超声波电动机工作原理

超声波电动机体积小，适用于转速低、力矩较大、精度较高的场合。超声波电动机有很多种类。有一些超声波电机已获得较多应用。例如，行波超声波电动机已经被大量应用于高级相机中的镜头调焦系统。

习 题

1. 简述直线电动机的应用场所。
2. 简述直线电动机的主要类型。
3. 简述超声波电动机的工作原理。

第二篇 测 量 元 件

第 8 章 测量元件概述

8.1 测量元件的组成、作用和分类

测量元件就是将一种量(通常称为被测量)按照某种规律转换成容易处理的另一种量的元件。它的基本功能就是检测和转换。被测量可以是物理量、化学量、生物量等。容易处理的量，主要指的是电信号，因为电信号容易进行放大、加减、积分、微分、滤波、存储和传送。因此测量元件又可狭义地理解为：将外界输入的信号变换为电信号的元件。测量元件可以用图 8-1 的方框图表示。测量元件的输入量就是被测量，转换后的量就是输出量。

测量元件又叫传感器，表示它能感受被测量，并能把它对被测量的响应传送出去。测量元件或传感器，一般由敏感元件、转换元件、转换电路三部分组成，见图 8-2。

图 8-1 测量元件方框图

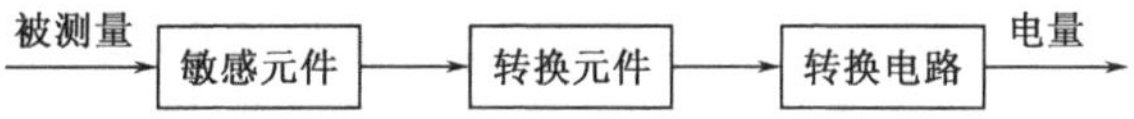

图 8-2 测量元件组成框图

敏感元件：能灵敏地感受被测量并做出响应，输出与被测量成确定关系的另一物理量。图 8-3 是一种气体压力传感器的示意图。膜盒 2 的下半部与壳体 1 固接，上半部通过连杆与磁芯 4 相连，磁芯 4 置于两个电感线圈 3 中，后者接入转换电路 5。这里的膜盒就是敏感元件，其外部与大气压力 p_a 相通，内部感受被测压力 p。当 p 变化时，引起膜盒上半部分移动，即输出相应的位移量。

转换元件：敏感元件的输出就是转换元件的输入，转换元件把输入量转换成电路参数量。在图 8-3 中，转换元件是可变电感 3，它把输入的位移量转换成电感的变化。

转换电路：它将转换元件输出的电路参数量转换成所希望的电量输出。

有些测量元件很简单，有些则较复杂。最简单的测量元件是由一个敏感元件(兼转换元件)组成，它感受被测量时直接输出电量，如电位器、热电偶。有些测量元件由敏感元件和转换元件组成，没有转换电路，如压电式加速度传感器，其质量块是敏感元件，压电片(块)是转换元件。敏感元件和转换元件在结构上常是装在一起的。由于空间的限制或者其他原因，转换电路常装入控制箱中。

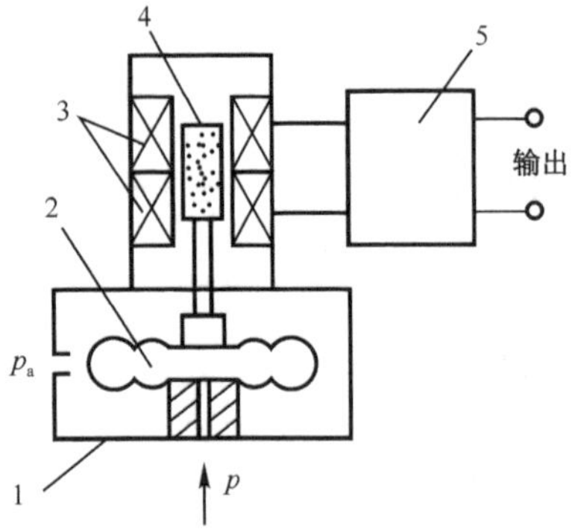

图 8－3　压力测量元件

在过程控制和自动化仪表行业中有一个与传感器相似的概念和装置—— 变送器，它能将一种变量变换成另一种变量并把它送出去。凡是能输出标准信号的传感器就称为变送器。标准信号是物理量的形式和数值范围都符合国际标准的信号。例如直流电流 4～20mA，空气压力 20～100kPa 都是当前通用的标准信号。我国还有不少变送器以直流电流 0 ～10mA 为输出信号。无论被测变量是哪种物理或化学参数，也不论测量范围如何，经过变送器后的信息都必须是标准信号。有了统一的信号形式和数值范围，便于把各种变送器和其他仪表组成检测系统或调节系统。无论什么仪表或装置，只要有同样标准的输入电路或接口，就可以从各种变送器获得被测变量的信息，使兼容性和互换性大为提高。

输出非标准信号的传感器，可以利用转换器把非标准信号转换成标准信号。例如频率转换器就能把交流频率或脉冲频率转换成直流电流 4～20mA 或 0～10mA。不同的标准信号也可利用转换器互相转换。例如利用气/电转换器，把20～100kPa 的空气压力转换成0～10mA 直流电流。直流电流标准信号中的 4～20mA 与 0～10mA 也可利用转换器相互转换。

利用压缩空气的压力大小传送信息，这种方法在抗电磁干扰和防爆安全方面比电传送要优越，但气源和管路上的投资较大，且传送速度较低。利用光导纤维传送信息的传感器正在发展，其抗干扰、防爆、快速性方面都有突出的优点。

测量元件在控制系统中的作用可以从图 0－2 看出。该图为典型反馈控制系统的功能框图。其中，主反馈通道是由测量元件构成的，而反馈补偿通道往往也采用测量元件。可见，没有测量元件就不能构成反馈系统，测量元件是反馈系统不可缺少的重要组成部分。此外，在各类控制元件中，对测量元件的精度要求最高。因为测量元件的误差将会全部加到输出量上，采用控制原理中介绍的方法，无法减小测量元件的误差对系统的影响。而对于其他元件，我们总可以采取适当的设计方法减少它们的误差对系统性能的不利影响。所以对于高精度的控制系统，测量元件往往是极关键的元件，它的恰当选择和正确使用是系统成功设计的基本条件。

对测量元件的分类有几种不同的方法，最常见的有两种方法。一种分类方法是根据测量元件的输入量即被测量的性质进行分类。例如，测量角位移的元件、测量角速度的元件、测量线位移的元件、测量温度的热敏元件等。这种分类方法便于用户选择测量元件。另一种分类方法是根据测量元件的工作原理，根据测量元件所遵循的规律和所应用的效应进行分类。例如，和电机工作原理相同的测量元件属于控制电机，包括旋转变压器、感应同步器、测速发电机等。此外，有电阻式传感器、电容式传感器、电感式传感器、变压器式传感器、热电式传感器等。

8.2　测量元件的特性

测量元件的特性主要指的是它的输出和输入之间的关系。

理想测量元件的输入和输出具有一一对应的关系。实际的测量元件只能在一定的误差范围内实现输入和输出的对应关系。

测量元件的特性分为静特性和动特性。当输入量和输出量都为常量，或变化极慢时，输出和输入之间的关系就称为静特性。当输入量和输出量都随时间变化时，这一关系就称为动特性。此外，测量元件的特性还可能与输入信号的幅值有关（如非线性），或和输入作用的方向有关（如死区或滞环特性）。

测量元件输出与输入关系可用微分方程来描述。理论上，将微分方程中的全部微分项取为零时，便可得到静特性，因此静特性只是动特性的一个特例。此外，测量元件的静特性还包括非线性和随机性等因素。

测量元件除了描述输出输入关系的特性以外，还有与使用条件、使用环境、使用要求等有关的特性。

8.2.1 静特性

测量元件的静特性是指在稳态条件下（输出中无暂态分量，输入量和输出量不再变化）用分析或实验方法所确定的输出输入关系。这种关系可依据不同情况用函数或曲线族表示。静特性适用于输入不随着时间变化或变化缓慢的情况。静特性包括以下几种描述方式和性能参数。

1. 变换函数

变换函数是描述静特性的数学方程。一般可用下列多项式代数方程来表示

$$y=f(x)=a_0+a_1x+a_2x^2+\cdots+a_nx^n \tag{8-1}$$

式中，y 为输出量；x 为输入量；a_0 为零点输出；a_1 为理论灵敏度；a_2，a_3，…，a_n 为非线性项系数。

对于大多数测量元件，输出和输入间可认为是简单的线性关系，即

$$y=kx \tag{8-2}$$

多数变换函数的结构和形式是在分析的基础上建立的，而参数在实际标定中予以确定和精确化。有些变换函数是建立在大量实验数据基础上，用统计分析或曲线拟合方式建立。变换函数表示理论的或理想的静特性，实际元件的输出与理论计算值之间总是有一定的误差。

2. 灵敏度和线性度

灵敏度定义为输出量的微小增量与相应的输入量微小增量的比值，极限情况下就是变换函数的一阶导数或静特性曲线的斜率。灵敏度 k 按下式计算

$$k=\frac{\Delta y}{\Delta x}=\frac{\mathrm{d}y}{\mathrm{d}x} \tag{8-3}$$

对非线性的静特性，不同的点有不同的灵敏度。对线性的静特性，灵敏度在测量范围内保持恒定。

非线性误差或线性度用来说明静特性曲线偏离某种拟合直线或规定直线的程度。线性度 ε_L 通常以非线性最大偏差 Δy_m（图 8-4(a)）与满量程值（测量范围）y_{FS}①的比值来表示

$$\varepsilon_L=\frac{|\Delta y_m|}{y_{FS}}\times 100\% \tag{8-4}$$

非线性误差或线性度的大小是以一定的拟合直线为基准直线而得出来的。拟合直线不

① FS 为 Full Scale 的缩写。

同，非线性误差也不同。采用最小二乘法拟合时，设拟合直线为

$$y = kx + b \tag{8-5}$$

取实际特性曲线上的 n 个测试点，则有

$$k = \frac{n\sum x_i y_i - \sum x_i \sum y_i}{n\sum x_i^2 - (\sum x_i)^2} \tag{8-6}$$

$$b = \frac{\sum x_i^2 \sum y_i - \sum x_i \sum x_i y_i}{n\sum x_i^2 - (\sum x_i)^2} \tag{8-7}$$

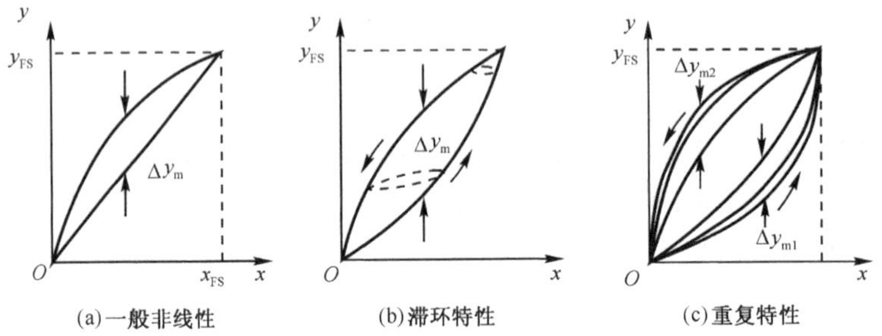

图 8-4 静特性曲线

3. 滞环

测量元件正(输入量增大)反(输入量减小)行程中输入输出曲线不重合的现象称为滞环特性或迟滞。图 8-4(b)表示典型的滞环特性曲线，它由输入量增大的上升分支和输入量减小时的下降分支组成。对应同一输入量，两个分支所对应的输出不同。最大的差值为 Δy_m，Δy_m 与 y_{FS}之比值表示最大滞环误差。

4. 重复性误差

重复性误差是指测量元件在输入按同一方向作全量程连续多次变化时所得特性曲线不一致的程度。图 8-4(c)表示了曲线的重复性，正行程的最大重复性偏差为 Δy_{m1}，反行程的最大重复性偏差为 Δy_{m2}，取这两者中较大者为 Δy_m，重复性误差 ε_R 以 Δy_m对于满量程输出 y_{FS} 的百分数表示，即

$$\varepsilon_R = \frac{|\Delta y_m|}{y_{FS}} \times 100\% \tag{8-8}$$

重复性误差也常用绝对误差表示。

5. 静态误差

静态误差是指测量元件在全量程内任一点的输出值与其理论输出值的偏离程度。

静态误差的求取方法如下：把全部测试数据与理论输出(一般是拟合直线)对应值的残差，看成是随机分布，求其标准偏差 σ，即

$$\sigma = \sqrt{\frac{1}{n-1}\sum_{i=1}^{n}(\Delta y_i)^2} \tag{8-9}$$

式中，Δy_i 为各测试点的残差；n 为测试点数。

一般取 2σ 或 3σ 作为测量元件的静态误差。静态误差是一项综合性指标，它包括了非线性误差、滞环误差、重复性误差等单项误差。

6. 测量元件的其他静态性能参数

精度：测量结果的可靠程度，用静态误差来衡量，静态误差越小，精度越高。

零位电压：测量元件输出的最小电压，又称零位信号，剩余电压。通常把对应于零位电压时测量元件输入量位置定为初始零位。零位电压越小越好。

分辨率与阈值：测量元件能检测到的最小的输入增量就是分辨率，又称分辨力。把被测量离散为若干微小间隔，测量元件能可靠地分辨的最小间隔就是分辨率。在测量元件输入零点附近的分辨率称为阈值。分辨率的数值不大于误差。

噪声电平：用于衡量测量元件内部固有的噪声大小，常用折算到输出端的噪声电压表示，它表明系统可以探测的最小信号。

负载效应：测量元件对被测对象所施加的反影响，统称为负载效应。这种效应可能是各种形式的反作用力，也可能是吸收或放出的能量使被测对象的状态发生改变。

测量范围：测量元件能够满足规定精度的输入量的范围。

稳定性：测量元件在各种使用环境和长时间运行时输出特性的改变程度。输出特性改变得越小，稳定性越好。

8.2.2 动态特性

测量元件的输入量由一个数值迅速变到另一个数值的过程中，它呈现的特性就是动特性，此时变量对时间的导数项不可忽略。测量元件的输入量如果变化较快，或是冲击性信号，或是周期性信号，输出信号的变化规律遵循动态特性。

测量元件的动特性可以用测量元件的传递函数或频率特性来表示。若测量元件的传递函数是惯性环节(或称非周期环节)，即

$$H(s)=\frac{K}{Ts+1} \tag{8-10}$$

则可称为一阶测量元件，其动态性能可以用一阶微分方程表示。式中 T 为测量元件的时间常数，T 越小，响应速度越快。很多测量元件都属于一阶测量元件。

若测量元件的传递函数为

$$H(s)=\frac{K\omega_n^2}{s^2+2\zeta\omega_n s+\omega_n^2} \tag{8-11}$$

则可称为二阶测量元件，其中 ζ 称为阻尼比，ω_n 称为无阻尼自振角频率。

若 $1/T$ 或 ω_n 远大于控制系统的通频带，则上述环节可以简化为比例环节，这时，测量元件的动态微分方程就变成 $y=Kx$，传递函数就是一个常数 K。此时可称元件是零阶测量元件。在绝大部分控制系统中，测量元件都可看成是零阶测量元件—比例环节。

从时域角度看，测量元件的动态特性应具有足够快的响应速度和适当的阻尼比。从频域角度看，测量元件应当具有足够宽的频带宽度。

习　题

1. 控制系统中，测量元件有哪两项基本功能？
2. 解释名词：灵敏度，线性度，重复性误差，静态误差。
3. 从动态特性看，控制系统中的测量元件一般是什么环节？

第 9 章　旋转变压器与感应同步器

9.1　旋转变压器

9.1.1　概述

旋转变压器是伺服系统中较为常见的测量转角的元件，它属于精密的控制微电机。从外形结构上看，它和电机相似，有一个定子和一个转子。从物理本质上看，它是一种可以旋转的变压器。这种变压器的原边、副边绕组分别放在定子和转子上。原、副绕组之间的电磁耦合程度与转子转角有关，因此输出电压也与转角有关。按照输出电压与转子转角间的函数关系，旋转变压器可分为下述三种基本类型：

1）正余弦旋转变压器，其原边接单相交流电源激磁，副边的两个输出电压分别与转子转角呈正弦和余弦函数关系。

2）线性旋转变压器，在一定的工作转角范围内，其输出电压与转角呈线性函数关系。

3）比例式旋转变压器，它与正余弦旋转变压器相似，在结构上增加了一个带有调整和锁紧转子位置的装置。在系统中作为调整电压的比例元件。

旋转变压器在控制系统中有两大用途：

1）作为解算元件，用于坐标运算、三角运算等。

2）作为测量元件，测量转角或转角差。

旋转变压器分为两极旋转变压器和多极旋转变压器。本节只介绍两极旋转变压器。

9.1.2　旋转变压器的结构

旋转变压器的结构和绕线式异步电动机相似，由定子和转子两大部分组成，如图 9-1 所示。定、转子铁心由硅钢片或坡莫合金片叠压装配而成。定子铁心内圆和转子铁心外圆上都布有齿槽（该齿槽在图 9-1 中没全画出）。在定、转子铁心槽中分别嵌放着两个轴线在空间互相垂直的分布绕组，即两极两相绕组，如图 9-2 所示。画在圆内的绕组为转子绕组。图中

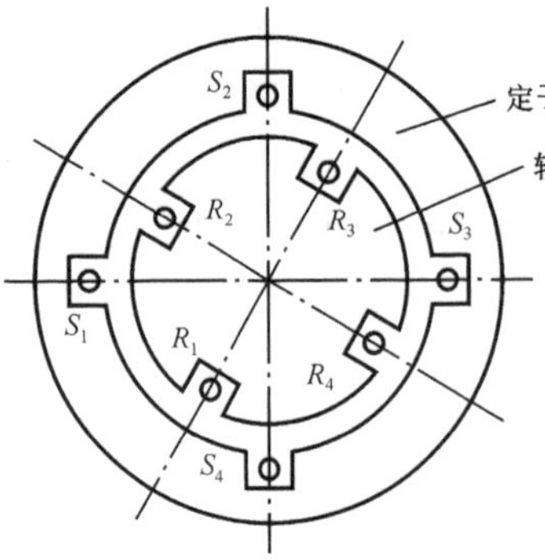

图 9-1　旋转变压器结构

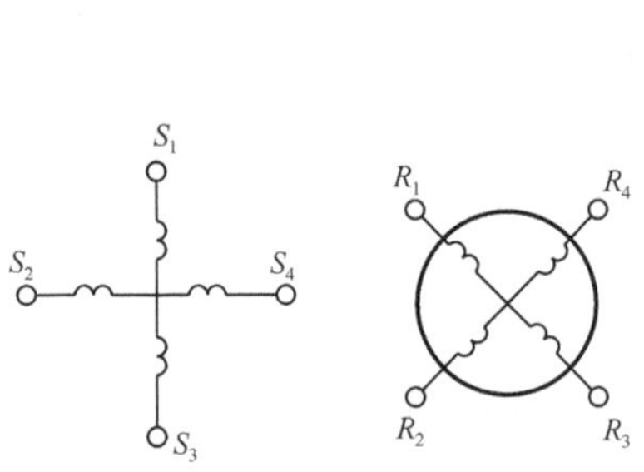

图 9-2　旋转变压器绕组

S_1S_3 及 S_2S_4 为定子绕组，它们的结构完全相同。R_1R_3 及 R_2R_4 为转子绕组，结构也完全相同。定、转子间的气隙是均匀的，气隙磁场为两极(两极旋转变压器)。定子绕组引出线直接接到接线板上，转子绕组通过滑环和电刷接到接线板上。

旋转变压器在电气图中的图形符号见图 9-3。外圆表示定子，内圆表示转子。

图 形 符 号	说　　明
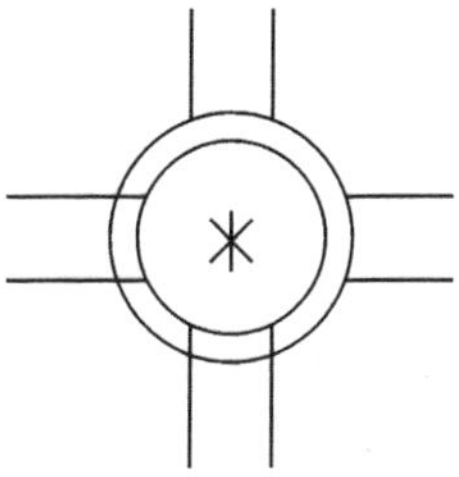	符号内的星号必须用下列字母代替： R　　旋转变压器(正余弦旋转变压器、线性旋转变压器) RX　 旋转变压器发送机 RT　 旋转变压器变压器 RDX 旋转变压器差动发送机

图 9-3　旋转变压器图形符号

9.1.3　正余弦旋转变压器的工作原理

1. 空载运行

空载时旋转变压器的输出绕组 R_1R_3、R_2R_4 及定子绕组 S_2S_4 开路，只有定子绕组 S_1S_3 接交流激磁电压 u_f，频率为 400Hz 或 50Hz，如图 9-4 所示。气隙中产生一个脉振磁密 $\boldsymbol{B}_f$，$\boldsymbol{B}_f$ 位于 S_1S_3 的轴线上。脉振磁场将在 R_1R_3 和 R_2R_4 中感应出变压器电势。

设绕组轴线与气隙中脉振磁场轴线的夹角为 θ，可以证明，通过该绕组的磁通的最大值 Φ 与 θ 的关系为

$$\Phi = \Phi_m \cos\theta \tag{9-1}$$

该绕组感应电势有效值 E 与 θ 的关系为

$$E = E_m \cos\theta \tag{9-2}$$

设 R_1R_3 轴线与 S_1S_3 轴线夹角为 θ，转子的两个绕组中的感应电势的有效值分别为

$$E_{R13} = E_R \cos\theta = ku_f \cos\theta \tag{9-3}$$

$$E_{R24} = E_R \cos(90° - \theta) = E_R \sin\theta = ku_f \sin\theta \tag{9-4}$$

式中，$E_R = 4.44 f W_R \Phi_f$ 是转子绕组轴线与 S_1S_3 轴线重合时感应出的最大电势有效值。f 为激磁电压频率，W_R 是转子一相绕组的匝数，Φ_f 是定子每极脉振磁通的最大值。k 为变压比，u_f 为激磁电压有效值。

由式(9-3)和式(9-4)可知，R_1R_3 是余弦绕组，R_2R_4 是正弦绕组。

在控制系统中，旋转变压器的输出绕组常接到阻抗很大的负载上去，例如，输入阻抗很大的放大器，这时旋转变压器的运行可视为空载。

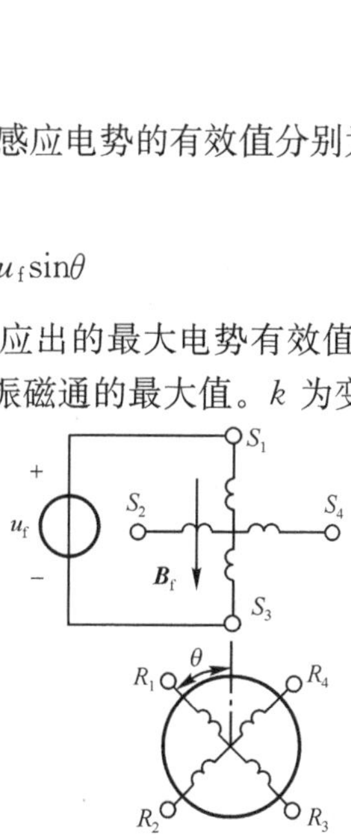

图 9-4　旋转变压器的电气原理图

2. 负载运行

实验表明，带上负载的旋转变压器输出电压与正余弦函数之间出现误差，误差的大小与转角 θ 和负载电流有关。

当 $\theta=45^{\circ}$ 时误差最大。负载电流越大，误差也越大。余弦绕组接负载后的线路图见图 9-5，输出特性见图 9-6。

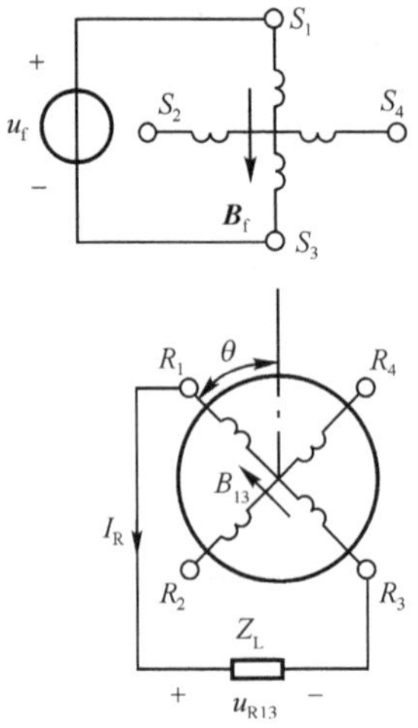

图 9-5　余弦绕组接负载

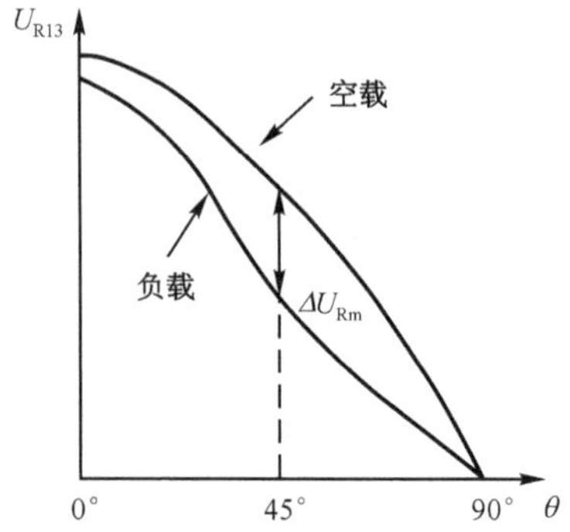

图 9-6　输出特性

输出电压 u_{R13} 是由绕组 R_1R_3 中的变压器电势产生的，而电势的大小取决于空气隙的磁场。空载和负载的区别在于转子绕组是否有电流。显然，输出误差是由转子电流引起的，是转子电流磁场改变了气隙磁场引起输出特性改变。

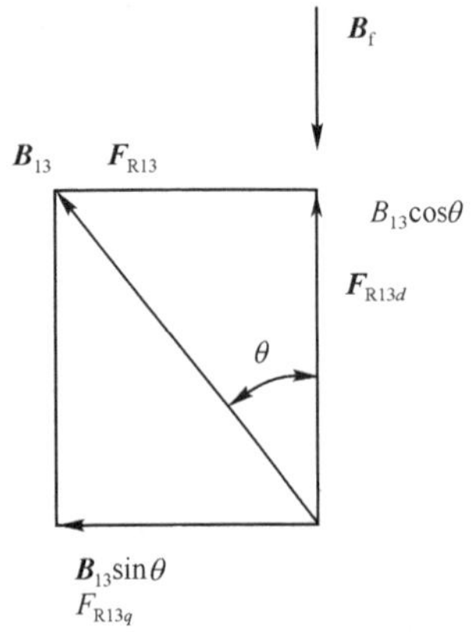

图 9-7　直轴分量与交轴分量

转子电流 I_R 产生的磁场是脉振磁场，其轴线方向与 R_1R_3 绕组轴线一致，用磁密 $\boldsymbol{B}_{13}$ 表示转子电流的磁场。取激磁绕组 S_1S_3 的轴线方向为直轴(纵轴)，与直轴垂直的方向为交轴(横轴)。将转子电流磁密 $\boldsymbol{B}_{13}$ 分解为直轴分量 $B_{13}\cos\theta$ 和交轴分量 $B_{13}\sin\theta$，见图 9-7。直轴分量与激磁磁密 $\boldsymbol{B}_f$ 在同一直线上，对于激磁绕组 S_1S_3 来说，它相当于变压器副边绕组产生的磁密和磁势。由变压器理论可知，在旋转变压器中，副边电流所产生的直轴磁密被激磁绕组电流的负载分量抵消，它对原边电势 E_{S13} 和主磁通 Φ_f 的影响很小，对转子感应电势和输出电压误差的影响也必然很小。由于原边电流不能产生交轴磁势，不能抵消转子负载电流磁密的交轴分量，所以转子电流磁密的交轴分量将完全存在于气隙磁场中。可见，带负载后的气隙磁场由空载时的激磁磁场(直轴磁场)和负载时转子电流磁场的交轴分量共同组成，正是这个交轴磁密使合成后的气隙磁场发生了改变。

转子电流 I_R 产生的磁势为

$$F_{R13}=I_RW_R \tag{9-5}$$

交轴磁势为

$$F_{R13q}=F_{R13}\sin\theta=I_RW_R\sin\theta \tag{9-6}$$

交轴磁势与负载电流成正比，所以负载电流越大，交轴磁势、磁密以及由它们所引起的输出特性误差也越大。

因为

$$I_{\mathrm{R}}=\frac{E_{\mathrm{R13}}}{Z_{\mathrm{L}}+Z_{13}}=\frac{E_{\mathrm{R}}\cos\theta}{Z_{\mathrm{L}}+Z_{13}} \tag{9-7}$$

式中，Z_{L} 和 Z_{13}分别为负载阻抗和绕组 R_1R_3 的阻抗。所以有

$$F_{\mathrm{R13}q}=\frac{E_{\mathrm{R}}\cos\theta}{Z_{\mathrm{L}}+Z_{13}}W_{\mathrm{R}}\sin\theta=\frac{E_{\mathrm{R}}W_{\mathrm{R}}\sin2\theta}{2(Z_{\mathrm{L}}+Z_{13})} \tag{9-8}$$

θ不同，交轴磁势和磁密也不同。当 $\theta=45°$时交轴磁势取得最大值，交轴磁密最大，负载特性与空载特性之间出现最大偏差，这和图 9-6 的实验曲线中的最大偏差 ΔU_{Rm}的位置是一致的。

由上述分析可知，正余弦旋转变压器负载时输出电压误差是由负载电流的交轴磁势引起的。为了消除误差，必须设法消除交轴磁势的影响。

3. 副边补偿的正余弦旋转变压器

副边补偿的正余弦旋转变压器的接线见图 9-8。从转子绕组 R_1R_3 取出输出信号接负载 Z_{L}，R_2R_4 绕组接一个附加的补偿阻抗 Z'_{L} 作为补偿用，S_2S_4 开路，S_1S_3 接激磁电压。

当 S_1S_3 接通电源后，激磁磁通 Φ_{f} 就在两个转子绕组中分别感应出电势 E_{R13} 及 E_{R24}。进而产生转子电流 I_{R} 和 I'_{R}。将两个电流产生的磁势 F_{R13} 和 F_{R24} 分解成直轴分量和交轴分量，见图 9-9。两个磁势的直轴分量方向相同，交轴分量 $F_{\mathrm{R13}q}$ 与 $F_{\mathrm{R24}q}$ 方向相反，若能使二者幅值相等，那么交轴磁势就抵消了。由式(9-8)得

$$F_{\mathrm{R13}q}=\frac{E_{\mathrm{R}}W_{\mathrm{R}}\sin\theta\cos\theta}{Z_{\mathrm{L}}+Z_{13}} \tag{9-9}$$

同样可求出直轴分量为

$$F_{\mathrm{R13}d}=\frac{E_{\mathrm{R}}W_{\mathrm{R}}\cos^2\theta}{Z_{\mathrm{L}}+Z_{13}} \tag{9-10}$$

而

$$I'_{\mathrm{R}}=\frac{E_{\mathrm{R24}}}{Z'_{\mathrm{L}}+Z_{24}}=\frac{E_{\mathrm{R}}\sin\theta}{Z'_{\mathrm{L}}+Z_{24}} \tag{9-11}$$

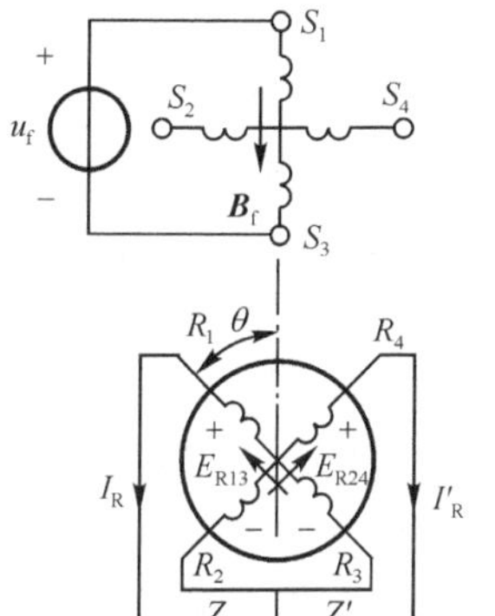

图 9-8　副边补偿的旋转变压器

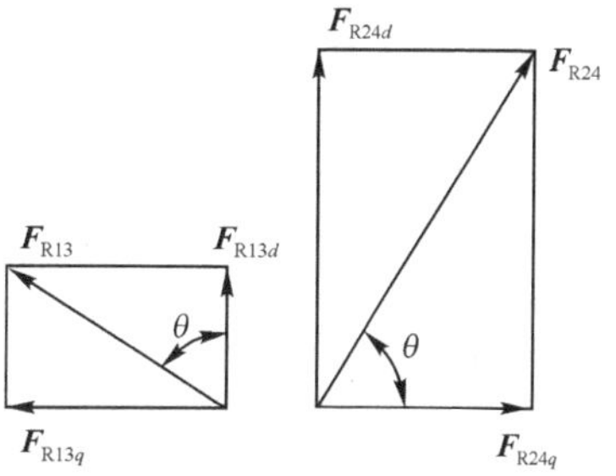

图 9-9　副边补偿时的转子磁势

式中，Z_{24} 为转子绕组 R_2R_4 的阻抗。所以

$$F_{R24d} = I'_R W_R \sin\theta = \frac{E_R W_R}{Z'_L + Z_{24}} \sin^2\theta \tag{9-12}$$

$$F_{R24q} = I'_R W_R \cos\theta = \frac{E_R W_R}{Z'_L + Z_{24}} \sin\theta\cos\theta \tag{9-13}$$

令 $F_{R13q}=F_{R24q}$，由式(9－9)、式(9－13)得

$$Z_L + Z_{13} = Z'_L + Z_{24} \tag{9-14}$$

设 $Z_{13}=Z_{24}$，则有

$$Z'_L = Z_L \tag{9-15}$$

因此，副边补偿时转子交轴磁势完全抵消的条件是：正弦绕组的负载阻抗必须与余弦绕组的负载阻抗相等，这时称为副边对称补偿。

在副边对称补偿时转子的直轴磁势为

$$F_{Rd} = F_{R13d} + F_{R24d} = \frac{E_R W_R}{Z_L + Z_{13}}(\cos^2\theta + \sin^2\theta)$$

所以

$$F_{Rd} = \frac{E_R W_R}{Z_L + Z_{13}} \tag{9-16}$$

转子的直轴磁势与转角 θ 无关，这说明用以抵消副边直轴磁势的原边激磁绕组电流的负载分量与转角 θ 无关，即 S_1S_3 的输入阻抗与转角 θ 无关。

4. 原边补偿的正余弦旋转变压器

旋转变压器定子上还有一个绕组，它的轴线方向正是交轴方向。如果在这个绕组中通上电流，就可以抵消交轴磁势。因这个绕组中有电势，所以使交轴方向的定子绕组通电流的最简单的方法，就是使这个绕组通过一个阻抗闭合。这种补偿方法称为原边补偿。

原边补偿的正余弦旋转变压器接线图及磁势图见图 9－10(a)、(b)。定子绕组 S_1S_3 接交流激磁电源，S_2S_4 接补偿阻抗 Z_s，转子余弦绕组 R_1R_3 接负载阻抗 Z_L，R_2R_4 开路。S_2S_4 闭合以后，由于负载电流产生的交轴磁通的作用，S_2S_4 中要产生感应电流，感应电流所产生的磁势对负载电流的交轴磁势起去磁作用，减小和抵消了交轴磁密，达到补偿的目的。S_2S_4 起补偿作用，称为补偿绕组或交轴绕组。可以证明，当补偿阻抗 Z_s 等于激磁电源内阻抗 Z_f 时，负载电流产生的交轴磁势完全被抵消，从而消除了输出特性的误差，实现完全补偿。当 $Z_s=Z_f$ 时，称之为原边对称补偿。因为一般电源内阻很小，所以可以把补偿绕组直接短路。

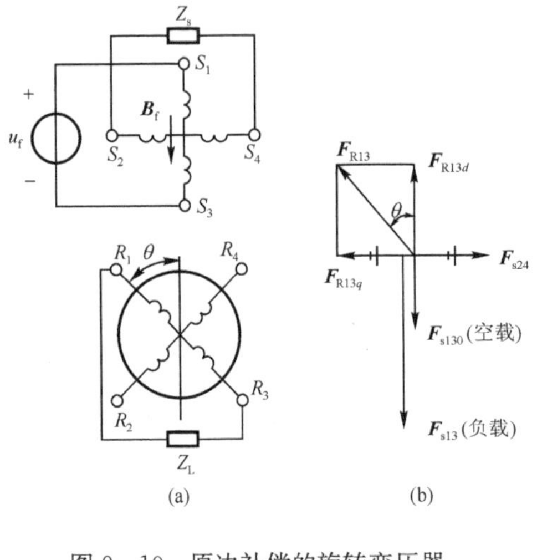

图 9－10 原边补偿的旋转变压器

原边补偿很容易实现，这是它的优点。但原边补偿时，激磁绕组 S_1S_3 的输入电流与转角 θ 有关(证明略)，因而输入功率及输入阻抗都随转角 θ 而改变。

实际应用时，为了减小误差，可以同时采用原边补偿和副边补偿。

小结 采用了补偿措施的正余弦旋转变压器的磁场是直轴方向，当转子相对于基准绕组轴线转动 θ 角时，正弦和余弦输出绕组输出交流电压，它们在时间上同相位(但与激磁电压有 3°～22°的相位差)，频率与激磁电压相同。正弦绕组和余弦绕组输出电压的有效值 U_s 和 U_c 分别为

$$U_s = U_m \sin\theta \tag{9-17}$$

$$U_c = U_m \cos\theta \tag{9-18}$$

式中，U_m 为最大的输出电压有效值，且有

$$U_m = kU_f \tag{9-19}$$

式中，U_f 为激磁电压的有效值；k 为变压比，它等于输出绕组和激磁绕组有效匝数之比。激磁电压频率的变化也会影响旋转变压器的变压比。

9.1.4 线性旋转变压器

当转角很小时，$\sin\theta \approx \theta$，所以正余弦旋转变压器转角很小时可以当线性元件使用。当转子在±4.5°范围内转动时，非线性误差可以小于 0.1%；当转子在±14°范围内转动时，非线性误差可以小于 1%。如果要求在更大的角度范围内得到线性度较高的输出电压，可以按图 9-11 接线。按这种方式接线的旋转变压器就称为原边补偿的线性旋转变压器。定子激磁绕组 S_1S_3 和余弦绕组 R_1R_3 串联后，加交流激磁电压 u_f，正弦绕组 R_2R_4 接负载 Z_L，Z_L 两端的电压就是输出电压 u_0，定子绕组 S_2S_4 短接，起补偿作用。

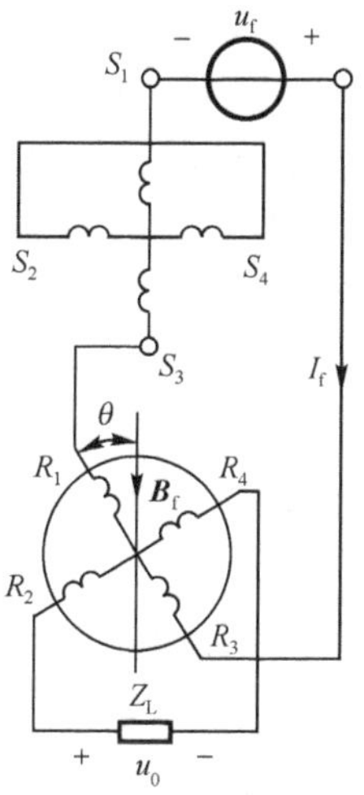

图 9-11 线性旋转变压器

由于采用了原边补偿，气隙中只有直轴磁密 $\boldsymbol{B}_f$ 和直轴磁通 Φ_f(与 S_1S_3 轴线一致)。设 Φ_f 在绕组 S_1S_3、R_1R_3、R_2R_4 中感应的电势分别为 E_{S13}、E_{R13}、E_{R24}，输出绕组与激磁绕组的有效匝数比为 $K=W_R/W_S$。根据变压器和旋转变压器的工作原理可得

$$E_{S13} = 4.44 f W_s \Phi_f \tag{9-20}$$

$$E_{R13} = E_R \cos\theta = 4.44 f W_R \Phi_f \cos\theta = KE_{S13}\cos\theta \tag{9-21}$$

$$E_{R24} = E_R \sin\theta = KE_{S13}\sin\theta$$

因绕组 S_1S_3 和 R_1R_3 串联，忽略绕组的阻抗压降时有

$$U_f = E_{S13} + KE_{S13}\cos\theta \tag{9-22}$$

当忽略输出绕组 R_2R_4 的阻抗压降时输出电压 U_0 为

$$U_0 = E_{R24} = KE_{S13}\sin\theta \tag{9-23}$$

因此

$$\frac{U_0}{U_f} = \frac{KE_{S13}\sin\theta}{E_{S13} + KE_{S13}\cos\theta}$$

故

$$U_0 = \frac{K\sin\theta}{1 + K\cos\theta} U_f \tag{9-24}$$

式(9-24)的输出电压 U_0 随转角 θ 变化的曲线如图 9-12 所示。数学推导表明，当 $K=0.52$

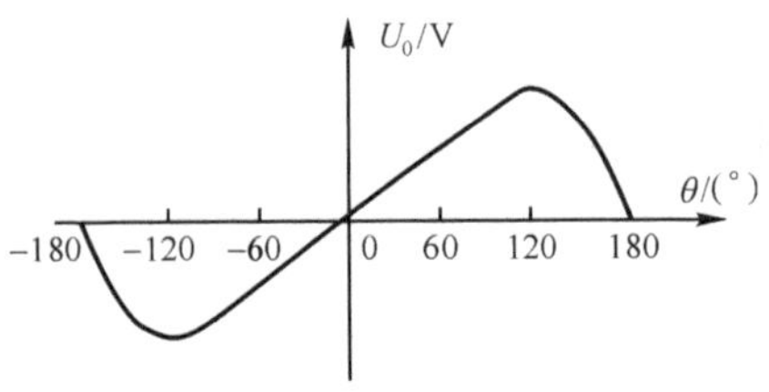

图 9-12　线性旋转变压器的输出特性

时，在±60°范围内，式(9-24)代表的曲线与理想直线比较，误差不超过 0.1%，所以在这个范围内旋转变压器就是一个相当理想的线性旋转变压器。式(9-24)是在忽略了绕组阻抗压降后得到的，是近似的。实际的旋转变压器，为了获得最佳的线性特性，在电源内阻很小时，一般取变比 K 为 0.56～0.57。

输出电压有效值 U_0 的符号不同，表明输出的交流电压的相位相反，相敏检波(解调)后的直流电压的极性相反。

9.1.5　旋转变压器的应用

旋转变压器的输出电压是转角的正弦或余弦函数，利用这种对应关系可以将旋转变压器作为角度测量元件。在小角度范围内，由于 $\sin\theta \approx \theta$，所以旋转变压器可以作为角度的线性测量元件。为了使旋转变压器在大角度范围内也能作为线性测量元件使用，要对旋变的输出电压信号进行处理，使得最终的输出信号是电脉冲信号或数字信号，脉冲数字与转角成正比。这种信号处理方式与以后要介绍的感应同步器的信号处理方式是类似的。目前已有多种旋转变压器转换器模块，它们能将旋转变压器的输出信号转换成数字量输出。旋转变压器作为测量元件的一个特殊应用就是测量在机械上不相连的两个轴的转角差。这时旋变的输出电压与两轴的转角差的正弦成正比，由于系统正常工作时转角差较小，所以输出电压与两轴的转角差成正比，而与轴的转角大小无关。

用一对旋转变压器测量两个轴的转角差的线路如图 9-13 所示，左边的旋转变压器的转轴与发送轴相连，称为旋变发送机。旋变发送机转子绕组 R_1R_3 加交流激磁电压 u_f，绕组 R_2R_4 短路作原边补偿，两机的定子绕组按相序对接，如图所示。实际旋转变压器，应将同名端相连。右边的旋转变压器转轴与接收轴相连，称为旋变变压器。从旋变变压器转子绕组 $R'_1R'_3$ 或 $R'_2R'_4$ 输出电压信号。

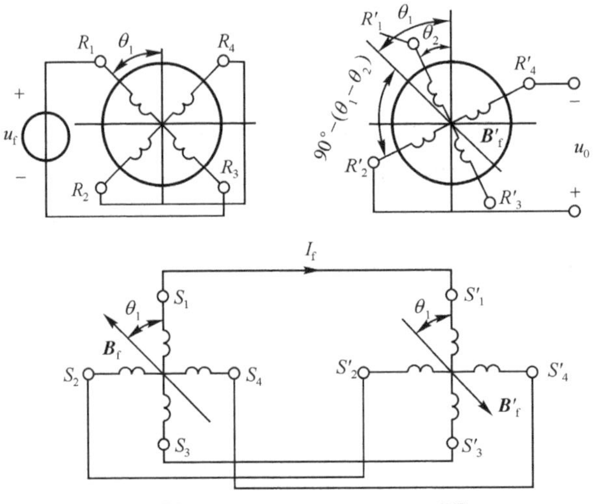

图 9-13　测角差线路

旋变发送机的转角为 θ_1，旋变变压器转角为 θ_2。旋变变压器定子绕组磁密 $\boldsymbol{B}'_f$ 与定子绕组 $S'_1S'_3$ 轴线的夹角为 θ_1，与转子绕组 $R'_2R'_4$ 轴线的夹角为 $90°-(\theta_1-\theta_2)$，与 $R'_1R'_3$ 的夹角为 $\theta_1-\theta_2$。所以 $R'_2R'_4$ 中的感应电势有效值为

$$E'_{R24}=E'_R\cos[90°-(\theta_1-\theta_2)]=E'_R\sin(\theta_1-\theta_2)=E'_R\sin\delta \tag{9-25}$$

系统正常工作时，$\theta_1-\theta_2=\delta$ 很小，所以系统正常工作时有

$$E'_{R24}=E'_R(\theta_1-\theta_2)=E'_R\delta \tag{9-26}$$

而 $R'_1R'_3$ 中的感应电势有效值为

$$E'_{R13}=E'_R\cos(\theta_1-\theta_2)=E'_R\cos\delta \tag{9-27}$$

式中，E'_R 为转子绕组 $R'_2R'_4$ 轴线与 $\boldsymbol{B}'_f$ 重合时的感应电势有效值，$\delta=\theta_1-\theta_2$ 为两轴转角差，又称失调角。

输出电压有效值符号不同时，表明对应的交流电压的相位相反，经相敏检波(解调)后的直流电压极性相反。

控制电机中的自整角机，专门用于测量两个转轴的转角差。它的基本结构、工作原理和应用方法与上述测量两个轴的转角差的一对旋转变压器是相似的。

9.2 多极旋转变压器

为了满足更高精度的角位移伺服系统的需要，人们研究和制造了多极旋转变压器。由两极和多极旋转变压器组成的双通道测角线路，使测量精度大为提高。

多极旋转变压器的定子和转子的绕组像两相多极交流电动机的绕组，当一相绕组通电时会产生多极的气隙磁场，工作原理与两极旋转变压器完全相同，只是输出电压的有效值随转子转角变化的周期不同。

图 9-14(a)表示两极旋转变压器的磁通密度分布曲线展开图，图 9-14(b)表示多极旋转变压器磁通密度分布曲线的展开图，多极旋转变压器的极对数为 p。图中还画出了一匝转子线圈，线圈的跨距等于一个极距。由图可以看出，多极旋转变压器在转子转过 $360°/p$ 期间，该线圈所通过的磁通变化了一个周期。

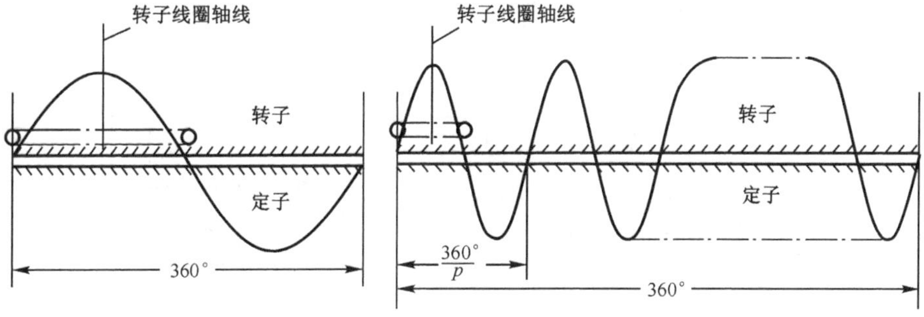

(a)两极旋转变压器　　(b)多极旋转变压器

图 9-14　旋转变压器的磁密和输出电压

由公式 $E=K\Phi_m$ 可知 p 对极的旋转变压器感应电势及输出电压的有效值随转子角位置变化的周期是 $360°/p$。输出电压有效值与转角 θ 的关系见图9-14。

将输出电压展开成傅里叶级数，基波周期为 $360°/p$。一般谐波很小，可忽略，所以多极旋转变压器正、余弦绕组输出电压有效值为

$$U_{s(p)} = U_{m(p)}\sin(p\theta) \tag{9-28}$$

$$U_{c(p)} = U_{m(p)}\cos(p\theta) \tag{9-29}$$

式中，$p\theta$ 也称为电角。

在 0°～360°范围内，多极旋转变压器输出电压是周期函数，从输出电压不能唯一确定转角。实际系统中总是把两极旋变与多极旋变配合使用，组成双通道测角装置，其中两极旋变担当粗测，避免系统停在虚假零位，而多极旋变实现精测。

图9-15(a)、(b)表示应用双通道测角装置的角位移伺服系统示意图。图中 θ_1 和 θ_2 为两个在机械上无联接的两个轴的转角，要求 $\theta_2=\theta_1$。旋转变压器成对使用，测量角差 $\theta_1-\theta_2$。图中 RX1 和 RT1 是两个一对极的旋转变压器，它们组成粗测通道；RX2 和 RT2 是两个 p 对极的旋转变压器，它们组成精测通道。两个通道的旋变发送机 RX1 和 RX2 的轴以及旋变变压器 RT1 和 RT2 的轴分别直接相连接，图中虚线表示机械联接。两个通道的输出端通过粗精转换电路后接至解调放大器，由此输出的电压控制直流伺服电动机转动，直流伺服电动机转轴直接和负载的轴及旋变变压器的轴相连接。

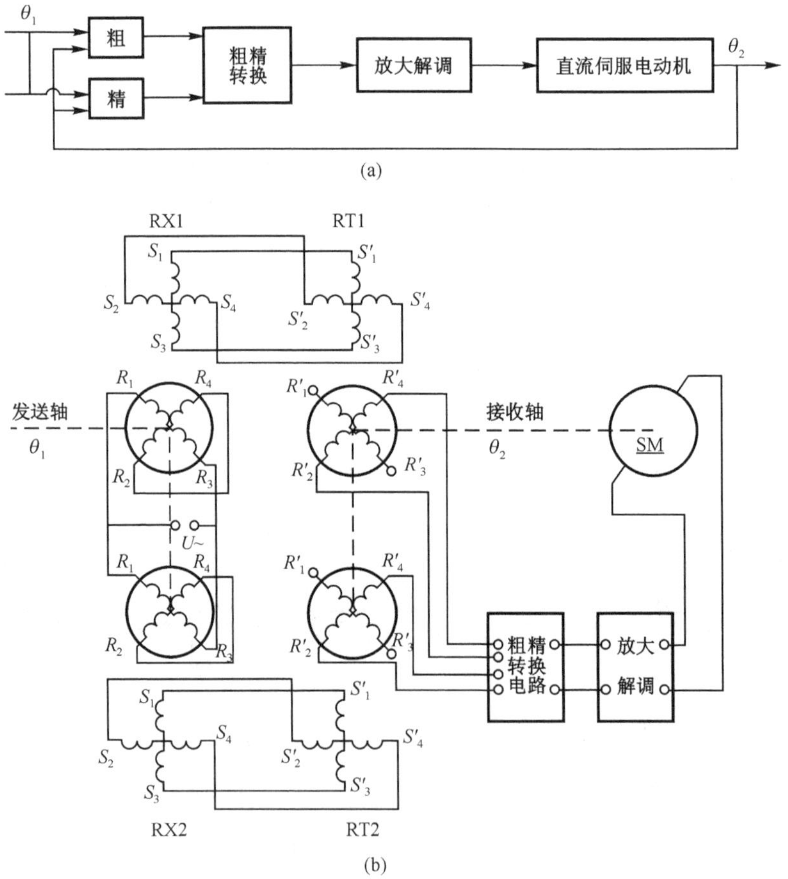

图 9-15　双通道伺服系统

当发送轴转角为 θ_1 而接收轴转角为 θ_2 时，粗测通道输出电压的有效值 U_{c0} 和精测通道输出电压的有效值 U_{j0} 分别为

$$U_{c0} = U_{m(1)}\sin(\theta_1 - \theta_2) = U_{m(1)}\sin\delta \tag{9-30}$$

$$U_{j0} = U_{m(p)}\sin p(\theta_1 - \theta_2) = U_{m(p)}\sin p\delta \tag{9-31}$$

图 9-16 曲线 1 和曲线 2 分别为失调角 δ 较小时 U_{c0} 和 U_{j0} 的波形。假如在失调角 δ_0 时，两极旋转变压器的输出电压 U_0，经解调放大后刚好不能驱动直流伺服电动机转动，于是造成系统有误差 δ_0。但如果改用多极旋转变压器，当失调角为 δ_0 时，输出电压为 $U_{j0}=U_{m(p)}\sin p\delta_0$，见图中 A 点。由于输出电压大，经解调放大后能驱动直流伺服电动机继续转动，直到 $U_{j0}=U_0$ 时(见图中点 B)伺服电机才停转，此时系统的误差为 δ'_0。由图可以看出 δ'_0 比 δ_0 小得多，因而系统的精度大大提高了。

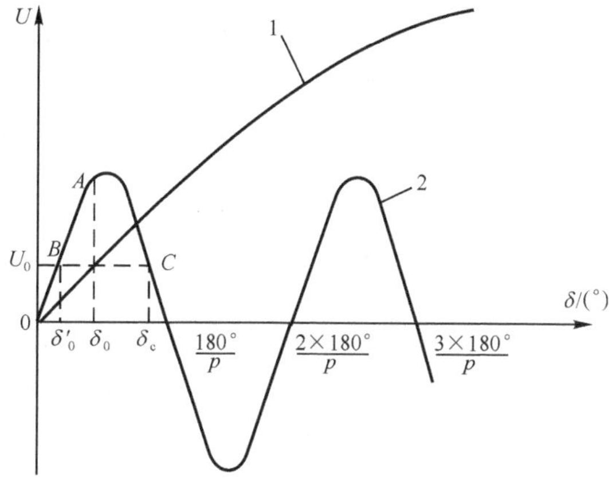

图 9-16　粗精通道的输出电压

图中粗精转换电路的作用就是，当失调角小时让精通道输出电压进入放大器，当失调角大时让粗通道输出电压进入放大器。实现这种功能的电子开关电路很多。

厂商往往将两极旋变与多极旋变做成一体，共用磁路，组成双通道旋转变压器。

9.3　感应同步器

感应同步器是一种高精度的转角和线位移测量元件，它是利用两个平面印制绕组的互感随位置不同而变化的原理工作的。感应同步器有直线式和旋转式两种，分别用来检测直线位移和转角。在结构上感应同步器分为固定部件和运动部件两部分，其上各有绕组。安装时，固定和运动两部件上的平面绕组面对面地放置，其间的气隙一般为 0.25±0.05mm。工作时，在其中一个部件的绕组上通交流激磁电压，由于电磁感应，在另一个部件的绕组上产生感应电势，该电势的有效值随固定部件和运动部件的相对位置不同呈正弦、余弦函数变化。感应同步器属于电磁感应装置，它的工作原理和多极旋转变压器非常相似。但由于感应同步器采用印制绕组，极数很多，可达几百、上千个。节距很小，直线式一般为 2mm，配上适当的信号处理电路可以达到很高的测量精度。感应同步器的工作频率一般是 1～20kHz，个别的可达 100kHz。

感应同步器的优点是：

1)具有很高的精度和分辨率。目前直线式感应同步器的精度可达到 ±1μm，分辨率可达 0.05μm，重复性误差可达 0.2μm。直径为 300mm 的旋转式感应同步器的精度可达 ±1″，分辨率可达 0.05″，重复性误差可达 0.1″。

2)抗干扰能力强。不受瞬时作用的偶然干扰信号的影响。平面绕组的电感很小，受外界干扰电场和空间磁场变化的影响很小。因为是根据正弦和余弦两相绕组的电压幅值或相位进行比较完成测量的，因此，基本上不受电源波动的影响。

3)结构简单、工作可靠、使用寿命长。固定部件和运动部件互不接触，没有摩擦、磨损，所以使用寿命长。

4)可以作长距离位移测量。可根据测量长度的需要进行拼接。目前几米到几十米的大型机床工作台位移的测量，大多采用感应同步器。

5)工艺性好、成本较低，便于复制和成批生产。

感应同步器中导片的数量很多，产生一种误差平均效应，明显减小了导片节距误差对测量精度的影响，使测量精度远远高于制造精度，因此对制造精度的要求并不很高。

感应同步器的缺点是：输出信号弱、信号处理麻烦、配套信号处理设备(数显表)比较复杂、价格高。

9.3.1 感应同步器的结构

图 9－17 和图 9－18 是直线式感应同步器的示意图，它由定尺和滑尺两部分组成，滑尺比定尺短，工作时定尺不动，滑尺沿着定尺方向移动。图 9－19 和图9－20是旋转式感应同步器的示意图，它由定子和转子两部分组成。工作时定子不动，转子转动。定尺、滑尺和定子、转子都是由基板和印制绕组构成。基板材料有铁磁材料和非铁磁材料两种。为减少温度变化对测量精度的影响，对于机床等设备所用的直线式感应同步器，一般采用与安装部件热膨胀系数相近的钢板或铸铁作基板，基板厚度为 10mm。目前高精度感应同步器多采用非铁磁材料作基板，如采用铝基材料、玻璃等，这些材料没有铁磁物质，可以减小误差和提高精度。

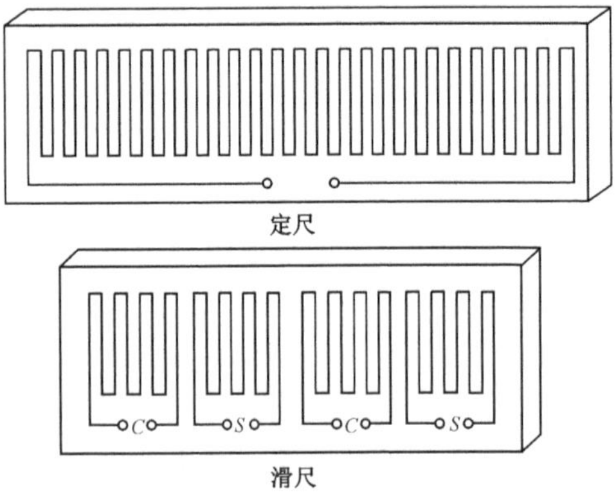

图 9－17　直线式感应同步器

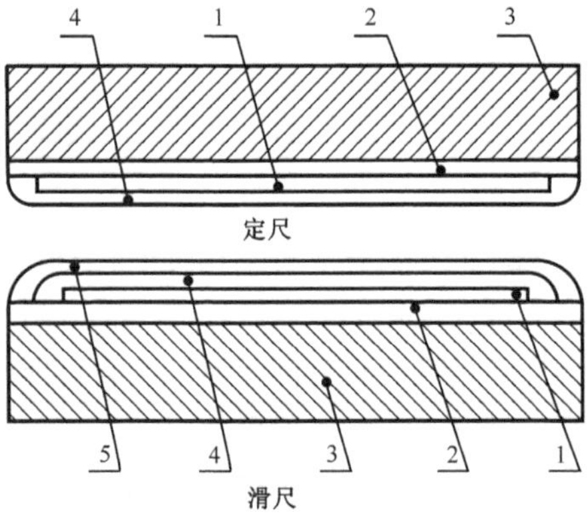

图 9－18　直线式感应同步器的结构

1. 铜箔　2. 绝缘黏合剂　3. 基板

4. 耐切削油防腐层　5. 铝箔

感应同步器的基板上敷有绝缘层，常用环氧树脂。在绝缘层上粘有一层紫铜箔，铜箔厚度为 0.05～0.07mm，利用照相腐蚀或其他方法制成印制绕组。有时在滑尺绕组上粘贴一层铝箔作为屏蔽层以防静电感应，在定尺表面喷涂一层绝缘漆以保护尺面。

直线式感应同步器定尺上的绕组是一个连续的单相绕组，而滑尺上的绕组是一些分段绕组。滑尺上的分段绕组按所处的磁场位置分为正弦绕组 s 和余弦绕组 c。为了减小由于定尺和滑尺工作面不平行或间隙不均匀带来的误差，正弦绕组和余弦绕组交替排列。两种绕组各自串联形成正弦和余弦两相绕组。

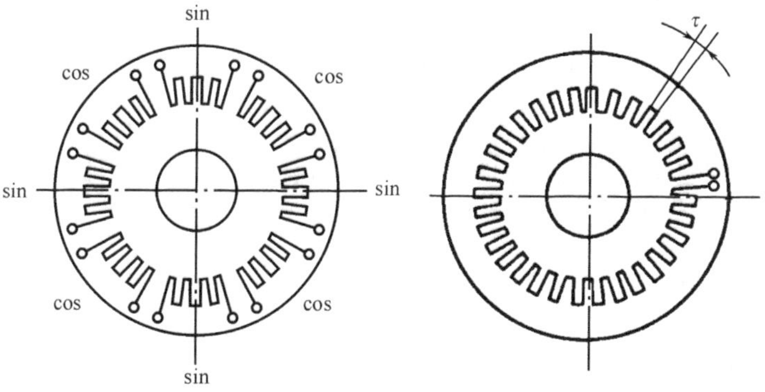

(a) 定子　　(b) 转子

图 9-19　旋转式感应同步器

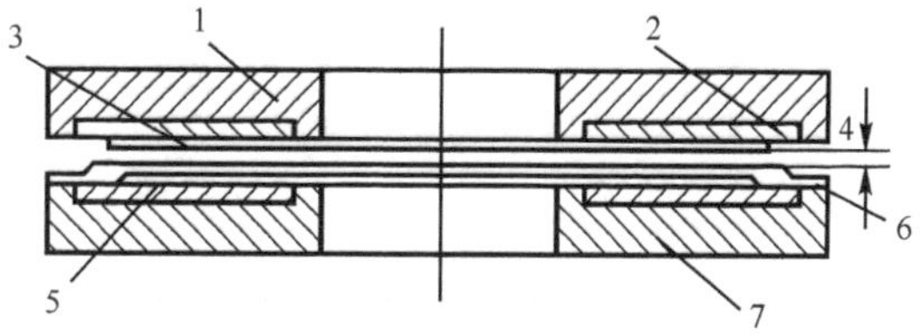

图 9-20　旋转式感应同步器的结构

1. 定子基板　2. 绝缘黏合剂　3. 定子绕组　4. 气隙　5. 转子绕组　6. 屏蔽膜　7. 转子基板

旋转式感应同步器定子、转子上的绕组是由辐射状的导片组成。转子上的绕组是一个单相连续绕组，其径向导片数也称为极数，有 360 、720 和 1024 等几种。例如，节距为 2°的旋转式感应同步器转子的连续绕组由夹角为 1°的 360 条导片组成。定子上的绕组则是很多分段绕组，这些绕组按所处磁场位置分为正弦和余弦两大组。正弦绕组和余弦绕组交替排列，并各自串联连接，形成两相绕组。目前常用的旋转式感应同步器的直径有 302mm、178mm、76mm 和 50mm 等几种。在极数相同的情况下，旋转式感应同步器的直径做得越大，越容易做得准确，精度越高。

9.3.2　感应同步器的工作原理

1. 直线式感应同步器的工作原理

(1) 绕组结构

直线式感应同步器的绕组结构示意图见图 9-21，定尺绕组为连续绕组，节距 $L_2=2(a_2+b_2)$，其中 a_2 为导电片片宽，b_2 为片间间隔。滑尺绕组是断续的分段绕组，分为正弦和余弦两相绕组，两相绕组中心线间距为 $l_1=(n/2+1/4)L_2=(k\pm1/4)L_2$，其中 n 和 k 为正整数。两相绕组节距相同，都为 $L_1=2(a_1+b_1)$，其中 a_1 为片宽，b_1 为片间间隔。滑尺绕组呈 W 形(图 9-21(b))或呈 U 形(图9-21(c))。

(2) 工作原理

图 9-22 表示直线式感应同步器的工作原理。该图给出了滑尺的 4 个不同位置。图中 τ 表示极距，它等于相邻金属导片中心线间的距离，也就是两个相邻的磁极轴线(中心线)之间的距离。L 表示节距，它是定尺上磁场情况完全相同的最近两点的距离，且有 $L=2\tau$。节距 L 也称为检测周期。相邻的正弦绕组 s 和余弦绕组 c 之间相距 $3L/4$ 即 1.5τ。在定尺绕组中

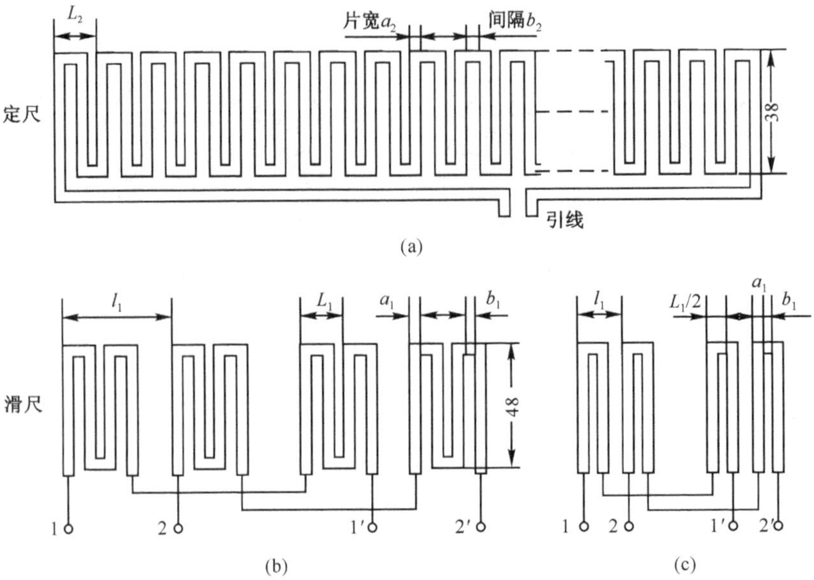

图 9－21　绕组结构

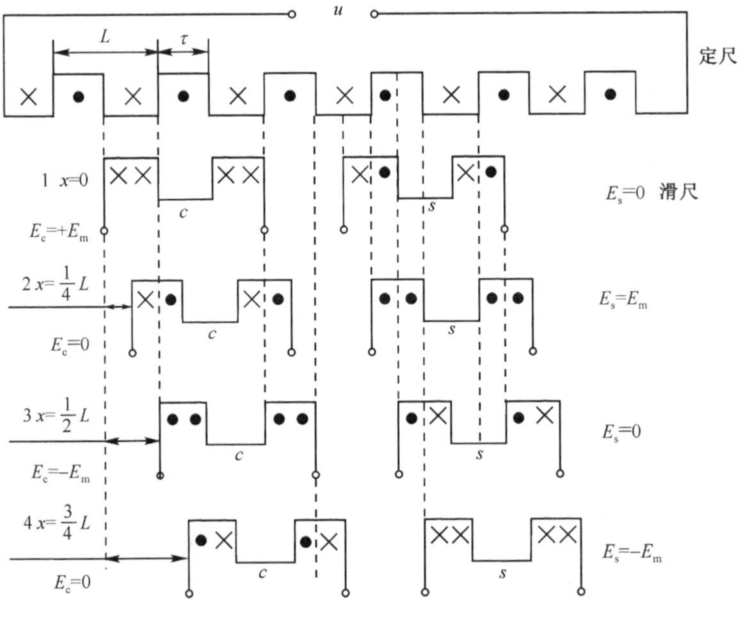

图 9－22　直线式感应同步器的工作原理

通入交流电激磁，在定尺平面附近将产生一个多极的脉振磁场，定子磁场是周期性分布的，分布周期就是节距 L。设磁通最大瞬间磁通方向如图中“×”和“·”所示。脉振磁场在滑尺绕组上产生感应电势，该电势属于变压器电势，它的频率应与激磁电压频率相同，它的大小(有效值)取决于定、滑尺的电磁耦合程度及其相对位置。显然感应电势有效值的大小随滑尺位移 x 作周期性变化，周期为一个节距 L 或两个极距 2τ。可以把输出电势分解为基波和一系列谐波之和。由于感应同步器正确严密的设计和加工，确保输出电势的谐波很小，所以输出电势可用基波分量表示，电势的有效值随滑尺的位移量按正弦函数(或余弦函数)变化。由于周期为 $L=2\tau$，所以正弦绕组 s 和余弦绕组 c 中的感应电势有效值 E_s 和 E_c 分别是

$$E_s = E_m \sin\frac{2\pi}{L}x = E_m \sin\frac{\pi}{\tau}x \tag{9-32}$$

$$E_c = E_m \cos\frac{2\pi}{L}x = E_m \cos\frac{\pi}{\tau}x \tag{9-33}$$

E_s、E_c 的变化规律见图 9-23。图中 $\theta_e=2\pi x/L$ 称为电角。

无论基板采用什么材料，感应同步器绕组的感抗 X_m 都远小于电阻 R，对于非铁磁材料的基板更是如此。典型数据如，$X_m : R = 4\times 10^{-3} : 1$。因此激磁绕组电流 I 及磁通 Φ 和激磁电压 u 的相位差很小，可以认为它们是同相位的。而 $\mathrm{d}\Phi/\mathrm{d}t$ 与磁通 Φ 的相位差是 90°，因此感应电势与激磁电压的相位差非常接近 90°，选择适当的正方向后，可认为感应电势领先激磁电压 90°。所以，若设激磁电压为

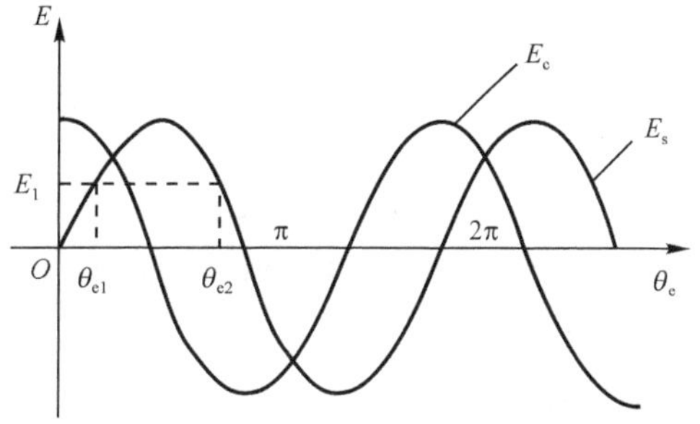

图 9-23 感应同步器的电势有效值

$$u = \sqrt{2}U\sin\omega t = U_m\sin\omega t \tag{9-34}$$

则正弦绕组 s 和余弦绕组 c 中感应电势的瞬时值 e_s 和 e_c 为

$$e_s = \sqrt{2}E_m \sin\frac{2\pi}{L}x\cos\omega t \tag{9-35}$$

$$e_c = \sqrt{2}E_m \cos\frac{2\pi}{L}x\cos\omega t \tag{9-36}$$

2. 旋转式感应同步器的工作原理

旋转式感应同步器的工作原理与直线式感应同步器、多极旋转变压器都是相类似的。当转子单相绕组激磁时，形成的磁极个数与径向导片数 N 相等，而极对数 p 为

$$p = \frac{1}{2}N \tag{9-37}$$

两相邻导片间的夹角称为极距 τ(图 9-19)，且有

$$\tau = \frac{2\pi}{N}\quad \text{rad} \tag{9-38}$$

定子绕组上的两相绕组是正弦绕组 s 和余弦绕组 c，相邻的两个绕组属于不同的两相，夹角为$(k\pm 1/4)L$ 或$(k+1/2)\tau$(k 为整数)，即在空间错开 $\tau/2$，对应$\pi/2$ rad(电角)。$L=2\tau$ 也称为节距或检测周期，它同样表示磁场分布的周期。

取正弦绕组输出电压有效值 E_s 为零的转子位置作为电气零位，感应同步器转子从基准电气零位起始的角位移称为转子转角，记为 θ。按多极旋转变压器输出电压的计算公式可得

$$E_s = E_m\sin p\theta = E_m\sin\frac{N}{2}\theta = E_m\sin\frac{2\pi}{L}\theta = E_m\sin\frac{\pi}{\tau}\theta \tag{9-39}$$

式中，$p\theta=N\theta/2=\pi\theta/\tau$，称为电角。

也可以从三角函数的周期推出式(9-39)。定子和转子间的气隙磁场以 2τ 为周期，所以

感应电势有效值的变化也以 $L=2\tau$ 为周期，故有

$$E_s = E_m \sin\frac{2\pi}{L}\theta = E_m \sin\frac{2\pi}{2\tau}\theta = E_m \sin\frac{\pi}{\tau}\theta = E_m \sin\frac{N}{2}\theta = E_m \sin p\theta$$

对于余弦绕组，则有

$$E_c = E_m \cos\frac{2\pi}{L}\theta = E_m \cos\frac{2\pi}{2\tau}\theta = E_m \cos\frac{\pi}{\tau}\theta = E_m \cos\frac{N}{2}\theta = E_m \cos p\theta \quad (9-40)$$

E_s、E_c 的变化曲线同样见图 9-23。图中横轴为 $p\theta$。

激磁电压仍为 $u=\sqrt{2}U\sin\omega t$，则正、余弦绕组 s 和 c 中感应电势的瞬时值 e_s 和 e_c 分别为

$$e_s = \sqrt{2}E_m \sin\frac{\pi}{\tau}\theta\cos\omega t = \sqrt{2}E_m \sin\frac{2\pi}{L}\theta\cos\omega t \quad (9-41)$$

$$e_c = \sqrt{2}E_m \cos\frac{\pi}{\tau}\theta\cos\omega t = \sqrt{2}E_m \cos\frac{2\pi}{L}\theta\cos\omega t \quad (9-42)$$

3. 关于感应同步器感应电势的几个结论

由以上讨论可以看出，当单相连续绕组加激磁电压 $u=\sqrt{2}U\sin\omega t$ 时，无论是直线式感应同步器，还是旋转式感应同步器，它们的正弦绕组 s 和余弦绕组 c 中的感应电势有效值 E_s、E_c和瞬时值 e_s、e_c 可以统一表示为

$$E_s = E_m \sin\theta_e = \frac{U}{k}\sin\theta_e \quad (9-43)$$

$$E_c = E_m \cos\theta_e = \frac{U}{k}\cos\theta_e \quad (9-44)$$

$$e_s = \sqrt{2}E_s\cos\omega t = \sqrt{2}E_m\sin\theta_e\cos\omega t = \sqrt{2}\,\frac{U}{k}\sin\theta_e\cos\omega t \quad (9-45)$$

$$e_c = \sqrt{2}E_c\cos\omega t = \sqrt{2}E_m\cos\theta_e\cos\omega t = \sqrt{2}\,\frac{U}{k}\cos\theta_e\cos\omega t \quad (9-46)$$

式中，k 为单相绕组与正弦(或余弦)绕组之间的变比。θ_e 称为电角，对于直线式感应同步器

$$\theta_e = \frac{2\pi}{L}x = \frac{\pi}{\tau}x \quad (\text{rad}) \quad (9-47)$$

对于旋转式感应同步器

$$\theta_e = p\theta = \frac{N}{2}\theta = \frac{\pi}{\tau}\theta = \frac{2\pi}{L}\theta \quad (\text{rad}) \quad (9-48)$$

E_s、E_c 的变化曲线见图 9-23。

采用完全相同的方法还可以得出下述结论：当正弦绕组 s 和余弦绕组 c 中分别接上有效值为 U 的正弦(或余弦)交流激磁电压时，它们在单相连续绕组中感应的电势有效值分别为(下标 2 表示副端)

$$E_{2s} = kU\sin\theta_e = E\sin\theta_e \quad (9-49)$$

$$E_{2c} = kU\cos\theta_e = E\cos\theta_e \quad (9-50)$$

无论是单相绕组激磁还是两相绕组激磁，感应电势都属于同频率的正弦电势，感应电势与激磁电压的相位差是 90°。一般取感应电势超前激磁电压 90°。

9.3.3 感应同步器的信号处理方式

感应同步器可将线位移或角位移转换成周期性的模拟电信号，只要从输出信号中求出电

角 θ_e，就可以得到位移数值。但要真正用它作为线位移或角位移的测量元件，还需解决下面几个问题：①正余弦函数在一个周期的范围内，函数值和角度间并不是单值对应关系。对于感应同步器的输出电压和电角 θ_e 之间也同样如此。②当电角超出一个周期的范围，即线位移和角位移大于 2 个极距，这时必须记录 E_s、E_c 变化周期的个数才能确定电角。③输出电压有效值的误差大，但要求的测量精度很高。为了解决这些问题，就需要对感应同步器输出绕组的信号进行适当处理。感应同步器有鉴相型和鉴幅型两种信号处理方式，又称为鉴相工作状态和鉴幅工作状态。

感应同步器可以采取两类不同的激磁方式。一类是给两相绕组激磁，称为两相激磁式。另一类是给单相连续绕组激磁，称为单相激磁式。前面介绍工作原理时是以单相激磁式为例。目前在实用中多数用两相激磁方式。

1. 鉴相型处理方式

鉴相型处理方式又称鉴相工作状态，它是根据输出电势的相位来鉴别电角。它又分为单相激磁和两相激磁两种方式，但输出信号是相同的。

(1) 两相激磁式

在感应同步器正弦绕组 s、余弦绕组 c 上施加幅值和频率相同、相位差 90°的交流激磁电压 u_s 和 u_c，即

$$u_s = U_m \sin\omega t$$

$$u_c = -U_m \cos\omega t = U_m \sin\left(\omega t - \frac{\pi}{2}\right)$$

式中，U_m 为激磁电压的幅值。

根据 9.3.2 节最后的结论可知，两个激磁绕组分别在单相绕组上感应的电势 E_{2s}和 E_{2c}分别为

$$e_{2s} = kU_m \sin\theta_e \cos\omega t \tag{9-51}$$

$$e_{2c} = kU_m \cos\theta_e \sin\omega t \tag{9-52}$$

式中，k 为变比。

应用叠加原理可知单相绕组总感应电势 e_2

$$e_2 = e_{2s} + e_{2c} = kU_m \sin\theta_e \cos\omega t + kU_m \cos\theta_e \sin\omega t$$

所以有

$$e_2 = kU_m \sin(\omega t + \theta_e) \tag{9-53}$$

此时输出电势的幅值是一个不变的常数，而输出电势的相位改变量等于电角 θ_e。因此求出电角 θ_e，就可以求出对应的线位移或角位移。

(2) 单相激磁式

这时感应同步器的单相绕组加激磁电压 $u = -U_m \cos\omega t$，将正弦绕组输出电势 e_s 移相 90°后再与 e_c 相加，作为输出电势 e_2。

$$e_s = kU_m \sin\theta_e \sin\omega t$$

$$e_c = kU_m \cos\theta_e \sin\omega t$$

e_s 移相 90°后得 e'_s

$$e'_s = kU_m \sin\theta_e \sin(\omega t + 90°) = kU_m \sin\theta_e \cos\omega t$$

故

$$e_2 = e'_s + e_c = kU_m \sin\theta_e \cos\omega t + kU_m \cos\theta_e \sin\omega t = kU_m \sin(\omega t + \theta_e)$$

此式与式(9-53)完全相同。

2. 鉴幅型处理方式

鉴幅型处理方式又称鉴幅工作状态，它是根据输出信号的幅值鉴别电角 θ_e。同样分为单相激磁和两相激磁两种方式，但输出的信号是相同的。

(1) 两相激磁式

两相激磁电压的幅值要按一定规律变化，加至正、余弦绕组的激磁电压 u_s 和 u_c 为

$$u_s = U_m \cos\theta_1 \sin\omega t$$

$$u_c = -U_m \sin\theta_1 \sin\omega t$$

激磁电压的幅值为某一角度 θ_1 的余弦和正弦函数，其中 θ_1 称为指令位移角，它是已知的。单相连续绕组的总感应电势 e_2 为

$$e_2 = e_{2s} + e_{2c} = kU_m \cos\theta_1 \sin\theta_e \cos\omega t - kU_m \sin\theta_1 \cos\theta_e \cos\omega t$$

故

$$e_2 = kU_m \sin(\theta_e - \theta_1) \cos\omega t \tag{9-54}$$

可见，输出电势的幅值与电角 θ_e 有关。当鉴别出输出电势的幅值为零时就说明 $\sin(\theta_e - \theta_1) = 0$，因此有 $\theta_e = \theta_1 + k\pi$($k$ 为零或整数)。如能确保 $k = 0$，则 $\theta_e = \theta_1$，因 θ_1 是已知的，所以就可确定 θ_e。这种求 θ_e 的方法称为鉴幅型处理方法或鉴零工作状态。

(2) 单相激磁式

在单相绕组中加激磁电压 $u = U_m \sin\omega t$。在正弦绕组 s 和余弦绕组 c 中的感应电势 e_s 和 e_c 分别为

$$e_s = kU_m \sin\theta_e \cos\omega t$$

$$e_c = kU_m \cos\theta_e \cos\omega t$$

然后将 e_s 和 e_c 送入函数变压器或其他装置中，分别变成 e'_s 和 e'_c

$$e'_s = kU_m \sin\theta_e \cos\theta_1 \cos\omega t$$

$$e'_c = -kU_m \cos\theta_e \sin\theta_1 \cos\omega t$$

再将 e'_s、e'_c 送入加法器相加后作为输出信号 e_2 输出

$$e_2 = e'_s + e'_c = kU_m \sin(\theta_e - \theta_1) \cos\omega t$$

3. 鉴幅法的应用

(1) 测角

当 θ_e 不变时，在 $\theta_e - \pi < \theta_1 < \theta_e + \pi$ 范围内调节已知角 θ_1 使输出电势为零，此时有 $\theta_e = \theta_1$。

(2) 在位移伺服系统中作测量元件

当 $\theta_e - \theta_1 \neq 0$ 时用输出电压去控制电机转动使 $\theta_e \to \theta_1$。当 θ_1 变时 θ_e 也变。当 $\theta_e = \theta_1$ 时输出电势为零，电机不再转动，可见被控制装置随指令角 θ_1 运动。因为当 $\theta_e = \theta_1 + k\pi$ 时输出电势也是零，所以应避免这种情况，即应当避免系统停止在假零位上。旋转式感应同步器可以与两极旋转变压器和多极旋变组成双通道或三通道系统。

9.3.4 鉴相型数字编码装置

1. 鉴相型编码原理

将被测正弦信号 e_2（式(9-53)）与同频率的基准正弦信号 $e_{20} = kU_m \sin\omega t$ 的相位进行比

较，将二者的相位差 θ_e 转换成一定频率的脉冲个数，原理方框图见图9-24。图中 ST_A、ST_B 是整形电路，它把正弦波变成方波。u_A 是基准正弦信号，u_B 是被检测信号，如感应同步器输出信号 e_2。经整形后，u_A 变成 u'_A，u_B 变成 u'_B。SW 是双稳态触发器，上升沿触发。u'_A 接置 0 端，u'_B 接置 1 端，D 是与门，脉冲源发出的脉冲信号始终加在 D 的一个输入端。D 的另一个输入端与 SW 的 1 端相联。SW 输出为 1 时，脉冲才能通过与门送到计数器，而 SW 输出为 1 的时间受相位角 θ_e 的控制，见图 9-24(b)的波形。所以 SW 只在 $t_1 \sim t_2$，$t_3 \sim t_4$，… 之间输出 1，使与门打开。计数器只在 $\Delta t = t_2 - t_1$，$\Delta t = t_4 - t_3$，… 时间内计数。

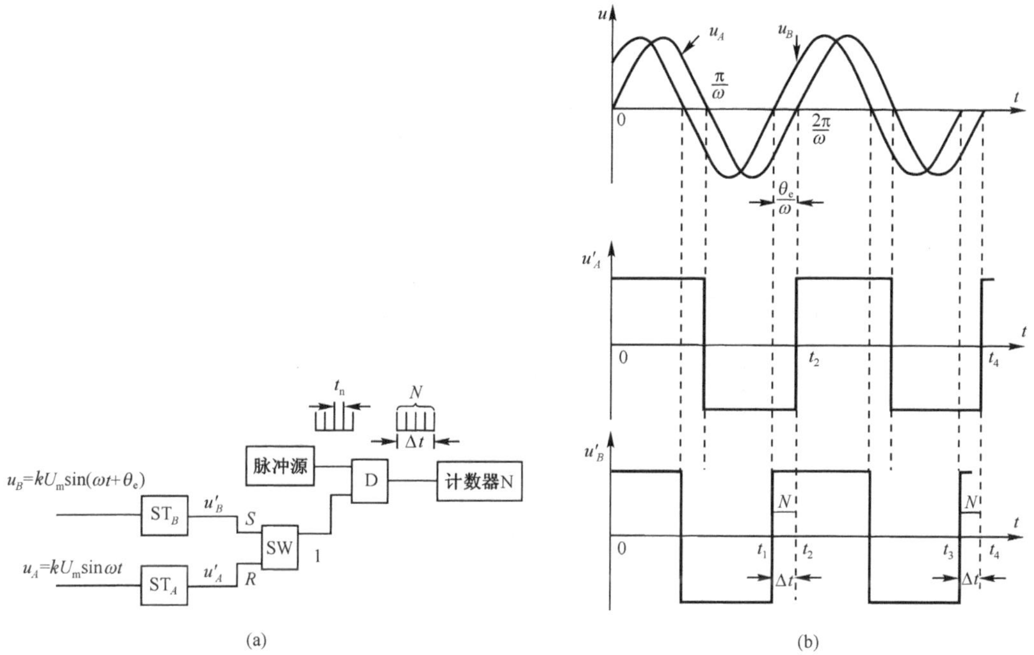

图 9-24　相位数字转换原理

$t=0$：u'_A 将 SW 置 0，与门 D 关闭；

$t=t_1$：u'_B 将 SW 置 1，与门 D 打开，脉冲进入计数器，开始计数；

$t=t_2$：u'_A 又将 SW 置 0，关闭与门 D，脉冲停止进入计数器

由 $u_B = kU_m\sin\omega(t + \theta_e/\omega)$ 知，曲线 u_B 是由曲线 u_A 向左平移 θ_e/ω 得到的，因此

$$\Delta t = \frac{\theta_e}{\omega} \tag{9-55}$$

故

$$\theta_e = \omega\Delta t = \omega(t_2 - t_1) \tag{9-56}$$

设时钟脉冲周期为 t_n，Δt 时间内进入计数器的脉冲个数为 N，则

$$\Delta t = Nt_n$$

所以

$$\theta_e = \omega N t_n \tag{9-57}$$

求出 θ_e后就可求出对应的线位移或角位移。

1个脉冲对应的角度是分辨率。设激磁电压和脉冲源频率为 f 和 f_n，由前式可得分辨率为

$$\theta_1 = \frac{f}{f_n}L \qquad (9-58)$$

2. 鉴相型数显表

鉴相型数显表的特点是：快速、可靠、精度高，可以自动消除线路漂移和干扰的影响。图 9-25 是一个鉴相型数显表的原理框图，整个系统由三大部分组成。

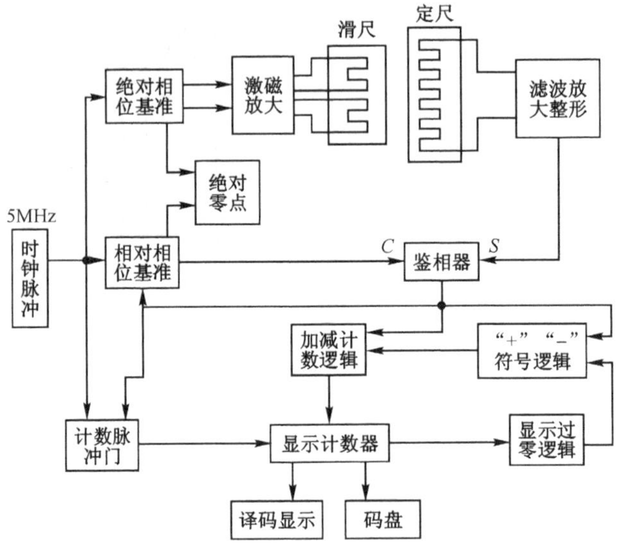

图 9-25 鉴相型数显表结构方框图

(1) 感应同步器及其激磁、滤波、放大部分

这一部分包括时钟脉冲、绝对相位基准、激磁、感应同步器的定尺、滑尺(或定子、转子)和滤波整形。功能是把机械位移量转换成具有一定相位移的模拟电信号。设 5MHz 的时钟脉冲经过绝对相位基准作 2000 分频和分相后，产生两个基波相位差是 90°、频率为 2.5kHz 的矩形波(或正弦波)，经功率放大后给感应同步器的正、余弦绕组激磁。单相绕组产生的输出电势为 $e_2 = kU_m\sin(\omega t + \theta_e)$，经滤波放大整形后得到频率仍为 2.5kHz 的矩形方波 S 送给鉴相器。

(2) 模数转换部分

这一部分包括方框图中的时钟脉冲、相对相位基准和鉴相器。功能是把模拟电信号转换成数字量，即把 θ_e 转换成数字量。

相对相位基准有两个输入信号，一个是时钟脉冲，一个是鉴相器的输出信号。相对相位基准对时钟脉冲作 2000 分频产生频率为 2.5kHz 的矩形波(或正弦波)，并根据鉴相器给出的信号对波形进行相移后输出信号 C。绝对相位基准和相对相位基准都具有相同倍数的分频能力，但绝对相位基准输出信号的相位(初相位)是固定不变的，而相对相位基准输出的信号 C 的相位总是跟随信号 S 的相位变化，并记在计数器中。在鉴相器中，矩形波 S 与 C 进行相位比较，若有相位差时，鉴相器就发出指令，相对相位基准使 C 移相，方向是力图使 C 的相

位与 S 的相位相一致，这样组成了一个数字式相位闭环随动系统。相对相位基准输出波形总是跟随滤波放大整形后的输出波形 S。静态时，S 与 C 之间的相位差为零。

(3) 计数及显示部分

这部分包括方框图中的计数脉冲门、显示计数器、加减计数逻辑、绝对零点、译码显示等。功能是将通过计数脉冲门的时钟脉冲正确地累计起来并加以显示。码盘用于人工置数。定滑尺之间无相对运动，人工拨码盘置数，计数器同样可显示。绝对零点的作用是当绝对相位基准(基准信号)与相对相位基准的输出信号相位相同时产生一个控制信号，使绝对零点指示灯亮一下，这时的位置称作周期零点。指示灯每亮一次，表示位移了一个节距或两个极距。

3. 相位伺服系统

伺服系统也可分为相位伺服系统和幅值伺服系统两种。这两种系统的差别在于参加比较的两个量。对于幅值系统，在比较器中进行比较的两个量都是电压信号的幅值。而在相位伺服系统中，在比较器中进行比较的是两个电压信号的相位，输入信号的相位和反馈信号的相位。以图 9－26 的机床线位移相位系统来说明相位系统的原理。

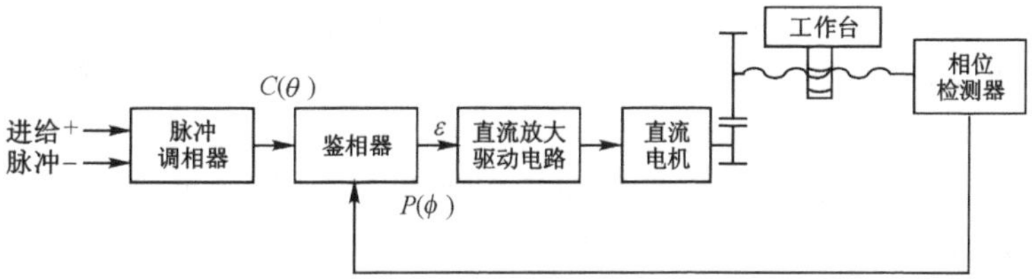

(a)方框图

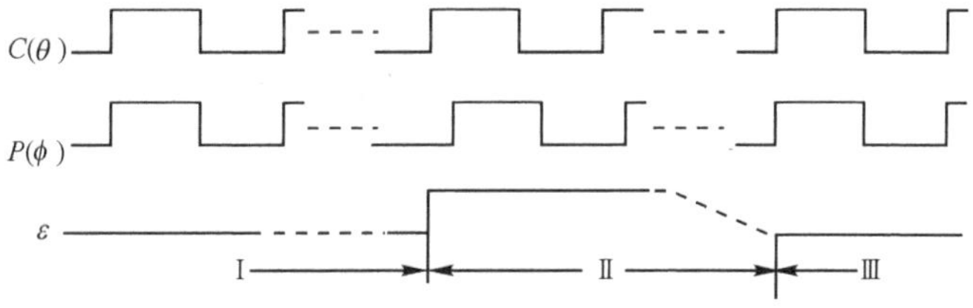

(b)波形图

图 9－26　相位系统原理

在相位系统中，输入信号和检测信号都转变成某个载波的相位来进行比较。图 9－26 中，输入信号 $C(\theta)$ 与相位检测器(如感应同步器，旋转变压器)来的反馈信号 $P(\phi)$ 是频率相同的两个信号，它们的相位分别是 θ 和 ϕ，并且在鉴相器中互相比较，鉴相器的输出电压 ε 与二者的相位差成正比。当 $C(\theta)$ 和 $P(\phi)$ 的相位相等时，ε 为“0”(参见图 9－26(b)中Ⅰ区)，系统静止。如果给系统一个正的进给脉冲，这个脉冲进入脉冲调相器后，使鉴相器的输入信号 $C(\theta)$ 的相位往前移动一个值 $\Delta\theta$(参见图 9－26(b)Ⅱ区)。这时鉴相器中的两个信号相位不同，它就要产生一个正的误差信号 ε。这个信号使工作台往前移动，从而相位检测器测到的信号 $P(\phi)$ 的相位也随着前移，致使误差 ε 的值逐步减小。当相位 ϕ 与相位 θ 相等时，系统在新的位置下静止(图中Ⅲ区)。如果进给脉冲的方向是负的，输入信号 $C(\theta)$ 就产生一个负方向的相位移动 $\Delta\theta$，系统的运动过程和上述相似，只是方向相反。

相位系统结构简单，调整方便，适用于感应式检测元件的工作状态，可得到满意的精度；而且其频率响应高，很适合连续控制的机床伺服系统应用。另一个很重要的特点是抗干扰性强。由于从测量元件上反馈到控制箱的信号是相位调制信号，当载波频率为 1kHz 时相当于每秒钟测试 1000 次。因此在长线传输中有干扰窜入，也只影响到个别波形。当干扰过去后，仍恢复正确相位，不会造成误差。在脉冲反馈的系统中就不是这样。当脉冲从测量元件中传送到控制箱时，如受到干扰，有可能形成脉冲丢失或增多，因而产生不可消除的误差。

目前，在数控机床使用的伺服系统中，相位系统多于幅值系统。

9.3.5 鉴幅型数显表

我们以两相激磁式直线感应同步器为例说明鉴幅型数显表的工作原理。正余弦绕组分别加激磁电压 $u_s=U_m\cos\theta_1\sin\omega t$ 和 $u_c=-U_m\sin\theta_1\sin\omega t$ 后，单相输出绕组的输出电势的幅值为

$$E_m = kU_m\sin(\theta_e-\theta_1)$$

鉴幅型数显表的原理见图 9－27。代表滑尺位移 x 的电角 θ_e 是输入信号，指令角 θ_1 已知，代表感应同步器的激磁电压幅值。将 θ_1 变换为激磁电压幅值的转换装置与感应同步器滑尺、定尺绕组一起构成比较器。感应同步器输出信号的幅值 E_m 作为偏差信号去控制一个模拟脉冲转换器 A/P，当 $E_m\neq 0$，A/P 输出计数脉冲。该计数脉冲一方面进入计数和显示装置进行累计和显示，另一方面进入脉冲模拟转换器 P/ A，去改变 θ_1，改变激磁电压幅值。当 $E_m=0$ 时表示 θ_e 和 θ_1 已经对应相等，这时 θ_1 也不再变化，显示器显示的是 θ_1 对应的 x 的值。

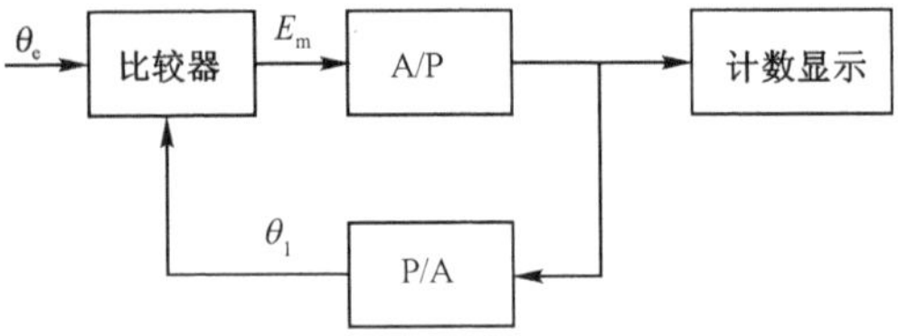

图 9－27 鉴幅型数显表的原理方框图

基于上述思路的鉴幅型数显表的职能方框图见图 9－28。该装置的工作原理如下。设激磁电压 u_c、u_s 已经加上，当感应同步器滑尺相对定尺移动某一位移 x 时，定尺就有信号 e_2（幅值代表图 9－27 中的误差信号 E_m）输出，经过前置放大和滤波放大器后，当误差信号幅值超过门槛电压时，就有计数脉冲同时送至显示计数器和转换计数器。显示计数器将脉冲累计并控制数码管显示出实际位移值，转换计数器控制数模转换器，改变 θ_1 即改变滑尺激磁电压的幅值，使感应同步器输出的电压信号减小，直到小于门槛电压时，显示计数器和转换计数器都停止计数。匹配变压器的作用是使数模转换器的输出阻抗与滑尺的输入阻抗相匹配。

使感应同步器激磁电压的幅值随着角度 θ_1（也就随着 θ_e）按正、余弦关系变化，有函数变压器和脉冲调宽两种方法。

（1）函数变压器

国内应用广泛的鉴幅型数显表之一的 *SF* 系列数显表采用函数变压器。这种变压器的副端有很多抽头，再配上电子开关线路就可以实现电压的改变。现在实用的函数变压器不仅包括正、余弦函数变压器，而且包括若干正切函数变压器。它们之间进行适当的连接，以较少的变压器抽头获得较多的 $\sin\theta_1$ 和 $\cos\theta_1$ 数值。

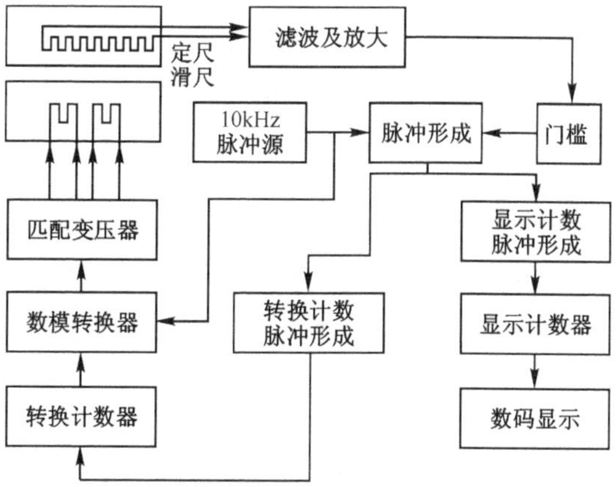

图 9-28　鉴幅型数显表结构方框图

函数变压器是一种小型的电磁控制元件，采用罐形铁氧体作为磁心。铁氧体电阻率很高，能在高频工作，涡流很小。绕组采用高强度漆包线。采用函数变压器的优点是：

输出的电压数值是由变压器匝数所决定，不受外界条件(如温度、湿度)变化的影响，所以精度比较稳定。

(2) 脉冲调宽方法

ST2 型数显表采用这种方法。它的特点是用脉冲宽度可按一定规律变化的方波信号激磁。采用如图 9-29 所示的方波电压 V_1 和 V_2 作为激磁电压。它们是幅值为 A，宽度分别为 $2\theta_1$ 和$(\pi-2\theta_1)$的周期方波。因为是奇函数，用傅里叶变换可得如下展开式：

$$V_1=\frac{4A}{\pi}\left(\sin\theta_1\sin\omega t-\frac{1}{3}\sin3\theta_1\sin3\omega t+\cdots\right) \tag{9-59}$$

$$V_2=\frac{4A}{\pi}\left(\cos\theta_1\sin\omega t+\frac{1}{3}\cos3\theta_1\sin3\omega t+\cdots\right) \tag{9-60}$$

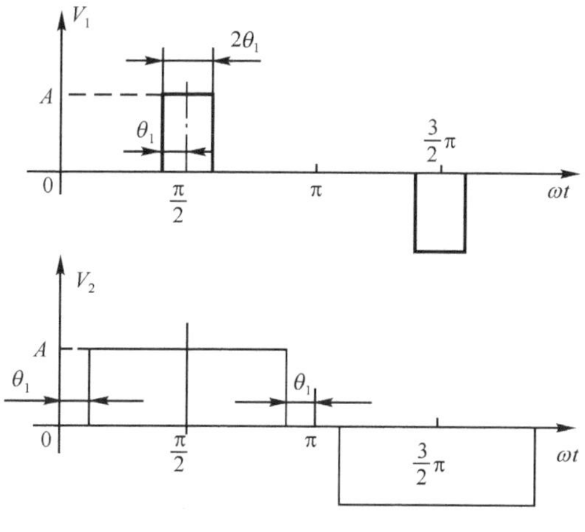

图 9-29　脉冲调宽的方波

式中的第一项基波与所要求的激磁电压 u_c 和 u_s 相似，因而在感应同步器的输出绕组上可以得到和式(9-53)相同形式的感应电势基波分量。谐波分量可以用低通滤波器滤除。在脉冲调宽方法中，方波的宽度相当于激磁电压信号中的指令角 θ_1。用转换计数脉冲改变激磁电压方波的宽度 $2\theta_1$ 和($\pi-2\theta_1$)，从而也就改变了激磁电压信号中的指令角 θ_1，达到跟踪电角 θ_e 的目的。

脉冲调宽方法采用电子线路和脉冲调宽技术，可以精确地调整激磁电压。用方波信号发生器代替开关一函数变压器进行数模转换，产生激磁信号，因而整个装置便于集成化，进一步提高了编码装置工作的可靠性，并且易于在控制系统中应用。

习　　题

1. 负载时，正余弦旋转变压器输出特性产生误差的主要原因是什么？如何消除误差？
2. 画出原边补偿的线性旋转变压器的接线图。
3. 画出用一对旋转变压器测量角差的线路图并说明工作原理。
4. 由两极旋变和多极旋变组成的双通道测角系统中，只用精测通道能否保证测量的精度？为什么？
5. 感应同步器有几种信号处理方式？说明工作原理。
6. 感应同步器单相激磁工作方式，激磁电压为 $u=U_m\sin(2\pi\times20\times1000t)$，如果节距 $L=2°$(180 对极)，脉冲源频率为 100MHz，求分辨率。

第 10 章　测速元件及测速方法

测速元件主要指测速发电机。对某些位移传感器的输出信号处理后也可得到速度信息。测速发电机包括直流测速发电机和交流测速发电机。输出直流电信号和输出交流电信号的测速发电机分别称为直流测速发电机和交流测速发电机。测速发电机在电气图中的符号见图 10 - 1。

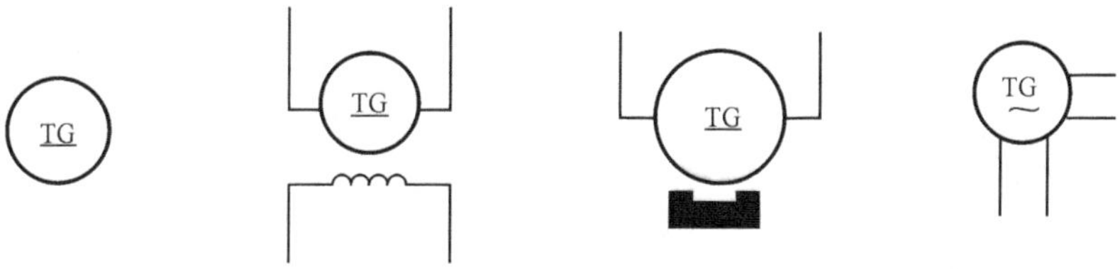

(a) 直流测速发电机　(b) 电磁式直流测速发电机　(c) 永磁式直流测速发电机　(d) 交流测速发电机

图 10 - 1　测速发电机的图形符号

10.1　直流测速发电机

10.1.1　直流测速发电机的结构

直流测速发电机是专门测量转速用的微型直流发电机。它的结构与直流电动机相似，由转子、定子及电刷和换向器组成。电枢绕组在转子上。磁极在定子上，一般采用永磁体作磁极。

控制系统对直流测速发电机的主要要求是：

1）输出电压要与转速呈线性关系，正、反转时特性一致。

2）输出特性的灵敏度高。

3）输出电压的纹波小。

4）电机的惯量小。

10.1.2　基本关系式与输出特性

1. 基本关系式

直流测速发电机的等效电路见图 1 - 38，基本关系式见 1.5.3 节。测速发电机常用的关系式是

$$E_a = R_a I_a + L_a \frac{dI_a}{dt} + U_a \quad (10-1)$$

$$E_a = R_a I_a + U_a \quad (10-2)$$

$$E_a = C_e \Phi n = K_e \omega \quad (10-3)$$

$$U_a = R_L I_a \quad (10-4)$$

其中，式(10－1)、式(10－2)分别是动态和静态电压平衡方程式。式(10－3)是直流测速发电机中最重要的关系式，它说明直流测速发电机中的感应电势的大小与转速成正比，电势的方向由转速的方向所决定。

2. 空载输出特性

空载时有 $I_a = dI_a/dt = 0$，由式(10－1)、式(10－3)可知，输出电压 U_a 为

$$U_a = C_e \Phi n = K_e \omega \tag{10-5}$$

空载输出特性是一条直线，见图 10－2 中 $R_L = \infty$ 的直线。

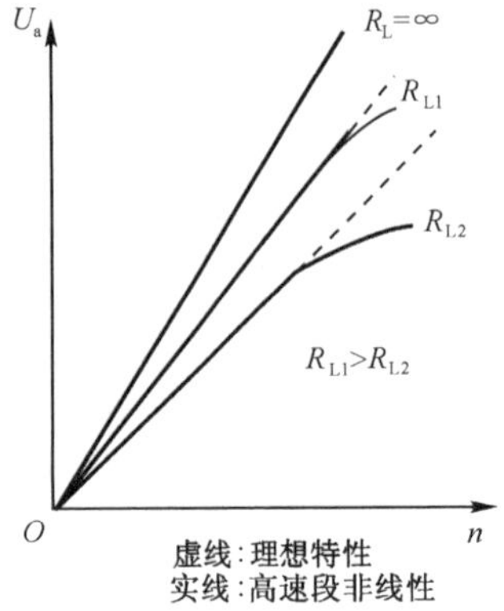

图 10－2　直流测速机输出特性曲线

3. 负载时的静态特性

由式 (10－2)～式(10－4)可得

$$U_a = \frac{C_e \Phi}{1+\frac{R_a}{R_L}} n = \frac{K_e}{1+\frac{R_a}{R_L}} \omega = K_L n \tag{10-6}$$

式中

$$K_L = \frac{C_e \Phi}{1+\frac{R_a}{R_L}} \tag{10-7}$$

式(10－6)是负载时直流测速发电机的静态输出特性，K_L 称为输出斜率或灵敏度。当 Φ、R_a 和 R_L 保持恒定不变时，输出电压 U_a 与转速 ω 或 n 是线性关系，如图 10－2 虚线所示。

4. 负载时的动态特性

动态时 $dI_a/dt \neq 0$，由式(10－1)～式(10－4)可得

$$\frac{L_a}{R_a + R_L} \cdot \frac{dU_a}{dt} + U_a = \frac{K_e}{1+\frac{R_a}{R_L}} \omega = K'_L \omega \tag{10-8}$$

取拉普拉斯变换得

$$\left(\frac{L_a}{R_a + R_L} s + 1\right) U_a(s) = K'_L \Omega(s) \tag{10-9}$$

传递函数为

$$G(s) = \frac{U_a(s)}{\Omega(s)} = \frac{K'_L}{Ts+1} \tag{10-10}$$

式中

$$T = \frac{L_a}{R_a + R_L}, K'_L = \frac{K_e}{1+\frac{R_a}{R_L}}$$

可见，考虑电流的变化和电枢电感，直流测速发电机是一个非周期环节即惯性环节。不过，当 $1/T$ 远大于系统的带宽时，测速发电机仍可看成是转速的比例环节。

如果考虑到转轴的弹性变形，传递函数的形式还要复杂一些。

10.1.3　输出特性的误差分析

线性特性是希望的理想情况。实际的测速发电机一定存在某种程度的非线性。CYD 系

列永磁式低速直流测速发电机的线性误差为0.5%～1%。精密的测速发电机，要求线性误差达到0.1%～0.25%。测速发电机产生误差的原因很多。运行中的测速发电机磁极磁通、气隙磁通、电枢回路电阻 R_a 和负载电阻 R_L 等不能保持恒定不变，就会使输出特性产生非线性。

1. 电枢反应

负载电流通过直流发电机电枢绕组时，同样会产生电枢磁场和电枢反应。电枢反应对气隙合成磁场有两个影响：①使气隙合成磁场的物理中性面顺着直流发电机的旋转方向转过一个角度；而在直流电动机中，是逆着旋转方向偏移一个角度。②由于在电机设计时使电机磁路接近于饱和，因此电枢磁场将使合成磁通减小，即电枢反应对磁极磁场有去磁效应，这和直流电动机中发生的情况完全相同。电枢电流越大电枢反应的影响越大，气隙合成磁通被削弱得越多。根据式(10－6)，气隙合成磁通的减小将使输出电压 U_a 减小。

下面定量分析电枢反应的去磁效应引起的误差。气隙合成磁通 Φ 可表示为

$$\Phi = \Phi_0 - \Phi_s \tag{10-11}$$

式中，Φ_0 为空载时的磁通，即磁极产生的每极磁通；Φ_s 为电枢反应的去磁磁通。

设负载时电枢反应的去磁磁通 Φ_s 与电枢电流 I_a 成正比，即

$$\Phi_s = k_i I_a = k_i \frac{U_a}{R_L} \tag{10-12}$$

式中，k_i 为比例系数。将式(10－12)代入式(10－11)得

$$\Phi = \Phi_0 - k_i \frac{U_a}{R_L} \tag{10-13}$$

将式(10－13)代入式(10－6)，整理后得

$$U_a = \frac{k'_L n}{1 + k_s \dfrac{n}{R_L}} \tag{10-14}$$

式中

$$k'_L = \frac{C_e \Phi_0}{1 + \dfrac{R_a}{R_L}} \tag{10-15}$$

$$k_s = \frac{k_i k'_L}{\Phi_0} \tag{10-16}$$

式(10－14)是考虑电枢反应去磁作用的输出特性方程式。可以看出，输出电压 U_a 不再与转速 n 呈线性关系了，输出特性向下弯曲，如图10－2中实线所示。由式(10－6)知，不考虑电枢反应时的输出电压 U_{a0} 为

$$U_{a0} = \frac{C_e \Phi_0}{1 + \dfrac{R_a}{R_L}} n = k'_L n \tag{10-17}$$

以电压 U_{a0} 作为理想输出电压，则由于电枢反应的去磁作用而引起的相对误差为

$$\Delta U_a = \frac{U_{a0} - U_a}{U_{a0}} = \frac{k'_L n - \dfrac{k'_L n}{1 + k_s \dfrac{n}{R_L}}}{k'_L n} = \frac{1}{1 + \dfrac{R_L}{k_s n}} \tag{10-18}$$

显然，转速升高，负载电阻变小，都将使输出电压的线性误差增大，使输出电压减小，并使斜率变小(利用式(10-14)求 dU_a/dn 后可看出)，致使输出特性曲线高速段出现向下弯曲的现象，而且负载越大即负载电阻越小，转速越高，这种弯曲越严重(图 10-3 中的实线)。

在直流测速发电机的技术条件中都注明最高转速和最小负载电阻值。在此范围内可以保证非线性误差不超过允许数值。

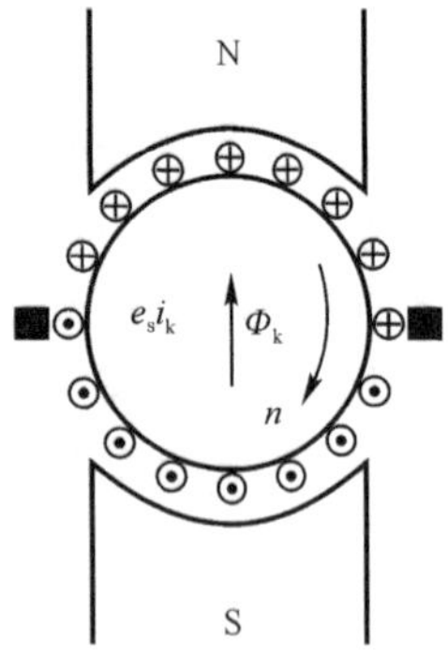

图10-3 换向元件中的电势方向

2. 延迟换向去磁

同直流电动机一样，在直流测速发电机的换向元件(绕组)中存在两个电动势 e_L 和 e_a。e_L 是换向元件的自感电势，它的方向是力图反对换向元件的电流改变方向，所以 e_L 的方向应与换向前的电流方向相同，如图 10-3 所示。e_a 是换向元件切割电枢电流磁通所产生的感应电势，由右手定则可知其方向与 e_L 相同。换向元件中的总电势 $e_s=e_L+e_a$，e_s 的方向与换向前的电流方向相同，是阻止和延缓元件换向的。换向元件被电刷短路，于是感应电势 e_s 在换向元件中产生附加电流 i_k，其方向与 e_s、e_L 的方向一致。i_k 流过换向元件时，便产生磁通 Φ_k，由图 10-3 可知，该磁通与主磁通方向相反，因而对主磁通起去磁作用，称为延迟换向去磁。

不考虑误差时，直流测速机的输出电压与转速成正比，它的电枢电流及其绕组元件中的电流也与转速成正比。另外，电机转速越高，换向周期越短，换向周期与转速成反比。而 e_L 与换向元件电流的变化量成正比，与换向周期成反比，因此 e_L 正比于转速的平方。因为 $e_a=B_a lv$，电枢电流产生的磁密 B_a 与电枢电流 I_a 成正比，所以也与转速成正比；换向元件线速度 v 与转速成正比，可见 e_a 也同样正比于转速的平方。因此换向元件的附加电流及其延迟换向去磁磁通也与转速的平方成正比，它们往往是输出特性曲线高速部分产生弯曲现象的主要原因。高精度直流测速发电机的转速上限主要是受到延迟换向去磁效应的限制。

3. 电刷与换向器的接触电阻与接触电压

电刷与换向器之间的电阻称为接触电阻，它是非线性的并且不确定。当电机转速较低，电机电流较小时，接触电阻较大，这时测速发电机的输出电压变得很小，甚至无输出。接触电阻上的压降称为接触压降。当转速较高，电枢电流较大时，接触压降可视为常数。

如果电刷与换向器的接触电压降为 ΔU_b，则静态时测速机的等效电路见图 10-4，而输出电压 U'_a 为

$$U'_a=E_a-I_aR_a-\Delta U_b=C_e\Phi n-\frac{U'_a}{R_L}R_a-\Delta U_b$$

由此得

$$U'_a=\frac{C_e\Phi}{1+\frac{R_a}{R_L}}n-\frac{\Delta U_b}{1+\frac{R_a}{R_L}}$$

$$=K_Ln-\frac{K_L}{C_e\Phi}\Delta U_b \qquad (10-19)$$

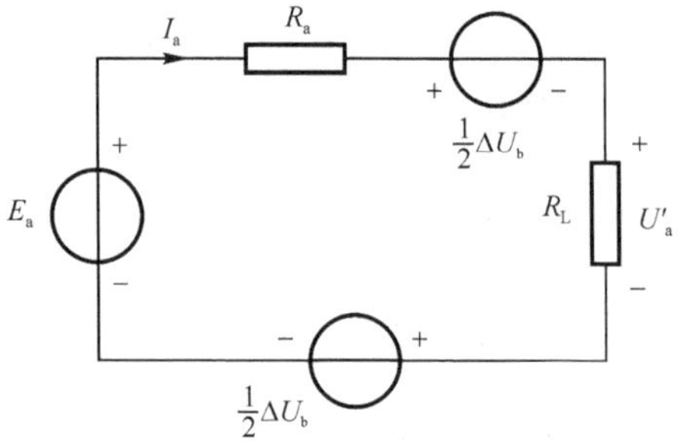

图 10-4 等效电路

误差

$$\Delta U_a = U_a - U'_a = \frac{K_L}{C_e \Phi}\Delta U_b$$

$$= \frac{1}{1+\frac{R_a}{R_L}}\Delta U_b \tag{10-20}$$

因此，常值接触压降使输出特性曲线向下平移 ΔU_a，如图 10－5(a)所示，即由理想情况下的输出特性曲线 1 移至曲线 2 的位置。曲线 2 适于转速较高，ΔU_b 为恒值的范围。转速较低时，ΔU_b 减小。当测速发电机的转速 $n<n_{bl}$时输出电压很小，甚至等于零，如图 10－5(b)所示。这种有转速输入信号而输出电压几乎等于零的范围叫做输出特性的不灵敏区($\pm n_{bl}$)。从式(10－20)和图 10－5(a)可以看出，当负载电阻变大时，误差 ΔU_a 增大，同时不灵敏区 n_{bl} 将变大。这与为减小电枢反应而增大电阻的措施是矛盾的。

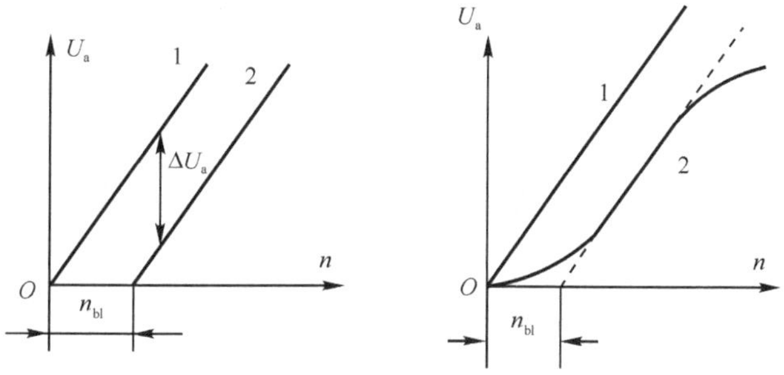

图 10－5　接触电阻对输出特性的影响

同时考虑电枢反应、延迟换向去磁、不灵敏区和电刷与换向器接触压降影响后，直流测速发电机的输出特性将如图 10－5(b)实线 2 所示。该曲线是直流测速机的实际输出特性曲线。为了降低电刷与换向器之间的接触压降，缩小不灵敏区，应当采用接触压降小的特殊电刷，如铜-石墨电刷。高精度的直流测速发电机可采用铜电刷，并在与换向器接触的表面上镀银层，有的甚至镀金层。这样不灵敏区将变得很小，以致可以忽略。

4. 纹波

测速发电机纹波的大小用纹波系数衡量。在规定转速下，电机输出电压最大值与最小值之差对和之比就是纹波系数，如下式所示

$$k = \frac{U_{max} - U_{min}}{U_{max} + U_{min}} \times 100\% \tag{10-21}$$

纹波主要是由电机本身的固有结构及加工误差引起的。例如电枢元件数有限，电枢铁心具有齿槽结构，以及电枢铁心的椭圆度、偏心等。下面说明电机绕组数目与纹波的关系。

由感应电势公式 $e=Blv$ 可知，当转速不变时，单个绕组中的感应电势瞬时值与所在位置的气隙磁密成正比。一般直流测速发电机气隙磁密沿圆周的分布波形近似于梯形。所以单个绕组在一对极的磁场中旋转一周产生的电势也是近似梯形的交变电势，经换向器整流后输出波动电势如图 10－6(a)所示。多个绕组的合成电势只能使这种波动现象减小但决不能消除，

如图 10－6(b)所示。可以推想，绕组元件数越多(或换向片数越多)，则电势波动的频率越高，幅值越小。

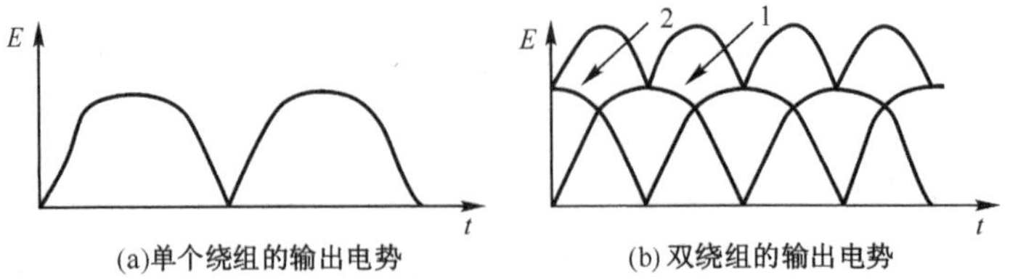

图 10－6　电机输出的电势波形

一般的调速系统对纹波要求并不很高，但是用于高精度速度、加速度反馈系统的直流测速发电机对纹波的要求就很高，而在高精度的解算装置中对纹波要求更严格。高水平的测速发电机的纹波系数已降低到 0.1%以下。

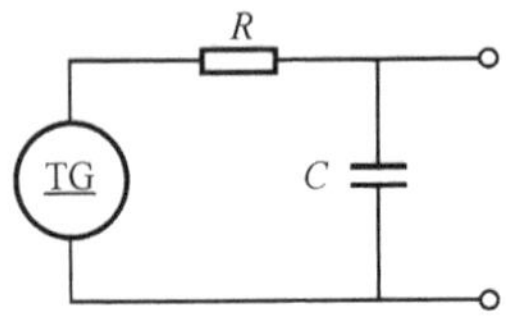

图10-7　测速机的滤波电路

5. 火花和电磁干扰

由于高速旋转时电刷跳动以及被电刷短路的换向线圈中短路附加电流的存在，换向器和电刷间经常发生电火花，使输出电压上有高频尖脉冲，并带来无线电频率的噪声和干扰。为了减轻和消除输出电压上的高频毛刺，一般都要在直流测速发电机的输出端接上低通滤波电路，如图 10－7 所示。

10.2　异步测速发电机

异步测速发电机的结构有鼠笼转子和杯形转子两种。鼠笼转子测速发电机的灵敏度高，但线性度差、相位误差大、剩余电压高，一般用在对精度要求不高的系统中。杯形转子异步测速发电机的精度比鼠笼式要高得多，是目前应用最广的异步测速发电机，也是本节要介绍的内容。

空心杯转子测速发电机的结构如图 10－8 所示。转子是一个薄壁非磁性空心杯，因此转动惯量很小。为了减小误差，其转子电阻大。因此空心杯转子通常采用电阻率较大和温度系数较低的材料制成，如硅锰青铜、锡锌青铜、磷青铜等。内定子和外定子构成磁路。杯壁也是气隙的一部分，因此杯壁应尽量薄些，一般杯壁厚为 0.2～0.3mm。定子上嵌有在空间相差 90°电角的两相绕组(激磁绕组和输出绕组)。在 28 号机座以下的电机中，一般把两相绕组都嵌在内定子上。36 号机座以上的电机，常把激磁绕组嵌在外定子上，把输出绕组嵌在内定子上。为了便于调节内、外定子的相对位置，使剩余电压最小，在内定子上还装有专门的内定子转动调节装置。

为了减小由于磁路不对称和转子电气性能的不平衡对性能的不良影响，杯形转子异步测速发电机通常为四极电机。

图 10－9 是异步测速发电机的工作原理图。定子的两相绕组在空间位置上严格保持 90°电角。其中的一相 W_1 作为激磁绕组，外施稳频稳压的交流电源激磁。另一相 W_2 作为输出绕组，两端电压 u_2 就是测速发电机的输出电压。当频率为 f 的激磁电压 u_1 加在激磁绕组

W_1 上以后，在测速发电机内、外定子间的气隙中，就会产生一个与 W_1 轴线相一致、频率为 f 的脉振磁通 Φ_1，如图 10－9 所示。称 Φ_1 所在的直线为直轴方向，与 Φ_1 成 90°电角的方向为交轴方向。

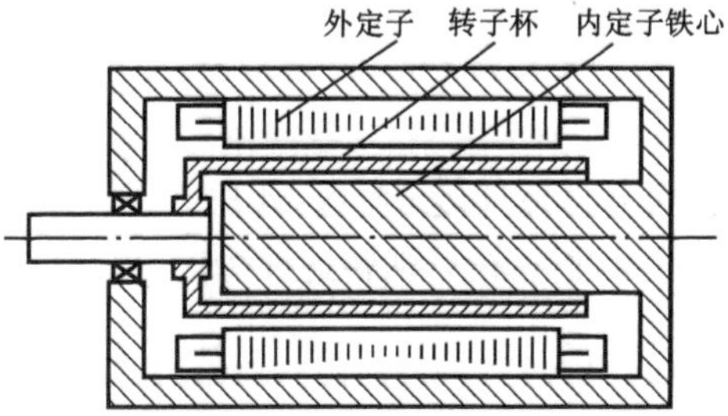

图 10－8　杯形转子异步测速发电机结构图

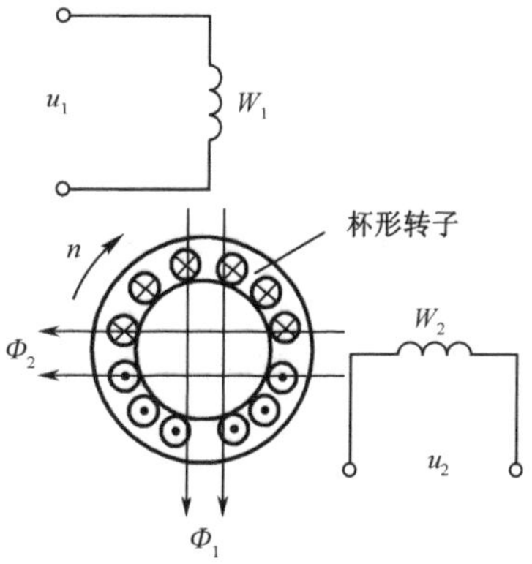

图 10－9　异步测速机工作原理

在转子不动($n=0$)时，激磁绕组的直轴脉振磁通只能在空心杯转子中感应出变压器电势。产生感应电势的绕组是对称的，同时接对称负载。气隙中的磁通就是直轴磁通 Φ_1，它与输出绕组轴线的空间位置相差 90°电角，与输出绕组没有相交，所以输出绕组中不产生感应电势，输出电压为零。

转子转动后，$n\neq 0$，转子切割直轴磁通 Φ_1，从而在转子杯中产生旋转电势 E_r。在图 10－9 所示瞬间，E_r 的方向如图所示。由于 Φ_1 为脉振磁通，所以电势 E_r 为交变电势。从定子上看，转子电势 E_r 的交变频率就是激磁电压和磁通 Φ_1 的脉振频率 f，它的大小为

$$E_r = C_2 n\Phi_1 \tag{10-22}$$

式中，C_2 为常数；Φ_1 为直轴方向每极磁通的幅值。

若 Φ_1 恒定，则电势 E_r 就与转子的转速 n 成正比。

由于转子杯为短路绕组，电势 E_r 在转子杯中产生短路电流 I_2，I_2 也是频率为 f 的交变电流，其大小正比于电势 E_r。若忽略转子杯中的漏抗，电流 I_2 的方向如图 10－9 所示。I_2 产生的磁通 Φ_2 的频率也是 f，其方向为交轴方向，如图所示，大小与电流 I_2 和转速 n 成正比。由于交轴磁通 Φ_2 的空间位置与输出绕组轴线方向一致，所以它将在输出绕组中感应出频率为 f 的变压器电势 E_2，且有

$$E_2 = C_3\Phi_2 = C_4 n \tag{10-23}$$

式中，C_3、C_4 均为常数。

因此，异步测速发电机的输出电势 E_2 的频率就是激磁频率 f，与转子转速无关，它的大小正比于转速。转子的转向改变时输出电势的相位也跟着改变 180°。

与直流测速发电机相比，交流测速发电机的优点是：① 没有电刷和换向器，构造简单，维护容易，运行可靠；② 无滑动接触，输出特性稳定，精度高；③ 摩擦力矩小，惯性小；④ 不产生干扰火花。交流测速发电机的缺点是：① 转速为零时有电压输出，输出电压与激磁电压有相位差，即存在剩余电压和相位误差；② 输出斜率小；③ 输出特性随负载性质(电阻，电容，电感)变化。

永磁式同步发电机感应电势的大小与转速成正比，但感应电势频率也与转速成正比，致使电机本身的阻抗和负载阻抗(如果不是纯电阻)也与转速有关，从而使输出电压的非线性误差大，不适于在控制系统中做传感器用。

10.3 由位移传感器的脉冲信号求转速

以光电增量码盘为代表的角位移传感器的输出信号是(方波)脉冲信号，脉冲的个数与角位移变化量成正比。从它们输出的脉冲信号求速度有下述三种方法。

1. M 法测速

在规定的检测时间内，检测传感器输出的脉冲数并计算速度，称为 M 法。设传感器每转产生的脉冲数为 P，在检测时间段 T_g(s)内测得的脉冲数为 m_1，则转速 n 为

$$n = 60\frac{m_1}{PT_g} \quad (\mathrm{r/min}) \tag{10-24}$$

当检测时间内脉冲数增加 1 时，转速的变化就是 M 法的分辨率，记为 Q，则有

$$Q = \frac{60(m_1+1)}{PT_g} - \frac{60m_1}{PT_g} = \frac{60}{PT_g} \tag{10-25}$$

提高 P 和 T_g，可提高分辨率。若以分辨率 Q 作为转速测量值的误差 Δn，则误差 Δn 与转速 n 无关，但相对误差 $\Delta n/n$ 与转速成反比。高速时相对误差小。

2. T 法测速

测量传感器相邻两个脉冲相隔的时间 T 来确定转速的方法称为 T 法测速。用频率为 f_c 的时钟脉冲向计数器发送脉冲。用传感器两个相邻脉冲控制计数的起始和终止。设计数器在 T(s)时间内读到的时钟脉冲个数是 m_2，则 $T=m_2/f_c$，T 时间内产生 1 个脉冲，转动 $1/P$ 转，故转速 n 为

$$n = 60\frac{f_c}{m_2 P} \quad (\mathrm{r/min}) \tag{10-26}$$

当时钟脉冲的计数 m_2 改变 1 时，对应的转速的变化就是分辨率 Q，有

$$Q = \frac{60f_c}{m_2 P} - \frac{60f_c}{(m_2+1)P} = \frac{60f_c}{m_2(m_2+1)P} = \frac{n^2 P}{60f_c + nP} \tag{10-27}$$

可见 n 越小，Q 越小，转速越低，分辨率越高。以分辨率作为误差，则误差随转速 n 的增加而增加。脉冲计数 m_2 的误差为 1，相对误差为 $1/m_2$，转速 n 越大，m_2 越小，相对误差越大。可见，T 法在低速时有较高的分辨率和精度。

3. M/T 法检测

工作原理见图 10-10。T_g 为规定的检测时间。T_g 定时与时钟脉冲计数同时开始，T_g 之后位移传感器的第 1 个脉冲终止时钟脉冲计数。实际检测时间 T 由时钟脉冲数 m_2 确定。T_g 定时和位移传感器脉冲计数同时开始，m_1 为检测时间 T 内传感器脉冲个数，没有误差。可知，T 和转速 n 为

$$T = \frac{m_2}{f_c} \quad (\mathrm{s}) \tag{10-28}$$

$$n = \frac{60m_1}{PT} = \frac{60f_c m_1}{Pm_2} \quad (\mathrm{r/min}) \tag{10-29}$$

$60f_c/P$ 是常数，由 m_1、m_2 可求出转速 n。由传感器脉冲个数 m_1 计算速度是 M 法，由时间 T 计算速度是 T 法，故此方法称为 M/T 法。

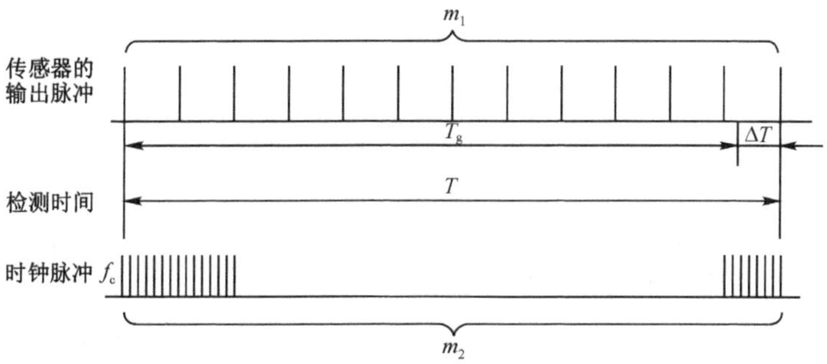

图 10-10　M/T 法测速原理

m_1 无误差，m_2 误差为±1，误差及分辨率 Q 为

$$Q=\frac{60f_c m_1}{P}\left(\frac{1}{m_2-1}-\frac{1}{m_2}\right)=\frac{60f_c m_1}{Pm_2(m_2-1)}=\frac{n}{m_2-1}\quad(\text{r/min})\qquad(10-30)$$

M/T 法目前应用较多。

习　题

1. 画出直流测速发电机理想输出曲线和实际输出曲线，并利用该图说明误差产生的原因。
2. 直流测速发电机输出端一般要接一个什么类型的滤波电路？目的是什么？

第 11 章　编码器与光栅

11.1　编　码　器

编码器俗称码盘，用来测量转角并把它转换成脉冲或数字形式的输出信号。编码器有两种基本形式：增量编码器和绝对值编码器，又称为增量码盘和绝对值码盘。根据工作原理和结构，编码器又分为光电式和电磁式等类型。光电式码盘是目前用得较多的一种，它没有触点磨损，允许转速高，精度高，但是结构复杂，价格贵。电磁式码盘同样是一种无接触式的码盘，具有寿命长、转速高、精度高等优点。本节只介绍光电式码盘。

11.1.1　增量码盘

光电式增量码盘结构简单，工作寿命长，精度高，转速高，应用很广。它的结构原理见图11-1(a)。结构中最大的部分是一个圆盘，圆盘上刻有均匀分布的辐射状窄缝，窄缝分布的周期称为节距，记为 L。与圆盘对应的还有两组检测窄缝，它们的节距和圆盘上的节距是相等的。检测窄缝与圆盘的配置如图 11－1(b)所示。a、b 两组检测窄缝的位置相隔($K\pm1/4$)节距，其目的是使 A、B 两个光电转换器的输出信号在相位上相差 90°。两组检测窄缝是固定不动的，圆盘与被测轴相连。

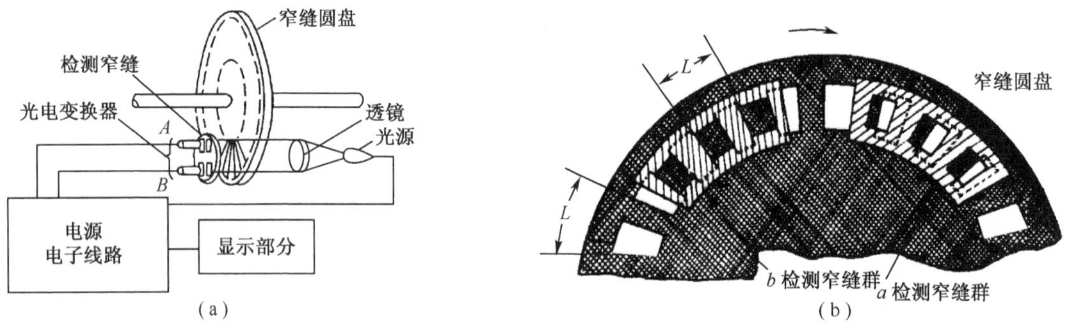

图 11－1　光电增量码盘的结构原理图

当圆盘随着被测轴转动时，检测窄缝不动，光线透过圆盘窄缝和检测窄缝照到光电转换器 A 和 B 上。显然，码盘转动时通过检测窄缝群的光线强度随转角做周期性的变化，所以光电转换器输出的电流信号随转角作周期变化，变化周期为窄缝的节距 L。周期信号可分解为基波与谐波之和，谐波小时，可以用基波的正弦信号作为光电转换器的输出信号。光电转换器 A 和 B 这两路信号经逻辑电路处理、计数后就能得到转角和转速，并可以辨别转动方向。

光电增量码盘信号处理电路框图和信号波形图见11-2(a)、(b)。其中的微分装置，当输入信号由低向高跳变时，输出一个正脉冲。下面分析该电路的工作原理。

从图 11－2 可以看出，在图示位置，通过窄缝 a 的光线强度处于中间位置，正转时光强减弱，反转时光强增强。正、反转时，a 的两个波形相位相反。通过窄缝 b 的光强处于最弱的

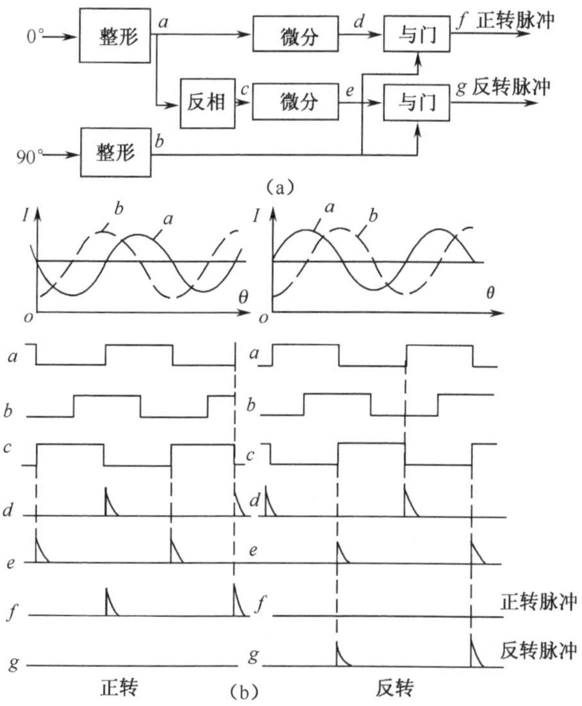

图 11－2　光电码盘信号处理线路框图和信号波形图

位置，无论正转还是反转，b 的光强都增强。正、反转时，b 的两个波形相位相同。还可以看出，a、b 波形之间的相位相差 90°。正转(顺时针)时，电路输出正转脉冲。反转时，输出反转脉冲。每发出 1 个脉冲，表示转过了一个节距。单位时间内发出的脉冲数，就代表了转速。

为了判别转动方向，信号 b 是不可缺少的，这是采取两个相距$(K\pm1/4)L$检测窄缝的原因。

这种码盘只有转动时才有脉冲输出。输出一个脉冲，表示码盘相对上个脉冲的位置转过了一个固定的角度(L)，或者说，转角位置发生了一个固定数值的增量，所以称为增量码盘。将正、反转脉冲分别送入可逆计数器的加减计数端就能正确计算出脉冲数，再乘以一个脉冲对应的角度增量，就得到码盘相对初始位置的角度——角位移的增量。

增量码盘事先要规定一个基准零点，称为零位。相对这个零位的转角位置称为绝对位置。当码盘转到零位时，输出一个参考脉冲，称为零位脉冲。

增量码盘开机通电后，输出的脉冲数字是相对于起始位置而言。因为起始位置一般是随机位置，所以此时输出的角位置数字没有实际意义。只有在寻找到零位并将显示数字清零后，输出的脉冲数字才表示转角的绝对位置。所以用增量码盘的系统，开机运行后不能立刻知道转角位置，必须先要有一个寻零过程。若转轴的转角范围不受限，开机寻零时转轴向任一方向转动，必能找到零位。若转角范围有限，零位应设置在转角范围内。开机寻零时，轴先向一个方向转动，若到限位处仍没找到零位，则向相反方向转动必能找到零位。

开机后先要寻零，这是增量码盘的一个缺点。此外在脉冲传输过程中，若由于干扰而丢失脉冲，或有干扰脉冲窜入时将会产生误差，此误差不会自行消除。这一点，不如采用鉴相型处理方式的感应同步器。

增量码盘一般有 3 个输出端，分别称为 A 相、B 相和 Z 相。A、B 两相的信号就是图 11-1 中两个光电转换器 A、B 的输出信号，相位相差 90°。它们往往被处理成相位差是 90°的方波，即如图11-2中(a)、(b)的方波信号。Z 相送出的脉冲就是零位脉冲，用它控制可逆计数的清零端。

码盘开机后，第 1 个零位脉冲到来前，有的电路使显示器显示数字，但这些数字是随机的因而没有实用价值；有的电路则使显示器显示零。Z 相的第 1 个零位脉冲使可逆计数器清零，然后计数器才开始正确计数，显示的数据是角位移的绝对位置。如果码盘的运行范围超过一周，还应适当处理零位脉冲，以便记录和显示转动的圈数。此外，也可用 Z 相输出脉冲控制可逆计数器的预置端，可从任一预置数开始计数。

对于增量码盘，一个脉冲对应的转角增量就是脉冲当量，它也表示码盘的分辨率和静态误差。所以分辨率 $\Delta\theta$ 为

$$\Delta\theta = \frac{360°}{\text{每转脉冲数}}$$

码盘的分辨率首先取决于码盘转一周所产生的脉冲数，所以码盘的精度一般用每转脉冲数(p/r)表示。一般的码盘一转产生 500～5000 个脉冲。高精度的码盘每转脉冲数达十几万，并用二进制的位数表示。如 17 位增量码盘脉冲数是2^{17}=131 072p/r。显然，脉冲数与圆盘刻的窄缝数成正比。码盘直径越大，窄缝越多，产生的脉冲越多，码盘的分辨率和精度越高。

上述信号处理电路，码盘转一个节距 L，电路只输出 1 个脉冲，分辨率低，实际中很少用这种电路。为了提高分辨率，可以对上述电路进行改进，而得到 2 倍、4 倍、8 倍……的脉冲个数，相应的一个脉冲代表的角位移就变为原来的1/2、1/4、1/8……从而明显提高了分辨率。具有这种功能的电路称为倍频电路或电子细分电路。如 4 倍频电路、8 细分电路等。电子细分可理解为，利用电子线路得到周期更小的脉冲，好像把原有的周期分小、分细一样。

4 倍频电路逻辑图见图 11-3，图中[sin]和[cos]表示正、余弦信号整形后的方波信号。适当调节整形电路的鉴别电位，使方波的跳变正好处于光电信号的 0°、90°、180°、270°这 4 个位置。各点波形见图 11-4。微分器上升沿触发产生脉冲。把 sin 和 cos 方波各自反向，再微分。一个周期可得到 4 个脉冲。然后将 4 个方波信号与 4 个脉冲信号进行逻辑组合，可得到正向脉冲和反向脉冲。

只要光电信号足够接近正、余弦波形，还可将整形电路的跳变电压调整到其他适当值，从而得到 10 倍频或 20 倍频的细分电路，使测量精度进一步提高。

11.1.2 绝对值码盘

绝对值码盘由三大部分组成，见图 11-5，它包括旋转的码盘、光源和光电敏感元件。码盘上由一系列同心圆组成光学码道，每个码道上有按一定规律分布的、由透明和不透明区构成的光学码道图案，它们是由涂有感光乳剂的玻璃质(水晶)圆盘利用光刻技术制成的。光源是超小型的钨丝灯泡或者是一个固定光源。检测光的元件是光敏二极管或光敏三极管等光敏元件。光源的光通过光学系统，穿过码盘的透光区，最后被窄缝后面的一排径向排列的光敏元件接收，使输出为逻辑“1”；若被不透明区遮挡，则光敏元件输出低电平，代表逻辑“0”。

对于码盘的不同位置每个码道都有自己的逻辑输出，各个码道的输出编码组合就表示码盘的转角位置。

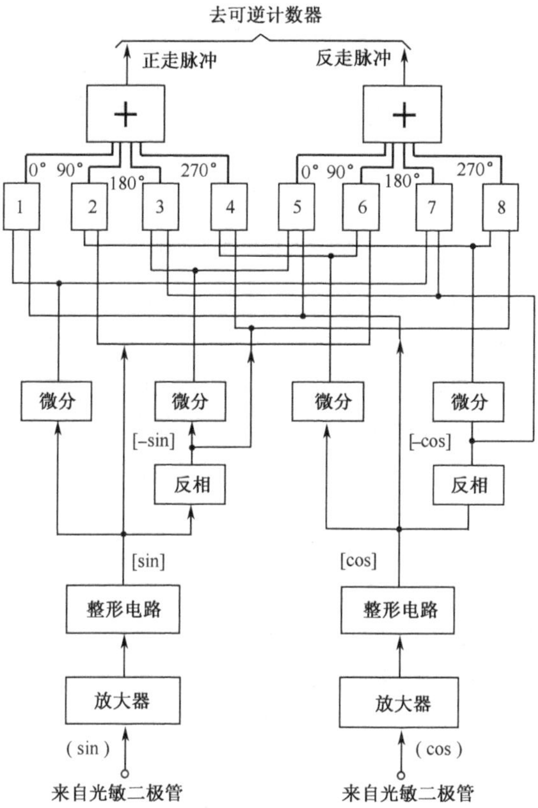

图 11-3　四倍频转换逻辑图

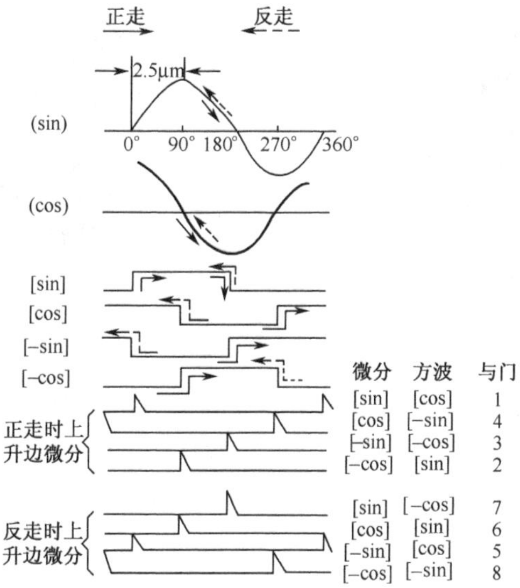

图 11-4　各点波形图

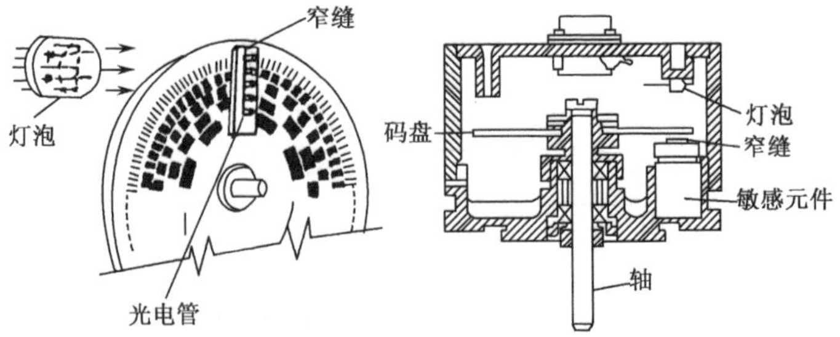

图 11－5　光电式绝对值码盘

对于各码道的输出信号，有几种不同的编码方式。图 11－6 为二进制编码盘，每一个码道代表二进制的一位，最外层的码道为二进制的最低位，越向里层的码道代表的位数（权）越高，最高位在最里层。之所以这样分配是因为最低位的码道要求分割的明暗段数最多，而最外层周长最大，容易分割。显然码盘的分辨率与码道多少有关。如果用 N 表示码盘的码道数目，即二进制位数，则角度分辨率为 $\Delta\theta=360°/2^N$。目前高精度绝对值码盘一般为 19 位，更高精度的可达21 位。

二进制编码有一个严重的缺点，在两个位置交换处可能产生很大的误差。例如，在 0000 和 1111 相互换接的位置，可能出现从 0000～1111 的各种不同的数值，引起很大的误差。在其他位置也有类似的现象。这种误差叫非单值性误差或模糊。可以采用其他代码把非单值性误差限制在最小范围。常用的一种编码方法叫做循环码（如格雷码）。采用二进制循环码——格雷码的码盘示意图见图 11－7。循环码是无权码，其特点为相邻两个代码间只有一位数变化，即二进制数有一个最小位数的增量时，只有一位改变状态，因此产生的误差不超过最小的“1”个单位。但是，将格雷码转换成自然二进制码需要一个附加的逻辑处理转换装置。

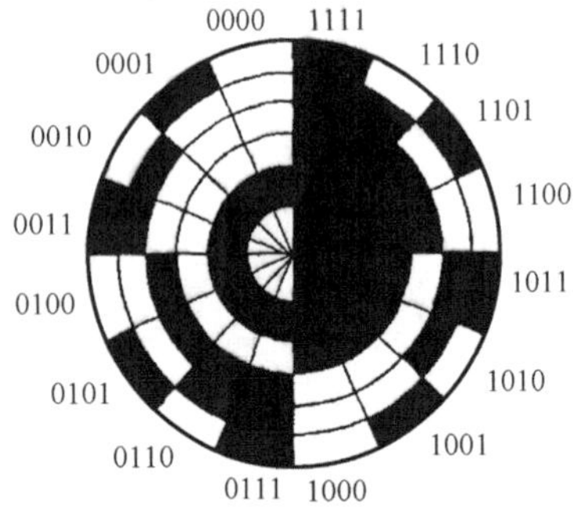

图 11－6　二进制码盘

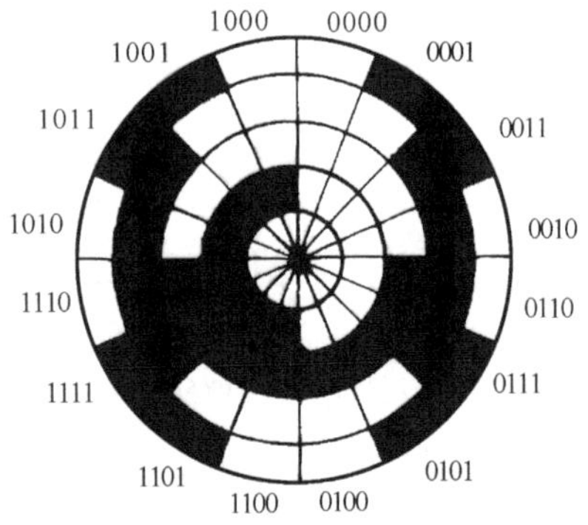

图 11－7　二进制循环码盘

绝对值码盘通电开机时立刻就能显示出码盘的（绝对）转角位置，不必“寻零”，这是它比增量码盘优越之处。但绝对值码盘码道数多，结构复杂，几何尺寸略大，价格贵。

11.1.3　混合式码盘

目前流行一种新型绝对值码盘，它内部还具有增量码盘的结构，也称为混合式码盘。基本结构是绝对值码盘，但码道较少，精度较低，起“粗测”作用。而增量码盘部分起到“精测”作用。

这种码盘具有如下优点：从码盘输出到信号处理装置的是模拟信号，其抗干扰能力优于纯光电增量码盘的脉冲信号；一通电就知道绝对位置，不必“寻零”；采用了增量码盘结构，并可对其输出信号进行倍频处理，测量精度高；体积要比同精度的纯绝对值码盘小。

11.2 光　栅

11.2.1 概述

利用光栅检测线位移和角位移可以达到很高的精度。计量光栅作为测量元件已有很多年的历史，特别是在数控机床上，计量光栅是应用得较多的测量元件之一。光栅分为透射光栅和反射光栅两大类。透射光栅是用光学玻璃做成的，用光刻机在光学玻璃上刻上大量的宽度和距离都相等的平行线条称为刻痕。刻痕相当于毛玻璃，不透光，只有两个刻痕之间的光滑部分透光，相当于一条窄缝。透射光栅的特点是光源可以采用垂直入射光，光电元件能够直接接收，因此信号幅值比较大，信噪比好，光电转换器(读数头)的结构简单。同时线条可以刻得很密，每毫米可以刻 100 条甚至更多条线，从而可以减轻电子线路的负担，并达到很高的精度。但长度不能做得太大。

金属反射光栅是在长条形金属镜面上制成全反射与漫反射间隔相等的密集线纹制品，其特点是：线膨胀系数很容易做到与机床用的普通钢或铸铁一致，接长方便，甚至可用钢带制成整根的长光栅，不易碰碎。标尺光栅安装在机床上需要的面积小，而且安装调整比较方便，可以直接用螺钉或压板固定在机床的床身上，故大位移测量主要用这种类型。目前常用的反射光栅每毫米线条数为 4、10、25、40、50。

除了直线光栅以外，还有一种用来测量角度的回转光栅(俗称圆光栅)。圆光栅的线条是辐射状，相互间的夹角相等。

11.2.2 直线光栅的工作原理

透射式直线光栅由光源，长光栅(又称标尺光栅)，短光栅(又称指示光栅)，光电元件等组成，如图11-8(a)～(c)所示。使用时，长光栅安装在活动部件上，短光栅安装在固定部件上。长光栅和短光栅的刻线密度完全相同。刻痕的宽度加上刻痕之间的距离称为光栅常数或栅距，记为 a。

把指示光栅平面平行地放在标尺光栅平面上面，并使它们的刻线倾斜一个很小的角度 θ，这时在指示光栅上就会出现较宽的明暗相间的条纹，称为“莫尔条纹”，见图 11-9。“莫尔”(Moire)一词来自法语，原意是丝绸的波纹花样。因 θ 很小，所以莫尔条纹几乎与光栅上的刻线垂直，而光强度分布近似于正弦形。两块光栅刻线间的夹角 θ 越小，明暗条纹越宽。将标尺光栅左右移动时，莫尔条纹就会上下移动，每当标尺光栅移过一条刻线时，莫尔条纹也移过一个条纹的间距，见图 11-10。图中线 1、2 是标尺光栅上两条相邻的透光缝，线 3 是指示光栅上的一条透光缝。在图中位置，线 2 与线 3 交于点 A，线 1 与线 3 交于点 B，这都是亮点。当标尺光栅移过一个栅距时，线 2 移到 1 的位置，A 点移到原来的 B 点位置，莫尔条纹准确地移过它自己的一个间距。莫尔条纹的间距就是 A、B 两点间的距离，记为 W，由图 11-10 可知

$$W = \frac{a}{\sin\theta} \tag{11-1}$$

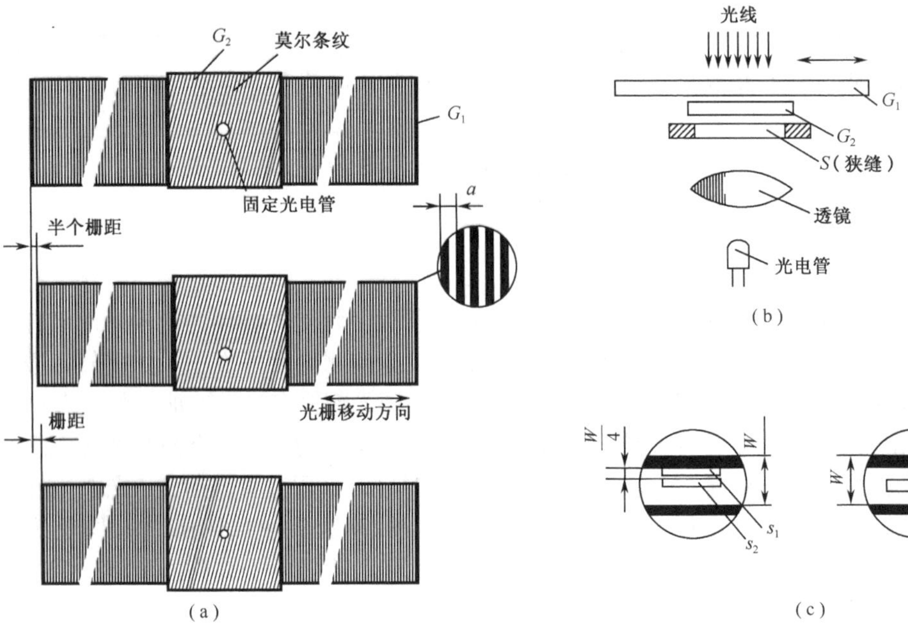

图 11-8 光栅结构

当 θ 很小时有

$$W=\frac{a}{\theta} \tag{11-2}$$

尽管 a 很小，但由于 θ 特别小，所以莫尔条纹间距 W 仍然较宽，比较容易观察到明暗条纹移动情况。这就是莫尔条纹的放大作用，它等于将两个光线条纹之间的距离由栅距 a 放大到莫尔条纹间距 W，从而大大地减轻了光学系统和电子线路的负担。

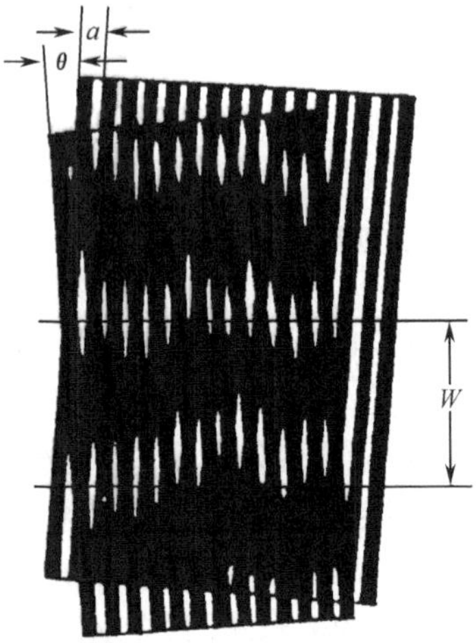

图 11-9 莫尔条纹形成原理

a：光栅常数 W：莫尔条纹间距

θ：光栅的交角

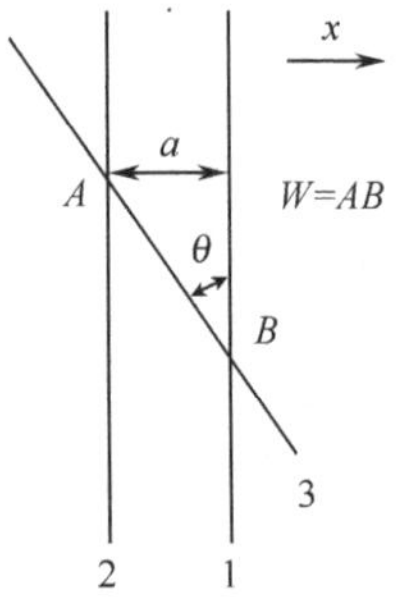

图 11-10 条纹间距与光栅常数

莫尔条纹移动的数目和光栅之间移动的栅距数目相等。因此，记录下莫尔条纹移过的数目，也就知道了标尺光栅移过的栅距数，这个数乘以栅距就是移动的距离。

11.2.3 位移-数字转换原理

1. 位移 x 大小的确定

光栅任一点处形成的莫尔条纹亮度是位移的周期函数，周期为栅距 a。用光敏二极管或光敏三极管检测莫尔条纹的移动情况。单方向运行时，记录下光敏管输出信号变化的周期个数 N，若栅距(光栅常数)为 a，则位移 x 为

$$x=Na \tag{11-3}$$

与光电增量码盘一样，可以采用倍频电路提高光栅的分辨率和精度。

2. 位移方向的确定

采用两个光敏元件以便判断位移方向。为此，设置二个狭缝 S_1 和 S_2，其中心距离为$W/4$，如图 11-8 所示。透过两个狭缝的光线分别为两个光电元件接受。当光栅 G_1 移动时，莫尔条纹的明暗点通过两个狭缝的时间不同，相应光电元件输出的电信号便存在 1/4 周期的相位差。哪一个信号越前，完全取决于移动方向，这一点和图 11-2 所示的光电码盘的情况完全相同，因此可以采用完全相同的方法判断位移方向。

习　　题

1. 增量码盘为什么用两个光电转换器，而不是一个？
2. 增量码盘为什么要寻零？怎样寻零？
3. 与增量码盘相比，绝对值码盘的优、缺点是什么？

第 12 章　阻容感传感器

12.1　电阻式传感器

电阻式传感器的功能是将位移(包括微小位移)及与位移有关的物理量转换成电阻值，再通过测量电路把电阻值变换成电信号输出。电阻式传感器按工作原理可分为电位器和电阻式应变传感器。

12.1.1　电位器

电位器又称可变电阻器。作为测量元件用，其功能是将角位移或线位移转换为电压信号。由于电位器构造简单、性能稳定、精度较高，信号处理非常简单，因此往往成为位移传感器的首选元件。电位器的缺点是电刷和电阻元件之间存在滑动摩擦接触，电刷和电阻元件容易磨损。

1. 电位器的结构

电位器由电阻元件及电刷等部分组成。电位器又分为线绕式和非线绕式两种，按运动方式电位器分为旋转电位器和线位移电位器。旋转电位器又分为单圈电位器和多圈电位器。

(1) 线绕电位器

线绕电位器由如下三部分组成：①绕组，线绕电位器的电阻元件是由电阻丝缠绕在骨架上形成的绕组；②骨架，线性电位器的骨架是等截面的，函数电位器的骨架是不等截面的，多圈电位器的骨架是螺旋状的；③电刷，电刷臂的材料是磷青铜或铍青铜片，电刷触头材料常用银、铂铱、铂铑等金属。

线绕电位器电阻值的变化不连续，一匝一匝突跳，如图12-1(a)所示。输出特性 $U_o=f(\theta)$ 是阶梯形的曲线如图12-1(b)所示。所以线绕电位器有阶梯误差 $\Delta U_o(\theta_{be})$，这限制了它的分辨率。

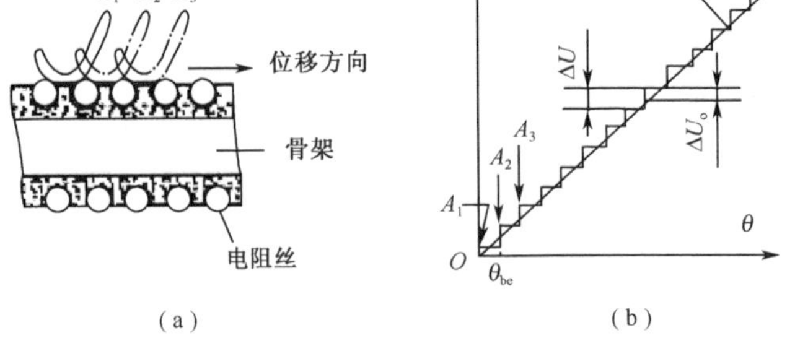

图 12-1　线绕电位器的阶梯误差

线绕电位器的主要缺点是分辨率不能太高。此外多圈的电阻丝会呈现感抗，不宜在高频中应用，匝间存在电容，对性能也可造成明显的影响。

(2) 非线绕电位器

这种电位器所用的电阻元件包括碳质电阻，金属陶瓷电阻，金属膜电阻和导电塑料电阻，它们的性能见表 12-1。

表 12-1　常用电阻元件的对比

特　性	线　绕	碳　质		金属陶瓷	金　属　膜	导电塑料
		模　压	沉　积			
阻值范围	10Ω-100kΩ	100Ω-10MEG	100Ω-10MEG	10Ω-5MEG	50Ω-20kΩ	100Ω-4MEG
温度系数	±50ppm/℃	±8000ppm/℃	±8000ppm/℃	±100ppm/℃	±50ppm/℃	±200ppm/℃
分辨率	0.1%～1.0%	—	—	<0.05%	<0.05%	<0.05%
线性度	0.1%	—	—	0.4%	0.2%	0.05%
静态噪声	甚小	大	中等	中等	小	小
动态噪声	大	中等	中等	中等	小	小
旋转寿命 r	$0.2\times10^6\sim10^6$	5×10^6	10^6	0.5×10^6	0.1×10^6	4×10^6
损坏形式	突然损坏	噪声增大	噪声增大	噪声增大	阻值改变或突然损坏	噪声增大
高频性能	差	好	好	好	优	好

注：ppm 为 10^{-6}；MEG 为 $10^6\Omega$。

金属陶瓷元件可具有很高的分辨率和良好的稳定性，静态和动态噪声都很小，工作寿命特别长，元件表面坚硬而耐磨。通常经过持久的机械旋转后，都不是由于陶瓷本身的损坏，而是由于电刷的损坏而失效。碳质电阻元件的优点是价格便宜。导电塑料电阻元件的优点是接触电阻变化小，旋转寿命长。因为表面特别光滑，所以分辨率非常高，而且即使电刷在电阻体上扫过数百万循环后，仍不会产生明显的摩擦力和磨损。动态噪声特别小。因此，高性能的伺服系统中经常使用导电塑料电位器。

2. 电位器的输出特性

测量单方向位移时，电位器的接线如图 12-2 所示，输出电压为单极性电压。图中 R_T 是电位器总电阻，1、3 端是电位器的终端，2 端是电刷引出端(活动端)，1、2 端电阻是 βR_T。$\beta=\theta_i/\theta_A$，θ_i 是电刷位置角，也是电位器角位移。θ_A 是电位器的实际有效角位移。E_i 是电位器电源，U_o 是输出电压，R_L 是负载电阻。可求得 U_o 为

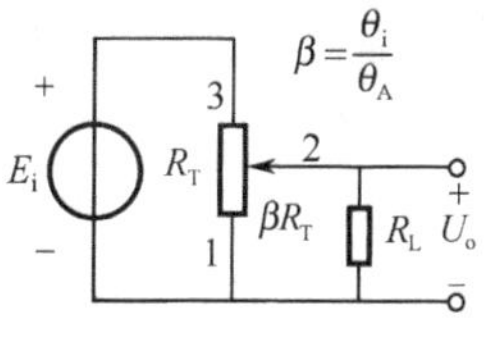

图12-2　单极性输出电路

$$U_o=\frac{E_i\beta}{1+(\beta-\beta^2)\dfrac{R_T}{R_L}} \tag{12-1}$$

取 $E_i\beta$ 为理想值，可求得输出电压的相对误差为

$$\delta=\frac{U_o-E_i\beta}{E_i\beta}=\frac{\beta^2-\beta}{\dfrac{R_L}{R_T}+\beta-\beta^2} \tag{12-2}$$

R_L/R_T 越大，相对误差越小。一般取下式为理想输出值：

$$U_o = K\theta_i \tag{12-3}$$

θ_i 为电位器角位移。

测量正、负方向位移时，电位器接线见图 12-3。βR_T是活动端到正极的电阻，可求出输出电压 U_o 为

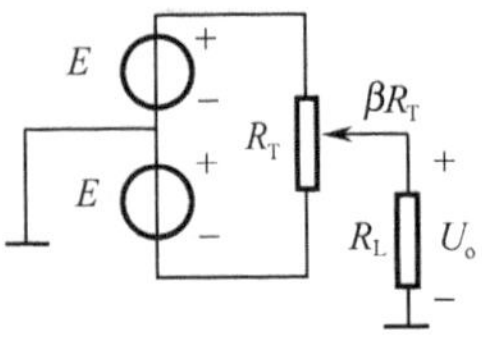

图12-3　双极性输出电路

$$U_o = \frac{E}{1+(\beta-\beta^2)\dfrac{R_T}{R_L}}(1-2\beta) \tag{12-4}$$

取 θ_i 是从电位器中点计算的角位移，向电源正极趋近为正，θ_A 是电位器的实际有效角位移，则可求得

$$1-2\beta = 2\,\frac{\theta_i}{\theta_A}$$

故

$$U_o = \frac{K}{1+(\beta-\beta^2)\dfrac{R_T}{R_L}}\theta_i \tag{12-5}$$

式中，K 是常数，与电源 E、电位器有效位移 θ_A 有关。取下式为理想输出值：

$$U_o = K\theta_i \tag{12-6}$$

R_L/R_T 越大，误差越小。

12.1.2　应变式电阻传感器

1. 工作原理

应变式电阻传感器的工作原理是电阻应变效应。金属或半导体在外力作用下产生变形时，电阻也发生变化，这种现象称为电阻应变效应。应变式电阻传感器中作为敏感元件的电阻元件称为电阻应变片。设电阻应变片的长度为 l，电阻为 R。在外力作用下，长度和电阻的增量为 $\mathrm{d}l$ 和 $\mathrm{d}R$，可求出下式

$$\frac{\mathrm{d}R}{R} = (1+2\mu+K_yE)\frac{\mathrm{d}l}{l} = K\frac{\mathrm{d}l}{l} \tag{12-7}$$

$$K = 1+2\mu+K_yE \tag{12-8}$$

式中，μ 为泊松比；K_y 为压阻系数；E 为弹性模量。其中 μ 与 K_y 取决于应变片的材料类别。对于金属材料，K_yE 很小，$K=1+2\mu\approx1\sim2$。对于半导体材料，$K_yE\approx60\sim170$，$K\approx K_yE\approx60\sim170$。半导体应变片的灵敏度高，但灵敏度变化较大。

使用应变片时，要把应变片粘贴在被测物体上。当物体受力产生形变时，应变片也发生同样的形变。采用电桥电路可测出 $\mathrm{d}R/R$，从而可求出 $\mathrm{d}l/l$。所以应变片式电阻传感器的基本功能就是测出物体的微小形变。

2. 应变片的结构

目前，常用的应变片有两大类：金属电阻应变片和半导体应变片。

(1) 金属电阻应变片

金属电阻应变片有丝式应变片、箔式应变片及薄膜式应变片等。

丝式应变片结构如图 12-4(a)所示，它是用一根金属细丝按图示形状弯曲后用胶粘贴于衬底上(衬底用纸或绸等材料制成)，电阻丝两端焊有引出线。将此应变片贴于弹性体上就可构成应变式传感器。

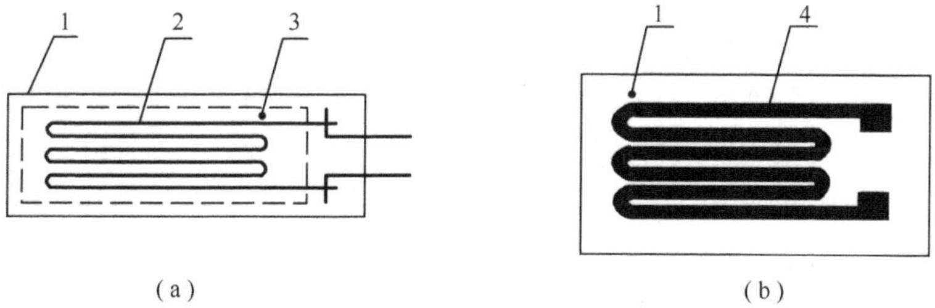

图 12-4 应变片结构

1. 衬底 2. 电阻丝 3. 绝缘毡 4. 蚀刻箔片

箔式应变片的结构如图 12-4(b)所示，是用光刻、腐蚀等工艺方法制成的很薄的金属箔丝栅，箔的厚度一般为 0.003～0.01mm。它的优点是表面积与截面积之比大，散热条件比丝式优越，逸散功率较大，灵敏度高以及有较大的载流容量。并可做成任意形状，便于大量生产。

薄膜式应变片是采用真空镀膜技术在很薄的绝缘基片上蒸镀金属电阻材料薄膜，再加上保护层形成的。优点是应变片灵敏度系数高，允许电流密度大等。

(2) 半导体应变片

以半导体材料做成的压阻式传感器有两种主要类型：一类是半导体材料的体电阻做成的粘贴式应变片；另一类是以半导体基片材料本身作为感受元件，并在其上扩散成电阻，做成压阻式传感器。

3. 应变式传感器

电阻应变丝、片在测试技术中，除了直接用它来测定试件的应变和应力外，还广泛利用它制成各种应变式传感器，来测定其他物理量如力、扭矩、压力、加速度、流量、流速等。

应变式传感器通常可由两部分构成，即弹性元件和应变片(丝)。应变片粘贴在弹性元件上。粘贴是关键技术。弹性元件在被测物理量(如力、扭矩、压力、加速度等)的作用下，产生一个与它成正比的应变，然后，用应变片(丝)作为敏感元件将应变转换为电阻值的变化。

12.2 电感式传感器

12.2.1 概述

这种传感器的核心部分是可变自感或可变互感，利用线圈自感或互感的变化实现测量，所以称为电感式传感器。

电感式传感器能够把机械线位移或角位移转换为感应电势，可以用来测量位移和振动、压力、流量、质量、力矩、应变等多种物理量。电感式传感器具有以下优点：结构简单可靠，输出功率大，输出阻抗小，抗干扰能力强，对工作环境要求不高，分辨率高，稳定性好。它的缺点是频率响应较低。

电感式传感器的主体结构包括以下两个部分：①一个用以产生交变磁场的激磁线圈；②可变磁路装置，可动部分用以改变磁场强度或磁场分布。

根据电感式传感器是否具有单独的磁场检测线圈，可将其分为变压器式传感器和电感式传感器。变压器式传感器具有磁场检测线圈，它属于互感型传感器，它检测到的是两组线圈的互感。磁场检测线圈就是变压器的副边绕组，它能把互感的变化转变成电压信号输出。狭义的电感式传感器没有单独的磁场检测线圈。它属于自感型传感器，检测的是线圈的自感。这种自感型的传感器与变压器式传感器具有类似的结构，差别在于它只有一组线圈，既供激磁用，又供检测磁场和电感用。把自感接入一定的转换电路，就可以转换成电信号输出。

12.2.2 变压器式传感器

变压器式传感器本身是互感系数可变的变压器。它用交流激磁，且普遍使用中频。当原边线圈接入激磁电源后，副边线圈就有感应电压输出。互感变化时，输出电压将相应变化，一般这种传感器副边线圈有两个，把它们反相串联后，作为输出绕组，输出绕组输出的总电压应当等于两个副边线圈各自电压的差值，这种接线方式称为差动变压器式传感器。因为它是基于互感变化的原理，也可称为互感式传感器。可见，变压器式传感器是基于变压器原理，将机械位移(线位移和角位移)变换成与位移成比例的电信号。它在自动控制系统中，特别是在陀螺仪表和小位移装置中得到了广泛的应用。

1. 截面型差动变压器式传感器的工作原理

截面型差动变压器是一种常见的变压器传感器，它是通过磁路气隙截面积的变化而使互感发生变化。图 12-5 是一种简单的截面型差动变压器的结构。它有两个用铁磁材料叠片制成的导磁体，即扇形的衔铁和对称的 E 形铁心。它们与工作气隙一起构成磁路。在铁心的三个心柱上都绕有线圈，中间心柱上是激磁绕组 W_f，与交流电源相接。左右两侧心柱上是两个匝数相等的线圈 W_o，它们反向串联后作为输出绕组。这种类型传感器工作原理的关键在于气隙磁路截面积的变化引起磁导的变化。当衔铁处于定子 E 形铁心的对称位置时，由于两侧磁路对称，其磁导相同，两个分支磁通 Φ_1 和 Φ_2 也相同。因而在两个输出绕组中的感应电势也相等，输出电压 U_o 将为零。当衔铁偏离对称位置时，例如向左偏转转角 α 时，左侧气隙截面积增加而使磁导增大，磁通增大，其线圈中感应电势增大；与此同时，右侧气隙截面积减小而使磁导减小，磁通减小，线圈中感应电势减小，作为两感应电势差值的输出电压将不为零，相位与左侧线圈感应电势相位相同。衔铁移动的方向相反，两个输出绕组中感应电势增大和减小的情况将相反，输出电压的相位也相反。采用解调电路后输出不同极性电压。这样，截面型差动变压器便将转角变换成电信号。

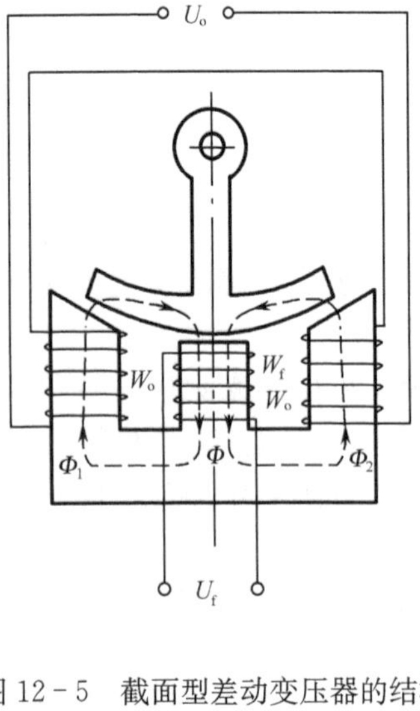

图 12-5 截面型差动变压器的结构

经过定量分析可求出截面型差动变压器输出电压有效值 U_o 与转角 α 的关系为

$$U_o = K\alpha \quad (\mathrm{V}) \tag{12-9}$$

$$K = 2\pi f W_f W_o I_f \frac{\mu_0 hr}{\delta} \quad (\mathrm{V/rad}) \tag{12-10}$$

式中，f 为激磁电流频率(Hz)；W_f、W_o 为激磁绕组与输出绕组匝数；I_f 为激磁电流(A)；μ_0 为真空磁导率，$\mu_0 = 0.4\pi \times 10^{-8}$ H/cm；h 为变压器铁心有效厚度(cm)，见图 12-6；r 为衔铁的旋转半径(cm)，见图 12-6；δ 为定子心柱与衔铁之间的气隙长度(cm)，见图 12-6；α 为衔铁偏离对称位置的转角。

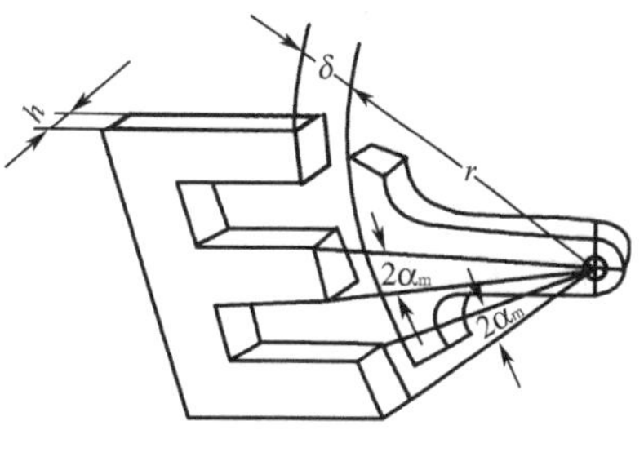

图 12-6 导磁体

为了保证线性度，激磁电流的频率 f 和大小 I_f 应恒定。当 3 个铁心柱的极弧夹角都是 $2\alpha_m$(图 12-6)时，保证精度的转角范围是 α_m，即 $-\alpha_m \leqslant \alpha \leqslant \alpha_m$。

2. 微动同步器

微动同步器也是依靠改变磁路气隙截面从而改变磁路磁导，并按照差动变压器原理工作。图 12-7 所示为 4 极微动同步器，它的定子有四个凸磁极，在每个极上都装有一个激磁绕组和一个输出绕组。转子由导磁材料做成，形状如图所示，有两个极，每个极弧为 90°。

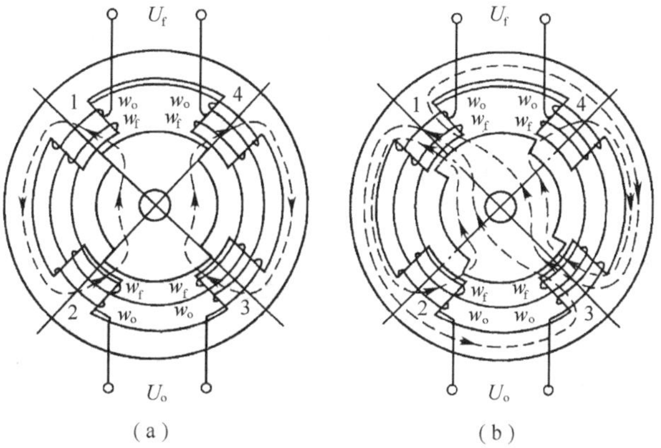

图 12-7 微动同步器的结构

定子各极上激磁绕组的连接应使定子上的磁通方向如图 12-7 所示。各输出绕组的连接应使得空载输出电压的有效值 U_o 与极上的输出绕组中的感应电势有效值 E_{o1}、E_{o2}、E_{o3} 和 E_{o4} 间满足下式：

$$U_o = (E_{o1} + E_{o3}) - (E_{o2} + E_{o4}) \tag{12-11}$$

若微动同步器的制造尺寸精确对称，当转子处于中间对称位置时，如图12-7(a)，由于四个极下的气隙磁导都相同，因而在输出绕组的各线圈中的感应电势也相等，于是在差接的输出绕组输出端上的电压 U_o 将为零。如果转子朝逆时针方向转动某一个角度，如图 12-7(b)，则在 1、3 磁极上的线圈中感应电势将增大，而在另两个磁极 2、4 上的线圈中感应电势将减小，因此，输出电压将不为零。输出电压的相位将与 1、3 磁极上的线圈中的感应电势相位相同。当转子转动方向相反时，输出电压的相位也将反过来。采用解调电路可区别出不同相位。

设激磁电流的频率和有效值为 f、I_f，四个激磁绕组匝数都是 W_f，四个输出绕组匝数都是 W_o。并设定子磁极宽度用夹角 $2\alpha_m$ 表示，转子磁极半径为 r，工作气隙长度为 δ，铁心有效厚度为 h。则输出电压有效值 U_o 与转角 α 的关系为

$$U_o = K\alpha \tag{12-12}$$

其中灵敏度

$$K = 8\pi f W_f W_o I_f \frac{\mu_0 hr}{\delta} \quad (\text{V/rad}) \tag{12-13}$$

输出电压的有效值(或幅值)与转角大小成正比。转角方向不同时，电压改变符号，说明输出电压反相。输出电压的相位与幅值大的绕组感应电势相同。当结构参数相同时，4 极微动同步器的灵敏度是图 12－5 所示的简单差动变压器的灵敏度的四倍。而且微动同步器的许多性能都比它好。

图 12－8 所示是另一种微动同步器。它的定子上有 12 个显极，而转子上只有 8 个显极。它的工作原理和图 12－7 的微动同步器完全一样。无输入转角时，因为磁路平衡，无输出电势；当有输入转角时由于磁路的平衡被破坏，产生一个输出电压，其幅值和输入转角成正比，相位由转角的方向决定。

3. 螺管型差动变压器

螺管型差动变压器的结构如图 12－9 所示，主要包括一次线圈(原绕组、激磁线圈)，二次线圈(副绕组、检测线圈)和可动铁心三个部分。按一次、二次线圈排列形式，有二节式、三节式、四节式和五节式等形式。三节式的零点残余电压较小，二节式比三节式灵敏度高，线性范围大。多节式线圈主要是为了使螺管内部磁通分布更加均匀，改善传感器的线性度。如四节式和五节式就可以改善传感器的线性度。

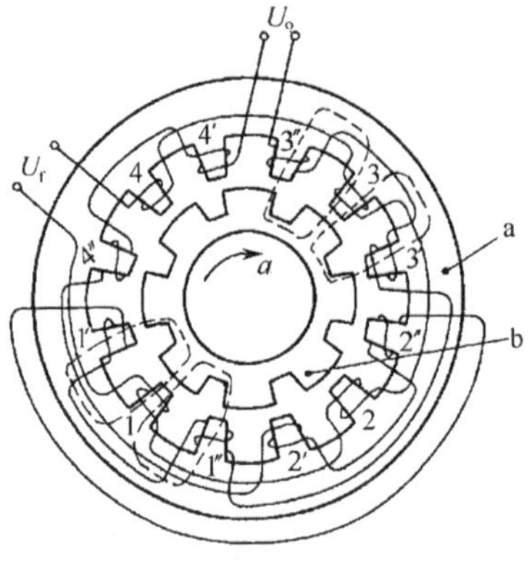

图 12－8 微动同步器的原理结构图
a-定子 b-转子

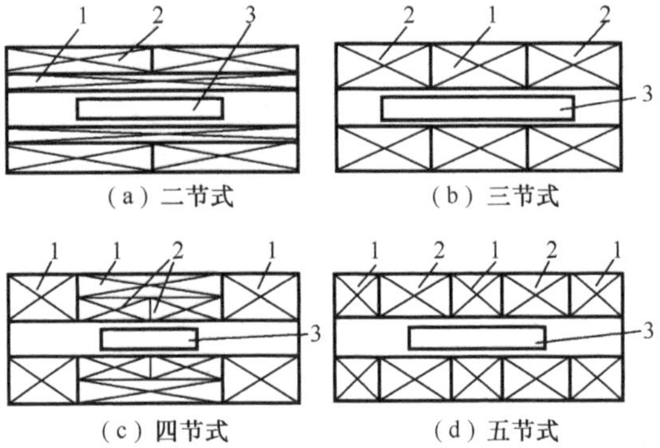

图 12－9 差动变压器线圈的各种排列形式
1. 一次线圈 2. 二次线圈 3. 磁心

在众多的结构形式中，最常用的是二节式和三节式。二节式的特点是一次和二次线圈同心地耦合在一起，一次线圈安排在内层，以便得到更大的长径比，从而提高传感器的灵敏度和线性度。二次线圈安排在外层，二个二次线圈反向串联后输出电势。动铁心移动的作用在于改变磁感应强度，从而改变二次线圈的输出电压。对于三节式，设 E_{o1}、E_{o2} 是两个二次线圈感应电势有效值。它们反向串接时，空载输出电压 $|U_o| = |E_{o1} - E_{o2}|$ 呈 V 形特性，如图 12－10 所示。图中 x 表示磁心偏离中心位置的距离。

螺管型差动变压器一次线圈的供电电源有两种，一种是采用恒流源供电，另一种是采用恒压源供电。理论分析表明，采用恒压源供电时传感器的线性度比采用恒流源时要好。

恒压源供电时螺管式差动变压器空载输出电压有效值 U_o 为

$$U_o = K \frac{W_o U_f}{W_f} x \tag{12-14}$$

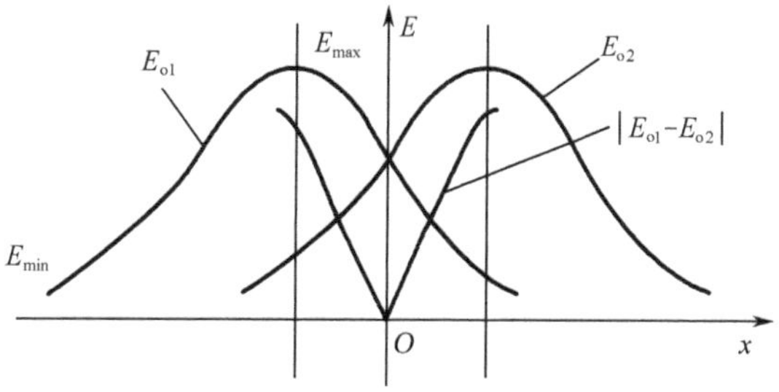

图 12－10 螺管型差动变压器及其输出特性

式中，U_f为激磁电压有效值；x 为线位移；K 为系数，由传感器的结构尺寸决定。

螺管式差动变压器的灵敏度较低，但其测量范围较大，常用的是几毫米到几十毫米。大量程的差动变压器，测量范围已有 1m 以上规格。螺管式差动变压器的线性度较高，可达 0.1%，制造装配也较方便，获得了广泛的应用。

4. 转换电路

差动变压器的转换电路一般采用反串电路和桥路两种。反串电路就是直接把两个二次线圈反向串接，前面介绍的几种传感器都是采用这种方法。在这种情况下，空载输出电压有效值 U_o等于两个二次线圈感应电势有效值 E_{o1}和 E_{o2}之差，即

$$U_o = E_{o1} - E_{o2} \qquad (12\text{-}15)$$

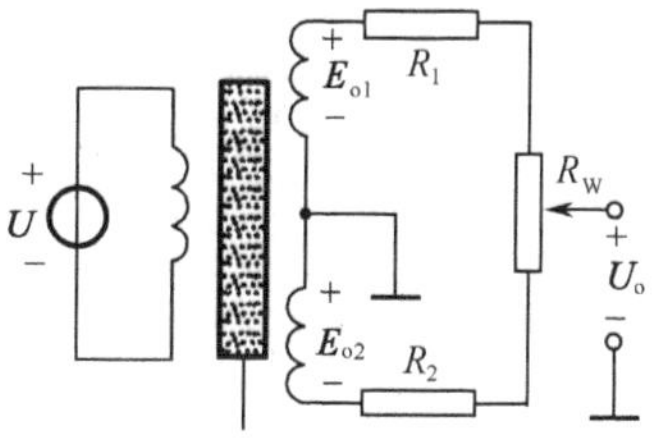

图 12－11 差动变压器使用的桥路

桥路如图 12－11 所示。其中 R_1、R_2 是桥臂电阻，R_W是供调零用的电位器，暂不考虑电位器 R_W，并设 $R_1 = R_2$，则输出电压为

$$U_o = \frac{E_{o1} + E_{o2}}{R_1 + R_2} R_2 - E_{o2} = \frac{1}{2}(E_{o1} - E_{o2}) \qquad (12-16)$$

可见，这种电路的灵敏度为前一种的 1/2。其优点是利用 R_W可进行电调零，不再需要另外配置调零电路。

12.3 电容式传感器

1. 工作原理

电容式传感器能将机械转角或线位移转换为电容器的电容量变化，再通过测量电路把电容量的变化变换成电信号输出。通常它由电容式敏感元件和转换电路两部分组成。

当忽略边缘的影响时，平板电容器(图 12－12)的电容量为

$$C = \frac{\varepsilon S}{\delta} \quad (\text{pF}) \qquad (12-17)$$

式中，$\varepsilon = \varepsilon_0 \varepsilon_r$ 为极间介质的介电常量；$\varepsilon_0 = 8.85$ 为真空的介电常量(pF/m)；ε_r 为介质的相对介电常量，对于空气 $\varepsilon_r = 1$；S 为极板的遮盖面积(m^2)；δ 为两极板间的距离(m)。

改变电容器两极板间的距离 δ，遮盖面积 S 以及充填介质（改变 ε）三者之一，均可改变电容器的电容量。所以电容式敏感元件可分为变遮盖面积，变极间距离和变介电常数等三种基本形式。

2. 结构类型

(1) 改变遮盖面积的电容式敏感元件

1) 线位移型电容式敏感元件。线位移型电容式敏感元件如图 12-13(a)所示。当活动极板沿箭头方向移动时，遮盖面积 S 发生变化，则电容 C 也随之改变，其值为

$$C_x = \frac{\varepsilon b x}{\delta} \tag{12-18}$$

灵敏度为

$$\frac{\mathrm{d}C_x}{\mathrm{d}x} = \frac{\varepsilon b}{\delta} \tag{12-19}$$

可见增加 b 或减小 δ 均可提高敏感元件的灵敏度。该敏感元件的输出特性如图12-13(b)所示。

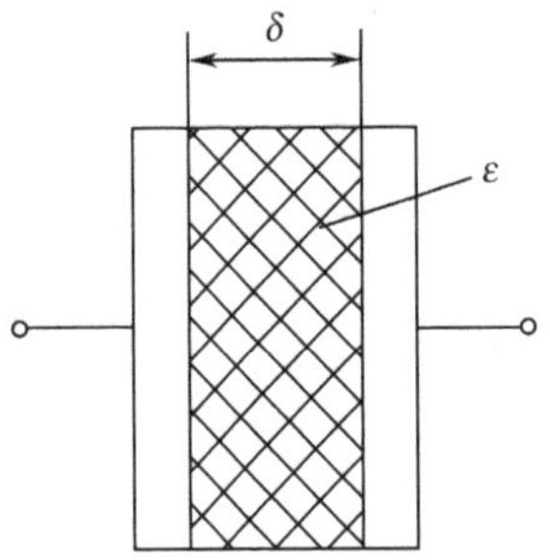

图 12-12　平板电容器

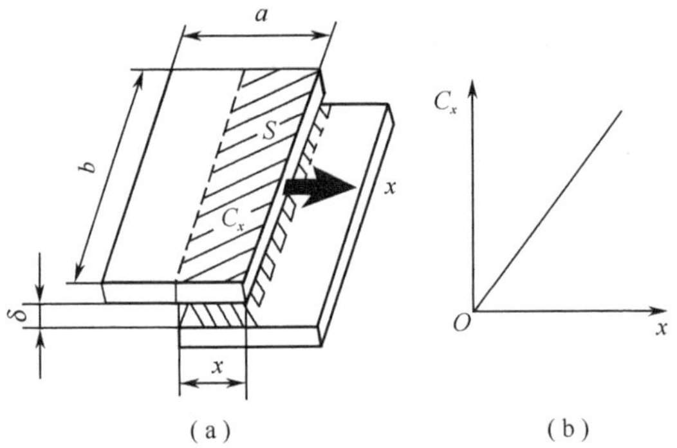

图 12-13　线位移型电容式敏感元件

差动线位移型电容式敏感元件如图 12-14(a)所示。当活动极板沿 x 方向移动时，遮盖面积 S_1 减小，S_2 增大，则电容 C_1 和 C_2 也随之改变，其值为

$$\begin{cases} C_1 = \dfrac{\varepsilon b\left(\dfrac{a}{2} - x\right)}{\delta} \\ C_2 = \dfrac{\varepsilon b\left(\dfrac{a}{2} + x\right)}{\delta} \end{cases} \tag{12-20}$$

经简化

$$\begin{cases} C_1 = C_0 - C_0\dfrac{2x}{a} \\ C_2 = C_0 + C_0\dfrac{2x}{a} \end{cases} \tag{12-21}$$

式中，$C_0 = \dfrac{\varepsilon ba}{2\delta}$。

当 $x=0$ 时，$C_1=C_2=C_0$；$x\neq 0$ 时，C_1 和 C_2 是向相反方向变化的，输出特性如图 12-14(b)所示。

2) 角位移电容式敏感元件。角位移电容式敏感元件如图 12-15(a)所示。当动片有一角

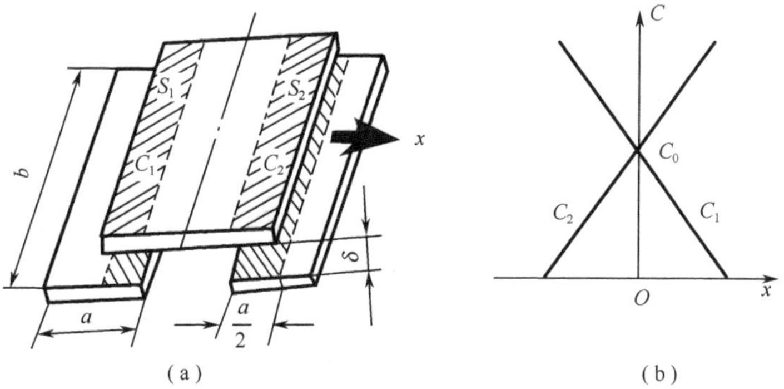

图 12－14　差动线位移型电容式敏感元件

位移 α 时，两极板间遮盖面积 $S(S_0\alpha/\pi)$就发生变化，电容 C 也随之改变，其值为

$$C=\frac{\varepsilon S_0\alpha}{\delta\pi}=\frac{\varepsilon r^2\alpha}{2\delta} \tag{12-22}$$

式中，$S_0=\pi r^2/2$ 为电容器极板面积。

灵敏度为

$$\frac{\mathrm{d}C}{\mathrm{d}\alpha}=\frac{\varepsilon r^2}{2\delta} \tag{12-23}$$

可见增加 r 或减小 δ 均可提高敏感元件的灵敏度。输出特性如图12-15(b)所示。

差动角位移型电容式敏感元件如图 12－16(a)所示。当动片有一角位移时，遮盖面积 S_1 增大，S_2 减小，电容 C_1、C_2 也随之变化，其值为

$$\begin{cases}C_1=\dfrac{\varepsilon S_0}{\delta}\left(1+\dfrac{2\alpha}{\pi}\right)=C_0+C_0\dfrac{2\alpha}{\pi}\\[2ex] C_2=\dfrac{\varepsilon S_0}{\delta}\left(1-\dfrac{2\alpha}{\pi}\right)=C_0-C_0\dfrac{2\alpha}{\pi}\end{cases} \tag{12-24}$$

式中，$S_0=\pi r^2/4$ 为初始平衡状态时的遮盖面积。

差动角位移型电容式敏感元件的输出特性如图 12－16(b)所示。

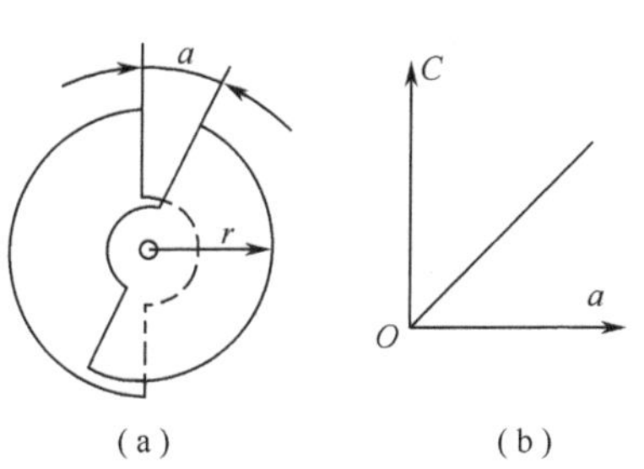

图 12－15　角位移型电容式敏感元件

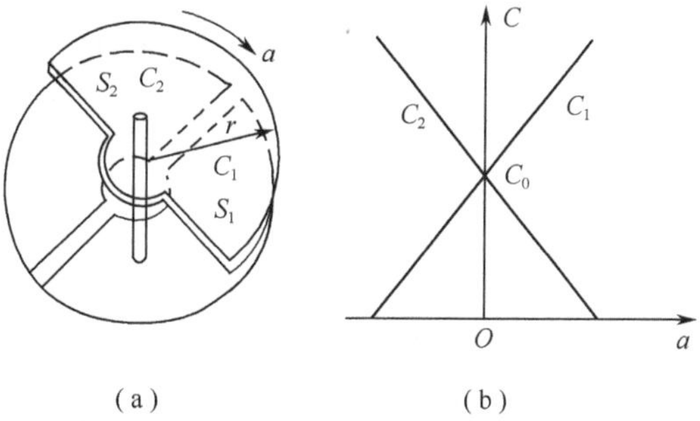

图 12－16　差动角位移型电容式敏感元件

3）圆柱型电容式敏感元件。前面两种敏感元件都属于平板型敏感元件。由于平板型敏感元件的动极板稍有极间距方向的移动时，将影响测量精度，因此改变面积型的电容传感器

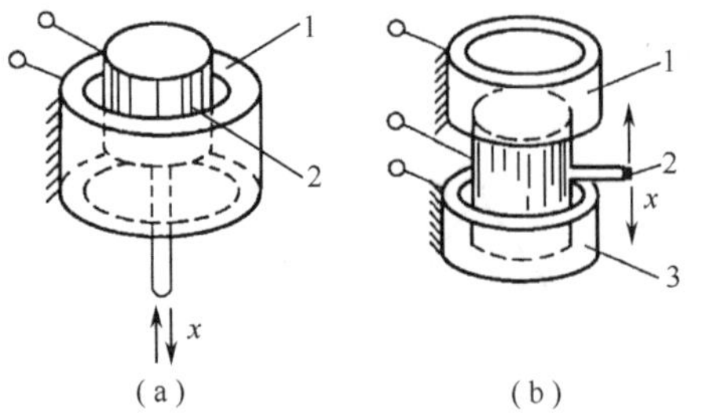

图 12-17　圆柱型电容敏感元件

常做成圆柱型如图12-17(a)、(b)所示，其中图(b)是差动式。由物理学可知，圆柱型电容器的电容量为

$$C=\frac{2\pi\varepsilon l}{\ln(R/r)} \tag{12-25}$$

式中，l 为外圆筒与内圆柱遮盖部分的长度；R、r 分别为外圆筒内半径和内圆柱(或圆筒)外半径，即它们的工作半径。

单边圆柱型线位移式元件见图12-17(a)，当可动极 2 位移 x 时，忽略边缘效应，电容变化量为

$$\Delta C=\left|\frac{2\pi\varepsilon l}{\ln(R/r)}-\frac{2\pi\varepsilon(l-x)}{\ln(R/r)}\right|=\frac{2\pi\varepsilon x}{\ln(R/r)}=C_0\ \frac{x}{l} \tag{12-26}$$

4）容栅传感器。容栅传感器分为长容栅和圆容栅两种，分别测量线位移和角位移，如图12-18(a)～(c)所示。在图(a)、(b)中1是固定容栅，2 是可动容栅，在它们的 A 和 B 面上分别印制(或刻画)一系列均匀分布并互相绝缘的金属(如铜箔)栅极，形状如图。将固定容栅和可动容栅的栅极面相对放置，中间留有间隙 δ，形成一对对电容，这些电容并联连接。当固定、可动容栅相对位移时，每对电容面积发生变化，因而电容值 C 也随之变化，由此就可测出线位移或角位移。

根据电场理论并忽略边缘效应，长容栅(图12-18(a))的最大电容量为

$$C_{\max}=n\frac{\varepsilon ab}{\delta} \tag{12-27}$$

式中，n 为可动容栅的栅极数；a 和 b 分别为栅极宽度和长度。最小电容量理论上为零，实际上为固定电容 C_0，称容栅的固有电容。当可动容栅沿 x 方向不断平行于固定容栅移动时，每对电容的相对遮盖长度将周期性变化，容值也随之周期变化，如图 12-18(d)所示。经后续电路信号处理，则可测得位移值。

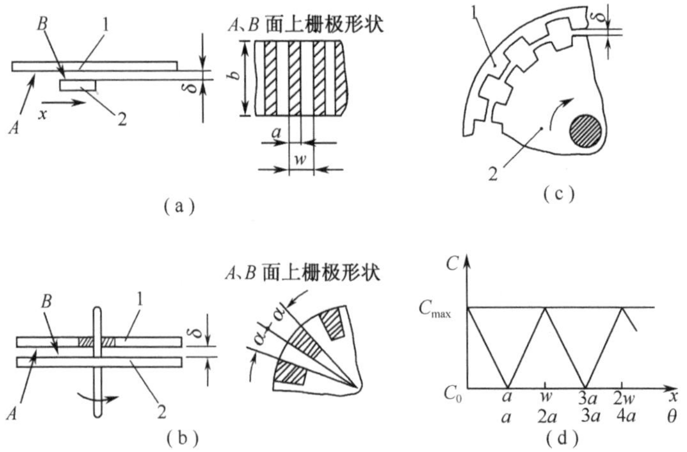

图 12-18　容栅传感器结构原理和输出特性

片状圆容栅结构示意图见图 12-18(b)，两圆盘 1、2 同轴安装，栅极成辐射状，当可动容栅 2 随被测量而转动时，忽略边缘效应，最大电容量为

$$C_{\max} = n\frac{\varepsilon\alpha(R^2 - r^2)}{2\delta} \tag{12-28}$$

式中，R 和 r 分别为圆盘上栅极外半径和内半径；α 为每条栅极对应的圆心角，单位为 rad；其他符号含义同上。片状圆容栅的 C-θ 曲线见图 12-18(d)。

柱状圆容栅见图 12-18(c)，由同轴安装的定子(圆套)1 和转子(圆柱)2 组成，在它们的内、外柱面上刻制一系列宽度相等的齿和槽，因此也可称为齿形传感器。当转子旋转时就形成了一个可变电容器：定子、转子齿面相对时电容量最大，错开时电容量最小。其转角与电容量关系曲线见图 12-18(d)。

圆容栅传感器接上图 12-19 所示转换电路后(图中 C 为电容敏感元件)，可以证明，只要参数适当，电阻 R 上的电压 $u_0=Ri$ 的频率和幅值都与转速成正比，所以用它们也能测量轴的转速。

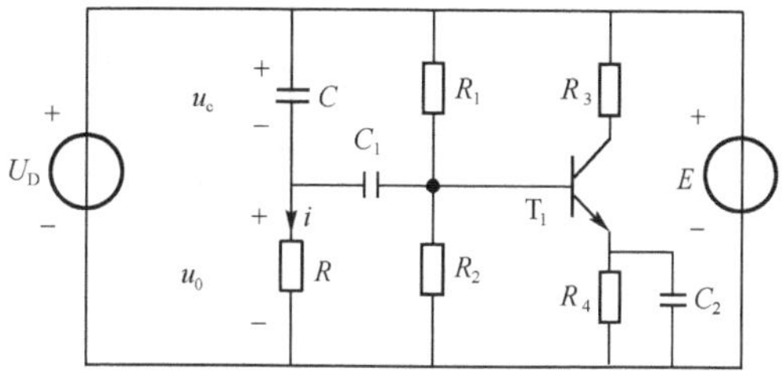

图 12-19 转换电路

容栅传感器除了具有电容传感器的特点(如动态响应快、结构简单、易于实现非接触测量等)外，还因多极电容及其平均效应，因此分辨率更高，对刻制精度和安装等要求不高，量程大，是一种很有发展前途的传感器。现已应用于数显量具(如数显卡尺、数显千分尺)及雷达测角系统中。

(2)改变极板间距离的电容式敏感元件

变极距型线位移电容式敏感元件如图 12-20(a)所示。当两极板间的距离由 δ_0 增大 x 时，其电容值为

$$C = \frac{\varepsilon S}{\delta_0 + x} \tag{12-29}$$

式中，δ_0 为敏感元件处于平衡位置(即 $x=0$)时的极板间距离。

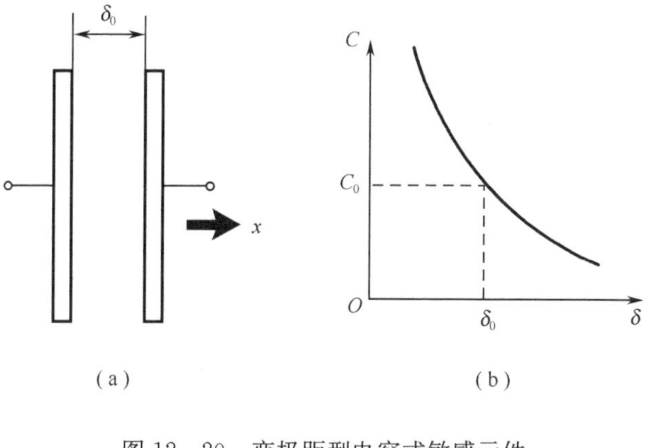

图 12-20 变极距型电容式敏感元件

变极距型线位移电容式敏感元件的特点是灵敏度很高，可用来测量很小的位移，它的测量范围是 0～1mm。但是，从式(12-29)可知，它的特性是非线性的(双曲线特性)，如图12-20(b)所示。

为了限制非线性误差，一般要求 $x/\delta_0<15\%\sim20\%$。采用差动式结构，也能得到线性度较好的输出特性。

差动变极距型线位移电容式敏感元件如图 12-21 所示。当极距改变 x 时，其电容值为

$$C_1=\frac{\varepsilon S}{\delta_0+x} \tag{12-30}$$

$$C_2=\frac{\varepsilon S}{\delta_0-x} \tag{12-31}$$

变极距型电容式敏感元件也可做成角位移型，这里就不再赘述了。

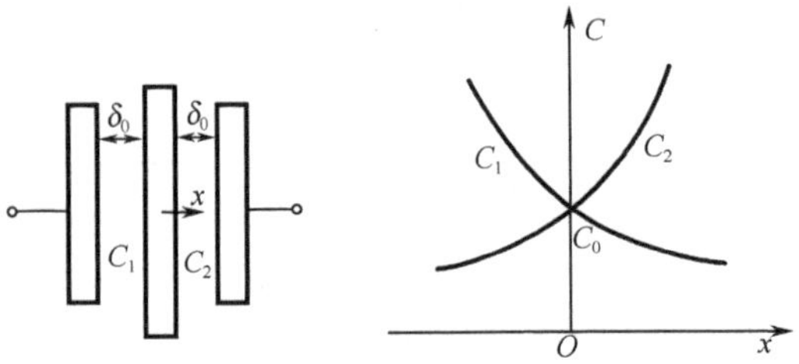

图 12-21　差动变极距型电容式敏感元件

变极距型和变面积型电容敏感元件一般采用空气作电介质。这是因为空气的介质常数 ε_0 在极宽的频率范围内几乎不变，而且温度稳定性好。空气作介质的电容器与其他的相比，介质的电导率极小，因此损耗极低。但 ε_0 小会使电容量常为 pF 数量级，寄生电容影响大，并要求敏感元件的绝缘材料有高的绝缘性能。

(3)变介电常数型电容式敏感元件

变介电常数型电容传感器大多用来测量电介质的液位、液量、厚度。还可根据极间介质的介电常数随温度、湿度、容量改变来测量温度、湿度、容量等。

测量液面(或料面)高度的平板电容式敏感元件如图 12-22 所示。总电容 C 由有液体介质的电容 C_1 和空容器电容 C_2 并联组成，即 $C=C_1+C_2$，液面高度 x 不同时，C_1 和 C_2 均有变化，则 C 也随之改变。各电容为

$$C_1=\frac{\varepsilon_0\varepsilon_r bx}{\delta} \tag{12-32}$$

$$C_2=\frac{\varepsilon_0 b(h-x)}{\delta} \tag{12-33}$$

$$C=\frac{\varepsilon_0 b}{\delta}(h-x+\varepsilon_r x)=\frac{\varepsilon_0 bh}{\delta}+\frac{\varepsilon_0 b}{\delta}(\varepsilon_r-1)x=C_0+Kx \tag{12-34}$$

图12-22(b)是 $C=f(x)$ 的特性曲线；可见 C 在 C_0 的基础上随 x 而线性增加。

测量液面高度的圆柱型电容式敏感元件如图 12-23 所示。各电容为

$$C_1=\frac{2\pi\varepsilon_r\varepsilon_0}{\ln\dfrac{r_2}{r_1}}x$$

$$C_2=\frac{2\pi\varepsilon_0}{\ln\dfrac{r_2}{r_1}}(h-x)$$

$$C=\frac{2\pi\varepsilon_0}{\ln\frac{r_2}{r_1}}(h-x+\varepsilon_r x)=\frac{2\pi\varepsilon_0 h}{\ln\frac{r_2}{r_1}}+\frac{2\pi\varepsilon_0}{\ln\frac{r_2}{r_1}}(\varepsilon_r-1)x=C_0+Kx \tag{12-35}$$

这种测量液面高度的圆柱型电容式敏感元件用于飞机油量表中。具有介电常数 ε_r 的油料所占的高度 x 不同，电容量也就不同。采用测量电路测出电容量，也就知道了油料高度 x。

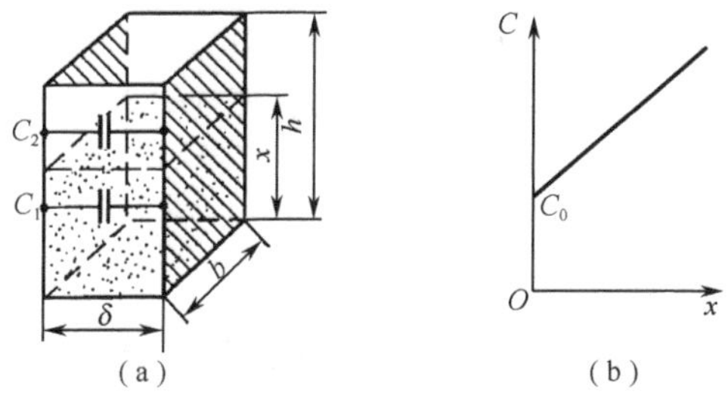

图 12－22　测液面高度的平板电容器

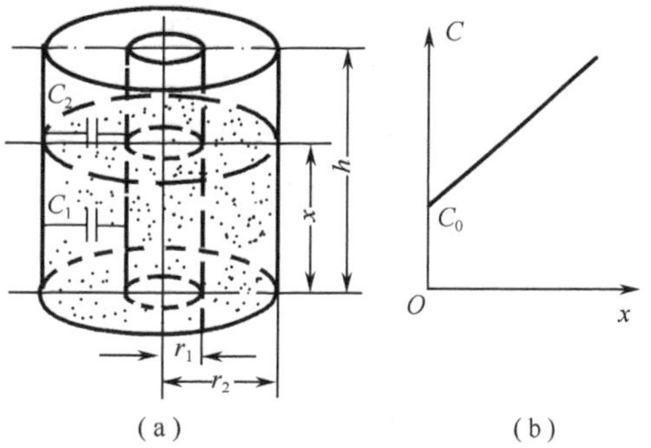

图 12－23　测液面高度的圆柱型电容元件

测量电介质厚度的电容式敏感元件如图 12－24 所示，其中电介质部分的电容 $C_1=\varepsilon S/\delta_x$，其余部分电容 $C_2=\varepsilon_0 S/(\delta-\delta_x)$，总电容 C 为

$$C=\frac{C_1C_2}{C_1+C_2}=\frac{S}{(\delta-\delta_x)/\varepsilon_0+\delta_x/\varepsilon} \tag{12-36}$$

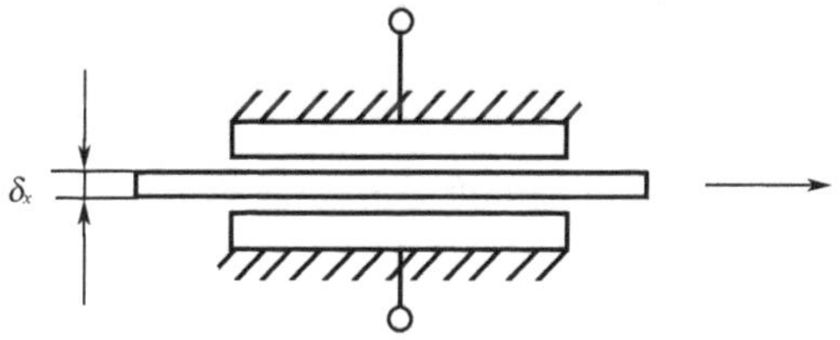

图 12－24　测量厚度的电容元件

习　题

1. 电阻式传感器按工作原理可分为哪两类？
2. 电位器式传感器的主要优缺点是什么？
3. 画出测量正、负位移时电位器接线图。
4. 简述应变式电阻传感器的工作原理。
5. 简述变压器式传感器的工作原理。
6. 写出平板电容器的电容计算公式。电容式传感器可分为哪三种类型？

第 13 章　热电式传感器

热电式传感器将温度的变化转换成电量的变化，它利用元件的电参数随温度改变而变化的特性来实现测量。例如当温度变化时，元件的电阻或电势发生变化，通过测量电路将这些变化检测出来就知道了被测温度。热电式传感器中应用较广的有热电偶、热电阻、热敏电阻，晶体管型、集成电路型温度传感器。其中，以半导体热敏电阻传感器应用最为广泛。

13.1　热　电　偶

热电偶是目前应用最广泛的测温敏感元件之一。它能将温度差转换成电动势。热电偶性能稳定，结构简单。经济耐用，维护方便。检测 500℃以上的高温时常用热电偶。

13.1.1　工作原理和结构

1. 工作原理

热电偶的原理示意图见图 13－1。A 和 B 是两种不同的导体材料，它们焊接或铰接成一个闭合电路。两个联接点叫接触点或结点。当一端受热，而另一端处于较低的温度时，在这个闭合电路中就产生电流，这种现象叫热电现象，它是赛贝克于 1821 年发现的，称为赛贝克效应。有电流说明回路中有电动势，这个电动势也称为热电势。

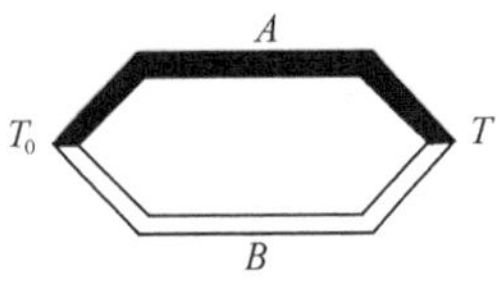

图 13－1　热电偶的原理

采用两种不同材料的导体串接成一个闭合回路，利用热电现象将两个接触点的温度差转变成热电势，这样制成的温度传感器就称为热电偶。

热电势是由两种导体的接触电势和单一导体的温差电势组成。一般，接触电势起主要作用。两种不同的金属导体接触点处会产生电位差，称为接触电势。接触电势产生的原因是各种金属中都有大量自由电子，而不同的金属材料其自由电子密度不同。当两种不同的金属导体接触时，在接触面上因自由电子密度不同而发生电子扩散。电子的扩散速率与两导体的电子密度有关并和接触区的温度成正比。设导体 A 和 B 的自由电子密度为 n_A 和 n_B，且有 $n_A>n_B$，则必然在接触面上由 A 扩散到 B 的电子将比由 B 扩散到 A 的电子数多。因此，导体 A 失去电子而带正电，导体 B 则因获得电子而带负电，在接触面形成电场。这个电场阻碍了电子继续扩散，达到动态平衡时，在接触区形成一个稳定的电位差，即接触电势。根据古典电子理论可以证明，接触电势的大小可表示为

$$e_{AB}(T)=\frac{kT}{e}=\ln\frac{n_A}{n_B} \tag{13-1}$$

式中，$e_{AB}(T)$为导体 A 和 B 的接触点在温度 T 时形成的接触电势；e 为电子电荷，$e=1.6\times10^{-19}$(C)；k 为玻尔兹曼常量，$k=1.38\times10^{-23}$(J/K)。

单一导体中，如果两端温度不同，在两端间会产生电势，称为单一导体的温差电势。这

是由于导体内自由电子在高温端具有较大的动能，因而向低温端扩散。高温端因失去电子而带正电，低温端由于获得电子而带负电，在高低温之间形成一个电位差。单一导体的温差电势的大小可表示为

$$e_A(T,T_0)=\int_{T_0}^{T}\sigma \mathrm{d}T \tag{13-2}$$

式中，$e_A(T,T_0)$为导体两端温度为 T、T_0 时形成的温差电势；σ 为汤姆逊系数，表示单一导体两端的温度差为 1℃时产生的温差电势。其值与材料性质及两端温度有关。如在 0℃时，铜的 $\sigma=2\mu V/℃$。

对于由导体 A、B 组成的热电偶回路，当温度 $T>T_0$ 时，回路总的电势(图 13-2)可表示为

$$\begin{aligned}E_{AB}(T,T_0)&=e_{AB}(T)-e_{AB}(T_0)-\int_{T_0}^{T}\sigma_A\mathrm{d}T+\int_{T_0}^{T}\sigma_B\mathrm{d}T\\&=\frac{kT}{e}\ln\frac{N_{AT}}{N_{BT}}-\frac{kT_0}{e}\ln\frac{N_{AT_0}}{N_{BT_0}}+\int_{T_0}^{T}(-\sigma_A+\sigma_B)\mathrm{d}T\end{aligned} \tag{13-3}$$

式中，N_{AT}、N_{AT_0}为导体 A 在接触点温度为 T 和 T_0时的电子密度；N_{BT}、N_{BT_0}为导体 B 在接触点温度为 T 和 T_0时的电子密度；σ_A、σ_B 为导体 A 和 B 的汤姆逊系数。

利用上述几个公式，可得出有关热电偶回路的几点结论：

1) 如果构成热电偶的两个热电极为材料相同的均质导体，即 $\sigma_A=\sigma_B$，$N_A=N_B$，则无论两接触点温度如何，热电偶回路内的总热电势为零。因此，热电偶必须采用两种不同的材料作为热电极。

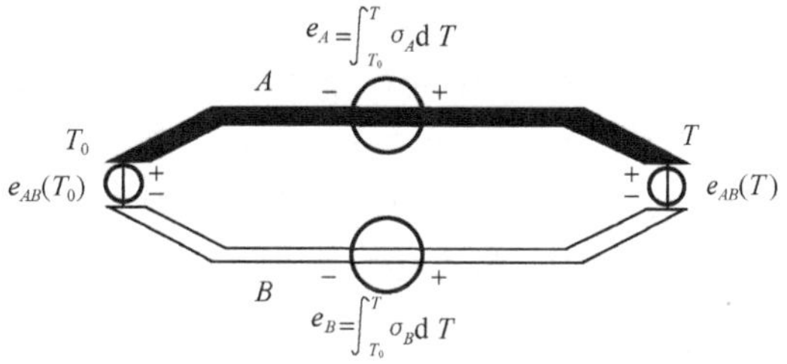

图 13-2　闭合回路热电势

2) 如果热电偶两接触点温度相等，即 $T=T_0$，则尽管导体 A、B 的材料不同，热电偶的回路内的总电势亦为零。

3) 热电偶 AB 的热电势与 A、B 材料的中间温度无关，只与接触点温度有关。

4) 在热电偶回路中接入第三种材料的导体，只要第三种导线两端的温度相等，第三导线的引入不会影响热电偶的热电势。这个规律称为中间导体定律，具有重要的实用意义。根据这个定律，可以将第三导线换成测试仪表或连接导线，只要保持两接触点的温度相同，就可以对热电势进行测量而不影响原热电势的数值。第三导体的接入，如图 13-3 所示。该回路的总电势为

$$E_{ABC}(T,T_0)=E_{AB}(T,T_0) \tag{13-4}$$

5) 三种导体如果分别构成热电偶，如图 13-4 所示。当接触点温度为 T、T_0 时，AB 热电偶的热电势等于AC 热电偶和CB 热电偶的热电势的代数和，即

$$E_{AB}(T,T_0)=E_{AC}(T,T_0)+E_{CB}(T,T_0) \tag{13-5}$$

这一规律称为标准电极定律。由于纯铂丝的物理化学性能稳定、熔点较高，易提纯，所以目前常用纯铂丝作标准电极。如果已求出各种导体对铂丝的热电特性，利用标准电极定律，就可明显简化热电偶材料的选配工作。

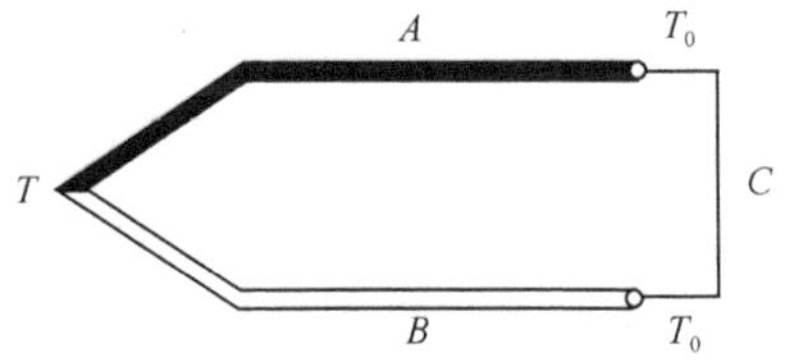

图 13-3　具有第三导体的热电偶回路

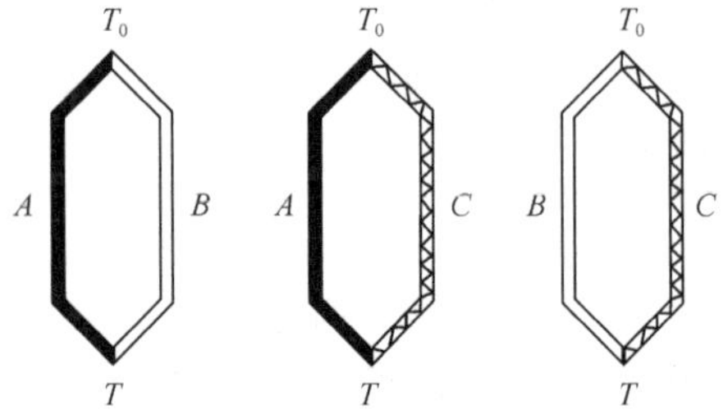

图 13-4　三种导体分别组成热电偶

综上所述，热电偶中的热电势与两接触点的温度差有关。热电偶就是通过热电势的量度来确定两接触点的温度差。如果其中一个接触点的温度为已知，另一个接触点的温度就容易算出。热电偶的一个接触点的温度已知时，热电偶中的热电势 E_{AB} 与另一端的温度 t 的关系可写成

$$E_{AB} = f(t) + C \tag{13-6}$$

热电偶中的这两个导体又称为热电极。两个连接点中用来测量的一端即感受温度的一端称为工作端，因为它检测的温度一般都比较高，又称为热端，而另一端就称为自由端，又称为冷端。式(13-6)中的 C 就取决于自由端的温度。当自由端的温度为 0℃时，所得到的热电势与工作端的温度的对应数值列成的数值表格就称为热电偶材料的分度表。

在实际应用中，在热电偶回路中需要接入导线和测量仪，这相当于在热电偶回路中接入第三导体，如图 13-5 所示。此时只要引入的第三导体两端温度相同，则热电偶产生的热电势不受影响。这一点可由中间导体定律得知。

2. 热电偶结构

热电偶通常由热电极、绝缘管、保护套管和接线盒等几个主要部分组成，其结构见图 13-6。

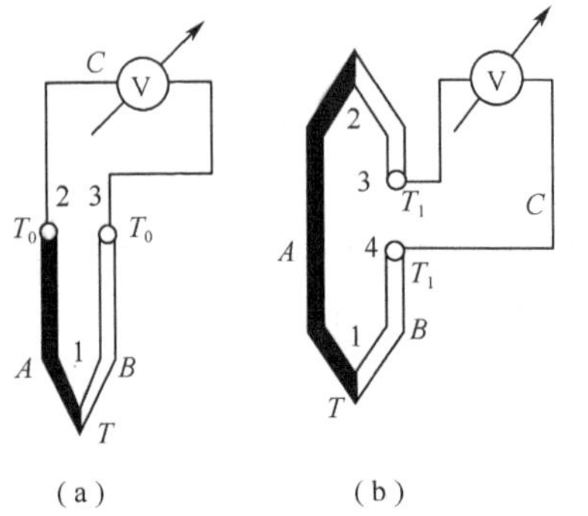

图 13-5　热电偶接入测量仪表

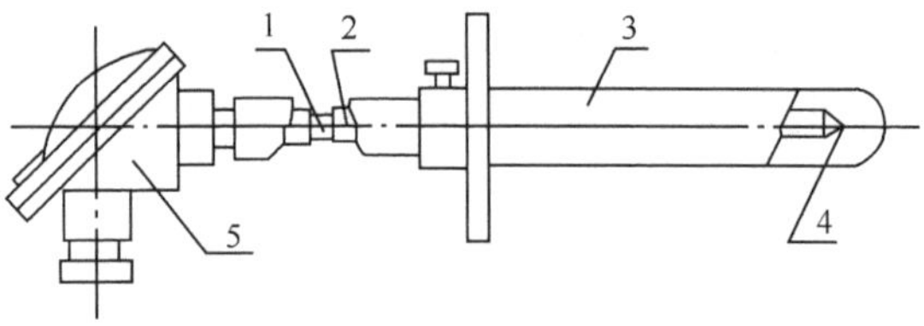

图 13-6　热电偶结构

1. 热电极　2. 绝缘管　3. 保护套管　4. 热端　5. 接线盒

热电极又叫偶丝，它是热电偶的基本组成部分。目前国际上公认的具有代表性并已普遍使用的热电偶材料只有几种，它们的性能可参见有关资料。绝缘管用来防止两根偶丝间的短路或漏电，加装保护套管可以防止热电极直接与被测处的环境相接触，延长热电偶使用寿命。接线盒供热电偶与导线连接用。

3. 常用热电偶

目前在我国被广泛使用的热电偶有：

1）铂铑-铂热电偶（WRLB）。由 ϕ0.5mm 的纯铂丝和相同直径的铂铑丝（$W_{Pt}=90\%$、$W_{Rh}=10\%$）制成，用符号 LB 表示。铂铑丝为正极，纯铂丝为负极。这种热电偶可在 1300℃以下范围长期使用，短期可测 1600℃高温。由于容易得到高纯度的铂和铂铑，故 LB 热电偶的复制精度和测量准确性高，可用于精密温度测量和作基准热电偶。LB 热电偶在氧化性或中性介质中具有较高的物理化学稳定性。主要缺点是热电势较弱，在高温时易受还原性气体所发出的蒸气和金属蒸气的侵害而变质；铂铑丝中的铑分子在长期使用后因受高温作用而产生挥发，使铂丝污染变质，失去测量准确性；LB 热电偶的材料为贵金属，成本高。

2）镍铬-镍硅（镍铬-镍铝）热电偶（WREU）。镍铬为正极，镍硅为负极，热偶丝直径为 ϕ1.2～2.5mm，符号为 EU。EU 热电偶化学稳定性较高，可在氧化性或中性介质中长时间地测量 900℃以下的温度，短期可测 1200℃。其复制性好，产生热电势大，线性好，价格便宜。但它在还原性介质中易受腐蚀，只能测 500℃以下的温度，测量精度偏低，但完全能满足工业测温要求，是工业生产中最常用的一种热电偶。而且镍铬-镍铝热电偶逐渐被镍铬-镍硅热电偶所代替。

3）镍铬-考铜热电偶（WREA）。它由镍铬材料与镍、铜合金材料组成，符号为 EA。热偶丝直丝为 ϕ1.2～2mm，镍铬为正极，考铜为负极。适用于还原性或中性介质，长期使用温度不超过 600℃，短期测温可达 800℃，EA 热电偶灵敏度高，价格便宜，但测温范围窄而低，考铜合金丝易受氧化而变质，由于材质坚硬而不易得到均匀线径。

以上三种热电偶特性见图 13－7，自由端温度为 0℃。

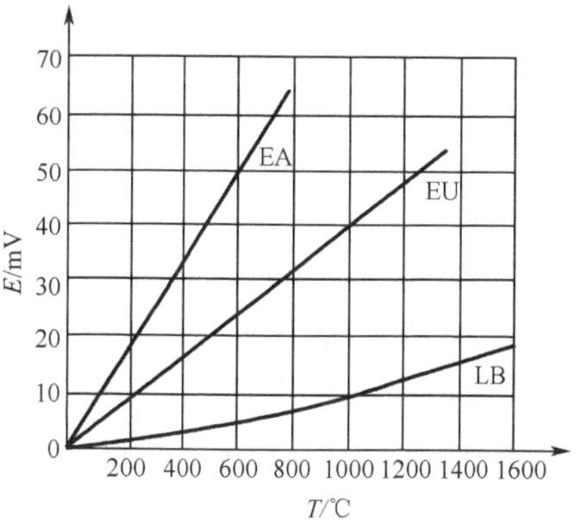

图 13－7　热电势 E 与温度的关系

4）铂铑$_{30}$-铂铑$_{6}$ 热电偶（WRLL）。铂铑$_{30}$（$W_{Pt}=70\%$，$W_{Rh}=30\%$）为正极，铂铑$_{6}$（$W_{Pt}=94\%$，$W_{Rh}=6\%$）为负极，符号为 LL。可长期测量1 600℃高温，短期可测 1 800℃。LL 热电偶性能稳定，精度高，适于氧化性或中性介质中使用。但其热电势小，价格贵。

5）钨铼$_{5}$-钨铼$_{20}$热电偶。钨铼$_{5}$ 作正极，钨铼$_{20}$ 作负极。国产钨铼$_{5}$-钨铼$_{20}$热电偶使用温度范围为 300～2000℃，精度达±1%。可在氢气中连续使用 100h，真空中使用 8h，氩气中连续使用 50h，性能稳定在±1%以内。钨铼系热电偶是一种较好的超高温热电偶，其最高使用温度受绝缘材料的限制，一般可达 2400℃，在真空中用裸丝测量时可用到更高的温度。

13.1.2　自由端温度的处理与补偿

热电偶回路中的热电势与两端温度差有关。如果要反映被测温度，必须保持自由端温度不变，同时由于自由端温度不是 0℃，所以对自由端温度要采取必要的补偿措施。常用的自由端温度处理和补偿方法如下：

1. 自由端温度计算法

热电偶的分度表给出工作端温度和热电偶电路中热电势的对应值。分度表指的是自由端温度 $t_0=0$℃时的情况，如自由端温度 $t_0\neq 0$℃，则按下式计算热电势

$$E(t,0)=E(t,t_0)+E(t_0,0) \tag{13-7}$$

式中，$E(t,0)$为自由端 0℃，工作端 t℃时的热电势；$E(t,t_0)$为自由端 t_0℃，工作端 t℃时的热电势，即实测热电势；$E(t_0,0)$为自由端 t_0℃时应加的校正值，可查表。

这种方法适合于实验室中少数测温点的测量，不适合于工业中大量连续性测量。

2. 补偿导线法

由于做热电偶的材料很昂贵，热电偶本身不能做得很长，因此自由端距被测对象很近，使自由端温度不稳定。所谓补偿导线法，就是采用补偿导线将热电偶自由端移到离被测物体较远的、温度较稳定的环境中去。采用补偿导线法的热电偶连线示意图见图 13-8。补偿导线在 0～100℃范围内的热电特性与热电偶的热电特性完全相同，但价格比较便宜。对于补偿导线的使用和连接，有严格明确的规定和说明，例如 a'、b'不能交换，安装接线时要注意。

另外，补偿导线的作用只是将热电偶的自由端延长，并不能对自由端温度进行补偿。

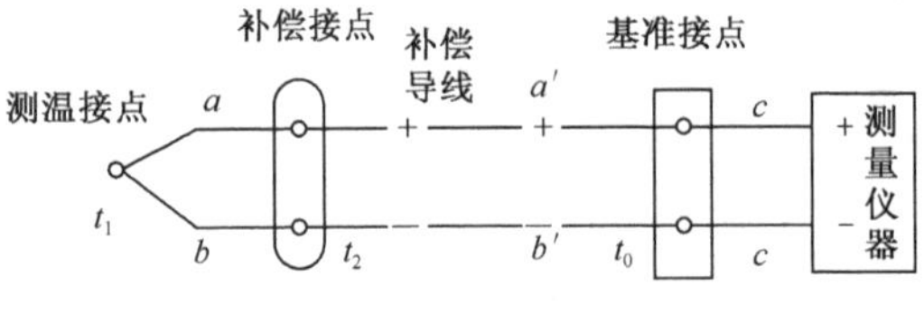

图 13-8　补偿导线的连接

a、b 为热电偶丝，a'、b'为补偿导线，c 为铜导线

3. 冰点补偿法

测温时将热电偶的自由端(或延长后的自由端)放入冰点槽中保持 0℃。有两种冰点槽，一种是把冰水混合物置入保温瓶中保证 0℃，另一种不用冰水混合物，而是用半导体制冷技术保证 0℃。

由于测温时自由端温度为 0℃，所以对仪表指示数值不需进行补偿。

4. 补偿电桥法

图 13-9 是补偿电桥法的原理图。$R_1=R_2=R_3=1\Omega$，且温度系数很小。E 为直流电源，通常 $E=4$V，R_s 是限流电阻，依热电偶型号而定，R_{cu}用铜线绕制。

设计时保证在 0℃时 $R_{cu}=1\Omega$，此时 $U_{AB}=0$，补偿电桥不起作用。当温度升高时，R_{cu}增大，电桥 B 点电位下降，$U_{AB}\neq 0$。设计时保证在 t_0℃时有 $U_{AB}=E(t_0,0)$，这样就自动补偿了自由端为 t_0℃时热电偶的热电势。仪表指示电压 $U=U_{AB}+E(t_1,t_0)=E(t_0,0)+E(t_1,t_0)=E(t_1,0)$。补偿电桥往往同补偿导线连用，如图所示。

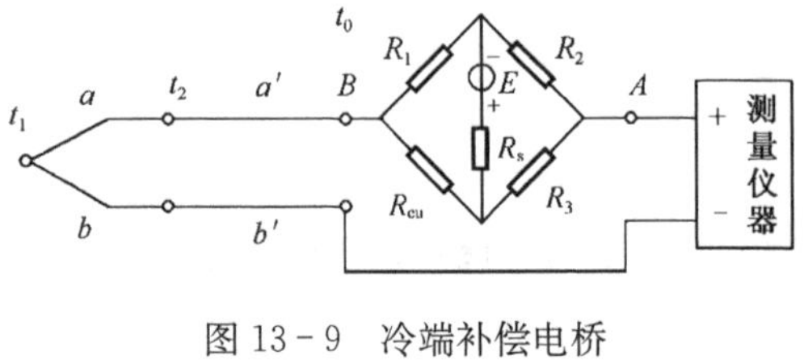

图 13-9　冷端补偿电桥

13.2　热　电　阻

在中低温区往往采用热电阻温度计。导体的电阻与温度有关，热电阻温度计就是利用导体电阻与温度之间的函数关系制成的测温元件。它的测量范围是−200～+500℃，低温时精

度比较高，它的缺点是体积大，热惯性大，不能用于快速测量，可测量某一区域的平均温度，不宜测某点的温度。

目前应用最广泛的热电阻材料是铂、铜或镍。此外随着低温和超低温测量技术发展的需要，铟、锰和碳等也作为热电阻材料。

(1) 铂电阻

铂电阻化学稳定性强，能耐较高的温度，易得到高纯度，因此，用铂电阻制成的温度计被用来作为复现温标的基准器，其温度范围为－259.34℃～630.74℃。

铂电阻的电阻值与温度 t 的关系可依下列二式计算：

0～630.74℃ $$R_t=R_0(1+At+Bt^2) \tag{13-8}$$

－190～0℃ $$R_t=R_0[1+At+Bt^2+C(t-100)t^3] \tag{13-9}$$

式中，R_t 为温度为 t℃时的电阻值；R_0 为温度为 0℃时的电阻值；A 为常数，$A=3.96847\times10^{-3}$ ℃$^{-1}$；B 为常数，$B=-5.847\times10^{-7}$ ℃$^{-2}$；C 为常数，$C=-4.22\times10^{-12}$ ℃$^{-4}$。

(2) 铜电阻

铜电阻的阻值与温度的关系几乎是线性的，电阻温度系数 α 比较大，材料容易提纯，价格比较便宜。铜电阻被广泛地用来测量－50～＋150℃范围内的温度。在上述测温范围内，铜电阻的阻值与温度 t 的关系可用下式表示

$$R_t=R_0(1+At+Bt^2+Ct^3) \tag{13-10}$$

式中，R_t 为温度为 t℃时铜的电阻值；R_0 为温度为 0℃时铜的电阻值，常取 $R_0=53.00\Omega$；A、B、C 为常数；$A=4.28899\times10^{-3}$ ℃$^{-1}$；$B=-2.133\times10^{-7}$ ℃$^{-2}$；$C=1.233\times10^{-9}$ ℃$^{-3}$。

在实际中铜电阻较多采用查表的方法。

铜电阻的缺点是容易氧化，因此，只能用于低温及没有腐蚀性的介质中；其次是电阻率较小，所以热电阻的体积较大。

热电阻的结构根据使用的环境条件和具体要求的不同而异，但它们都是由金属热电阻丝、支架、引出线、保护套管及接线盒等基本部分所组成。

铂电阻一般由直径为 0.03～0.07mm 的纯铂丝绕在云母制成的片形支架上，标准铂电阻引出线用直径为 0.3mm 的铂丝，工业上引出线用直径 1mm 的银丝(高温)或铜丝(低温)。铜电阻由直径 0.13mm 的漆包铜线绕在 $\phi8\times40$mm 的塑料骨架上，再经酚醛树脂浸渍处理，引线用直径为 1mm 的铜线。

热电阻的突出优点是 $R=f(t)$ 特性稳定，特别是铂电阻温度计可被用来作为复现温标的基准器。热电阻的缺点是电阻值随温度的变化率较低，当温度变化 1℃时，其阻值变化仅为 0.4%～0.6%；而热敏电阻的电阻值随温度的变化率比热电阻约高一个数量级，即每度变化达 3%～6%。

13.3 热 敏 电 阻

热敏电阻是把温度的改变转换成电阻值变化的半导体器件。热敏电阻不仅灵敏度比热电阻高，而且还具有热惯性小(反应迅速)，本身阻值较大(可接较长引线用作远距离测量)、耐腐蚀、体积小及结构简单等一系列优点。它的缺点是线性度差，互换性差和测量范围小等，因此，应用上还有一定的局限性。

热敏电阻由多种半导体氧化物混合研磨，成型后煅烧而成的，如氧化铜、氧化铁、氧化铝、氧化锰、氧化钴、氧化镍和氧化铼等。改变这些混合物的成分及配方，就可改变热敏电阻的测温范围、阻值及温度系数。半导体热敏电阻的主要性质可以从其特性曲线中看出。

1. 温度特性曲线

温度特性曲线表示热敏电阻工作体的电阻值与自身温度的函数关系。常用的热敏电阻是负电阻温度系数元件，它的导电性能主要是由其内部的载流子(电子或空穴)的密度和迁移率所决定的。当温度升高时，晶体内晶格的原子外层束缚电子，在热激发下大量地成为载流子，使载流子的密度大大增加，从而导致阻值急剧下降。热敏电阻的温度特性曲线不是线性的，见图 13－10，它可以由下面的经验公式表示

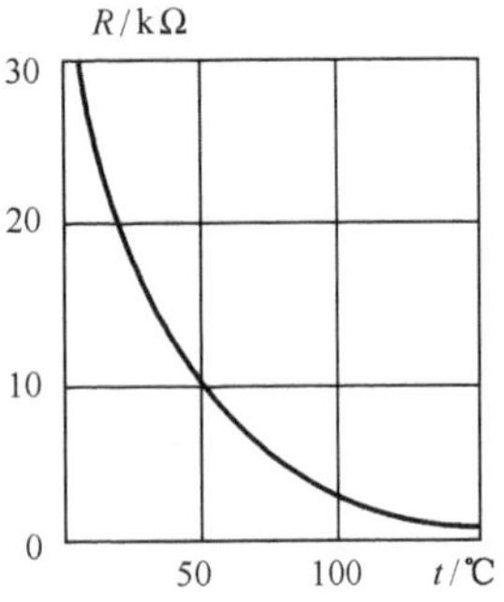

图 13－10　温度特性曲线

$$R=R_0 e^{B\left(\frac{1}{T}-\frac{1}{T_0}\right)} \tag{13-11}$$

式中，R_0 为在某一温度 T_0(用绝对温度表示)时的阻值(Ω)；R 为在温度 T(用绝对温度表示)时的阻值(Ω)；e 为自然对数的底，e＝2.71828；B 为常数，由材料、工艺及结构决定，而与温度无关。

由上式可知，若已知产品的 B 值和 T_0 时的阻值 R_0，就可以根据此式求出任何工作温度 T 时的阻值 R。一般在产品说明书上都注明了热敏电阻的 B 值和在 20℃时的阻值 R_{20}，所以计算是很方便的。

对一个 B 值未知的热敏电阻，可通过实验测出二个不同温度(T、T_0)下的阻值 R 及 R_0，即可由下式求出 B 值

$$B=\frac{T_0 T}{T_0-T}\ln\frac{R}{R_0} \tag{13-12}$$

2. 伏安特性 $U=f(I)$

将热敏电阻接上电流源，并测出它两端的电压，就可得到如图 13－11 所示的伏安特性曲线。由图可见，在电流 I 较小时，$U=f(I)$是一条直线，电阻值完全由外界被测温度 T_v 所决定。随着电流的增大，热敏电阻自身温度上升，阻值下降，两端电压不再按比例随电流增大而增加。但在一个小区域内，电流的增大与电阻的减小相互补偿，使电压基本保持不变。电流继续增大，使电阻值下降幅度超过电流增大幅值，电压将随电流增大而下降。

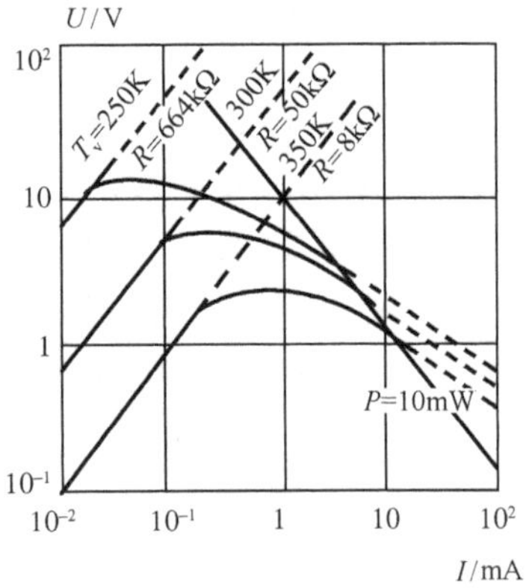

图 13－11　热敏电阻的伏安特性曲线

由图还可知，随着外界被测温度 T_v 的提高，伏安曲线沿恒定功率直线(图中 $P=10$ mW)向右下方移动，使 $U=f(I)$线性范围变宽。

显然，热敏电阻作测温元件使用时，应使它工作在 U-I 的线性范围内，此时电阻值完全由外界被测温度决定。

13.4 晶体管、集成电路型温度传感器

二极管、三极管特性与温度有密切的关系。可利用它的这种温度特性制成热敏传感器。

锗和硅二极管的 PN 结正向电压在电流一定时会随温度上升而线性下降，如图13－12(a)所示。其结电压温度系数约为－(1～2)mV/℃，且在相当宽的温度范围内有良好的线性特性。现在已有国产的 PN 结温度传感器，但目前也存在互换性差的问题。

NPN 三极管在基极电流 I_B 一定时，BE 极间的电压 U_{BE} 与温度 t 的关系如图 13－12(b)所示。U_{BE} 的温度系数约为－2.3mV/℃。

将它接成图 13－13 所示的检测电路，由图可知，$U_2/U_1=\Delta U_2/\Delta U_1=10.2/0.2=51$，所以可获得 0.1V/℃的输出信号。将 I_B 调到一定的数值时，在－75～＋150℃范围内可获得良好的互换性及 500 天内变化±0.05℃的稳定性。

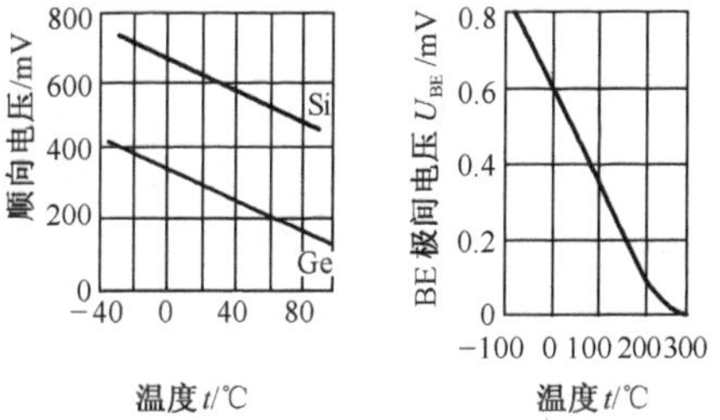

(a)二极管温度特性　(b)三极管温度特性

图 13－12　晶体管温度特性

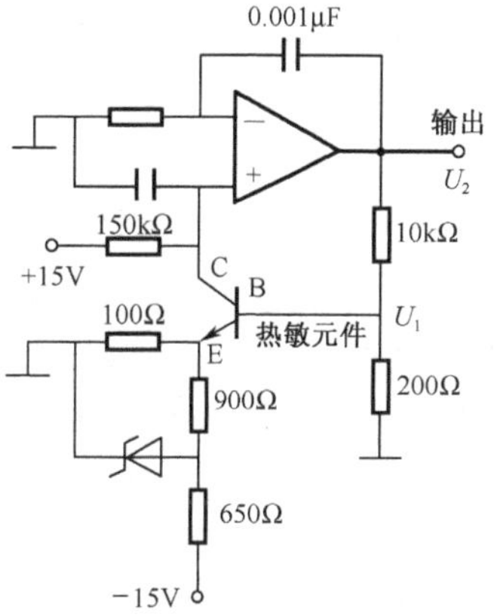

图 13－13　硅三极管热敏传感器电路图

现在出现了将晶体管温度传感器和全部信号处理电路集成在同一块芯片上的集成电路温度传感器。其主要优点是线性好、使用方便、输出电平高、不需另加信号放大和处理电路。主要缺点是工作温度范围有限，响应速度慢和存在自身发热引起的误差。

习　题

1. 为什么要对热电偶自由端的温度进行处理和补偿?
2. 热电阻传感器是由什么材料制成的? 它的主要优点是什么?
3. 热敏电阻传感器是由什么材料制成的? 它的主要优点和缺点是什么?

第三篇　功率放大元件

第 14 章　功率放大器概述

14.1　电力电子器件简述

1947 年第一只晶体管的发明是电子技术发展史上的里程碑。1957 年晶闸管的发明使电子技术开始迈入强电领域。几十年来，电力电子器件获得了迅猛的发展。与此相适应，电力、电子和控制三者之间的边缘学科-电力电子技术也形成并迅速发展起来，成为推动工农业生产发展的重要学科。

电力电子技术的基础是开关技术，开关频率的提高使电力电子技术进入新时代。与其他半导体元件相比，电力电子器件能承受较高的电压和较大的电流，并且主要工作在开关状态，从而可以在小信号驱动下，控制大功率电路的工作状态。第一代电力半导体器件主要是普通晶闸管(SCR)，属于半控型功率开关器件。自 20 世纪 80 年代以来，电力半导体器件进入自关断时代，特点是自关断化、高频化。典型器件有可关断晶闸管 GTO、功率晶体管 GTR、MOS 场效应晶体管 MOSFET、绝缘栅双极型晶体管 IGBT 等。这些具有自关断能力的器件又称为全控式功率开关器件。按允许功率由大到小排列，顺序是 SCR、GTO、IGBT、GTR、MOSFET。按允许开关频率排序，由高到低是 MOSFET、IGBT、GTR、GTO、SCR。

1. 晶闸管

晶闸管(thyristor)是硅晶体闸流管的简称，包括普通晶闸管，门极可关断晶闸管，双向晶闸管等。晶闸管既有单向导电的整流作用，又有可以控制的开关作用。晶闸管在技术上最重大的意义是，它就像一个巨大的电流闸门，能够开断巨大的电功率。

普通晶闸管以前被称为可控硅(silicon controlled rectifier,SCR)。尽管现在出现了大量新型全控器件，但是晶闸管以其低廉的价格和高电压大电流能力，仍在广泛应用。特别用在大功率低频的电力电子装置，以及要求价格低的场合。

2. 功率晶体管 GTR

耗散功率 1W 以上的晶体管可通称为电力晶体管或大功率晶体管(giant transistor，GTR)。它属于双极型晶体管(bipolar junction transistor，BJT)，工作原理、输出特性和图形符号与普通晶体管相同。不同之处是，耐压高，电流大，主要工作在开关状态。GTR 属于电流型控制器件，与电压型控制器件相比，GTR 的基极驱动功率较大，驱动电路较复杂。单个 GTR 电流增益较低，10 左右。采用达林顿连接形成达林顿晶体管，电流放大系数较大。GTR 常做成模块形式。每个模块包括一个或几个基本单元。每一个基本单元由晶体管芯片(由几个晶体管复合的一个达林顿结构)、高速恢复二极管芯片及加速二极管芯片组成。GTR 曾获得广泛应用，但近年来已逐渐被 IGBT 代替。

3. 功率 MOS 场效应晶体管 MOSFET

金属-氧化物-半导体场效应晶体管(metal-oxide-semiconductor field effect transistor，MOSFET)的工作只依赖于多数载流子(可以是电子，也可以是空穴)的漂移运动，属于单极型晶体管。无少数载流子存储效应，因而开关速度极高，开关时间典型值为 20ns。它是电压型控制器件，输入电阻很高，驱动功率小，工作速度高，无二次击穿，安全工作区宽。但导通压降高，电压和电流较小。在高频中小功率范围内被广泛应用。

功率 MOSFET 的电压、电流和功率都大，常做成模块形式。模块是把 MOSFET 芯片、续流二极管芯片和一些辅助元件通过内部连接，组成一个基本单元电路，封装在同一外壳中。除了单管模块，还有双管模块，4 管模块，6 管模块。

4. 绝缘栅双极型晶体管 IGBT

绝缘栅双极型晶体管(insulated gate bipolar transistor，IGBT)出现于 20 世纪 80 年代，是 MOSFET 和 GTR 的复合器件，具备两者的优点，因此获得广泛应用。但制造工艺难，价格高。

IGBT 的电流可达几百安，通态压降很小。1000V 的 IGBT 通态压降为 2～3V。断态时泄漏电流小，电流在 50～300A 的 IGBT 泄漏电流为 1～4mA。

IGBT 常做成模块形式，模块也是由基本单元组成。基本单元包括 IGBT 芯片、快速二极管芯片。有单管模块、双管模块、六管模块。

IGBT 智能模块是把驱动电路、保护电路和功率开关电路集成于一体的大规模集成模块。安装十分方便，工作可靠性明显提高。

14.2 功率放大器的类型和要求

在控制系统中，控制信号不能直接驱动执行元件——电动机，因为它不能提供电动机运行所需要的足够大的功率。控制信号必须通过功率放大元件才能使电动机按着期望的方向和速度运行。可以说，功率放大元件把具有固定电压的电源变成了由控制信号控制的能源，电压、电流或其他参数随控制信号而变化的电源。

从广义上说，交流调速系统中使用的各种驱动装置(如变频器)，永磁交流伺服电动机的驱动器，都属于功率放大器的范畴。但这些装置结构复杂，且都以成品供货，限于篇幅，不予介绍。

根据所要驱动的电动机的不同，功率放大元件分为直流伺服功率放大器和交流伺服功率放大器两种。前者驱动直流电动机，后者驱动两相电动机。

交流伺服放大器目前一般都采用晶体管组成的交流功率放大器，集成功率放大器或者晶闸管功率放大器。

伺服系统中应用最广的功率放大元件是直流功率放大器，系统对直流功率放大器有下述基本要求：

1) 能够输出足够高的电压和足够大的电流，并能输出足够的电功率。

2) 线性度好，或者说输出信号失真小。如对于电压放大器，输出的直流电压应与输入电压成正比，并且在规定的频率范围内，当输入信号是正弦信号时，在输出足够功率的同时，输出电压也应是波形良好的正弦波。

3) 可靠的限流限压装置。铝镍钴直流永磁电动机不能承受瞬时过电流，过大的瞬时电流会引起磁钢退磁。大电流还会烧坏电机。放大器必须具备可靠的限流装置，保护电机，也保护放大器本身。伺服功率放大器的负载是电机时，具有较大的电感，当电流发生突变(如突然断路)时会产生高电压，使晶体管击穿和损坏。所以放大电路必须有可靠的限制电压措施。

4）能够吸收电动机的回输能量。为了提高响应速度，控制系统中的电动机经常运行在发电机状态，如减速和制动时就往往运行在发电机状态。这时电能由电动机反馈到功率放大器的输入端，因此放大器应能够接收或承受从电动机反馈回来的电能，以确保系统的响应速度。

5）应具备电流负反馈线路。为了提高控制系统性能，往往要在电动机控制回路中加入电流负反馈，因此功率放大器应当具有电流负反馈线路，供系统设计者选用。

常用的直流功率放大器有三种：线性(比例式)功率放大器、脉宽调制型(PWM)功率放大器和晶闸管功率放大器(晶闸管变流器)。其中后两种属于开关式功率放大器。

功率为100W以下时优先选用线性功率放大器，大功率时选用脉宽调制型功率放大器和晶闸管放大器。

14.3 线性功率放大器

14.3.1 线性功率放大器的优缺点

线性功率放大器又称为比例式功率放大器，它实际上属于模拟电子技术中的直接耦合式功率放大器，或叫直流功率放大器，但在控制系统中它是用来控制直流电动机，因此又叫做线性伺服放大器。它输出的不是音频交流，而是变化的直流。对于电压源型放大器，输出电压与输入电压成正比，而输出的电流取决于电机的工作状态。对于电流源型放大器，输出的电流与输入电压成正比，而输出的电压取决于电机的工作状态。电流源型功放可提供足够的电流，可使电机在不同转速下都能输出足够大的力矩。线性放大器的最大优点是线性度好，失真小，快速性好，频带宽，不产生噪音和电磁干扰信号。另外，电路结构简单，电流负反馈和限流装置也简单可靠。线性放大器的最大缺点是效率低，晶体管本身功耗大，因而功率小，输出的电流不能太大。线性放大器中晶体管工作于乙类或甲乙类放大状态，功率大时晶体管功耗大，发热严重，所以不能应用在功率大的场合。在小功率直流控制系统中，线性功率放大器应用很广。电流为几个安培，功率为几十瓦以至上百瓦的直流电动机，一般都优先选用线性功率放大器。

14.3.2 分立元件的线性功率放大器的基本结构

线性伺服功率放大器主要包括输出级和前置放大级两部分，这一点和普通功率放大器一样。但是，作为伺服放大器，还要加上限流限压电路，电流负反馈和吸收电机反馈电能的装置。

输出级常用的电路有互补对称推挽电路、准互补对称推挽电路(又称T型电路)，互补桥式电路和准互补桥式电路(又称H型电路)，如图14-1所示。一般采用射极输出，所以只能放大电流，而对电压没有放大作用。图中二极管起限制电压作用，输出电压最高是$E+0.5$，最低是$-(E+0.5)$。

前置放大级一般由运算放大器和晶体管放大电路组成，主要用于信号放大，包括电压及电流放大。一般运算放大器输出电压是10～15V，不能满足驱动电机的电压要求，同时输出电流也很小，不能推动输出级，所以只用运算放大器是不够的。前置放大级首先用运算放大

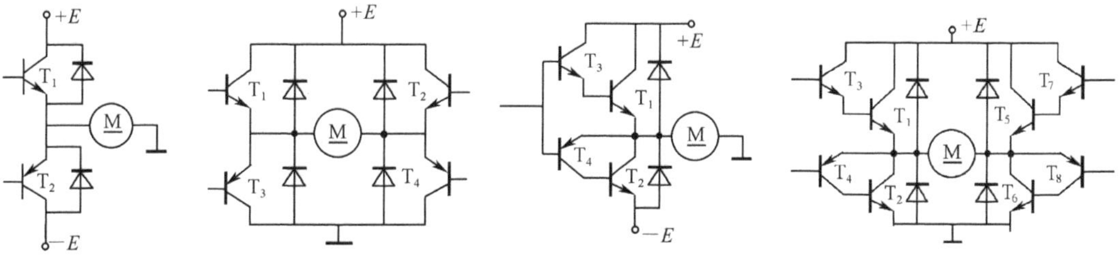

（a）互补推挽电路　（b）互补桥式电路　（c）准互补推挽电路　（d）准互补桥式电路

图 14-1　功放输出级的电路

器进行电压放大，然后再利用晶体管电路放大。晶体管放大电路前半部分采用最常见的共射极放大电路以放大电压；电路的后半部分往往采用射极跟随器以便放大电流。

目前，有时也采用一块集成功率放大器作为整个前置放大级。

14.3.3　分立元件的线性功率放大器典型电路

图 14-2 为线性功率放大器的典型电路。输入信号 u_i 加在运算放大器 A_1 的反相输入端，输出信号加在电机的电枢绕组上。该电路的前置放大部分包括运算放大器 A_1，晶体管 T_1～T_6，其中 T_1、T_3 是为了减小和消除推挽电路中的交越失真。输出级包括 T_7～T_{12}，是准互补对称推挽电路，R_{16}、R_{17} 和 R_{23}，R_{25} 组成电压负反馈，由 T_1～T_{12} 组成的放大电路的电压放大倍数约为 $(R_{23}+R_{16})/R_{16}$，即 $1+R_{23}/R_{16}$。该电路所能输出的最大电流取决于 T_{10} 和 T_{12}，一般可以达到几个安培。

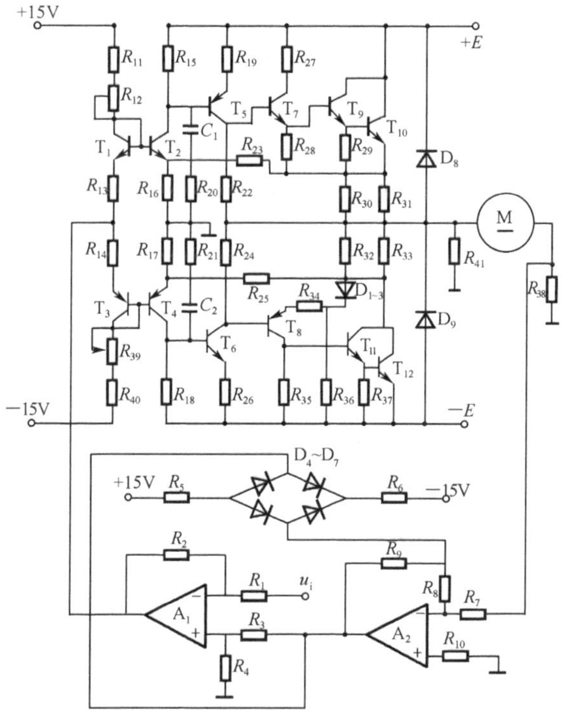

图 14-2　线性功率放大器典型电路

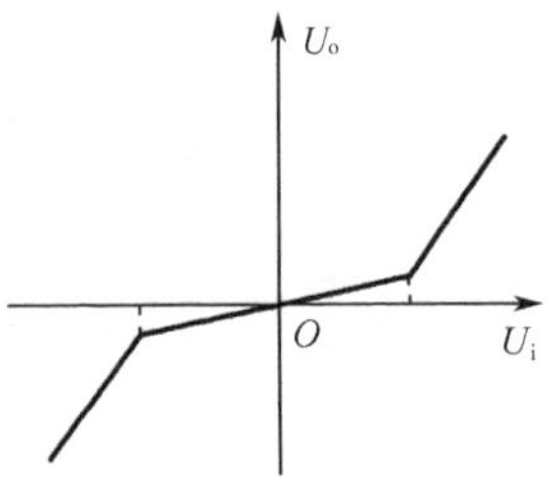

图 14-3　非线性特性

由运算放大器 A_2 和二极管 $D_4 \sim D_7$ 组成的电路起电流负反馈和限流的作用。这个电路是利用二极管桥式死区电路组成的非线性电路。图 14-3 表示运算放大器 A_2 的输出电压 U_o 和输入电压 U_i 的关系曲线。U_i 与功放的输出电流即电枢电流成正比。当电枢电流在正常范围时，二极管桥式电路的四个二极管都导通，没有电流流过 R_9。该电路的输入输出特性斜率为 R_8/R_7，是正常的电流负反馈。当电机电流超过规定值时，桥式电路中有两个二极管截止，R_9 上有电流流过，此时此电路的输入输出特性斜率为 $(R_9+R_8)/R_7$，A_2 输出电压迅速增加，使运算放大器 A_1 正相输入端电压的绝对值增加。A_1 是差动输入，输出电压与(反相输入电压—正相输入电压)成正比，且反相输入电压大于正相输入电压。可见此时 A_1 输出的电压绝对值迅速下降，因而限制了电机电流。电阻 R_{41} 可以吸收电机反馈回来的电能。当要求电机降速，而晶体管电路断开时，电机反电势产生的电流流过 R_{41}。但 R_{41} 平时也消耗电能，因此 R_{41} 阻值不宜太小。

14.3.4　直流功率放大器的几个问题

1. 输出级电路形式的选择

由于互补式电路要求末级功放管既是互补又要性能对称，这对于 NPN 和 PNP 两种要求输出大功率的晶体管是难以实现的，所以一般使用准互补式电路。

单边的互补和准互补对称推挽电路(简称单边电路或 T 形电路)与互补和准互补桥式电路(简称桥式电路)相比，功率管的数目只是桥式的一半。但是单边电路中截止管所承受的电压是桥式电路的 2 倍，所以对单边电路的晶体管的耐压要求高。为了实现电机的正反转运行，单边电路必须采用正负电源，而桥式电路可以采用单电源。

单边电路容易得到电流负反馈端子。单边电路中电动机有一端接地。在电动机与地之间接一个小电阻(如 0.1Ω)，可以获得一个与电动机电流成正比的电压，可供电流负反馈或限制电流用。

桥式电路中电动机不与地相连，电动机的电流信号不容易获取。使用单极性电源的桥式电路，采用图 14-4 的方法可获得与电动机电流成正比的电压。此时有

$$u_0 = -\frac{R_2 R_s}{R_1} I_0 \tag{14-1}$$

单边电路由于结构简单，在线性功放中应用广泛。

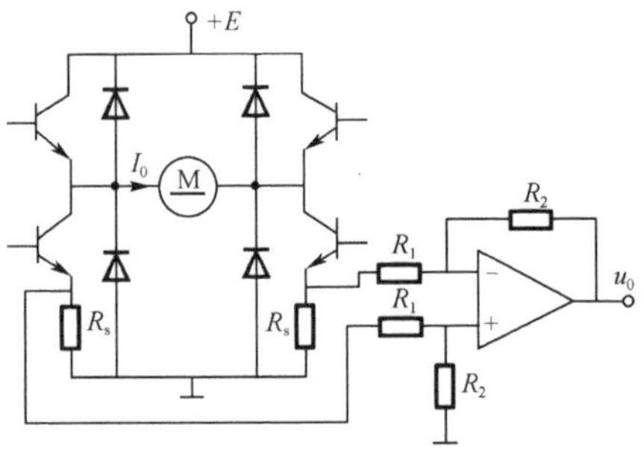

图 14-4　桥式电路中与电流成正比的电压

2. 高反压问题

伺服功率放大器的负载是电机，属于感性负载。当电枢电流发生变化时会产生感应电势。为了抑制电感性负载在突然断电时产生的高电压，在末级功放管的发射极和集电极两端反向并联二极管如图 14-2 中的 D_8 和 D_9 及图 14-1 中的二极管。无论电机两端出现什么极性的高压，都有二极管导通起箝位作用，保证晶体管两端电压不超过电源电压的 2 倍。

3. 输出大电流和减少死区的影响

为了能输出较大的电流，最末级的功放管应优先选用大电流功率管。如果没有足够大的

功率管，可以采用几个功率晶体管并联。功率管并联时，由于其特性的离散性，每个并联功率晶体管的发射极串联均流电阻 R_E 是必不可少的。对于 $I_{CM}=5A$ 的管，R_E 选 0.5Ω 左右为宜。R_E 大，均流特性好，但功耗大。R_E 小，均流特性差。

控制大电流要用多级复合管来推动，复合管的级数取决于末级输出的最大电流。采用多级管复合必然会造成较大的死区电压。如图 14-2 中死区电压 U_0 为

$$U_0 \approx U_{BE7} + U_{BE9} + U_{BE10} + IR_{31} > 1.5V$$

死区对控制系统很不利，为了减小和消除死区可采取如下两种措施。

(1) 为各管的基极-发射极设置偏压，如图 14-2 中 T_1 和 T_3 是为了 T_2 和 T_4 设置偏压用的，同时在调试时应使得输入电压为零时，各管处于微导通状态，管子实际工作在甲乙类状态。

(2) 在电路中引用较强的电压(或电流)负反馈，使输出级成为一个闭环回路。根据控制理论，负反馈可以明显减轻所包围环节中非线性和参数变化对系统性能的影响。图 14-2 中由电阻 R_{16} 与 R_{23}、R_{17} 与 R_{25} 形成的电压负反馈就具有这种作用。

4. 限流措施

对于已规定最高峰值电流的电机，电流不能超过规定值。对于未注明最大允许电流的直流电动机，启动电流及允许的瞬时电流大约为额定电流的 2～8 倍。功放级电路不但要长期连续提供给电机额定电流，还应能短时提供启动电流及允许的瞬时电流。对于更大的电流即过电流，功放电路应有可靠的限流措施以保护电机和晶体管，即使是短时期的过电流，都有可能损坏晶体管与电机。

对于电流源式的功率放大器，输出电流与输入电压成正比，所以限制了输入电压，也就限制了输出电流。但对于电压源式的功率放大器来说，为了限流就应采取一些特别措施。

一种限流措施是采用非线性电路，如图 14-2 中的二极管桥式电路。当输出电流超过规定值时，在整个放大器的输入端引入了一个强烈的电流负反馈，使功率放大器的综合输入电压下降，降低了最后的输出级的输入电压，从而减小了功放的输出电压，降低了输出电流。

图 14-5 所示的是又一种限流办法，在电阻 R_1 上并联二极管 D_2，并用二极管 D_1 补偿 T_2 的射极-基极电压降。可以看出 R_1 两端的电压等于 R_2 两端电压。因为 R_1 两端电压被限制在 0.7V，所以 R_2 两端的电压也限制在同样的数值，因此电流被限制在 $I_{lim}=0.7/R_2$。

图 14-6 所示为另一种限流措施，称为直流分流的限流电路。当电压 I_0R_2 超过 T_1 的 V_{BE} 时，T_1 开始导通，此时 $I_0R_2=0.7V$，因此 I_0 被限制在 $I_{lim}=0.7/R_2$。

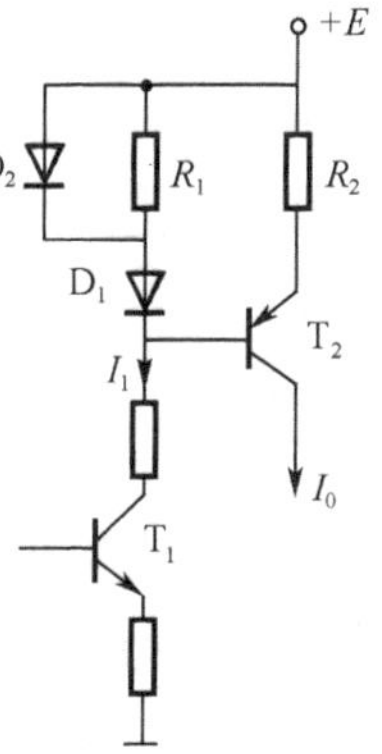

图14-5　采用二极管的限流电路

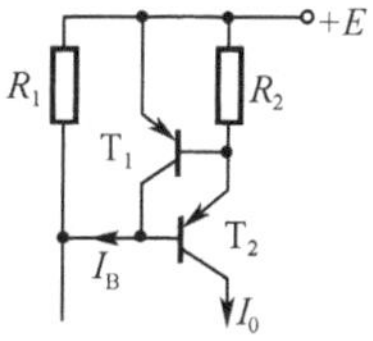

图 14-6　直流分流的限流电路

以上这些简易而有效的限流技术既可在单边推挽电路中应用，也可在桥式电路中应用。

5. 达林顿晶体管与功率驱动模块

达林顿晶体管是一种复合晶体管，一般由两个三极管复合而成，如图 14-7 所示。前一个晶体管的发射极也就是后一个晶体管的基极，这样的复合管的放大倍数就相当于两个晶体管放大倍数的乘积，所以电流放大倍数可达千倍以上，即使在开关状态也可达百倍以上。因此，这种晶体管只需很小的基极电流就可以产生很大的输出电流。为了保护晶体管，有的产品在基极和发射极之间、集电极和发射极之间都设有反向保护二极管。达林顿晶体管应用得比较多，各种大功率的驱动模块也普遍采用达林顿管的结构。这种晶体管的主要缺点是饱和管压降稍大，因此损耗要大一些。达林顿管在电路中的使用方法与一般晶体管相同，也采用与一般晶体管完全相同的图形符号。

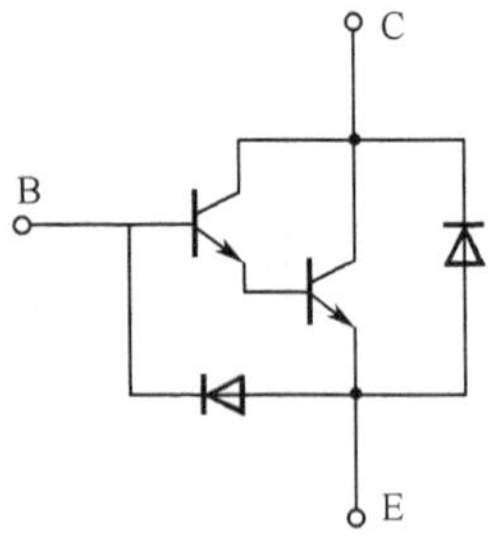

图 14-7 达林顿晶体管的结构

功率驱动模块是将驱动用功率晶体管，推动级晶体管及前级的信号放大等功能线路都集成一体，形成具有较强功能、较大功率输出的复合器件，具有结构简单、性能稳定、运行可靠等优点。

6. 功率放大级消除振荡的问题

在功率放大电路中，若不采用补偿措施，由于三极管本身所具有的电容效应，电路往往会发生高频振荡，振荡频率可能为数十千赫或数百千赫。在这样高的频率下，对于互补桥式功率放大器，在用低频功率放大管的情况下，往往会发生桥路同侧的上下两个功率管同时导通，以至功率管过流而损坏，这在工程实际中是屡见不鲜的，因而必须采取有效的消振措施。消振的措施常采用电容 C 或 RC 补偿电路，跨接在基极一集电极之间或基极-发射极之间。参数的选择可以根据高频振荡的周期 T_0 来大致估算出电阻电容的数值 $RC \approx T_0$。当然这种消振法可能对放大器的频带宽度不利，有时会影响控制系统的快速性。

7. 防止桥路同侧短路

由于晶体管的电容效应，集电极电流 I_C 要滞后于基极信号 u_B，如图 14-8 所示。晶体管从截止到饱和的开通时间 t_{on}、晶体管从饱和到截止的关闭时间 t_{off} 与晶体管的类型有关，一般有 $t_{off} > t_{on}$。

当输入信号突然改变极性时，桥式互补电路同侧的上下二个管由于 $t_{off} > t_{on}$，原来导通的管还未关断，原来截止的管已经导通，于是有比较大的瞬时电流 I_0 流过管子，如图 14-9 所示，这种现象称为桥路同侧短路或共态直通，它很容易造成管子的损坏。

为了防止同侧瞬时短路损坏功率管，在功率放大电路中可以串接阻塞二极管 D_1、D_2 如图 14-10 所示。我们以图 14-10(a)说明阻塞二极管 D_1、D_2 的作用。当 T_1、T_4 管导通时，有电流 I_0 通过阻塞二极管 D_1 和电机 M，所以 $U_{D1} \approx 0.7V$，极性如图所示。于是对 T_3 管 $U_{B3} > U_{E3}$，保证 T_3 管处于截止状态，所以只要 T_1 管导通，D_1 中有电流流过，二极管上的压降保证了 T_3 管截止，决不会 T_1、T_3 管同时导通。同理，T_2 管导通时，D_2 保证了 T_4 截止，T_2、T_4 不会同时导通。阻塞二极管 D_1、D_2 有效地防止了互补桥式电路的同侧瞬时短路。图14-10(b)中 D_1、D_2的作用同图14-10(a)是类似的。使用阻塞二极管会消耗一部分功率，例如电机电枢电流为 20A 时，二极管的压降为 0.7V，二极管上损耗的功率约为 14W。这种方法用于控制低压电机时，损耗功耗相对于有效控制功率所占的比例较大。但是用于控制电压较高、电流较小的电机是合适的。这种方法有电路简单、可靠、成本低廉、便于调整和维护等优点。

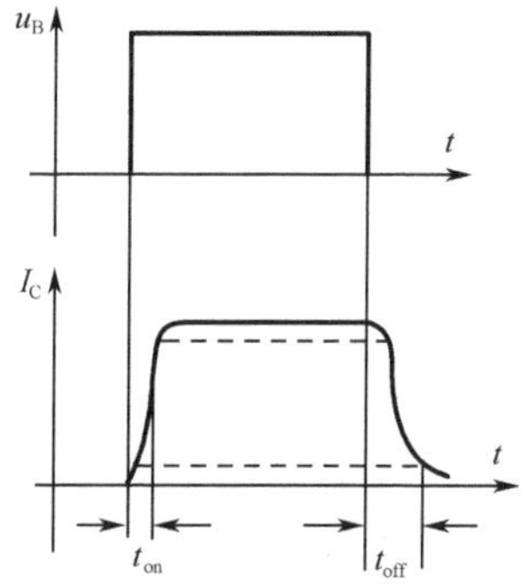

图 14-8　晶体管的开关特性

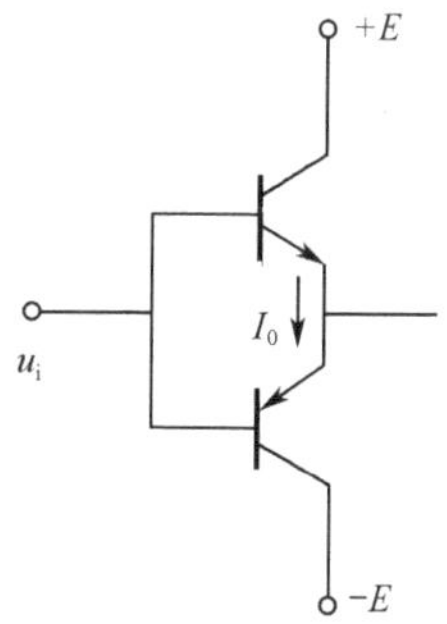

图14-9　同侧短路电流

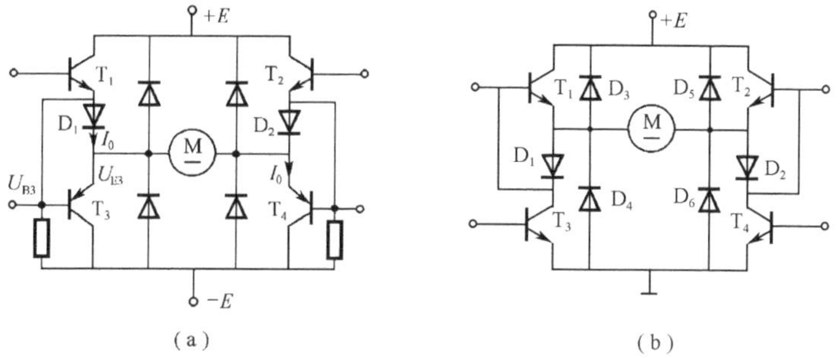

图 14-10　阻塞二极管的作用

14.3.5　电流源型线性功率放大器

图 14-11 所示为线性双极性电流源型功率放大器的电路原理图。该电路由运算放大器 A 和晶体管 T_1～T_6 组成，其中由晶体管组成的功率放大级本身具有很强的电压负反馈（由电阻 R_9 和 R_{10} 组成反馈），同时整个放大电路又有电流负反馈，因此减小了交越失真。D_1～D_4 也都是用来减小交越失真。该电路可输出正、负两种电压和两个方向的电流。

运算放大器 A 以电流源的形式来设计。电流反馈量取自电动机与地之间的取样电阻 R_s。

因为 $I_D R_s / R_3 + u_i / R_1 = 0$，所以系统的闭环电流增益为

$$I_D / u_i = -R_3 / (R_1 R_s) \tag{14-2}$$

图中 R_2、C_1、C_2 和 R_4、C_3 是补偿网络。

当输入电压 u_i 被限制钳位时，就可以限制电流。此外，可以在电阻 R_5、R_6 上并联二极管以获得附加的电流保护。

14.3.6　集成功率放大器

目前已经有很多功率放大集成电路模块可直接推动直流电动机。

1. 电流源型放大器

图 14-12 采用 L272 线性集成电路块组成电流源型的线性功率放大器。L272 是双通道功率运算放大器，使用单电源。最高电源电压 28V，输出电流 1A，最大瞬时电流可达 1.5A。

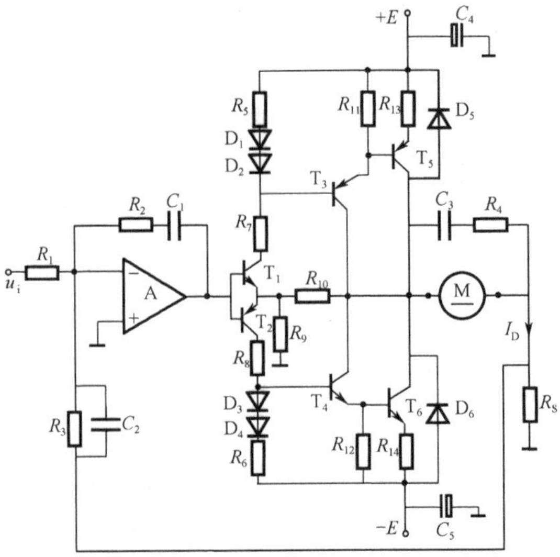

图 14-11　电流源型线性功率放大器

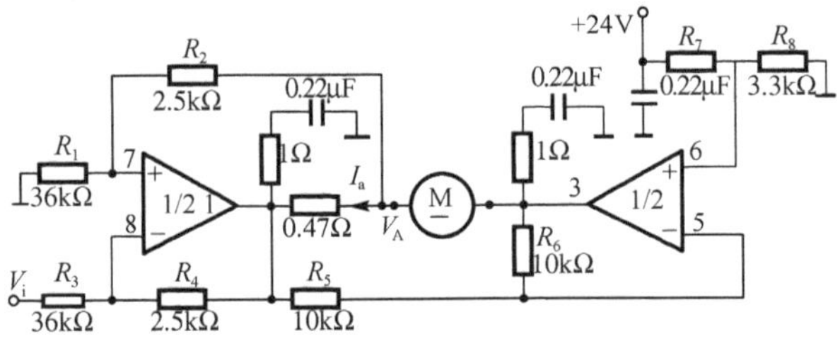

图 14-12　电流源型线性集成功率放大器

根据图中数据可求得输出电流 I_a和输入电压 V_i的关系如下

$$I_a = \frac{1}{0.47} \times \frac{R_4}{R_3} V_i = 0.14 V_i \tag{14-3}$$

可见能用电压信号控制电机电流。若将输入电压限制在 8V 以内，输出电流可以限制在 1.12A 以内。

2. 电压源型放大器

图 14-13 是用 L272 双功率运算放大器组成的电压源型的功率放大器。

由图可求得电机两端电压 V_a与输入电压 V_i的关系为

$$V_a = 2\left(V_i - \frac{1}{2}E\right) + \frac{2R_1R_3}{R_X} I_a \tag{14-4}$$

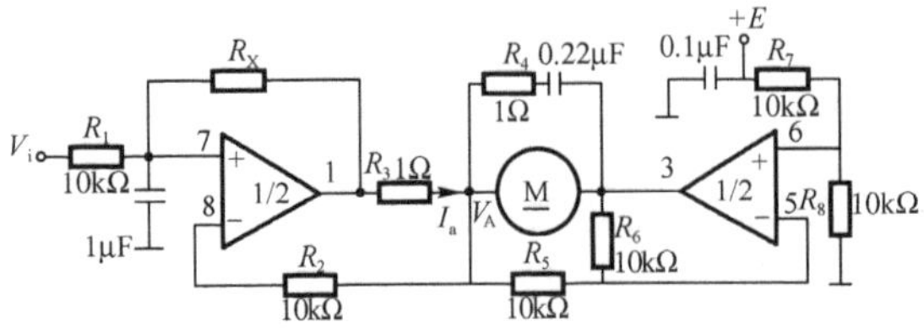

图 14-13　电压源型线性集成功率放大器

由上式和直流电动机动态框图可绘出电机-放大器方框图见图 14-14。

由图可求得

$$\frac{\Omega(s)}{2V_i(s)} = \frac{K_t}{\left(R_a - \frac{2R_1R_3}{R_X}\right)Js + K_eK_t} \tag{14-5}$$

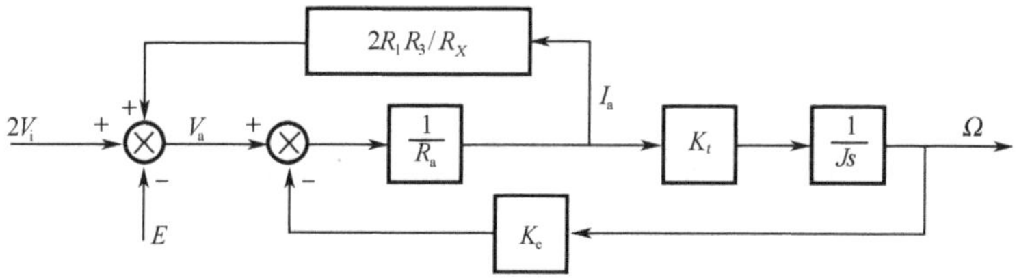

图 14-14 放大器方框图

可见，只有当 $R_X > 2R_1R_3/R_a$ 时特征根为负值，放大器稳定。

3. LM1875 功率放大器

LM1875 是美国国家半导体公司生产的音频功率放大器集成电路块，它可用来驱动直流电动机。电源电压±25V，电流可达 3A。电路内部有电流限制电路和过热切断保护。增益大于 10 时放大器稳定。必须配用散热器。集成电路块的管脚图和接线图见图 14-15。图中 $R_1 = R_2 = 10\text{k}\Omega$，$R_3 = 1\text{k}\Omega$，$R_4 = 20\text{k}\Omega$，$R_5 = 1\Omega$，$C_1 = 0.1 \sim 1\mu\text{F}$。若输出有微弱振荡，可调整 C_1。用直流电流表监测静态工作电流，改变 C_1 使电流最小。LM1875 的 3 脚与散热片通，使用正负电源时散热器不能接地。

可求得输出电压 u_o 与输入电压 u_i 的关系为

$$u_o = \frac{R_2}{R_1 + R_2} \cdot \frac{R_3 + R_4}{R_3} u_i \tag{14-6}$$

若图 14-15 中 R_2 接地端改接到 I_oR_s 形成电流负反馈，就变成电流源型功率放大器。其中 I_o 是输出电流，R_s 是电机与地之间的取样小电阻，参见图14-11。

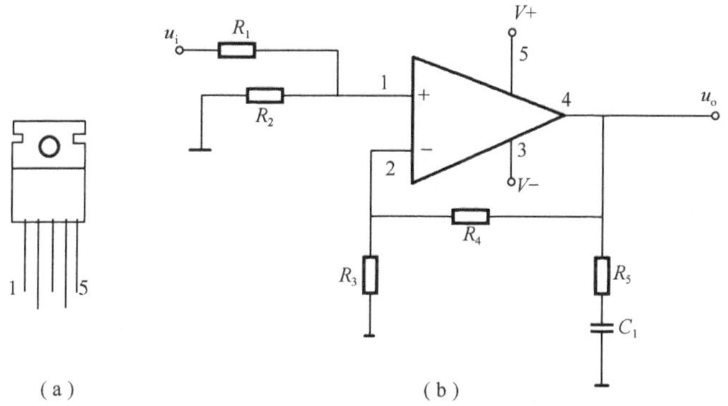

图 14-15 LM1875 管脚与接线图

习 题

1. 写出四种常用电力半导体器件的名称。
2. 简述系统对直流功率放大器的基本要求。
3. 简述线性功率放大器的主要优、缺点。
4. 解释电压源型功放和电流源型功放。

第 15 章　脉宽调制型(PWM)放大器和晶闸管变流器

15.1　概　　述

从驱动电机的角度看，线性功率放大器最大的弱点是不能输出大功率。其原因是，线性功率放大器的效率低。以晶体管为例，线性功放中晶体管工作在放大区，晶体管的电压和电流都较大，本身消耗较多的电能。这些电能在晶体管内变成热能，称为功耗。功率大时，晶体管会因效率低功耗大而过热损坏。当输出低电压、大电流时，效率低表现得特别突出。而直流电动机运行在低转速、大转矩时正需要低电压、大电流。例如，电源电压为 50V，当要求电动机电压为 10V，电流为 20A 时，采用线性功率放大器驱动，输送到电动机的功率是 200W，而电源输出的电能是 1000W，放大器消耗的功率却达 800W。这些能量在晶体管中全部变成热能，会使温度急剧上升，烧坏晶体管。所以，要想用晶体管放大器驱动大功率负载，必须设法降低晶体管本身的损耗。

晶体管有三种正常状态：放大、饱和与截止。放大区域，功耗最大。截止与饱和区域，功耗很小。开关式功率放大器里的晶体管主要工作在饱和与截止状态。饱和与截止，相当于把电路接通与断开，晶体管起开关作用，所以称为开关式功率放大器。目前的开关放大器中，大量使用的各种电力电子器件都是主要工作在开关状态，从而减小器件本身的损耗，可以输出大的功率。

与线性功率放大器相比，开关式功率放大器的优点是电力电子器件损耗小，效率高，输出功率大。主要缺点是，开关动作会产生强烈的电磁干扰和噪音。

开关电路有两种基本开关模式：斩波控制(如 PWM 电路)和相位控制(见晶闸管变流器)。

使用直流电源的开关功率放大器，其输出电压不是直流连续信号，而是矩形波(也称方波)脉冲信号，可以是单极性的，也可是正负双极性的，而脉冲幅值大小不变。这种把直流变成矩形脉冲波的工作方式就称为斩波。

斩波开关动作可用几种方法完成。常用的一种方法是按固定频率接通和断开电路，并根据需要改变一周期内接通与断开的时间比。这种工作方式的放大器称为脉冲宽度调制型放大器，即 PWM(pulse width modulation)放大器。另一类开关放大器采用脉宽和频率的混合调制型，它具有脉冲频率可调的优点，且可以提供一个电平可以变化的控制电流。这类放大器的缺点是频谱宽，遇到某个特殊频率下的机械谐振时，常导致振荡和出现啸叫声。因此混合型开关放大器的适用范围受到限制。本章重点讨论 PWM 功率放大器，同时也介绍晶闸管变流器。

15.2　电力电子器件的特性

电力电子器件的特性包括静态特性和动态特性。静态特性包括伏安特性、转移特性、输出特性等。在本节中，动态特性主要指开关特性。

GTR、MOSFET 和 IGBT 等器件在 PWM 功放电路中起开关作用，包括开通和关断两种状态。这些器件由开通到关断和由关断到开通的转换不是瞬间完成的，需要一定的时间和过程，这个过程称为开关过程。由这些器件组成的电路的开关过程不仅与器件本身的参数有关，还和负载的性质有关。最能反映器件本身的开关特性参数的情况是纯电阻负载。本节所述开关特性，指纯电阻负载电路。

15.2.1 功率二极管

功率二极管又称电力二极管，工作原理、伏安特性和图形符号与普通二极管相同。不同之处是，它能承受较高的反向电压和通过较大的正向电流。其中的快恢复二极管的特点是反向恢复时间短。功率二极管主要做整流元件、续流元件，在保护电路（如缓冲电路等）中起电压隔离、钳位或保护作用，如作为旁路二极管、阻塞二极管等。

功率二极管的测试电路和开关特性见图 15－1。图中 u_i是外加电压，$u_i>0$，二极管开通；$u_i<0$，二极管关断。$t<t_1$时，二极管截止并承受恒值反向电压；t_1时刻，开通信号到；$t>t_1$，反向电压 u_D迅速减小；t_2时刻，$u_D=0$；$t>t_2$，二极管正向偏压，电流上升，同时电压 u_D也上升，超过导通时的稳态值，达到峰值后又开始下降；t_3时刻，u_D恢复到稳态值。正向恢复时间 $t_{fr}=t_3-t_2$。t_4时刻关断信号到；$t>t_4$，电流下降，电压 u_D不变。t_5时刻，$i_D=0$；$t>t_5$，产生反向电流，电压 u_D也开始下降；t_6时刻，$u_D=0$；$t>t_6$，电压 u_D反向；t_7时刻，u_D瞬时达到截止时的稳态值，反向电流达到峰值；t_8时刻，u_D恢复到稳态值，$i_D=0$。反向恢复时间 $t_{rr}=t_8-t_7$。

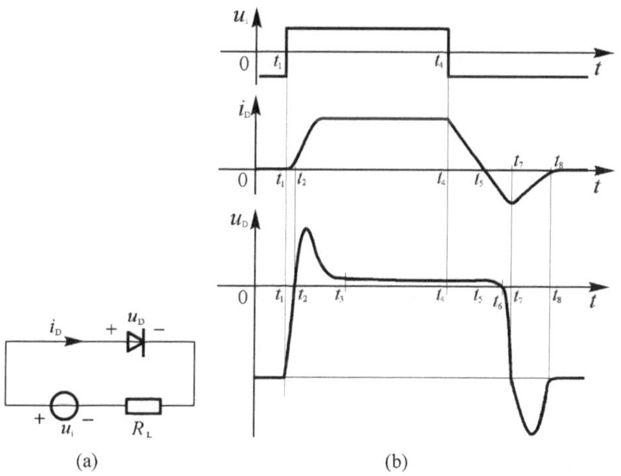

图 15－1　二极管的测试电路和开关特性

15.2.2 晶闸管

普通晶闸管（SCR）的结构和图形符号见图 15－2。它由四层半导体材料构成，有三个 PN 结和三个端子。三个端子是阳极 A（anode）、阴极 K（cathode）、门极 G（gate）。

晶闸管的典型应用电路见图 15－3，伏安特性见图 15－4。晶闸管的稳定工作状态是导通和阻断。导通时阳极和阴极电压 U_{AK}很小（1V 左右），阻断时阳极电流 I_A很小。阳极电压 $U_{AK}>0$ 时的阻断状态称为正向阻断状态，$U_{AK}<0$ 时的断态称为反向阻断状态。门极电流 $I_G=0$ 时，当阳极电压 $U_{AK}>0$ 且达到转折电压 U_{bo}时，晶闸管击穿导通。正常工作时，使晶

闸管导通要加门极电流，给门极加电流的是触发电路，使晶闸管开通又称为触发。随着门极电流 I_G的增加，由阻断到导通的转折电压逐渐降低。图 15－4 中，$I_{G3}>I_{G2}>I_{G1}$。晶闸管被触发导通时，只要 $I_A>I_L$，即使 $I_G=0$，也能确保晶闸管继续导通。I_L称为擎住电流。当 $I_A>I_L$以后，触发信号就失去控制作用。为了减小门极损耗，一般用脉冲形式的触发信号。晶闸管可靠导通后，当电流 $I_A<I_H$时，晶闸管就由导通变为阻断。I_H称为维持电流。当晶闸管加反向阳极电压，即 $U_{AK}<0$ 时，晶闸管处于反向阻断状态。若反向电压 $|U_{AK}|>U_{RSM}$，晶闸管反向击穿。

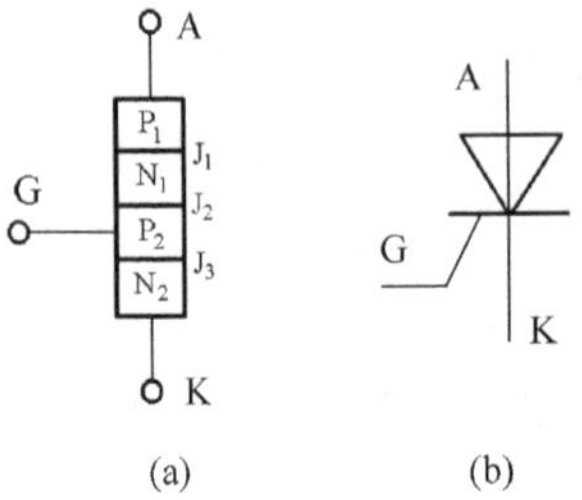

图 15－2　晶闸管的结构和符号

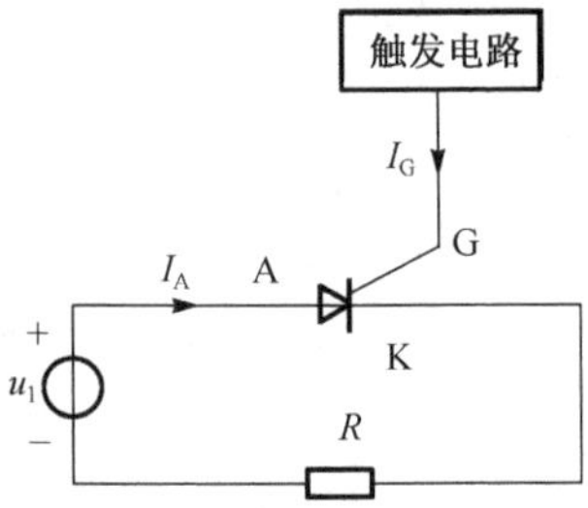

图 15－3　晶闸管电路

晶闸管的开关特性见图 15－5。

晶闸管的开通由门极电流 I_G控制。关断取决于电路中的外加电压 u_1。I_{AM}是晶闸管导通时阳极电流的稳态值。从门极电流加入的时刻到阳极电流上升到 $0.1I_{AM}$所需的时间称为延迟时间 t_d，而阳极电流由 $0.1I_{AM}$上升到 $0.9I_{AM}$所需的时间称为上升时间 t_r。普通晶闸管的延迟时间为 0.5～1.5μs，上升时间为 0.5～3μs。晶闸管的开通时间 t_{on}为

$$t_{on}=t_d+t_r \tag{15-1}$$

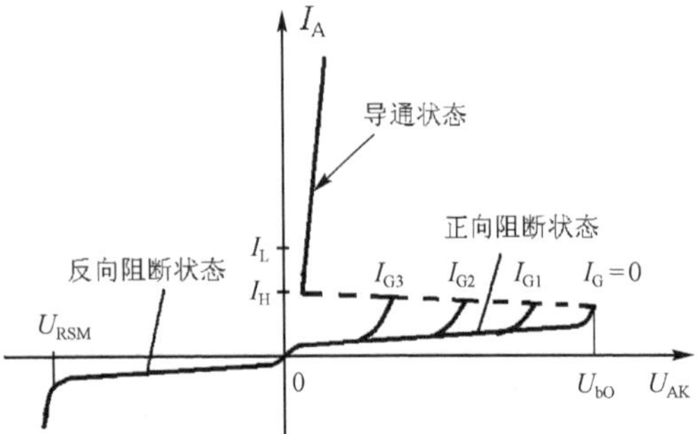

图 15－4　晶闸管的伏安特性

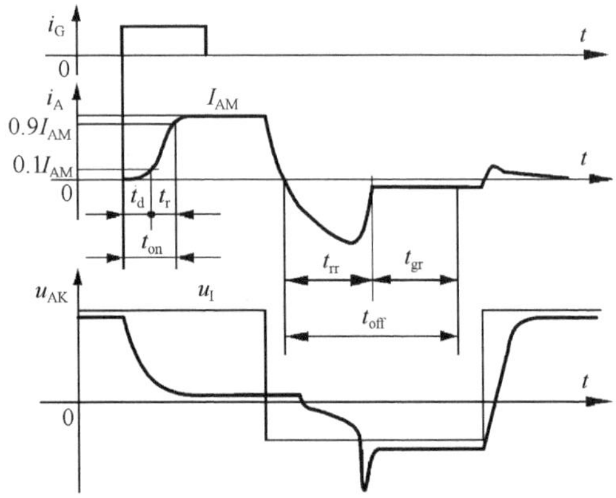

图 15－5　晶闸管的开关特性

要关断已导通的晶闸管，通常给晶闸管加反向阳极电压(图 15－3 和图 15－5 中 $u_1<0$)。加反向电压后，阳极电流逐步减小到零，接着产生反向电流，反向电流达到最大值后又快速衰减到接近零。从正向电流降为零的时刻开始，到反向电流衰减到接近零的这段时间称为反向电压阻断恢复时间 t_{rr}。晶闸管恢复反向阻断能力后，还需要恢复正向电压阻断能力。从反向电流衰减到接近零的时刻，到恢复正向电压阻断能力的这段时间称为正向阻断恢复时间 t_{gr}。在 t_{gr}时间内，若给晶闸管加正向阳极电压，晶闸管可能误导通(没有触发而自行导通)。晶闸

管的关断时间 t_{off} 按下式计算，数值为几十到几百微秒。

$$t_{off} = t_{rr} + t_{gr} \tag{15-2}$$

15.2.3 大功率晶体管 GTR

晶体管的典型电路和输出特性见图 15-6。以基极电流 I_B 为参变量，集电极电流 i_C 与电压 u_{CE} 的关系就是输出特性。它可以分为四个区域：饱和区、放大区、截止区和击穿区。

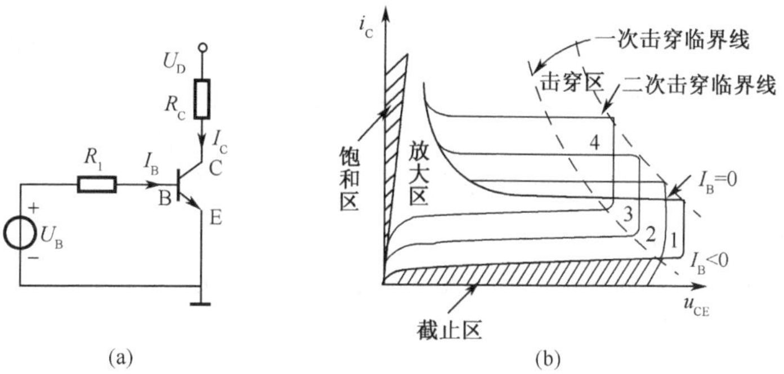

图 15-6　晶体管电路与输出特性

1. 截止区

晶体管运行在截止区域，基极控制电压应满足下述条件

$$U_B \leqslant U_E + 0.7, \quad U_B < U_C \tag{15-3}$$

截止区域晶体管的特点是：$I_B \leqslant 0, I_C \approx 0$，电路断开，$U_C = U_D$。

功耗可用截止时的集电极电压 U_D 和漏电流 I_{CO} 计算如下（忽略基极损耗）

$$\Delta P_0 = U_D I_{CO} \tag{15-4}$$

2. 放大区

晶体管运行在放大区域，基极控制电压应满足下述条件

$$U_B > U_E + 0.7, \quad U_B < U_C \tag{15-5}$$

稳态时有 $i_C = \beta I_B$，i_C 与电源电压及集电极负载电阻 R_C 无关。处于放大区时晶体管的功耗 $\Delta P_1 = i_C u_{CE}$ 比较大，这是因为 i_C 和 u_{CE} 都比较大。

3. 饱和区

晶体管运行在饱和区域，基极控制电流 I_B 和电压 U_B、U_{CE} 应满足下述条件

$$U_B > U_E + 0.7, \quad U_{CE} > 0, \quad I_B \geqslant \frac{I_{CS}}{\beta} \tag{15-6}$$

式中，$I_{CS} = U_D/R_C$ 称为饱和电流。I_B 大于 I_{CS}/β 的程度称为饱和深度，用 $k_1 = \beta I_B/I_{CS}$ 表示。k_1 大，饱和深，k_1 小，饱和浅。

在饱和区域晶体管的运行特点是：$U_B > U_E + 0.7, U_B > U_C$。此时 C 极和 E 极的电压降 U_{CES} 很小，接近于 0，C 和 E 之间相当于直接接通。饱和时电流 $i_C = I_{CS} = U_D/R_C$，与 I_B 无关。

功耗（忽略基极损耗）

$$\Delta P_s = I_{CS} U_{CES} = I_{CS}^2 R_{eq} \tag{15-7}$$

式中，R_{eq} 是饱和导通时集电极的等效电阻。饱和状态时的功耗 ΔP_s 不大。

4. 击穿区

晶体管击穿有两种。一种是一次击穿，当 U_{CE}升高时，首先出现一次击穿现象，这时 I_C急剧增加，电压 U_{CE}却基本不变。当晶体管瞬间运行至这一区域，如果外电路有限流电阻，I_C值就会被限制在一定值。在良好的散热条件下，晶体管工作点能够多次经过一次击穿区而不损坏，也不会明显引起晶体管主要参数的变化。但是，电子击穿将导致管耗显著增加，以致局部过热，影响晶体管的特性和寿命，因此设计和使用时应避免晶体管工作点进入击穿区。发生一次击穿后，当 I_C增加到某个临界点以后就会发生另一种击穿，称为二次击穿。二次击穿的特点是电压 U_{CE}迅速下降，而电流却急剧增加。经过二次击穿的管子往往不能恢复到以前的性能，严重时管子将遭到损坏，因此在运行中晶体管的工作状态在任何瞬间不应超过二次击穿临界线。图 15-6(b)中，曲线 1 是负偏压，2 是零偏压，3、4 是正偏压。电流 I_C（或 I_B）越大，二次击穿时的 U_{CE}越小。所以电流 I_C大时容易发生二次击穿，应格外注意。

下面分析晶体管电路的开关特性。

对于晶体管，饱和是开通状态，截止是关断状态。开关过程（即动态过程）就是饱和与截止相互迅速转换的过程，这个过程要经过放大区，这时晶体管中的电流满足下述微分方程

$$T_{CE}\frac{di_C}{dt}+i_C=\beta I_B \tag{15-8}$$

式中，$T_{CE}=1/(2\pi f_\beta)$ 为晶体管放大区的时间常数；f_β 为共射极电路的截止频率；β 为电流放大系数。

由式(15-8)可解得集电极电流变化规律为

$$i_C(t)=\beta I_B(1-e^{-\frac{t}{T_{CE}}}) \tag{15-9}$$

晶体管电路的开关特性见图 15-7。

在 $t=t_0$时，给截止管的基极加正向基极电压 u_B和饱和驱动电流 I_{B1}，则晶体管的开启过程从 t_0开始。从饱和导通的输入信号作用的时间开始，到集电极电流 i_C达到 $0.1I_{CS}$的时间称为“延迟时间”，记为 t_d。通常 t_d比较短，可不予考虑。集电极电流 i_C由 $0.1I_{CS}$上升到 $0.9I_{CS}$所需的时间称为“上升时间”，记为 t_r。它形成了波形的上升沿。电流上升时间 t_r取决于晶体管的特性和驱动电流 I_{B1}的大小。I_{B1}越大，t_d和 t_r时间越短。在 $t=t_1$时，给饱和管的基极加反向基极电压 u_B和截止驱动电流 $-I_{B2}$，晶体管的截止过程从 t_1开始。从截止作用信号开始，到 i_C下降到 $0.9I_{CS}$所需要的时间叫“存储时间”，记为 t_s。在存储时间 t_s内，集电极电压和电流变化不大。t_s值取决于饱和系数 $k_1=\beta I_{B1}/I_{CS}$ 和截止驱动系数 $k_2=\beta I_{B2}/I_{CS}$。饱和系数越大，即饱和越深，存储时间 t_s越长。t_s通常是不能忽略的。集电极电流 i_C由 $0.9I_{CS}$下降到 $0.1I_{CS}$所需要的时间叫做“下降时间”，记为 t_f。它形成了波形的下降沿。t_f值取决于放大区的参数和截止驱动电流 I_{B2}的大小，与饱和深度无关。截止驱动电流越大，t_s和 t_f越短。

定义晶体管的开通时间 t_{on}为

$$t_{on}=t_d+t_r \tag{15-10}$$

晶体管的关断时间 t_{off}为

$$t_{off}=t_s+t_f \tag{15-11}$$

晶体管的关断时间总是大于开通时间，即 $t_{off}>t_{on}$。

t_d、t_r、t_s、t_f以及 t_{on}和 t_{off}都是晶体管的开关参数。它们与晶体管的物理结构有关。

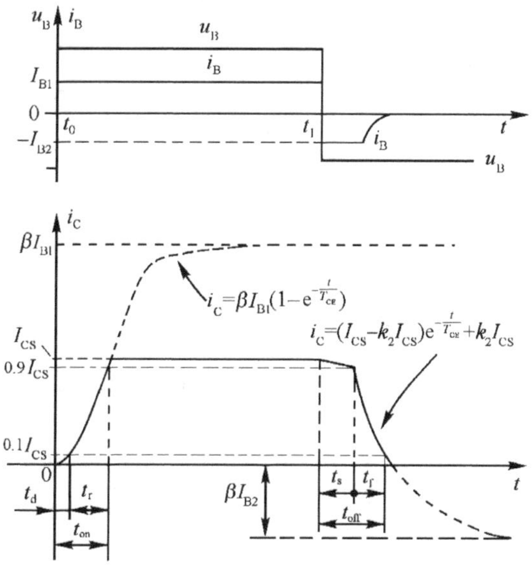

图 15－7　晶体管的开关特性

15. 2. 4　功率场效应晶体管 MOSFET

功率场效应晶体管 MOSFET 有几种，其中常见的 N 型沟道增强型 MOSFET 的图形符号见图 15－8。它有三个极，源极 S(source)、漏极 D(drain)、栅极 G(gate)。

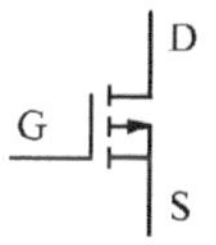

图 15－8　MOSFET 的符号

测试 MOSFET 的特性的电路见图 15－9。图中 u_p是外加信号源，R_s是信号源内阻，R_G为门极电阻，R_L为漏极负载电阻，R_F是很小的电阻，用于检测漏极电流。

漏极电流 I_D与栅源极电压 U_{GS}的关系曲线称为转移特性，见图 15－10。图中 U_T是栅极开启电压或称阈值电压。由图知在很大范围内 I_D与 U_{GS}呈线性关系。

以栅源极电压 U_{GS}为参变量，漏极电流 I_D与源极电压 U_{DS}的关系曲线称为输出特性，见图 15－11。图中 1 区被称为 MOSFET 的非饱和区，或正向电阻区，当 U_{GS}不变时，电流随 U_{DS}的增加而增加。1 区电压 U_{DS}小，相当于开关导通，等同于晶体管的饱和区。但导通时的

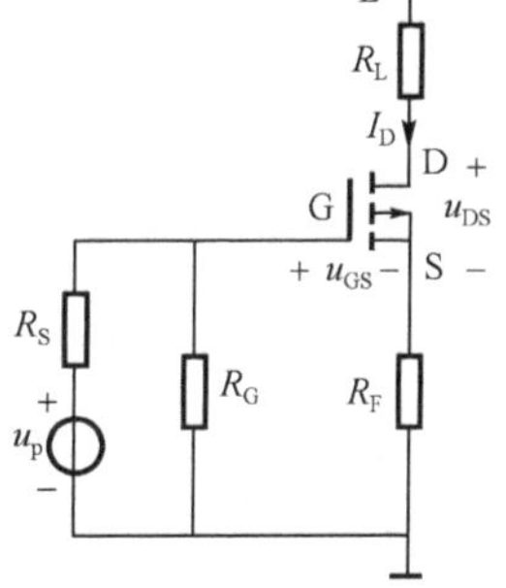

图 15－9　MOSFET 电路

图 15－10　转移特性

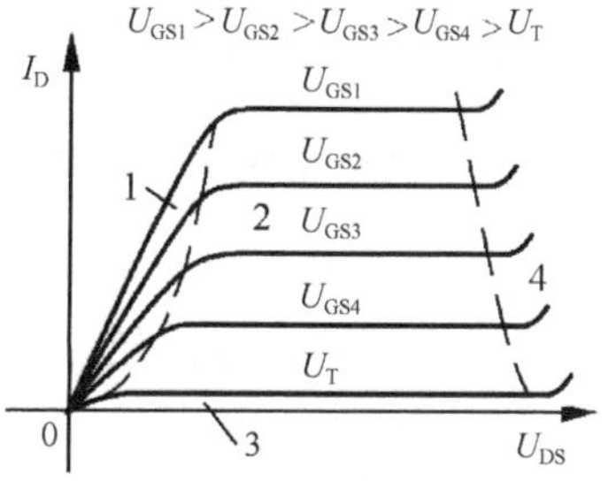

图 15－11　输出特性

压降较大，并与电流有关，可达 5～10V。图中 2 区被称为 MOSFET 的饱和区，意指电流不随U_{DS}的增加而增加，已达到饱和。但电流与U_{GS}成正比，等同于晶体管的放大区。图中 3 区被称为截止区，$U_{GS}<U_T$，I_D很小，与晶体管相同，相当于开关关断。4 区是击穿区。

MOSFET 的开关特性见图 5－12 和图 15－13。

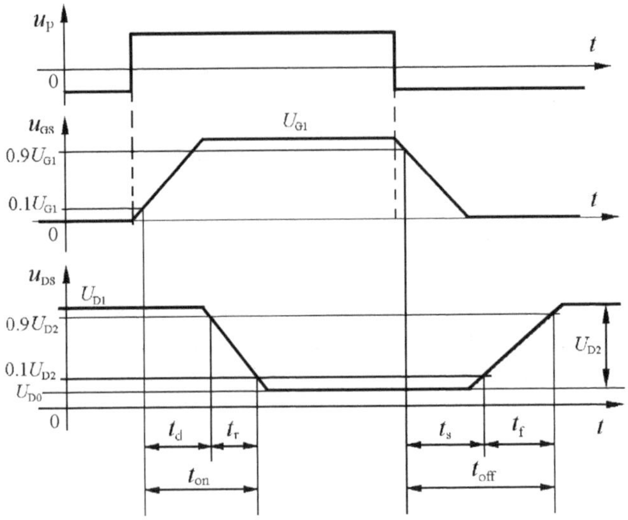

图 15－12　MOSFET 的开关特性

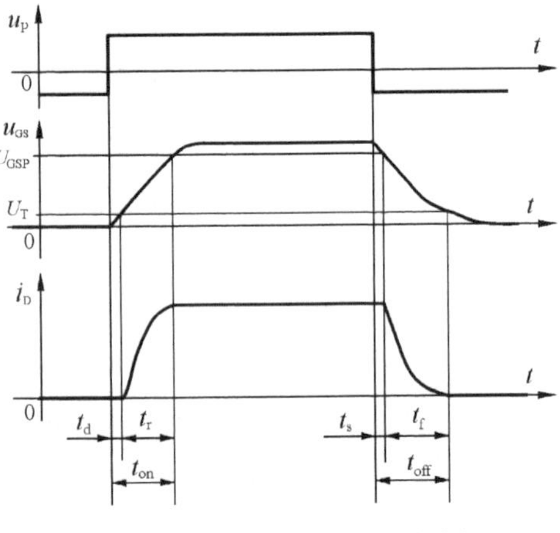

图 15－13　MOSFET 的开关特性

图 15－12 表示u_{DS}的变化曲线。图中U_{G1}是u_{GS}的稳态值，U_{D0}和U_{D1}分别是开通和关断时u_{DS}的稳态值，$U_{D2}=U_{D1}-U_{D0}$。图中给出的开关参数是很多产品样本采用的定义。

图 15－13 表示i_D的变化曲线。开通时，当u_{GS}由零上升到栅极开启电压U_T的时刻开始出现漏极电流i_D，当i_D刚刚达到稳态值的时刻u_{GS}的对应值是U_{GSP}，表示刚刚进入 MOSFET 的饱和区。关断时，当u_{GS}由稳态值下降到U_{GSP}时电流i_D刚刚开始减小，当u_{GS}下降到U_T时i_D为零。根据i_D的变化曲线给出的开关参数见图 15－13，一些书采用这种定义。

MOSFET 的开通时间，关断时间，在数十纳秒左右。

15.2.5　绝缘栅双极型晶体管 IGBT

IGBT 多数为增强型，N 型沟道，它的电气图形符号见图 15－14，图(a)为新图形符号，图(b)为旧图形符号。有三个极，栅极 G，集电极 C，发射极 E。P 沟道型，箭头反向。

IGBT 工作时的等效电路如图 15－15。输入部分是 N 型沟道增强型 MOSFET，输出部分是 PNP 晶体管，IGBT 的 C 极是这个晶体管的发射极。

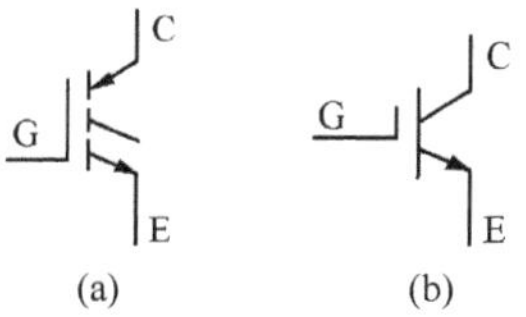

图 15－14　IGBT 的图形符号

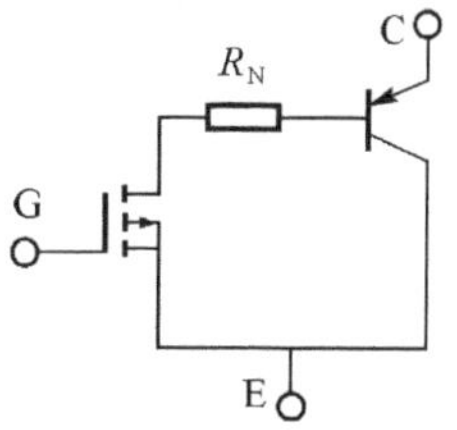

图 15－15　IGBT 的等效电路

IGBT 的转移特性和输出特性见图 15－16 和图 15－17。它们与 MOSFET 的特性相似。输出特性与晶体管的特性也相似，但它是电压控制型，其中 1 区是饱和区；2 区为有源区，相当于晶体管的放大区；3 区是正向阻断区；4 区是击穿区。

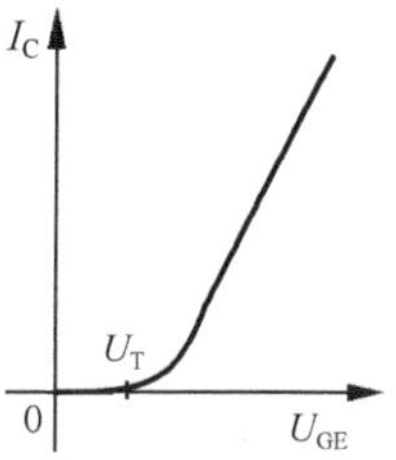

图 15－16　IGBT 的转移特性

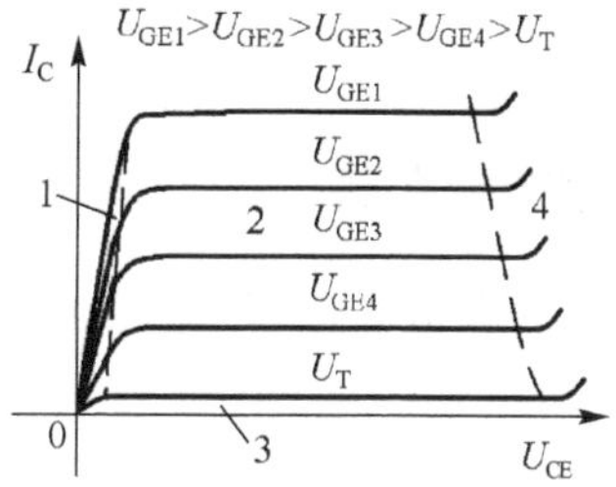

图 15－17　IGBT 的输出特性

IGBT 的开关过程见图 15－18。图中 U_G 是理想方波，代表输入信号，高电平时要求 IGBT开通，低电平要求关断。

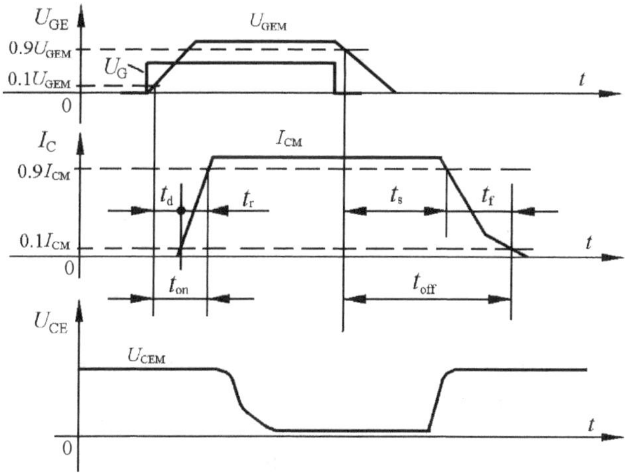

图 15－18　IGBT 的开关过程

开通过程的时间参数如下。

开通延迟时间 t_d：从 U_{GE}上升至其幅值的 10％的时刻开始，到 I_C上升至 I_{CM}的 10％所需要的时间。

电流上升时间 t_r：I_C从 10％I_{CM}上升至 90％I_{CM}所需要的时间。

开通时间 t_{on}：$t_{on} = t_d + t_r$。

关断过程的时间参数如下。

关断延迟时间 t_s：从 U_{GE}后沿下降到其幅值的 90%的时刻起，到 I_C下降至 90%I_{CM}所需要的时间。

电流下降时间 t_f：I_C从 90%I_{CM}下降至 10%I_{CM}所需要的时间。

关断时间 t_{off}：$t_{off} = t_s + t_f$。

15.3 电阻和电感负载电路的开关过程

前节分析开关过程时假定负载是纯电阻。若负载含有电感，电路的开关过程会有很大不同。有电感的电路，由电感产生的电路时间常数一般要比开关器件本身的时间常数大很多，所以分析电感电路时往往忽略开关器件的时间常数和它的开关过程。下面以晶体管为例，分析开关过程。

15.3.1 电阻和电感负载

图 15-19(a)表示电阻和电感负载电路，电路的时间常数为 $T_c = L_C/R_C$。

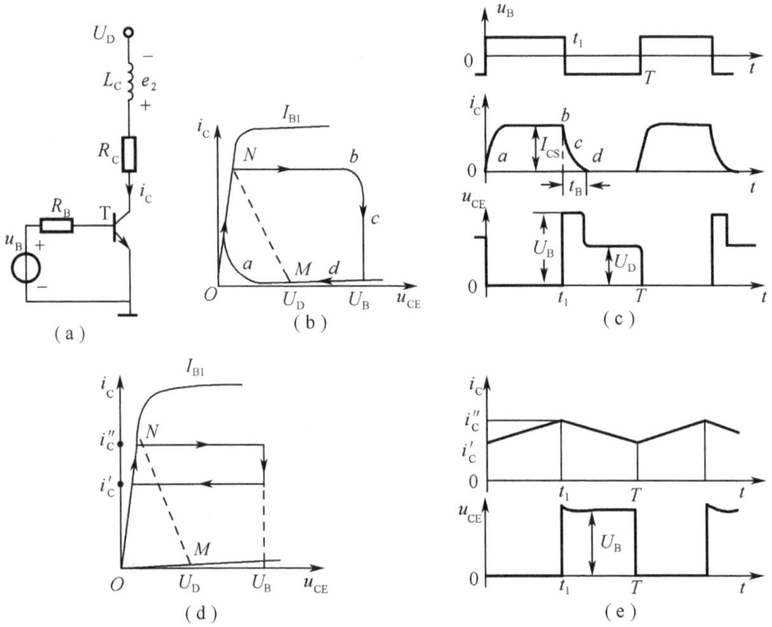

图 15-19 电阻和电感负载电路及其特性曲线

设基极电压 u_B是周期为 T 的方波信号，如图 15-19(c)所示。这种幅值、周期(频率)固定，而正(负)宽度可变的信号称为 PWM 信号或 PWM 波形。该信号的周期 T 和频率 f 又称为开关周期和开关频率。

T_c/T 小时电流是断续的，T_c/T 大时电流是连续的。

先讨论电流断续情况。设晶体管的初始状态是截止状态，工作点位于输出特性的 M 点，如图 15-19(b)所示，图中直线 MN 表示纯电阻负载时 i_C随 u_{CE}变化的曲线。然而，对于含有

电感的负载，电路必须满足下述方程

$$L_{C}\frac{di_{C}}{dt}+R_{C}i_{C}=U_{D}-u_{CE} \tag{15-12}$$

解出 $i_C(t)$后可知 $i_C(t)$是按时间常数 T_c的指数曲线增加，如图 15-19(c)所示。晶体管的工作点在 $u_{CE}-i_C$坐标中将沿 MaN 曲线移动，见图 15-19(b)。

当基极电压 u_B使饱和晶体管截止时，负载电流减小所产生的自感电势 e_2将使晶体管击穿而维持电流流动($u_{CE}=U_D+e_2-i_CR_C$)。从负载电流开始减小到晶体管击穿的时间通常很短，工作点由饱和区很快进入击穿区。在负载电流减小的过程中，工作点一直位于击穿区，电压 u_{CE}保持为击穿电压 U_B。被击穿的晶体管可以等效成一个理想的放电电阻。当 $i_C=0$ 时，$u_{CE}=U_D$。$i_C(t)$与 u_{CE}见图 15-19(c)。关断过程，工作点在 $u_{CE}-i_C$坐标中将沿 $Nbcd$ 曲线由 N 点回到M 点，见图 15-19(b)。

当 T_c/T 大时电流是连续的，如图 15-19(e)所示。对应电流连续状态晶体管工作点在 $u_{CE}-i_C$坐标上的变化如图 15-19(d)所示。此时晶体管工作在饱和与击穿两种状态。

15.3.2 有续流回路的电阻和电感负载

当负载是电感性负载时，为了保证开关电路可靠工作，必须避免自感电势击穿晶体管。常用的方法是在R_C和L_C旁并联一个续流二极管 D，如图 15-20(a)所示。在晶体管关断过程中，自感电势 e_2使续流二极管正向导通，二极管给负载电流创造一个续流回路，同时将集电极电压箝位于U_D，避免了击穿。

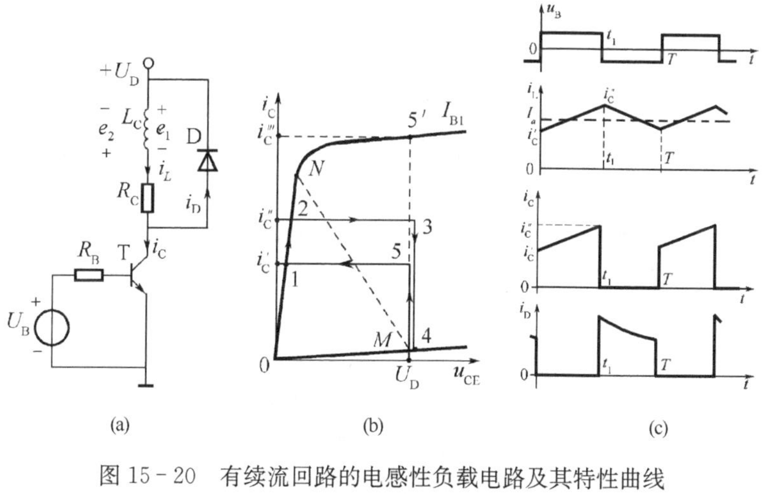

图 15-20　有续流回路的电感性负载电路及其特性曲线

晶体管工作在连续开关状态时，负载电流也有断续和连续两种情况，但是，大多数情况，负载电流是连续的。下面分析负载电流连续时的开关过程。

在 $0<t<t_1$时间内，基极电压使晶体管处于饱和状态，集电极电流 i_C按指数规律从 i'_C 增加到 i''_C。工作点在输出特性曲线上沿饱和线从 1 点移到 2 点，如图 15-20(b)所示。这时自感电势的实际方向如图中 e_1所示，与电源相反。二极管 D 的压降为 $u_D=-U_D<0$，所以二极管截止。在 $t=t_1$时，基极电压改变极性欲使晶体管由饱和变为截止，于是集电极电流开始减小，同时自感电势改变方向，如图 15-20(a)中 e_2所示。e_2使二极管正端电位升高至 U_D+

0.7V 并使二极管正向导通。通常，从集电极电流开始减小到二极管正向导通的时间很短，负载电流变化很小。二极管 D 导通后，电源电压 U_D就直接加在集电极上，避免了击穿。晶体管的工作点瞬时由 2 点过渡到 3 点。接着，在集电极电压为常值U_D的条件下，集电极电流经过关闭时间迅速减小到零，工作点由 3 点移到 4 点。在集电极电流减小的同时，二极管 D 中电流按 $i_D=i_L-i_C$的关系增加。当工作点到达 4 点时，负载电流由晶体管 T 全部转移到续流回路二极管中。在 $t_1<t<T$ 时间内，晶体管处于截止状态，工作点位于 4 点，负载电流经二极管 D 由 i''_C 减小到 i'_C。

在 $t=T$ 时，基极控制电压再次改变极性，欲使晶体管由截止变为饱和。晶体管刚开通时，因二极管 D 已处于正向导通状态，集电极电压仍为 U_D，故集电极电流 i_C沿负载短线 4—5 增加。随 i_C增加，二极管中电流 i_D按 $i_D=i_L-i_C$关系减小。因为时间极短，在开关过程中，负载电流 i_L基本不变，当 i_C增加到等于 i_L即 i'_C 时，二极管中 $i_D=0$，工作点位于 5 点。接着反向漂移电流流过二极管 D，晶体管的工作点瞬时地由 5 点"冲击"到 5′ 点，又返回到 5 点。随后二极管 D 变成反向截止，晶体管的工作点则瞬时地由 5 点跳到 1 点而进入饱和状态。此后，集电极电流由 i'_C 增加到 i''_C，工作点由 1 沿饱和线移到 2。

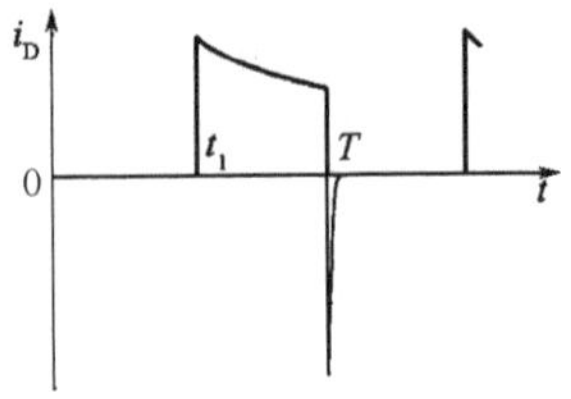

图 15 - 21　二极管的冲击电流

晶体管由截止到开通的瞬时，续流回路二极管瞬时反向漂移电流很大，如图 15 - 21 所示。这个电流对整个电路形成巨大冲击，应给予特别注意。可在二极管电路中串联 1 个小电感以减小冲击电流。

15.4　PWM 放大器输出级的工作原理

脉宽调制型功率放大器的输出级也有 T 形单边电路和 H 形桥式电路两种。图 15 - 22 表示单边电路。为了实现正、反两个方向驱动直流电动机，它需要两个电源，同时晶体管承受的电压高($2U_D$)。图 15 - 22 中，设电机电流由左向右。T_1通时，电流由 U_D流向电机，U_D输出电能；T_1截止时，D_2通，电流由 $-U_D$流向电机，$-U_D$吸收电能，同时 C_2两端电压上升。可见在电机运行中有一部分电能从一个电源输向另一个电源，同时与两个电源并联的电容器容易产生高压损坏电子器件，因此在脉宽调制型功率放大器中输出级主要是采用 H 形桥式电路。

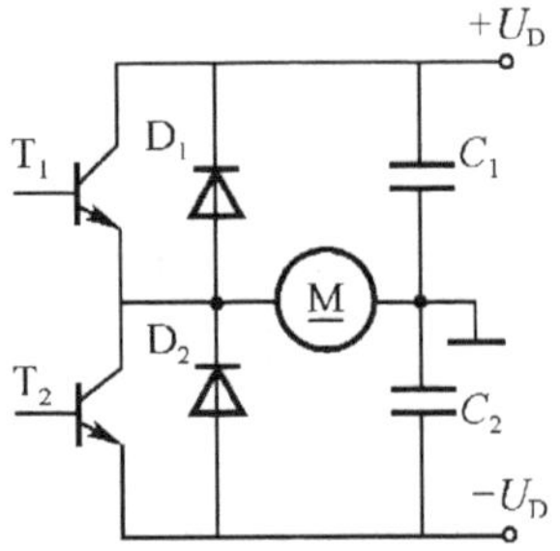

图 15 - 22　单边 T 形电路

图 15 - 23 为典型的脉宽调制型功率放大器的输出级，它是一个 H 形桥式电路。电路由四个绝缘栅双极型晶体管(IGBT)和四个续流二极管组成。A、B 两端是该电路的输出端。直流电动机作为负载接在输出端 A、B 上。PWM 功放输出级的输入、输出信号的频率和周期分别称为开关频率和开关周期。对这个电路有三种不同的控制方式，其输出电压也具有不同的形式。根据输出电压的极性，分别称为双极性输出，单极性输出和有限单极性输出。

开关功率放大器驱动直流电动机的动态过程比较复杂，为了便于分析，作出如下假设，这些假设与实际情况比较接近。

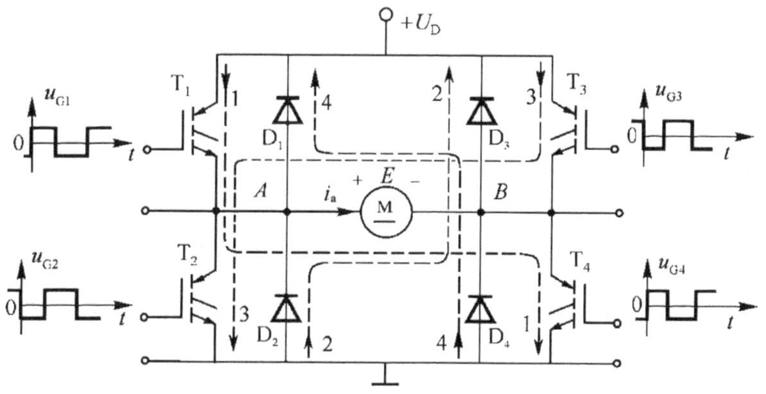

图 15 - 23　H 形桥式电路

1)开关器件是无惯性的元件，即忽略开关器件的开关过程。

2)电机用电阻 R_a、电感 L_a 和电势 E 来等效。

3)开关周期远小于电机的机电时间常数 τ_m，认为一个开关周期内电机转速及反电势 E 为常值。

4)忽略电源内阻，电机回路的电磁时间常数 $\tau_e = L_a/R_a$。

5)当电磁转矩平均值 $T_{em}=K_t I_a$ 和负载转矩 T_L 相平衡时，“开关放大器-电动机”工作在准稳定状态，这时电枢电流是周期性变化。

15.4.1　双极性输出

双极性输出的脉宽调制型功率放大器的控制方式如图 15 - 23 所示。在 T_1 和 T_4 的栅极加一组完全相同的方波控制电压 u_{G1} 和 u_{G4}，在 T_2 和 T_3 的栅极加另一组相同的方波控制电压 u_{G2} 和 u_{G3}，这两组控制电压的相位相反。它们的变化周期 T 就是开关周期。若正负控制电压的幅值相等，则控制电压可表示为 $u_{G1} = u_{G4} = -u_{G2} = -u_{G3}$。这种控制方法的输出电压是双极性的方波电压，如图 15 - 24(a)中 u_a 所示。输出电压 u_a 的平均值 U_{av} 为

$$U_{av} = \frac{1}{T}\int_0^{t_1} U_D \mathrm{d}t - \frac{1}{T}\int_{t_1}^{T} U_D \mathrm{d}t = U_D\left(2\frac{t_1}{T} - 1\right) \tag{15-13}$$

由此可知，当 $t_1 > T/2$ 时，输出电压的平均值 U_{av} 为正。当 $t_1 < T/2$ 时，平均电压 U_{av} 为负。当 $t_1 = T/2$ 时，U_{av} 为零。根据平均电压 U_{av} 和反电势 E 的大小不同，电路的工作可分为两个状态四种情况。

1. 电动机状态

当电机电枢 A、B 两端电压 $u_a = u_{AB}$ 的平均值 U_{av} 大于反电势 E 时，电枢电流流动方向为 $A \to B$，与反电势 E 的方向相反，电机处于电动机工作状态。此时电流、电压波形见图 15 - 24(a)。

当 $0 < t < t_1$ 时，T_1、T_4 饱和开通，电流经 T_1、T_4 沿图 15 - 23 中回路 1 流动，A 点电位与电源电压 U_D 相同，B 点为零电位，$u_{AB} = U_D$。这时电枢回路的等效电路如图 15 - 25 中 Ⅰ 所示。电路方程为

$$R_a i_a + L_a \frac{\mathrm{d}i_a}{\mathrm{d}t} + E = U_D \tag{15-14}$$

解此方程得

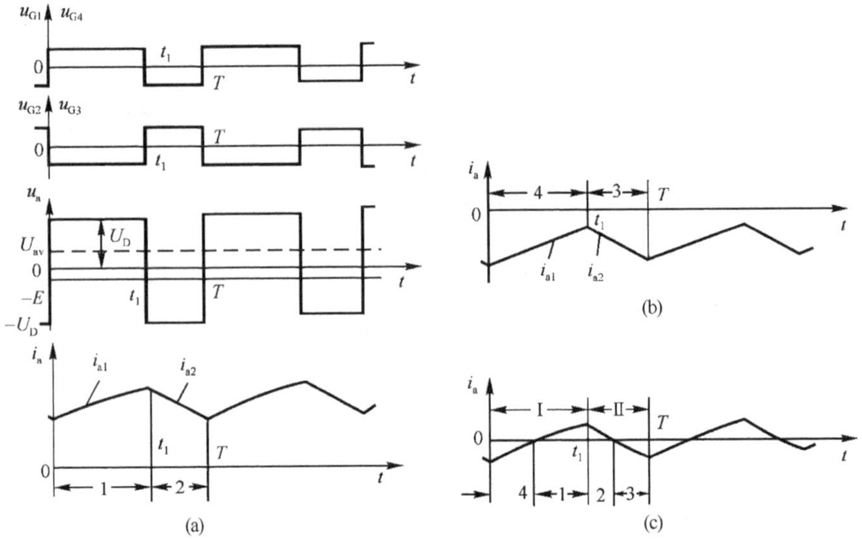

图 15－24　双极性输出的电压和电流

$$i_a(t)=\frac{U_D-E}{R_a}-\left(\frac{U_D-E}{R_a}-I_0\right)e^{-\frac{R_a}{L_a}t} \tag{15－15}$$

式中，I_0为 $t=0$ 时的电流值，且 $I_0<(U_D-E)/R_a$。由上式可知，电枢电流增加，趋向于稳态值 $(U_D-E)/R_a$。电枢电感能量增加，电感储存能量，电流方向与电源电势方向一致，所以电源输出能量。

当 $t_1\leqslant t\leqslant T$ 时，T_1、T_4 关断，在 T_1、T_4 关断过程中，电枢电流减小，电枢两端电压为

$$u_{AB}=R_a i_a+L_a\frac{di_a}{dt}+E \tag{15－16}$$

因 $L_a di_a/dt<0$，且绝对值很大，所以 $u_{AB}<0$，U_A下降，U_B上升。当 U_A下降到-0.7V 时 D_2 导通，当 U_B上升到 $U_D+0.7$V 时 D_3导通，电机中的电流维持原方向，经二极管 D_2、D_3 和电源沿图 15－23 中回路 2 流动，U_A被二极管 D_2钳位到地电位，U_B被二极管 D_3钳位到电压 U_D，$u_{AB}=-U_D$，电枢回路的等效电路见图 15－25Ⅱ，电路方程为

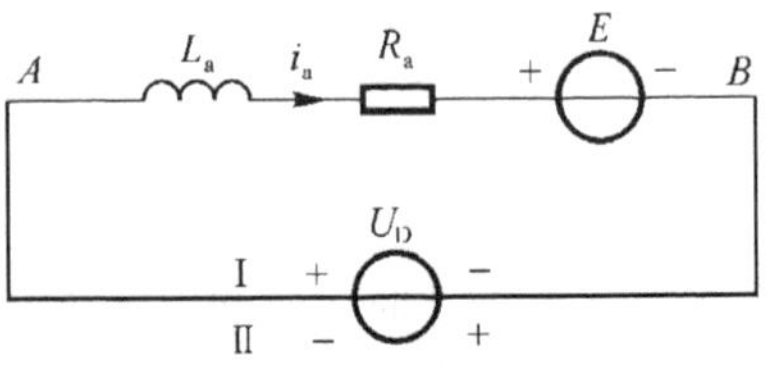

图 15－25　电枢回路的等值电路

$$R_a i_a+L_a\frac{di_a}{dt}+E=-U_D \tag{15－17}$$

解此方程得

$$i_a(t)=-\frac{U_D+E}{R_a}+\left[\frac{U_D+E}{R_a}+I(t_1)\right]e^{-\frac{R_a}{L_a}(t-t_1)} \tag{15－18}$$

由上式可知，电枢电流从 t_1开始由正值趋向于稳态值$-(U_D+E)/R_a$，电流减小。电流下降的过程中，电枢电感释放能量，产生自感电势维持电枢电流。由于电流的实际方向与电源电势方向相反，电源吸收能量。$t_1\leqslant t\leqslant T$ 时，尽管 T_2、T_3是正向栅极偏压，但 $U_{CE}=-0.7\text{V}<0$，不满足开通条件，处于阻断状态。

总之，当 $U_{av}>E$ 时，i_a及平均电流 I_{av}与电机反电势 E 方向相反，电机吸收电能，把电源提供的电功率 $U_{av}I_{av}$转变为机械能或其他形式的能量，电机处于电动机状态。

如果没有二极管 D_2 和 D_3，当 A 点电位下降，B 点电位上升，达到 IGBT 的 C-E 极击穿电压时，T_1、T_4 将运行于击穿区。可见，二极管 D_2 和 D_3 对于避免开关器件击穿、维持电动机的电枢电流是十分必要的。二极管 D_1 和 D_4 也有同样的作用。因此称这四个二极管为续流二极管，它们是脉冲宽度调制型放大器输出级中不可缺少的组成部分。

2. 发电机状态

当电机 A、B 两端电压的平均值 U_{av} 小于反电势 E 时，电枢电流实际方向为 $B \to A$，与反电势同方向，电机工作在发电机状态，电流 i_a 波形见图 15－24(b)。

当 $t_1 \leqslant t \leqslant T$ 时，T_2、T_3 饱和开通，电流从电源正端流出，经 T_3、B、A、T_2 进入地端并回到电源正极，沿回路 3 闭合，电源输出能量。电枢等效电路见图 15－25 Ⅱ，电路方程为式(15－17)，电流方程为式(15－18)。式中 $I(t_1)$ 是负的，且 $|I(t_1)| < (U_D + E)/R_a$，所以电流 $i_a(t)$ 的值是增加的，并趋向于稳态值 $-(U_D+E)/R_a$，电枢电感能量增加。

当 $0<t<t_1$ 时，T_2、T_3 关断，电流绝对值减小，由于电枢电感作用，电流维持原方向。在电枢自感电势作用下，U_B 下降，U_A 上升，当 U_B 下降到 -0.7V，U_A 上升到 $U_D+0.7$V 时，二极管 D_4、D_1 导通，续流电流经 D_4、B、电机、A、D_1 和电源正极沿回路 4 流动。此时也只有 D_4、D_1 最容易让原方向电流流过。T_1、T_4 虽是正向栅极偏压，但 $u_{CE}=-0.7\text{V}<0$，故 T_1、T_4 不能开通。等效电路见图 15－25 Ⅰ，电路方程见式(15－14)，电流方程见式(15－15)。因 I_0 是负值，并趋于正的稳态值 $(U_D-E)/R_a$，所以在电流变成零之前，电流不断减小。电枢电感释放能量，并产生自感电势，与 E 一起维持电枢电流。电流实际方向与电源电势相反，所以电源是在吸收能量。

总之，在发电机状态，电流 i_a 和平均电流 I_{av} 都与电机反电势 E 同向。电机输送给功放的电功率为 $U_{av}I_{av}$。

可以看出，如果没有续流二极管，则开关管 T_2、T_3 将被击穿。

3. 轻载状态

负载转矩很小，$T_{em} \approx 0$，$i_a(t) \approx 0$，电枢 A、B 两端平均电压 U_{av} 接近反电势 E，电流有正有负，这时上述两个状态中的四种情况，在一个周期内将交替出现，电枢电流的变化如图 15－24(c)。

在 $0<t<t_1$ 时，负方向的电流先是沿回路 4 减小到零，接着处于正向栅极偏压下的 T_1 和 T_4 开通，将电机和电源接通，电枢电流改变方向沿回路 1 流动，电流增加。在 $t_1 \leqslant t \leqslant T$ 时，续流电流先沿回路 2 减小到零，然后处于正向栅极偏压下的 T_2 和 T_3 开通，将电机和电源接通，电流再次改变方向，沿回路 3 流动，电流增加。在一个周期内电流两次改变方向。电源输出能量时，电流数值和磁场能量增加；电源吸收能量时，电枢电流和磁场能量减少。

15.4.2 单极性输出

单极性输出时的栅极控制电压如图 15－26 所示。在电机同侧的一对开关管如 T_1、T_2 的栅极上加相位相反的方波控制电压，使其工作在交替的开关状态。另一侧两个开关管中 T_4 的栅极一直加正电压使其饱和开通，T_3 的栅极一直加负电压使其关断。这时的输出电压是正的方波电压。当需要改变输出电压的极性时，将相位相反的控制电压加在 T_3 和 T_4 的栅极上，使其起开关控制作用，同时使 T_2 一直饱和开通，T_1 一直关断。这时的输出电压是负的方波电压。在一个开关周期内输出电压只有一个极性。或只有正，或只有负，称为单极性输出。优点是电流波动小，缺点是控制复杂。

下面以输出正电压为例，说明电路的工作情况。

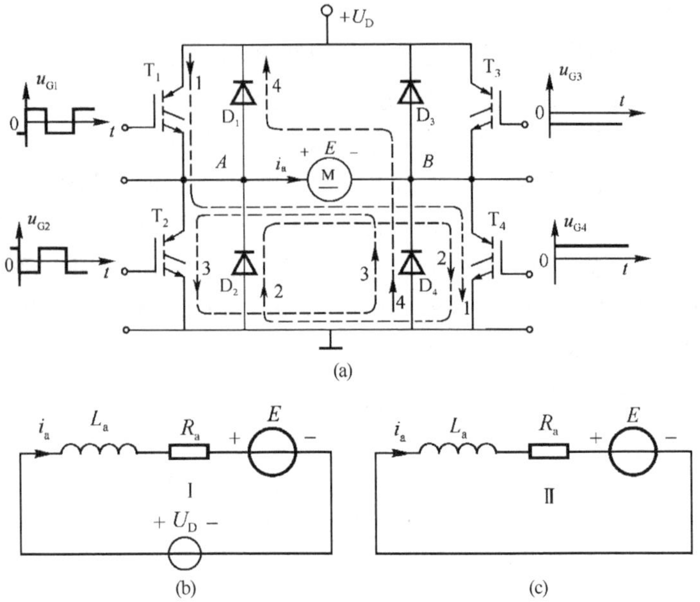

图 15－26　单极性输出时的控制电压和等效电路

1. 电动机状态

当 $U_{av}>E$ 时，电枢电流的方向由 A 到 B，与电势 E 的方向相反，电机工作在电动机状态，电枢电压 u_a 和电枢电流 i_a 见图 15－27(a)。

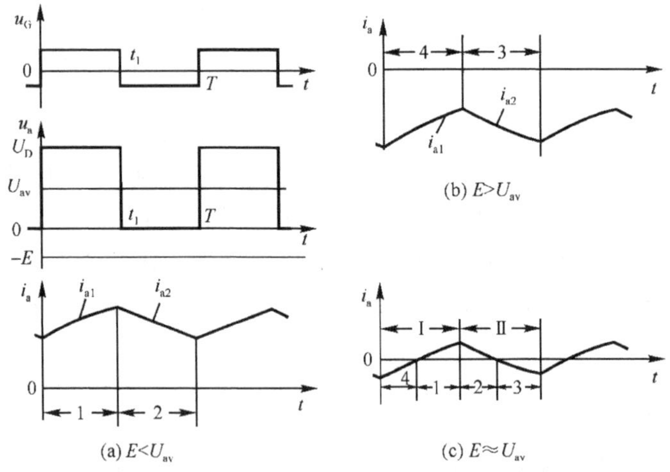

图 15－27　单极性输出时的电压和电流

当 $0<t<t_1$ 时，T_1、T_4 饱和开通，T_2、T_3 关断，电源电压经 T_1 和 T_4 加在电枢的 A、B 两端。因为 $U_A=U_D$，$U_B=0$，所以电枢端电压 $u_a=u_{AB}=U_D$。电枢电流经 T_1 和 T_4 沿回路 1 流

动，电源输出能量给电机。电枢回路的等效电路见图 15-26(b)，电路方程见式(15-14)，电流表达式见式(15-15)，电流增加，趋于稳态值 $(U_D-E)/R_a$，电枢电感储存能量。

当 $t_1 \leqslant t \leqslant T$ 时，T_1开始由开通变为关断，电流减小，此时有

$$u_{AB}=R_a i_a+L_a \frac{di_a}{dt}+E \tag{15-19}$$

与双极性输出时相似。由于自感的作用，u_{AB}减小，U_A下降，当U_A下降到$-0.7V$时，二极管D_2导通，电流经D_2、电机和T_4沿回路 2 闭合。忽略二极管压降，此时有 $u_{AB}=0$。与双极性输出时不同，此时电枢回路等效电路如图 15-26(c)所示。电路方程为

$$R_a i_a+L_a \frac{di_a}{dt}+E=0 \tag{15-20}$$

电流为

$$i_a(t)=-\frac{E}{R_a}+\left[\frac{E}{R_a}+I(t_1)\right]e^{-\frac{R_a}{L_a}(t-t_1)} \tag{15-21}$$

可见电流从 $I(t_1)$开始减小，趋向于稳态值$-E/R_a$。这时电枢电感释放能量，自感电势维持续流。

总之，在电动机状态，电源供电时 i_a增加，电源不供电时 i_a下降。电流 i_a及平均电流 I_{av}的实际方向与电机反电势 E 的实际方向相反，电机把电源提供的电能 $U_{av}I_{av}$转变为机械能或其他形式的能量。

2. 发电机状态

当$U_{av}<E$时，电枢电流的实际方向由 B 到 A，与电势 E 的实际方向相同，电机工作在发电机状态。电枢电压 u_a和电枢电流 i_a见图 15-27(a)和(b)。

在 $t_1 \leqslant t \leqslant T$ 时，T_2饱和开通，T_1关断，在 T_1、D_1、T_2、D_2一侧，T_1、D_2不允许电流反向流过，电流经由饱和管 T_2流入地。同时，U_A被钳位到地电位，D_1处于反向电压状态。在桥路的另一侧电流只能经过 D_4流入电机。所以电流经回路 3 闭合，电枢的等效电路图及电路和电流方程与同一时期的电动机状态相同。但由于电流是负值，所以电流值此时不是减小，而是增加，同样趋向于$-E/R_a$。电枢电感储存能量，维持电枢电流的是电机反电势 E。

当$0<t<t_1$时，T_2关断，回路 3 断开，T_2、D_1一侧电流只有一条通路就是经 D_1流入电源正极，B 端一侧只有 D_4通，电枢回路等效电路及电路和电流方程与同一时期的电动机状态相同。由于电流初始值是负值，所以电流值在减小，并趋向于 $(U_D-E)/R_a$，电感释放能量，自感电势和电机反电势一起维持电流流动，电流沿回路 4 闭合，并将能量回输给电源。

3. 轻载状态

当U_{av}与 E 接近相等时，$I_{av}\approx 0$，电流波形如图 15-27(c)所示。在一个周期内，电流两次改变方向，上述两种状态、四种情况交替出现。

在$0<t<t_1$时间内，负方向的电流先沿回路 4 减小到零后，处于正向栅极偏压的 T_1和 T_4饱和开通，将电机和电源接通，电流改变方向沿回路 1 流动，电流增加。在 $t_1 \leqslant t \leqslant T$ 的时间内，续流电流沿回路 2 减小到零，然后在反电势 E 作用下，电枢电流改变方向沿回路 3 流动，电流增加。

当要求输出负电压时，T_3和 T_4处于开关状态。这时 t_1表示负电压的宽度。

15.4.3 有限单极性输出

为了防止跨接在电源正负极之间的两个开关管在开关过程中出现同时导通现象，可采用

有限单极性控制方法。这种控制方法的特点是，在桥式电路中只有一个开关管工作在开关状态。例如图 15-26(a)中，若控制信号 U_{in}为正，则 T_1工作在开关状态，T_2和 T_3处于连续关断状态，T_4处于连续饱和开通状态。当 T_1处于饱和开通状态时，若电机的工作为电动机状态，则电枢电流沿回路 1 流动，若电机的工作为发电机状态，则电枢电流沿回路 4 流动。电枢 A、B 两端的电压 u_{AB}等于电源电压 U_D。当 T_1处于关断状态时，电枢电压 u_{AB}依电机的工作状态而不同。这时，若电枢电流 i_a是从 A 到 B 的正向电流，则电流沿回路 2 流动，电枢电压 u_{AB}为零。若电枢电流 i_a是从 B 到 A 的反向电流，则电流沿回路 4 流动，电机工作在发电机状态，电枢电压 u_{AB}等于电源电压 U_D。若电枢电流 i_a为零，则电枢电压 u_{AB}等于反电势 E。依控制信号 U_{in}的极性不同，各开关管的工作状态和电枢电压 u_{AB}如表 15-1 所示。

表 15-1 有限单极性输出时电路工作状态

工作状态 / U_{in}极性	开关管工作状态和电枢 A、B 两端电压 $u_a=u_{AB}$			
	开通	u_a	关断	u_a
$U_{in}>0$	T_1 开通 T_2、T_3 关断 T_4 开通	$u_a=U_D$	T_1 关断 T_2、T_3 关断 T_4 开通	若 $i_a>0$ $u_a=0$ 若 $i_a<0$ $u_a=U_D$ 若 $i_a=0$ $0<u_a=E_a<U_D$
$U_{in}<0$	T_3 开通 T_1、T_4 关断 T_2 开通	$u_a=-U_D$	T_3 关断 T_1、T_4 关断 T_2 开通	若 $i_a<0$ $u_a=0$ 若 $i_a>0$ $u_a=-U_D$ 若 $i_a=0$ $-U_D<u_a=E_a<0$

从上述结果可以看出，只要电枢电流在一个周期内是单方向连续电流，则有限单极性时的输出电流，和单极性输出的情况是相同的。但是，在轻负载时，两者工作情况不相同，这时单极性控制方法电枢电流是可以改变方向的交流。而有限单极性控制方法电枢电流这时是不能改变方向的断续电流。例如，在单极性控制方法中，对于图 15-27(c)所示的轻负载情况，从 t_1开始，当续流电流沿回路 2 减小到零以后，在反电势 E 作用下将有反方向电流经 T_2沿回路 3 流动。而对于有限单极性控制方法，当续流电流沿回路 2 减小到零以后，由于 T_2一直处于关断状态，而 $E<U_D$，D_1不能开通，所以反电势不能建立反方向电流。因此有限单极性控制方法出现电流断续状态。电流波形见图 15-28。

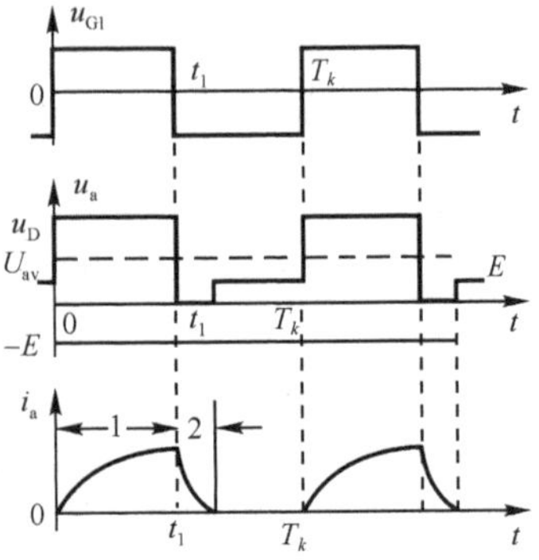

图 15-28 有限单极性输出 $U_{av}\approx E$ 时的波形

有限单极性控制方法在输入信号极性不变时，只有一个开关管工作在开关状态，与它同一侧的开关管始终处于关断状态，完全避免两个开关管同时开通。但是，由于电机能量不能很好地回输给电源，影响快速性。当电枢电流出现断续现象时，机械特性特别软。这些是有限单极性控制方法的缺点。

15.5 PWM 放大器的特性

脉宽调制型放大器包括脉冲宽度调制器和开关放大器两部分，如图 15-29 所示。前一节介绍的脉宽调制型放大器的输出级就是图中的开关放大器。开关放大器的输入信号是 PWM 方波(矩形波)信号。而系统的控制信号一般都是变化的连续直流电压信号或随机电压信号。将这种一般的控制信号变成对应的 PWM 信号就要利用脉宽调制器。

1. 脉宽调制器

脉宽调制器的输入信号是变化的连续直流电压信号或随机电压信号，或其他形式的电压信号，记为 u_i。脉宽调制器的输出信号是 PWM 信号，记为 u_G。u_G的功率很小，不能直接驱动执行元件，一定要通过开关放大器进行电压以及功率放大。图 15-29 给出的电压输出波形对应于双极性输出的开关放大器。

表示 PWM 信号特征的参数有周期 T_k(或频率 f_k)、方波的幅值及正(或负)电压的宽度。对于双极性 PWM 波形，可以用 t_1表示正电压的宽度；对于单极性 PWM 波形，用 t_1表示非零电压(正或负电压)的宽度。此外，还常用脉冲的占空系数 γ 表示脉冲的宽度，γ 的定义是

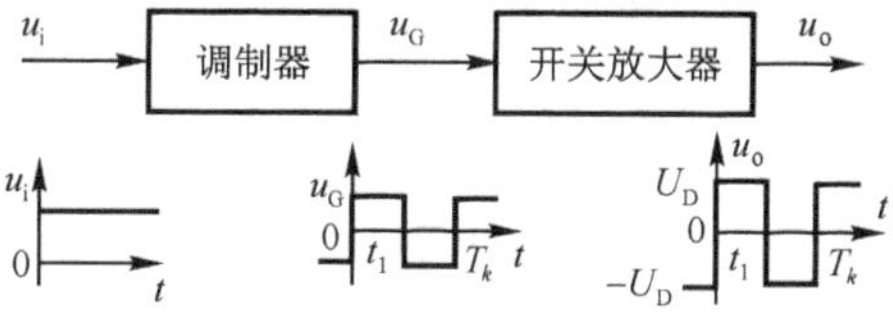

图 15-29　PWM 放大器的结构

$$\gamma = \frac{t_1}{T_k} \tag{15-22}$$

脉宽调制器的输入信号除了用瞬时值 u_i表示外，还常用下述的信号系数 ρ 表示

$$\rho = \frac{u_i}{|U_{im}|} \tag{15-23}$$

式中，U_{im}为调制器输入电压的最大值，是个定值。

下面先分析输出与输入之间的静态特性。为简单起见，设 t_1与 ρ 呈线性关系，即

$$t_1 = A + B\rho \tag{15-24}$$

对于双极性输出，当 $u_i = |U_{im}|$、$\rho=1$ 时表示控制电压 u_i始终是正电压的最大值，这时希望输出的 PWM 电压的平均值最大，显然这时 t_1应有最大值，故 $t_1 = T_k$。同样，当 $u_i = -|U_{im}|$、$\rho=-1$ 时表示控制电压 u_i是负电压且绝对值最大，这时希望输出的 PWM 电压是负电压且绝对值最大，显然这时 t_1应当最小，故 $t_1=0$。将 $\rho=1$、$t_1=T_k$和 $\rho=-1$、$t_1=0$ 代入式(15-24)可得 $A = B = \frac{T_k}{2}$，所以有

$$t_1 = \frac{1}{2}T_k(1+\rho) \tag{15-25}$$

将式(15-22)代入上式可得

$$\gamma = \frac{1}{2}(1+\rho) \tag{15-26}$$

对于单极性输出，当 $u_i = \pm|U_{im}|$ 即 $\rho=\pm1$ 时，$t_1=T_k$；当 $u_i=0$ 即 $\rho=0$ 时，$t_1=0$。由此可知对于单极性输出有

$$t_1 = |\rho| T_k \tag{15-27}$$

及

$$\gamma = |\rho| \tag{15-28}$$

在动态情况下，调制器一般都可以看成时间延迟环节，即

$$G(s) = \frac{\Gamma(s)}{U_i(s)} = K e^{\tau s} \tag{15-29}$$

延迟时间 τ 通常不超过开关周期的一半。在直流电动机的控制系统中，$1/\tau$ 远大于系统的幅值穿越频率，因此可以忽略延迟时间 τ，而认为调制器是比例环节。

2. 功率放大器的输出电压

双极性输出的脉宽调制型放大器的输出电压 u_o 的波形如图 15－29 所示，即

$$u_o = \begin{cases} U_D & 0 \leqslant t < t_1 \\ -U_D & t_1 \leqslant t < T_k \end{cases} \tag{15-30}$$

将电压展开成傅里叶级数，则得

$$u_o = U_{av} + \sum_{n=1}^{\infty} U_{an} \cos\left(2\pi n f_k t - \frac{1+\rho}{2} n\pi\right) \tag{15-31}$$

式中，U_{av} 为电压平均值，有

$$U_{av} = \rho U_D = (2\gamma - 1) U_D \tag{15-32}$$

而

$$U_{an} = \frac{4U_D}{n\pi} \sin \frac{n\pi(1+\rho)}{2} = \frac{4U_D}{n\pi} \sin(n\pi\gamma) \tag{15-33}$$

对于单极性输出电路，输出电压 u_o 为

$$u_o = \begin{cases} U_D & 0 \leqslant t < t_1 & u_i > 0 \\ -U_D & 0 \leqslant t < t_1 & u_i < 0 \\ 0 & t_1 \leqslant t < T_k & \end{cases} \tag{15-34}$$

将电压展开成傅里叶级数得

$$u_o = U_{av} + \sum_{n=1}^{\infty} U_{an} \cos(2n\pi f_k t + \phi_n) \tag{15-35}$$

式中

$$U_{av} = \rho U_D \tag{15-36}$$

及

$$U_{an} = \frac{2U_D}{n\pi} \sin(n\pi |\rho|) \tag{15-37}$$

由上述可见，脉宽调制型功率放大器的输出电压可以看成是直流电压分量 ρU_D 与一系列高频交流电压分量之和。

下面分析放大器的负载是直流电动机的情况。直流电动机的传递函数为

$$G(s) = \frac{\Omega(s)}{U(s)} = \frac{K}{(\tau_m s + 1)(\tau_e s + 1)} \tag{15-38}$$

对数幅频特性见图 15－30。通常，直流电动机的机电时间常数 τ_m 远远大于开关周期 T_k，开关频率 f_k 远远高于电动机的频带和共振区，f_k 是电机频带的几百到上千倍，因此可以认为

所有高频交流电压分量完全被电机衰减，起作用的信号是缓变直流分量 $U_{av}=\rho U_D$。由此可知，当脉冲宽度调制型放大器的负载是直流电动机时，可认为其输出电压 u_o 为

$$u_o = U_{av} = U_D\rho = \frac{U_D}{|U_{im}|}u_i = Ku_i \quad (15-39)$$

式中，$K=\frac{U_D}{|U_{im}|}$ 为脉冲宽度调制型功率放大器的放大系数。

因此脉冲宽度调制型放大器在直流电动机的控制系统中可以等效为一个电压放大器，等效为放大系数为 K 的比例环节。

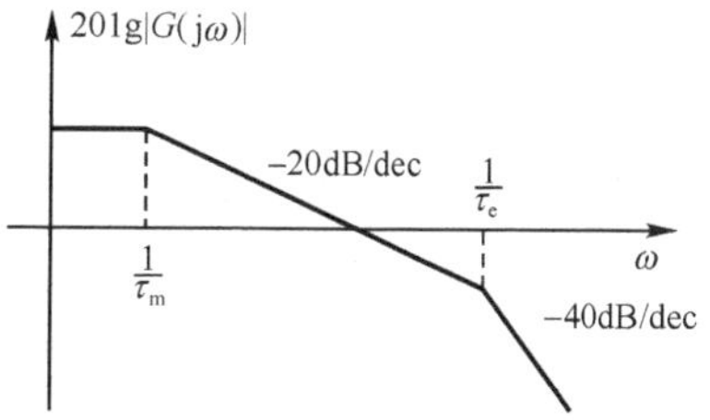

图 15-30　直流电动机的对数幅频特性

3. 放大器的输出电流的平均值 I_{av}

根据前面的假设条件，当电路工作在准稳定状态时，尽管电流 i_a 的瞬时值是在变化的，但认为电流是周期性变化的，其频率就是开关放大器输出电压频率 $f_k=1/T_k$。与电枢电压的情况相似，由于直流电动机本身的频率特性，真正对电机转速和角位移起作用的是电流的平均值 I_{av} 及其对应的平均转矩。对于周期为 T 的周期性变化的电流，电感 L 两端电压的平均值为

$$U_{lav} = \frac{1}{T}\int_0^T L\frac{di_a}{dt}dt = \frac{L}{T}i_a\Big|_0^T = \frac{L}{T}[i(T)-i(0)] = 0 \quad (15-40)$$

直流电机电枢两端的电压 u_a 为

$$u_a = R_a i_a + L_a\frac{di_a}{dt} + E \quad (15-41)$$

在准稳定状态，因电流 i_a 是周期性变化的，故有电枢电压平均值为

$$U_{av}=R_a I_{av}+E \quad (15-42)$$

由此可知电枢电流平均值 I_{av} 为

$$I_{av} = \frac{U_{av}}{R_a} - \frac{E}{R_a} = I_s\rho - I_x \quad (15-43)$$

式中，$I_s=\frac{U_D}{R_a}$，它是电动机的启动电流和堵转电流；$I_x=\frac{E}{R_a}$，称为电机的反电势电流。

对于双极性输出还可以写为

$$I_{av} = I_s(2\gamma-1) - I_x \quad (15-44)$$

对于单极性输出可写为

$$I_{av} = I_s\gamma - I_x \quad (15-45)$$

4. 电流的脉动量 ΔI_a

脉宽调制型放大器的输出电流如图 15-31 中的实线所示。一个周期内电流最大值为 i_{amax}，电流的最小值为 i_{amin}，电流的脉动量 ΔI_a 为

$$\Delta I_a = i_{amax} - i_{amin} \quad (15-46)$$

为简化计算，设电流的波形是直线，见图15-31中的虚线。可证明此时有

$$\Delta I_a = \frac{AI_s\gamma(1-\gamma)}{\tau_e f_k} \quad (15-47)$$

及

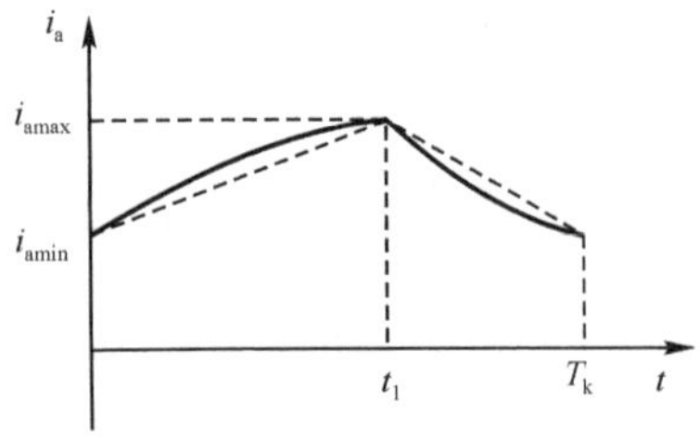

图 15－31 PWM 放大器的电流波形

$$\Delta I_a = \frac{AU_D(1-\rho^2)}{4L_a f_k} \tag{15-48}$$

ΔI_a 的最大值 ΔI_m 发生在信号系数 ρ 为零时，其值为

$$\Delta I_m = \frac{AU_D}{4L_a f_k} \tag{15-49}$$

式中，τ_e 为直流电动机的电磁时间常数，$\tau_e = \frac{L_a}{R_a}$。单极性输出时 A 为 1，双极性输出时 A 为 2。

由式(15－47)可见电枢电流脉动量 ΔI_a 正比于电机的启动电流 I_s，反比于电磁时间常数 τ_e 和开关放大器的开关频率 f_k。或者说 ΔI_a 正比于电源电压 U_D，反比于开关频率 f_k 及电枢电感 L_a。并且在双极性输出时的脉动量比单极性输出时的脉动量大。

对式(15－47)的物理解释如下。电流曲线上升的快慢取决于电机的电磁时间常数，当 f_k 增加而其他量不变时，i_a 上升和下降的速度不变，但上升和下降的时间减小，所以 ΔI_a 减小。当 τ_e 增加而其他量不变时，i_a 上升和下降的速度减小，但上升和下降的时间不变，所以 ΔI_a 也减小。

15.6 PWM 放大器的几个问题

15.6.1 开关器件的功率损耗

研究开关器件功耗有助于了解开关器件的发热情况，确定散热器的大小。

开关器件的功率损耗可分为稳态损耗和动态损耗两类。稳态损耗指电流变化很小(稳态)时的损耗，包括开通状态(GTR 和 IGBT 的饱和区，MOSFET 的非饱和区，以及开关过程中的 t_s时间段)的损耗和关断状态(截止区或阻断区)的损耗。其中断态损耗很小，一般忽略不计。动态损耗包括由断态变成通态的开通瞬时损耗和通态变断态的关断瞬时损耗。

设开关频率和周期为 f_k和 T_k，电源电压为 U_D，PWM 信号的占空比为 γ。

设开关过程中电压、电流随时间的变化曲线是直线。图 15－32 和图 15－33 分别表示纯电阻负载和电感性负载时的电压、电流波形。

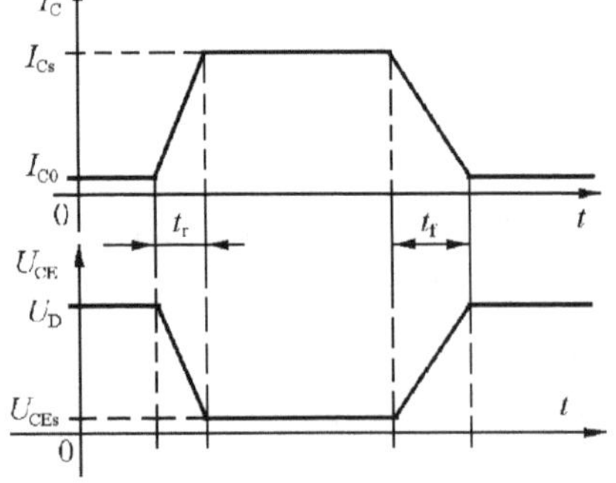

图 15－32 纯电阻负载的开关波形

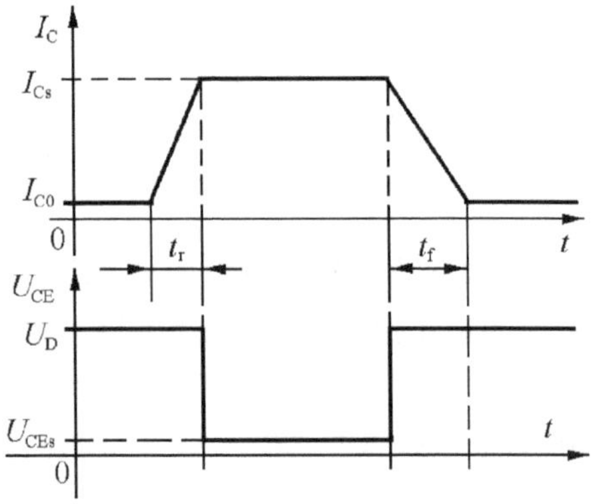

图 15－33 电感性负载的开关波形

1)断态损耗 ΔP_0

$$\Delta P_0 = U_D I_{C0}(1-\gamma) \tag{15-50}$$

式中，I_{C0}为开关器件断态时的漏电流。

2)通态损耗 ΔP_s

$$\Delta P_s = I_{Cs} U_{CEs} \gamma \tag{15-51}$$

式中，I_{Cs}、U_{CEs}为开通状态时器件的电流和管压降。上式没有考虑开关过程中存储时间 t_s期间的损耗，所以它的计算结果比实际结果略小。

3)开通瞬时损耗 ΔP_r

对于纯电阻负载

$$\Delta P_r = \frac{U_D I_{Cs}}{6} t_r f_k \tag{15-52}$$

对于电阻和电感负载

$$\Delta P_r = \frac{U_D I_{Cs}}{2} t_r f_k \tag{15-53}$$

4)关断瞬时损耗 ΔP_f

对于纯电阻负载

$$\Delta P_f = \frac{U_D I_{Cs}}{6} t_f f_k \tag{15-54}$$

对于电阻和电感负载

$$\Delta P_f = \frac{U_D I_{Cs}}{2} t_f f_k \tag{15-55}$$

5)动态损耗 ΔP_d

对于纯电阻负载

$$\Delta P_d = \frac{U_D I_{Cs} f_k}{6}(t_r + t_f) \tag{15-56}$$

对于电阻和电感负载

$$\Delta P_d = \frac{U_D I_{Cs} f_k}{2}(t_r + t_f) \tag{15-57}$$

6)开关器件的总损耗 ΔP

$$\Delta P = \Delta P_0 + \Delta P_s + \Delta P_d \tag{15-58}$$

可见，开关管的动态损耗以及总损耗随开关频率 f_k的增加而增加。

本节的动态损耗计算公式在推导中假定开关过程中电流和电压波形是直线，实际情况与此有差别。由于开关频率 f_k很高，故一般动态损耗明显大于稳态损耗。如何降低动态损耗是开关放大器设计中的重要问题。目前实际中采用很多方法减小动态损耗，例如以后要介绍的缓冲电路。这时动态损耗要比上述公式的计算结果小很多。

15.6.2 电动机的功耗

用开关放大器控制直流电动机时，电枢回路的功率损耗比用线性功率放大器控制时要大，这个增加的损耗部分与电流的波形和开关频率有关。

电枢回路的功率损耗 P_a 为

$$P_a = R_a I_{rms}^2 \tag{15-59}$$

式中，I_{rms}为电枢回路电流的有效值。

设电枢电流的波形是直线，则有(证明略)

$$I_{rms}^2 = I_{av}^2 + \frac{1}{12}\Delta I_a^2 \tag{15-60}$$

可见开关电路中电流有效值比平均值大。由上两式得

$$P_a = I_{av}^2 R_a + \frac{1}{12}\Delta I_a^2 R_a \tag{15-61}$$

令

$$\Delta P_a = \frac{1}{12}\Delta I_a^2 R_a \tag{15-62}$$

称 ΔP_a 为电枢回路的附加损耗。附加损耗与电流脉动量的平方成正比。直流电动机中有用的电磁力矩是由 I_{av}产生的。同一台直流电动机产生相同的电磁力矩，当采用线性放大器时，其电流为 I_a，则采用开关功率放大器时的平均电流 I_{av}应等于 I_a。因此采用开关功率放大器时电枢回路的功率损耗由两部分组成，一部分相当于直流供电时功率损耗 $I_{av}^2 R_a$，另一部分是由电流脉动所造成的附加损耗 ΔP_a。将式(15-47)代入式(15-62)后可得

$$\Delta P_a = \frac{1}{12} R_a \left[\frac{A I_s \gamma(1-\gamma)}{\tau_e f_k} \right]^2 \tag{15-63}$$

由上式可知，电动机的附加损耗与开关频率 f_k 的平方和电机的电磁时间常数 τ_e 的平方成反比。因此，当开关频率 f_k 和电机电磁时间常数 τ_e 增加时，电机的附加损耗明显减小。

15.6.3 开关频率的选择

采用开关放大器的直流电动机系统的性能和电气指标与开关频率 f_k 有密切关系。正确地选择开关频率，可使系统效率提高，性能与直流驱动系统并无差别。频率的选择有很多互相矛盾的因素要考虑。例如，为使系统不响应交变电压分量，开关频率必须足够高，为降低电枢回路的附加损耗，提高电机的利用系数，也要尽量提高开关频率。开关频率必须高于系统中所有显著的谐振频率。但是受开关管本身的特性限制，开关频率不能太高。为了克服静摩擦，有时希望系统的输出有微小振荡，故 f_k 不宜太高。为防止桥式电路同侧、跨接在电源正负极之间的两个开关管在交换工作状态的过程中出现同时导通现象(共态直通)，希望导通驱动信号比截止驱动信号延迟适当的时间，这一点也限制了开关频率的上限。另一方面为减小开关管的开关损耗，又希望开关频率尽可能低。实际工作中，要综合考虑这些方面的因素，选择较适当的开关频率。

对于小功率系统，效率不是主要问题，开关频率可以根据电机允许的过载能力来选择。

对于电机为几百瓦以上的调速系统和随动系统，开关频率的选择有时以整个伺服系统的效率高为原则。伺服系统中与开关频率有关的功率损耗是放大器中功率开关管的动态损耗 ΔP_d 和电机中电枢的附加损耗 ΔP_a。开关管的动态损耗随频率提高而增加，电机中的附加损耗随频率提高而降低。从效率观点看，使这两部分损耗之和为最小的频率为最佳频率，记为 f_{kop}，可以求得

$$f_{\mathrm{kop}} = K_{\mathrm{op}} \sqrt[3]{\frac{\alpha_{\mathrm{s}}}{\tau_{\mathrm{e}}^{2}(T_{\mathrm{r}} + T_{\mathrm{f}})}} \tag{15-64}$$

式中

$$K_{\mathrm{op}} = \begin{cases} 0.26 & \text{单极性输出} \\ 0.332 & \text{双极性输出} \end{cases} \tag{15-65}$$

$$\alpha_{\mathrm{s}} = \frac{I_{\mathrm{s}}}{I_{\mathrm{av}}}, \quad I_{\mathrm{s}} = \frac{U_{\mathrm{D}}}{R_{\mathrm{a}}}$$

一般取电动机额定电流 $I_{\mathrm{n}} = I_{\mathrm{av}}$，因此有

$$\alpha_{\mathrm{s}} = \frac{I_{\mathrm{s}}}{I_{\mathrm{n}}} = 2 \sim 8$$

由式(15-64)可知开关放大器最佳频率取决于电机参数(α_{s} 和 τ_{e})和开关管参数($T_{\mathrm{r}} + T_{\mathrm{f}}$)。常用的开关频率为几千赫兹至十几千赫兹，也有 20～30kHz 的。

15.6.4 缓冲电路

由于电路的内、外因素，电力电子器件中会产生过高的电压，过大的电流，过大的 $\mathrm{d}u/\mathrm{d}t$、$\mathrm{d}i/\mathrm{d}t$，在开关过程中，会产生过大的热损耗，这些都会损坏器件，所以必须采用保护措施。

缓冲电路(snubber circuit)是 GTR、IGBT 等开关器件常用的保护电路，其作用是抑制器件内因产生的过电压、过电流及 $\mathrm{d}u/\mathrm{d}t$、$\mathrm{d}i/\mathrm{d}t$，减小器件的开关损耗。

设计缓冲电路的基本思路就是使器件中电压和电流的峰值错开，使开关器件在开通过程中确保电压迅速下降的同时使电流缓慢上升，关断过程中确保电流迅速下降的同时使电压缓慢上升，从而明显减小开关器件本身的动态功率损耗。

此外，缓冲电路能把开关损耗从开关器件内部转移到缓冲电路，然后再消耗到缓冲电路的电阻上，或反馈到电源。

缓冲电路可分为关断缓冲电路和开通缓冲电路。关断缓冲电路用于抑制器件关断时的过电压和 $\mathrm{d}u/\mathrm{d}t$，减小关断损耗。开通缓冲电路用于抑制器件开通时的过电流和 $\mathrm{d}i/\mathrm{d}t$，减小开通损耗。

典型缓冲电路见图 15-34。图中 C_{s}和 R_{s}、$\mathrm{D_s}$组成基本的关断缓冲电路。在器件 T 关断过程中，电容 C_{s}经二极管 $\mathrm{D_s}$充电，利用电容电压不能突变的原理限制和减缓了关断过程中电压上升率 $\mathrm{d}u/\mathrm{d}t$。同时电容 C_{s}能容纳电流，分流了器件 T 的电流，确保器件 T 的电流迅速下降。$\mathrm{D_s}$可提高充电速度(避开 R_{s})。L_{i}和 R_{i}、$\mathrm{D_i}$组成基本的开通缓冲电路。在器件 T 开通过程中，小电感 L_{i}利用电感电流不能突变的原理限制和减缓了开通过程中电流上升率 $\mathrm{d}i/\mathrm{d}t$。同时 L_{i}也将开关管 T 的 C 极电位与 A 点电位隔开，确保 C 极电位迅速下降。在器件 T 开通后的导通期间，C_{s}经 R_{s}和 T 放电恢复初态，R_{s}消耗了 C_{s}的储能。而在器件 T 关断后的关断期间，$\mathrm{D_i}$和 R_{i}为 L_{i}提供续流回路，R_{i}消耗了 L_{i}的储能。

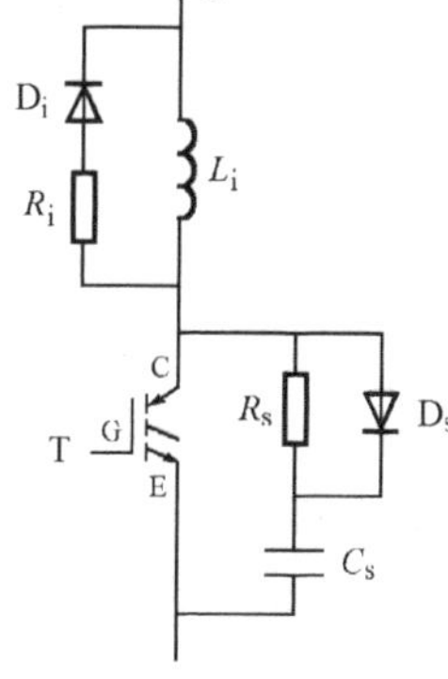

图 15-34 缓冲电路

器件开关过程的输出特性也称为开关轨迹。以带续流回路

的电感负载为例。图 15 - 35 中的曲线 1 和 2 分别表示器件无缓冲电路和有缓冲电路时的开关轨迹。图 15 - 36 和图 15 - 37 分别表示无缓冲电路和有缓冲电路时的电流、电压和器件的开关动态功耗。可见缓冲电路可改变器件开关轨迹，使器件的开关动态功耗明显减小。

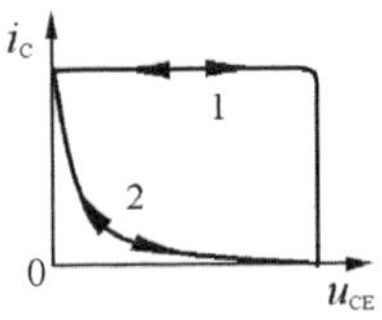

图 15 - 35　开关轨迹

对于高频开关器件，线路杂散电感可起到开通缓冲作用，可能不需要开通缓冲电路。而对于晶闸管和 GTO 等工作频率较低的大容量器件，通常需要开通缓冲电路。

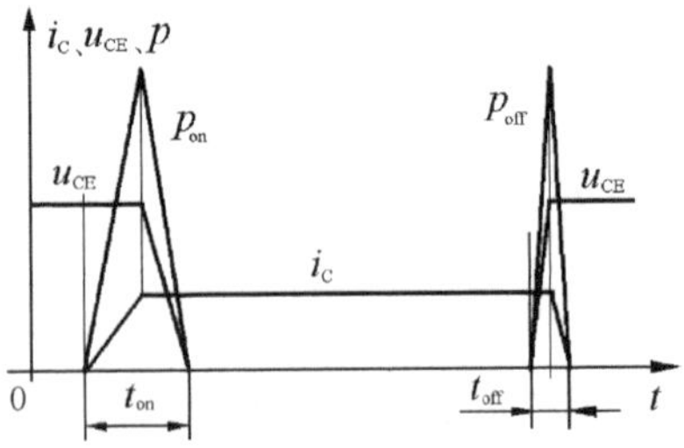

图 15 - 36　无缓冲电路时的电流、电压与功耗

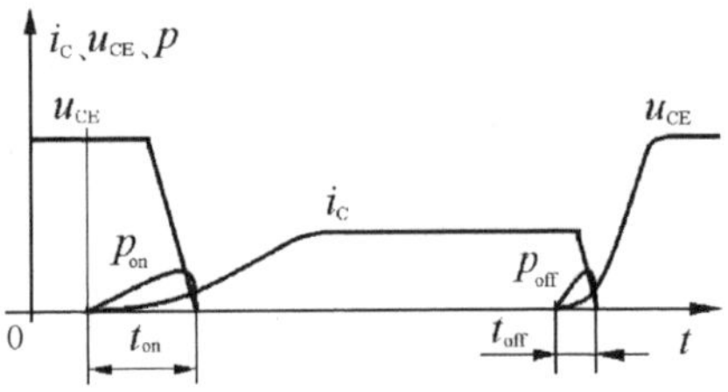

图 15 - 37　有缓冲电路时的电流、电压与功耗

15.6.5　PWM 放大器的其他问题

与线性功率放大器一样，在 PWM 放大器中同样存在功率放大器件的选择，输出级电路形式的选择，要输出足够的电流又要限制电流，防止电枢电感产生过电压，以及防止桥式电路同侧开关管共态直通等问题，这些问题可参见 14.3.4 节“直流功率放大器的几个问题”。

对于 PWM 放大器，要特别注意开关管共态直通问题。以图 15 - 23 为例说明此问题。图 5 - 38 表示 T_1、T_2的 C-E 极等效电阻 r_{T1}、r_{T2}的变化曲线。以小电阻表示开关管开通，大电阻表示开关管关断。若 $u_{G1}=-u_{G2}$，由于 $t_{off}>t_{on}$，每个开关周期，电源将两次被小电阻短路，每次短路时间是 $t_{off}-t_{on}$ ，这必然引起开关管的急剧发热和损坏。解决办法，除了线性功放电路中介绍的利用阻塞二极管的方法外，在 PWM 放大器中广泛采用由比较器等组成的延时电路，或采用 RC 延迟电路，以保证开通驱动信号比关断驱动信号延迟适当时间。

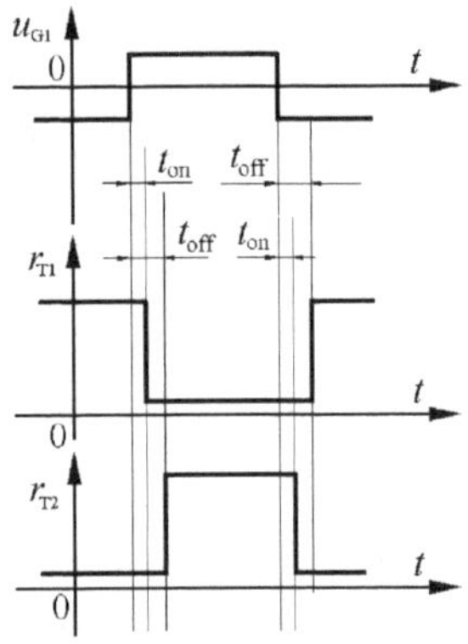

图 15 - 38　共态直通

15.7　脉宽调制器的典型电路

脉宽调制器包括恒频率信号发生器与脉宽调制电路两部分。

1. 恒频率信号发生器

恒频率信号发生器的输出信号可以是三角波，也可以是锯齿波。对它的主要要求是频率稳定度高，信号线性度好。由运算放大器组成的三角波发生器在 PWM 电路中应用最广，典型电路见图 15 - 39。

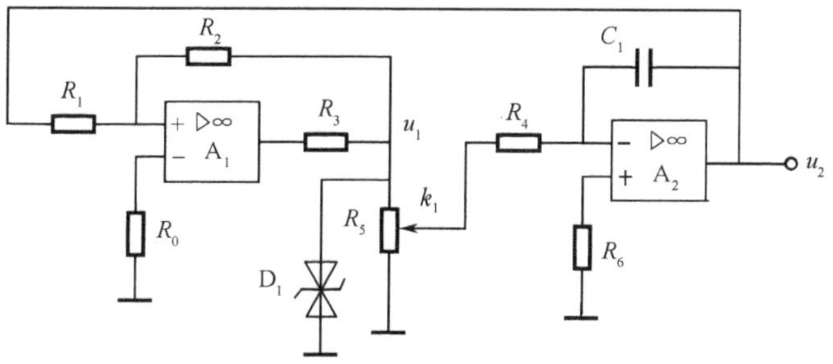

图 15-39　三角波发生器

它包括两个运算放大器，A_1 为基型迟滞比较器，输出信号 u_1 为对称方波。A_2 为反向积分器，输出信号 u_2 为对称三角波。u_1、u_2 波形见图 15-40。

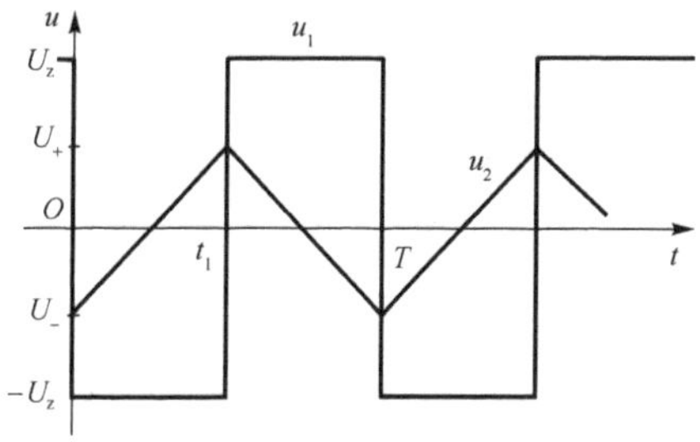

图 15-40　输出波形

设稳压管的稳定电压为 U_z，则 A_1 输出的高、低电平分别为 U_z 和 $-U_z$。

上门限电压为

$$U_+ = \frac{R_1}{R_2}U_z \tag{15-66}$$

下门限电压为

$$U_- = -\frac{R_1}{R_2}U_z \tag{15-67}$$

门限宽度为

$$\Delta U = U_+ - U_- = 2\frac{R_1}{R_2}U_z \tag{15-68}$$

电路工作原理如下，A_1 输出 u_1 为低电平 $-U_z$ 时，$-U_z$ 经电位器 R_5 分压后加到积分器输入端，分压系数为 k_1。A_2 的输入电压为 $-k_1U_z$，A_2 的输出电压 u_2 为线性增加的电压。设 $t=0$ 时 A_2 输出电压 $u_2(0)=U_-$。当 $u_2(t_1)=U_+$ 时比较器 A_1 翻转，此后 $u_1=U_z$，A_2 的输入电压为 k_1U_z，积分器反向积分，u_2 为线性下降电压。当 $t=T$ 时，$u_2(T)=U_-$，此后 $u_1=-U_z$。波形见图15-40。

积分器输出电压 u_2 的变化规律为

$$u_2(t) = -\frac{t}{R_4C_1}(-k_1U_z) + u_2(0) \tag{15-69}$$

可求得振荡周期为

$$T = \frac{4R_1R_4C_1}{k_1R_2} \tag{15-70}$$

振荡频率为

$$f = \frac{1}{T} = \frac{k_1R_2}{4R_1R_4C_1} \tag{15-71}$$

若图 15-39 中 A_1 的反相输入端电阻 R_0 不接地而是接外加电压 E_j，则三角波及门限电压沿纵轴平移$\left(1+\frac{R_1}{R_2}\right)E_j$，其余参数不变。

式(15-70)和式(15-71)也就是 PWM 电路的开关周期和频率。

2. 脉宽调制电路

脉宽调制电路的作用就是将普通的连续信号变成对应的PWM信号。脉宽调制电路的基本部件就是一个比较器，将恒频率的三角波或锯齿波信号加在比较器的输入端与输入信号进行比较，就可得到PWM信号。

在图15-41中，运算放大器A_1就是比较器，u_d是恒频率对称三角波信号，u_i是连续信号，A_1的输出信号u_1就是对应的PWM信号，见图15-42中的u_1。由于输入信号u_i变化相对较慢，所以在一个开关周期内可认为u_i是常值。采用平面几何知识可知，该PWM信号正向电压宽度与输入信号u_i是线性关系。

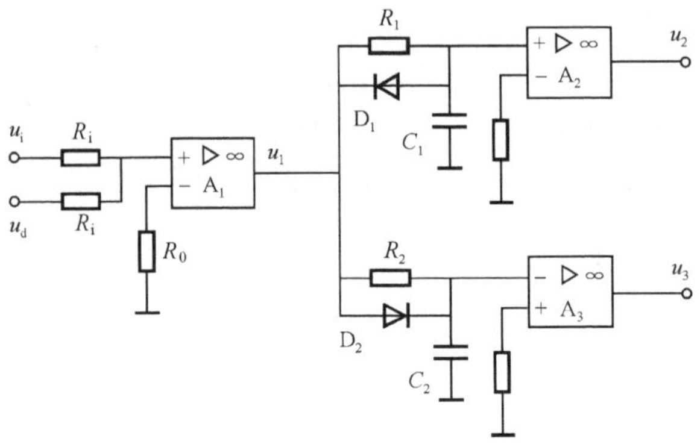

图15-41　采用RC阻容延迟电路的脉宽调制器

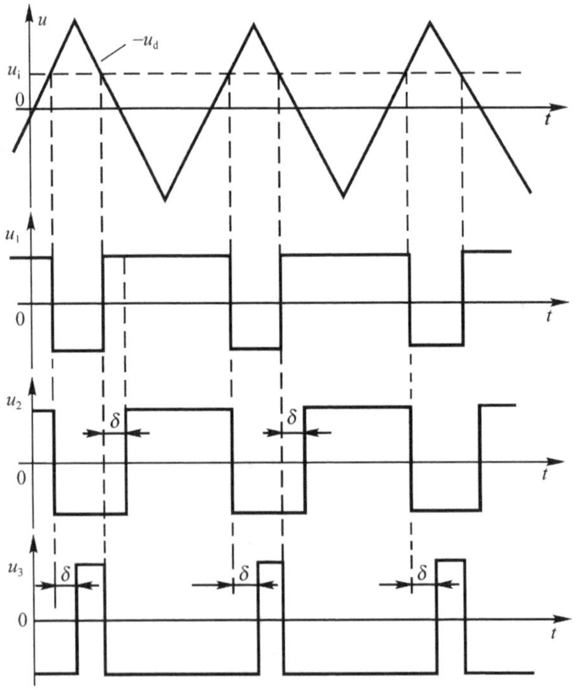

图15-42　阻容延迟电路的波形

为了防止 H 桥式电路共态直通现象，需要使用具有延迟的 PWM 信号。

采用 RC 阻容延迟电路的脉宽调制器原理电路图见图 15-41，图中 u_i 为控制输入信号，u_d 为三角波信号。比较器 A_1 形成的 PWM 信号，分别经 R_1C_1 和 R_2C_2 延时电路加到电压比较器 A_2 和 A_3 上。A_2 为同相比较器，A_3 为反相比较器。二极管 D_1、D_2 的作用是对调宽脉冲的上升沿延时，基本上不影响脉冲的下降沿。调整延时电路参数 R_1C_1 和 R_2C_2，就可得到所需要的延时 δ。该电路的波形图见图 15-42。

另一种带有延迟的脉宽调制电路及波形见图 15-43。图中 u_i 为控制输入信号，U_d 为三角波信号，它们共同加到运算放大器的 A_1 的同相端和 A_2 的反相端。A_1、A_2 的输出信号为反相位的 PWM 信号，相位延迟为 δ(s)。A_1、A_2 的门限电位为 U_a、U_b，设门限电压宽度为 $\Delta U=U_a-U_b$，延迟时间为 δ，可求得

$$\Delta U=\frac{R_2+R_3}{2R_1+R_2+R_3}\cdot 2U_{ref} \tag{15-72}$$

$$\delta=\frac{\Delta U}{U_{dp}}\cdot\frac{T}{2} \tag{15-73}$$

式中，U_{ref} 为基准电位；U_{dp} 为三角波的峰峰值；T 为三角波电压的周期。可见，调节电位器 R_3 可改变门限电压 ΔU 和延迟时间 δ。

脉宽调制器，包括 PWM 信号形成电路及延时电路，也可采用专用集成电路块实现，还可用微处理机和数字电路实现，不再详述。

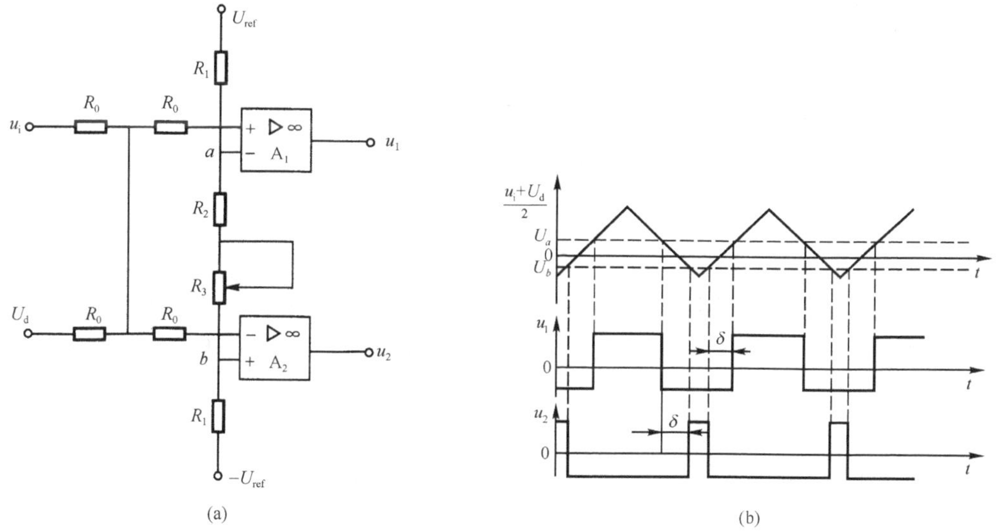

图 15-43　有延迟的脉宽调制电路与波形

15.8　PWM 电路的电源及泵升电压

对直流功率放大器的基本要求之一就是能吸收电机返回的电能。PWM 电路允许电流任意方向流动，但本身没有吸收电能的装置，因此要求直流电源能够吸收电流和电能。此外，PWM 双极型功放电路在每个电源周期都有一段时间向电源输出电能，因此也要求电源必须能够吸收电流和电能。

一般的直流电都是由交流电整流后得到的。所以直流电源一般包括电源变压器和整流、滤波电路。图 15-44 表示利用单相交流电的桥式整流、电容滤波电路和一般负载时的电压、电流波形。

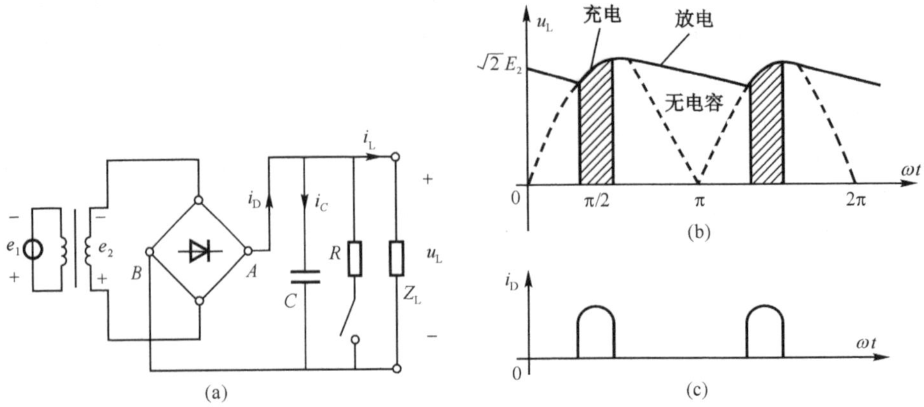

图 15-44　电源

由节点电流定律有

$$i_L + i_C = i_D$$

由于二极管的单向导电作用，桥式电路的电流 i_D 只能由 A 端流出，由 B 端流入。若负载向电源反馈电流和电能，则有 $i_C>0$，电容充电，电容两端电压 $u_C=\frac{1}{C}q=\frac{1}{C}\int_{t_1}^{t} i_C \mathrm{d}t$ 将升高。若电机处于发电机状态，电源接收的电功率为 $U_{av}I_{av}$，这些电能存储在电容器中，电容器的能量 $\frac{1}{2}Cu_C^2$ 增加，故 u_C 将增加。这种情况发生在电机减速时。电容两端电压超出规定的整流输出电压 U_D 的部分称为泵升电压，记为 ΔU_P。电机转速变化量和转动惯量越大，泵升电压也越高。泵升电压太高，会损坏电路中的晶体管或其他元件。可通过提高电容器 C 的容量，或设置泵升电压限制电路，限制泵升电压。在图 15-44 中，电阻 R 就是限制泵升电压用的。泵升电压过高，将接通开关，使电阻 R 与电源电压接通，电阻 R 将消耗电能，从而限制泵升电压。初步计算时，泵升电压 ΔU_P 可取为 $U_D/2$。

可见从负载返回直流电源的电能并没有返回交流电源，而是储存在电源的电容器中。电容不仅起滤波作用，减少电压波动，而且具有接收和存储反馈回来的电能的作用。

15.9　正弦波脉宽调制(SPWM)电路原理

异步电动机变频变压调速器及永磁交流伺服电动机驱动器都要求输出频率可调的正弦波电压。它们都是由直流电压源变换而来的。目前广泛采用的装置输出波形是正弦波脉宽调制波形简称正弦 PWM 或 SPWM。

所谓 SPWM 波形，就是与正弦波等效的一系列等幅不等宽的矩形脉冲波形。等效的原则是每一区间的面积相等，或成比例。

图 15-45 表示单极性 SPWM 波形。把一个正弦半波分成 n 等分，然后把每一等分的正弦曲线与横轴所包围的面积都用一个与此面积相等的矩形脉冲代替。矩形脉冲的幅值不变，各脉冲的中点与正弦波每一等分的中点相重合。这样由 n 个等幅不等宽的矩形脉冲所组成的波形就与正弦波的半周等效。同样，正弦波的负半周也可用相同的方法与一系列负脉冲等效。这样的波形，在每半个周期中脉冲电压只在正或负一种极性和零之间变化，故称为单极性 SPWM 波形。

图 15-46 表示，采用单极性的三角波和正弦波信号可获得单极性 SPWM 信号，再利用倒向控制信号就可得到完整的 SPWM 信号。从通信原理角度看，图 15-46 中的三角波就是高频载波信号，作为参考输入的正弦信号就是调制信号，作为输出的 SPWM 信号就是已调制信号。

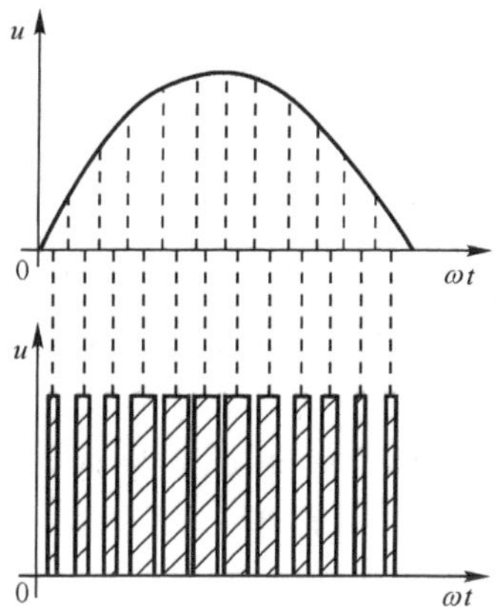

图 15-45　单极性 SPWM 波形

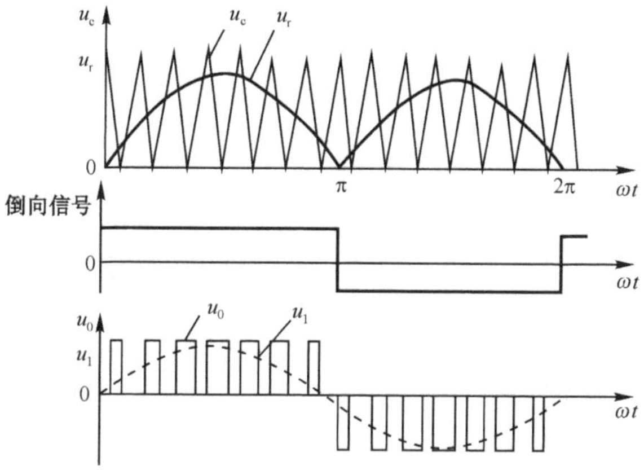

图 15-46　正弦波脉宽调制波形

图 15-47 表示，采用双极性的三角波与正弦波信号可获得双极性 SPWM 波形。

可以证明，图 15-46、图 15-47 中的 SPWM 波形，正弦曲线与横轴之间的面积与对应的各脉冲的面积之和近似成正比。这种 SPWM 信号分解成傅里叶级数时主要是基波和高次谐波，低次谐波的幅值小。对电机负载而言，起作用的是基波。改变作为参考输入信号的正弦信号的幅值和频率，也就相应的改变了输出量 SPWM 信号的基波的幅值和频率。因此这种方法可实现异步电动机变频调速对电机电压的要求。

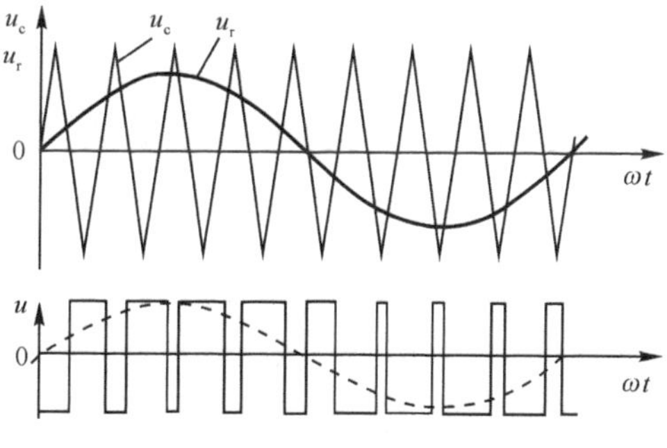

图 15-47　SPWM 波形

图 15-48 是 SPWM 电路原理图。图中 $T_1 \sim T_6$ 是功率开关器件，多为 GTR、IGBT、MOSFET、GTO 等，图示为 GTR。二极管提供续流通路。U_D 为直流电压，由三相不控整流器产生，C 为滤波电容。当电流连续时，在适当的信号作用下，每相输出的电压波形都是 SPWM 波形。

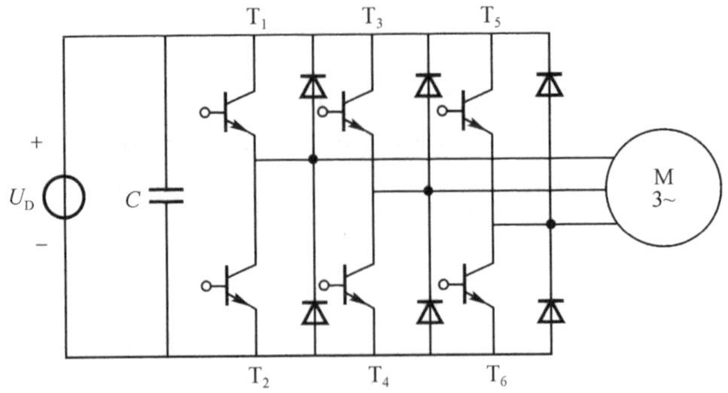

图 15-48　SPWM 电路原理图

15.10　晶闸管变流器

作为控制系统的功率放大元件，晶闸管电路可用来控制电阻性负载，电阻电感性负载，反电势负载。电阻炉、白炽灯、电焊、电解、电镀等属于电阻性负载。直流电动机的励磁绕组属于电阻电感负载。直流电动机的电枢绕组属于有反电势的电阻电感负载。晶闸管电路在电动机（特别是大功率电动机）的调速系统中得到广泛应用。

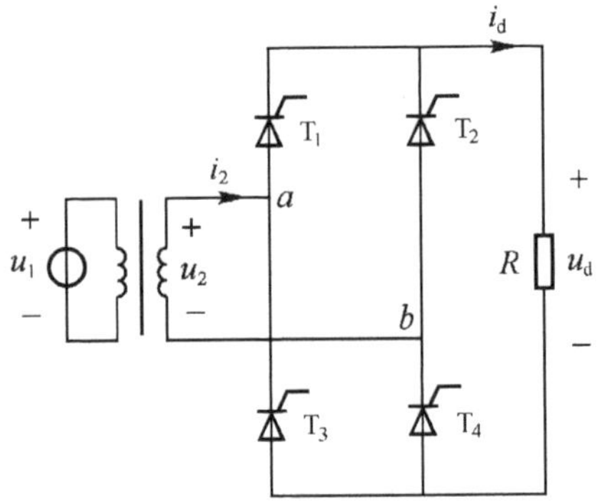

图 15-49　晶闸管桥式电路

控制直流电机时，同一套晶闸管电路往往既作整流（把交流电变成直流电），又作逆变（把直流电变成交流电），通常称为变流器。

下面以图 15-49 的单相桥式电路为例分析晶闸管变流器的工作状态。该电路由 4 个晶闸管组成，电阻 R 代表负载。变压器输入电压是正弦电压 u_1，输出电压 u_2 为 $u_2=\sqrt{2}U_2\sin\omega t$。为了便于分析，下面讨论电路的工作状态时忽略晶闸管的开关过程。

15.10.1　电阻性负载

晶闸管单相桥式电路的负载是纯电阻 R 时，电路见图 15-49。电路导通时电压和电流相位相同，它们随时间变化的曲线见图 15-50。横轴用 ωt 表示时间，单位是 rad 或(°)，ωt 可称为电角。$\omega=2\pi f$ 称为电角频率，f 是输入电压的频率。门极和阴极之间的电压记为 u_G，它是脉冲电压，也称触发脉冲，利用它使晶闸管开通，同时加在所有晶闸管上。阳极和阴极之间的电压记为 u_T，它为正时，称其为正向阳极电压。设初始电流为零。晶闸管导通时，认为压降为零。电路的工作状态可分为几个时间区段。

时段 1（$0\sim\omega t_1$）：$i_d=0$，$u_2>0$，$u_{T1}=u_{T4}=u_2/2>0$，$u_{T2}=u_{T3}=-u_2/2<0$。T_1、T_4 承受正向阳极电压，但没有触发脉冲，故是阻断状态。而 T_2、T_3 承受反向阳极电压，也是阻断状态。$i_d=0$，$u_d=0$。

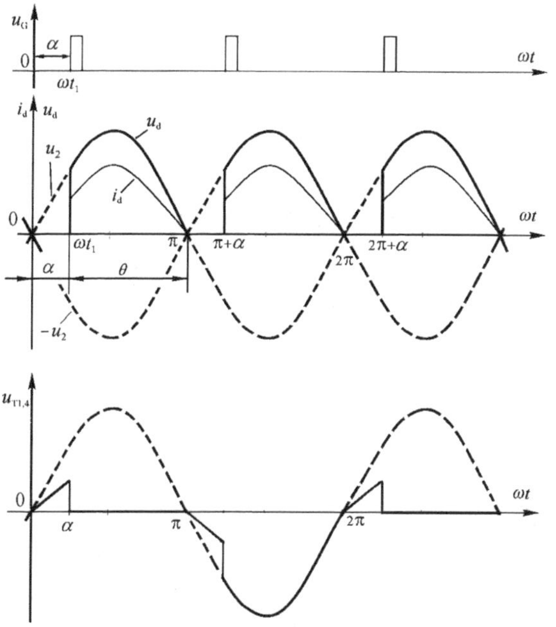

图 15－50　纯电阻负载时的曲线

时段 2(ωt_1～π)：$u_2>0$。$\omega t=\omega t_1$，触发脉冲到，T_1、T_4导通，电流经 $a\to T_1\to R\to T_4\to b$，形成回路。$u_d=u_2$，$i_d=i_2=u_d/R$。$u_{T1}=u_{T4}=0$，$u_{T2}=u_{T3}=u_{ba}=-u_2<0$。$T_2$、$T_3$承受反向阳极电压仍是阻断状态。当 ωt 接近 π 时，i_d小于维持电流 I_H，晶闸管自行关断。

从晶闸管阳极电压为零并将承受正向阳极电压起，到门极承受正向门极电压这一段时间用电角(ωt)表示，称为控制角或触发角，记为 α。图 15－50 中，0～ωt_1这一段就是 T_1、T_4的控制角，可见有 $\alpha=\omega t_1$。晶闸管导通的时间，用电角表示就称为导通角，记为 θ。由图 15－50 知 T_1、T_4的导通角 $\theta=\pi-\omega t_1=\pi-\alpha$。

时段 3(π～π＋α)：$i_d=0$，$u_2<0$，$u_{T1}=u_{T4}=u_2/2<0$，$u_{T2}=u_{T3}=-u_2/2>0$。T_1、T_4、T_2、T_3都是阻断状态。$i_d=i_2=0$，$u_d=0$。

时段 4(π＋α～2π)：$u_2<0$。$\omega t=\pi+\alpha$，触发脉冲到，T_2、T_3导通，电流经 $b\to T_2\to R\to T_3\to a$，形成回路。$u_d=-u_2$，$i_d=i_2=u_d/R$。$u_{T2}=u_{T3}=0$，$u_{T1}=u_{T4}=u_{ab}=u_2<0$。$T_1$、$T_4$承受反向阳极电压仍是阻断状态。当 ωt 接近 2π 时，i_d小于维持电流 I_H，晶闸管自行关断。

到此，晶闸管的工作完成一个周期。此后重复上述过程。

可见，输出电压由两个相位相反的正弦电压与零电压分段组成，输出电压和电流在 $\omega t=\alpha$，π＋α，2π＋α，…时发生突变。输出电流是单方向波动的直流电，故电路起整流作用。改变控制角 α 就改变了输出电压的波形和平均值。改变控制角 α 的大小，即改变触发脉冲出现的时刻，称为移相。使输出电压的平均值由最大到最小时，控制角 α 的变化范围称为移相范围。控制角是电源电压的一个相位角，按控制角进行开关控制的工作方式又称为相位控制。

输出的整流电压的平均值 U_d计算如下：

$$U_d=\frac{1}{\pi}\int_{\alpha}^{\pi}\sqrt{2}U_2\sin\omega t\,d(\omega t)=\frac{\sqrt{2}U_2}{\pi}(1+\cos\alpha)=0.9U_2\frac{1+\cos\alpha}{2} \qquad (15-74)$$

$\alpha=0$ 时 $U_d=0.9U_2$，最大；$\alpha=180°$时 $U_d=0$，最小。晶闸管的移相范围是 180°。改变控制角就可以改变输出的整流电压的平均值。

15.10.2 电感性负载

当负载的感抗 ωL 与电阻 R 的数值相比不可忽略时就是电感性负载。图 15－51 表示电感性负载的单相桥式电路。需注意的是，电感电路电流不能突变；当电流发生变化时，电感中会产生感应电势 $L\mathrm{d}i_d/\mathrm{d}t$，它的方向是阻止电流变化；电路导通时电压和电流相位不同，电压为零时电流不是零。下面分两种情况讨论。

1. 电感较小，电流断续

此时电压和电流随时间变化的曲线见图 15－52。

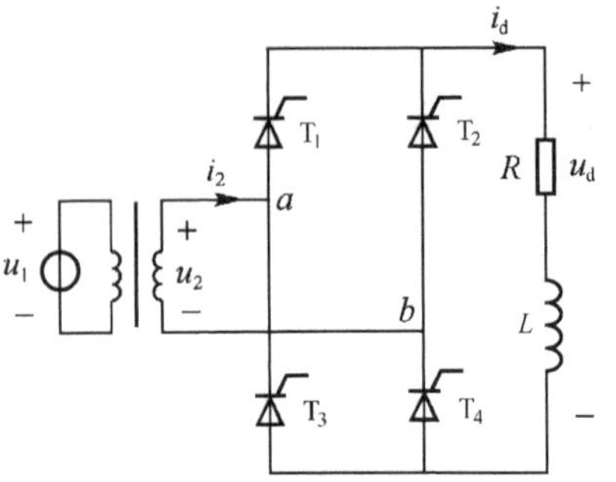

图 15－51 电感性负载

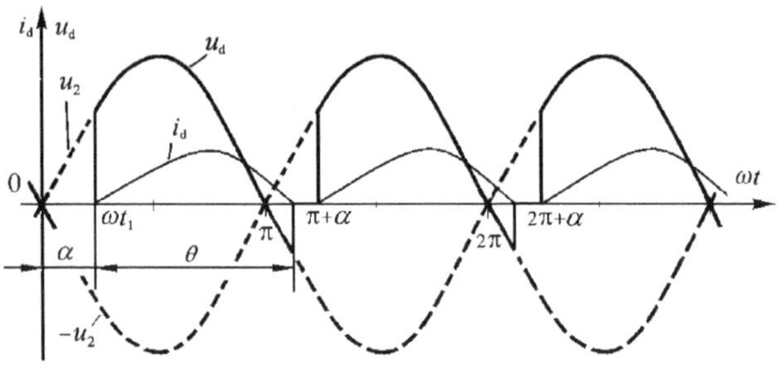

图 15－52 感性负载电流断续时的曲线

当 ωt 接近 α 但小于 α 时，电流 i_d 为零，情况与电阻性负载时相同。$\omega t=\alpha$ 时 T_1、T_4 被触发导通，$u_d=u_2$。由于电感的存在，电流不能突变，i_d 从零开始上升。电压 u_2 在 $\omega t=\pi$ 时为零，此后 u_2 变负。所以电流 i_d 达到最大值后开始下降。在 $\omega t=\pi$ 时 i_d 不是零，此时电感释放磁场能，感应电势 $L\mathrm{d}i_d/\mathrm{d}t$ 维持电流流动。此时电路方程为

$$u_{T1}+u_{T2}=u_2-L\frac{\mathrm{d}i_d}{\mathrm{d}t}-Ri_d \tag{15-75}$$

尽管 $u_2<0$，但 $-L\mathrm{d}i_d/\mathrm{d}t>0$，只要感应电势的绝对值足够大，仍可使晶闸管阳极电压为正，维持导通。当 $\omega t=\alpha+\theta$ 时电流 i_d 为零，T_1、T_4 断开。在 $\omega t=\pi+\alpha$ 时 T_2、T_3 被触发导通，$u_d=-u_2$。同样，在 $\omega t=2\pi$ 时 i_d 不是零，感应电势 $L\mathrm{d}i_d/\mathrm{d}t$ 维持电流流动。当 $\omega t=\pi+\alpha+\theta$ 时电流 i_d 为零，T_2、T_3 断开。

随着电感的增大，导通角 θ 增大。电流断续时 $\theta<\pi$。

输出电压由两个相位相反的正弦电压与零电压分段组成，输出电压在 $\omega t=\alpha$，$\pi+\alpha$，$2\pi+\alpha$，…时发生突变。输出电流是单方向波动的断续直流电。与电阻电路相比，有电感的电路，输出电压瞬时值出现负值，电流没有突变。

可以看出，当 $\alpha\geqslant 90°$时，u_d 曲线与横轴之间的图形，正、负面积相等，平均值 U_d 为零。所以电感性负载时晶闸管的移相范围是 90°。

2. 电感较大，电流连续

设电流已经稳定，周期性变化。此时电压和电流随时间变化的曲线见图 15－53。

$\omega t=\alpha$ 时 T_1、T_4 承受正向阳极电压并被触发导通，$u_d=u_2$。由于电源供应电能，电流 i_d

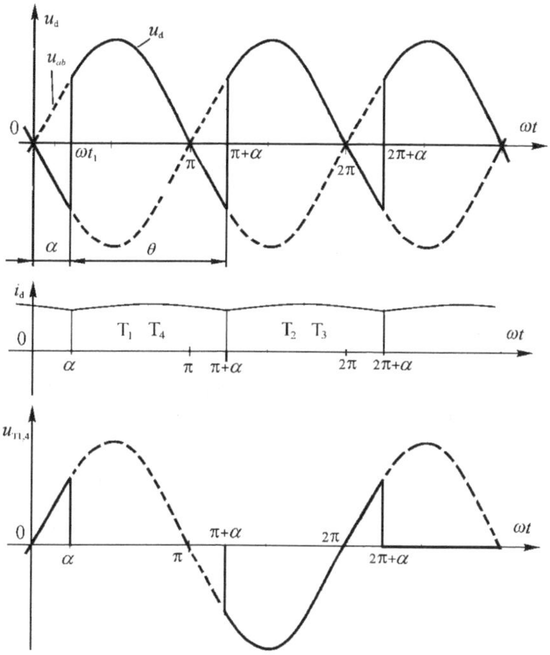

图 15-53 感性负载电流连续时的曲线

上升。电压 u_2 在 $\omega t=\pi$ 时为零。电流 i_d 达到最大值后开始下降。当 $\omega t \geqslant \pi$ 时感应电势 $L\mathrm{d}i_d/\mathrm{d}t$ 维持电流流动，电感释放磁场能。在 $\omega t=\pi+\alpha$ 时 T_2、T_3 承受正向阳极电压并被触发导通，$u_d=-u_2$，电流改为流向 T_2、T_3。T_1、T_4 的电流减小到维持电流以下后断开，并承受反向阳极电压。当 $\omega t \geqslant 2\pi$ 时感应电势 $L\mathrm{d}i_d/\mathrm{d}t$ 维持电流流动。在 $\omega t=2\pi+\alpha$ 时 T_1、T_4 承受正向阳极电压并被触发导通，$u_d=u_2$。电流 i_d 改为流向 T_1、T_4，T_2、T_3 断开。至此，晶闸管工作状态完成一个周期。

电流连续时导通角 $\theta=\pi$。输出电压 $u_d=u_2$，或 $u_d=-u_2$，可见它由两个相位相反的正弦电压分段组成。u_d 在 $\omega t=\alpha$，$\pi+\alpha$，$2\pi+\alpha$，…时发生突变，由负值变成正值。输出电流是单方向有波动的直流电。电路起整流作用。

输出电流连续时输出的电压的平均值 U_d 计算如下：

$$U_d=\frac{1}{\pi}\int_{\alpha}^{\pi+\alpha}\sqrt{2}U_2\sin\omega t\,\mathrm{d}(\omega t)=\frac{2\sqrt{2}U_2}{\pi}\cos\alpha=0.9U_2\cos\alpha \tag{15-76}$$

$\alpha=0$ 时 U_d 最大，是 $0.9U_2$；$\alpha=90°$ 时 U_d 最小，为零。移相范围是 90°。

电流由零上升到稳态状态的曲线见图 15-54。

将交流电变成电压大小可以控制的直流电，称为可控整流。从上述分析可知，由晶闸管组成的单相桥式电路能起可控整流的作用。

15.10.3 直流电机负载

用晶闸管电路控制直流电动机时，电路的负载就是含有反电势的感性负载。此时电流也有断续和连续两种情况。但是电流断续时，电机性能不好，所以总是希望电流是连续并且平稳。为此，要在负载电路中和电机串联一个较大的电感元件，该电感被称为平波电抗器。

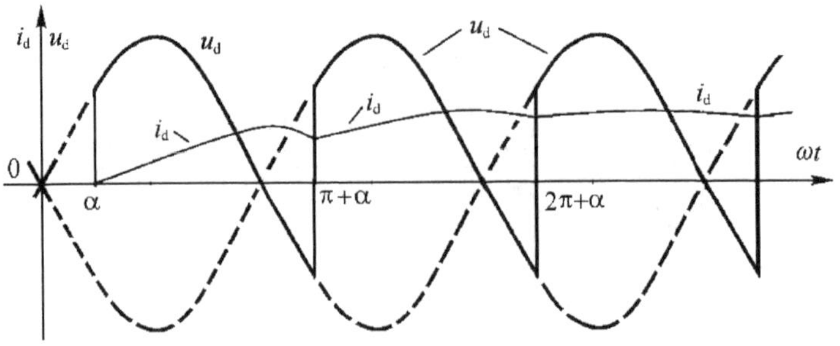

图 15－54　电流上升曲线

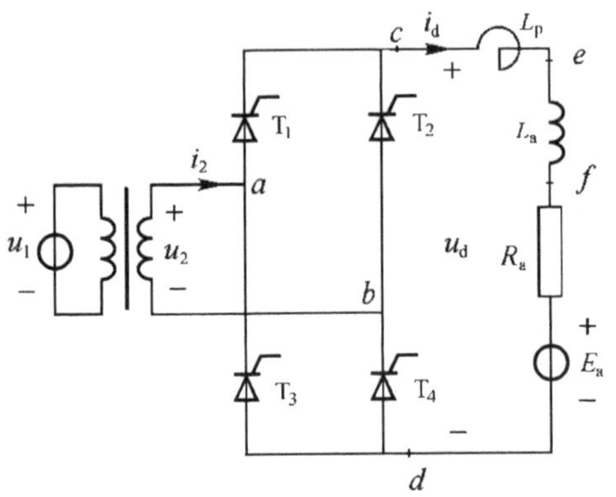

图 15－55　直流电机负载

图 15－55 表示的晶闸管单相桥式电路，负载包括直流电动机和平波电抗器。L_p是平波电抗器电感。直流电机用其等效电路代替。设电流连续，平稳，周期性变化，感应电势在几个开关周期内不变。$E_a>0$ 时对应的转速为正。根据控制角的大小，电路的工作情况分 3 种状态。

1. 整流工作状态($0<\alpha<\pi/2$)

此时 $E_a>0$ 且 $0<\alpha<\pi/2$，电路的工作状态，电压以及电流曲线，和电感负载、电流连续时相同，曲线见图 15－56。

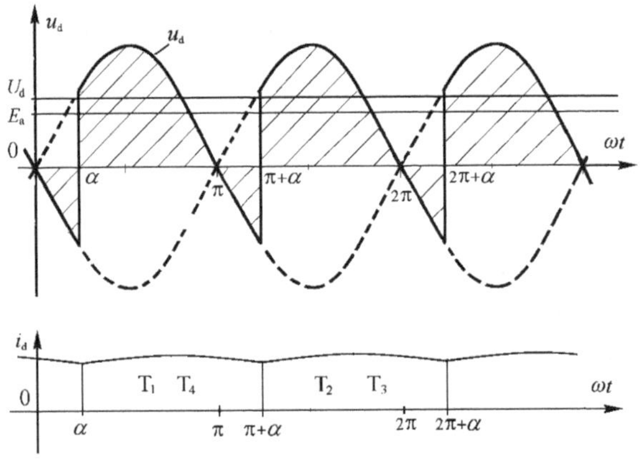

图 15－56　整流状态时的电压和电流

当 ωt 由 α 到 $\pi+\alpha$ 期间，电流 i_d流经路线

$$a \to T_1 \to c \to e \to \text{电机} \to d \to T_4 \to b$$

输出电压 $u_d=u_2$。

当 ωt 由 $\pi+\alpha$ 到 $2\pi+\alpha$ 期间，电流 i_d流经路线

$$b \to T_2 \to c \to e \to \text{电机} \to d \to T_3 \to a$$

输出电压 $u_d=-u_2$。

输出电压 u_d是周期性交变电压，频率是电源频率的 2 倍。u_d由两个相位相反的正弦电压

分段组成，并在 $\omega t=\alpha$，$\pi+\alpha$，$2\pi+\alpha$，…时发生突变，由负值变成正值。输出电压 u_d的平均值 U_d计算式见式(15－76)。忽略晶闸管压降，电路方程是

$$u_d = u_{cd} = L_p \frac{di_d}{dt} + L_a \frac{di_d}{dt} + R_a i_d + E_a \tag{15-77}$$

当电流周期性变化时，电感两端电压平均值为零，故对上式取平均值有

$$U_d = R_a I_d + E_a \tag{15-78}$$

式中，I_d是电流的平均值。电机端电压

$$u_a = u_{cd} = L_a \frac{di_d}{dt} + R_a i_d + E_a \tag{15-79}$$

取平均值得

$$U_a = R_a I_d + E_a = U_d \tag{15-80}$$

故有

$$U_a = 0.9U_2\cos\alpha \tag{15-81}$$

晶闸管电路的输出电压虽然波动大，但由于平波电抗器的电感远远大于电机电感，故输出电压的交变分量绝大部分降在平波电抗器上，电机两端是比较平稳的直流电压，与平均值很接近，所以有

$$u_a = U_a = 0.9U_2\cos\alpha \tag{15-82}$$

通过改变晶闸管控制角 α 可以控制电机电压，从而控制电机。所以，对于直流电机而言，晶闸管电路可以作为直流功率放大器使用。

根据式(15－80)可绘出对应的等效电路见图 15－57。虚线框代表晶闸管电路。图中的方向为实际方向。由图知，电流 I_d由电源 U_d正极流出，由电势 E_a正极流进，所以有 $U_d>E_a$，电网输出能量，电机吸收能量，电机工作在电动机状态。电路此时将交流电能变成直流电能输出，起整流作用。

从瞬时功率的角度看，当 $u_d>0$ 时，电网输出能量；当 $u_d<0$ 时，电网吸收能量。在一个周期中，u_d为正的时间大于为负的时间，电网输出的能量大于吸收的能量，总的看，电网输出能量。

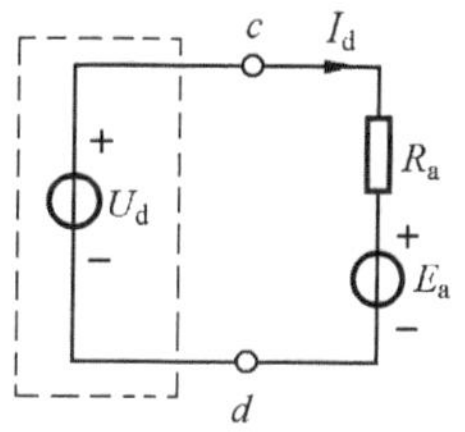

图 15－57　整流状态的等效电路

综上所述，整流工作状态的特点是：

1) $0<\alpha<\pi/2$。

2) 平均电压 $U_d>0$，电流由 U_d的正端流出，电网输出能量。

3) 如果负载中存在反电势 E_a，则 U_d与 E_a是同极性相连(反向串联)。电流由 E_a的正端流进，反电势吸收能量。

4) $U_d>E_a$。

2. 中间状态($\alpha=\pi/2$)

此时 $E_a>0$，$\alpha=\pi/2$，电路中各器件工作状态与整流状态相同，电压、电流曲线也相似。不同的是，输出电压 u_d的波形是正、负面积相等的正弦波(有突变点)电压，输出的平均电压 U_d为零。由式 $U_d = 0.9U_2\cos\alpha$ 可得出同样结论。负载是直流电机时，电机这时处于能耗制动状态，最终应停转不动。

但晶闸管电路此时的性能与PWM功放有些不同。在PWM电路中，电流可以双方向流动。例如轻载时，在一个电流周期内，电流可以有两个不同方向。因此PWM电路输出电流的平均值可以为零。但晶闸管电路，电流只能单方向流动。只要晶闸管导通，负载中一定是单方向的波动电流，电流的平均值只能大于零。当 $\alpha=\pi/2$ 时，负载中就存在单方向的波动电流，平均值大于零。但只要平波电抗器的电感足够大，这种单方向的波动电流的平均值就很小，相应的平均电磁转矩也很小，不会使本应停转的电机转动。但若电感不够大，就可能产生较大的平均电流和平均转矩，从而引起电机爬行(缓慢的不均匀转动)。

3. 逆变工作状态($\pi/2<\alpha<\pi$)

此时 $E_a<0$，即电机反转，并且 $\pi/2<\alpha<\pi$，电路中各器件工作状态与整流状态相同，电压、电流曲线也相似，见图15-58。不同的是，输出电压的平均值 $U_d=0.9U_2\cos\alpha<0$，平均电压改变极性。此时的等效电路见图15-59，图中的方向为实际方向。由图知，电流 I_d 由电源 U_d 正极流进，由电势 E_a 正极流出，所以有 $|E_a|>|U_d|$，电网吸收能量，电机输出能量，电机工作在发电机状态。

在负载侧，电流和电势的方向不变，幅值基本不变，属于直流电能。在变压器内，电流在一段时间内从 a 点到 b 点，在另一段时间内从 b 点到 a 点，属于交流电。所以，在 $\pi/2<\alpha<\pi$ 时，晶闸管电路将负载中电势的直流电能变成交流电能，并送回电网。把直流电变成交流电称为逆变。若同时又把变换后的交流电送回电网，就称为有源逆变。所以，当 $E_a<0$，并且 $\pi/2<\alpha<\pi$ 时，晶闸管电路是有源逆变工作状态。

可以将电能从负载端返回电网，这是晶闸管变流器的重要特点。

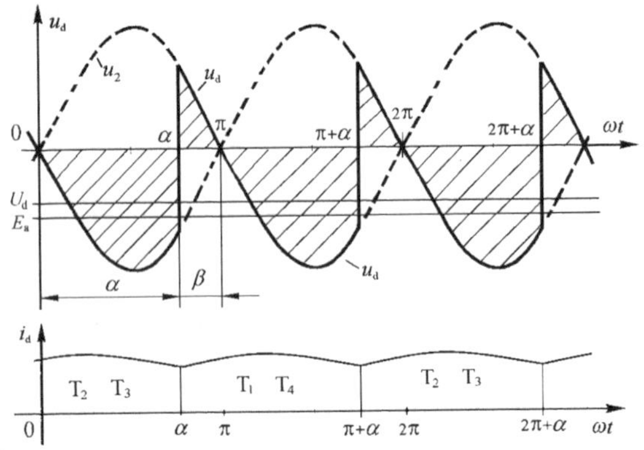

图15-58 逆变状态的电压和电流

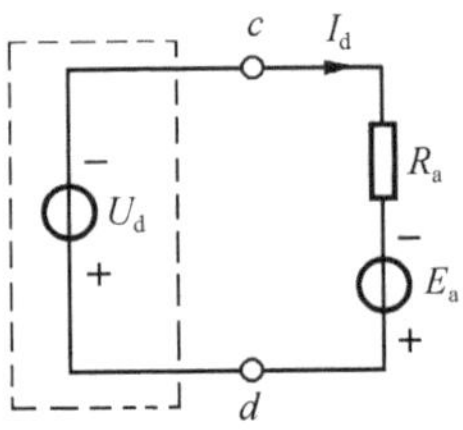

图15-59 逆变状态的等效电路

综上所述，有源逆变工作状态的特点是：

1) $\pi/2<\alpha<\pi$。

2) 平均电压 $U_d<0$，电流由 U_d 的正端流进，电网吸收电能。

3) 负载侧一定存在直流电势 E_a，U_d 与 E_a 是同极性相连(反向串联)。电流由 E_a 的正端流出，负载中的电势输出电能。

4) $|E_a|>|U_d|$。

习惯上，当控制角 $\alpha>\pi/2$ 时，触发脉冲出现的时刻用下式的逆变角 β 表示

$$\beta = \pi - \alpha \tag{15-83}$$

逆变时输出电压平均值又可表示为

$$U_{\mathrm{d}} = -\frac{2\sqrt{2}U_2}{\pi}\cos\beta = -0.9U_2\cos\beta \tag{15-84}$$

综上所述，同一套晶闸管电路，既可作整流，又可作逆变，所以称为变流器。

4. 电源短路状态

此时有 $E_{\mathrm{a}}<0$，$0<\alpha<\pi/2$。等效电路见图 15－60。U_{d}与 E_{a}两个电源反极性相连(同向串联)，电网和电机电势都在输出电能，所以这时电流大。这种状态相当于电机工作在反接制动状态。小功率控制系统中可以使用。但使用晶闸管电路的电机一般功率较大，电机电阻很小，在转速高、反电势大时不允许这种情况出现。

5. 本桥逆变状态

此时有 $E_{\mathrm{a}}>0$，$\pi/2<\alpha<\pi$。等效电路见图 15－61。U_{d}与 E_{a}两个电源反极性相连(同向串联)，电网和电机电势都在吸收电能，电感释放磁场能，电流下降，直到为零。本桥逆变的时间一般很短。

如果晶闸管变流器原来处于整流状态，现在想使电流迅速变为零，以便使主电路断开或加反向电压使电机反转，往往就采用本桥逆变的状态，只要使 $\pi/2<\alpha<\pi$ 就可以。

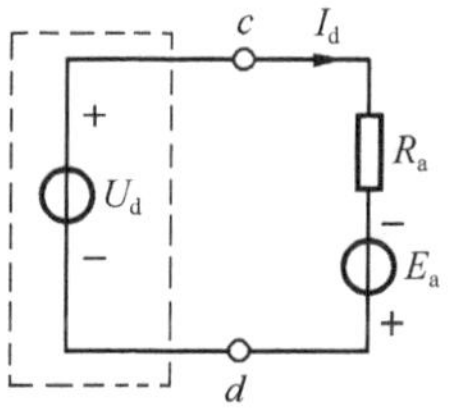

图 15－60　电源短路的等效电路

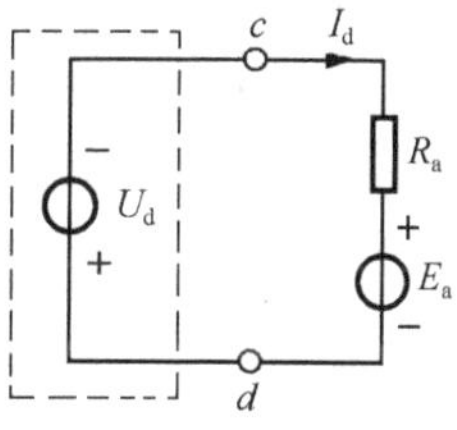

图 15－61　本桥逆变状态的等效电路

6. 提供双向电流的变流器

上述电路只能提供单方向电流。控制直流电机正、反转运行时，需要提供正、反两个方向的电流。通常的方法，是将上述的两个电路的直流输出端反极性并联，用两个变流电路控制两个不同方向的电流。图 15－62 所示变流器，包括 A、B 两个电路，分别提供不同方向的电流 i_A和 i_B。

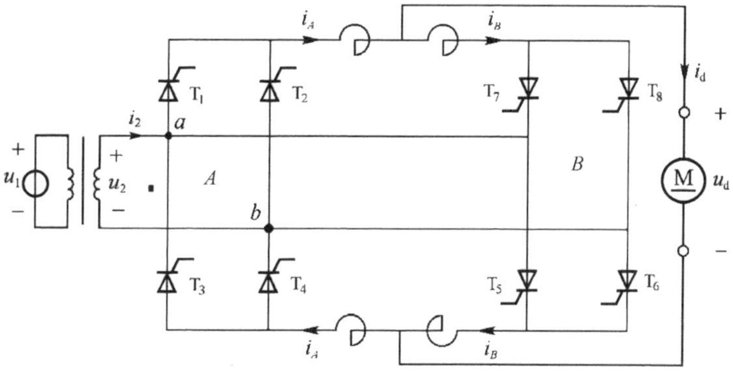

图 15－62　双向电流的变流器

7. 晶闸管变流器与 PWM 放大器的比较

晶闸管能控制的电功率是最大的，功率很大的电机都选用晶闸管变流器。它还可以将电能从负载端返回电网，在电机减速时，将电机中储存的能量返回电网，节约能量。晶闸管价格低，电路简单，控制性能要求不高的装置和系统广泛采用晶闸管电路。晶闸管的开关频率低，这影响控制系统频带和响应速度的提高，并使电机的附加功耗偏大。当要求电机停止不动时，用晶闸管变流器可能产生爬行现象。因此要求快速响应和高精度的中小伺服系统总是采用 IGBT 等器件构成的 PWM 放大器。

习　题

1. 举例说明线性功率放大器不能应用于大功率的场合。

2. 与线性功率放大器相比，开关功率放大器的主要优点和缺点是什么？

3. 开关功率放大器中的电力电子器件主要运行在什么区域？

4. PWM 功放输出级的 H 形桥式电路中，二极管起什么作用？

5. 功率放大器的开关频率提高时，开关管的总损耗如何变化？电动机的功耗如何变化？

6. PWM 功放输出的是方波电压，为什么可以作为直流功放控制直流电动机？

7. PWM 功放，双极性输出时，若负载是纯电阻电路，输出的是热量或电功率，此时利用 PWM 功放还能起到控制输出量的作用吗？为什么？若是单极性输出，是否能起到控制输出量的作用？为什么？

8. PWM 功率放大器中的桥式电路为什么会产生同侧开关管直通现象？如何避免？

9. 异步电动机变频器输出的电压是什么波形？

10. 对于图 15-55 的电路，$u_2=\sqrt{2}U_2\sin\omega t$，负载是直流电机，电流连续、平稳。绘出整流和逆变工作状态的电压 u_d 和电流 i_d 曲线，指出电流流经路线，推导电压 u_d 的平均值 U_d 的计算公式。

第四篇　其他元件

第 16 章　液压元件

16.1　概　　述

毫无疑问，电力是应用最广泛的动力。除电而外，高压液体就是应用比较广泛的动力。液压元件就是采用高压液体作为动力的元件。

人类以高压液体作为动力创造的第一台大型机械是水压机，它是 18 世纪末在英国制造的。我国第一台万吨水压机是 20 世纪 60 年代初在上海江南造船厂制成的。

以液压元件作为执行元件，最早实践成功的控制系统，当属军舰上的火炮发射塔控制系统。在第二次世界大战期间，很多武器中的控制系统以液压元件作为执行元件，做到功率大、反应快、动作准，显著地提高了武器的性能。反过来，国防军事的需要，也极大地促进了液压元件的迅速发展。

第二次世界大战之后，液压技术迅速转向民用，应用较多的行业包括：机械制造，工程机械，农业机械，汽车制造等。常见的使用液压元件的民用设备有：挖掘机、推土机、汽车吊、农业的联合收割机、拖拉机等。

液压元件包括液压动力机构和液压放大元件。液压动力机构依靠高压液体(油液)产生力或力矩，使控制对象产生直线运动或旋转运动。液压动力机构包括液压缸(直线往复运动)、液压马达(旋转运动)、摆动液压马达(旋转往复运动)。按转速大小，液压马达可分为高速液压马达(500r/min 以上)和低速液压马达(500r/min 以下)。

与电动机相比，液压动力机构具有下述优点：

1) 能产生很大的力或力矩。

2) 功率/质量比和转矩/惯量比(或力/质量比)大，因此结构紧凑，尺寸小，重量轻，响应速度快。液压机构主要依靠增大液压流量和压力来增加功率，采用高强度和轻金属材料，体积和质量增加并不多。液压马达的转矩/惯量比是电动机的 10～20 倍，功率/质量比为电动机的 6～10 倍。

3) 刚度大，即被控量受扰动影响小。

液压马达在停车工况时，液体进出口均被切断，理论上被控量不变，实际上的位置误差是由于压力液体的泄漏形成的。

液压元件的缺点如下：

1) 必须有专门的液压能源。

2) 为了防止高压液体泄漏，液压元件的制造和装配精度高，成本高。

3) 维护工作比较麻烦和复杂。

液压马达的主要术语、性能与参数如下：

1)压力。液压马达液体入口处的压力高，称为工作压力。出口处的压力低，通常视为零。进口压力与出口压力之差称为工作压差。额定压力是允许的最高压力。

2)排量。对于液压马达，在没有泄漏的情况下，主轴转过单位角度或一转时所排出的液体体积称为排量，记为 D。SI 单位制，排量的单位是 m^3/rad，工程上常用单位是 mL/r 或L/r(升/转)。对于液压缸，排量是活塞运行单位长度时排出的液体体积。

3)工作腔。液压马达容纳液体的空间称为工作腔或油腔。液压马达(或液压缸)在运行中一定要输入高压液体，排出低压液体。不同工作腔容纳不同压力的液体，形成力和转矩。当工作腔容积发生变化时，马达产生位移对外做功。工作腔的大小是马达工作能力的重要标志。工作腔的大小用排量表示。

4)流量。在没有泄漏的条件下，马达单位时间内流进的液体体积就是理论流量，记为 Q。单位时间内实际流进的液体体积是实际流量，记为 Q_a。泄漏量

$$\Delta Q = Q_a - Q \tag{16-1}$$

容积效率

$$\eta_v = \frac{Q}{Q_a} \tag{16-2}$$

设理论流量、排量、转速为 Q(L/min)、D(L/r)、n(r/min)，则有

$$Q = nD \tag{16-3}$$

设理论流量、排量、转速为 $Q(m^3/s)$、$D(m^3/rad)$、ω(rad/s)，则有

$$Q = \omega D \tag{16-4}$$

5) 转速 n 为

$$n = \frac{Q}{D} = \frac{Q_a}{D}\eta_v \tag{16-5}$$

转速大小与流量成正比，与排量成反比。

6) 液压功率。图 16-1 表示液压缸。进口压力为 P_1，出口压力为 P_2，流量为 Q，活塞面积为 A，活塞速度为 v。采用 SI 单位制。有

$$Q = Av \tag{16-6}$$

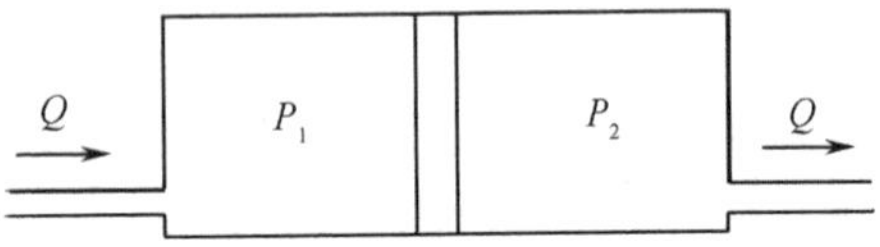

图 16-1　液压缸

可得

$$v = \frac{Q}{A} \tag{16-7}$$

工作压差为

$$\Delta P = P_1 - P_2 \tag{16-8}$$

流体推力为

$$F = (P_1 - P_2)A = \Delta PA \tag{16-9}$$

液体的功率(液压功率)

$$P = Fv = \Delta PQ \tag{16-10}$$

上述各式同样适用于液压马达。

7) 转矩。设马达产生的理论转矩为 T。取排量 D 的单位是 m^3/rad，根据能量守恒定律，液体的功率就是液压马达做的机械功，于是有

$$T\omega = \Delta PQ = \Delta P\omega D \tag{16-11}$$

$$T = \Delta PD \quad N \cdot m \tag{16-12}$$

若排量 D 的单位是 m^3/r，则有

$$T \cdot 2\pi n = \Delta P D n$$

$$T = \frac{\Delta P D}{2\pi} \quad N \cdot m \tag{16-13}$$

可见，转矩大小与排量和压差成正比。由于各种摩擦的存在，实际输出转矩 T_o 小于 T，机械效率定义为

$$\eta_m = \frac{T_o}{T} \tag{16-14}$$

8)功率与总效率。

实际输入功率

$$P_i = \Delta P Q_a \tag{16-15}$$

输出功率

$$P_o = T_o \frac{2\pi n}{60} \tag{16-16}$$

液压马达总效率

$$\eta = \frac{P_o}{P_i} = \frac{T_o 2\pi n}{60 \cdot \Delta P Q_a} = \frac{2\pi n}{60 \cdot \Delta P Q} \cdot T_o \cdot \eta_v = \frac{2\pi n T}{60 \Delta P Q} \eta_v \eta_m = \eta_v \eta_m \tag{16-17}$$

9)液体的有效体积弹性模数 β_e。

$$\frac{1}{\beta_e} = -\frac{\Delta V}{V_0} \times \frac{1}{\Delta P} \tag{16-18}$$

式中，V_0 是液体在某一压力下的体积；ΔP 是液体压力的增量；ΔV 是对应的液体体积增量。可见，有效体积弹性模数的倒数表示在单位压力下单位体积液体的体积变化量。

16.2 叶片式液压马达

叶片式液压马达原理结构见图 16-2。外部是定子，内部是转子。8 个叶片在转子内可沿径向移动。叶片底部有高压液体和弹簧，使叶片顶部与定子内表面紧密接触。高压液体由进口处进入马达工作腔，低压液体由出口流出。叶片 4、8 全部处于高压液体腔中，叶片 2、6 处于低压腔中，它们都不受力和转矩作用。叶片 1、5、3、7 的两侧分别处于高、低压腔中，叶片 1、5 受到顺时针转矩作用，3、7 受到逆时针转矩作用。由图 16-2 可知，叶片 1、5 的受力面积远大于 3、7 的受力面积，顺时针转矩远大于逆时针转矩，整个转子受到顺时针转矩作用。进出口互换，转动方向改变。

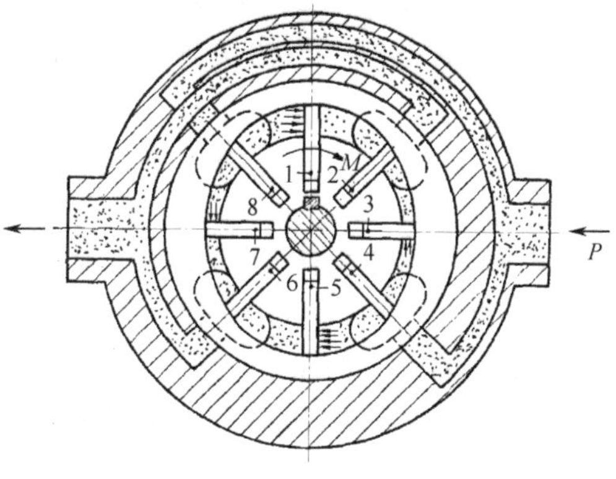

图 16-2 叶片式液压马达的工作原理

叶片式液压马达体积小，转动惯量小，响应快，多做成高速小转矩，也可做成较低转速。因泄漏量大，不能在很低转速下运行。

16.3 轴向柱塞式液压马达

轴向柱塞式液压马达工作原理见图 16－3。斜盘 1 和分配液体的配油盘 4 固定不动，缸体 3 是转子。缸体的圆周上均匀分布着轴向孔(工作腔)，柱塞在孔内可沿轴向运动。位于右半个圆周上的柱塞受腔内高压液体的作用被顶出压向倾斜盘并形成转矩，左半个圆周上的柱塞受斜盘压力作用缩回腔内并将腔内低压液体排出。

下面分析转矩。由图 16－3 知，斜盘对高压腔内的柱塞的反作用力 F 可分解为轴向分力 F_x 和垂直分力 F_y。F_x 与高压液压力平衡，垂直分力产生转矩使缸体转动。交换液体进出口位置，转矩方向改变。

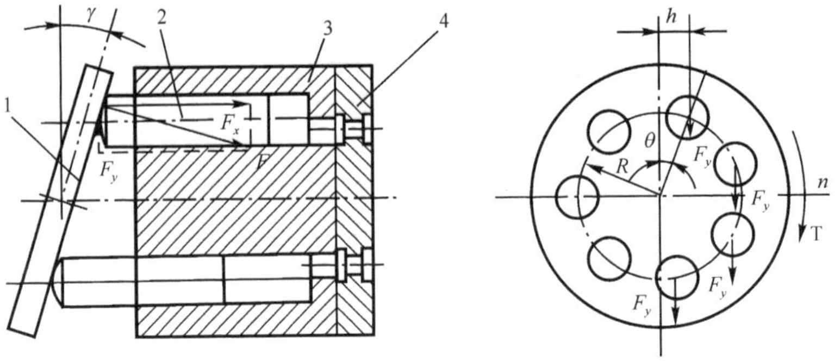

图 16－3　轴向柱塞式液压马达工作原理

1. 斜盘　2. 柱塞　3. 回转缸体　4. 配油盘

设某个高压腔柱塞与转子垂线夹角为 θ，斜盘倾角为 γ，柱塞中心所在圆的半径为 R，则柱塞产生的转矩为

$$T = F_y h = F_y R\sin\theta = F_x R\tan\gamma\sin\theta \qquad (16-19)$$

可见每个柱塞产生的转矩及总转矩随转角 θ 波动。柱塞数目多并是奇数，可减小转矩波动。

轴向柱塞式液压马达的功率和转矩范围很大，能获得较低转速，且漏油少，应用广泛。

16.4 径向柱塞式液压马达

连杆型径向柱塞液压马达结构如图 16－4 所示。在固定的壳体 1 内有 5 个沿径向均匀分布的柱塞缸。柱塞 2 通过球绞与连杆 3 相连接。连杆的另一端与曲轴 4 的偏心轮外圆相连。配油轴 5 与曲轴 4 相连。在图示位置高压液体经配油轴进入马达的进油腔，通过壳体槽①、②、③进入相应柱塞缸的顶部，作用在柱塞的高压液体作用力通过连杆作用于偏心轮，并通过偏心轮圆心 O_1。这个力对于曲轴旋转中心 O 形成转矩 T，使曲轴逆时针转动。3 个柱塞缸位置不同，转矩大小也不同。曲轴输出的总转矩等于与高压进油腔相连通的柱塞产生的转矩之和。此时柱塞缸④、⑤与低压排油腔相连通，腔内液体经配油轴流出。曲轴旋转时带动配油轴同步旋转，各柱塞缸的液体压力相应变化，保证曲轴连续转动。若进、排油腔互换，则液压马达反转。

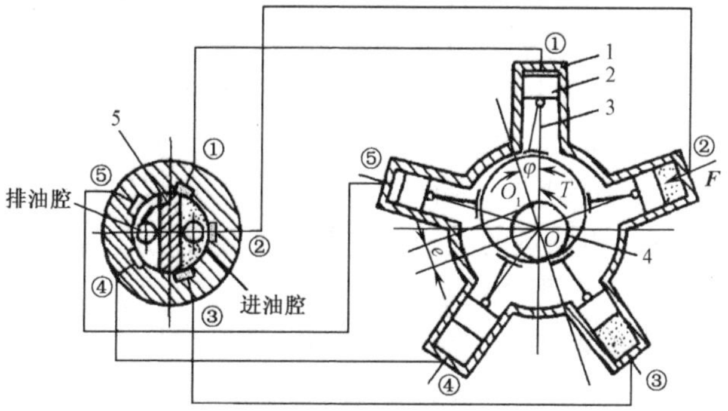

图 16-4　径向柱塞液压马达

1. 壳体　2. 柱塞　3. 连杆　4. 曲轴　5. 配油轴

径向柱塞式液压马达是低速大转矩马达的基本形式。输入液体压力高，排量大，可在 10r/min 下平稳运行，低速平稳性好，转矩大。

16.5　电液伺服阀

电液伺服阀起功率放大器的作用，它的输入量是小电流信号，输出量是大功率的液压量（流量、压力），具有快速的动态响应，在液压伺服系统中应用广泛。

1. 工作原理

图 16-5 表示力反馈两级电液伺服阀的工作原理。它由力矩马达、喷嘴挡板阀和滑阀三部分组成。力矩马达属电磁元件，后两种属液压元件。

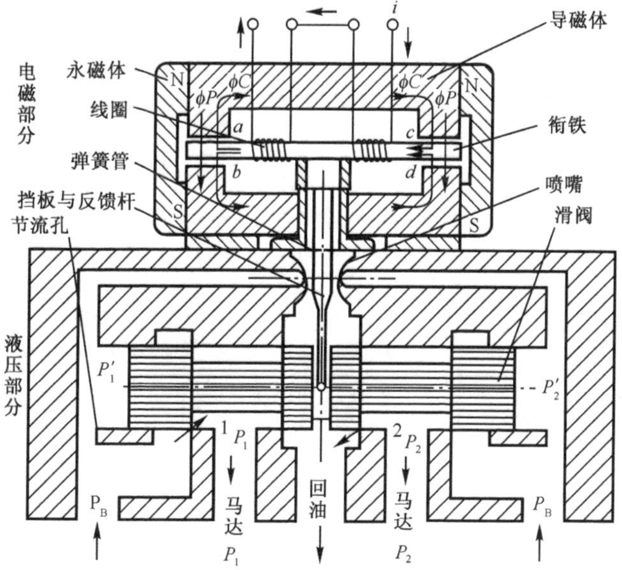

图 16-5　电液伺服阀

1）力矩马达。力矩马达由永磁磁钢、导磁体、衔铁、线圈和弹簧管等部件组成。衔铁、挡板与反馈杆是一体，并可转动，转轴在弹簧管附近。绕组通入直流电时，衔铁受到电磁力和弹簧管弹性力的力矩作用。力矩马达实质就是以弹簧管和反馈杆为负载的无刷有限转角永磁直流力矩电动机。对于图 16－5 所示电流，衔铁所受电磁转矩是逆时针方向，衔铁及挡板将逆时针偏转一个角度。若电流反向，衔铁反转。转角与电流大小成比例。

2）喷嘴挡板阀。上述力矩马达的力矩小，不能直接带动滑阀。喷嘴挡板阀起到功率放大器前置放大级的作用。它包括两侧喷嘴、挡板和固定的节流孔。没有电流时，挡板处于中间位置，节流孔与喷嘴间两腔的压力 P_1' 与 P_2' 相等。滑阀位置由反馈杆下端的小球决定，处于中间位置。主油路通道 1、2 的阀口被关闭，没有流量，这是零位。若力矩马达使衔铁和挡板逆时针转 θ 角，则右喷嘴与挡板的间隙减小，而左喷嘴与挡板的间隙增大，$P'_1 < P'_2$，滑阀在压力差作用下向左移动。

3）滑阀。图 16－5 的滑阀是四通滑阀，它是功率放大级。若滑阀向左移，则通道 1 和 2 的阀口打口，高压液体经伺服阀从通道 1 进入马达，马达的回流液体经通道 2 流回液体箱。与此同时，随滑阀左移，反馈杆下端左移使反馈杆产生弹性变形，产生一个与电磁力矩相反的反馈力矩，因此挡板在两喷嘴的偏移将减小，使挡板趋向中间位置。滑阀受到的反馈杆弹力和液体压力平衡时就停止在新位置不动。但反馈杆下端已左移，保持向液压马达提供相应的流量和压力，使液压马达转动。

电流越大，滑阀位移也越大，流量越大。若电流反向，滑阀也反向移动，滑阀的高、低压液体通道互换，液压马达反转。

2. 静态特性

稳态时，滑阀位移 x 与电流 i 成正比，即

$$x = Ki \tag{16-20}$$

可以推得，稳态时流量 Q_L、负载压力（工作压差）$P_L = P_1 - P_2$（见图 16－5）及滑阀位移 x 的关系是

$$Q_L = K_1 x\sqrt{P_s - P_L} = K_2 i\sqrt{P_s - P_L} \tag{16-21}$$

式中，P_s 是液源压力。

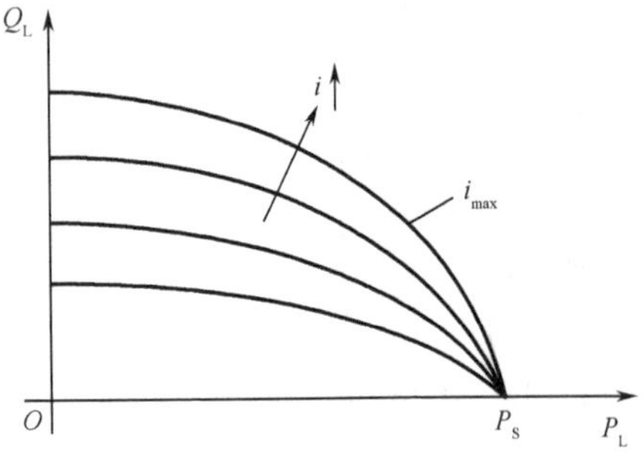

图 16－6　负载特性曲线

以电流 i 为参变量，流量 Q_L 与负载 P_L 的关系曲线见图 16－6。

对式(16－21)线性化后得

$$Q_L = K_x x - K_P P_L \tag{16-22}$$

式中，K_x 为流量增益系数，K_P 为流量压力系数，它们与工作点有关，见图16－6及式(16－21)。

3. 动态特性

在做出一些假设后，理论上可推出电液伺服阀的传递函数为

$$\frac{X(s)}{I(s)} = \frac{K}{(Ts+1)\left(\frac{s^2}{\omega_n^2} + \frac{2\xi}{\omega_n}s + 1\right)} \tag{16-23}$$

实际中，有时把电液伺服阀当做一个比例环节，有时当做一个等效时间常数为 T_e 的一

阶环节，有时当做一个等效无阻尼振荡频率为 ω_e、等效阻尼比为 ξ_e 的二阶环节。有时，电液伺服阀的动态特性以－3dB频宽，或－90°频宽表示。典型数据是：T_e＝0.002～0.005s；ω_e＝380～1000rad/s；ξ_e＝0.5～0.9。－3dB频宽为 100～400Hz；－90°频宽为 130～230Hz。电流额定值为 10～30mA。

在实际的控制系统中，电液伺服阀的传递函数形式取决于控制系统的频带（如幅值穿越频率 ω_c）与伺服阀的转折频率（时间常数的倒数）的相对大小。若整个伺服系统频带低（如低于 20Hz），电液伺服阀可当做比例环节；若系统频带较高（如 50Hz 以下），则可当做一阶环节；若系统频带高（如高于 50Hz），电液伺服阀可当做二阶环节。

16.6 阀控液压马达的特性与传递函数

16.6.1 阀控液压马达的静态特性

与电动机相似，液压马达的静态特性主要包括机械特性和调节特性。对于阀控液压马达，以滑阀位移 x 为参变量，转速 n 与转矩 T 的关系称为阀控液压马达的机械特性；以转矩 T 为参变量，转速 n 与滑阀位移 x 的关系称为调节特性。

对于任一台马达，排量 D 不变。由式 $n=Q/D$ 及 $T=\Delta PD=P_L D$ 可知，转速与流量成正比，转矩与负载压力成正比。所以流量和负载压力分别代表阀控液压马达的转速与转矩，因此由图 16－6 可得阀控液压马达的机械特性见图 16－7，其中参变量为滑阀位移 x。由图 16－7 知，液压马达的机械特性曲线在第 1 象限内全是下垂的，因此第 1 象限全是稳定工作区，但机械特性具有非常明显的非线性。滑阀关闭时（$x=0$），液压马达力矩由外负载力矩决定。由机械特性图形可得调节特性图形见图 16－8。

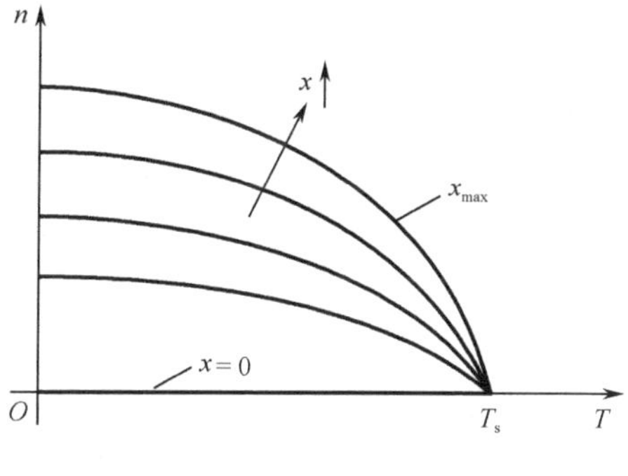

图 16－7　机械特性

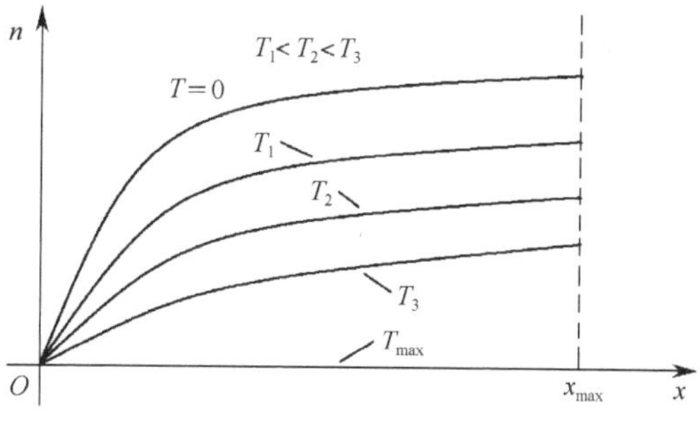

图 16－8　调节特性

16.6.2 阀控液压马达的动态特性

设阀控液压马达的输出为转角 $\theta(t)$，输入信号为滑阀位移 $x(t)$ 和马达轴上的外负载力矩（匀速转动时的输出转矩）$T_L(t)$。

设 D_m 为液压马达的理论排量（m^3/rad）；K_{ce} 是总的流量压力系数，$K_{ce}=K_P+C_{tm}$；C_{tm} 是液压马达的总泄漏系数（(m^3/s)/Pa）；V_t 是阀腔、马达腔和连接管道的总容积（m^3）；β_e 是有效体积弹性模数（Pa）；J 是液压马达和负载（折算到马达轴上）的总惯量（kgm^2）；B_m 是负载和液压马达的黏性阻尼系数（N·m/(rad/s)）。

在阀控液压马达中存在下述四个基本关系式。

马达力矩方程

$$T = D_m P_L \tag{16-24}$$

力矩平衡方程

$$T = J\ddot{\theta} + B_m\dot{\theta} + T_L \tag{16-25}$$

马达流量方程

$$Q_L = D_m\dot{\theta} + C_{tm}P_L + \frac{V_t}{4\beta_e}\dot{P}_L \tag{16-26}$$

滑阀线性化方程

$$Q_L = K_x x - K_P P_L \tag{16-27}$$

其中,马达流量方程的物理意义是:

输入流量 = 活塞移动所需流量 + 泄漏量 + 因油液压缩引起的体积变化

对式(16-24)、式(16-25)取拉氏变换后可得

$$\Theta(s) = \frac{D_m P_L(s) - T_L(s)}{s(Js + B_m)} \tag{16-28}$$

对式(16-26)、式(16-27)取拉氏变换后可得

$$P_L(s) = \frac{Q_L(s) - D_m s\Theta(s)}{\dfrac{V_t}{4\beta_e}s + C_{tm}} \tag{16-29}$$

$$Q_L(s) = K_x X(s) - K_P P_L(s) \tag{16-30}$$

由式(16-28)~式(16-30)可绘动态框图如图16-9。由该图可知,阀控液压马达的动态框图与具有黏滞阻尼和电流负反馈的直流电动机的框图有相似的结构。

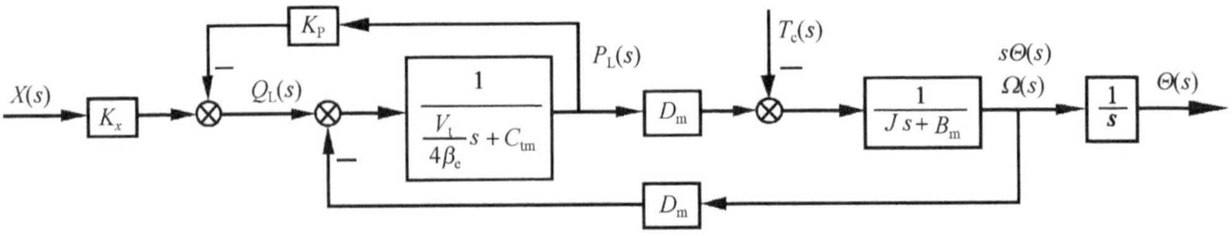

图16-9 阀控液压马达动态框图

由动态框图可求得

$$\Theta(s) = \frac{K_1 X(s) - K_2(Ts+1)T_L(s)}{s\left(\dfrac{s^2}{\omega_n^2} + \dfrac{2\xi}{\omega_n}s + 1\right)} \tag{16-31}$$

式中

$$K_1 = \frac{K_x}{D_m}, \quad K_2 = \frac{K_{ce}}{D_m^2}, \quad T = \frac{V_t}{4\beta_e K_{ce}}$$

$$\omega_n = \sqrt{\frac{4\beta_e D_m^2}{JV_t}}, \quad \xi = \frac{K_{ce}}{D_m}\sqrt{\frac{\beta_e J}{V_t}} + \frac{B_m}{4D_m}\sqrt{\frac{V_t}{\beta_e J}}$$

由式(16-31),很容易求出相应的传递函数 $\Theta(s)/X(s)$ 和 $\Theta(s)/T_L(s)$。阀控液压缸的传递函数与液压马达相似。

由于静特性的非线性，式(16-31)中很多参数在马达运行中变化较大。

式(16-31)中阻尼比ξ通常很小，可能为0.1～0.2，这对系统运行很不利。增大阻尼比ξ的方法虽然有多种，但效果往往不大。阻尼比ξ小是液压系统弱点之一，也是设计补偿方法时应注意的问题。

由于K_x、K_P随工作点变化较大，设计时应考虑到对系统最不利的情况。其中K_P对阻尼比ξ影响大。对于位置伺服系统，主要运行在小信号(x及i)附近，此时K_P最小，ξ也最小，应保证此时系统的稳定性和动态特性。

K_2的数值一般很小，这表明外扰动力矩对系统输出量的影响很小，系统刚度很大，这是液压系统的重要优点。

习　题

1. 简述液压动力机构的主要优、缺点(与电动机相比)。
2. 解释名词：排量、流量。
3. 根据书中图形说明叶片式液压马达的工作原理。
4. 根据书中图形说明轴向柱塞式液压马达的工作原理。
5. 根据书中图形说明径向柱塞式液压马达的工作原理。
6. 写出电液伺服阀的传递函数。在什么条件下可看成是比例环节和一阶环节?
7. 写出阀控液压马达的输出转角与输入量的拉普拉斯变换式的关系式。

第 17 章　航天器中的姿态传感器

航天器的姿态就是航天器在空间的方位，包括航天器绕其质心的转动状态。姿态敏感器是用来测量航天器本体坐标系相对于某个基准坐标系的相对角位置和角速度，以确定航天器的姿态。对姿态的测量和控制是航天器控制的重要内容。本章介绍的几种传感器就属于最常用的姿态敏感器。

17.1　陀螺传感器

1. 陀螺特性

绕自身对称轴高速转动的刚体(转子)称为陀螺。以陀螺为核心构成的装置称为陀螺仪或陀螺传感器。作为姿态传感器，它被广泛应用于航天、航空、航海、导弹、车辆等领域，用来测量运动体的角位置和角速度。

陀螺具有以下 3 个特性。①定轴性。陀螺不受外力矩(对固定点)作用时，陀螺自转轴(主轴，转子轴)在惯性坐标系中的方位不变。②进动性。陀螺受外力矩作用时自转轴线(方位)将发生转动，称为进动。进动的方向是使自转轴(或自转的角速度向量)以最短路径趋向外力矩向量，进动的角速度大小与外力矩成正比。③陀螺效应和陀螺力矩。陀螺自转轴被迫转动时，陀螺会产生力矩作用在轴承(约束)上，这个现象称为陀螺效应，该力矩称为陀螺力矩。陀螺力矩的方向是使陀螺自转角速度向量以最小角度转向进动角速度向量，力矩大小与进动角速度成正比。

2. 三自由度陀螺仪

图 17-1 是三自由度陀螺仪的结构示意图。Oz 为自转轴，Ox 为内环轴，Oy 为外环轴。高速旋转的陀螺转子通过轴承安装在内环 1 上，内环转轴通过轴承安装在外环 2 上，外环转轴通过轴承安装在底座上。3 个轴线(Ox,Oy,Oz)相互垂直并交于一点 O，陀螺重心位于三轴交点上。陀螺转子能自由地绕三个轴转动，故称为三自由度陀螺。但是陀螺运动时有一点(三轴交点 O)的位置不变(相对于底座)，该点称为固定点。

三自由度陀螺仪可以用来测量运动体方位(姿态)角，工作原理如下。由于重心位于三轴交点上，若忽略轴承摩擦及空气阻力，该陀螺外力矩(相对于固定点)为零。高速转动后，陀螺轴线应保持相对于惯性坐标系不变。陀螺仪底座安装在运动体上。当运动体方位(姿态)改变时，由于定轴性，内、外环要产生相应转动以便保持陀螺轴线相对于惯性坐标系不变，于是由内、外环转轴上的角度传感器就能测出运动体方位角的变化。

3. 二自由度陀螺仪

对于图 17-1 的陀螺仪，将外环与底座固定，就成为二自由度陀螺仪。这时陀螺转轴不能绕外环轴 Oy 转动，并且在 Ox 轴上装有弹簧阻止其转动。这种二自由度陀螺仪可用来检测运动体绕 Oy 轴转动的角速度，工作原理如下。陀螺仪底座安装在运动体上。当运动体绕

Oy 轴转动时，陀螺自转轴被迫转动，同时在内环轴 Ox 上产生陀螺力矩，力矩向量位于 Ox 上，大小与运动体绕 Oy 轴的角速度成正比，并且与 Ox 轴的弹簧力矩相平衡。所以测出 Ox 轴上的力矩也就测出对 Oy 轴的角速度。

随着新技术、新材料、新工艺的发展，涌现出一批新型陀螺仪，它们既具有陀螺仪的特性，但在结构、外形、工作原理上又与上述陀螺不同，如挠性陀螺，射流陀螺，激光陀螺仪，以及微机械陀螺。它们体积小，重量轻，应用日益广泛。相对新型陀螺，本章介绍的陀螺又称为传统陀螺仪，或机械陀螺。

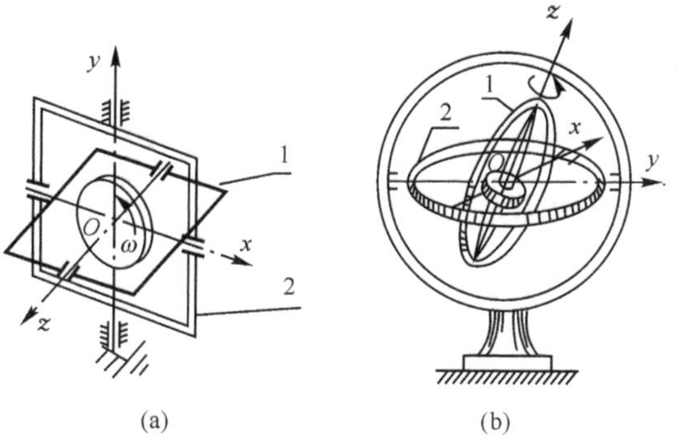

图 17－1　三自由度陀螺仪

17.2　太阳敏感器

太阳敏感器用来测量太阳视线与航天器某一体轴之间的夹角，分辨率从几度到几角秒，在航天器中应用很广。常用的有模拟式和数字式两类。

1. 模拟式太阳敏感器

模拟式太阳敏感器的输出信号是模拟量，其大小和符号表示太阳光入射角的大小和方位。

图 17－2 表示自旋卫星上常用的 V 形狭缝式太阳敏感器，Z 为自旋轴。它有两条狭缝，其中一条缝 S_1 与卫星自旋轴平行(子午狭缝)，另一条缝 S_2 倾斜(大圆弧狭缝)。两缝成 V 字形，夹角为 θ，交点是 D。狭缝后是光电元件。卫星自旋一周，两个狭缝敏感器的平面视场各扫过太阳一次，各输出一个脉冲。两个脉冲的时间间隔是太阳方位角的函数，包含着姿态信息，可用来测量卫星自旋轴和太阳方向的夹角(简称太阳角)，也可用来测量卫星转速。这种敏感器结构简单，工作可靠，测量范围大，精度可达 0.05°。

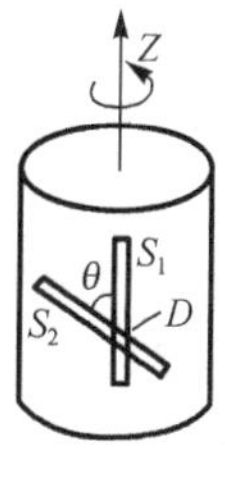

图 17－2　V 形敏感器

下面分析狭缝敏感器的计算公式。以卫星质心 O 为中心做单位天球见图 17－3。OZ 是卫星自旋轴，OS 是太阳光线，α 是太阳光和自旋轴的夹角。平面 $OCEB$(赤道)与 OZ 垂直。当 S_1 的视场对准太阳光时，S_1 在天球上的投影在大圆弧 ZC(子午线)上。当 S_2 的视场对准太阳光时，S_2 在天球上的投影在大圆弧 SDB 上，同时 S_1 在天球上的投影在大圆弧 ZDE(子午

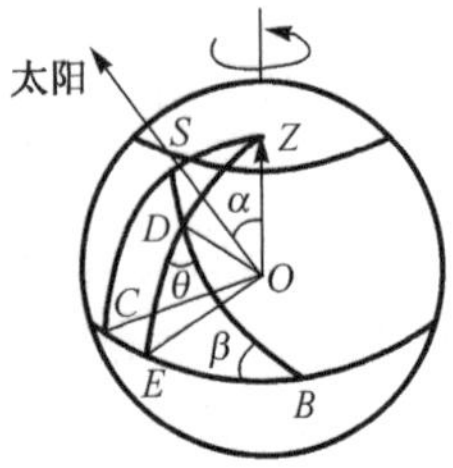

图 17-3 敏感器天球图

线)上。β 为大圆弧 SDB(大圆弧狭缝)与赤道 CEB 的交角。设 S_1 和 S_2 在同一自旋周内见到太阳的时间为 t_{11} 和 t_{21}，在下一周内见到太阳的时间为 t_{12} 和 t_{22}。则卫星的转速 ω 为

$$\omega = \frac{2\pi}{t_{12} - t_{11}} \tag{17-1}$$

太阳连续穿过两个狭缝的时间间隔 Δt 为

$$\Delta t = t_{21} - t_{11} \tag{17-2}$$

太阳连续穿过两个狭缝的时间内卫星的转角 γ(图中 $\angle COE$，$\overset{\frown}{CE}$)为

$$\gamma = \overset{\frown}{CE} = \omega(t_{21} - t_{11}) = \omega\Delta t \tag{17-3}$$

根据球面三角公式，在直角球面三角形 SCB 中，有

$$\tan\left(\frac{\pi}{2} - \alpha\right) = \sin(\overset{\frown}{CE} + \overset{\frown}{EB})\tan\beta \tag{17-4}$$

即

$$\cot\alpha = \sin(\omega\Delta t + \overset{\frown}{EB})\tan\beta \tag{17-5}$$

ω、$\overset{\frown}{EB}$、β 为卫星参数，故由 Δt 可确定太阳角 α。

当 $\overset{\frown}{EB} = 0$ 时(D 点在赤道上，与 B 点重合)，有

$$\cot\alpha = \sin(\omega\Delta t)\tan\beta \tag{17-6}$$

或

$$\tan\alpha = \frac{\tan\theta}{\sin(\omega\Delta t)} \tag{17-7}$$

两个狭缝具有实际交点时，可能出现 Δt 等于或接近零的情况，不利于提高测量精度。为此，将两个狭缝隔开一个角度 θ_0，如图 17-4 所示。不同之处是，当 S_2 的视场对准太阳光时，S_2 在天球上的投影在大圆弧 SB 上，同时 S_1 在天球上的投影在大圆弧 ZE(子午线)上。根据球面三角公式，在直角球面三角形 SCB 中，有

$$\tan\left(\frac{\pi}{2} - \alpha\right) = \sin(\overset{\frown}{CE} - \overset{\frown}{EB})\tan\left(\frac{\pi}{2} - \theta\right) \tag{17-8}$$

即

$$\cot\alpha = \sin(\omega\Delta t - \theta_0)\cot\theta \tag{17-9}$$

图 17-5 表示又一种结构的模拟式太阳敏感器，又称为余弦检测器，因为其中的硅太阳电池的输出电流与太阳光入射角成正余弦关系。它的主要部件是一对相距很近的光电敏感元件，另外还有透光窄缝，光学透镜和信号处理线路等。将两个光电元件产生的电流之差作为太阳敏感器的输出。当太阳光入射角等于 0°时，光线正好照在两片光电元件之间的缝上，敏感器输出为零。入射角不等于 0°时，敏感器输出的电流大小与光线入射角一一对应，电流符号表示光线是向左倾斜还是向右斜。这样的一个敏感器可测出航天器相对于太阳光线的一个姿态角。如果采用两对光电敏感元件，就可以同时测得两个姿态角。

这种太阳敏感器视场在几十度时，精度可达 0.5°。当视场为 1°～2°时，精度可达角秒级。

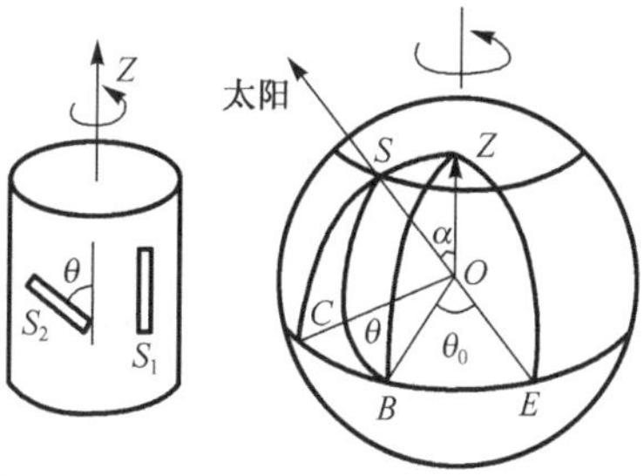

图 17-4　狭缝分离的 V 形敏感器

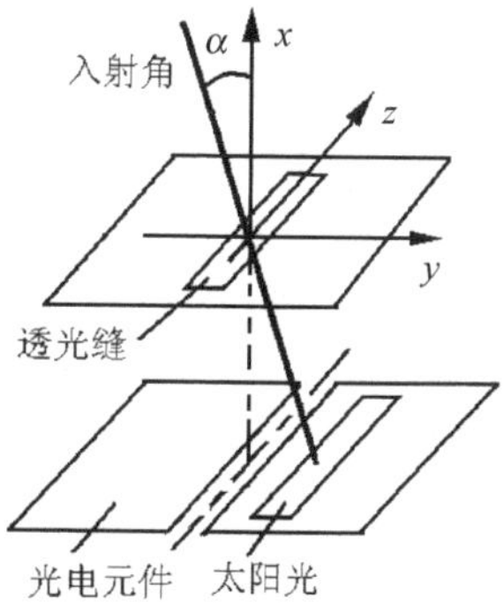

图 17-5　太阳余弦敏感器

2. 数字式太阳敏感器

数字式太阳敏感器的输出信号是编码和对应的数字。它的结构见图 17-6。它与图 17-5 的余弦检测器相似，但采用码盘测量光线位置。主要部件有光电元件、码盘、信号处理电路等。码盘上分布若干条码道，每条码道又分为透光和不透光区域。光线穿过码道上的透光区域后，被光电元件接收，相应的码道输出 1，无光的码道对应的光电元件输出为零。图中给出的绝对值码盘采用格雷码，相邻的 2 个位置之间只有 1 个码道发生变化，把非单值性误差限制在最小范围。4 条码道，可分辨出 $2^4=16$ 个不同的位置。码道越多，测量精度越高。

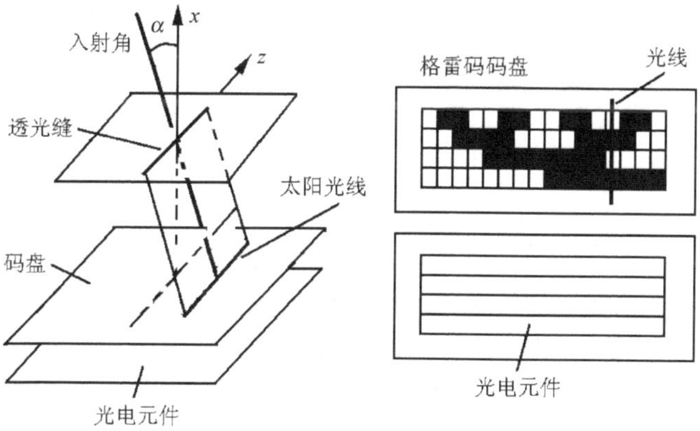

图 17-6　数字式太阳敏感器

17.3　地球敏感器

地球是近地航天器所能观察到的除太阳外最明亮的天体，因此地球也是航天器最重要的基准物之一。但它的目标范围(张角，角直径)大，不宜作为基准方向。实际工程中以航天器所处的当地垂线或当地地平作为基准方向。

最简单的地球敏感器是安装在卫星上的检测地球反射的可见光的地球反照敏感器，由快门、镜头及光电二极管组成。它结构简单，价格低，但夜晚不能工作，而且对其他星体反射的阳光比较敏感，应用受到限制。

地球表面上空 25～50km 的大气中，二氧化碳在 14～16.5μm 波段内的红外辐射强度，随着高度的增加迅速地衰减，因此工作在这一波段范围的红外敏感器可获得非常清晰的地球轮廓。目前广泛应用的地球敏感器就是利用这一现象制成，称为红外地球敏感器，或红外地平仪。

红外地平仪的主要部件有红外探头、太阳探头、电源、前置放大器、信号处理电路等，基本类型有地平穿越式、边界跟踪式和辐射平衡式。地平穿越式扫描视场大，可用于大范围姿态测量，但精度略低。其余两种视场小，只用于小范围姿态测量，但精度高，可达 0.03°数量级。

1. 地平穿越式地平仪

地平穿越式地平仪的红外探头视场尖细，约 1.5°。地平仪的视场对地球作扫描运动。当视场穿越地平线(地球和空间交界处)时，地平仪接收到的红外辐射能量发生突变，热敏元件探测器把它变成电脉冲信号。进入和退出地平线，共输出两个电脉冲信号，分别对应于扫入和扫出地球的扫描角，二者之差是姿态的函数。

自旋卫星上的地平仪是静态地球敏感器。它的光轴是固定在卫星上，但光轴与卫星自旋轴交成一个角度，见图 17-7。随着卫星的自旋，光轴就形成对地球的扫描运动。

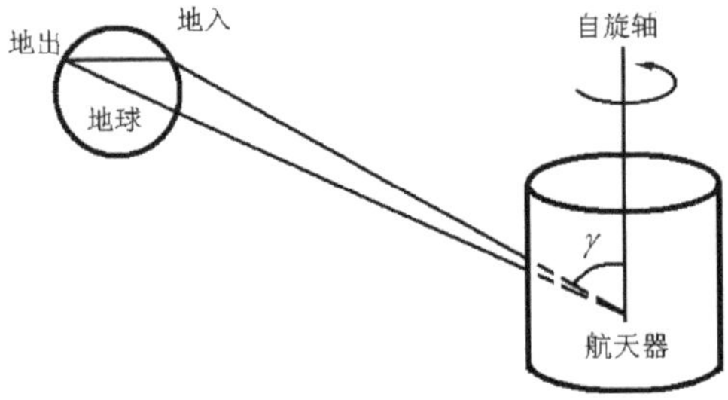

图 17-7 自旋卫星上的地平仪

三轴稳定卫星上的地平仪是动态地球敏感器。它有自己的扫描机构，并由电机驱动旋转。敏感元件的光轴偏离航天器的本体坐标系轴线，电机转动时，视场就扫出一个以航天器本体坐标系轴线为中心的圆锥面，故称圆锥扫描地平仪。由于扫描机构是运动的，因此使用寿命受到限制。广泛地用它确定卫星的俯仰角和滚动角。精度可达 0.1°。

2. 边界跟踪式地平仪

该地平仪具有一个反馈伺服系统，使视场跟踪地平线，并给出角度信息。此种地平仪精度可达 0.025°，但视场小，为 5°～11°。它的工作还会受到大气成分、温度、日出日落的光照条件等因素的影响。

3. 辐射热平衡式地平仪

此种地平仪属于静态地平仪，它具有多个视场，如 4 个、8 个。每个视场分别接收地球不同区域的红外辐射。当卫星的姿态发生变化时，各探测器接收的辐射能发生变化。通过对不同区域红外辐射能量的分析，就可得到有关姿态角度的信息。由于无运动部件，故寿命长，可用数年。精度较高，可达 0.03°。但对轨道高度的适应性差。

17.4 星敏感器

恒星的亮度用星等表示，恒星越亮，星等数越小。星敏感器以某一颗亮度高于+2 可见星等的恒星为基准，测量其相对于航天器的角位置，并同星历表中该星的角位置参数进行比较，确定航天器的姿态。由于恒星张角很小(0.04"～0.05")，因此星敏感器的测量精度很高。其精度比太阳敏感器高一个数量级，比红外地平仪高两个数量级，可达到角秒级，是最精确的航天器姿态传感器。但是由于星光很弱，成像装置复杂，数据处理量大，整个星敏感器结构复杂，功耗大，重量重，体积大，每给出一次测量结果需 1～5s 时间。常用的星敏感器有以下几种。

1)星图仪，又称星扫描器。一般都是狭缝式，用在自旋卫星上，利用卫星的旋转来搜索和捕获目标恒星。

2)框架式星跟踪器，敏感头装在可转动的框架上，通过旋转框架来搜索、捕获和跟踪目标恒星。

3)固定式星跟踪器，敏感头固定在航天器上，在一定的视场内具有搜索和跟踪能力。例如 CCD(电荷耦合器件)星敏感器，采用电荷耦合器件图像列阵作为检测器，具有垂直和水平像素。它能同时跟踪多颗星。对磁场不敏感，有利于提高精度。

习　题

1. 什么是陀螺?
2. 简述陀螺的三个特性。
3. 三自由度陀螺有什么用处?
4. 二自由度陀螺有什么用处?
5. 太阳敏感器有什么用处?
6. 简述地平穿越式地平仪的工作过程。
7. 简述星敏感器的用处和优点。

第 18 章　微传感器与微执行器

18.1　微机电元件的应用

微机电系统(micro electro mechanical system，MEMS)是在微电子技术的基础上发展起来的新学科和高技术产业。它的基本组成部分是微传感器、微执行器和微处理器，特征尺寸(决定器件性质和加工工艺的关键尺寸)由微米至毫米。它被公认为是 21 世纪生机勃勃、潜力巨大的领域。

微机电系统起源于微型硅传感器。目前完整的微机电系统很少。而微传感器和微执行器作为独立元件，已经在很多装置和领域获得应用。

例如汽车中，压阻式和电容式硅微压力传感器用来进行气压测量、排气回流测量、燃料压力测量、轮胎压力检测；硅微加速度计作为安全气囊传感器，安装在汽车发生碰撞时受到挤压的部位，控制气囊发挥作用。

促进微机电系统发展的最大动力来自于军事应用和航空航天应用。以微振动陀螺和微加速度计为代表的微惯性元件，没有转动部件，在寿命、可靠性、成本、体积和重量等方面明显优于常规惯性仪表，不仅应用于导弹、航天器中，也可应用于常规武器引信中，用以提高弹丸爆炸的准确性和杀伤威力。在生物科学、医学、信息技术中，微传感器和微执行器也得到越来越广的应用。如计算机外设中的摄像头、喷墨打印头、硬盘读写头中都应用了微机电技术，而作为微机电系统的微机器人、微飞行器，更具有诱人的应用前景。

18.2　微机电器件的加工技术与工艺

1. 传统超精密与特种加工技术

微机电系统中采用的超精密加工技术多是由加工工具(如钻刀、铣刀、磨刀等)本身的形状或运动轨迹来决定微型器件的形状。这种方法可以加工各种材料包括三维立体的微型器件和形状复杂且精度较高的微构件。缺点是加工精度、装配方法及与电子元器件和电路加工的兼容性不够好。

特种加工是一种非接触加工，与加工对象的力学性能无关，加工时不存在机械应变或大面积的热应变。主要有电火花加工和各种高能束加工(激光束、电子束、离子束)等。加工精度较高，加工深度较大。

2. 集成电路工艺

微器件的制造大量应用了常规集成电路的工艺。这类工艺是迅速发展的各种微传感器、微执行器及微结构的关键工艺。这些工艺包括薄膜成形(氧化、金属化、化学气相淀积、外延)，掺杂技术(扩散、离子注入)，光刻技术(掩模制作、光刻胶的涂布，前烘，曝光、显影，坚膜，蚀刻，去胶)。

3. 硅微机械加工技术

硅有很好的力学性能和电学性能，是微机械系统最常用的材料。硅属硬脆材料，同时也有一定的弹性。硅微机械加工技术包括下述三种技术：

1）体微加工技术。包括蚀刻和停止蚀刻两项关键技术。蚀刻又分为采用液体蚀刻剂的湿法蚀刻和采用气体蚀刻剂的干法蚀刻，对应有不同的停止蚀刻方法。体微加工技术能在硅衬底上制作三维结构。目前体微加工主要用来制作微传感器和微执行器。典型器件有压力传感器、加速度传感器、触觉传感器、微泵、微阀等，它们都依靠一个振动膜或在结构中形成悬臂梁或桥来工作。

2）表面微加工技术。该技术是在硅基片上采用不同的薄膜淀积和蚀刻方法，在硅表面上形成较薄的结构。主要薄膜淀积技术有蒸镀、溅射、化学气相淀积等。主要蚀刻方法是选择性湿法蚀刻和干法等离子蚀刻。

典型的表面微加工是牺牲层技术，即在微结构层中嵌入一层牺牲材料，在后续工艺中利用化学蚀刻方法将这种材料溶解掉而不影响结构层本身。单晶硅片是主要衬底材料，化学气相淀积多晶和氮化硅是主要结构层材料，牺牲层是二氧化硅。

3）键合技术。该技术就是微传感器、微执行器和较复杂的微结构的连接技术，包括硅一硅直接键合，静电键合，界面层辅助键合。

4. 光刻电铸模造工艺

“光刻电铸模造”的德文缩写为 LIGA，它是深度 X 射线刻蚀(LI)、电铸成型(G)、塑料铸模(A)等技术的结合。这种技术的优点是可制造具有较大高宽比的微结构，如宽度为数微米、高度接近 1000μm 的结构；取材广泛，原材料可以是金属、塑料、高分子材料、玻璃、陶瓷等；可制作任意复杂图形结构，精度高。但 LIGA 工艺设备昂贵，生产成本高，生产周期长。

5. 封装技术

微机电器件封装的主要作用有微机械结构支撑、保护和隔离，提高谐振元件品质因数 Q，提供与其他系统的电气连接结构，为芯片提供散热和电磁屏蔽条件，提高芯片的机械强度和抗外界冲击的能力等。目前微机电系统封装技术大都由集成电路封装技术发展和演变而来。但由于微机电系统的特殊性，复杂性，所以封装技术比集成电路更复杂，成本也更高，封装成本可占总成本的70%甚至更多。封装不但是一项很重要的技术，也是学术界广泛关注和研究的大课题。

18.3 微传感器

除了体积很小、重量很轻以外，微传感器的商业优势在于大批量生产所带来的低廉价格。可以期望微传感器将获得越来越广泛的应用。

1. 微型压力传感器

微型压力传感器是最早和最成功的微机电器件，在生物医疗领域和汽车中获得了广泛应用。它的基本结构是由硅片腐蚀而成的厚 10～25μm 的膜片，膜片在压力作用下产生变形，测出变形的大小就测出了相应的压力。

(1)压阻式压力传感器

微型硅压阻式传感器是第一个批量生产的微传感器，它的工作原理是电阻应变效应，它的结构见图 18－1。敏感元件是杯状硅膜(几十微米)，称“硅杯”。在硅膜片上用扩散掺杂法做成 4 个相等的 P 型硅的压敏电阻，并用蒸镀法制成电极，构成惠氏电桥。当被测压力和参考压力不同时，膜片变形产生应变(小于 1μm)使各电阻阻值变化，由电桥的输出电压(几毫伏量级)可推算出被测压力。

(2)电容式压力传感器

微型电容式压力传感器结构见图 18－2。把膜片制成电容器的一块电极板，当压力引起膜片变形时，电容器两块电极板之间的距离就发生变化，导致电容值变化。由电路测出电容值的变化，从而测出压力。

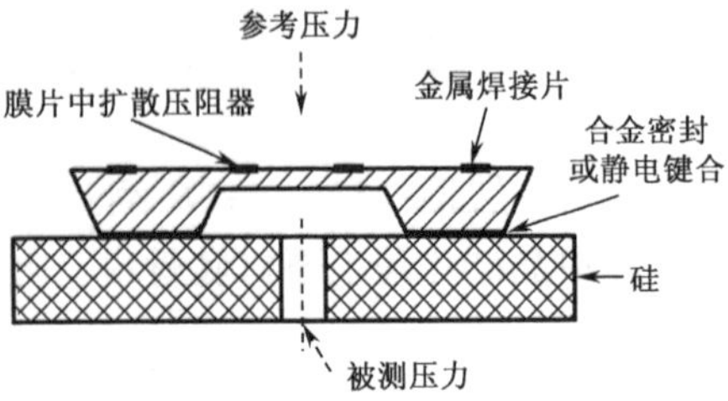

图 18－1　微型压阻式压力传感器

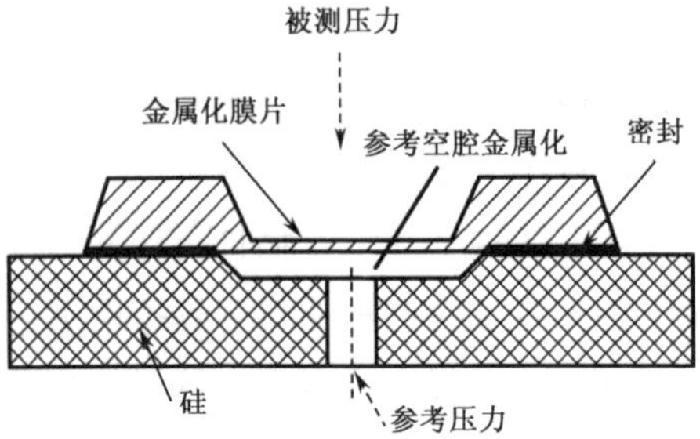

图 18－2　电容式膜片压力传感器

2. 微型加速度传感器

微型加速度传感器在尺寸和重量方面比普通商用小型应变加速度传感器小了一个数量级，而功能并不差。在生物医疗领域、汽车及航天器中得到实际应用。

(1) 压阻式微加速度传感器

图 18－3 是最简单的硅压阻式微加速度传感器原理示意图。它具有玻璃—硅—玻璃的夹层结构。中间层是硅芯片，由一片极薄的硅悬臂梁构成，是器件的核心。梁的一端支撑在刚性的边框上。梁的另一端是自由端，是一个长方形叶片，叶片上支撑一个金或硅重物作敏感质量块，形成“梁岛”。在悬臂梁上制有两个扩散压阻式 P 型电阻，一个位于梁的上表面并作为测量电桥的一个桥臂，另一个位于边框的无应力区用于温度补偿。当传感器做加速度运动时，质量块上下运动，在悬臂梁上产生应力和应变，梁上的电阻阻值随着改变，由电路测出电阻的变化就可测出对应的加速度。实际应用的微加速度传感器常常具有二梁或四梁结构。敏感质量块由 2 根或 4 根对称分布的梁支承，每根梁上都有两个应变电阻元件，构成电桥。

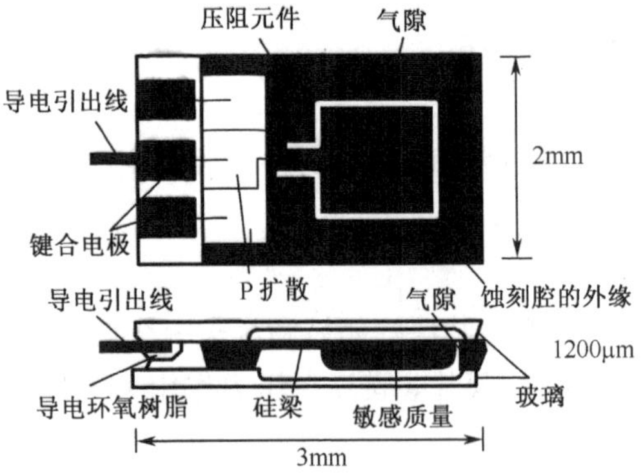

图 18－3　压阻式微加速度传感器

(2) 电容式微加速度传感器

这种传感器的基本结构也是图 18－3 所示的“梁岛”结构，但它不是利用电阻应变效应，而是通过质量块位移引起电容变化来检测加速度。

由于电容与质量块的位移之间不是线性关系，而且质量块位移较大时，位移与加速度间的线性关系也较差，所以实际的电容式加速度传感器多采用力平衡式的工作方式。即，加速度引起质量块的位移，从而使质量块与固定电极之间的电容变化。根据电容的变化，通过控制电路产生一个对质量块的静电力使质量块返回原位置。根据产生静电力的电压大小就可确定加速度。按这种方式运行的传感器精度可以做得很高。

力平衡式电容加速度传感器主要有两大类：体微加工的器件和表面微加工的器件。对于主要以航天导航为应用目标的高精度器件，采用体微加工制成梁岛结构。这类器件非常灵敏，精度很高，但工艺复杂，难以批量生产。在汽车上如安全气囊用的加速度传感器，采用表面微加工技术制造，并将敏感电容、控制和放大电路与微机械结构集成一体。

(3) 微型隧道式加速度传感器

这种传感器是基于扫描隧道显微镜(STM)的工作原理。一个纳米尺度的极细探针与另一个导电的检测表面形成两个电极，当探针与检测表面非常接近时(通常为 1nm)，电子穿过两者之间的空隙，从一个电极流向另一个电极，形成隧道电流，这就是隧道效应。隧道电流的大小与空隙大小有关。当空隙增大时，电流以指数函数衰减。空隙增大 0.1nm，电流减小一个数量级，因此有极高的灵敏度。

微型隧道式加速度计采用质量块-悬臂梁结构，如图 18－4 所示。质量块上有一个极细的探针，另有相应的检测电极。探针与检测电极之间的隧道电流的大小与质量块偏移有关，从而可检测出加速度。也可采用静电力平衡方式，使质量块和探针不动，由电压变化来测量加速度。这类微加速度传感器灵敏度很高。

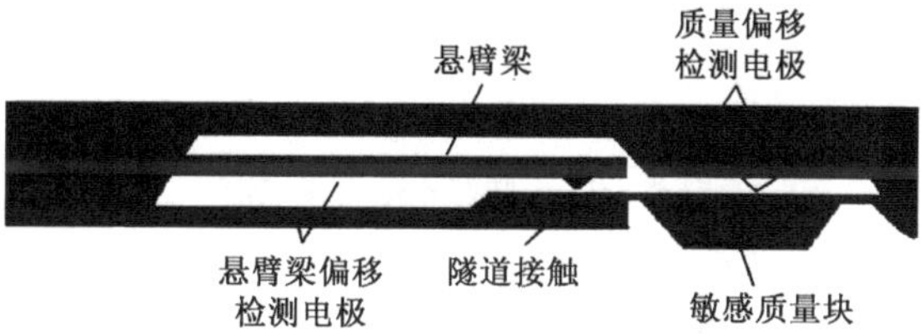

图 18－4　微型隧道式加速度计

3. 微机械陀螺(固态角速度传感器)

由于微机械加工技术难以加工出高速转子的结构，所以微机械陀螺不采用转子结构而是采用振子结构。

微机械陀螺的工作原理基于下述力学现象。转动坐标系中的运动物体受到 Coriolis 力的作用，力的方向与转动的角速度向量及物体相对运动的速度方向垂直，力的大小与角速度的大小成正比。检测出 Coriolis 力的大小，就可得到转动系统的角速度。从另一角度看，微机械陀螺的工作原理是，旋转运动会引起能量在结构的两个振动模态之间传递和转换。

微机械振动陀螺的结构有挠性梁框架式，梳状音叉式，振动轮式和振动环式等，振动形式有线性振动和旋转振动，振动的驱动方式有静电驱动、电磁驱动、压电驱动等，检测方式有电容检测、压阻检测、压电检测、光学检测等。上述各种方式的组合，构成了各式各样的微陀螺。其中，采用静电驱动电容检测比较多。为了降低空气阻尼，提高品质因子，使陀螺灵敏度提高，大部分陀螺工作在真空条件下。

1) 挠性梁框架式陀螺。它的结构见图 18－5，采用内外框架结构。用硼掺杂各向异性腐蚀技术做出陀螺的主体结构。内框上有凸起的电镀金质量块，两个框架通过一对正交的挠性轴连接在一起。外框绕 y 轴做旋转振动。当框架绕 z 轴转动时，内框将产生绕 x 轴的振动，振动频率与外框绕 y 轴的振动频率相同，振动幅值与绕 z 轴的角速度成正比。外框的运动由两个埋藏的电极检测和控制，内框的运动由两个桥式电极检测和控制，陀螺工作在力反馈状态。

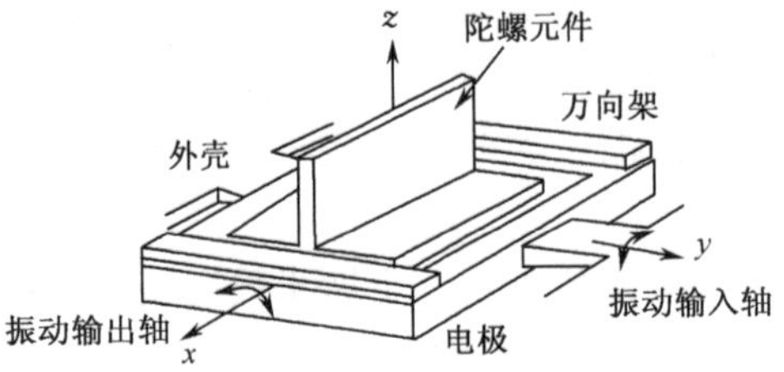

图 18－5　挠性梁框架式陀螺

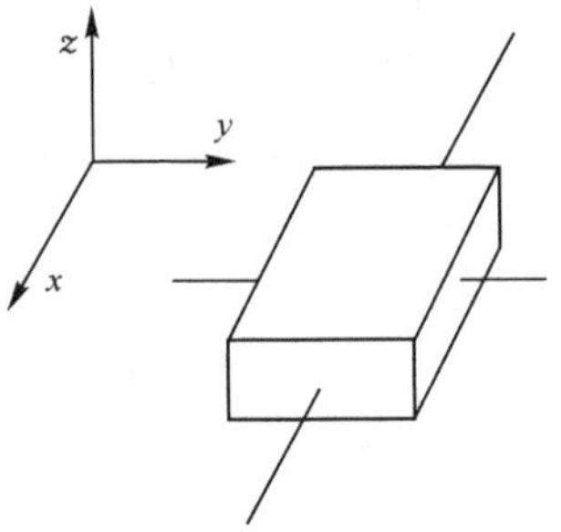

图 18－6　线性振动的质量块

与挠性梁框架式陀螺工作原理相似的还有 4 叶式体微机械陀螺，它的结构为 4 个叶片被 4 根细梁支撑。

2）线性振动陀螺。图 18－6 表示微机械结构中的质量块，它做 x 轴方向的振动。当存在绕 z 轴的角速度时，该质量块将产生沿 y 方向的振动，振动幅值与角速度成正比。采用这个原理可做成梳状陀螺。这种陀螺采用多晶硅表面微机械工艺制作，采用梳状叉指结构，由梳状电极静电驱动主振动，检测可动叉指与两侧固定叉指的差分电容变化，就可测得角速度。

18.4　微执行器

微执行器根据控制信号完成各种微机械运动，又称为微驱动器或微致动器。微执行器的种类包括电机、阀门、泵、开关等。驱动的动力来源于电场（如静电、压电），磁场和热效应（如热膨胀、相变）等。微执行器的被控制量可以是位移、力或力矩，也可以是流量等其他量。

1. 静电执行器

在两个平行的极板上施加电压时，两个极板间的静电引力为

$$F = \frac{\varepsilon S U^2}{2d^2} \tag{18-1}$$

式中，ε 为极板间绝缘介质的介电常数；S 为极板面积；U 为电压；d 为电极间距。

改变电压（40～200V），极板间的距离可变化几个微米，能产生较大的驱动力。

静电形成的电极间的引力，同磁场引起的异性磁极之间的引力相似。设计和采用不同的机械结构，就可制成各种旋转电机或直线电机。

图 18－7 表示利用静电力制成的静电微泵。它由四层体微加工的硅片以及用于静电驱动的电极组成。其中上两层结构为固定电极和可动电极组成的驱动部分，下两层构成入口和出口阀。在电极上加电压时，可动电膜向上变形，在泵体内形成负压，入口阀打开，液体流入泵内。电压撤销后，膜片在弹性力作用下恢复原位，泵体内压力增加，出口阀打开，液体排出泵体。

图 18－8 表示用氧化硅薄膜作可动电极的静电微阀。阀门腔体腐蚀成型后得到的氧化硅薄膜自然向上拱曲，阀门打开。加电压后薄膜被吸引向下拱曲，将阀门关闭。

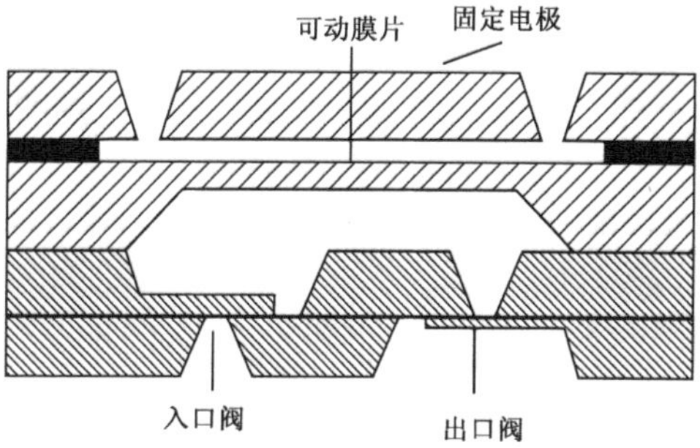

图 18－7　静电微泵

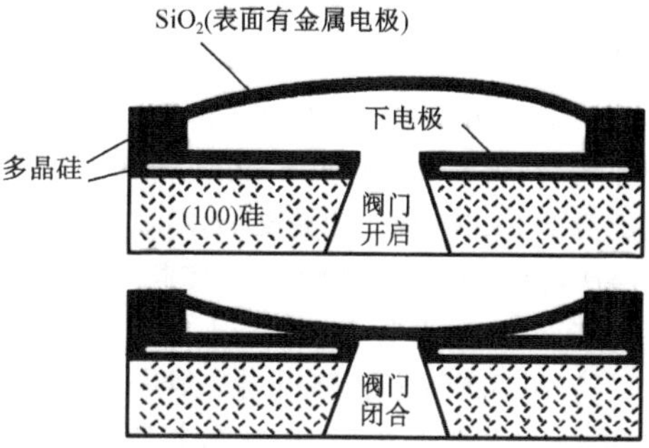

图 18－8　静电微阀

2. 压电执行器

对于压电材料，外加电场会引起材料变形，反之，加外力使材料变形时会产生电场。

压电材料的变形量十分微小，一般为几个纳米/伏(nm/V)，单个压电元件的变形量约为总长度的 0.1%～0.2%，这对于精密定位的微操作很有意义。也可采用多层压电陶瓷和电极层叠制成层叠式压电执行器，以便获得较大的力和位移。

图 18－9 表示压电执行器的工作原理。图中圆柱体中间部分由压电材料制成，图 18－9(a)为未加电压时的原始位置。将圆柱左侧夹紧固定，给压电材料加电压，圆柱体处于图 18－9(b)的位置，右侧右移 x。若再将右侧夹紧固定，并取消电压，则圆柱体变成图 18－9(c)的位置，整个圆柱体向右移动 x。根据这种原理，设计和采用各种巧妙的机械结构，可以制成各种压电执行器。

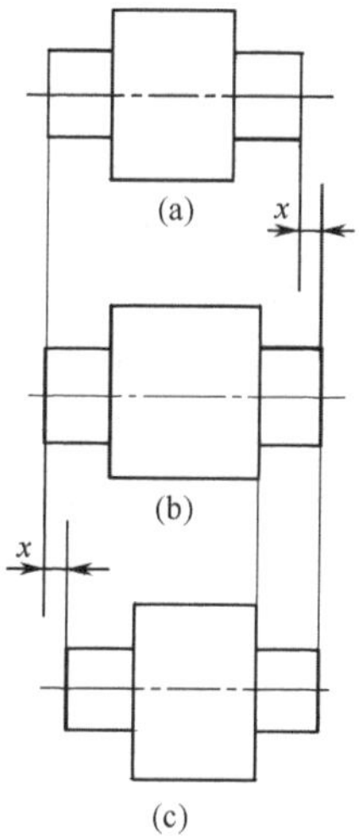

图18-9　压电执行器

3. 电磁执行器

利用普通微型电机(功率 750W 以下，外径 160mm 以下)的驱动原理(永磁直流电机，磁阻电机等)和典型结构，再加以微小化(主要尺寸在 1cm 以下)，就得到微电磁执行器，也可称为微小电机或超微电机。与微静电执行器相比，微电磁执行器对环境要求较低，抗尘、抗湿性能好。

制造微电磁执行器时，可采用光刻电铸模造(LIGA)工艺。难度在于难以在一次光刻工艺中制作出载流线圈和导磁元件，必须采用内引线技术将线圈和永磁体集成一体。永磁体采用高性能稀土材料。

习　　题

1. 根据书中图形说明微型压力传感器的工作原理。
2. 根据书中图形说明微型加速度传感器的工作原理。
3. 根据书中图形说明微机械陀螺的工作原理。
4. 根据书中图形说明静电微泵的工作原理。
5. 根据书中图形说明静电微阀的工作原理。

参考文献

陈伯时,陈敏逊. 1998. 交流调速系统. 北京：机械工业出版社

葛伟亮. 2004. 自动控制元件. 北京：北京理工大学出版社

何道清. 2004. 传感器与传感器技术. 北京：科学出版社

贺益康，潘再平. 2005. 电力电子技术. 北京：科学出版社

洪乃刚. 2008. 电力电子技术基础. 北京：清华大学出版社

黄立培. 2003. 电动机控制. 北京：清华大学出版社

黄圳圭. 1997. 航天器姿态动力学. 长沙：国防科学技术大学出版社

蒋渭忠. 2009. 电力电子技术应用教程. 北京：电子工业出版社

李仁. 2001. 电器控制. 北京：机械工业出版社

李芝. 2001. 液压传动. 北京：机械工业出版社

林渭勋. 2006. 现代电力电子技术. 北京：机械工业出版社

刘向群. 2001. 自动控制元件(电磁类). 北京：北京航空航天大学出版社

莫锦秋，等. 2004. 微机电系统设计与制造. 北京：化学工业出版社

倪远平. 2003. 现代低压电器及其控制技术. 重庆：重庆大学出版社

秦继荣，沈安俊. 1999. 现代直流伺服控制技术及其系统设计. 北京：机械工业出版社

苏开才,毛宗源. 1995. 现代功率电子技术. 北京：国防工业出版社

王兆安，黄俊. 2000. 电力电子技术. 北京：机械工业出版社

吴安顺. 1998. 最新实用交流调速系统. 北京：机械工业出版社

徐大中,贺益康. 1999. 电机控制. 杭州：浙江大学出版社

颜世钢，张承慧. 2007. 电力电子技术问答. 北京：机械工业出版社

杨大明. 2002. 空间飞行器姿态控制系统. 哈尔滨：哈尔滨工业大学出版社

叶瑰昀. 2002. 自动控制元件. 哈尔滨：哈尔滨工程大学出版社

张琛. 2004. 直流无刷电动机原理及应用. 北京：机械工业出版社

章宏甲，黄谊. 2002. 液压传动. 北京：机械工业出版社

章仁为. 1998. 卫星轨道姿态动力学与控制. 北京：北京航空航天大学出版社

周军. 2001. 航天器控制原理. 西安：西北工业大学出版社

周志敏，周纪海，纪爱华. 2006. IGBT 和 IPM 及其应用电路. 北京：人民邮电出版社